教育部人文社会科学研究规划基金项目（11YJA790205）：
中国CO_2排放、影响因素及低碳经济政策研究：多部门多地区的分析

中国经济发展中的低碳转型研究

张宏武 / 著

厦门大学出版社
XIAMEN UNIVERSITY PRESS
国家一级出版社
全国百佳图书出版单位

前 言

低碳转型是时代赋予我们这代人的历史使命。300多年前出现的“产业革命”使世人的生活发生了翻天覆地的变化:由于人类大规模地利用煤炭等化石能源,机器生产代替了手工,“大量生产、大量消费、大量废弃”成为社会经济生活的常态模式,极大地提高了社会生产力,提高了人们的生活水平;当人们在为自己取得的成就沾沾自喜的时候,让他们始料未及的是资源和环境的压力骤增,以致资源枯竭、环境污染和生态破坏,其程度甚至已经超出了大自然能承受的极限。当人们为蒸汽机的发明而欢欣鼓舞的时候,他们可能做梦也不会想到,由他们开启的这种大规模利用化石能源的“高碳”大门在未来的一天要“转型”,后人要为他们的这种行为付出高昂的代价。

IPCC(政府间气候变化专门委员会)发表的《第五次气候变化评估报告(AR5)》指出,即使目前人类停止 CO_2 的排放,气候变暖仍将持续,人类要想不被毁灭,需要将全球平均气温控制在比工业化之前上升2℃以内的水平,而要实现这一目标需要人类付出极大的努力。人类应对全球变暖的出路就在于低碳转型,而且从时间上来看是刻不容缓的,特别是今后30年之内的对策至关重要。由此可见,我们这代人被推到了低碳转型的风头浪尖上,低碳转型成为我们义不容辞、刻不容缓的紧急要务。

在低碳转型的浪潮中,中国面临着特殊的挑战,其特殊性表现在中国的低碳转型是伴随着经济高速增长、快速工业化和城市化而进行的。这是我们必须考虑的一个重要特点和出发点。如果不是“高速”和“快速”的话,中国的低碳转型的压力可能会较小一些。自改革开放以来,中国经济高速增长,对能源的需求也大幅增加,与此同时,由于大量增加化石能源利用,特别是对单位发热量排放 CO_2 较多的煤炭的依存度较高,使得我国的 CO_2 排放量显著增加,成为 CO_2 排放最多、增加最快的区域之一。尽管我国政府高度重视低碳转型工作,但考虑到中国经济发展的必然性,在短期内还难以遏制 CO_2 排放增长的势头,实现 CO_2 总量减排。这也就是本书研究着眼的一个视角,即必须将中国的低碳转型置于中国经济发展应该保持在一定合理区间的大背景下来考察。

本书共分为六章。第一章首先在明确转型与低碳转型概念的基础上,探讨了低碳转型的国际背景:从全球变暖的现实、全球变暖的机制和全球变暖的影响等方面得出人类应对全球变暖的出路只能是低碳转型。其次论述了中国低碳转型的挑战与机遇:我国低碳转型面临的国内压力主要表现在低碳转型与我国经济发展阶段、能源利用、科学技术水平以及经济实力所能提供的成本负担等之间的矛盾；而我国低碳转型面临的国际压力则表现为中国碳排放总量占世界份额较大，短期内难以实现总量减排，而“内涵能源”所导致的 CO_2 的排放问题更使其雪上加霜。

第二章首先从宏观视角对中国 CO_2 排放及其动态特征进行分析，并对影响中国 CO_2 排放的因素进行定量分解；其次按照时间脉络对中国低碳转型的政策动向进行梳理和回顾，并总结了我国低碳转型实践的特征：从理论探索到机构设立，形成了低碳转型的基本构架；从零散到系统，已经形成相对完善的低碳政策体系；从试点项目到全面推开，已经形成了以点带面、有序推进的低碳转型区域格局；从政府到国民，已经形成了全社会参与的低碳转型局面；从国内到国际，已经基本形成参与国际合作的低碳转型态势。

第三章主要对中国产业低碳转型进行分析。首先从中国三次产业入手，对中国三次产业 CO_2 排放的动态及其特征、CO_2 排放量以及 CO_2 排放强度变化的影响因素等进行了分析；其次分别对工业、服务业、农业、建筑业以及能源转换部门的低碳转型现状、变化特征及其驱动因素进行了分析，以期对我国产业部门的低碳转型有一个整体而系统的了解。

第四章从省际比较的角度，对中国省域低碳转型进行研究。首先从 CO_2 排放现状和特征、CO_2 排放总量和排放强度变化的因素分解等方面对中国各省的低碳转型进行比较，进而对各省各部门的低碳转型也进行比较，最后对中国低碳试点省份 CO_2 排放特征及影响因素作了比较研究，总结各省区的综合特征，提出了一些政策启示。

第五章在第四章的基础上，进一步将研究视角转向中国各类型区的低碳转型比较。首先对中国低碳经济的地域类型进行划分，并对其 CO_2 排放特征、CO_2 排放变化的因素进行分解，其次分别从东部都市型地域、东部沿海型地域、中部北方型地域、中部南方型地域、西部北方型地域和西部南方型地域等类型区的角度对其进行地域特征及低碳经济发展影响因素的比较分析，以期对我国各区域的低碳转型有一个整体而系统的了解。

第六章是对中国低碳转型的路径及对策的思考。首先将我国低碳转型的基本路径归纳为能源转换路径、能源效率路径、经济优化路径、人口优化路径及技术提高路径等，并逐项分析其减排效应；其次分别从上述各路径的角度探讨中国低碳转型的对策现状及思考。

本书是在借鉴前人成果的基础上，集笔者多年研究心血的总结。与同领域的研究相比，本书的特点主要体现在两个方面：

本书的第一个特色是研究体系的独特性。笔者一贯认为，研究中国低碳转型，首先要了解中国低碳发展的国情，明确其存在的问题，其次是分析问题的成因，最后才能找到解决问题的对策。只有循着“现状—问题—原因—对策”的路子，才能为我国的低碳转型提供切实可行、有针对性的有效办法。本书的体系安排正是按照这一思路展开分析，形成了自己独特的研究体系。具体而言：

一是鉴于国内关于 CO_2 排放统计数据的不完备，运用现有能源消费的统计资料和其他相关资料，结合国外对排放系数的研究成果，推算出我国 1980—2012 年详细的分部门、分省区的 CO_2 排放量，从而为进一步的分析和研究提供基础数据。

二是进一步利用这些基础数据对我国低碳转型的现状特征、形成原因进行分析和探讨，进而针对其存在问题提出有针对性的低碳转型的对策；不仅提出国家宏观上的低碳政策目标，还提出我国各个部门、各个地区的具体措施。这样使得基础数据、分析方法、理论研究和政策措施紧密联系，构成一个较为完整而严密的体系。期望本书不仅具有基础研究、理论方法的价值，还具有一定的实际应用价值，能够对我国低碳转型问题的分析和解决起到一定的作用。

三是在分析的范围、领域的深度方面，不但从宏观的角度出发，对我国整体的低碳转型进行分析，而且在微观的层面上系统地对我国不同部门以及不同地区的低碳转型进行分析。迄今为止的研究，从宏观和微观的两个层面，从多部门分地区的微观角度对我国 CO_2 排放进行分门别类、系统而细致的分析成果尚不多见。

四是在总结前人研究的基础上，进一步改进了在寻找存在于事物表面现象背后的影响因素的方法时所经常采用的一种方法——“因素分解法”，不仅对中国 CO_2 总量排放，而且对碳强度排放的影响因素也进行了分解。

本书的第二个特色是研究视角的独特性。笔者认为，从宏观角度来看，低碳转型的成果必须落实到产业和区域的两个方面，要想真正了解中国低碳转型的全貌，不仅要从全国整体上看，还必须从产业和区域这两个侧面观察，即从条条的角度去看，各产业的低碳现状、问题、成因和对策都应该是不一样的；而从块块的角度去看，各区域的低碳现状、问题、成因和对策也是大不相同的；只有同时从这两个侧面去看、去分析，才有可能取得较好的效果。因此，本研究选择从产业和区域的角度去展开分析。

能为我国低碳转型的发展贡献微薄之力是我的最大愿望，本书如能起到哪怕是一丝一毫添砖加瓦的作用，也将是我莫大的荣幸。

张宏武

2015 年 3 月于天津商业大学

目 录

第一章
低碳转型与中国

第一节 转型与低碳转型

一、转型

(一)转型的概念和类别

1.转型的概念

“转型”在当下的中国是一个颇为热门的词语。如“体制转型”、“经济转型”、“社会转型”、“区域转型”、“产业转型”、“企业转型”、“绿色转型”、“低碳转型”等,五花八门,不一而足。因此在探讨低碳转型之前,我们先来分析一下“转型”一词的词义。

所谓转型,是指事物从一种运动形式向另一种运动形式转变的过渡过程,是指事物的结构形态、运转模型和人们的观念发生根本性转变的过程。不同转型主体的状态及其与客观环境的适应程度,决定了转型内容和方向的多样性。

转型不是某个国家或社会特有的现象,任何一个国家都会面临转型的问题。即使是发达国家,其体制、机制和结构也并非尽善尽美,也存在着现存制度向更合理、更完善制度转型的过程。从国际经验看,不论是发达国家还是新型工业化国家,无一不是在转型中实现持续快速发展的。

转型是一个主动求新、求变的过程,是一个创新的过程,所以,正如创新有激进式创新和渐进式创新的分别一样,转型也可以有激进式转型和渐进式转型之分。激进式转型是指实施激进而全面的改革计划,在尽可能短的时间内进行尽可能多的改革的一种转型;渐进式转型是指通过部分的和分阶段的改革,在尽可能不引起社会震荡的前提下循序渐进地实现改革目标的一种转型。激进式转型可以被认为是社会体制、机制发生质变的转型;渐进式转型可以被认为是社会体制内的运行模式等发生变革的转型。激进式转型与渐进式转型各有利弊,在一个国家的具体转型中,不可能只有其中的一种而没有另外一种转型。

从这个意义上讲,人类社会无论何时、何地都在进行着转型,人类社会的发展史就是一部转型史,这是一种对转型的广义理解。也就是说,广义的转型可以理解为包括社会缓慢变迁在内的渐进式的转型,而狭义的转型可以理解为社会变迁中发生的“惊险一跳”,即激进的转型。

2.转型的类别

根据各自视角的不同,可以对转型进行不同的分类。如有的学者将其分为文明转型、形态转型、制度转型和体制转型等[1],有的学者则将其分为社会资源配置方式、社会资源占有关系、社会分配关系、社会功能结构、社会阶层结构、社会政治与公共生活、社会精神文化生活、对外关系等八个方面[2]。

按照社会发展阶段的不同划分标准可以对转型进行不同的划分。如以生产关系为标准来划分,就可以分为原始社会转型、封建社会转型、资本主义社会转型、社会主义社会转型和共产主义社会转型等;如以生产力为标准,就可以分为前工业社会转型、工业社会转型和后工业社会转型等;如果以人类文明的演化为标准,就可有原始文明转型、农业文明转型、工业文明转型和生态文明转型等;如果以时代为标准,还可以有古代社会转型、近代社会转型和现代社会转型等。如此等等,不一而足。

将社会划分为“传统”与“现代”两种类型是西方早期社会发展理论中的一种较为普遍和流行的研究方式,从而成为学者们研究、分析和判断社会发展程度与水平的基本方法。“传统”这一概念往往与落后的、不发达的、静止的、封闭的和陈旧的社会状态和观念相联系,而“现代”这一名词往往与先进的、发达的、流动的、开放的和新生的社会状态和观念相联系。尽管这种划分显得过于简单、笼统和含混,但也为我们综合地把握社会的基本特征提供了一个有益的参考框架[3]。

基于此,本书所谓的“转型”是指中国社会从传统社会向现代社会、从前工业社会向后工业社会、从封闭性社会向开放性社会、从工业文明社会向生态文明社会转变和发展的过程。

(二)转型的内容

从宏观的角度来看,转型的内容至少可以包括社会、经济、政治、文化等几个层面的转型。

1.社会转型

社会转型有广义和狭义的不同。广义的社会转型是指人类社会从一种社会形态向另一种社会形态的转变,这是一种质的变化,即社会转型是指由原始文明社会向农业文明社会,再向工业文明社会、生态文明社会的变迁和发展过程;狭义的社会转型是指在同一个社会形态下,社会生活的某一个或几个方面发生了较大甚至较为剧烈的变化,但是这种变化不涉及社会形态的变化,只是一种量变的发展过程。

社会转型是一种整体性的发展,既包括经济增长在内的人民生活、科技教育、社会保障、医疗保健、社会秩序等方面在内的社会全面发展,也包括社会心理、行为、习惯、道德和观念等社会秩序方面整体演进的过程。因此,社会转型意味着社会结构、体制机制、人们的行为方式、生活方式、心理结构、文化形态、价值观念等都发生深刻的变化。

社会层面的转型主要表现为城市化,因为城市化是社会转型的重要社会标志,也是社会转型的重要社会机制。

2.经济转型

经济转型是指一个国家或地区的经济结构和经济制度在一定时期内发生的根本变化，即由一种经济运行状态转向另一种经济运行状态。具体来讲，经济转型指的是资源配置和经济发展方式的转变，包括发展模式、发展要素、发展路径等。

经济层面的转型主要表现为工业化和市场化。从农业社会向工业社会的转化是社会转型的必要条件和基本标志，工业化既是发达国家转型走过的道路，也是发达国家转型的必由之路。没有经济的市场化，就难以实现社会的现代化。

经济转型是一个宽泛、综合的概念，它既是经济体制的更新，是经济增长方式的转变，也是经济结构的提升，是支柱产业的转换，是国民经济体制和结构发生的一个由量变到质变的过程。

3.政治转型

政治转型是指一个政治实体的社会从一种形态的社会政治制度模式经过一系列的改革变化，转为另一种形态的社会政治制度模式，包括政治体制、政治制度、所有制改革、经济体制改革等一系列的变化。政治层面的转型主要表现为民主化，政治民主化程度的高低与社会转型或社会现代化程度的高低是成正比的。

政治转型是从传统的专制集权统治向现代民主体制的过渡，在一定程度上也是一个政治现代化和政治民主化的过程。

从世界各国政治发展的历程来看，政治转型采取了不同的路径，形成了不同的模式。

4.文化转型

文化转型是指由一种文化形态转变为另一种文化形态，它不仅包括狭义的文化方面的诸因素，如哲学、伦理、道德、传统、风俗、习俗、价值观念、社会心态、思维方式、行为规范和文学艺术等精神因素的转变，还包括体现在制度、经济目标、模式、物质形态等广义上的种种文化印迹和模式的深层文化结构的变化。文化转型的实质是在特定时代特定民族或社会群体中主导性文化模式的新旧转换过程。

文化转型的起因是基于社会政治、经济、科技发展、变革的需求，而这种需求往往表现为压力和危机，进而转化为文化转型的动力。没有这种需求的牵引和推动，文化不可能进步、发展，更谈不上由传统文化向新型文化的变革与转型。反之，文化的创新与转型会有力地影响着科技、经济、社会的发展与进步。既能满足需求，又能提供动力，起着引领作用的文化，才是先进文化。

应该指出的是，上述各个方面的转型彼此密切联系，有时候甚至难以把它们截然分开。如从工业文明向生态文明转型论的角度来看，生态文明转型不仅包括生态经济、生态社会转型，还包括生态文化转型，因为生态文化是一种和谐文化，是一种以人为本的文化，也是一种永葆经济可持续发展的文化。生态文化的转型也包含着经济运行方式调整、产业结构优化升级的过程[4]。

同时，上述各种转型之间也是相互影响和相互制约的。如一个国家在传统社会向现代社会转型的过程中，必须包括政治、经济、文化和社会等各个方面的全面转型。如果仅有少数方面的转型，是不可能实现整个社会的发展和进步的。

例如，单纯的经济增长并不一定体现为社会的发展，社会发展的最深刻的内涵是人自身的发展和现代化，而人自身的现代化最终体现为深刻的文化转型[5]。从一定意义上讲，文化转型与社会转型、政治转型、经济转型等有着非常紧密的关系。一个时代的文化精神不仅潜移默化地影响着人们的政治生活、经济生活、文化生活和社会生活，而且对各民族的政治建设、经济建设、文化建设以及社会建设起着价值引领和整合协调的作用。

二、低碳转型

(一)低碳转型的概念和意义

根据以上对转型论述，笔者认为，在从传统型社会向现代型社会转型的过程中，有一种转型显得尤为重要和特殊，这就是低碳转型。

所谓低碳转型，就是将现代社会由目前的高碳状态向低碳状态转变的过程。这是根据传统社会与现代社会的区别而对人类提出的一个重要而特殊的任务。

众所周知，工业革命极大地推进了社会生产力，提高了人类的物质生活水平，但由此而形成的“大量生产、大量消费、大量废弃”的社会经济发展模式，也招致了世界范围的资源枯竭、环境污染和生态破坏的后果。特别是由于工业革命引起化石能源的大量利用，导致了含碳物质——温室气体的大量排放，从而引致全球气候变暖，进而对人类社会的存续造成极大的威胁。这就是所谓“高碳社会”的形成导致了今天必须进行低碳转型的直接诱因。再加上人类能源利用规模的空前扩大，与来自化石能源短缺的约束，更加剧了低碳转型的必要性。

之所以说低碳转型是重要的，是因为由于温室效应造成的全球变暖问题已经成为当今人类社会面临的最重要、最棘手的问题。其原因在于全球变暖问题具有一般的环境问题所不具备的特征：首先，一般的“三废”污染问题可以在限定的范围内（如一个国家或一个地区内）得到解决，而全球变暖问题需要在世界各国通力合作的情况下才有可能得到解决；其次，一般的环境问题可以事前预防，也可以事后治理，而全球变暖问题具有不可逆性，如果任其发展，一旦达到一定程度，造成的危害就是毁灭性的，再也不可能回复到原来状态。如果全人类不去认真应对，将有可能招致灭顶之灾，这恐怕不是危言耸听的说法。

之所以说低碳转型是特殊的，是因为全球变暖问题的危害不像一般环境问题那样容易被人们认识和感知，容易被人们忽视。我们每天能直接感受到的是身边的空气、水和周围的环境，$PM_{2.5}$、雾霾、汽车尾气、沙尘暴等这些大气污染物直接危害我们的健康，我们能够感受到它们的危害；而像 CO_2 这样的温室气体似乎是看不见、摸不着的东西，全球变暖似乎离我们很遥远，所以我们很难感受到它的危害，感受不到问题的严重性和迫切性。

因此，全球变暖问题的广泛性、复杂性、困难性远比一般的环境问题严重，从最近几次联合国气候大会（从 2009 年的哥本哈根会议到其后的坎昆会议、德班会议、多哈会议、华沙会议和利马会议）博弈的举步维艰来看，也可略见一斑。

在环境污染恶化以及全球气候异常变化的今天，任何经济体的发展都开始面临低碳转型的重大压力，以大量使用化石燃料为基础的传统高碳发展条件已经丧失，未来新的发展方式必须建立在低碳基础之上，这是一个战略转折点，谁占据新能源和低碳技术的制高点，谁就将主导未来绿色工业革命和全球新一轮经济增长。

基于此，我们认为，全球变暖造成的重大灾害是人类社会面临的最紧迫的生存危机，因此，世界正走向低碳时代。低碳转型是人类社会共同面临的最重要、最深刻、最困难的转型之一，需要人类共同的智慧，需要我们进行深入的研究和探讨，从中找出可能解决问题的办法。

（二）低碳转型的内容

作为一个全新的发展范式，低碳不仅意味着经济发展模式翻天覆地的变化，意味着一种消耗更少资源和降低环境破坏程度的提升之路，更是一种全新的生活方式，意味着更加环保的气候友好型的个人生活。低碳转型是当今人类社会面临的一场深刻的社会变革，它的内容涉及人类生产、生活的方方面面，包括社会、经济、文化等方面的转型。

1.低碳社会转型

（1）低碳社会的概念

低碳不仅仅是一种生产方式，也是一种生活方式，低碳转型不能仅仅停留在经济层面上，还应该推广到社会层面。低碳社会转型就是一场从传统生活方式向低碳生活方式转型的低碳社会运动。

从社会学的角度看，经济系统只是社会系统的一个组成部分，与其他系统密切相关，如果没有其他系统的变革，经济系统的导向机制就不会发生变化。如果低碳经济建设不与整个社会变革联系起来，我们就很难看清楚低碳经济建设的复杂性，以及由此发现推动低碳经济建设的社会、政治和文化路径，也就无法实现整个人类社会的低碳化。例如，如果不改变人们消费汽车的价值偏好，不改变人们贪求住大房子的价值偏好，即使每辆汽车的能耗再低、每条道路修得再好、每套房子再节能，其总消费以及由此带来的总能耗还是会增加的。因此，有学者认为，我们在接受低碳排放理念的同时，不能仅仅局限于低碳经济，而应着眼于推动整个社会的变革，建设低碳社会[6]。

关于“低碳社会”(low-carbon society)，学术界尚未有统一的定义。简而言之，低碳社会就是一个碳排放量低、生态系统平衡、人类的行为方式更加环保、人与自然和谐相处的社会。

在理解上，低碳社会也有狭义和广义（包括经济、文化在内）之分。

根据英国和日本联合研究项目《通向 2050 年的低碳社会路线图》中对低碳社会的理解，低碳社会应该是这样的：采取与可持续发展原则相容的行动，满足社会中所有团体的发展需要；为实现全球努力做出公平贡献，已通过削减全球大气里的二氧化碳和其他温室气体的排放，使其密度达到一个可以避免危险的气候变化的水平；表现出高水平的能源效率，使用低碳能源和生产技术；采取与低水平温室气体排放相一致的消费模式和行为。①

① http://baike.baidu.com/link? url=IDlSFAtILrsnZDTUxLMGzqC31R_oApJd7MLhxJo0 Weapstg6dUCGHkKZltbofazhUQ_CyCVml0fsHGFP_YgP5q。

由此可以认为,低碳社会是以低碳经济为发展模式及方向、市民以低碳生活为理念和行为特征、政府公务管理层以建设低碳城市为标本和蓝图的社会。

低碳社会是继工业社会之后人类发展模式的巨大创新,它要求用尽量少的能源资源消耗和碳排放来保证经济社会的持续发展。传统的经济增长理论强调经济发展依靠自然资源和生产要素的投入,而在未来,碳排放也将被视为一种有限的生产要素,成为经济发展的约束性因素。因此,低碳社会首先是一场社会发展模式上的革命。

与此同时,低碳社会还是一场生活方式和消费理念的革命。每一次浪潮都会对人们的生活方式产生影响,颠覆以往的生活模式,低碳浪潮也是如此。低碳社会描绘了在全球气候变化背景下的新型社会形态,它将引领社会发展新潮流,是人类面临自己赖以生存的环境日益恶化下的理性思考,反映了可持续发展的理念,表达了人与自然和谐相处的生存诉求。

有学者认为,低碳社会是生态文明建设的一种发展模式,是人类在建设生态文明过程中,以人与自然和谐相处为基本理念,以低碳经济为基础,以低碳发展为发展方向,以低碳生活为生存方式,以经济、社会与环境可持续发展为发展目标的经济社会发展模式[7]。

有学者认为,低碳社会是通过消费理念和生活方式的转变,在保证人民生活品质不断提高和社会发展不断完善的前提下,致力在生产建设、社会发展和人民生活领域控制和减少碳排放的社会。低碳社会强调日常生活和消费的低碳化,强调通过理念和行为方式的转变,达到人类社会与生态自然的和谐发展[8]。

有学者认为,低碳社会是指适应全球气候变化、能够有效降低碳排放的一种新的社会整体形态,它在全面反思传统工业社会之技术模式、组织制度、社会结构与文化价值的基础上,以可持续性为首要追求,包括了低碳经济、低碳政治、低碳文化、低碳生活的系统变革[6]。

(2)低碳社会转型

低碳社会转型是人类生活方式、能源消费方式的一次新变革,本质上是将全方位地改造建立在化石燃料(能源)基础之上的现代工业文明转向生态文明。低碳社会转型的基本特征是生活理念和生活方式的低碳化。要把低碳的理念渗透到社会各个领域,形成良好的发展低碳社会的氛围和舆论环境,在全社会形成“以低碳为荣,以高碳为耻”的生活风尚。

2.低碳经济转型

(1)低碳经济的概念

一般认为,“低碳经济”的概念最早出现在 2003 年的英国能源白皮书《我们能源的未来:创建低碳经济》中,其中提出要从根本上把英国变成一个低碳经济的国家[9]。由前世界银行首席经济学家尼古拉斯·斯特恩牵头的《斯特恩报告》(Stern Review)呼吁全球向低碳经济转型[10]。随着低碳经济概念的日益深入人心,各国政府部门、国际组织、学术界、商业界和社会团体与非政府机构把低碳经济转型提到前所未有的高度。2008 年的世界环境日的主题就被定为“转变传统观念,推行低碳经济”,在国际社会掀起了向低碳经济转型的高潮。

低碳经济是以低能耗、低污染、低排放为基础的经济模式,是指在可持续发展理念的指导下，通过技术创新、制度创新、产业转型、新能源开发等多种手段，尽可能地减少煤炭石油等高碳能源消耗，减少温室气体排放，达到经济发展与生态环境保护双赢的一种经济发展形态。

(2)低碳经济转型

低碳经济转型是人类社会是继工业文明之后的又一次重大进步，它是指从传统经济发展方式向低碳经济发展转变的过程，即经济由依赖高碳排放向低碳排放转变的过程。低碳经济转型与前述的经济转型有着密切的联系。低碳经济转型就是考虑了能源和环境污染等低碳因素后的经济转型进程[11]。

低碳经济作为一种生产的约束条件，更是一种可持续的生产方式。低碳经济转型无疑体现为经济系统的变革，以能源产业的变革为始，农业、工业、建筑业、交通运输业、服务业都要向低碳转型，低碳能源、低碳技术、低碳产品、低碳金融、低碳建筑、低碳消费等由此衍生，汇聚成低碳经济。低碳经济转型的关键是建立起低碳生产和低碳消费方式。

低碳经济转型的核心是能源技术和减排技术的创新、产业结构和制度的创新以及人类生存发展观念的根本性转变。低碳经济转型，一方面是积极承担环境保护责任，完成国家节能降耗指标的要求；另一方面是调整经济结构，提高能源利用效益，发展新型工业，建设生态文明。这是摒弃以往先污染后治理、先低端后高端、先粗放后集约的发展模式的现实途径，是实现经济发展与资源环境保护双赢的必然选择。

3.低碳文化转型

未来低碳对人类生产和生活的影响几乎是全方位的。实际上，低碳问题不仅是经济问题，而且是文化问题，是一个基于什么样的道德标准科学发展的问题，因而又是一个生态文明问题。低碳转型不仅意味着变革生产方式，也意味着进行生活方式的变革，它需要每一个社会公众都付出行动。而人类的行为在很大程度上是一种文化行为，也就是说人类总是凭借某种观念、按照一定意图来行动的。因此，要实现低碳转型，不仅仅只需要低碳经济转型，低碳文化转型也不可或缺。没有文化价值观的转变和低碳文化的形成，便很难产生有效的个人低碳行动，从而也很难实现低碳经济和低碳社会的转型。而要构建与低碳社会要求相适应的低碳生活方式，就需要重塑人们的环境价值观，构建一种视野更加宽广的新型生态文化—低碳文化。随着低碳经济的倡导，低碳文化正在一步步向人们走来，在这个文化制胜的时代，谁成功地培育了低碳文化，就意味着抢占了决胜未来的制高点，就拥有了低碳发展的力量源泉。

文化与经济本身具有一体化趋势，两者相互作用突出，低碳文化既是低碳经济发展的必然，也将为低碳经济发展注入新的动力。低碳文化作为先进文化、科学文化，将是低碳经济发展的内在支撑。构建完善合理的低碳文化发展体系将是未来社会文明发展程度重要的体现和标准之一①因此，随着低碳经济发展高潮的到来，必将引来一个低碳文化发展

① 蔡娜：《“两型”社会低碳文化建设的思考》.http://cswb.changsha.cn/html/2012－12/14/content_25_4.htm。

的高潮。

“文化”本身就是一个极其复杂的概念，作为亚文化形态的低碳文化概念也很难形成统一的认识。广义的文化概念（即与“自然”相对应的“文化”概念）包括有器物、制度、行为规范和观念四个层次的系统结构。就广义的低碳文化而言，它包括有形的实物、技术和无形的制度、仪式等社会形式。低碳器物指低碳排放的技术和机械设备，它以物质形态存在，是支撑经济社会低碳发展的物质、技术基础；低碳制度是为保证低碳排放而形成和建立的经济、社会、科技、教育、企事业等社会建制的制度、体制、机制等，是低碳行为规范得以制定和遵从的社会组织形式与保证；低碳行为规范即为规范碳排放行为的法律法规、政策措施和道德准则，是约束企事业单位和公民的行为符合低碳发展要求的强制性和非强制性的规定；低碳观念亦即有关低碳排放的价值、思想、知识、习俗、信仰、态度等观念形态的因素。狭义的低碳文化概念仅指上述后两个层次，即低碳文化是关于低碳排放的价值、思想、知识、习俗、信仰、态度、规范等精神因素的总和[12]。

有学者认为，低碳文化是在社会整体发展过程中，以低碳化为内容、以和谐可持续发展为目标的人们生产生活方式的体现，是有关低碳物质财富和精神财富的集合，它囊括经济发展低碳化、社会发展低碳化和文化发展低碳化。发展低碳文化是低碳经济和低碳社会发展的文化应对。人类不仅需要通过低碳经济打造新型的低碳生活模式，更应通过新型的低碳生活模式营造新型的、凸现时代特色的低碳文化。只有从社会文化发展的层面上来实现低碳化，才能够真正打造一个低碳化的社会。因此发展低碳文化是低碳经济建设的必然，是低碳经济发展的文化诉求①。

低碳文化本质上是崇尚生态价值、绿色环保、尚俭节用、秉持可持续发展理念的文化，以促进人、社会、自然和环境的全面、协调、可持续发展。低碳文化主张的是一种人与自然和谐相处的“绿色”价值观念，强调用系统和整体的观念来重新审视人与自然的关系，所以必须强调并尊重自然的主体性和权利，改变以人类为中心的观念。

低碳价值观是低碳文化最为核心的要素，其核心内容是强调生态价值，追求生态文明，要求以生态而不仅仅是人作为评价人类的经济、社会、生活等一切活动和事物的尺度，反对片面追求物质价值、经济价值和人类价值而忽视自然价值、环境价值和生态价值的发展模式。要实现低碳发展，最关键、最重要、最根本的是转变人们的价值观念，实现从传统的“人是一切事物的尺度”到“生态是一切事物的尺度”的价值准则的转变，在人们的深层意识中真正确立低碳价值观即生态文明的价值观，并以此引导人们发展经济和社会的行为。

树立低碳文化价值观，首先要求建立一种新型的简约消费观。这种新消费观提倡适度消耗的消费理念，是环境友好型的新生活方式的标志。它以获得基本需求的满足为标准而不是鼓励对物质资源无止境地进行占有，在量的规定性上它要求把握好环境供给、宜

① 蔡娜：《“两型”社会低碳文化建设的思考》，http://cswb.changsha.cn/html/2012－12/14/content_25_4.htm。

于生存、宜于尊严和代际均等几项原则，并把建立一种与环境相协调的、低资源和能源消耗、高消费质量的适度消费体系作为目标。低碳文化价值观的构建，同时要求建立一种新型的生活质量观和新的幸福观，它是环境友好型的新生活方式的基础。它提倡对生活质量和生活幸福的理解应该从物质为主导转向非物质为主导，应该从追求单纯的物质满足转向社会和精神的满足，把节制欲望的适度消费、尊重自然的生态消费，以及注重精神、文化等社会需求的满足作为生活方式的价值取向，并内化在自身的价值观念体系之中，以获得真正意义上的幸福。由此，低碳文化价值观作为一种资源节约型和环境友好型的新型文化价值观，既是对传统环境文化价值观中优秀生态内核的传承，也是对以人的全面发展为目标、人与自然和谐相处的新型关系内容的拓展，既为低碳时代个人行动构筑精神支柱，也为全社会低碳社会实践提供行为规范和导向，是生态文明时期环境文化能力的新的进步与发展[13]。

(三)低碳转型与绿色转型

在当前有关转型的话题中，“绿色转型”是一个相当热门的词汇，而且“低碳发展”和“绿色发展”经常被并行提及，因此，在这里有必要对低碳转型和绿色转型作一个比较和区分。

1.绿色转型的概念

要把握“绿色转型”的概念，首先要明确“绿色”的含义。

“绿色”的概念有狭义和广义之分。狭义的“绿色”是指绿的颜色，而广义的绿色则转义为“自然、原生态”，因为在人类社会尚未对自然进行大规模开发利用的时代里，绿色是大自然的基本色调，所以绿色就被看作是大自然的代表。进一步推而广之，“绿色”也含有环境保护、防止污染的意味。我们在日常生活中经常提到的绿色经济、绿色食品、绿色旅游、绿色交通、绿色营销就是基于对“绿色”的广义理解而言的，包含有“建立在大自然承载力基础之内的”、“环境友好型的”的意味。如绿色经济是指环境友好型的经济，绿色交通是指环境友好型的交通，等等。从这个意义上讲，凡是与环境保护有关的活动，都可以冠以“绿色”一词。我们通常讲的“绿色转型”也是基于对“绿色”的广义理解基础之上的一个概念。

从这个意义上讲，绿色发展是一种最大限度保护生态环境、充分利用资源的发展。绿色转型是指基于绿色发展理念与可持续发展理论，从协调经济发展与生态环境的关系入手，由过度浪费资源、污染环境的发展方式向资源节约型、环境友好型发展方式转变的过程，由人与自然相背离的发展形态向人与自然和谐共生、协调发展形态转变的过程，也可以说是从传统发展模式向现代发展模式转变的过程。绿色转型的目标是实现可持续发展，在转变经济发展方式的同时，实现资源、环境、经济协调发展。由此可见，绿色转型是解决经济社会发展中资源与环境约束问题、加快转变经济发展方式、贯彻落实科学发展观、实现全面协调可持续发展的必由之路。

以科技创新，尤其是绿色技术创新为动力，以绿色制度体系的创建为支撑，推动产业结构的绿色转型和资源利用方式的转变，实现经济发展与生态环境保护双赢。

2.绿色转型的内容

绿色发展方式是立足于资源、环境承受能力之上的人类发展方式，它涵盖了人类生产、生活、意识等诸方面，因此，“绿色转型”同样包括绿色经济、绿色社会、绿色文化等方面的内容。绿色转型的内容就是推进绿色经济发展，构建绿色管理机制，推进绿色城市化和绿色新农村建设，推进绿色文化发展。

(1)推进绿色经济发展

何谓绿色经济？联合国环境署给出的定义是：“可促成提高人类福祉与社会公平，同时显著降低环境风险与生态稀缺的经济。”换言之，“绿色经济可视为一种低碳、资源高效型和社会包容型经济”。

简单来说，绿色经济是指因节约资源和保护环境而产生经济效益、社会效益和环境效益的经济形态，是维护人类生存环境，合理保护资源、能源以及有益于人体健康的一种发展状态。绿色经济的基本特征是低消耗、低排放、低污染、高效率、高循环、高碳汇，强调在发展过程中经济资本、社会资本和自然生态资本总和的不减少或持续增加。

绿色经济转型的重点是产业的绿色转型以及将绿色发展的理念融于产业的多元化发展和经济增长方式的转变，推动产业的升级与结构的多元化，其核心问题首先是构建绿色产业体系，大力发展绿色农业、绿色工业和绿色服务业。其次是要推动企业的绿色转型，塑造绿色市场经济主体，其内容主要包括：实施绿色发展战略，把生态安全或环境安全列为企业发展战略的最高目标与战略重点；奉行绿色设计，开发绿色产品，开展绿色产品认证，成为企业产品生产的主导方向和实现企业经济发展的新增长点；采用绿色技术，推进有害生态环境的企业生产技术向无害并能保护建设生态环境的企业生产技术的根本转变；进行绿色生产，达到生产过程清洁化；建立绿色核算制度，实行绿色会计和绿色审计；建设绿色文化，塑造绿色企业形象；推行绿色营销，提供绿色服务；实行绿色管理，形成比较完善的企业内部绿色管理机制[14]。

产业绿色转型目标是实现产业的高级化、多元化以及产业组织形式的合理化，提升产业的附加价值，增强产业抵御市场风险的能力，增强企业竞争力，以适应市场的需求。

产业绿色转型主要包括产业升级、产业结构优化、产业组织形式演进，也可以说是资源型产业绿色改造、非资源型产业绿色再造、竞争型企业绿色创造[15]。

(2)构建绿色管理机制

推动绿色转型的根本途径是要结合政府行政管理制度改革和行政效能建设，全力构建绿色管理新体系。也就是要推动市场体制机制的绿色转型，建立绿色市场经济体制机制，建设节约型和环境友好型政府机关，强化绿色法律法规和政策建设，实行绿色考核指标体系与绿色 GDP 核算及宏观管理，强化绿色标准体系建设、绿色政府机构建设、绿色政绩考核体系建设和绿色监督体制建设。引导绿色转型的制度体系构建，是推动绿色转型的保障机制。

构建绿色管理机制，还需要推动技术的绿色转型，建立绿色技术创新体系。绿色技术创新与资源型经济的融合，是推动绿色转型的动力机制。绿色制度创新的实质，是制度创新的生态化即绿化过程，使生态因素内化于制度创新过程，并进行生态经济一体化的新的组合；绿色制度创新的目标模式，是建立与绿色经济发展相适应的生态化与市场化有机统一的现代市场制度，即绿色市场经济制度。只有建立绿色市场经济制度，才能真正走出一条具有自己特色的绿色经济发展之路。绿色市场运行机制创新，关键在于寻求经济发展和生态环境相互适应与协调发展的内在机制，主要包括绿色经济运行目标机制、绿色经济动力机制、绿色经济要素优化配置机制、绿色经济激励机制、绿色经济保障机制、绿色经济决策机制、绿色经济协调机制等。

传统的技术创新范式的根本缺陷是科技与经济相脱离、科技与生态相对立。推动经济发展的绿色转型，必须从根本上解决这个问题。绿色技术创新，是指通过现代科技的生态化，重新组合生产绿色产品所需的生产要素，从而形成清洁生产甚至无废物污染的生产技术系统，并使之转化为能在市场上销售的绿色产品或绿色工艺的全过程。总之，绿色技术创新是现代科技进步与创新的新方向，是推动绿色转型、发展绿色经济、实现经济生态社会协调可持续发展的根本途径。

(3)推进绿色城市化

自从在“里约＋20”峰会上广泛讨论关于绿色增长的话题之后，世界各国越来越重视绿色发展问题，越来越多的城市已经意识到追求经济社会绿色发展的迫切性，希望步入绿色经济模式。目前，建设绿色城市正日益成为我国未来城市发展的主流方向。

①绿色城市的概念

绿色城市是一种全新的价值观和城市发展理念，但迄今为止还没有一个公认的定义和清晰的概念。有些时候，人们经常将绿色城市与园林城市、生态城市、低碳城市、可持续发展城市或森林城市等其他相关的概念混同使用，学者们也从各自不同的角度，或者用自己的指标体系来表述自己对绿色城市的理解。例如在生态关联的学者看来，只有那些在社会、经济和环境的各个环节生态赤字为零的城市才能称之为绿色城市；在人类自然主义者看来，绿色城市根本上就是想象的大地绿化和自然化，等等。

有学者认为[16]，绿色城市是充满绿色空间、生机勃勃的开放城市，是管理高效、协调运转、适宜创业的健康城市，是以人为本、舒适恬静、适宜居住和生活的家园城市，是各具特色和风貌的文化城市，是环境、经济和社会可持续发展的动态城市。这五个方面是绿色城市的充分和必要条件，也可以称之为绿色城市的五大目标①。

绿色城市应该作为一种普遍追求的理想城市模式，它所追求的主要目标可概括为经济发展、环境保护、社会进步这三个方面，具体包括：生态环境良好并不断趋向更高水平的平衡，环境污染基本消除，自然资源得到有效保护和合理利用；稳定可靠的生态安全保障体系基本形成；环境保护法律、法规、制度得到有效的贯彻执行；以循环经济为特色的社会经济加速发展；人与自然和谐共处，生态文化有长足发展；城市、乡村环境整洁优美，人民

① 《绿色城市》，http://www.baike.com/wiki http://baike.baidu.com/link? url＝jtA7yx9 LcHVT-nUobqCDkXpXrLTZKLkeYCZMCgdsR6HWS_ocVRT3LPBhYrYFUtDcO2DL3Xa7ZJVmibk4fm6Luua。

生活水平全面提高;社会运转高度和谐。

有的学者认为[17],绿色城市具有合理的绿地系统、广阔的绿色空间、较高的绿地率和绿化覆盖率,环境(空气)质量优良,园林景观优美;绿色城市基础设施完善,自然资源受到妥善保护和合理利用,环境污染被有效控制,能量和物质的输出与输入达到动态平衡,自然生态和人工环境完美和谐;绿色城市进行绿色生产,城市经济高效运转,与城市环境协调发展;绿色城市崇尚绿色生活,人居环境良好,社会和谐进步;绿色城市文化繁荣,具有浓厚的地方特色和独特风貌。可见,绿色城市是环境、生态、经济、社会和文化高度和谐、可持续发展的城市。绿色城市的本质是生态城市,能量和物质的输入与输出达到动态平衡(赤字为零),自然、社会、经济协调发展,需求欲望与物质财富相适应,是人类进步理念在人居环境建设与发展中的体现。

还有学者认为[18],绿色城市是一种体现绿色文明,以绿色建筑、绿色街区为载体,城市设计符合美学理念,公共交通体系及绿道网络发达,以最大限度地保护地球自然资源和提高人类健康水平为原则,追求人、自然、经济和社会四位一体生态系统的稳态的城市发展理念和模式。

综上所述,国内外学者对绿色城市的研究视角不尽相同,总体来看,主要从以下三个角度对绿色城市进行阐释:一是从发展模式的角度来看的,认为绿色城市发展模式应是从人与自然的和谐发展出发,以经济、社会、环境协调发展和可持续发展为目标而建立的环境友好、资源节约、经济高效、充满活力的生产生活方式和城市运行模式;二是从生态系统的角度来看的,认为绿色城市是基于传统人类生态哲学理念的城市生态转型和绿色城市建设运动,旨在通过观念更新、体制革新和技术创新,在生态系统承载能力范围内运用生态经济学原理和系统工程方法去改变城市的生产和消费方式、决策和管理方法,挖掘城市内外一切可以利用的资源潜力,建设经济发达、生态高效的产业,生态健康、景观适宜的环境,体制合理、社会和谐的文化以及人与自然和谐共生的健康、文明的生态社区;三是从城市设计的角度来看的,认为城市设计应首先做好生态调查,完成建设项目的环境评价,然后根据生态原则开发利用土地,城市设计的理论和方法应更加突出城市建设与自然相关的环境属性和可持续发展的价值取向,以及环境问题挑战的严峻性。

随着时间的推移和认识的加深,对绿色城市的阐述越来越综合化和全面化,对其本质内涵的理解也越来越趋于一致。相对于其他城市概念而言,绿色城市涵盖了绿色科技、绿色能源、绿色住宅、绿色消费等多方面内容,内涵更丰富,目标层次更合理,使得绿色城市在“绿色经济、绿色新政”的社会运动和思潮背景下的基础更坚实、途径更具体、定位更准确。从而,以绿色城市作为当代最理想的城市模式在思想高度、居民接受度以及现实操作等方面都更具优越性,也正因如此,从推崇山水城市、低碳城市、生态城市等其他城市模式到追求绿色城市模式就成为历史的必然。

当前,一些学者认为绿色城市等同于园林城市、山水城市、低碳城市、生态城市等其他相关的理想城市概念,但山水城市、低碳城市、生态城市等与绿色城市的目标既有联系,又有区别。这些理想城市概念均有特定的科学内涵、目标定位与侧重点,但在丰富城市景观、改善城市环境质量、遏制生态恶化等方面都有共同的认识。值得我们注意的是,已有百年历史的“田园城市”理论所实现的效果与绿色城市理念实际上背道而驰,因为田园城市模式中的高质量生活环境高度依赖于对其他地区的资源消耗和环境破坏,在部分发达国家追求实现“田园化”的同时,全球环境也继续恶化。

因此,绿色城市的概念不能简单地理解为等同于生态城市等理想城市概念,更不能狭义地理解为单纯的绿化和美化,它是基于自然和人类协调发展的角度下提出的,城市的规划与建设不仅要强调生态平衡和保护自然,而且还必须注重经济、文化、人类健康和整体社会的可持续发展。

②绿色城市转型

第一,绿色城市转型要创新制度设计,健全绿色政策法规支持体系,促进生产和消费结构绿色化。绿色制度创新需要政府自身具有建设绿色城市的意识,绿色城市建设必须依托城市产业结构的升级,表现出由制造业到服务业再到高端知识型服务业、文化服务业和绿色发展的演进历程。产业结构向绿色转型除了要借助市场机制推进综合的环境和经济政策外,还需要通过政策支持引导,包括灵活运用财政政策,增加研发资金,鼓励企业创新等,选择高端产业领域进行集中发展和重点突破,大力发展先进制造业和战略性新兴产业,掌握高端产业链的主动权,促进城市产业结构的绿色转型。此外,还需制定激励绿色消费的政策法规,并注重以法律手段规范城市相关利益主体的行为。

第二,绿色城市转型要重视在民间组织、政府与社会之间建立绿色城市建设合作互动机制。绿色城市建设需要城市所有的利益相关主体参与其中,政府、企业、公众之间能够良性互动,因此亟须普及绿色理念,培育绿色文化,增强公众的绿色发展意识。重视民间组织的作用则可以有效推进全社会投入绿色城市建设进程。

第三,绿色城市转型要注重发展绿色科技,建立富有竞争力的绿色科技创新体系。建设绿色城市离不开绿色科技的支撑,以住房建设领域的绿色科技为例,无论在研发领域还是应用领域,发达国家都遥遥领先。从绿色科技推动城市发展绿色转型的国际经验来看,一方面要发展以污染治理、保护绿色为特征的“深绿色科技”,例如污水处理技术、垃圾无害化处理技术、防治荒漠化技术等;另一方面要发展以开发绿色能源、推行清洁生产、推进绿色化为特征的“浅绿色科技”,例如混合动力及电动汽车开发技术、绿色建筑智能技术等;绿色城市建设必须要紧跟世界科技革命和新兴产业发展潮流,加快创新驱动,将绿色科技创新作为整合和转化城市竞争优势的主线,不断延伸和完善城市绿色科技创新价值链,增强城市绿色科技竞争力。

第四,绿色城市转型要在城市规划中融入绿色理念,建设紧凑型城市,重视旧城区的绿色改造。一个城市如果不大力发展绿色公共交通系统以改善原有单中心城区的人口密度高、交通拥堵、空气污染严重等现象,不采取行动改变城市布局的单中心集聚趋势,就难以谈及成为宜居城市,更遑论建设绿色城市。

总之,绿色城市转型需要构建低度消耗资源的生产体系、适度消费的生活体系、使经济持续稳定增长的经济体系、保证社会效益与社会公平的社会体系、不断创新的应用技术体系,促进更加开放的国际经济体系。

(4)推进绿色文化发展

绿色文化是致力于人与自然、人与社会的和谐可持续发展的文化,是人类思想观念领域的深刻变革,是对传统工业文明的反思和超越,是在更高层次上对自然法则的尊重与回归。在科学发展观的指导下,推动文化绿色转型,倡导发展绿色文化,对启迪人们的生态环境意识和觉悟,净化人们的心灵,塑造人们的环境素养和品格,培育人与自然和谐、经济与环境和社会协调的氛围和风尚,引导公众和社会各界的行为等方面,都具有十分重要的作用。推动文化绿色转型,倡导发展绿色文化,必将为发展绿色经济、推动绿色转型,实现经济与社会、环境协调可持续发展提供良好的文化氛围和强有力的精神动力。要把绿色文化建设贯穿于物质文明、精神文明和政治文明建设中,使其成为文化建设的新亮点。

3.低碳转型与绿色转型

由上述可知,低碳转型与绿色转型虽然概念各异,但相互之间又存在着密切联系,是两个有联系也有区别的概念。

二者的联系表现在理论基础、依靠的技术手段、追求的目标等三个方面:二者的理论基础都是生态学理论和哲学中的系统论,二者都必须依靠生态技术手段,二者追求的最终目标都是通过实现生态系统与经济系统相互协调,进而实现人类社会的可持续发展和人类福利的不断提高。

二者的主要区别在于概念产生的历史背景与阶段的不同,研究角度、内容、侧重点和对象要求的不同。低碳转型主要针对能源领域和应对全球气候变化问题,从建立低碳经济结构、减少高碳能源消耗等方面入手,建立全球减少温室气体排放、应对全球气候变化的应对机制和发展模式,其核心是能源技术创新、制度创新和人们发展与消费观念的根本性转变。低碳转型的对象仅仅涉及对碳的要求,而绿色转型要求的对象则比较广泛。

由此可见,低碳转型是从属于绿色转型的,低碳转型是绿色转型的具体表现之一,也是当前绿色转型中最受关注的问题之一。

第二节 低碳转型的国际背景

前已述及,低碳转型之所以成为当今全世界的重要课题,是因为自从产业革命以来,人类社会形成的“大量生产、大量消费、大量废弃”的高碳发展模式已经触动了人类生存的底线,如果不向低碳转型,人类将面临灭亡的危险。

众所周知,产业革命最大的特点就在于能源利用的方式从非化石能源转向化石能源。这一转变大大提高了劳动生产率,从而极大地丰富了人类的物质财富,使人们享受到了现代化的生活。但与此同时,人们可能最初并不曾想到,正是这一转变给我们今天的低碳转型带来了如此巨大的压力。这里的一个关键字就是“碳”,给我们造成巨大威胁的正是由于人类的活动改变了碳循环。具体而言，是由于人类大量使用化石能源而排放出的 CO_2 等温室气体的作用，引起全球气候变暖，其结果就是造成人类生存的基础被严重破坏。

一、全球变暖的现实

(一)什么是全球变暖问题

所谓全球变暖(global warming)，亦称全球暖化，是指地球表面的大气、海洋的平均温度从长期的角度来看呈现上升趋势的现象。近年也有人为了强调全球规模的危机感，将比较温和的“全球暖化”一词改称为“地球高温化”。

全球地表平均气温呈波动式变化、总体升温的特征。全球地表年平均气温的变化是一种自然现象，也是地球大气运动的客观规律。全球地表年平均气温上升，我们称之为变暖，反之为变冷。科学观测与研究表明，由于太阳活动、火山活动和气候系统的内部调整过程等自然因素的共同作用，全球地表平均气温的变化并不是直线式上升或下降，而是存在着多种时间尺度的波动。人们感知到的气候变化，是气候的趋势性变化与年际、年代波动共同影响的结果。全球气候以变暖为总体特征的变化趋势，并不排除在个别区域和个别时段出现气温下降的情况。因此，我们应当从全球范围、多年时间尺度来科学认识以波动式变化、呈升温趋势为特征的全球气候变暖。全球气候变暖并不意味着全球地表平均气温一年比一年高，也不意味着地球所有地区均同步发生同样幅度的变暖现象。

现在有越来越多的证据显示，全球气候变暖已成为不争的事实。早在 1896 年，诺贝尔化学奖获得者阿雷利乌就曾预测：化石燃料燃烧将会增加大气中的 CO_2 浓度，从而导致全球气候变暖。这一预测在今天得到充分的验证。自 18 世纪中叶西方兴起工业革命以来，人类开始大量使用化石燃料，大气中的 CO_2 浓度不断上升。气象观测和科学研究表明，1750 年大气中的 CO_2 浓度为280 ppm，2005 年增加到了 379 ppm；与之相应的，1906—2005 年全球平均气温升高了 0.56 ℃～0.92 ℃，预计在 21 世纪气温将继续升高 1.1 ℃～6.4 ℃。

政府间气候变化专门委员会(Intergovernmental Panel on Climate Change，简称 IPCC)被公认为是气候变化领域的权威机构，由联合国和世界气象组织(WMO)于 1988 年组建。IPCC 设立的目的在于从科学、技术及社会经济角度，对气候变化进行全面评估，并由各国政府推荐的科学家对全球变暖的相关研究进行评估。迄今为止，政府间气候变化专门委员会已经于 1990、1995、2001、2007 及 2013 年发表了五次气候变化评估报告。汇集了全球变暖相关最新见解的第五次评估报告(以下简称 AR5)引用了 9 200 多篇科学论文和超过 200 万兆的数据，由超过 85 个国家的 850 名专家花费 5 年的时间编撰而成。因此政府间气候变化专门委员会报告的观点应该代表了当今世界的主流认识。AR5 指出，许多观测事实都表明全球气候系统的变暖是毋庸置疑的，自 1950 年以来，气候系统观测到的许多变化是过去几十年甚至千年以来史无前例的，1880—2012 年，全球海陆表面平均温度呈线性上升趋势，升高了 0.85 ℃；2003—2012 年，平均温度比 1850—1900 年平均温度上升了 0.78 ℃。报告认为，1983—2012 年的这 30 年比之前几十年都要热，每十年的地表温度均高于 1850 年以来的任何时期，虽然没有更早期的历史详细记录，但过去 30 年极有可能是近 800～1 400 年间最热的 30 年。

全球变暖问题有时不仅仅表现为大气、海洋的平均温度的上升，还包括伴随着气温上升使生物圈内生态系统的变化、海平面上升造成的对海岸线的侵蚀等而出现的次生问题在内的各种问题。当前，考虑到“暖化”对将来的人类和环境的恶劣影响，人们开始实施各种各样的对策。同时，由于实施对策需要非常庞大的成本，围绕着其成本负担、政策的优先顺序等，在国际范围内展开了大讨论。

在地球的历史上，气候时而变暖时而变冷，曾经历过数度的反复，人们有时将“暖化”单指地球整体气候变暖的现象。但一般情况下，多指近年被观测证明，而且预测将来仍然会持续下去的“20 世纪后半期以来的暖化”。

由于全球暖化的原因可以分为人为起源和自然起源两类，因此人们对气候变化（climate change）的表述并不一致。有人将“所有的不管是人为还是自然起源的气候随时间的变动”都称为“气候变化”，政府间气候变化专门委员会多用这一表述；而《联合国气候变化框架公约》（UNFCCC）则将“可比时期内所观测到的自然气候变化率之外的直接或间接归因于人类活动改变全球大气成分所导致的气候变化”定义为气候变化，而将非人为的气候变动称之为“气候变率（climate variability）”，从而有所区别。

（二）全球变暖的过程和现状

1.全球变暖的历史过程

关于地球气候，20 世纪 70 年代曾经出现过“地球变冷”的说法，这种观点也曾一度广泛流传，但这种“变冷说”的根据不足。在科学调查过程中发现，实际上地球是在“暖化”的。1988 年在美国上院的公听会上，曾有人发言说道：“最近的异常气象，特别是酷暑气象与地球暖化有关系的概率达 99%。”这段话被报道成“地球变暖引起酷暑”，以此为契机，地球变暖说开始扩散。在国际政治场合，1992 年 6 月在联合国“环境和开发地球峰会”上通过的“气候变动框架条约”中，规定了要定期召开会议（气候变动框架条约缔约国会议，COP）。

人类使用测量仪器对地球规模的气温进行直接观测是从 1860 年前后开始的。特别是过去最近的半个世纪以来得到了最为详细的数据，1979 年开始用卫星对对流层的温度进行观测。尽管测定温度尚有误差，但即使将这些误差因素考虑在内，近年的暖化也是异常的，气候系统的温度上升是毋庸置疑的。

随着研究的深入，地球逐渐变暖，其中人类排放的温室气体起着重要的作用，这一观点得到了广泛的认同。这种认同经过对政府间气候变化专门委员会发表的五次正式的《气候变化评估报告》的总结，制定对策的必要性得到了国际上和学术界的广泛支持。

2.全球变暖的现状

近百年来，全球气候不断变暖。1906—2005年全球地表平均气温上升了0.74℃，这是政府间气候变化专门委员会根据大量、长期的观测资料得出的结论。此外，其他观测证据也从不同方面验证了全球气候变暖。例如，20世纪全球平均海平面升高了0.17米，北半球季节性冻土最大面积减少了大约7%；1978年以来，北极地区平均海冰面积以每10年2.7%的速率退缩；近30年的气球高空探测和卫星观测显示，地表上空8千米～12千米（即地球大气对流层）的大气也呈现出与地表大气一致的升温变化。上述现象已经被众多国际研究机构发布的观测数据所证实，近百年来全球气候变暖是国际社会和气候变化科学界广泛认同和接受的客观事实。

《第五次气候变化评估报告》指出，科学观测表明全球气候在过去的年代里确实发生了显著的变化，几乎所有地区都经历了升温过程。20世纪50年代以来，观测到的气候系统的许多变化是过去几十年甚至千年以来史无前例的，体现在地球表面气温和海洋温度的上升、海平面的上升、格陵兰和南极冰盖消融和冰川退缩、极端气候事件频率的上升以及大气中温室气体浓度持续显著上升。

(1)大气：过去30年，每10年地表温度的暖化幅度就会高于自1850年以来的任何时期。在北半球，1983—2012年可能是最近1 400年气温最高的30年（中等可信度）。

(2)海洋：海洋变暖主导气候系统中储存能量的增加，占1971—2010年储存能量的90%以上（高可信度）。海洋上层（0～700米）在1971—2010年几乎肯定变暖，而在19世纪70年代至1970年则有可能变暖。

(3)冰冻圈：过去20年，格陵兰岛和南极冰盖已大量消失，世界范围内的冰川继续萎缩，而北极海冰和北半球春季积雪已呈持续减少的趋势（高可信度）。

(4)海平面：自19世纪中叶，海平面上升的速度一直高于过去两千年的平均速率（高可信度）。1901—2010年，全球海平面平均上升了0.19米（0.17～0.21米）。

(5)碳循环和其他生物地球化学循环：大气中二氧化碳（CO_2）、甲烷（CH_4）和一氧化氮（N_2O）浓度已经上升到过去80万年来的最高水平。CO_2浓度已经比工业革命前水平上升了40%，主要来自化石燃料燃烧的排放，其次是由于土地利用变化的净排放。海洋吸收了30%的人为CO_2排放量，从而导致海洋酸化。

《第五次气候变化评估报告》还估算了不同情形下全球地表平均温度的上升幅度。在温度升幅最低的情形下，如果不能采取有效对策，到21世纪末气温将比1850—1900年间上升2.6℃～4.8℃；但如果能够采取有效对策，就有可能将温度控制在0.3℃～1.7℃以内。

据预计，应对气候变化较为脆弱的南亚地区将成为气温上升最快的区域，在中期预估的2046—2065年，最高升温部分将分布在尼泊尔、不丹、印度北部、巴基斯坦以及中国南部地区，升温幅度为2℃～3℃；而在长期预估的2081—2100年，这些地区的预计温度会上升3℃～5℃。随着气候持续变暖，高温热浪将变得更加频繁，而且持续时间更长。

《第五次气候变化评估报告》在分析了全球和区域气候变化的未来趋势后指出，累积

的 CO_2 排放量在很大程度上会使 21 世纪及以后的全球地表平均温度升高，温室气体的持续排放将导致气候进一步变暖以及气候系统所有组成部分的变化。即使停止 CO_2 排放，气候变化的许多方面仍会持续许多世纪。因此，限制气候变化需要大量、持续地减少温室气体的排放。

《第五次气候变化评估报告》提供了针对气候变化科学基础问题的重要见解，为评估气候变化影响及应对气候变化提供了坚实基础。其中包含的重要科学知识和信息，将有助于各国出台切实可行的服务和行动，帮助民众适应和减缓气候变化带来的冲击，而当务之急是必须大力减少温室气体排放。

基于上述预测，各种针对地球暖化的对策（缓和对策）都在实施当中，但其效果现今仍不足以抑制地球变暖的步伐，当前温室气体的排放量仍然在持续增加。由于实施这些对策需要一定成本，从而使得对这种缓和对策持消极态度的国家和势力也不少。也有人指出，如果不及时采取措施，以后会需要现在数倍的投资，这样我们就会在经济方面犯极大的错误。

二、全球变暖的机制

前已述及，导致全球变暖的原因是大量排放出的温室气体。《第五次气候变化评估报告》称，目前大气中二氧化碳（CO_2）、甲烷（CH_4）和一氧化氮（N_2O）等温室气体的浓度已上升到过去 80 万年来的最高水平。自前工业时代（1850—1900 年）以来，CO_2 浓度已经增加了 40%，这主要来自化石燃料的排放，其次则来自土地的开发利用。

（一）地球的能源平衡和温室气体

1.地球的能源平衡

地球在接收来自太阳的照射而被加热的同时，也向宇宙空间放出热能。两者的平衡一旦被打破，地球要么会变成灼热的星球，要么会变成冰冷的星球。正是因为迄今为止地球的能源收支是均衡的，所以才免遭此种境遇。

通过人造卫星的观测，人们知道，大气圈外部的日射能源为 342 w/m^2（w/m^2 表示在 1 m^2 的面积上每一秒的能源量），其中 107 w/m^2 被大气中的烟雾气体中分散着的细微的固体或液体的浮游粒子和云、地表面的冰和雪等反射回去，不会对地球造成任何加温作用而返回到宇宙空间。因此，只有 235 w/m^2 真正用来暖化地球，而其中用来暖化地球表面的只有 168 w/m^2。另一方面，地球表面的平均气温大约是 15 ℃，与这个温度相对应，向外放出红外线。对应于 15 ℃的完全黑体的热放射的理论值是 390 w/m^2，再加上水的蒸发、大气的对流被褫夺的热量是 102 w/m^2，这就是说，从地表面失去的热能是 492 w/m^2。

如果仅仅这样来看，地球表面的能源收支完全是赤字，但实际上，从地球表面放射出的大部分能源被大气吸收了，而这些被热辐射及日射加热的大气又再次向地球表面供给辐射能源。这种辐射能相当于太阳向地球表面直接供给日射能的将近 2 倍，其结果就能够使得地球表面的能源收支保持平衡。这种由大气供给的辐射能就是被称之为温室效应的真正实体。也就是说，地球表面的温度在受到来自太阳辐射的同时，也受到大气热辐射的强烈影响。这种热辐射的程度是依存于大气的组成。

2.温室气体(greenhouse gases，简称 GHG)

温室气体是指大气中自然或人为产生的气体成分，它们能够吸收和释放地球表面、大气和云层发出的热红外辐射光谱内特定波长的辐射，温室气体被认为是导致全球变暖的罪魁祸首，其原因在于温室气体具有的温室效应。

温室效应(greenhouse effect)是指透射阳光的密闭空间由于与外界缺乏热交换而形成的保温效应，就是太阳短波辐射可以透过大气射入地面，而地面增暖后放出的长波辐射却被大气中的二氧化碳等物质吸收，从而产生大气变暖的效应。大气中的温室气体就像一层厚厚的玻璃，使地球变成了一个大暖房。如前所述，地球的实际地表平均温度为 15 ℃，但如果没有大气的保温效应，地表平均温度就会下降到－23 ℃，这就是说温室效应使地表温度提高了 38 ℃。这样看来，一定程度的大气保温效应对人类生存还是有利的。但如果二氧化碳等温室气体含量过高，就会使地球仿佛捂在一口锅里，温度逐渐升高，形成温室效应。一般所指的温室效应，是大气保温效应的俗称，主要是指由于现代化工业社会过多燃烧煤炭、石油和天然气放出大量的温室气体进入大气造成的地球变暖的现象。

形成温室效应的气体，除二氧化碳(CO_2)外，还有氧化亚氮(N_2O)、甲烷(CH_4)和臭氧(O_3)等其他 30 多种气体，其中二氧化碳含量最多，约占 75%。此外，大气中还有许多完全人为产生的温室气体，如《蒙特利尔议定书》涉及的卤烃和其他含氯和含溴的物质。《京都议定书》将六氟化硫(SF_6)、氢氟碳化物(HFC)和全氟化碳(PFC)也确定为需要减排的温室气体。

温室气体在大气中的蓄积量虽然有程度上的差异，但产业化以来(1750 年左右以后)，由于人类的活动而使其不断增加。已经有各种各样的模型证明是由于这些温室气体在大气中的蓄积量的增加从而导致了气温的上升。

由于辐射特性不同，各种温室气体在大气中的生命期的长短也不相同，不同温室气体对全球气候系统产生的变暖影响也各不相同。因此，政府间气候变化专门委员会提出了一个表示各种物质潜在的带来不同程度的气温上升的指标，叫作全球变暖潜势(global warming potential，简称 GWP)，以此来评价各温室气体对全球变暖的贡献，结果表明 CO_2 是最重要的温室气体。因此，CO_2 当量排放(可以由某种温室气体排放量乘以 GWP 求得)被用来表示这些温室气体对全球变暖影响的程度，是一种用于比较不同温室气体排放的标准的换算方法。

(二)全球变暖的影响因素

自然因素和人类活动都对气候变化产生影响。在地质历史时期，影响气候的主要因素为自然因素。自 1750 年的工业革命以来，由于煤、石油等化石能源的大规模使用，导致大气中二氧化碳等温室气体浓度持续增加。全球大气平均二氧化碳浓度已从工业革命前的 280 ppm 增加到 2008 年的 385 ppm，明显超过了 65 万年以来的自然变化范围，人类活动对气候系统的影响日渐明显。CO_2 等温室气体对地球表面和低层大气产生升温作用的温室效应理论，能够很好地解释地球、火星等行星大气成分与行星表面温度之间的关系，也为科学试验所验证。

近30年对太阳辐射的卫星观测表明，太阳活动没有发生明显的趋势性变化，而且太阳活动的自然变化对全球大气升温的贡献还不到温室气体作用的1/10。火山爆发虽然会对地球大气起降温作用，但这种事件出现频率低、影响时间短。大量的科学研究表明，如果仅考虑太阳活动、火山爆发等自然因素，是无法解释20世纪中叶以来的全球气候变暖现象的；只有考虑到人类活动的作用，特别是大气温室气体浓度的大幅增加，才能出现近50年来全球气候的变暖趋势。因此，20世纪后半叶的全球气候变暖不能排除人类活动的作用。

政府间气候变化专门委员会总结发表的大量科学发现认为，人类对气候系统的影响是显而易见的，人类活动是近50年全球气候变暖的主要原因。

全球气候变化是由自然影响因素和人为影响因素共同作用形成的，但对1950年以来观测到的变化，人为因素是显著和主要的影响因素。在人为影响因素中，向大气层中排放二氧化碳的长期积累是主要因素，但非二氧化碳温室气体的贡献也十分显著。

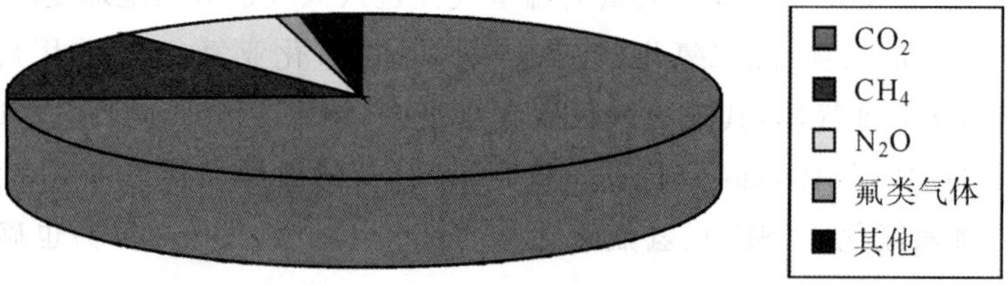

图1-1　按CO_2当量计算的不同温室气体占总排放的份额(2004)

资料来源：根据IPCC第四次评估报告的数据作成

《第五次气候变化评估报告》称，人类影响“极有可能”是20世纪中期以来全球气候变暖的主要原因，之前历次报告提出的可能性依次由低到高，从50%以上、66%以上以及90%以上到这次的95%以上。这可以从不断增加的大气中温室气体浓度、正辐射强迫、观测到的变暖以及对气候系统的理解得以印证。

(1)气候评估模型：自第四次评估报告以来，气候模型有所改进。模型重现了观测到的过去几十年大陆尺度的地表温度变化模式和趋势，包括自20世纪中叶以来更快速的变暖和紧随大型火山喷发之后的变冷(非常高的可信度)。

(2)量化气候系统响应：观测到的以及模型模拟研究的温度变化、气候反馈和地球能量平衡变化为全球变暖响应过去和未来强迫的幅度提供了可信度。

(3)气候变化观测及归因：已经觉察到人类对大气和海洋变暖、全球水循环变化、冰雪减少、全球海平面上升以及某些极端气候事件的影响。自第四次评估报告以来，人类活动影响的证据日益增加。

根据《第五次气候变化评估报告》，由于太阳辐射等自然因素的变化带来的寄予量只相当于人为因素的百分之几左右，仅凭自然影响不能解释现在的气温上升速度。如果不对二氧化碳等寿命较长的温室气体采取能动措施，那么对地球整体的气候和海水的影响将会持续大约100年(5～200年)，因此今后20～30年内的对策在很大程度上左右着地球暖化的影响的大小。

三、全球变暖的影响

全球变暖对经济社会的可持续发展带来了严重的挑战，而且影响范围十分广泛，“地球上所有地方的发展都受到了妨碍”(《第四次气候变化评估报告》)。

气候变暖并不仅仅意味着气温升高，同时伴随着气候模式的扰乱。“正如人体的温度上升两度，虽然不多，但表明人生病了。地球也一样，地表温度增加两度，提示着地球存在很多问题。”①

根据《第四次气候变化评估报告》，全球暖化使得气温、水温发生变化，造成冰川融化、海平面上升、降水量的变化及其降水类型、模式的变化，从而导致自然灾害频发，出现洪水、干旱、酷暑和飓风等极端异常气象的强度增强及频度增加的现象，以及引起生态系统退化、生物种大规模灭绝的可能性等。另外，全球变暖对地球整体的气候和生态系统造成很大影响的同时，也对人类社会产生了非常大的影响，例如它将深度触及农业和粮食安全、渔业安全、水资源安全、能源安全、生态安全和公共卫生安全，直接威胁人类的生存和发展。

(一)对气温的影响

由于人为的温室气体的排放倾向，气温进一步上升，诸如“全球变暖导致美国南加州气候反常，气温超往年同期”②、“全球气候变暖使我国成为新的高温频发地”③之类的报道屡见不鲜。

人们担心以下问题会进一步加剧：

(1)1990—2100年间的平均气温上升1.1 ℃～6.4 ℃，这比过去一万年的气温再现结果更加异常。

(2)北极地域的平均气温在过去100年间以世界平均上升率几乎2倍的速度上升，北极的年平均海冰面积每10年缩小2.1%～3.3%(平均2.7%)。

(3)陆地上的最高、最低气温上升，气温日较差缩小。

(4)全球暖化促进了环境中的CO_2、CH_4等的排放，暖化进一步加速(正的反馈效果)。

---

① 转引自美国总统科技政策顾问兼白宫科技政策办公室主任约翰·霍尔德伦(John Holdren)语，参见中美气候学家：《适应气候变化与节能减排战略地位同等重要》，http://scitech.people.com.cn/GB/11800629.html，载《科学时报》，2010年6月7日。

② 《全球变暖致美国南加州气候反常 气温超往年同期》，http://news.cn.yahoo.com/ypen/20111015/639674.html，载大洋网，2011年10月15日。

③ 《全球气候变暖 我国成为新的高温频发地》，载《瞭望》，http://news.cn.yahoo.com/10－07－/1004/2ksgf.html，2010年07月31日。

(二)对气象、气候的影响

如果用一句话来概括,有时候将全球暖化对气象的影响表达为"异常气象的增加",对气候的影响表达为"气候的极端化"。可以预见,伴随着全球暖化,气压配置发生改变,从而出现与迄今为止不同的气象现象,或者使得气象现象的出现方式发生改变,从而导致天气更加动荡、自然灾害频发。例如:由于偏西风的蜿蜒,有可能对东亚周边的气候会产生大的影响;由于美国东南部、东部海水温度上升,有可能使得龙卷风发生的区域进一步扩大;由于寒日、寒夜减少,暑日、暑夜增加,有可能出现高温、热浪、大雨频率的增加,干旱地区的扩大,强力的热带低气压的增加,高潮的增加;也有研究发现,气候变化可能引发板块运动,增大地震的可能性[①];等等,见表 1-1。

表 1-1 极端现象(异常气象)的评估

现象与趋势	变化发生的评估(1950 年以后)	人类活动对变化影响的评估	将来变化的可能性
出现冷天和寒冷夜晚的频率减少	可能性非常高	可能性非常高	基本确定
出现热天和炎热夜晚的频率增加	可能性非常高	可能性非常高	基本确定
高温、热波频率和持续时间的增加	在某些地区可能性较高	可能性较高	可能性非常高
大雨频率和强度的增加	增加地区比减少地区多的可能性较高	确信度中等程度	在中纬度及热带湿润地区可能性非常高
干旱的强度持续时间的增加	有些地区可能性较高	确信度较低	从地区规模发展为世界规模的可能性较高(确信度中等)
强热带低气压活动度的增加	确信度较低	确信度较低	西北太平洋和北大西洋总体来说会增加
极端高潮位发生次数及高度的增加	可能性较高(1970 年以后)	可能性较高	可能性非常高

资料来源:《第五次气候变化评估报告》

(三)降水量的变化

据预测,在全球范围内,未来强降雨的强度和密度都将会上涨,而部分地区也会经历更加严重和频繁的旱灾,4 级到 5 级的热带风暴的频率也会增加。

关于降水量,虽然有不同意见,但也有如下担心:由于大气中水蒸气量的增加,使得平均降水量增加;平均降水量的变动幅度增大,暴雨和干旱出现频繁的增加;热带雨林的干燥化或毁灭。

(四)海平面的上升

由于气温上升,冰床、冰河的融化加速,海水膨胀,从而发生海面上升。关于这一点,

---

① 《研究发现气候变化或引板块运动 增大地震可能性》,http://news.cn.yahoo.com/ypen/20110417/312611.html,载《新京报》,2011 年 04 月 17 日。

已经证实了以下的预测和推断：观测到的1993—2003年海平面上升，热膨胀的寄予度最大（1.6±0.5 mm/年），依次是冰河和冰帽（0.77±0.22 mm/年）、格陵兰岛冰床（0.21±0.07 mm/年）、南极冰床（0.21±0.35 mm/年）；日本沿岸观测到3.3 mm/年的上升；《第四次气候变化评估报告》(2007)所说的最低18～59 cm的上升，是没有考虑到冰河的流出速度加速的可能性的数值。《第五次气候变化评估报告》(2013)预测到21世纪末海平面最大上升82 cm，考虑到冰床等的溶解速度的变化，海平面的上升量有可能超出1～2 m。

自1950年以来，地球海平面的上升速度高于过去两千年。1901—2010年，全球平均海平面上升了19 cm，而过去10年间，冰川融化的速度也比上世纪90年代加快了数倍。有报道称，全球变暖致智利冰川加速融化，每年退缩近1 km[①]，日本富士山南侧永久冻土消失[②]，阿尔卑斯山冰川40年来消失四分之一[③]。而关于我国冰川减少的情况也屡有报道，如第二次气候变化国家评估称，我国冰川面积60年来减少一成[④]；有报道称，青藏高原冰川每年退缩7.8 m[⑤]；甘肃50年来变暖趋势明显，祁连山冰川濒临消亡[⑥]等。

冰川减少、海平面上升，直接影响到生活在海边或冰川附近的国家人民的生存，受此影响较严重的国家如马尔代夫、图瓦卢、基里巴斯、巴巴多斯、坦桑尼亚、孟加拉国、不丹、越南等，其中岛国基里巴斯因海平面上升拟举国搬迁[⑦]。此外，海平面上升与强降雨、热浪、洪水、干旱等极端天气的增加也有着密切的关联。

因此，海平面上升可能出现以下影响：浸水被害的增加；对沿岸渔业造成严重的打击；防潮扉、堤防、排水泵等的对策设备费用的增加；伴随着地下水位上升出现的对地下构筑物的破坏的危险性、对策费用的增加；伴随着对地下水中盐分的混入，对工业、农业和生活用水产生影响等。

(五)对海水温度、海洋循环的影响

伴随着地球气温上升，海水温度也会上升，伴随着水温变动幅度的扩大，出现异常水温现象的频率随之增加，太平洋热带地域的厄尔尼诺现象（El Niño phenomenon，原指发

---

① 《全球变暖致智利冰川加速融化 每年退缩近一公里》，http://news.cn.yahoo.com/ypen/20111209/749316.html，中国新闻网，2011年12月09日。

② 《日本富士山南侧永久冻土疑受全球变暖影响消失》，http://news.cn.yahoo.com/ypen/20101017/51174.html，载《新民晚报》，2010年10月17日。

③ 《研究称阿尔卑斯山冰川40年来消失四分之一》，http://news.cn.yahoo.com/ypen/20111207/745299.html，载中国新闻网，2011年12月07日。

④ 《第二次气候变化国家评估 冰川面积60年减一成》，http://news.cn.yahoo.com/ypen/20111116/703036.html，载《人民网》，2011年11月16日。

⑤ 《报告称青藏高原冰川每年退缩7.8米》，http://news.cn.yahoo.com/ypen/20111117/703286.html，载《新京报》，2011年11月17日。

⑥ 《甘肃50年来变暖趋势明显、祁连山冰川濒临消亡》，http://news.cn.yahoo.com/ypen/20110520/371250.html，载中国新闻网，2011年05月20日。

⑦ 《岛国基里巴斯因海平面上升拟举国搬迁》，http://news.cn.yahoo.com/ypen/20120311/916521.html，北京晨报，2012－03－11。

生在秘鲁海岸的一种在圣诞节时候海温升高的现象，现指数年一度发生在从秘鲁沿岸到中部太平洋赤道地域的一种海平面比平年高出1～2 ℃的现象，持续时间达半年到一年，从而引起世界各地的高温或低温，多雨或干旱的现象）随之增强；洋流的大规模变化，使深层循环停止以及伴随而来的气候大幅变化。据美国《新科学家》杂志报道称，地球上的水循环已被推至失衡点。最新的研究数据表明，近年来从地面蒸发到大气中的水分量持续下降，而且这种现象还将继续下去。[①]

（六）对生态系统、自然环境的影响

全球变暖对生态系统和自然环境的影响包括：生物栖息地域的变化，多达数成的生物种灭绝的危机，珊瑚礁的白化，北上（北半球）、南下（南半球）寒冷地区栖息动物（北极熊、海豹等）的减少，森林分布地域的大幅减少以及对农业的深刻影响等。如：气候变暖导致保加利亚境内越冬鸟类数量大减[②]，在澳洲发现世界首批杂交鲨鱼或为全球变暖产物[③]，科学家推断地球变暖或将导致恐龙回归[④]，蜱虫病频现[⑤]等，都是其中的表现。

（七）对社会的影响

全球变暖对人类社会有如下的较大的影响：伴随着气候灾害的增加（热带低气压、暴风、暴雨）而出现的物力、人力和经济方面损失的增加；伴随着气象灾害的减少（暴雪、低温）带来的物力、人类和经济方面损失的减少；由于气候变化引起对健康的影响、生活的变化；低纬度的感染症（疟疾等）的扩大；由于永久冻土的溶解对建筑物的破坏；水资源枯竭；通过农业、渔业等的歉收、价格变动的影响带来食物产量的减少，特别会给粮食进口国带来粮食供给问题；等等。有研究称，全球变暖导致亚洲25年来水稻减产1至2成[⑥]，而气候变暖、海面上升还会导致出现大规模的环境移民[⑦]。

在全球变暖研究方面有着很大影响力的，除了政府间气候变化专门委员会的报告以外，要数被称为气候变化经济学经典之作的斯特恩报告（Stern Review）。这个报告是由前世界银行首席经济学家、英国首相经济顾问尼古拉斯·斯特恩（Sir Nicholas Stern）受

---

① 《最新发现称全球变暖使水循环逼近失衡点》，http://news.cn.yahoo.com/ypen/20101014/48446.html，载人民网，2010年10月14日。

② 《气候变暖致保加利亚境内越冬鸟类数量大减》，http://news.cn.yahoo.com/ypen/20110118/176092.html，新华网，2011年01月18日。

③ 《澳洲发现世界首批杂交鲨鱼 或为全球变暖产物》，http://news.cn.yahoo.com/ypen/20120105/797200.html，载《齐鲁晚报》，2012年01月05日。

④ 《科学家推断地球再变暖恐龙将回归 可由蜥蜴进化》，http://news.cn.yahoo.com/ypen/20101201/106377.html，金羊网，2010年12月01日。

⑤ 《气候变暖或致"蜱虫病"频现》，http://news.cn.yahoo.com/ypen/20100915/23786.html，载《新闻晨报》，2010年09月15日。

⑥ 《全球变暖导致亚洲25年来水稻减产1至2成》，http://news.cn.yahoo.com/10－08－/991/2kup9.html，国际在线，2010年08月10日。

⑦ 気候変動が大規模な「環境移民」を生み出す、海水面上昇などのリスク―アジア開発銀行，Record China，2012－03－18，http://headlines.yahoo.co.jp/hl? a＝20120318－00000004－rcdc－cn。

英国政府委托而领导编写，并于2006年10月公布的一个报告[19]。该报告发布后受到国际社会的高度关注，引起了广泛反响。报告探讨了全球气候变暖对世界的影响，审查了关于气候变化本身的经济影响的证据，并探讨了减少温室效应的成本与收益问题，得出结论：尽早采取有力行动的益处远远超过不采取行动的经济代价。报告指出，如果忽视全球气候变暖造成的环境恶化，人类将再次面临类似上世纪30年代的全球性经济危机和衰退。报告预测，如果平均气温的上升超过2～3 ℃，全部地域都会出现利益减少或成本增大的可能性；如果现在就开始采取强有力的行动，每年的代价大约是全球GDP的1%，而如果暖化被听之任之，不采取行动，本世纪末气温就会上升5～6 ℃，气候变化的总代价和风险将相当于每年至少失去全球GDP的5%；如果考虑到更广泛的风险和影响，估计损失将上升到GDP的20%或者更多。

根据在波兰召开的联合国气候变化框架条约第19次缔约国会议(COP19)上德国的国际NGO发表的数据，全世界1993—2012年发生暴风、洪水、热浪、寒流等共计1.5万件，死亡53万人以上，直接损失达2万亿美元以上。过去20年间由于全球变暖受害最严重的国家依次是：洪都拉斯、缅甸、海地、尼加拉瓜、孟加拉国、越南、菲律宾、多米尼加共和国、蒙古、泰国、危地马拉(这个排序没有考虑由于全球暖化引起的海平面上升和干旱等的影响)，这些排在前列的11个国家中，有9个是世界银行定义的低收入国家和中低收入国，全球暖化的危险大都集中在贫穷国家。从中可以清晰地看出发达国家导致了全球变暖，而发展中国家受到危害。

四、人类应对全球变暖的出路：低碳转型

《第五次气候变化评估报告》指出了起源于人为活动的CO_2累计排放量与气温上升之间的关系，认为人类对气候系统的影响是明确的，全球变暖主要取决于CO_2的累积排放，即使停止了CO_2的排放，气候变化仍将持续。《联合国气候变化框架公约》中作为全球目标而提出"与工业化之前的水平相比，将全球平均气温上升幅度控制在2 ℃以内"，而根据报告提供的数据，实现这个"2 ℃目标"需要人类付出极大的努力。因为如果要以50%的概率将气温上升幅度控制在2 ℃以内，需要将温室气体累计排放量控制在12 100亿吨(换算为CO_2当量)之内。扣除CO_2之外的其他气体之后的剩余量为8 400亿吨。而2011年之前已经排放的CO_2达5 310亿吨，可排放的剩余量大约仅为3 000亿吨。现在全球的年CO_2排放量为100亿吨左右，如果不采取有效措施，今后上升2 ℃的时间就仅剩30年左右。由此可见，人类应对全球变暖的出路就在于低碳转型，而且从时间上来看是刻不容缓的，特别是今后30年之内的对策是至关重要的。

(一)低碳转型对策：减缓和适应

令人欣慰的是，人类社会在应对全球变暖上问题已经开始行动，在对地球变暖造成的巨大威胁进行预测的同时，人们也在对必要的应对技术、费用等进行预测，并正在进行着各种各样的努力，推行着各种政策。现在的问题是，这些政策虽然已经取得了一定的效

果，但这些效果还不足以抑制全球气候暖化，温室气体的排放量还在持续增加。

根据《第四次气候变化评估报告》，控制全球变暖，最关键的是在全部对策实施以后达到稳定状态的温室气体的浓度。这个达到稳定时的浓度越低，越有必要尽早采取对策，尽早削减温室气体的排放量。

斯特恩报告指出，达到稳定时的 CO_2 浓度控制在 550 ppm 时的成本是世界 GDP 的 1%，虽然是巨额的数字，但支出还是可能的，也比不采取对策的情况下预测的损失（本世纪末达到 GDP 的约 20%）小许多。从经济学的角度来看，温室气体排放量的大幅削减在经济上是可能的，“尽早实施强有力的对策带来的利益要远远大于成本”，在经济上是合算的，特别是今后 10～30 年间的努力起着关键性的作用。延迟减排将大大制约实现较低稳定水平的机会，并将增加产生更严重的气候变化影响的风险。因此，有必要在能源（发电、热、动力）、运输、节能、碳素固定等广泛领域里的技术层面以及政策层面采取更有效的对策。

应对全球变暖的对策，大致可以区分为“减缓”（mitigation）与“适应”两种。适应和减缓能够互补，并能够共同大大降低气候变化的风险。

1.减缓对策

减缓对策是指减少温室气体排放并增强碳汇的各项政策。就可避免的气候变化而言，虽然减缓措施的效益需要几十年的时间才能显现，但短期减缓行动可避免锁定在长期的碳密集型基础设施和发展路径上，可降低气候变化的速率，并可减少与更大变暖幅度相关的适应需求。

减缓对策的效果如何，与人类的减缓能力和减缓潜力有着密切关系。

一个国家的减缓能力是指减少人为温室气体排放或增强自然碳汇的能力，这种能力是指一个国家所具备的技能、胜任能力、适合性和熟练程度，并取决于技术、体制、财富、公平性、基础设施和信息。减缓能力扎根于一个国家的可持续发展路径。

减缓潜力是指随着时间的推移能够实现，但尚未实现的减缓。减缓潜力可以从市场潜力、经济潜力和技术潜力等方面反映出来。

市场潜力基于在预期的市场条件下可能发生的私人成本和私人贴现率的减缓潜力，包括当前已出台的政策和措施，并注意到各种障碍限制了实际的碳吸收；经济潜力是考虑了社会成本和效益以及社会贴现率的减缓潜力，假设市场效率因政策和措施而提高并清除了各种障碍；技术潜力则是指通过实施一项经过示范的技术或做法能够实现温室气体减排或提高能效的量。市场潜力研究可用于向政策制定者通报现行政策和现存障碍的减缓潜力，而经济潜力研究则显示如果实施适当的新政策和额外的政策将会取得什么成果，因此经济潜力通常大于市场潜力。

下面从减缓技术、减缓成本及减缓对策等方面作简要分析。

(1)减缓技术

在技术层面，以下的减缓对策被认为是有效的：

①能源供给。各种能源的效率改善、小规模分散型能源的导入、可再生能源的普及、

核能发电的利用等都是有效的。不过，单个对策都有各自的局限，从能源供给系统整体来考虑是必要的。另外，核能发电的推进由于事故的发生会对周围的居民带来强制性的损害，放射性废弃物的危险在10万年以后还会残存。从长期来看核融合能源、高速增值炉、宇宙太阳光发电都有希望，但从现在的情况来看，今后10～30年要大量普及还是不现实的。

②节能。低电力消费产品的普及和设备的更新，电力和能源消费较少的经济体系的转换，不必要的能源消费的削减，节省资源等。

③再利用。废弃物发电、废弃物的热利用等。

④碳素的固定。关于碳素吸收量的增加，包括植树造林，控制森林的采伐量，灌溉、水资源的合理管理，休耕地的积极利用，CO_2 吸收较多的作物的转换，自然植生的保护，沙漠绿化，海藻栽培，单细胞藻类的利用等，都是可以举出的实例。碳素潴留、固定(CCS)对煤炭等廉价的化石燃料而言，是当前重要的选择。

⑤人工光合成。人工光合成是指人工进行的光合成的技术。以空气中和海中的 CO_2 为原料合成碳氢化合物，可分为利用微生物、使用光触媒等各种方法。如果其生产量超过化石燃料的消费量，就会从根本上解决地球暖化问题。但现实是有部分技术虽然已经成熟，但还没有达到实用阶段。

⑥生活方式的转变。民间层面的活动(如物质循环利用、节电、节水等)向可持续社会的转换也具有一定的效果。

(2)减缓成本

与预测将要形成的损失相比，减缓的成本极小。但如果不抓紧行动，其损失额以及缓和成本都将会增加。斯特恩报告预测，大气中的 CO_2 浓度稳定在550 ppm时的费用占世界GDP的1%；国际能源署预测，在2020年以前发电部门的排放量削减投资每减少1美元，到2020年以后就需要4.3美元的追加投资，并指出"行动的迟缓就是经济的错误"，强调了紧急而大规模行动的必要性。

(3)减缓政策

为了普及上述的减缓技术，有必要采取比现在更积极的投资政策，如对温室气体排放施以某种形式的碳素定价、加大对减缓的宣传等。具体的政策可以包括：

①新技术的开发和普及。包括对新技术的研究开发资金的增额，可再生能源等新能源的普及、促进政策。

②碳素定价。实行碳素税(环境税)、清洁开发机制(CDM)、排放权交易，根据法律和法规进行直接规制等都是有效的。

③宣传。针对民众的宣传也已被认为是有效的。

④国际合作。从排放量削减及控制损失的观点来看，有必要与其他国家相互合作。

2.适应对策

所谓适应对策，是指人类为主动适应气候变化而采取的对策，如改变种植方式、建立新的水利工程来防洪抗旱、建造防波堤等等。在气候变化减缓行动难以很快奏效的情形下，采取具有针对性的适应战略已经成为世界各国更为紧迫的选择。

应对气候变化，不仅要减少温室气体的排放，也要采取积极主动的适应行动。即使在全球采取减排行动之后，气候变暖也不会马上停止或逆转。根据《IPCC第四次评估报告》，即使温室气体的浓度能够稳定在2000年的水平上，全球气候仍然会出现每十年升高0.1 ℃的情况。这是因为气候系统有很大的惯性，由于海洋的响应很慢，即海洋还未完全升温到现在温室气体浓度下应达到的水平。即使所有的排放今天立即停止，海洋也将会持续升温。期间只能减缓升温速度，以给生物系统和人类社会有更多时间去适应。另外，虽然全球温室气体排放能通过减排减缓，但仍需相当时间从化石经济过渡到清洁和可再生能源为主的经济形式，因而还会有进一步的排放和升温。也就是说，将来的气候变化与灾害不可避免，适应行动是必要的。

如果气候变化越来越严重，适应性措施会花费越来越大，我们现在必须采取减缓措施，使温度的变化保持在可控范围之内，同时也必须有适应措施以应对避免不了的气候变化。因此，无论未来20～30年内减缓规模如何，仍需要采取额外的适应措施，通过加强管理和调整人类活动，充分利用有利因素，减轻气候变化对自然生态系统和社会经济系统的不利影响。

应对气候变化，减缓和适应两者是相辅相成的，同时也是并重的。我们采取减缓气候变化行动减少温室气体排放，可以减缓未来变暖的速度，减小变暖的幅度，更容易适应气候变化；如果适应气候变化的能力提高了，也可以减轻气候变化的压力。比如升温2 ℃会对某个地区、某个领域产生灾难性影响，但提高了适应能力后可能升温3 ℃也不会受到严重影响，这样就能减轻温室气体减排的压力。当然，适应气候变化需要增加投入，这是发展过程中的额外负担，但适应对策的实施可以部分减轻气候变化带来的不利影响，取得长远的、更大的效益。

因此，应对气候变化应该坚持减缓和适应并重。减缓全球气候变化是长期、艰巨的挑战，适应气候变化是更为现实、紧迫的任务。适应气候变化，关系到人类经济社会发展的全局，在这里不妨借用达尔文的那句名言：适者生存。

然而，目前在国际上，对温室气体减排和减缓气候变化谈得多、做得多，科学研究的进展也比较大；但适应气候变化方面没有引起足够重视，对如何提高适应气候变化的能力认识不足，做得很有限，研究成果少、科技支撑也不足，如针对全球适应成本和效益的综合估算仍然有限。这种状况应该得到改变，国际社会应充分考虑如何适应已经发生和即将发生的气候变化，尤其是提高发展中国家适应气候变化、抵御灾害性气候事件的能力。因为从现实的情况来看，目标控制升温2 ℃之内是一个很大的挑战，我们必须要面对这样的现实，即人类在未来相当长的一段时间内不得不生活在一个变暖的地球上。所以较明智的做法是一方面控制CO_2排放，另一方面采取措施适应气候变化造成的影响。

总之，有计划、预防性地适应，比被迫地、应急性地适应或者事后补救更为有效，成本也更低。无论是国家的宏观发展战略决策，还是一个地方的发展规划，甚至是某一企业的发展目标，都应认真考虑如何主动适应短期内不可逆转的气候变暖趋势。

目前,国际社会在应对全球变暖的努力中,除了采取减缓对策以外,也在适应气候变化方面采取了一系列的对策,气候变化适应的合作机制也不断发展完善,一些国家也根据本国的情况制定了适应气候变化的国家战略,以趋利避害,实现经济、社会和环境的可持续发展。

由于人类受到气候变化的影响及其适应能力与社会发展的性质及其水平密切相关,因此适应的挑战影响到许多关键的经济部门以及广泛的政策领域,包括水资源、农业与粮食安全、人类健康、陆地生态系统等①。针对不断增加的气候变化风险,其战略响应必须涉及经济、贸易、农业和资源政策等诸多方面,其中水利、农业、生态保护和气象防灾减灾等,是适应气候变化的重点领域,应该抓紧采取多项适应举措。

(1)水资源适应对策

气候变化对水资源的影响,涉及流量、补给和理化性质的变化情况。水资源适应对策有两个目标,一个是促进中国水资源的持续开发与利用,另一个是增强水资源系统的适应能力和减少水资源系统对气候变化的脆弱性。需要加强有关水资源的水量和水质的评估,对水价进行调节,建立健全的法律框架,保护和恢复清洁的淡水资源,确保淡水的长期可持续使用。应该加强与给水工业的合作,确保将气候变化影响及其风险纳入水资源与基础设施的规划与管理过程中。应该在经济发展中更多考虑水资源的承载力,在全社会提倡节约用水,并增强水利工程的淡水调蓄功能等。关键的适应措施包括:保护地下水资源;改进现有供水系统的管理与维护;流域保护和改进供水系统;地下水和雨水的收集与脱盐;更好地利用循环水;开展洪水控制与干旱监测。

(2)气象防灾减灾对策

在气候变化的背景下,气象灾害发生的频率和强度有进一步增强的趋势,为防灾减灾带来了新的压力和挑战,尤其是极端天气事件作用强度和发生频率的不确定性,可能会使满足社会经济发展的基础设施受到影响,保护现有的和未来的基础设施不受气候变化的影响是适应战略的重要方向。应该根据气候变化的预测,提前进行各种基础设施的改造和重新设计,加强防灾、减灾能力,建立重大气象灾害的监测、预测和应急保障系统。应组织制定统一的减轻和防御重大气象灾害的战略规划,加强综合应对能力建设,调动各方力量,进一步提高应对极端气象灾害的综合监测预警能力、抵御能力、减灾能力,科学、有效地减轻气候变化和气象灾害造成的损失。关键的适应措施包括:识别并处理气候变化可能对基础设施产生的影响,分析电力、交通、通信、水利基础设施以及其他关键的基础设施应对气候变化的脆弱性,并制定相应的风险管理战略,降低基础设施的脆弱性;与金融业和保险业合作,共享有关气候变化风险及其影响的统一数据,确定降低风险的适应行动,并找出保持社会繁荣发展的途径。

(3)保证农业与粮食安全的对策

---

①《世界各国的气候变化适应战略与行动》,http://tech.enorth.com.cn/system/2009/04/23/003978151.shtml,2009年04月23日。

对大多数发展中国家而言，尤其是最不发达国家和小岛屿发展中国家，农业是重要的经济来源，同时也最容易受到气候变化的影响和冲击。农业的适应问题有两方面：一是自发的适应；二是政府有关决策机构积极宣传指导、有计划地进行农业结构调整，提高农业对气候变化不利影响的抵御能力，增强适应能力。可以利用农业气象工具及其产品，改进土地利用、虫灾控制和改变耕种方法，从而保障粮食供应安全。应该使作物选择多样化，选育对不利条件忍耐和抵抗能力强的品种，培育和引进抗旱、防洪、耐盐碱地和适应新气候条件的作物，提高畜牧业、渔业养殖和耕作技术以增加粮食储备，应用生物技术以调整农业种植制度等。通过控制水土流失和水土保持措施，更好地管理土地及其使用情况。

(4)保护人类健康的对策

随着气候变化问题的日益加剧，极端天气和气候事件发生概率增加，气候变化将会使世界许多地区的疾病演化与传播具有更高的不确定性，从而给人类健康带来更大威胁。公共卫生方面也应采取适当的适应对策和措施，以便有效地防止许多疾病和公共卫生问题因气候变化而恶化、加剧；进一步了解天气、气候极端事件和流行性疾病之间的联系，在提高预警水平和时效的基础上，实施可持续防御和控制计划。应开展气候变化与人类健康的脆弱性评估，建立环境—疾病监测系统，可以更好地理解人类对气候变化的脆弱性，提高社区和机构适应气候变化产生的健康风险的能力，从而减少由气候变化引起的人类疾病、遭受痛苦和面临死亡的风险及其对自然系统的影响，控制和消除全球气候变化对人类健康的不利影响。应将气候变化对人类健康的潜在影响纳入公共健康宣传活动中，提高公众的认知水平和应对能力。

(5)保护生态系统的对策

未来气候变化不仅对我们人类，还将对物种的多样性造成威胁，我们还有责任帮助珍稀动植物适应环境的巨大改变，使它们能在全球气候变化中更好地生存繁衍。陆地生态系统的适应性包括两个方面，一是生态系统和自然界本身的调节和恢复能力；二是人为的作用，特别是社会经济的基础条件、人为的影响和干预等。我国生态系统保护措施亟待加强；土地沙化、水土流失、生物多样性减少、草原退化、湿地萎缩等趋势尚未得到根本性扭转，区域生态安全风险加大。对沿海低洼地区和海岛海礁淹没及海岸带侵蚀风险缺乏有效应对措施，滨海湿地面积减少、红树林浸淹死亡、珊瑚礁白化等生态问题未能得到有效遏制。应加强海岸带管理的规划，完善堤坝等防护设施，严格控制地面沉降。

(二)全球应对气候变化的历史进程

众所周知，由于以 CO_2 为主的温室气体的大量排放造成的全球变暖现象已经成为一个不争的事实，而由于全球变暖带来的负面影响也越来越被人所重视。因此，近年来，减缓全球气候变暖受到前所未有的关注，发展低碳经济已经成为全球共识，世界各国都非常重视发展低碳经济。

自 20 世纪 70 年代末以来，人类已越来越认识到全球变暖后果的严重性，并付诸行动。1979 年 2 月，世界气象组织在日内瓦召开了第一次世界气象会议，将全球变暖问题提上了科学研究的日程。但人类对全球变暖问题的真正应对可以追溯到20世纪80年代连续召开的几次重要国际会议。1985年10月由联合国环境规划署(United Nations Environment Programme,简称UNEP)、世界气象组织(World Meteorological Organization,简称WMO)和国际科学联盟(International Council of Scientific Unions,简称ICSU)在奥地利的菲拉赫(Villach)共同主办的“关于CO_2和其他温室气体对气候变化及其影响作用的评价”国际会议上提出,CO_2以外的温室气体的作用相当大,全球暖化的影响比原先预想的还要严重,21世纪的前半期就可能有较大的影响;之后,1987年在菲拉赫和意大利的贝拉吉奥(Bellagio)举行了研讨会,除进一步积累证据之外,还集中研究了气候变化问题的政治反应和需要制定全球公约的有关问题,对此后的气温变化和海平面上升提出了警告。

1988年6月由加拿大政府、联合国环境规划署和世界气象组织共同主办了主题为“变化中的大气对全球安全的含义”的多伦多会议,这次会议是第一次关于全球暖化问题的重大国际性聚会,有多个国家和国际组织的300多名科学家和决策者们参加。大会初始行动目标一是到2005年二氧化碳的排放水平比1988年低20%;二是开发出一项具有广泛性的全球公约,作为大气保护议定书的框架;三是建立一个部分由工业国家化石燃料消费税资助的“世界大气基金”。

以此为契机,国际上应对这一问题的动作加快,1988年11月在德国汉堡、1989年3月在荷兰海牙分别召开了“气候与发展世界代表大会”,1989年11月在荷兰的诺德维克召开了“大气污染和气候变化问题部长会议”。受到全球民众和各国政府的双重推动,气候变化问题在1988年9月召开的联合国大会上被首次提出,并于同年12月6日同意联合国环境规划署和世界气象组织联合设立政府间气候变化专门委员会,随即开始了持续至今的国际范围的研究。该委员会下设立三个工作组和一个专题小组,这三个工作组的任务是:第一工作组负责气候变化科学的自然科学基础,第二工作组负责气候变化的影响、适应和脆弱性研究,第三工作组负责减缓气候变化的研究。

进入90年代以后,1992年在巴西里约热内卢召开的联合国环境开发会议(UNCED)上签署了全球变暖对策的基本条约——《气候变动框架条约(FCCC)》。该条约于1994年生效。1995年召开了每年一度的条约缔约国会议(COP)。第三次缔约国会议(COP3)于1997年在日本京都召开。在这次会议上通过了包括有温室气体削减目标以及高效达成目标的各种措施(排放权交易等京都机制)内容的《京都议定书》。这个由149个国家和地区在联合国框架下的有法律约束力的国际条约《京都议定书》就成为控制CO_2排放的一个全球性的制度安排。之后,围绕着没有数值目标的发展中国家的地位问题、京都机制的具体实施细则、为了遵守数值目标的制裁措施等持续进行了艰难的交涉,也发生了最大的温室气体排放国的美国宣布退出的事件。期间经过多次协商,《京都议定书》终于在2005年2月16日正式生效,成为温室气体减排唯一的世界目标。

从之后的执行情况看,欧洲进行得比较顺利,而温室气体的主要排放国美国没有加入,发达国家加拿大放弃目标的达成,日本削减义务达成,使《京都议定书》面临着失败的形势。发展中国家温室气体的排放量抑制的路程也尚未决定。而另一方面，要使全球变暖的危害降到最小，有必要在《京都议定书》的基础上进一步加大温室气体的削减率。在2007年的德国海利根达姆会议上，提出了“到2050年温室气体减半”的目标，而具体的削减方法及负担比例没有得出结论；2007年12月在应对全球变暖巴厘会议（COP13）上也没有就数值目标达成共识。但有一点是很清楚的，这就是在国际政治舞台上，就全球变暖问题以及暖化对策为主要议题的场合越来越多。由于《京都议定书》的期限是2008—2012年，作为全世界的目标提示或进一步削减的框架，现在议论的中心是“后京都议定书”。目前，世界各国仍然在为“后京都议定书”的下一个减排目标展开新一轮的谈判和博弈。

2009年12月在丹麦首都哥本哈根召开的气候变化框架条约组织第15次缔约国会议（COP15）的中心议题就是关于“后京都”的。然而，由于世界各国，尤其是发达国家和发展中国家之间利害关系的对立，这次会议并没有能够制定出代替《京都议定书》的新的各国减排目标。

2010—2014年召开的历次气候会议，虽然取得了一定的进展，就一些问题达成了协议，如：2010年坎昆会议（COP16）达成的主要共识，是发达国家和发展中国家都应于2020年前参加到温室气体削减的行动中，地球整体的平均温度的上升幅度控制在产业革命前的2 ℃以内；2011年德班会议（COP17）提出，要在2015年前决定由全部缔约国参加的新的削减框架，使之于2020年生效，并决定将《京都议定书》延长；2012年多哈会议（COP18）提出新的削减框架草案于2015年5月前完成，京都议定书的期限延长至2020年底；2013年华沙会议（COP19）一方面重申了落实巴厘路线图成果对于提高2020年前行动力度的重要性，同时围绕资金、损失和损害问题达成了一系列机制安排，另一方面就进一步推动德班平台做出决定，要求各方抓紧在减缓、适应、资金、技术等方面进一步细化未来协议要素，向国际社会发出了确保德班平台谈判于2015年达成协议的积极信号；2014年利马会议（COP20）做出了关于继续推动德班平台谈判的决定，通过了“利马气候行动倡议”，就2015年协议草案要素、“国家自主决定贡献”信息要求、加速落实2020年前巴厘路线图成果、提高执行力度等取得积极进展，为推动2015年巴黎会议（COP21）取得成功奠定了基础。

但总体而言，这些会议终究未能解决各方的根本性分歧，特别是未能就发达国家2020年及其以后的温室气体减排指标这一核心议题取得实质性进展。美国继续反对按“巴厘路线图”授权达成的具有法律约束力的协议，日、俄、加、澳等伞形国家立场倒退，拒绝《京都议定书》第二承诺期，欧盟推动气候谈判后继乏力，今后能否完成后续谈判不容乐观。

从国际交涉的新趋势来看，目前国际社会比较关注的一个词语是“碳预算（即碳分配管理计划）”。所谓碳预算，是指地球的平均温度控制在一定温度上升限度内能够容许的温室气体排放量或管理计划。虽然这个词早就在政策制定和研究领域使用过，并不是在AR5报告首次提及，但该报告指出，要想以较高的可信度（66%以上）达成坎昆会议（2010的COP16）提出的“2 ℃目标”，需要将产业革命以后的累积碳排放总量控制在1万亿吨以内，而到2011年已经排放了大约5 310亿吨，剩下的容许排放量只有4 690亿吨指标。如果按照联合国政府间气候变化专门委员会报告的高碳强度预测方案(不采取新的对策,持续现在的排放倾向的情况),还有 30 年就会被全部使用殆尽[20]。也就是说,达成 2 ℃目标容许的碳排放量的超过一半的量是在过去 150 年间“消费”的,而剩下的会在 30 年左右用完。

碳预算管理概念提出的背景是基于 CO_2 的累积排放量与温度上升之间存在着几乎是线性关系这一基础之上的。也就是说,“CO_2 排放总量在很大程度上决定着 21 世纪末及其以后的温度上升(《第五次气候变化评估报告》)”。上次于 2007 年发布的《第四次评估报告》针对一定的世界平均温度上升的碳排放路径的议论主要集中在世界 CO_2 排放量达到峰值的时间以及到 2020 年或者 2050 年需要削减的数量等方面,而这次提出的实现“2 ℃目标”的累积排放总量的观点具有更深层次的意义。

从排放总量管理的角度来看,重要的是排放削减目标达成的整体路径,而不是只看某一时点的排放量。例如,即使同样是达成了 2020 年碳排放的单年目标,但在 2013—2020 年这一时段内是直线形的下降,还是一度排放量增加后下降的抛物线形的下降路径是不一样的,很明显,后者的累积排放总量多于前者。这一点是在 2020 年以后的国际交涉中必须考虑到的。“到哪一年削减百分之几”的做法是不够的,“到哪一年能够排放多少总量”才应该是目标设定和目标达成所必需的。

(三)关于全球变暖问题的不同意见

1.争论的现状

需要指出的是,在全球变暖这一论题方面,还存在着一些诸如“全球变暖没有发生”“与 CO_2 无关”“暖化是好事”等不同意见。这些“全球变暖怀疑论者”对气候变化的关键科学问题提出了质疑,有的甚至彻底否认政府间气候变化专门委员会关于气候变化评估报告的核心结论。极端的意见甚至认为,全球气候变暖是一场闹剧和骗局。

(1)在暖化与否及其原因等方面的争论

气候变化这一科学问题的争论和质疑,其焦点包括在形成的原因、影响、对策的效果等以下几个方面:①全球变暖是不是真实的? ②全球变暖是不是由以 CO_2 为主的温室气体造成的? ③全球变暖现象在多大程度上是由人类活动导致的? ④目前所采取的对策是否是有效的?

现在,虽然鲜有国际性的学术组织有公开的否定意见,但各国在民间层面都存在各种各样的认识,如:有人认为地球并不是在暖化,而是在寒冷化;有人主张气候变化起巨大作用的是自然因素,而不是人为因素,认为太阳活动的影响、宇宙射线的影响、地球内部的活动、磁气圈的活动等才是地球变暖的原因;也有人质疑现在使用的气候预测模型设定不够科学,与实际的气候不相吻合;还有人认为气候变暖是一部分国家或特定势力的一个阴谋①;等等。总之,关于这一问题的结论尚未达成科学上的一致。

---

① 如:丸山茂德(2008).地球温暖化対策が日本を滅ぼす,PHP 研究所;武田邦彦,丸山茂德(2008).「地球温暖化」論で日本人が殺される! 講談社;丸山茂德(2008).「地球温暖化」論に騙されるな! 講談社.

(2)在推进减缓技术方面的争论

①可再生能源是效果最大的一种缓和手段,在有些国家已经占到能源供给量的数成。另一方面,也有只将其短处拿来对其实用性进行否定的意见。

②核能发电作为一种暖化缓和的对策而出现积极推进的动向,同时也有从污染事故和将来作为能源的低效率、核扩散、恐怖的危险性等的观点出发进行批判的意见。例如,积极推进地球暖化对策的美国前副总统阿尔·戈尔也对核能发电持消极态度。

③也有人对森林作为碳素固定手段的效果持否定意见。

(3)在实施减缓对策方面的争论

有意见认为,世界上的贫困问题等其他应该解决的问题很多,而暖化对策需要花费的经济成本太高;也有人对排放权交易手段提出异议,认为如果发展中国家没有碳排放规制的话,发达国家为了逃避排放权交易,有可能将工厂转移到发展中国家,这样就不能实现 CO_2 的削减。

2.如何看待这场争论

由于气候变化是在一个极其复杂的大系统中进行的,时间和空间的跨度又极其广阔,人类要想全面和科学地认识地球气候变化的真相,还需付出更大的努力。同时,在对任何一件事情的认识上有不同的看法是在所难免的,也是很正常的,不值得大惊小怪。我们相信关于这件事情的争论还会继续下去的,但现在的关键问题是我们应该怎么办。如果我们接受全球变暖怀疑论者的观点,仍然像现在这样,依靠大量消耗化石能源来支撑社会的发展,那么一旦将来发生灾难性的后果,我们将何以应对?须知这种由温室气体排放引起的全球变暖是不可逆的,就是说即使到那时人类认识到危害也为时已晚,不可能再回到从前的状态。因此,对气候变暖问题,各国政府和民众还是应该秉持"宁可信其有,不可信其无"的积极态度。温室气体减排的核心是能源问题,是目前的"高碳"问题。由于目前人类使用的化石能源最终会部分转化成为 CO_2,减排就意味着要减少对化石能源的依赖。积极推进低碳转型,采取调整产业结构、优化能源结构、节能增效等积极的应对措施,在发展经济的同时保护气候和环境,对人类是有益无害的。

还有一点需要强调的是,尽管对待科学问题不能靠投票解决,不能像对待其他社会问题一样靠人的数字多寡来决定,因为"真理有时候掌握在少数人手中"。但毕竟主流的认识还是在较大程度上反映着事实的真相,况且政府间气候变化专门委员会是由各国政府选择的研究者组成,政府间气候变化专门委员会报告书是在数百名于气候变化领域的权威专家学者总结了最新发表的、可信度比较高的论文和资料的基础上形成的,最后经过各国政府和官僚的审查通过,可见可信度还是比较高的。

确实,近年来全球多次出现了区域性寒冷事件,例如,2008 年初,我国南方地区持续的低温雨雪冰冻灾害;2014 年入冬以来,北美、欧洲和东北亚等地气温异常偏低,冰雪灾害频发,同期,我国西北、华北和东北等地区也多次出现强降温和强降雪天气。这使得有人认为,全球气候变暖的总体趋势已经停止或发生了逆转。事实上,根据观测分析表明,从上世纪 80 年代中期开始,全球地表平均气温以每 10 年 0.2 ℃左右的速率上升,这与

2001 年政府间气候变化专门委员会发表的《第三次气候变化评估报告》的预测结论很接近。

世界气象组织发布的监测结果显示，2000—2009 年是自 1880 年全球有系统气象观测记录以来最暖的 10 年；2009 年 12 月至 2010 年 2 月加拿大经历了有观测记录以来最暖的冬季，我国平均气温较常年同期偏高 0.69 ℃；2010 年 1—4 月，全球地表平均气温比常年偏高 0.69 ℃，也为 1880 年以来同期的最高值。这些观测事实表明，全球气候变暖的总体趋势并没有因个别地区某个时段出现的寒冷事件而发生改变；也没有令人信服的证据表明，全球气候变暖的总体趋势已经停止或发生了逆转。

2012 年 10 月曾有新闻报道，在夏威夷观测站观测到超过400 ppm的 CO_2 浓度。根据可探知数十到数百万年前的地表温度和 CO_2 浓度的南极冰分析的结果，地球上如此高的浓度至少在过去 80 万年里是没有过的。

确实，地球变暖和变冷的循环是一种自然现象，由此引起的温度上升或 CO_2 浓度的增加都是存在的。但问题是一般的暖化和冷化的循环是以数万年为单位的，现在的这种变化在过去的 80 万年中都没有发生过，因此用怀疑论者的逻辑是不能说明今天的这种变化的。

另外，过去的状况与产业革命以后发生的气候变化及 CO_2 浓度的上升之间有着截然不同的关系，这就是“上升的速度”。现在的温度和 CO_2 浓度上升的速度是过去 80 万年的 50～100 倍，这说明现在的状况与通常的暖化和冷化的循环完全不同，发生的原因除了人类之外没有其他，因为可以考虑到的原因，比方说太阳活动在近数十年间并没有大的变化。

由于在美国加利福尼亚、亚利桑那州的森林火灾、东海岸的海面上升以及全境发生的干旱等众多事实面前，即使是被称为“怀疑论”的发源地的美国，否认暖化和海平面上升事实的学者也正在减少，因为上述事实已经被证实，他们再说没有暖化也是枉然。因而，多数怀疑论者在承认地球暖化的同时，又开始主张 CO_2 排放及浓度上升与暖化无关的理论。

因此，我们应对气候变化的决心和行动不可动摇。气候变化科学是典型的发展中学科，这是因为气候系统极其复杂，目前人们的认知水平也有限，还不足以回答涉及气候变化的所有科学问题。对气候变化一些科学问题存在不同的认识，甚至是比较激烈的科学争论，也是很正常的。只有继续加大气候变化科学研究的广度和深度，不断改进和提高认知水平，才能从根本上减少气候变化及其影响在科学上的不确定性。应当看到，近百年来全球气候变暖的客观事实及其与人类活动的日渐显现的联系，已经得到国际社会和科学界的普遍认同。因此，我们不能以学术争论的存在为由而否认应对气候变化的重要性和紧迫性，也不能否认应对气候变化行动的艰巨性和现实性，更不能影响应对气候变化的决心和行动。[①]

既然温室气体的排放或浓度的增加与地球暖化、异常气象等有着如此明确的因果关系,那么变暖对策为什么迟迟不能取得进展呢？有观点认为[21],其中最大的阻力是其中有不少“怀疑论”的有意推动者,这些人不是全球暖化的直接受害者,而是担心由于暖化对策的实行而使自己的既得利益受到损害的那一部分人,同时他们的既得利益又刚好和国家利益重合。这些既得利益者最依赖的是煤炭、石油、天然气产业,高耗能产业的电力、钢铁业等。根据香港上海汇丰银行(HSBC)2013 年 1 月发表的分析报告[②]可看出,煤炭、石油、天然气企业已经将埋藏的煤炭、石油的价值计入现在的企业价值中,例如要实现产业革命后的世界平均气温的上升控制在 2 ℃以内的目标,而对化石燃料消费进行抑制的话,资产和企业价值就会大量消失,有的企业甚至可能会消失掉时价总额的一半以上。因此,他们不惜使用大量资金来鼓动政治家或利用媒体来阻挠暖化对策的实施。例如,根据美国“忧虑科学者同盟”的调查[③],石油大亨埃克森・莫比尔公司 1998—2005 年花费 16 亿日元的资金来资助怀疑论宣传的顾问和智囊团。

第三节　中国低碳转型的挑战与机遇

全球变暖及应对问题属于当今国际社会高度关注的重大问题。在当今世界,应对全球变暖已经引发了全球绿色发展和低碳发展的潮流,中国应该清醒地认识到全球变暖带来的严峻挑战和发展机遇,从而采取一系列行动和积极的应对措施,谋求转型发展。

近代以来,我国社会真正意义上的转型有三次。第一次是辛亥革命,结束了长达两千年的封建帝制;第二次是 1949 年中华人民共和国成立,开始实行社会主义制度;第三次是 1978 年的改革开放。

改革开放后,中国进入一个异常关键的转型期,转型的重点集中在转变经济增长方式上。因为经济增长有两个来源,一个是靠增加更多的资源投入来获取经济的外延或粗放增长,另一个是依靠技术进步和提高资源使用的效率来获取经济的内涵或集约增长。长期以来中国一直沿用靠投入来增长的方式,这种增长方式造成很严重的问题,以致到了“文化大革命”后期经济和社会处于崩溃的边缘,实现经济发展方式的转变,已经成为中国经济最突出的任务。

---

① 中国气象局局长:《全球气候变暖是一场骗局?》,http://news.cn.yahoo.com/10－06－/1019/2kjfz.html,载《人民日报》,2010 年 06 月 25 日。

② HSBC, Global Research, 2013.“Oil & carbon revisited value at risk form unburnable reserves”, http://gofossilfree.org/files/2013/02/HSBCOilJan13.pdf

③ Union of Concerned Scientists, 2007.“Smoke Mirrors & Hot Air: How ExxonMobil Uses Big Tobacco' Tactics to Manufacture Uncertainty on Climate Science”, http://www.ucsusa.org/assets/documents/globle_warming/exxon_report.pdf

1981 年全国人民代表大会通过的《政府工作报告》就已经提出了以提高经济效益为中心的发展国民经济的十条方针。"九五"(1996—2000)计划时期,中央就明确提出要"实现经济增长方式从粗放型向集约型转变";"十五"(2001—2005)计划又把经济结构调整和经济结构升级规定为五年经济发展的主线;"十一五"(2006—2010)规划更是把转变经济发展方式作为这一时期的战略重点。今后 5～10 年,我国将处在以发展方式转变为主线的第二次转型与改革的关键阶段。这一次转型与改革,具有很强的时代性特点,并将对我国后 10～30 年的经济社会发展产生重大影响①。

作为一项复杂的系统工程,转变经济发展方式要求必须实现多方位的转型,主要包括由政府主导向市场主导的转型,由出口导向向内需导向的转型,由投资主导向消费主导的转型,由中高碳经济向低碳经济的转型等。

由此可见,低碳转型是这种转变发展方式的一项重要内容,也是未来中国实现经济可持续发展的必然选择。② 因为长期以来的以"高投入、高能耗、高排放、高污染"为特征的粗放型经济增长模式,给中国经济的持续、健康发展带来了资源与环境压力。当前中国正处于工业化、城镇化的加速发展时期,今后必将面临资源能源需求量持续上升的问题,而这又必将带来大量的温室气体排放。高强度的温室气体排放给中国经济发展方式和生活方式带来了极大的压力。传统的高碳经济增长模式已难以适应可持续发展社会目标的要求,必须从根本上树立科学发展观,促进产业结构升级优化,坚定不移地实行节能减排,积极应对全球气候变化,否则就不能顺利地转变经济发展方式,实现转型发展。

应对气候变化不仅关系人类未来,也深刻影响着未来的世界经济格局。低碳减排是全球共同的责任和义务,低碳转型是当今人类社会面临的一场深刻的社会变革,低碳发展将成为未来世界经济的驱动力。而当今国际社会的一个重要特点是正在进行着一场"低碳"大战。欧美等发达国家正大力推进以高能效、低排放为核心的低碳革命,着力发展低碳技术,并对能源、产业、技术、贸易等政策进行重大调整,一场低碳经济的争夺战正逼近中国。

正因为我国有如此大的压力和危机,我们更应该在挑战面前变压力为动力,变危机为机遇,深刻认识目前面临的挑战和机遇,积极开展低碳转型,从而适应社会发展的需要。否则我们将会在国际社会低碳转型的竞争中被时代的浪潮抛弃,使我们与发达国家的差距变得越来越大。

毋庸置疑,中国的低碳转型,通过产业结构的调整升级和清洁能源的开发利用,不仅将为国内发展奠定基础,而且将大幅减少碳排放量,从而对推动世界经济健康发展以及应对全球气候变化也具有深远意义。

在低碳转型对经济增长和社会发展的影响方面,人们通常会担心低碳减排会增加经

---

① 胡少维:《中国经济转型该如何转?》,载中国日报网,2010 年 06 月 29 日。

② 《气候变化绿皮书:应对气候变化报告(2012)》,载《经济参考报》,《低碳转型是中国实现经济可持续发展必然选择》,http://www.chinacses.org/c/cn/news/2012－11/26/news_5450.html,2012 年 11 月 26 日。

济增长的成本，是一种额外的负担，是对经济发展的一种制约。这种看法不能说是完全没有道理的。但是我们特别要强调的是，这种看法是片面和短视的，减排对人类社会提出的真正挑战是，以同样数量的碳排放实现更多的产出，或者说以同样数量的产出，我们需要用更少的碳排放。[①]

一、中国在低碳转型中面临的挑战

中国作为碳排放大国，对内必须承担发展经济、消除贫困的任务，对外又面临巨大的国际气候谈判压力，使我国在低碳转型中面临着来自国内和国际的双重压力，面临着巨大的挑战。因此，如何将转变经济发展方式和积极应对气候变化有机地结合在一起，回应国内、国际社会的挑战，是我们需要十分重视的问题。

（一）我国低碳转型面临的国内压力

中国的 CO_2 排放总量持续增加，国内减排压力十分巨大。根据国际能源署的统计（见图 1-2），从 1971—2011 年的 40 年间，我国 CO_2 排放量从 8.67 亿吨（CO_2 换算）猛增到 86.21 亿吨，年均增长 5.91%；但从分阶段来看极不平衡，1971—1980 年、1980—1990 年、1990—2000 年、2000—2011 年的平均年增长率分别为 6.19%、4.87%、3.28%和 9.11%。很明显可以看出，进入 21 世纪以来，我国的 CO_2 排放呈现出快速增长的态势。这表明过去中国经济高增长本质上是能源密集高增长、碳排放密集高增长，是典型的"高碳"发展模式。

我国低碳转型面临的国内压力主要表现在经济发展水平、能源利用数量和结构以及技术水平等方面。

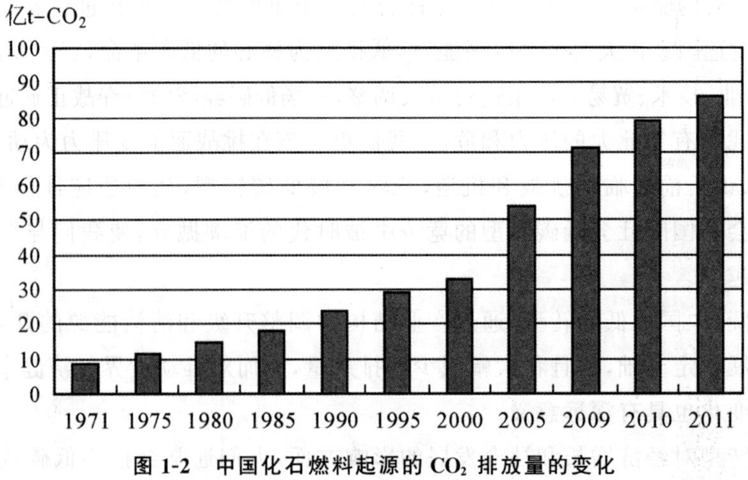

图 1-2　中国化石燃料起源的 CO_2 排放量的变化

资料来源：IEA.CO_2 Emissions From Fuel Combustion Highlights(2013 Edition)

---

① 刘世锦：《把节能减排看成是重大机遇而不是负担》，载中国网，2009 年 10 月 17 日，http://www.china.com.cn/news/txt/2009－10/17/content_18719582.htm。

1.我国经济发展阶段与低碳转型之间的矛盾

温室气体的排放量与社会经济发展水平密切相关。世界各国的发展历史和趋势表明，CO_2 排放量与经济发展水平有显著的正相关关系。由于我国是一个发展中大国，随着经济的发展和人民生活水平的提高，不可避免地带来了能源消费的大幅度增加，从而导致了温室气体排放的持续增加，成为世界上 CO_2 排放总量最大的国家。

中国目前还处于较低水平的经济发展阶段。2010 年全国人均国内生产总值(GDP)是 4 430 美元(基于当年的汇率价格)，仅为世界平均水平的 1/3。中国地区间的经济发展程度差异非常显著，2010 年城镇居民的人均可支配收入为 2 822 美元，而农村居民为 874 美元，仅达到了前者的 31%，消除贫困依然是中国面临的一个巨大挑战。①

问题的复杂性还在于，我国目前仍然处于工业化和城市化的进程当中，而工业化和城市化的实现又是一个不可逾越的阶段，因此在今后发展中，如果其他条件不改变的话，不可避免地还会继续增加 CO_2 的排放，这是不以人的意志为转移的客观规律。

我们目前面临的挑战是十分严峻的。假如我们简单地选择低碳转型发展，迅速降低碳排放总量，而不顾及其他社会目标，将对我国经济快速增长产生严重的负面影响，由此也将影响到民生改善和社会稳定；反过来，假如我们一味追求经济增长，完全忽视低碳转型发展，将会对我国未来的发展造成明显不利的影响，同时也会在国际上造成负面影响。因此，低碳转型对我们的决策机制以及决策内容提出了更高的要求，要求我们在发展进程中要时时处处坚持统筹兼顾。

(1)我国实现工业化与低碳转型之间的矛盾

我国目前正处于工业化快速发展阶段，工业比重居高不下。根据《中国统计年鉴》(2013)的数据，改革开放以来我国第一产业在国内生产总值中所占的比重不断下降，第三产业所占比重不断上升，但是第二产业所占比重基本稳定，在 2012 年仍高达 45.3%，甚至高于 1982 年的 44.8%。

为什么工业化阶段会带来能源密集高增长和碳排放密集高增长？本质上是因为在工业化阶段，制造业占有很大比重，特别是能源密集、污染排放密集的重化工业主导经济增长，从而必然带来 CO_2 排放的快速增长。再加上正处于工业化初期的我国，经济增长方式粗放、能源结构不合理、能源技术装备水平低和管理水平相对落后，导致单位 GDP 能耗和主要耗能产品能耗都高于主要能源消费国家的平均水平。中国在这个发展过程中，同时面临着发展经济、消除贫困、改善民生、控制污染、减少温室气体排放等多重压力，在相同发展阶段面临的挑战比发达国家大得多。未来随着中国经济的发展，能源消费和 CO_2 排放量必然还要持续增长，减缓温室气体排放将使中国面临开创新型的、可持续发展模式的挑战。

另外还有工业品转移排放的问题。我国在国际贸易中居“世界加工厂”地位，相比从

---

① 《气候变化绿皮书：中国减排面临国际社会高预期》，载人民网，2012 年 11 月 21 日，http://legal.people.com.cn/n/2012/1121/c42510－19651529.html。

发达国家的进口产品，我国出口产品的附加值较低，单位贸易额的能源消耗和排放均较高。随着贸易顺差的快速增长，我国外贸进出口造成的“生态逆差”也不断扩大，大量出口产品在国外消费，能源消耗和污染排放等环境影响却留在国内，这对我国能源资源和环境带来很大压力。在当前的统计规则下，由于这些出口商品的生产过程发生在中国境内，其碳排放量被完全归因于中国。有研究指出，2006 年中国出口商品导致的能源消费占当年能源总消费量的 25.5%，承接了大量的转移排放。[①] 由于中国作为“世界工厂”的情况不太可能马上改变，因此在减排方面将长期面临巨大挑战。

与此相关联的问题是，中国的资源、环境问题呈现复合性、综合性、压缩性的特点。发达国家工业化 200 多年遇到的环境问题是逐步出现、分阶段解决的，这些国家长时期遭遇的问题在中国 30 多年的快速发展中集中出现，迫使我们不得不在短期内解决这些问题。

按照“环境库兹涅茨曲线”理论，环境质量同经济增长的关系呈现倒 U 形曲线关系。在经济增长初期，环境污染程度随 GDP 同步增加，当到达某临界点后，环境随 GDP 增加将得到持续改善和恢复。我国正处于经济成长期，处在环境库兹涅茨曲线的左侧，碳排放量必然伴随经济发展逐渐攀升至排放峰值，这是不可回避的历史趋势。因此，我国所能做的是通过降低碳强度来实现经济增长与碳减排的逐步挂钩，尽量缩短到达峰值的时间，尽早实现总量减排。

(2)我国实现城市化与低碳转型之间的矛盾

城市化必然导致 CO_2 排放的快速增长。我国正处于快速城市化阶段，从 1978 年到 2012 年，我国城镇人口占总人口的比例由 17.92%增加到 52.57%[②]，增长了 34%。特别是进入本世纪以来，城市化进程进一步加快，2000—2012 年的 12 年间增长超过 20%。根据发达国家的经验，一个成熟的工业经济体的城市化率至少要达到 70%左右。快速推进的城镇化，导致城镇住房、交通以及其他各种基础设施建设的大量增加，能源资源消费也迅速增长，由此使得城镇成为巨大的温室气体排放源。据有关数据推算，城镇居民人均能源消费水平是农村居民的 1.8 倍。城市化进程的加快将不可避免地导致能源消费的增长，从而导致 CO_2 排放的快速增长。

2.我国能源利用与低碳转型之间的矛盾

(1)能源消费量与低碳转型的矛盾

能源是维持社会健康运转的“血脉”。离开了能源的社会发展是不可想象的。随着经济的高速增长，中国对化石燃料的需求在节节攀升，国内能源的有效供给面临巨大的压力。更重要的是，在化石燃料生产和利用过程中带来的污染也严重破坏了环境。

与 1979 年相比，2012 年中国国内生产总值按 2005 年价格计算增长了 21 倍，年平均经济增长率达到 9.8%。2012 年中国的能源消费总量是 1979 年水平的 6 倍，年平均增长

① 《气候变化绿皮书：中国减排面临国际社会高预期》载人民网，2012 年 11 月 21 日，http://legal.people.com.cn/n/2012/1121/c42510－19651529.html。

② 数据来源于国家统计局：《中国统计年鉴》(2013)。

率为5.6%。[①] IEA的数据表明[②]，1980年到2011年，中国化石燃料燃烧排放的CO_2从14.9亿吨增加到86.2亿吨，年平均增长率为5.83%。中国化石能源燃烧排放的CO_2占世界总排放量的比重，已从1990年的5.7%上升到2011的26.7%。

国内大量有关经济增长和排放情景的文献都低估了未来的能源需求，例如，2003年曾有预测认为，中国一次能源消费需求总量将从1998年的13.7亿吨增加到2020年的31亿吨(标准煤，下同)，2020年CO_2排放量将达到约19亿吨(碳素换算)。[③] 而实际上2010年中国一次能源总消费量就已超过31亿吨，达到32.49亿吨，比上述预测整整提前了10年。近10多年来，我国能源消费高速增长，自2010年起成为世界能源消费第一大国。能源消费由2001年的15亿吨增加到2013年的37.6亿吨，年均增加1.9亿吨，年均增速高达8%。我国占全球能源消费的比重从本世纪初不足11%增加到22%。2002年至2012年，我国能源消费增量占世界总增量的58%。[④]

(2)能源消费结构与低碳转型的矛盾

就单位热量产生的碳排放而言，燃煤比燃用石油、天然气分别高出约36%和61%。我国能源资源的特点是富煤少气贫油，是世界上少数几个以煤为主的国家。如图1-3所示，从2012年各国能源消费中原煤所占的比重来看，世界平均为29.9%，而中国则为其2倍以上的68.5%，虽然次于南非的72.5%，但由于中国能源消费总量巨大，仅中国一国的原煤消费量就占世界的比重的21.9%(图1-4)。巨大规模的能源消费，叠加上高度的煤炭依存，使得中国成为世界上CO_2排放量最多的国家之一。

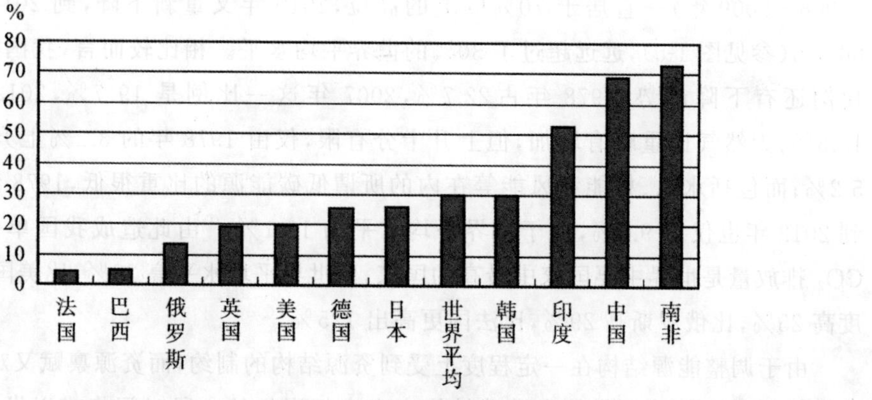

图1-3　世界主要国家能源消费中原煤所占比重(2012年)

资料来源：BP Statistical Review of World Energy 2013。

---

① 数据来源于国家统计局：《中国统计年鉴》(2013)。

② 数据来源于IEA：CO_2 Emissions From Fuel Combustion Highlights(2013 Edition)。

③ 潘家华：《节能优先应对减排挑战》，http://paper.people.com.cn/rmrb/html/2007－04/05/content_12681620.htm，载《人民日报》，2007年04月05日。

④ 陆娅楠：《我国能源消费年均增速高达8% 增量超全球增量一半》，载人民网，2014年10月2日，http://business.sohu.com/20141002/n404822578.shtml。

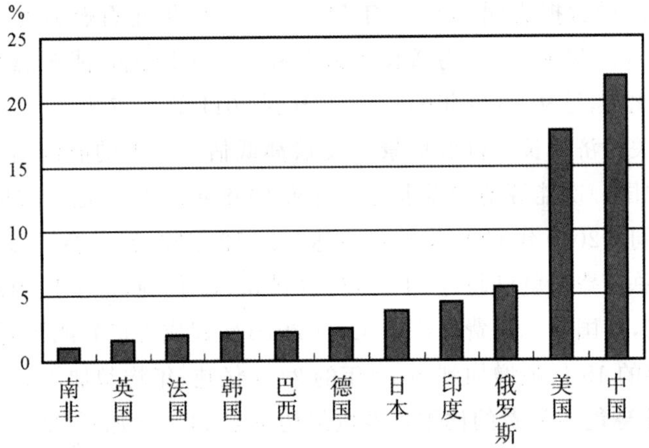

图 1-4 主要国家原煤消费占世界总消费量的比重(2012 年)

资料来源:BP Statistical Review of World Energy 2013

过去数十年里,中国以煤为主的能源结构并没有发生根本性变化。1978 年我国煤炭消费量占一次能源消费量的比例为 70.7%,之后由于经济高速发展对能源的需求日益增多,其他能源供给跟不上,使得资源相对充裕的煤炭比重一路攀升,1990 年这一比重曾高达76.2%;其后煤炭比重略有下降,到上世纪末才又回落到 70%的水平;本世纪初持续回落,2002 年下降到最低的 68%,但从 2003 年开始出现小幅上扬,"十一五"期间的前四年(2006—2009 年)一直居于 70%以上的高位,2010 年又重新下降,到 2012 年仍占到了66.6%(参见图 1-5),远远超过了 30%的世界平均水平。相比较而言,我国石油消费所占比例还有下降趋势,1978 年占22.7%,2007 年这一比例是 19.7%,2012 年更下降为18.8%;天然气比重略有增加,但上升十分有限,仅由 1978 年的 3.2%上升为 2012 年的5.2%;而包括水电、核能和风能等在内的所谓低碳能源的比重很低,1978 年仅为 3.4%,到 2012 年也仅占 9.4%,低于世界平均水平的 13.1%,[①]由此造成我国单位能源消费的 CO_2 排放量是世界主要国家中最高的国家,比世界平均水平高 22%,比美国高 21%,比印度高 25%,比俄罗斯高 29%,比法国更高出 125%。[②]

由于调整能源结构在一定程度上受到资源结构的制约,而资源禀赋又难以调整,因此我国以煤为主的能源供给和消费结构在未来相当长的一段时间将难以发生根本性的改变。大量开采和消耗煤炭,不仅对交通运输系统造成很大压力,而且造成我国能源系统利用效率低,对环境构成巨大压力。这种以煤为主的能源结构使得中国在降低单位能源的 CO_2 排放强度方面比其他国家面临更大的困难和挑战。

(3)能源利用效率与低碳转型的矛盾

我国能源需求增长迅速但能源利用效率低,面临降低能源强度的挑战。图 1-6 比较

---

① 根据 BP Statistical Review of World Energy 2013 推算而得。

② 根据国际能源署 CO_2 Emissions From Fuel Combustion Highlights(2013 Edition)推算而得。

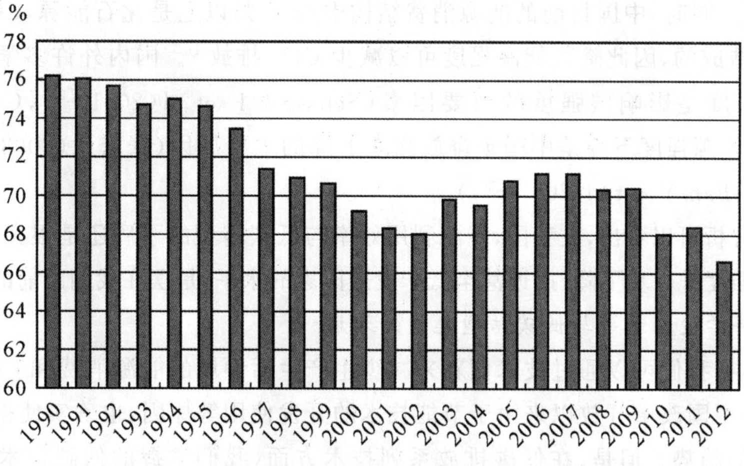

图 1-5 中国煤炭占能源消费总量比重的变化

资料来源:《中国统计年鉴》(2013)。

了按汇率计算的发达国家(美国和日本)、中等发达国家(韩国)、发展中国家(印度以及我国)的单位 GDP 的一次能源消费(能源强度)情况。从图中可以看出,20 多年来,中国的能源强度尽管是下降的(能源强度下降说明能源利用效率是提高的,反之亦然),但仍然明显地高于其他国家。以 2011 年为例,中国的能源强度(6.50,单位:toe/万美元,下同)是世界平均水平(2.50)的 2.6 倍,是日本的 6.5 倍,是美国的 3.9 倍,甚至比印度还高出 14%。可见我国的能源利用效率很低,要提高到发达国家的水平还有很长的路要走。

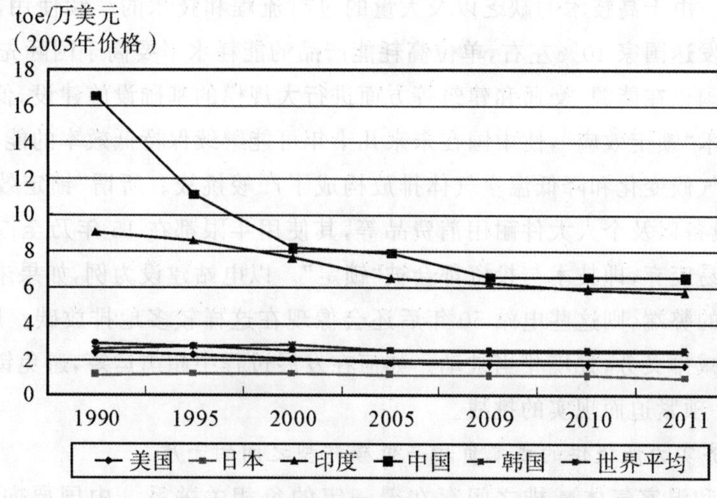

图 1-6 世界各国能源强度变化及其比较

资料来源:根据国际能源署,CO_2 Emissions From Fuel Combustion Highlights(2013 Edition)数据作成。

一般来说,降低能源强度可以降低碳强度(单位 GDP 的 CO_2 排放)。这是因为一次能源中的化石能源是有限的,人类发展依赖化石能源是不可持续的,因此我们要降低单位

GDP 的能耗。同时，中国目前的能源消费结构中约 90%以上是化石能源，CO_2 主要是化石能源燃烧造成的，因此降低能源强度可以减少 CO_2 排放①。国内外许多学者的研究都表明，能源强度是影响碳强度的重要因素（Schipper L et al（2001）[22]，Greening L A（2004）[23]），能源强度下降是中国碳排放强度下降的主要原因（张宏武（2003）[24]、魏一鸣等（2006）[25]；Fan Y, et al(2007)[26]）。

由以上分析可以看出，在我国，能源利用效率与低碳转型的矛盾还是很突出的，如何使我国的能源强度进一步下降，接近甚至低于发达国家的水平，是摆在我们面前的迫切任务。

3.我国科学技术水平与低碳转型之间的矛盾

理论上讲，我们可以通过技术创新来减少生产生活领域的能源消费和 CO_2 排放。从实践情况看，中国改革开放以来由于节能技术的开发使用等原因，也确实使得单位产值能耗具有下降的趋势。但是，在低碳排放系列技术方面，我们掌握的低碳技术并不是很充分、很先进，还有很大的不足，创新能力不够。如有学者指出，在能源等六大部门降低碳排放的关键技术中，大部分我国目前还没有掌握[7]，很多技术依赖于发达国家。与此同时，引进国外先进技术也面临重重障碍，即使他们无偿转让，我们也要为适应新技术做大量工作，并检验技术的稳定性；何况目前发达国家并没有无偿转让的意愿，一些国家还想靠这种先进技术获得新的竞争优势来获取更加丰厚的利润。

落后的能源开发和利用技术的不足是中国低能源效率和高强度温室气体排放的主要原因之一。在能源开发、供应和转换、传送和配置、工业生产以及其他终端消费的技术方面，中国与发达国家相比还有很大的差距，过时的技术在中国基础产业中还依然占据着相对较高的份额。由于高技术的缺乏以及大量的过时流程和技术的继续使用，中国目前的能源效率低于发达国家 10%左右，单位高耗能产品的能耗水平要高于国际先进水平 40%左右。由于中国正在能源、交通和建筑等方面进行大规模的基础设施建设，低效率技术的使用将导致技术“锁定效应”，使中国在未来几十年可能继续保持低效率的能源消费模式，这对中国应对气候变化和降低温室气体排放构成了严峻挑战。所谓“锁定效应”，是指基础设施、机器设备以及个人大件耐用消费品等，其使用年限都在 15 年乃至 50 年以上，期间不大可能轻易废弃，即技术与投资都会被“锁定”。以电站建设为例，如果未能避免传统燃煤发电技术的弊端，则这些电站 50 年后还会像现在这样较多地排放碳。届时，中国必然已正式承担减排义务，处境相当被动。如何在发展过程中超前运筹，避免锁定效应的束缚和后患，是一项紧迫而现实的挑战。

4.我国经济实力能提供的成本负担与低碳转型之间的矛盾

经济增速和温室气体减排之间存在着一定的负相关关系。中国要向低碳经济转型，减排成本是必须考虑的因素之一。例如，建筑节能改造需要额外投资约为 15%，可再生能源相比传统能源需要额外投资在 30%以上。有研究显示，按照中国承诺在 2020 年时单位 GDP 碳排放比 2005 年减少 40%～45%的目标，则今后 10 年每年需要为此

---

① 林伯强.碳强度目标与 GDP 相关应设能源强度目标.载国际能源网，2009 年 12 月 14 日 。

新增300亿美元的成本。[①] 另据估算，要实现所承诺的减排目标，中国差不多每年需要为此投入780亿美元，这相当于每个中国家庭每年要承担至少166美元。[②] 此外，碳捕获与存储技术在短期内成本太高，而且处理过程还需要消耗大量能源，其减排潜力也值得怀疑。

有专家分析还指出，在节能减排、发展"低碳经济"的大方向下，汽车和房地产两大行业都面临挑战。近年来急速发展的汽车行业，由于节能减排技术滞后以及大量生产，无论从资源消耗，还是从道路利用率，或人均温室气体排放上，都与"低碳经济"的基本精神背道而驰。而房地产的一些密闭建筑，在结构和材料选择上都有与节能减排相冲突的问题。建筑物使用寿命短，也容易造成浪费。

还有专家指出，中国1990年到2005年碳排放增速约为6.2%。而根据这次的减排目标，即使未来GDP增速逐步下降至6%～8%的水平，2005年到2020年的碳排放增速也要控制在4.5%以内才有望实现。假如GDP增速更高，则减排投入力度须更大[③]。

(二)我国低碳转型面临的国际压力

1.中国碳排放总量占世界份额较大，短期内难以实现总量减排，在国际谈判中处于被动境地

根据国际能源组织(IEA)的资料，2007年中国的化石能源起源的CO_2排放量已经超过美国居世界第一位，占世界CO_2排放量的21%。此后这一比重持续上升，在2011年更达到26.7%(见图1-7)。

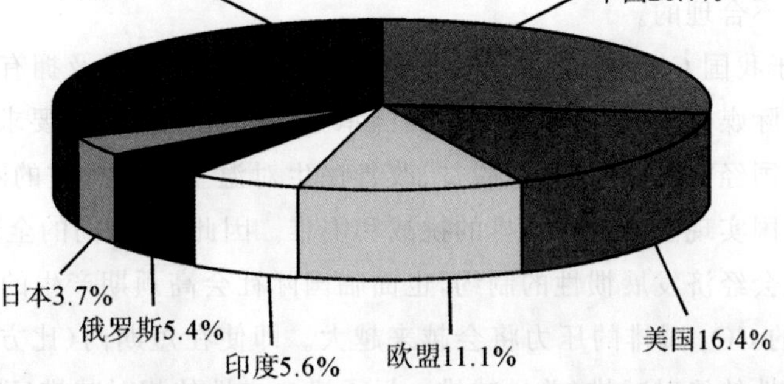

图1-7　主要国家在世界化石燃料起源的CO_2排放量中所占的比重(2011)

资料来源：国际能源署.CO_2 Emissions From Fuel Combustion Highlights(2013 Edition)

---

① 《中国近期不设温室气体排放上限 减排挑战巨大》，载21世纪网，2010年2月25日，http://news.sohu.com/20100225/n270414056.shtml。

② 《实现可持续发展需非凡努力——专家谈节能减排挑战》，载中央政府门户网站2010年10月17日，http://www.gov.cn/jrzg/2010－10/17/content_1724315.htm。

③ 《专家：部分行业面临巨大挑战 实现减排与机遇并存》，载羊城晚报，2009年12月07日，http://www.ce.cn/macro/more/200912/07/t20091207_20571041.shtml。

国际能源署预测，2020年中国的CO_2排放量将达到96亿吨，到2030年将进一步增至116亿吨[27]。这对中国如何应对未来发展提出了严峻考验。

从2009年哥本哈根会议(COP15)上中国和美国被作为议论的中心这一点可以看出，中国作为发展中大国，在国际气候谈判中的地位举足轻重，今后离开中国来进行温室气体减排的谈判已经是不可能的了。

对地球而言，它分不清哪些CO_2是从发达国家排出来的，哪些CO_2是从发展中国家排放出来的。这就给人造成一种错觉，似乎中国和美国是一样的。同是CO_2排放大国，大家都一样，都要减排。有人就会拿这个来做文章，把中国和美国放在同一个标准上来衡量，认为中美两国CO_2排放占全世界排放量的45%，中美两国不减排，全世界的减排就毫无意义。在有些国家看来，无论如何，中国的CO_2排放已占到世界总排放量的1/5以上，如果中国不承诺总量减排，就是不够努力。

但是这些人忽略了一个最基本的事实——美国已经发展到了后工业化时期，而我国才进入工业化中期，正是这种不同造成了两国本质上的差异。因为不可否认的一个客观现实是，在实现工业化的过程中不可避免地要排放较多的温室气体。当前的全球变暖与以美国为首的发达国家在其工业化过程中累积排放的温室气体紧密相连，这些国家理应对此承担责任，率先减排；而中国的工业化过程尚未完结，从公平的角度来说，实现工业化应该属于一个国家应有的发展权利，减排关系到我国的发展权。另外，即使单从CO_2排放现状来看，美国人均排放水平仍然远远高于中国，也应该有更大的减排力度。我国政府一直以来坚持的“共同但有区别”的责任应该是最现实的原则。因此，将中国和美国置于同一框架之内是不合理的。

近年来，由于我国CO_2排放总量在全球份额中不断攀升，以及拥有巨量的外汇储备的这些事实被国际媒体放大，国际社会对我国承担更多减排责任的要求越来越多。这些要求没有顾及中国经济发展的惯性、脱贫、改善民生对温室气体排放的刚性需求，也不考虑以上分析的中国实现温室气体减排的挑战和困难。因此，在目前的全球气候谈判中，中国既面临国内社会经济发展惯性的制约，也面临国际社会高预期产生的强大减排压力。① 可以预见，我国的CO_2减排的压力将会越来越大。即使在短期内(比方说在2020年前)可以不承诺强制性的绝对减排(总量减排)，只承诺自主性的相对减排(碳强度减排)，但假如再过十年，我国的CO_2排放占到世界的30%以上，在国际气候谈判中将会处于更加不利的地位。1997年京都会议时，所有的发展中国家都站在中国和印度一边，而2009年的哥本哈根会议的情况就有所不同了，26个太平洋岛国集体发表声明谴责一切排放，所以我国面临的减排问题是十分严峻的。

同时，无论是“新兴经济体”还是“基础四国”，这些新的身份正在稀释“发展中国家”这一概念的认同效果。中国的态度也必须作出相应的转变。而德班大会上中国提出了在

① 《气候变化绿皮书：中国减排面临国际社会高预期》，载人民网，2012年11月21日，http://legal.people.com.cn/n/2012/1121/c42510-19651529.html。

2020年后强制减排需要的五个条件，已经可以看作中国政府在态度上的转变，这表明中国对强制减排已不再简单地说“不”。造成这种变化的原因除了国际社会的压力，最主要还在于中国自身对转变经济发展方式日益急迫的要求。如果德班会议决议在2020年进入实施阶段，2020年很有可能成为中国加入国际减排法律框架，并制定强制减排目标的“大限”。

中国社会科学院发布的《2012年气候变化绿皮书》指出，控制温室气体排放、减少能源使用，不仅被认为是中国应对气候变化的重要工作，同时也是保障能源安全、减少污染物排放的重要措施。我国政府一贯对温室气体减排持积极态度，即便是在没有国际协议约束的情况下，也有意愿开展自愿性减排活动，采取了许多措施来减排温室气体，并于2009年向国际社会做出承诺，到2020年我国的单位GDP的CO_2排放量比2005年下降40%～45%，这表明了我国政府一贯坚持的在温室气体减排中的“共同但有区别”责任的具体担当。这一目标需要我们付出极大的努力才能够实现。事实上，“十一五”期间我国单位GDP能源强度下降19.1%，实现温室气体减排约15亿吨，为应对全球变暖做出了积极的贡献。

今后在关于世界温室气体减排的谈判过程中，中国的参加是必不可少的。这就使得我国面临的谈判形势十分严峻，谈判久拖不决，回旋空间就会进一步缩小。如何在维护我国家利益的基础上，加强与其他各方的沟通与周旋，缓解谈判压力，同时采取措施加大减排力度，是我国面临的重要课题。我们在积极开展低碳转型的同时，应在国际气候谈判中说服别国理解和接受中国的立场，并同国际社会一道使应对全球变暖工作走上正轨，这是我国摆脱国际压力的关键所在，也是一项需要高度艺术的工作。

2.“内涵能源”所导致的CO_2的排放问题更加剧了我国的国际压力

应该指出的是，由于我国在国际分工中处于制造业的低端位置，在生产过程中消耗的能源数量十分巨大，由此带来了大量的CO_2排放；而制造业的产品大量出口，产品的终端消费者在国外，把能源消耗和CO_2排放留在国内。这种“内涵”排放的问题十分突出。

在中国温室气体排放总量中，“内涵能源”所占比例较大。所谓“内涵能源”，是指产品上游加工、制造、运输等全过程所消耗的总能源。鉴于中国当前的经贸结构，必然存在巨大的“内涵能源”出口净值。根据估算，2006年中国产品出口造成CO_2排放约19.8亿吨，在当年全国化石燃料燃烧CO_2排放总量中占35%，其中净出口对应的CO_2排放约8.2亿吨，约占总量的14.5%。显而易见，这种内涵能源和内涵排放造成了我国CO_2排放量虚多的表象，更加剧了我国的国际压力。

二、中国在低碳转型中的机遇

中国目前正在进行的转变经济发展方式的革命，给低碳转型带来压力的同时，也带来了前所未有的发展机遇。如果我们将二者结合得当，就会借着低碳转型的机遇顺利实现我国经济发展方式的转变，在世界经济社会发展的竞争中搭上顺风车，从而实现长久以来中华民族伟大复兴的梦想，自立于世界民族之林。

根据历史经验来看，每一次大的危机都孕育着大的变革和机遇。目前，世界正处在一个向新能源、新产业、新生活方式过渡的转折点。低碳转型既可以节约能源，又能减少对环境的破坏，还能提高综合效率，因此，从长远来看，低碳的可持续发展经济才是未来经济发展的方向。我国改革开放30多年，走完了发达国家一两百年才走完的工业化道路。但应该看到，我国目前的经济支柱产业基本都属于高能耗或高污染产业。作为世界上最大的发展中国家和最大碳排放国家，无论是顺应国际潮流，还是出于环保容量的考虑，低碳发展都是我国未来发展的最佳选择。

低碳时代的到来不可逆转，低碳发展将催生新的经济增长点，它将与全球化、信息技术一样，成为重塑世界的强大力量。我们既要从产业结构、能源结构调整入手，转变高碳经济发展模式；也要从产业链的各个环节上，在产品设计、生产、消费的全过程中寻求节能途径，推广节能技术；大力开发可再生能源，大力发展低碳产业、低碳技术、低碳农业、低碳工业、低碳建筑、低碳交通等，把低碳经济和低碳生活方式的理念渗透到社会各个领域，形成良好的发展低碳经济和低碳生活方式的社会氛围和舆论环境。

低碳转型需要各方的共同努力，是压力更是动力，是挑战更是机遇，不仅对个别相关产业是如此，对各行各业都是如此。做好低碳转型工作，先行者得先机。

简言之，为了实现低碳转型的目标，就要提高单位碳排放的生产率，就要创新，要有新的工艺技术、生产方法、运行机制，乃至制度安排，实际上这是人类社会一次重大的创新机遇。

中国低碳转型的机遇主要表现在以下几个方面。

(一)低碳转型是转变我国经济发展方式的重要手段

近几年，低碳转型成为调整经济结构、转变发展方式的重要着力点。低碳发展之路不仅符合世界经济"低碳化"的发展趋势，也符合我国转变增长方式、调整产业结构、落实节能减排和实现可持续发展的目标。我国正面临着利用全球经济低碳发展趋势提升传统产业竞争实力，培育新能源产业的发展机遇。在当前经济形势下，最需要防范的就是少数地方和部门将经济增长和低碳转型"对立"起来。

低碳转型之所以能够成为经济增长的新动力，原因就在于过去我们没有认识到温室气体也是一种污染物，从而认为不需要将其计入成本。而现在我们认识到温室气体对人类生存的危害，因此需要转变观念，建立一种新的机制将这种污染物造成的外部性内部化，从而解决人类社会发展中遇到的全球变暖问题。这就要考虑降低成本的问题。而如果要降低成本，就必须要形成一种新的机制，必须要搞技术创新，采用新技术和新方法，这样就会有新的附加价值，就会带来新的增长空间，经济增长就会获得新的动力，带来新的增长机会和机遇。

既然是一个机遇，就有抓住机遇的问题，谁走在前面，谁就可能抓住这个机遇，就可能占据制高点；谁能先抓住机遇，谁就有可能赢得先机。

当前美国、日本、西欧等一些发达国家和地区，正在着力谋划产业转型，大力发展清洁能源，纷纷出台绿色新政，提出一系列重大政策举措，力求在下一轮国际竞争中取得主动。在这种情况下，如果我们不能抓住机遇，充分发挥环境保护和节能减排在经济增长当中的杠杆作用，加快经济发展，推动增长方式的转变，那么我国的经济发展就会受制于人。

（二）低碳转型能够形成新的经济增长点，是我国产业升级发展的重要抓手

低碳转型可以为许多产业的发展带来重大机遇，可以形成新的经济增长点，甚至形成全新的产业领域。这些产业是网罗性的，既包括新兴的产业，如环保产业、清洁能源、电动汽车、节能服务行业等，也包括电力、轻工、制药、仪器仪表、家电、造纸、照明等传统行业。下面仅举数例作一简要说明。

1.新能源产业

世界自然基金会预计，到 2020 年全球新能源产业销售额将突破 1.6 万亿欧元，成为世界第三大产业。目前，我国已在部分传统产业的节能环保技术上取得竞争优势，在部分新能源领域甚至扮演领先者的角色。据世界自然基金会统计，按照新能源产业年度销售额排名，中国位居第四；按销售额在 GDP 中占比排名，中国位居第六。[①] 这些数据表明近年来我国新能源产业发展成效显著。未来，预计国家将继续推出一系列新政，着力推动新能源产业的发展，使之在 2020 年前成为国民经济的又一支柱产业，成为在全球具有竞争力的产业。

在这场竞争中，中国有不少的有利条件，比如在节能环保新能源发展的环境中，我们具备了比较好的基础，比如电动汽车，有些技术已经相当不错了，有些可以说是在全球范围内是领先的，或者有领先的可能。

2.仪器仪表行业

在仪器设备制造方面，由于只有对能源进行精确采集、计量与实时监控、分析，并对负荷进行控制，才能达到良好的节能减排效果，因此电工仪器仪表，尤其是高智能、网络化、可靠性强的电能计量仪表及用电自动化管理系统产品面临着较大的发展机遇。环保监测领域，仪器仪表大有作为，正是大上的时候；国家更加注重民生领域如食品药品安全、节能减排等，为仪器仪表行业提供了新的市场；新能源如核电、风电、太阳能发电、沼气发电、低热发电等，智能电网建设，都有仪器仪表产业的机遇。所以仪表行业正处于整体实力还比较弱的情况，要注重自己产品实力的提升。其中一个重要的方向是产品的智能化。因为智能化产业既是无碳经济，又是先进的技术，符合目前的整体经济发展方向。而我国智能化领域最薄弱、最需要发展的是仪器、仪表、传感器等基础产业。所以，2010 年的仪表行业要在节能减排的低碳行业分得一杯羹，必当要提升自己的产品实力。[②]

---

① 罗迅：《减排我国面临的挑战与机遇并存》，载《中国三峡工程报》，2009 年 12 月 28 日，http://www.ctgpc.com.cn/fhzt/news.php? mnewsid＝38251。

② 《2010 减排目标公布仪表企业机遇挑战并存》，载中国仪器仪表商情网，2010 年 2 月 5 日，http://www.861718.com:8080/webnews.detailview.do? iid＝20100205103619484。

3.电力行业

目前全球在发电和送电过程中的能源损耗占到全球能源需求的四分之一。在全球范围内以新型高能效发电厂替代低效能的发电厂，相当于把全球2020年的能源需求每天减少600万桶。①

低碳转型政策的实施，能够推动电力装备制造业向着高参数、大容量、清洁高效的领域发展。落实低碳转型政策的主要措施是在发电、输变电和用电领域推广具有明显节能减排效果的先进电力设备。我国在输配电环节的损耗高出发达国家大约3%，节能潜力巨大，有望迎来市场机遇，推动产业升级。

在电力系统的各个环节中，与节能减碳密切相关的领域有以下几方面：一是发电侧，包括发电机组空冷设备、低温余热发电设备、循环流化床锅炉、厂用电节能设备；二是输变电侧一次领域，包括输电网动态无功补偿设备（SVC）、封闭式组合电器（GIS）、非晶合金变压器；三是输变电侧二次领域，包括电力市场运营系统、节能调度等。

未来国内电力行业转型的主要途径为：大力发展特高压电网；加强现有电厂设备改造，提高能源使用效率；积极鼓励新能源开发利用。电气设备将在"发、送、配、用"各个环节发挥重要作用。电力设备行业中新能源设备、电力节能设备等行业都将在低碳转型中受益，例如风电设备制造也是一个重要的生长点。可再生能源的发展已经成为全球性热点，在国家政策法规的大力扶持下，风电成为最大受益者，行业呈现爆发式增长。在政策和利益的双重驱动下，国内风电行业将超常规发展，庞大的市场需求拉动风电设备制造商迅速崛起。

4.住宅和商业建筑

实施低碳建筑，具体办法是在建筑设计上充分利用自然资源设计，如朝向、通风性能；在屋面、墙体、门窗等建筑外围护结构上使用具有隔热和保温性能的材料；在空调等建筑暖通设备上尽量使用能耗低的产品，同时充分开发利用太阳能、风能和地热资源。随着中国中产阶级的迅速增加，家庭和非工业企业的能源消费将以每年近5%的速度增长，到2020年将翻一番。如果全世界在房屋建筑过程中采用先进的隔热标准、安装节能型取暖和制冷设备，这将相当于把全球2020年的能源需求每天减少400万桶②。

麦肯锡全球学会（McKinsey Global Institute）会长戴安娜·法罗认为，低碳转型对中国来说最大的机遇在中国的工业部门。从现在起到2020年，中国在能源方面的需求占世界总需求的三分之一，而中国将近一半的能源需求来自工业部门。由于中国相对来说处于工业发展的早期，中国在能源生产力方面具有实现蛙跳式超越其他发达国家的绝好机遇。中国应采用最前沿的节能技术，例如回收利用在发电过程中产生的热能。全球范围

① 《中国节能减排面临三个机遇》，载驻英使馆经商处，2007年6月21日，http://gb.mofcom.gov.cn/aarticle/jmxw/200706/20070604805966.html。

② 《中国节能减排面临三个机遇》，载驻英使馆经商处，2007年6月21日，http://gb.mofcom.gov.cn/aarticle/jmxw/200706/20070604805966.html。

内开展此项工作将相当于把全球2020年的能源需求每天减少600万桶。①

(三)低碳转型是我国政府和企业投资支持的重要方向

我国政府对低碳转型十分重视,从“十一五”开始,即通过超常规的政策安排来推动低碳经济的跨越性发展,制定了一系列鼓励和扶持政策,在资金方面予以大力支持。

由于中国的环境拐点尚未来临,未来各级政府对环境质量会更加重视,这意味着环保产业的发展将处于高速成长期。而环境拐点的到来往往伴随着环保投资的高峰期,是环保相关建设、设备和工程施工市场最旺盛的阶段。包括技术资金在内的更多资源将会投入到低碳减排领域。

以电力行业为例,虽然大量中小型火电厂面临关、停、并、闭的局面,但《新能源发展振兴规划(草案)》也提出,“到2020年新能源发电占电力总装机容量的比重达15%(含水电为35%)”,这表明,以核能、太阳能为代表的新能源面临巨大机遇。而在电力输送环节,电网方面的建设是我国过去投入的薄弱环节,将来智能电网的大力建设将大大降低输电耗损,从而提高电力使用的效率,其中涉及大量输变电站的建设、改造,新型非晶变压系统、超大功率高压变频系统等等将受益其中。

在终端使用环节,国家早已经开始实施节能灯补贴政策,同时新型节能照明光源LED,大有逐步发展成为主流照明光源之一的趋势,国内企业的技术水平也正在向国际接轨。

汽车和建筑两个行业也同样有发展机遇。目前以混合动力汽车和电动汽车为代表的新能源汽车的技术开发与应用,这也将为国内汽车产业带来一次大机遇。建筑方面,像节能玻璃、建筑智能化工程、智能化大厦节能技术和大厦储冰空调系统等,都受到了行业的关注。

“十八大”以来,节能低碳发展面临新的机遇。例如,针对内需不足的情况,国家在2013年5月安排265亿元推广符合节能标准的空调、平板电视、冰箱、洗衣机和热水器等产品以刺激消费,补贴的范围和金额都远大于以往的节能家电补贴活动。其中,作为新能源的典型代表,太阳能热水器、空气能热水器首次纳入补贴范畴,且扶持力度较大。发展新能源和可再生能源早已成为“十二五”的重中之重,在国家保障房建设和可再生能源示范市县等利好政策的推动下,或将催生太阳能热水工程“千亿”市场。

另外,“十二五”期间也是我国再生资源回收体系建设工作的关键时期,废旧家电的回收处理也被再次提上日程。伴随着家电报废高峰期的来临,建立一条完善的废旧家电回收再利用的绿色产业链势在必行。

当然,除了政策拉动市场外,更有赖于产品结构的技术创新、产业自身的转型升级。在厂商们的大力推动下,变频空调、滚筒洗衣机、大容量冰箱、智能电视、冷凝式热水器、变频微波炉等一系列节能型产品已渐成消费主流。

---

① 中国节能减排面临三个机遇,http://gb.mofcom.gov.cn/aarticle/jmxw/200706/20070604805966.html,文章来源:驻英使馆经商处,2007—06—21

据专家估算,"十二五"期间,中国在生态建设、环境保护和节能减排领域中将投资8万亿元。而这8万亿元的投资又可带动多少其上下游的投资机会,以及产生多么巨大的回报,将不容小觑。对家电产业来说,在宏观经济、楼市调控、低碳环保等压力之下,技术创新、升级转型也将是符合国家发展方向、符合产业提升的硬道理,后续政府在节能环保相关领域的法规、税收、财政等政策导向更值得家电企业继续关注。

近年来,国家突出强调要建设资源节约型、环境友好型社会,大力倡导发展绿色、环保、再生能源、新材料、循环利用、垃圾处理等方面的新型业务。家电行业中,空调一直被认为是"耗能大户",国家节能减排指标给暖通空调行业带来新的发展机遇,巨大的建筑设计市场潜力为行业带来发展契机。随着节能减排不断深入发展,空调节能技术的升级成为行业关注的焦点。

可以预见,由于国家政策的扶持和资金的重点投入,我国技术进步的速度将显著加快,成本将大幅降低,比如近年来光伏发电的成本,由于技术进步而迅速降低,从而增强我国新兴产业在国际上的竞争力。

有学者指出,中国经济面临四大转型,即从投资主导向消费主导转型、从工业化主导向城市化主导转型、从私人产品供给向公共产品供给转型,以及低碳经济转型。迟福林表示,官方此前提出将在2011至2015年十二五期间最低投入2.2万亿元人民币以降低碳排放强度,而实际投入很可能远不止这个数字,由此低碳经济将成为未来五年中国新的重大投资领域。①

(四)低碳转型能够带来巨大的市场机遇

我国的市场广阔,潜力巨大,可以为诸多减排新技术提供商业化、市场化的前提条件。一项好的技术,市场推广需要回收成本,中国是最好的地区,所以国际上减排方面的新技术,拿到中国来是不会吃亏的,会有很好的盈利前景。

美国斯坦福大学教授、诺贝尔经济学奖获得者迈克尔·斯宾思认为,从中长期来看,中国将会成为世界碳排放的后一轮领导者,中国不能依赖不断扩大出口的市场,出口增速不会像以前那么快,像碳排放削减的模式可以引进国内消费。②

中国将成最具潜力的减排市场、世界上最大的碳交易市场。有关统计显示,2008年中国提供的CO_2减排量已占到全球市场的1/3左右。③

(五)低碳转型能够促进我国经济竞争力的增强

从国际看,围绕能源安全和气候变化的博弈更加激烈。一方面,贸易保护主义抬头,部分发达国家凭借技术优势开征碳税并计划实施碳关税,绿色贸易壁垒日益突出。另一

---

① 迟福林:《未来五年中国经济面临四大转型》,载中国新闻网,2010年3月24日,http://finance.ifeng.com/opinion/macro/20100324/1967649.shtml。

② 斯宾思:《中国经济有三个瓶颈转型 转型成功决定未来增长》,载凤凰网财经,2010年3月20日,http://finance.ifeng.com/opinion/special/fazhan2010/zjgc/20100320/1948164.shtml。

③《碳交易的中国机遇:或成节能减排的"助推剂"》,载中国环保网,2008年12月4日,http://www.chinaenvironment.com。

方面，全球范围内绿色经济、低碳技术正在兴起，不少发达国家大幅增加投入，支持节能环保、新能源和低碳技术等领域创新发展，抢占未来发展制高点的竞争日趋激烈。提高碳排放生产率的竞争，将改变已有的竞争优势和资源配置格局，在碳排放总额受限且可交易的条件下，实际碳排放将更多地向碳排放生产率高的地区和企业倾斜，因为它有更高的生产率。碳排放生产率高的地区和企业，将赢得新的竞争优势，占得新一轮发展的制高点。我们要认识到，这是一场竞争，这场竞争是创新的竞争，有一部分企业、一部分地区、一部分国家实际上能赢得新的竞争优势。

(六)低碳转型能够促进全民意识的改变

意识决定行动，意识总是先于行动。低碳转型能否成功，说到底是人的因素，是人的观念转变和意识升华。低碳转型需要观念重构，因为中国经济长期高速增长的骄人业绩和巨大的市场潜力，使许多人没有意识到转型的必要。在当前低碳转型的大背景下，我们需要一个观念的调整或者转变，不能把节能减碳仅仅看成是一件迫不得已的事情、是消极的因素、是一个负担，我们应当把它看成重大的机遇、一个竞争，如果你不做，别人会比你做得更好，你在竞争中便处于更加不利的地位。因此，必须深刻认识转型的必要性和迫切性，牢固树立低碳意识。只有当全社会都树立起低碳意识，全民节能环保意识不断提高，各方面对节能减排的重视程度明显增强，才能真正实现低碳转型的目标。当前的资源与环境危机，使越来越多人深刻地认识到传统经济发展方式的局限性和脆弱性，认识到转变经济发展方式、调整经济结构的必要性和紧迫性，认识到中国经济再不转型将丧失以往的优势，难以持续快速平稳发展。我们不仅需要以信息化带动工业化，把高消耗、高污染的产业和企业升级为低消耗、环境友好型的产业和企业，还需要积极开发新技术、新产业，培育新的增长点和具有全局意义的新的支柱产业，抢占经济发展的新高地。转变观念的重点是对政府施政目标和手段的反思和重构，我们要以民生取向代替 GDP 至上，以可持续发展的理念代替唯速度观，要充分重视和发挥"无形之手"配置资源的基础性作用，而不是用"有形之手"包办一切。①

应该看到，我国与西方发达国家的不同点在于，在经济发展的基础上，发达国家已经整体进入了后物质主义社会，社会的主体价值观已经发生转变，并且呈现出很大的同向性。对于建设低碳社会，它们已经有比较强的民意基础。例如，据一项调查表明，英国、德国、法国、日本等国家，超过半数的民众认为全球变暖是一个严重问题，在日本这一比例达到 73%，即使是对建设低碳社会不积极的美国，这一比例也有 42%。在所有受访国家中，中国的这一比例最低，只有 24%。② 事实上，很多人对于低碳经济、低碳社会还非常陌生，他们最关心的是现实的物质利益，拜金主义、消费主义正在中国盛行。在此背景下，要以

① 张健：《经济转型是一场革命》，载经济参考报，2010 年 3 月 15 日，http://finance.ifeng.com/opinion/zjgc/20100315/1925016.shtml，经济参考报，2010－03－15

② 王立德：《中国人对国家发展方向满意度最高，但是对环境担忧程度高。中美两国公众对气候变化的关注度低》，http://www.greenlaw.org.cn/blog/? p=159。

建设低碳社会为中心并形成社会主流价值观非常困难。因此,要对全社会包括下一代人进行教育,使之形成一致的、有效的、符合低碳社会要求的价值观和行为规范,让全民养成低碳生活的习惯,把减少 CO_2 排放实实在在地带入我们的生活。所谓"低碳生活(low-carbon life)",就是指生活作息时所耗用的能量要尽力减少,从而减少二氧化碳的排放量。低碳生活,对我们普通人来说是一种态度,而不是能力,我们应该积极提倡并去实践低碳生活,注意节电、节水、节油、节气,从点滴做起。除了植树,还有人买运输里程很短的商品,有人坚持爬楼梯,形形色色,不一而足。

(七)低碳转型能够促进技术创新

在低碳转型发展的初期,部分地区和企业可能面临减排成本上升的压力,但是只要技术进步发生作用,减排成本将逐步降低,也可能出现排放成本降低的情景。如最近有些电动汽车,每公里的成本实际上比汽油机的成本低,而它的减排效果也非常好。因此减排和降低成本是可以并存的。

从中长期看,只要有适合的战略、政策和机制,在实现减排目标的同时,增长速度不减缓、增长规模不缩减、增长质量更高的目标也是可以达到的,也就是说完全可以争取减排与增长双赢,对发展水平较低的地区来讲,由于排放权配额较高,排放成本通常更低,所以可通过排放权交易获益。我们应该重视并且抓住当前减排这样一个机遇,利用好中国有的或者我们将来可以创造出的一系列有利条件,积极推进相关政策的调整和制度建设,积极推进技术创新和其他方面的创新,包括管理创新、机制创新、制度创新,加快形成减排领域的新的竞争优势,争取走出一条减排与增长双赢的新型工业化、现代化道路。

(八)低碳转型给我国城市化带来机遇①

与工业化同时进行的是我国的城市化。城市化程度是经济由贫困向中等收入转型的一个重要标准,也是一个不可逾越的发展过程。目前,世界有大约一半人口生活在城市,主流城市的能耗通常占世界总耗能的60%~80%,所以城市是低碳转型的关键。我们不能延缓城市化进程,但是可以把城市化进程作为节能减排的重大机遇,重要的是现在如何改变、如何行动,避免基础设施"锁定"。事实上,通过更合理的城市规划、绿色工业、节能建筑和分布式能源等,城市化进程也能成为一个节能减排的重要机遇。

在城市规划方面,目前国内城市规划体系是由 2008 年 1 月开始执行的《城乡规划法》及相关技术规范构成,其中大部分的技术规范还是 20 世纪 90 年代初出台的,难以适应目前人口流动、生活水平、经济规模和资源环境,尤其是节能减排约束等新形势。今后在城市规划方面应该尽量加入低碳细节,更多考虑节能基础设施,比如专用的自行车道。需要通过重新设定一系列低碳城市发展指标体系,包括构建城市可持续发展的测度,明确城市低碳发展的目标和确立政府低碳管理的实施准则,来指导低碳城市的设计和建设,并且制定相关政策措施实现制度上的保障。

---

① 《中国城市化面临挑战 节能减排成重要机遇》,载 21 世纪经济报道,2013 年 2 月 28 日,http://www.abi.com.cn/news/htmfiles/2013—2/124015.shtml。

在建筑节能方面，目前国内城市建筑的运行能耗占城市能耗的20%左右，与发达国家相比，我国普遍存在能耗高、效率低（如单位建筑面积采暖能耗在同样气候条件下比发达国家高3倍以上）、保温隔热技术水平落后等问题。推广绿色低碳建筑，从建筑设计到运行使用的全寿命期间，最大限度节能减排是低碳城市的一个重要标志。目前中国的城市建设是经济增长的重要环节，基本上是一个增量市场，建筑节能是城市化进程给中国整体节能提供的一个最好的机会，不能错过。需要指出的一点是，追求利润最大化的房地产商为节约投资，可能不会遵守建筑节能标准。能源审计是有效监管的基础，因此，节能建筑的真正落实还需要严格的监管和能源审计。

低碳城市化进程的另一个方面是分布式能源的发展。其大体可以分为三类：一是用户侧小型天然气冷热电一体化，它的综合能源效率能够达70%以上；二是分布式风电、分布式光伏发电，后者可以与节能建筑一起来进行；三是利用工业余热等进行发电。这些分布式的能源利用可以替代或减少不可再生且污染严重的煤炭消费，减少二氧化碳的排放。但是目前分布式能源多是自用，如社区、开发区、偏远地区，且价格偏高。阶梯电价会有作用，但目前不明显，电网公司也没有动力对电力高买低卖支持分布式能源，这是目前分布式能源发展面临的最大障碍。因此配套的电价政策或补贴是目前分布式能源发展的关键。

主要参考文献

[1]刘玲玲：《对社会转型范畴的哲学思考》，载《北方论丛》1996年第5期，第17～21页。

[2]陈烽：《中国当代社会的八大转型》，载《社会科学》1993年第8期，第52～56、60页。

[3]刘祖云主编：《社会转型解读》，武汉大学出版社2005年版。

[4]张谨：《论文化转型》，载《学术论坛》，2010年第6期，第158～163页。

[5]衣俊卿：《论文化转型的机制和途径》，载《云南社会科学》2002年第五期，第53～58页。

[6]洪大用：《中国低碳社会建设初论》，载《中国人民大学学报》2010年第2期，第19～26页。

[7]赖章盛、李红林：《低碳社会：生态文明建设的新模式——兼论低碳社会的价值趋向》，载《求实》2011第2期，第50～52页。

[8]赵胜军、樊雅丽：《低碳社会的发展转向——种社会政策的研究视角》，载《文史博览（理论）》2010年第7期，第51～53页。

[9]DTI(Department of Trade and Industry), Energy White Paper: Our Energy Future—Create a Low Carbon Economy [R].London: TSO, 2003.

[10]Stern Nicolars.Stern Review on the Economics of Climate Change [M].London: Cambridge University Press, 2007.

[11]陈诗一：《中国各地区低碳经济转型进程评估》，载《经济研究》2012年第8期，第32～44页。

[12]谈新敏：《低碳文化及其在低碳发展中的根本性作用》，载《自然辩证法研究》2011年第4期，第122～126页。

[13]王芳：《论低碳社会建设的三个关键着力点》，载《南京社会科学》2011年第10期，第65～72页。

[14]姜艳生：《关于推动绿色转型的理论和实践问题的探讨》，载《太原科技》2007年第6期，第5～8页。

[15]孙毅、景普秋《资源型区域绿色转型模式及其路径研究》,载《中国软科学》2012 年第 12 期,第 152～161 页。

[16]毕光庆:《新时期绿色城市的发展趋势研究》,载《天津城市建设学院学报》2005 年第 4 期,第 231～234 页。

[17]李漫莉、田紫倩、赵惠恩、刘青林:《绿色城市的发展及其对我国城市建设的启示》,载《现代园林》2013 年第 10 期,第 17～24 页。

[18]赵峥、张亮亮:《绿色城市:研究进展与经验借鉴》,载《城市观察》2013 年第 4 期,第 161～168 页。

[19]Stern N.The Economics of Climate Change:The Stern Review [M].Cambridge, UK:Cambridge University Press, 2006

[20]Riahi, K.Gruebler, A.and Nakicenovic N.Scenarios of long-term socio-economic and environmental development under climate stabilization[J]. Technological Forecasting and Social Change, 2007 (74)7:887－935.

[21]明日香壽川、地球温暖化問題復活の条件(上)[J].世界,SEKAI,2013－12:224－231

[22]Schipper L,Murtishaw S,Khrushch M.Carbon emissions from manufacturing energy use in 13 IEA countries:Long-term trends through 1995[J].Energy Policy,2001,29:667－688

[23]Greening L A.Effects of human behavior on aggregate carbon intensity of personal transportation:comparison of 10 OECD countries for the period 1970—1993[J].Energy Economics,2004,26(1) :1－30

[24]張宏武,中国の経済発展に伴うエネルギーと環境問題——部門別・地域別の経済分析[M].溪水社,2003－09

[25]魏一鸣、范英、王毅等:《关于我国碳排放问题的若干对策与建议》,载《气候变化研究进展》2006 年第 2 期,第 15～20 页。

[26]Fan Y, Liu L C, Wu G, et al.Changes in carbon intensity in China:empirical findings from 1980—2003[J].Ecological Economics,2007,62(3-4) :683－691

[27]International Energy Agency,World Energy Outlook, 2009[M].Paris:International Energy Agency /Organization for Economic Cooperation and Development,2009

第二章
中国的 CO_2 排放及低碳转型的政策动向

第一节　中国 CO_2 排放的动态及特征

中国低碳转型伴随着中国经济的高速增长，也伴随着中国的快速工业化和城市化，这是我们必须要考虑的重要特点和出发点。如果不是“高速”和“快速”的话，中国的低碳转型压力可能会小一些。

自改革开放以来，中国经济高速增长，对能源的需求也大幅增加。与此同时，由于化石能源利用的大量增加，特别是由于对单位发热量排出 CO_2 较多的煤炭的依存度较高，使得我国的 CO_2 排放量显著增加，成为 CO_2 排放量增加最快的区域之一。为了减轻高速经济发展给能源供应带来的巨大压力，与应对全球变暖的国际行动相呼应，我国政府开始制定向低碳发展转型的政策。

笔者认为，要发展低碳经济，实现低碳转型，首先必须清楚地把握随着经济的发展我国 CO_2 排放的“家底”。而且这种把握不能仅是单单针对全国，有必要明确到底具体的哪些部门或哪些地区究竟排放了多少 CO_2 的具体数据。其次有必要深入分析各部门、各地区是如何排放的，即影响 CO_2 排放的因素是什么，这些因素的影响程度有多大。可以断言，如果这两点不明确的话，就不可能制定出适合我国国情的有效的减排对策。而目前中国的 CO_2 排放数据非常缺乏，特别是系统、连续而又翔实的数据更为缺乏。这种状况对中国发展低碳经济造成极大的影响，也对中国 CO_2 减排研究造成了很大的困难。由此可见，我国 CO_2 排放量的推算以及分析有着很强的现实性和重要性。

在此背景下，本章拟首先利用现有的统计数据，对中国化石能源起源的 CO_2 排放量进行推算，然后从推算结果出发，对中国的 CO_2 排放现状、排放结构及变化特征进行分析；其次，从宏观的角度探讨影响中国 CO_2 排放的因素，着重探讨经济发展与 CO_2 排放的关系；最后，对中国低碳转型的政策动向作一概观，以图为 CO_2 排放量削减对策提供一些依据，并从中探索对我国 CO_2 减排对策的有益启示。

一、中国 CO_2 排放量的推算

(一)推算的意义

改革开放以来,伴随着中国经济的高速增长,化石能源的利用也在快速增加。2012年中国能源消费量按标准石油换算为2 735.2亿吨,占世界能源消费总量的 21.9%,成为世界第一大能源消费国。①

如前所述,中国能源消费与 CO_2 排放的关系之所以密切,是因为中国的能源结构非常特殊的缘故,其中一个最大的问题在于单位发热量较多的煤炭依存度比世界平均水平高出许多。众所周知,在煤炭、石油和天然气等化石能源中,单位发热量最多的是煤炭,其次是石油,天然气的排放量最少。另外一个问题是中国的清洁可再生能源的比重也较世界平均水平低(参照前章叙述)。巨大规模的能源消费,叠加上高度的煤炭依存和较低的清洁可再生能源的比例,使得中国成为世界上 CO_2 排放量最多的国家和增加最为迅速的国家之一,这样便使得我国面临着经济发展和 CO_2 减排的双重压力。

由此可见,摸清我国 CO_2 排放家底是首先需要做的一项工作。但目前有关我国 CO_2 排放量的数据十分缺乏,特别是系统、连续且可信度高的数据更是严重不足。虽然统计系统在逐渐建立、改善,公布的数据逐渐增多,但可以作为长时间序列研究的 CO_2 排放量数据还不是十分充足。例如,中国政府公布的我国 CO_2 排放量的时间序列数据,只有全国排放总量数据,并没有分部门、分地区的数据。2004 年 11 月,中国政府首次正式发布《中华人民共和国气候变化初始国家信息通报》②(Initial National Communication on Climate Change),其中公布 1994 年全国分部门,即工业、转换、运输、商业、生活、其他(建筑业和农业)的温室气体排出量的数据,但仅有 1994 年一年的数据,且已经过了 10 多年以上,既无法进行时间序列的纵向比较,资料也过于陈旧,无法反映现状,而且部门分类也比较粗糙。此外,其他国际统计机构,如国际能源组织虽然每年有一定程度的信息提供(CO_2 Emissions from Fuel Combustion),但同样能源种类和部门分类都十分粗糙,难以满足科学研究的需要。这种状况对我国低碳经济发展政策的制定产生了很大的影响,同时,也对中国 CO_2 减排的研究造成了很大的障碍。

鉴于我国官方公布的 CO_2 排放量的数据十分缺乏的现状,学术界只能根据其他资料进行测算。在 CO_2 排放量的推算方面,关键的步骤是确定各种能源的 CO_2 排放系数。多数学者是利用联合国政府间气候变化专门委员会(IPCC)温室气体清单指南中提供的方法进行推算的,如燕丽、杨金田(2010) 对中国 2007 年火电行业 CO_2 排放量推算[1],金艳鸣(2011) 对我国各省份 2006—2008 年火电行业碳排放量的估算[2]等,还有的是利用 DOE/EIA、日本

---

① 根据 BP Statistical Review of World Energy 2013。

② 中国国家发展和改革委员会:《中华人民共和国气候变化初始国家信息通报》,中国计划出版社 2004 年版。

能源经济研究所、国家科委气候变化项目等提供的平均值，如胡初枝等(2008)[3]、王怡(2011)[4]等。以上推算有一个共同的缺陷——能源种类太少，大多只是粗略地分为煤炭、石油和天然气三大类，潘雄锋等(2011)的推算[5]也只有 8 类。由于分类较粗，直接影响到数据的精确性。因此，中国 CO_2 排放量(包括分部门、分地区)的推算和分析就显得十分重要。

这里有一点需要说明的是，引起全球变暖的温室气体(greenhouse gas:GHG)不仅包括 CO_2，还有其他几种。《京都议定书》中规定的温室气体削减对象包括二氧化碳(CO_2)、甲烷(CH_4)、氧化亚氮(N_2O)、氢氟碳化物(HFCs)、全氟化碳(PFCs)和六氟化硫(SF6)等 6 种。此处只选取 CO_2，特别是只将化石能源起源的 CO_2 排放作为推算对象，其原因有二：

一是在温室气体中 CO_2 的排放量，特别是化石能源起源的 CO_2 排放量最多。根据前述《中国应对气候变化国家方案》，在我国温室气体排放总量中，CO_2 排放量占 83%(2004 年)。在全部 CO_2 排放量中，除了化石能源起源外，水泥、钢铁等生产过程中也有一些排出，但化石能源排出量占总排出量的 90%以上(如 1994 年为90.95%。①)如果我们能明确占温室气体绝大多数的能源起源的 CO_2 排放量的实际状况，并采取适当对策的话，对防止全球变暖将是很大的贡献。

二是化石能源起源的 CO_2 排放量的推算相对容易。由于化石燃料的种类不同，单位发热量的 CO_2 排放量也不相同，但不同消费部门的单位发热量的排出系数则是稳定的。因此，只要是同一种燃料，各部门都采用同一排出系数来进行推算是可能的。而钢铁、水泥等生产过程中产生的 CO_2 排放量的推算比较复杂，因当时当地的生产技术而不同，这种推算需要一定的财力和人力，需要有组织地进行，个人是无法做到的。

因此，如无特殊说明，下文大多数情况下所谓的 CO_2 排放量，即指化石燃料起源的 CO_2 排放量。

还有一点需要说明的是，本推算只是为了科学研究所做的一项尝试，并不能代表政府公开发布的数据，期望能够早日看到权威部门公布的更加详细、权威的统计数据。

(二)推算方法

CO_2 排放产生于化石燃料的燃烧过程，燃料燃烧的 CO_2 排放因子(系数)对于燃烧过程本身比较不敏感，所以主要取决于燃料的碳含量。在同一初级燃料类型中或不同的初级燃料类型之间，碳含量按量或体积的不同存在较大差异。燃料中仅有一小部分碳在燃烧过程中不会被氧化，这部分比例通常很小(99%～100%的碳都被氧化了)。

因此，从能源统计数据入手对 CO_2 排放量进行推算，首先要确定各种化石燃料在燃烧时向大气排放 CO_2 的排放系数。虽然燃料的种类、性质不同，排出系数也各不相同，但各部门排出系数则是相同的，单位发热量的排出系数是稳定的，因此，同一种燃料，即使是不同的部门，也可以使用统一的排出系数来进行推算(这里的排放系数是基于 100%氧化

---

① 中国国家发展和改革委员会:《中华人民共和国气候变化初始国家信息通报》，中国计划出版社 2004 年第 17 页

的假设)。CO_2 排放量的推算,基本上是按照每个部门各自的 CO_2 的排出系数乘以各自燃料的消费量来进行的。

如果用 C 表示化石能源起源的 CO_2 排放量,则可得到下式:

$$C = \sum_{j=1}^{n}\sum_{i=1}^{m}\alpha_{ij} \times E_{ij}$$

式中:

α_{ij}:第 j 部门 i 种能源的排出系数(排出量/能源消费);

E_{ij}:第 j 部门的 i 种能源消费;

i:表示能源的种类;

j:表示部门。

(三)推算数据来源

1.排放系数

在进行 CO_2 排放推算的过程中,最重要的是排放系数的选用。在 CO_2 排放系数中,采用较多、影响较大的是政府间气候变化专门委员会制定的国家温室气体排放清单指南(1996 年首次制定,2006 年做了修改①),该指南的范围包括能源燃烧、工业过程和产品使用过程、农业、林业和其他土地利用以及废弃物中排放的温室气体等,比较完整、全面,适合国家层面组织大量人力、物力进行。而在能源燃烧部分,将煤炭分类为无烟煤(anthracite)、炼焦煤(coking coal)、其他沥青煤(other bituminous coal)、次沥青煤(sub-bituminous coal)和褐煤(lignite)等,与我国的能源分类统计不太吻合。因此,在有关我国 CO_2 排放推算的研究中,大多将其概括为煤炭、石油、天然气三类能源来进行简单的推算,其结果难免粗糙(如国家发改委能源研究所(2009)[6])。

此外,在国内外进行 CO_2 排放量推算的一些研究中,也有的采用了其他的排放系数。如在日本就有环境省企划调整局地球环境部(1992)[7]、能源经济研究所(每年)[8]、科学技术厅科学技术政策研究所(1992)[9]、经济企划厅经济研究所(1997)[10]等多家研究机构对 CO_2 排放进行推算的研究。这些研究所采用的 CO_2 排出系数有微小的差异,其中也有涉及中国的研究。但由于受到统计资料的制约,排放部门、能源种类都很有限,推算期间也大多在上世纪 90 年代以前。此外,这些研究所采用的能源消费数据,多为高位发热量数据②。

---

① 政府间气候变化专门委员会:《2006 年政府间气候变化专门委员会国家温室气体清单指南》。

② 单位质量的燃料在隔热的情况下完全燃烧,冷却到原来的温度时所放出的热量被定义为“发热量”。在燃烧过程中,氢原子和氧原子的反应生成的水蒸气及燃料中的水分被蒸发,尔后发生的蒸发潜热也会被放出,包含蒸发潜热的热量被称为“高发热量(也叫高位发热量或总发热量)”,不包含蒸发潜热的热量称之为“低发热量(低位发热量或真发热量)”。由于国家和统计方法的不同,高发热量和低发热量的表达方式有所不同,在计算热量时应该予以注意。两者的差异在于如何看待在燃烧中产生的水分。高位发热量是指在燃烧中产生的水分凝结为水(液体)时放出的热量,通常的热量计实测得到的是高位发热量;低位发热量是指水分在蒸汽状态(气体)时的发热量,是实际能够利用的热量,所以也称为真发热量。低位发热量的计算式有所不同,采用不同的算式会导致其结果可能会不一样。

在经过比较上述研究成果的基础上，考虑到数据的科学性与资料的可得性以及与我国统计体系的整合性，在本推算中利用的排出系数采用了日本科学技术厅科学技术政策研究所[9]的成果。不仅因为此间研究所采用的排出系数吸收了美国橡树岭联合大学（国立研究所）的研究成果，还因为上述研究采用的是低位发热量（真发热量）数据，与我国公开发表的《中国能源统计年鉴》中的发热量数据相对应。表 2-1 表示了本推算所使用的能源热量换算以及CO_2排放系数。

表 2-1　中国分能源的热量换算及CO_2排放系数

能源种类	热量换算系数		排出系数		备　注
	系数	单位	系数	单位	
原煤	5 000	kcal/kg	3.905	t-co$_2$/toe	1toe＝10^7kcal
洗精煤	6 300	kcal/kg			
其他洗煤	2 000	kcal/kg			
型煤	2 000	kcal/kg			
焦炭		kcal/kg	3.182	t-co$_2$/t	
焦炉煤气	4 000	kcal/m^3	1.687	t-co$_2$/toe	1toe＝10^7kcal
原油		kcal/kg	3.165	t-co$_2$/t	
燃料油		kcal/kg	3.219	t-co$_2$/t	
汽油		kcal/kg	3.132	t-co$_2$/t	
煤油		kcal/kg	3.164	t-co$_2$/t	
柴油		kcal/kg	3.187	t-co$_2$/t	
液化天然气(LPG)		kcal/kg	3.017	t-co$_2$/t	
炼厂干气		kcal/kg	2.933	t-co$_2$/t	
其他煤气	1250	kcal/m^3	2.141	t-co$_2$/toe	1toe＝10^7kcal
其他石油制品		kcal/m^3	3.220	t-co$_2$/t	
天然气	9310	kcal/m^3	2.312	t-co$_2$/toe	1toe＝10^7kcal

注：t-co$_2$ 表示CO_2换算吨，toe 表示标准石油换算吨。

资料来源：①排出系数取自日本科学技术厅科学技术政策研究所编《「アジアのエネルギー利用と地球環境」》，大藏省印刷局 1992 年版，第 161 页。

②热量系数取自中国国家统计局能源统计司、国家能源局综合司共同主编：《中国能源统计年鉴》(2013)，中国统计出版社 2014 年版。

2.统计数据

这里的CO_2排放量推算是根据《中国能源统计年鉴》的分部门能源消费资料来进行的。推算的能源种类包括原煤、洗精煤、其他洗煤、型煤、焦炭、焦炉煤气、原油、燃料油、汽油、煤油、柴油、液化天然气(LGP)、炼厂干气、其他煤气、其他石油制品、天然气等 16 种，能源消费部门包括农业、工业、建筑业、交通通信业、商业、其他服务业、生活等 7 个终端消费部门以及发电、供热等 2 个能源转换部门。推算的对象期间为 1980—2012 年的 33 年。

此外，在能源最终消费部门中，工业部门的CO_2排放量最多，这里对工业各行业的CO_2排放量也进行了推算。但由于没有得到 1985 年以前工业分行业的能源消费数据，故推算期间为1985—2012年。能源种类与其他部门同样，也是16种。由于统计资料的限制，作为能源消费部门的工业行业分类各年略有不同，1985—1990年为14个行业，1991—1996年为31个行业，1997年以后分为40个部门。

(四)推算结果及其验证

利用以上方法和资料，对中国1980—2012年这33年间的分部门、分能源种类的CO_2排放量进行了推算。在推算过程中，在能源消费总量中扣除了工业部门的作为化学原料等非能源利用的部分。

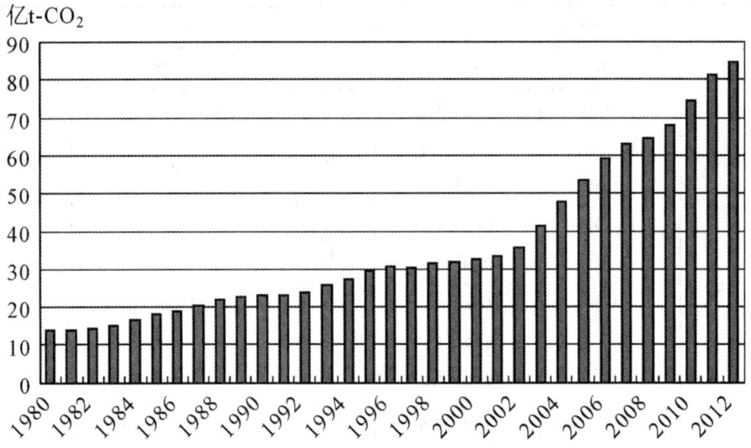

图 2-1　中国化石能源起源的CO_2排放量的变化

资料来源：笔者作成。

图2-1表示的是中国1980—2012年化石能源起源的CO_2排放量的历年变化。从中可知，中国1980年的CO_2排放量为14.03亿吨(CO_2换算吨，下同)，2012年增加为84.66亿吨，相当于1980年的6倍。

本推算结果与其他的相比有一定的差别，但不是很大。从历年的情况来看，前述《中华人民共和国气候变化初始国家信息通报》作为国家权威发布，正式公布的1994年中国化石能源起源的CO_2排放数据为27.95亿吨，与本推算的27.16亿吨的差约为0.8亿吨。

另外，前述《中国应对气候变化国家方案》中公布的中国2004年的CO_2排放量为50.7亿吨，但这是全部的CO_2排放量，其中包括了工业产品制造过程中由于化学反应排放的CO_2在内，本推算只包括了化石能源起源的排放，其结果为47.9亿吨，相当于前者的94.5%，考虑到前已述及的我国化石能源起源的CO_2排放量占全部CO_2排放量的90%以上的现状，两者的差别也不是很大。

再以2007年的CO_2排放量推算为例，本推算结果为63.16亿吨，国际能源署(2009)的推算结果是60.28亿吨①，国家发改委能源研究所(2009)为63.44亿吨②，本估算与国家

① International Energy Agency, CO_2 Emissions from Fuel Combustion: Highlights, 2009 Edition.2009.

② 国家发改委能源研究所：《2050中国能源和碳排放报告》2009年版，第164页。

发改委的结果相近，大于国际能源署的推算数据。

但从 2011 年的数字来看，本估算的结果为 81.48 亿吨，而国际能源署的数据则为 86.21亿吨[①]，两者相差较大。

总的来看，本推算的结果还是经得起推敲，可以信赖的。

需要说明的是，本研究是以化石能源起源的 CO_2 排放量为对象进行的，以下的分析大多基于这里的推算结果。因此，如果没有特殊说明，以下叙述的 CO_2 排放量是指化石能源起源的 CO_2 排放量。

二、中国 CO_2 排放的动态及特征

（一）排放总量持续增加，且势头未减

从图 2-1 也可以看出，我国 CO_2 排放量基本呈现持续增加的趋势，从 1980—2012 年的 33 年间我国 CO_2 排放总量增加了 5 倍。从整个期间变化率（图 2-2）来看，除了少数年份（1980—1981 年、1990—1991 年和 1996—1997 年）比上年有不超过 2%的减少以外，几乎所有年份都比上年有所增加，年平均增长率达 5.78%。

纵观研究期间各年的变化情况，可以清楚看出有四个大的增加峰值期，分别是上世纪 80 年代中期、90 年代中期、2003—2006 年以及 2009—2011 年，特别是 2002—2005 年这三年，增加率都达到 10%以上（分别为 16.34%、15.79%和 12.19%），使得进入本世纪以来，本来增长势头有所减缓的倾向突然扭转，出现大幅增加的趋势。

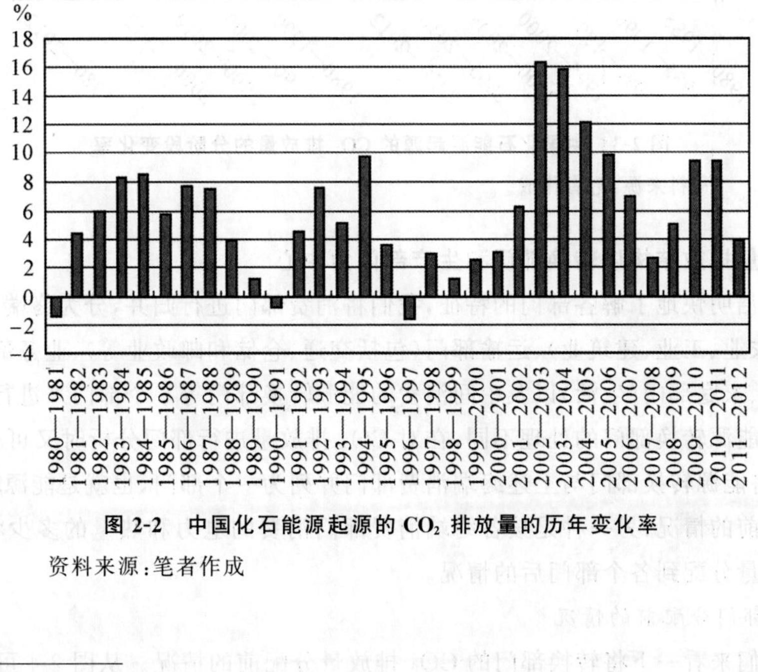

图 2-2　中国化石能源起源的 CO_2 排放量的历年变化率

资料来源：笔者作成

---

① 国际能源署：CO_2 Emissions From Fuel Combustion Highlights (2013 Edition)，2013 年。

分阶段来看(图 2-3),每隔五年的年均增长率以 2000—2005 年的“十五”计划期最高,达 10.6%;其次为 2005—2010 年的“十一五”规划期,年均增长率为 6.74%。这使得 21 世纪最初 10 年的 CO_2 排放量年均增长高达 8.65%,即使 2010 年以后的两年间增长率略有下降,但从 2000—2012 年的 12 年间仍达到 8.31%,超出整个研究期间平均增长率(5.78%)的 43.9%,也是在这三个十年中唯一一个高于平均增长的十年。而 1980—1990 年的第一个 10 年间年均增长率为 5.13%,接近整个期间的平均值;从 1990—2000 年的第二个 10 年间年均增长率为 3.45%,仅相当于整个期间平均水平的 2/3。这说明我国经济增长靠高化石能源投入的局面并没有大的改善,甚至有加剧的趋势。由此可见,我国随着经济的发展,CO_2 排放增加的趋势很难在短期内得到改观,这也给我国“十二五”期间及其以后的减排工作带来了巨大的压力。

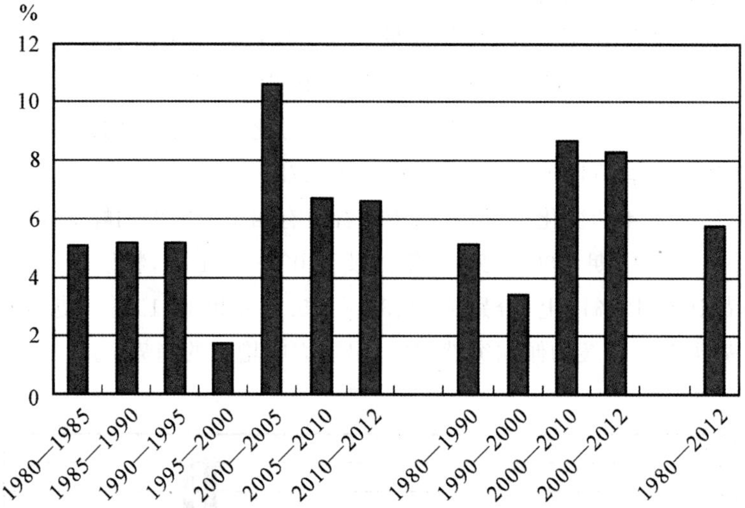

图 2-3 中国化石能源起源的 CO_2 排放量的分阶段变化率

资料来源:笔者作成。

(二)总量排放结构以转换部门和生产部门为中心

为了简洁明快地了解各部门的特征,我们将消费部门进行归并,分为终端消费的生产部门(包括农业、工业、建筑业)、运输部门(包括交通、仓储和邮政业等)、业务部门(包括商业、服务业)、家庭部门(生活)以及中间消费的能源转换部门等 5 个部门来进行观察。

由于对能源转换部门的处理不同,在对 CO_2 排放量进行部门分析时又可分为两种情况:一种是将能源转换部门与上述终端消费部门并列为一个部门,也就是能源转换部门的排放量分配前的情况;另一种是按各终端消费部门消费的电力和热量的多少将能源转换部门的排放量分配到各个部门后的情况。

1.转换部门分配前的情况

首先我们来看一下将转换部门的 CO_2 排放量分配前的情况。从图 2-4 可以看出,中国 CO_2 排放中转换部门和生产部门所占的比重大,尤其是转换部门的比重呈现逐年增大的趋势。1980 年时转换部门的 CO_2 排放占总排放量的 22.3%，在各部门中仅次于生产部门，居第二位；但由于电力需求的增加，转换部门的 CO_2 排放量比重节节攀升，进入本世纪以来，首次超过生产部门，2012 年这一比重达到 47.8%，超过生产部门的排放比重近 10%；生产部门的排放比重在 1980 年时曾高达 53.1%，此后逐年下降，到 2012 年退居第二位，下降到 37.9%，但仍为 CO_2 排放的主力部门。

尽管能源生产部门和转换部门二者的比重一升一降，但如果我们将这两个部门合并相加后可以看出，二者的比重由 1980 年的 75.5%上升到 2012 年的 85.7%，上升了 10%。而其他三个部门所占比重在 15%～25%之间，其中运输部门的比重从期初的 3.8%上升为期末的 7.5%，说明了运输部门的重要性在逐渐体现，符合一般的发展规律，因为发达国家的排放特征是运输部门所占比重超过生产部门；而家庭和业务部门的比重则呈下降趋势，特别是家庭生活的比重下降最多，从 16.4%下降到 4.2%，下降了 12%，业务部门则从 3.3%下降到 2.6%。

由此可以看出，中国 CO_2 排放量具有以生产部门和转换部门为中心的结构特征，同时也表明中国经济仍然是以实体经济（生产部门）和资源消耗（发电、供热）为特征的扩张型经济。

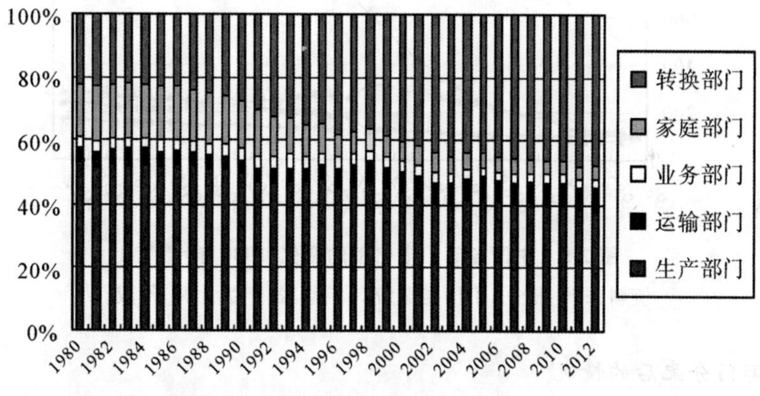

图 2-4　中国 CO_2 排放的部门结构及其变化（转换部门分配前）

资料来源：笔者作成。

上述能源转换部门比重增大且超过生产部门占据第一位的原因，与中国电力化的进展有很大的关系。从这个意义上讲，如何减少发电过程中的 CO_2 排放是一个值得重视的问题。

值得注意的一个现象是，与上述能源转换部门 CO_2 排放比重的增加形成鲜明对比的是家庭生活部门的减少。实际上，这反映的是同一问题的两个侧面。也就是说，在中国，由于以发电为中心的能源转换部门的发展，使得许多部门都由原来的使用煤炭、原油、天然气等一次能源转向使用电力等二次能源，特别是在人们的生活中更多地使用电力。换句话说，生活部门的 CO_2 排放量比重的减少，说明其电力利用的增加。

图 2-5 表示的是按照发电煤耗法计算的中国各部门电化率的变化状况[①](指数表示,以 1980 年为 1),从中可以直观地看出生活部门较之其他部门增加幅度的差别。从我国电化率的变化可知,30 多年来,各部门的用电量占能源消费总量的比例(电化率)都有较大的提高,总体来看,由 1980 年的 20.6%提高到 2012 年的42.0%,平均提高了一倍以上,但生活部门的电化率则由 1980 年的 3.9%一路攀升到 2012 年的 47.8%,提高了 11 倍;生活部门的电化率已经从 2005 年开始超过生产部门,成为仅次于业务部门(2012 年为58.0%)的电化率较高的部门。从这个意义上讲,我们日常生活中很方便地利用的家用电器等的电力虽然不直接排出 CO_2,但都间接地来源于化石能源转换的能量,同样与 CO_2 排放密切相关,在家庭部门节约用电,对 CO_2 减排有着十分重要的意义。

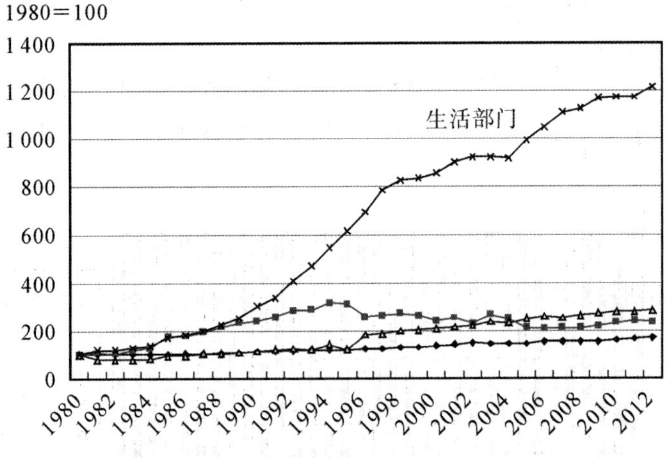

图 2-5 中国各部门电化率的变化(1980 年=1)

资料来源:根据《中国能源统计年鉴》各年版计算、作成。

2.转换部门分配后的情况

再来看将转换部门 CO_2 排放量分配后的情况(图 2-6)。从中可以明显看出,生产部门的 CO_2 排放量显得非常突出。在整个 33 年间虽有若干些微变动,但所占比重浮动在 71%~77%之间,一直在 70%以上。从初期和末期的比较来看,1980 年为 73.8%,2012 年为 73.4%,几乎没有什么变化。另外,同转换部门分配前不同,家庭部门的比重虽有减少的趋势,但直到 2012 年仍占 10%以上,成为第二位的排放部门。另一方面,运输部门和业务部门虽然比重尚小(2012 年分别占 8.4%和 7.1%),但呈现缓慢上升的趋势(与初期相比,各自都上升了 3%以上)。

① 发电煤耗计算法是指电力按当年平均火力发电煤耗换算成标准煤。

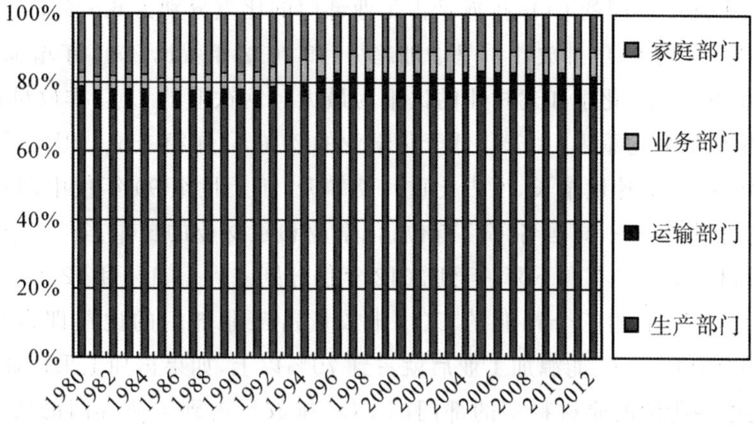

图 2-6　中国各部门 CO_2 排放结构的变化(转换部门分配后)

资料来源:笔者作成。

(二)产业排放结构以工业为中心

从各产业部门的 CO_2 排放结构来看(图 2-7),在三次产业中工业部门的排出量占绝对优势,整个期间都约在 80%,到 2012 年仍然占到 78.4%;2012 年的各产业排放比例分别为:第一产业(农业)2.2%,第二产业(工业、建筑业)80.4%,第三产业(运输、商业、服务业)17.5%。不过从大的变化趋势来看,第二产业的 CO_2 排放量基本不变(微动在 79%和 83%之间),由第一产业比重的下降(从 7.3%降至 2.2%)和第三产业的比重的上升(从 10.8%升至 17.5%)形成了互相抵消的态势。

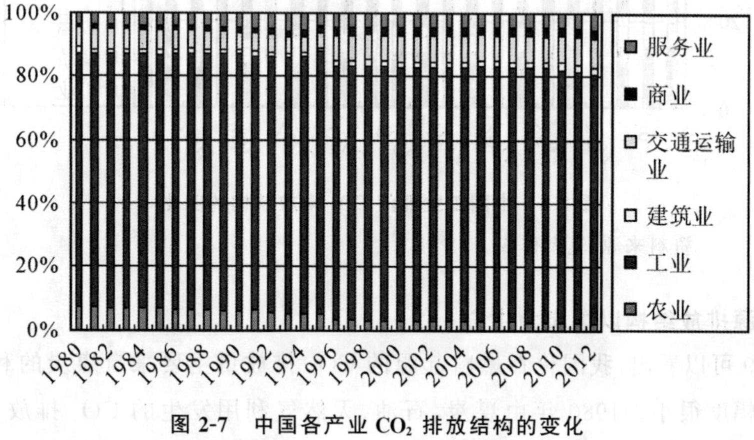

图 2-7　中国各产业 CO_2 排放结构的变化

资料来源:笔者作成。

(三)工业部门排放结构以原材料产业为中心

图 2-8 表示了中国工业部门 CO_2 排放结构的变化情况。如果将工业部门分为矿业(图中最下面的部门)、电力煤气供应业(图中最上面的部门)和制造业(图中其他部门)三个部门,可以看出,制造业的比重在整个期间占到 80%以上(在 82%～88%之间)。以

2012 年为例，上述三部门的 CO_2 排放量占工业部门的比重分别为 6.6%、5.9%和 87.5%，而且近年来制造业的 CO_2 排放比重呈增加趋势（如 2012 年就比 2002 年增加了 4.7%）。

在制造业中，钢铁、化学和建材业的比重为最大。钢铁业的 CO_2 排放量在初期 1991 年占工业总排放量的比重为 18.5%，低于化学业的 21.6%，居第二位。但此后钢铁业的排放量以年平均 9.1%的速度增长，所占比重一路攀升，于上世纪 90 年代中期超过化学业，到 2012 年更达到 29.0%，高居各部门首位；化学业和建材业的比重虽然较初期（1991 年分别为 21.6%和 15.7%）有所下降，但到 2012 年仍分别占到 18.1%和 12.0%，分居第二和第三位。由此可见，上述三个行业的 CO_2 排放量占工业部门的比重即占到将近 60%（2012 年），加上有色金属、能源加工业后就占到 70%以上，如果再加上采矿业和电力煤气供应业，上述这些所谓的原材料型的部门的 CO_2 排放量占到工业部门的比重达 80%以上，而机械、造纸、纺织、食品等部门所占比重较小。因此，原材料产业应该作为 CO_2 减排的重点。

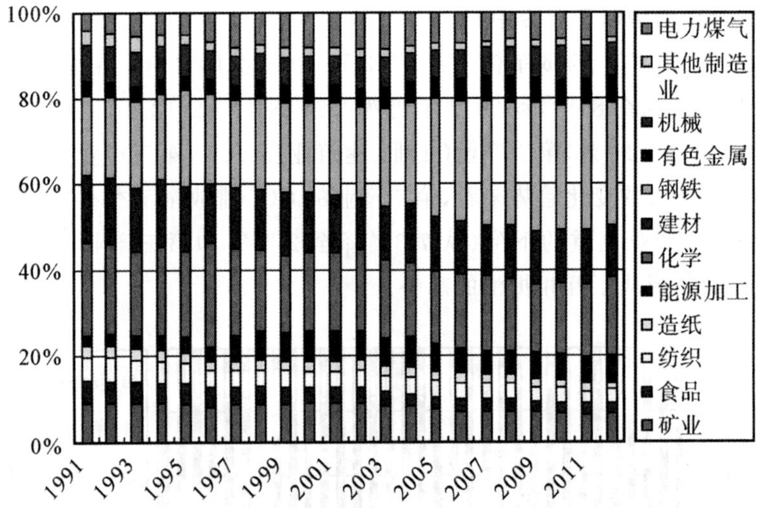

图 2-8 中国工业部门 CO_2 排放结构的变化

资料来源：笔者作成。

（四）能源排放结构以煤炭为中心

从图 2-9 可以看出，我国化石燃料起源的 CO_2 排放量主要来自煤炭的利用，而且长期以来变化幅度很小。1980 年由煤炭、石油、天然气利用发生的 CO_2 排放比重分别为 81.3%、16.5%和2.2%。从整个期间来看，多数年份的煤炭占比一直维持在 80%以上，在 20 世纪 80 年代中期到 90 年代中期的这 10 多年间，这一比例不仅没有降低，反而始终维持在 85%以上的高位；其后虽略有下降（2000—2002 年略低于 80%），但 2003 年以来又有所回升，到 2009 年上述比例仍高达 82.4%，比 1980 年还多出 1%；2012 年来自煤炭的 CO_2 排放比重又回落到 79.5%，比 1980 年仅低出 1.8%。

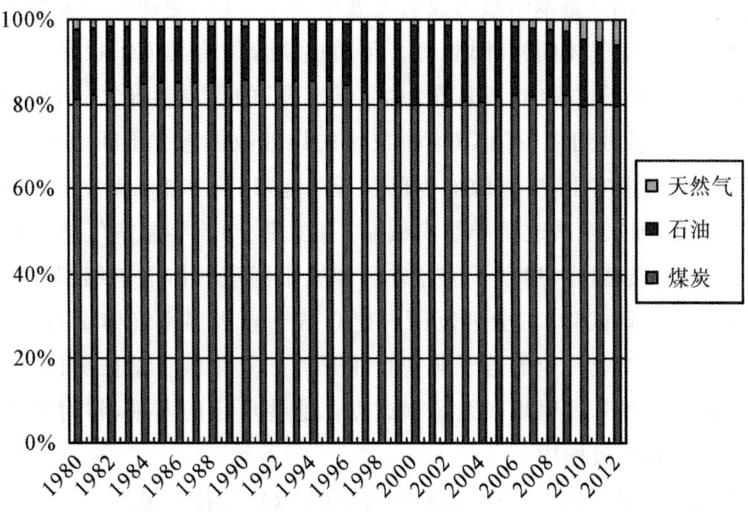

图 2-9 中国各类能源的 CO_2 排放结构的变化

资料来源:笔者作成。

由此可见,源于煤炭消费的 CO_2 排放始终占据着绝对主导地位。这种状况和中国独特的能源消费结构有着密切的关系,而中国能源消费结构的形成又与我国独特的资源条件、社会经济条件以及国际市场状况等密切相关。从这里也可以看出在中国 CO_2 减排对策中,如何减少煤炭的消费是何等的重要。

和煤炭相比,来自石油和天然气的排出量比较少,两者合计约为 20%。其中石油起源的 CO_2 排放量的比重由 1980 年的 16.5%略降到 2012 年的 14.5%,降低了 2 个百分点;期间虽然略有增加,最高时也只有 19%。与此相对,来自天然气的 CO_2 排放占比虽多年以来一直不超过 1%~2%,可以说是微不足道,但最近三年来比例上升较快,2010—2012 年占比分别为 4.7%、5.4%和 6.0%,2012 年比 1980 年提升了 3.8 个百分点。

我们知道,在煤炭、石油和天然气三种化石能源中,煤炭所含的 CO_2 最多,石油次之,天然气最少。这给我们今后在低碳经济社会建设中提出的一个任务就是要加大能源消费结构的转变力度,减少排出系数较高的煤炭的消费量,增加排出系数较低的石油、天然气,特别是天然气的消费量。同时大力开发水能、风能、太阳能等清洁能源的利用技术,真正实现未来的低碳社会,使人类社会得到可持续发展。

以上对我国分部门的 CO_2 排放量进行了试算,对我国 CO_2 排放的总体特征及其部门结构有了一个较为清晰的轮廓认识,从而对我国制定不同部门的 CO_2 减排政策有一定的参考作用。

需要指出的是,本研究所得出的各部门 CO_2 排放数据,仅仅是基于我国化石燃料消费过程中所产生的 CO_2 排出量而言的,没有包括起源于其他能源的排出量,也没有包括 CO_2 以外的温室气体的排放量。同时这种推算只是一种尝试,不一定完全精确,在此只是抛砖引玉,期望能引起学界同仁的关注,并期待着国家政府部门有权威性的数据发布。

根据COP15承认的《哥本哈根协议》，发展中国家(气候变动框架公约非附属书/国)应按照国内法实行温室气体削减计划，每2年通过联合国将其工作状况进行公开。[①]《哥本哈根协议》虽然未被正式采纳，只是作为"注意事项"的自主参加方式，但如果能够以此为契机，中国政府能够做到将中国CO_2排放量的详细数据连续不断地公开的话，将是一件很值得庆幸的事。事实上，中国政府也已经行动起来，着手加强温室气体排放的统计监测和信息系统建设，国家发展改革委组织编制了《国家2005年温室气体排放清单》，建立了中国温室气体清单数据库，启动了部分省区和城市温室气体清单编制工作。相关部门积极推进温室气体监测试验，在全国范围内建立若干省级温室气体试点监测站，选择电力、钢铁、水泥等重点工业行业的若干典型企业开展二氧化碳自动监测试点，选择典型城市生活垃圾填埋处理场开展甲烷在线监测试点。这些项目的实施，将对提高中国温室气体排放核算能力起到积极作用。

总之，利用本研究的结果或公开的资料对中国CO_2减排对策进行探讨是今后的研究课题。中国政府虽然对能源转换和能源利用效率的提高十分重视，但根据本研究的结果表明，仅从近年的能源消费结构及CO_2排放结构的趋势来看，为了达成2020年单位GDP的CO_2排放量比2005年下降40％～45％的目标，需要相当大胆和强有力的政策来作后盾，这一点似乎不容置疑。[②]

第二节　中国CO_2排放的影响因素

上一节对中国分部门的CO_2排放量进行了推算，并对其动态与特征进行了分析。本节要思考的问题是中国CO_2排放的上述特征是如何形成的，由哪些因素驱动，各个驱动因素对CO_2排放的影响程度有多大，从而为制定CO_2减排对策提供依据。因此，本节首先利用上节的推算结果和分析，从宏观角度探讨一下CO_2排放的驱动因素；其次拟对中国1980—2012年CO_2排放变化的驱动因素进行分解，试图明确各个驱动因素的贡献大小，从而为探索CO_2减排对策提供基础依据。

一、宏观视角下的CO_2排放影响因素

下面我们来分析一下究竟中国CO_2排放是由什么原因决定的这一问题。

从宏观的角度来分析，一个国家或地区的CO_2排放可以用以下的恒等式来表示：

---

① 朝日新聞社 asahi.com：2009年12月19日「COP15コペンハーゲン合意の要旨」(http://www.asahi.com/international/update/1219/TKY200912190285.html)

② 国家发展和改革委员会：《中国应对气候变化的政策与行动——2010年度报告》，2010年11月，http://qhs.ndrc.gov.cn/gzdt/t20101126_382695.htm。

CO_2 排放＝(CO_2/能源)×(能源/ GDP)×(GDP/人口)×人口

这一恒等式隐含的意思是，一个国家或地区的 CO_2 排放量，受到能源种类、节能效率、生活水平和人口等因素的制约。也就是说，一个国家或地区的 CO_2 排放至少与能源、经济和人口等有着密切的关系。

图 2-10 表示的是 1980—2012 年中国 CO_2 排放量与人口、能源消费、GDP 的变化的情况。如图所示，这四个指标都是随时间而增加的，只不过各自增加的趋势不同而已。增加幅度最大的是 GDP(增加了近 20 倍)，人口的增加比较缓慢(仅增加了 37%)，而能源消费则与 CO_2 排放量的增加趋势高度重合，呈现大体相同并一直推移至今，以致在图中很难分清楚二者的差别(两者同样都增加了 5 倍)。图中显示的意思是，对于同样的 CO_2 排放量而言，虽然做到了产生出较多的 GDP，但是没有实现较少的能源消费，人均 CO_2 排放量的减少也没有能够实现。

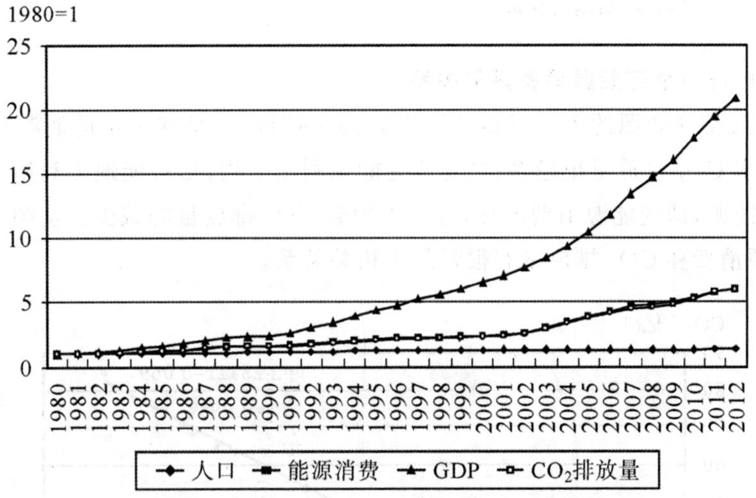

图 2-10　CO_2 排放量与人口、能源消费、GDP 的变化(指数)

资料来源：人口和 GDP 数据来源于《中国统计年鉴》各年版(下同)，CO_2 排放量来自笔者的推算。

图 2-11 也进一步印证了上述结论。从单位 GDP 的 CO_2 排放量(称为碳强度)来看，2012 年减少到 1980 年的三成以下(相当于 1980 年的 28.9%)，而人均 CO_2 排放量则增加到 1980 年的 4 倍以上。这说明包括节能技术在内的技术进步使得生产效率提高，从而减少了 CO_2 排放，但由于 GDP 规模的急剧扩大和人口增加步伐的放缓，大大推动了人均 CO_2 排放量的增加。

另外，单位能源消费的 CO_2 排放量(这里称为能碳强度)虽然也有变化，但总体来看变化十分微小(整个期间的变化幅度在 0.94 和 1.02 之间)。末期的 2012 年与初期的 1980 年相比，能碳强度几乎相同。正如前面所说，这一指标是与能源消费结构相联系的。这就意味着中国煤炭依存的能源消费结构没有发生什么变化，向 CO_2 排放量较少的能源的转换几乎没有进展。

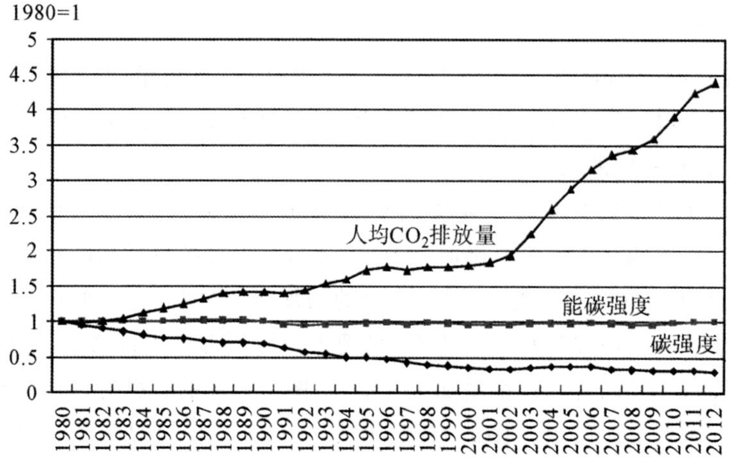

图 2-11 单位指标 CO_2 排放量的变化(指数)

资料来源:笔者作成。

(一)CO_2 排放量与能源消费量的关系

CO_2 排放量和能源的关系可以从两个方面来把握:一是在一定的能源利用结构下,能源消费越多 CO_2 排放量也越多;二是改变能源利用结构,尽可能地多利用 CO_2 排放量相对较少的能源,即使能源消费增加,也可以做到 CO_2 排放量的减少。从图 2-12 可以看出,中国能源消费和 CO_2 排放量有很强的正相关关系。

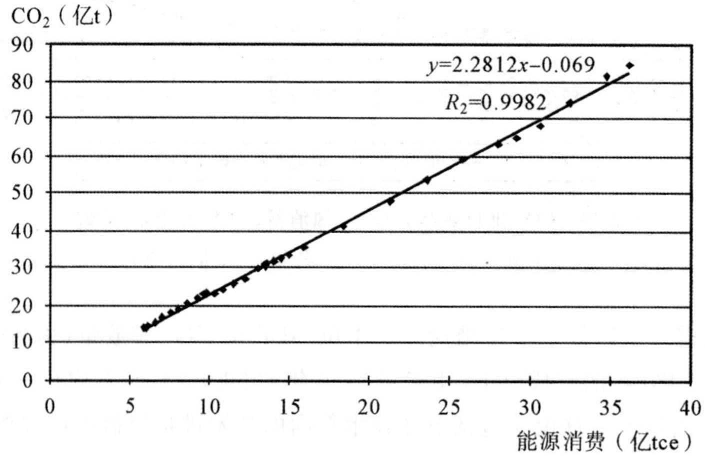

图 2-12 中国能源消费与 CO_2 排放的相关图

资料来源:笔者作成

从单位能源消费的 CO_2 排放量的各年变化(图 2-13)可以看出,能碳强度呈现波浪起伏的状态。期间有四个峰值:从 1980 年到 80 年代后期一直是上升趋势,并达到 33 年期间的最大值;此后曾一度下降,但到 90 年代中期后又开始上升,90 年代中后期出现第二次峰值;进入 21 世纪以来开始又减少,但其后又开始逐渐增加,2006 年回到了 1990 年代中期的水平;2007 年以后又有所下降,曾一度达到最低点,但 2010—2012 年又出现回升,反弹到上世纪 80 年代末的水平。通观整个期间,单位能源消费的 CO_2 排放量的变化由初期的 2.33 t-co₂/tce 到末期的 2.34 t-co₂/tce,不降反升。

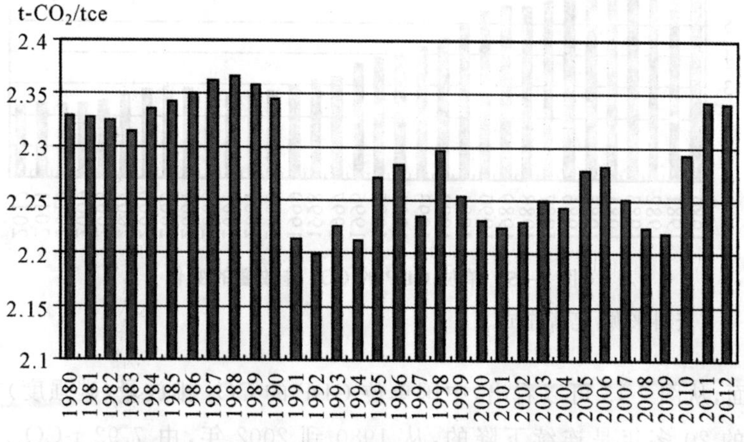

图 2-13 单位能源消费的 CO_2 排放量的变化

资料来源:笔者作成。

(二)CO_2 排放量与 GDP 的关系

CO_2 排放量与 GDP 的关系同样也是在其他因素一定的前提下,GDP 规模越大,CO_2 排放量就越多,随着 GDP 规模的增大,CO_2 排放量也会相应增加。不过,包括节能在内的生产效率的提高,或者由于产业结构的变化(例如,由高耗能产业转向低耗能产业、由工业转向服务业等),即使 GDP 的规模扩大,也可能做到 CO_2 排放量的不增加甚至减少,也就是我们常说的导致倒 U 字形的库兹涅茨曲线的出现。但从图 2-14 的中国 CO_2 排放量与 GDP 的相关图来看,两者有着很强的正相关关系,我国的 CO_2 排放量尚未达到峰值,离减少倾向的出现还很遥远。

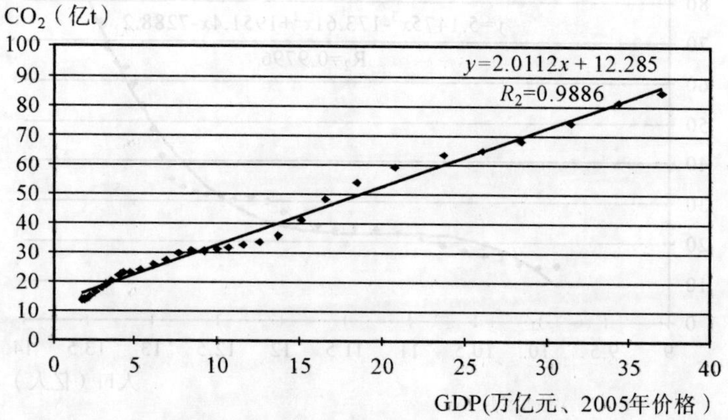

图 2-14 CO_2 排放量与 GDP 的相关图

资料来源:笔者作成。

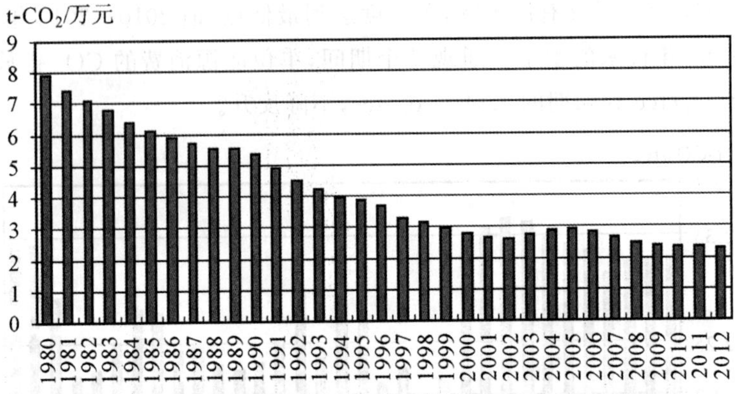

图 2-15 单位 GDP 的 CO_2 排放量的变化

资料来源:笔者作成。

另一方面,从图 2-15 可以看出,中国单位 GDP 的 CO_2 排放量(碳强度)在逐渐下降。特别是最初的 20 多年是连续下降的,从 1980 到 2002 年,由 7.92 t-CO_2/万元下降到 2.59 t-CO_2/万元,下降幅度达 67.3%;但进入 2003 年以后,其下降趋势有所逆转,2003—2005 年出现若干上升趋势,反弹到上世纪 90 年代末期的水平;从 2006 年以后又开始走向逐年下降的正轨。通观整个期间,碳强度的下降率为 71.1%,在这方面取得的成果还是比较显著的。

(三)CO_2 排放量与人口的关系

最后我们来看一下 CO_2 排放量与人口的关系。不言而喻,在其他因素一定的前提下,人口越多 CO_2 排放量也就越多(图 2-16),人均 CO_2 排放量是由人口和 CO_2 排放量的规模来决定的。

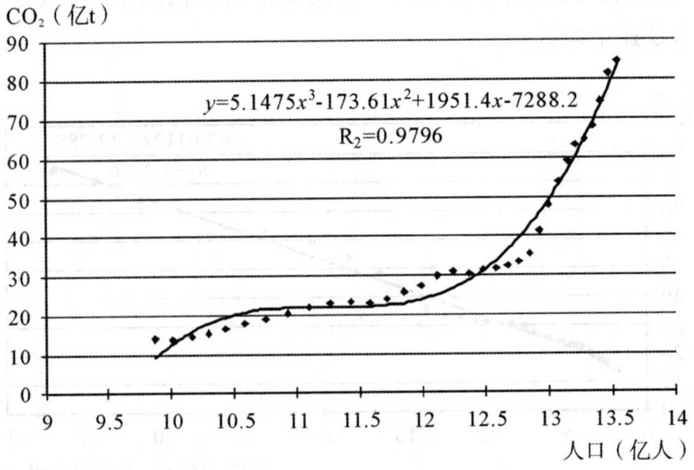

图 2-16 CO_2 排放量与人口的相关图

资料来源:笔者作成。

在中国，由于经济的高速发展引起 CO_2 排放量的快速增加，而另一方面，由于人口控制政策使得人口数量的增加受到抑制，其结果是人均 CO_2 排放量从 1980 年的 1.42 t-CO_2/人增到 2012 年的 6.25 t-CO_2/人（图 2-17），年平均增加率为 4.35%。虽然也出现过减少的时期，但 2002 年后大幅增加，年平均增加率高达 12.18%。

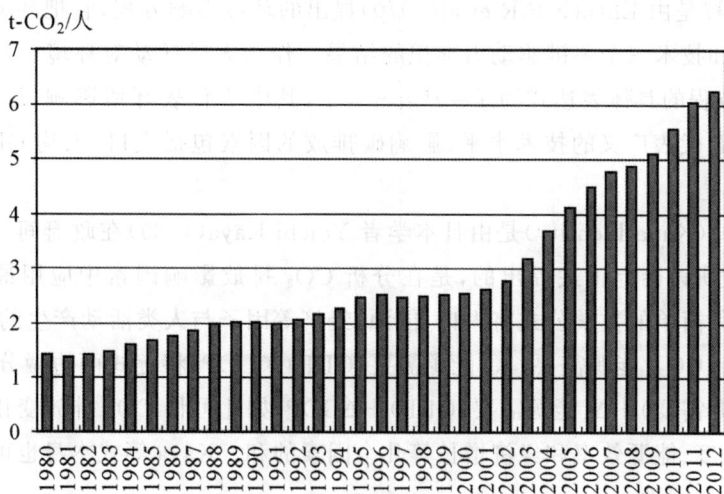

图 2-17　人均 CO_2 排放量的变化

资料来源：笔者作成。

二、中国 CO_2 排放量变化驱动力的因素分解

下面首先对有关 CO_2 排放量变动驱动因素分析的现行研究作一概述，然后利用 Kaya 恒等式[11]对中国整体的 CO_2 排放量变化的驱动因素进行分解，再利用 Divisia 分解法对中国各部门的单位 GDP 的 CO_2 排放量变化的驱动因素进行分解，最后对其包含的政策意义作出解释。

（一）CO_2 排放量变化驱动因素分解的先行研究

目前，国内外关于 CO_2 排放量的影响因素的研究基本上是通过建立模型进行分解分析。这种分解方法一般被称为因素分解法。

1.因素分解法

所谓因素分解法，是指将某一变数的变化现象（结果）分解为若干个影响因素的分析方法。其实质是将碳排放的计算公式表示为几个因素指标的乘积，并根据不同的确定权重的方法进行分解，以确定各个指标的增量份额。目前在碳排放分析中主要应用指数分解法（index decomposition analysis，IDA），其中又以 Liu 和 Ang 等（1992）提出的自适应权重分解法（adaptive-weighting division，AWD）[12]、Ang 等（1998）提出的对数平均权重分解法（logarithmic mean weight division index method，LMDI）[13]以及 Chung H S，

Rhee H C(2001)提出的平均增长率指数法(mean rate-of-change index,MRCI)[14]的应用较为普遍。

上述各种分解方法最初多用来研究能源消费问题,近年来,国内外学者将其扩展到环境研究方面,研究模型有 IPAT 方程[15]、Kaya 恒等式[11]等。

IPAT 方程是由 Ehrlich P.R et al(1970)提出的环境影响方程,它把环境影响归结为人口、富裕度和技术三个关键驱动力乘积的结果。作为人类活动对环境影响的基本分析工具,IPAT 方程的具体表达式为 $I = P \times A \times T$,其中 I 代表环境影响,P 代表人口,A 代表富裕度,T 代表广义的技术水平,影响碳排放的因素包括人口、人均 GDP 和碳排放强度[15]。

Kaya 等式(Kaya Identity)是由日本学者 Yoichi Kaya(1989)在政府间气候变化专门委员会的一次研讨会上正式提出的,是在分析 CO_2 排放影响因素中应用最广的模型之一,它通过一种简单的数学公式将人口、能源、经济等因子与人类活动产生的 CO_2 联系起来。即 $CO_2=(CO_2/$能源需要$)\times($能源需要$/GDP)\times GDP$,将上式两边微分,可得 $\Delta CO_2=\Delta(CO_2/$能源需要$)+\Delta($能源需要$/GDP)+\Delta GDP$,如此可将 CO_2 排放变化的影响因素分解为能源强度、能源效率和经济增长等几个因素的和。Kaya 等式本身也可以进一步分解为更多的影响因素。

此后,国外不少学者和机构利用 Kaya 等式或将其加以扩展,对各个国家的 CO_2 排放变化因素进行了分解计算,取得了不少进展。

2.利用因素分解法的先行研究

在对世界各国碳排放变化进行因素分析的研究方面,可以举出的研究有:Torvanger(1991)对 1973—1987 年间 9 个 OECD 国家的制造业部门的研究[16];Stephen D. Casler,Adam Rose(1998)对美国 1972—1982 年间的研究[17];Schipper L (2001)采用 AWD 法对 13 个 IEA 国家的研究[18];Chung , Rhee (2001)运用 Divisia 指数法对韩国工业部门的研究[14];J.W.Tester 等(2005)运用 Kaya 公式对中、日、欧、美和世界 1980—1999 年间的研究[19];Ratnakar Pan 等(2010)对全球 114 个国家 1992—2004 年间的研究[20]等。

较早对中国碳排放进行因素分解分析的研究者是张宏武(2002),其分析结果表明,导致我国 CO_2 排出量增加的最大原因是由于经济的增长,其次还有人口的增加,而能源消费效率的改善是抑制 CO_2 排出的最有效方式,能源消费结构因素则对 CO_2 排出量的变化几乎没有什么作用[21]。张宏武(2003)将 Ang,Lee(1994)对产业能源消费的分解手法扩展到碳排放分解,在定义了 Parametric Divisia Method(PDM)的基础上,对"乘积分解"和"加和分解"两种要因分解式(PDM_1 法和 PDM_2 法)根据各种分解法参数确定的不同又细分为 7 种方法,并利用上述各种方法对中国和日本 1987—1997 年间的 CO_2 排出量变化的影响因素进行了比较分析。结果表明,虽然不管用哪种方法计算的结果都没有太大的差别,但残差值最小的是 AVE-PDM_1 法(Average Parametric Divisia Method),其次是 AVE-PDM_2 法(Average Parametric Divisia Method),再次是 AWT-PDM 法(Adaptive-Weighting Parametric Divisia Method)[22]。

近年来，由于碳减排问题在中国日益受到重视，有关中国CO_2排放影响因素分解的研究逐渐增多，特别是2009年以来这一问题颇受学者的关注。可以列举的有Wang Can等(2005)对我国1957—2000年间的研究[23]；Wu L.等(2006)对我国1980—2002年间的研究[24]；徐国泉等(2006)采用Divisia分解法对我国1995—2004年间的研究，结果显示经济发展对中国人均CO_2排放的贡献率呈指数增长，而能源效率和能源结构对抑制中国人均CO_2排放的贡献率都呈倒U形[25]；Liu Lan cui, et al.(2007)对1998—2005年我国工业最终消费能源导致的CO_2排放量变化因子的研究[26]；Yi-Ming Wei等(2007)采用AWD方法对我国1980—2003年间的研究[27]；冯相昭等(2008)基于Kaya等式对1971—2005年间的研究[28]；胡初枝等(2008)基于环境库兹涅茨曲线(EKC)模型对1990—2005年间的研究[3]；朱勤等(2009)基于扩展的Kaya恒等式，并应用LMDI分解方法对中国1980—2007年间的研究[29]；陈佳瑛等(2009)运用STIRPAT修正模型的研究[30]，宋德勇、卢忠宝(2009)采用"两阶段"LMDI方法，对我国1990—2005年间的研究[31]；刘红光、刘卫东(2009)借助LMDI分解法对我国1992—2005年工业燃烧能源导致碳排放的影响因素的研究[32]；王俊松、贺灿飞(2010)采用对数平均的Divisa法对我国1990—2007年间的研究[33]；王锋等(2010)运用对数平均Divisia指数分解法，对1995—2007年间的研究[34]；陈劭锋等(2010)基于IPAT方程的研究[35]；赵奥、武春友(2010)基于改进的Kaya等式和LMDI分解法，对1990—2008年间的研究[36]；李艳梅等(2010)对1980—2007年间的研究[37]；蒋金荷(2011)基于对数平均Divisia指数(LMD_I法)对中国1995—2007年间的研究[38]等。

上述研究虽然各自研究的年份阶段不同，基础数据的取得不相同，计算结果也各异，不过所得结论大都一致，各种因素施加影响的趋势大致相同，即造成碳排放增加的最大因素是经济总量增长，产生碳减排效应的最大因素是碳排放强度降低，而其他因素的作用相对较小。

纵观上述各位学者的研究，目前虽然对碳排放分解的研究日趋成熟，研究方法日趋合理，对于碳减排政策的制定起到了重要作用，但也存在一些不足之处。首先，大多数研究在计算碳排放时采用的能源种类只有简单的煤炭、石油、天然气三种，部门分类甚少，这种方法虽然简单、容易操作，但很粗糙，影响分析结果的准确性。其次，上述研究大多着眼于国家层面的宏观视角，对分部门、分区域的影响因素研究较少。再次，大多数研究是以数年间隔(例如每五年等)为单位来展开分析，根据笔者的计算，只采用首末两年的数据与每年累加计算比较会造成很大偏差，影响计算结果的准确性。

因此，下面以笔者自身推算的中国CO_2排放量数据为基础数据，从宏观角度对一年间隔的CO_2排放量变化的驱动因素进行分解计算。

(二)基于宏观视角下的中国CO_2排放变化的驱动因素分解

1.Kaya等式的分解模型

前述的从宏观的角度来分析CO_2排放影响因素的思路就是基于下面的Kaya等式：

CO_2 排放量=(CO_2 排放/能源消费)×(能源消费/GDP)×(GDP/人口)×人口

如果用 C 表示 CO_2 排放,E 表示能源消费,G 表示国内生产总值(GDP),P 表示人口,则可以得到下式:

$$C=\frac{C}{E}\times\frac{E}{G}\times\frac{G}{P}\times P \tag{2-1}$$

此处:

C/E:单位能源消费的 CO_2 排放量;

E/G:单位 GDP 的能源消费量;

G/P:人均 GDP。

等式右边的第一项(C/E)称为单位能源消费的 CO_2 排放量,也称为碳强度,它表示每消费一单位能源产生的 CO_2 排放量,其值越小,说明含碳较少或不含碳的能源利用率越高。要实现 CO_2 减排就要尽可能地将能源利用结构从化石能源转向自然能源(风能、太阳能等)。

等式右边的第二项(E/G)称为单位 GDP 产出的能源消费量,也称为能源强度,它是表示能源消费的指标,其值越小,说明生产同样产品消耗的能源越少。从 CO_2 减排的观点来看,要尽量提高能源的利用效率。

等式右边的第三项(G/P)是指人均附加价值,表示国家或地区的经济发展水平,其值越高,生产活动和消费活动的规模越大。经济发展与 CO_2 排放量经常是正相关的关系,但这是在假定产业构造和技术进步一定的前提下而言的;如果产业构造或技术进步发生变化,即使经济规模扩大,也会出现 CO_2 排放量不随其相应增加的情况。

等式右边的最后一项(P)是人口因素,在其他条件不变的情况下,其值越大,对 CO_2 排放量的影响就越大。

这一等式表示的意思就是,某一国家或地区的 CO_2 排放量受到能源消费种类、能源利用效率、生活水准和人口等因素的影响。

如果取上述因子的变化率(增量),可以有下式:

$$\Delta C=\Delta\left(\frac{C}{E}\right)+\Delta\left(\frac{E}{G}\right)+\Delta\left(\frac{G}{P}\right)+\Delta P \tag{2-2}$$

从上式可以将某一地区 CO_2 排放量变化的影响因素分为能源转换因素、节能因素、经济规模因素和人口规模因素。也就是说,为了实现 CO_2 减排,可以采取改善 CO_2 排放强度(能源的低碳化)、降低单位生产额的能源消费量(节能)、减少人均国民生产总额(变得贫穷)、减少人口等措施中的任意一种或若干种的组合等方法和措施。

在因素分解的过程中,采用了偏微分的手法。具体来说,就是将中国的 CO_2 排放量分解为若干因素的乘积,通过偏微分计算,得出各个因素对 CO_2 排放变化的驱动力。

第一项的能源转换因素的计算式为:

$$\begin{aligned}\Delta\left(\frac{C}{E}\right)=&\Delta\left(\frac{C}{E}\right)\times\frac{E}{G}\times\frac{G}{P}\times P+\Delta\left(\frac{C}{E}\right)\times\Delta\left(\frac{E}{G}\right)\times\frac{G}{P}\times P\div 2+\\&\Delta\left(\frac{C}{E}\right)\times\frac{E}{G}\times\Delta\left(\frac{G}{P}\right)\times P\div 2+\Delta\left(\frac{C}{E}\right)\times\frac{E}{G}\times\frac{G}{P}\times\\&\Delta P\div 2+\Delta\left(\frac{C}{E}\right)\times\Delta\left(\frac{E}{G}\right)\times\Delta\left(\frac{G}{P}\right)\times P\div 3+\Delta\left(\frac{C}{E}\right)\times\\&\Delta\left(\frac{E}{G}\right)\times\frac{G}{P}\times\Delta P\div 3+\Delta\left(\frac{C}{E}\right)\times\frac{E}{G}\times\Delta\left(\frac{G}{P}\right)\times\Delta P\div 3+\\&\Delta\left(\frac{C}{E}\right)\times\Delta\left(\frac{E}{G}\right)\times\Delta\left(\frac{G}{P}\right)\times\Delta P\div 4\end{aligned}\tag{2-3}$$

第二项的能源效率因素的计算式为：

$$\begin{aligned}\Delta\left(\frac{E}{G}\right)=&\frac{C}{E}\times\Delta\left(\frac{E}{G}\right)\times\frac{G}{P}\times P+\Delta\left(\frac{C}{E}\right)\times\Delta\left(\frac{E}{G}\right)\times\frac{G}{P}\times P\div 2+\\&\frac{C}{E}\times\Delta\left(\frac{E}{G}\right)\times\Delta\left(\frac{G}{P}\right)\times P\div 2+\frac{C}{E}\times\Delta\left(\frac{E}{G}\right)\times\frac{G}{P}\times\\&\Delta P\div 2+\Delta\left(\frac{C}{E}\right)\times\Delta\left(\frac{E}{G}\right)\times\Delta\left(\frac{G}{P}\right)\times P\div 3+\Delta\left(\frac{C}{E}\right)\times\\&\Delta\left(\frac{E}{G}\right)\times\frac{G}{P}\times\Delta P\div 3+\frac{C}{E}\times\Delta\left(\frac{E}{G}\right)\times\Delta\left(\frac{G}{P}\right)\times\Delta P\div 3+\\&\Delta\left(\frac{C}{E}\right)\times\Delta\left(\frac{E}{G}\right)\times\Delta\left(\frac{G}{P}\right)\times\Delta P\div 4\end{aligned}\tag{2-4}$$

第三项的经济规模因素的计算式为：

$$\begin{aligned}\Delta\left(\frac{G}{P}\right)=&\frac{C}{E}\times\frac{E}{G}\times\Delta\left(\frac{G}{P}\right)\times P+\Delta\left(\frac{C}{E}\right)\times\frac{E}{G}\times\Delta\left(\frac{G}{P}\right)\times P\div 2+\\&\frac{C}{E}\times\Delta\left(\frac{E}{G}\right)\times\Delta\left(\frac{G}{P}\right)\times P\div 2+\frac{C}{E}\times\frac{E}{G}\times\Delta\left(\frac{G}{P}\right)\times\Delta P\div\\&2+\Delta\left(\frac{C}{E}\right)\times\Delta\left(\frac{E}{G}\right)\times\Delta\left(\frac{G}{P}\right)\times P\div 3+\Delta\left(\frac{C}{E}\right)\times\frac{E}{G}\times\\&\Delta\left(\frac{G}{P}\right)\times\Delta P\div 3+\frac{C}{E}\times\Delta\left(\frac{E}{G}\right)\times\Delta\left(\frac{G}{P}\right)\times\Delta P\div 3+\\&\Delta\left(\frac{C}{E}\right)\times\Delta\left(\frac{E}{G}\right)\times\Delta\left(\frac{G}{P}\right)\times\Delta P\div 4\end{aligned}\tag{2-5}$$

第四项的人口因素的计算式为：

$$\begin{aligned}\Delta \mathrm{P}=&\frac{C}{E}\times\frac{E}{G}\times\frac{G}{P}\times\Delta P+\Delta\left(\frac{C}{E}\right)\times\frac{E}{G}\times\frac{G}{P}\times\Delta P\div 2+\frac{C}{E}\times\\&\Delta\left(\frac{E}{G}\right)\times\frac{G}{P}\times\Delta P\div 2+\frac{C}{E}\times\frac{E}{G}\times\Delta\left(\frac{G}{P}\right)\times\Delta P\div 2+\\&\Delta\left(\frac{C}{E}\right)\times\Delta\left(\frac{E}{G}\right)\times\frac{G}{P}\times\Delta P\div 3+\Delta\left(\frac{C}{E}\right)\times\frac{E}{G}\times\Delta\left(\frac{G}{P}\right)\times\\&\Delta P\div 3+\frac{C}{E}\times\Delta\left(\frac{E}{G}\right)\times\Delta\left(\frac{G}{P}\right)\times\Delta P\div 3+\Delta\left(\frac{C}{E}\right)\times\end{aligned}$$

$$\Delta\left(\frac{E}{G}\right)\times\Delta\left(\frac{G}{P}\right)\times\Delta P\div 4 \tag{2-6}$$

本计算方法的优点是残差几乎为零。

2.分解结果

利用上面的计算式,可对中国 CO_2 排放量增减变化的驱动因素进行分解。在计算中采用的 CO_2 排放量系笔者的推算值,能源消费、GDP 和人口数据均来自《中国统计年鉴》(各年版),这里的 GDP 数值按 2005 年价格进行了换算。

(1)从每年来看的分解结果

图 2-18 表示的是以一年为间隔进行的因素分解的结果。首先可以明显看出的是,经济规模因素和能源效率因素是两个较大的驱动因素,而且其作用力呈相反的方向。其中经济规模因素驱动力最大,而且整个期间每年的影响都是正的,说明经济规模变动是推动 CO_2 排放增加的最大影响因素;而能源效率因素是驱动力仅次于经济规模的影响因素,除了个别年份(2002—2004 年)外,其余年份均为负的作用,说明能源效率变动是我国 CO_2 减排的主要影响因素。

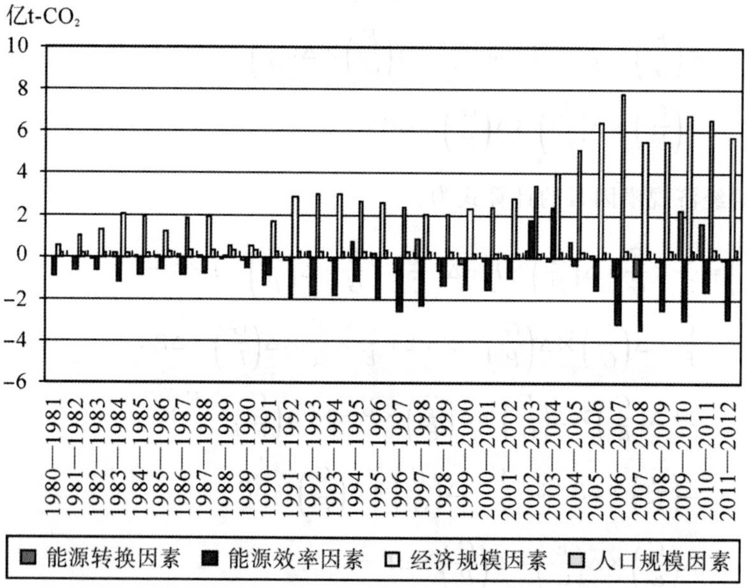

图 2-18 中国 CO_2 排放量变化的因素分解(一年间隔)

资料来源:笔者作成。

如果将注意力集中到经济规模因素和能源效率因素的变化过程上来看,我们可以发现,驱动力最大的经济规模因素作为 CO_2 排放的增加因素,虽然各年的驱动力大小有所不同,但从 2003 年以后驱动力明显增大,从而使得 2003—2012 年成为 CO_2 增排作用最大的时期。这一时期的平均驱动力大大高于整个期间的平均驱动力,这意味着经济发展对 CO_2 排放的增加作用没有出现减弱的势头,还仍然呈现上升的趋势。另一方面,虽然能源效率因素的驱动力的方向在一般情况下与经济规模因素是相反的，但其驱动力的大小则有随着经济规模的驱动力同步变化的趋势。也就是说，一般情况下，经济规模因素的驱动力较大的年份能源效率的驱动力也较大；反之亦然。当然，这种驱动方向相反、驱动力相互依随的情况也有例外，如2004—2005年虽然经济规模因素的正向驱动力较大，而能源效率因素的驱动方向则与经济规模因素相反，但其驱动力则较小；再如2002—2004年连续两年这两个影响因素的驱动方向都是正的，都成为CO_2增排因素。

另外，人口规模因素一直是CO_2排放增加的因素，不过其驱动力较之经济规模因素不是很大，最大的为2011—2012年，但也不超过0.5亿吨，而且整个期间的波动也不大，这表明中国的人口控制政策对CO_2排放起到了一定的、连续的抑制作用；与此相对，能源转换因素的驱动方向有正有负，方向变动颇为频繁，但总体而言驱动力较小，除了少数年份（1990—1991年和2009—2011年）外，其他年份的驱动力都在1亿吨以下，这说明中国能源结构在这一期间没有发生变化，通过能源转换来减少CO_2排放并没有取得进展。

(2)从分阶段来看的分解结果

如果将中国的各个“五年规划”联系起来分阶段来看（图2-19），基本结论与上述每年的分析一样，经济规模因素在各个阶段都一直是推动CO_2排放增加的最大影响因素，而能源效率因素除了个别时期（2000—2005年的“十五”规划时期）外，则一直是CO_2排放减少的最大因素，且这两个因素的影响力大小都相互依随，最大值都出现在2005—2010年的“十一五”规划时期；人口规模因素在各个阶段都是推动CO_2排放增加的因素，不过影响力不大，且波动幅度也不大，徘徊在1亿～1.6亿吨；能源转换因素总的来看影响力很小，但驱动方向很不稳定，特别是在2000年以后的三个阶段，不仅没有驱动CO_2减排，反而一直都是CO_2排放增加的因素。

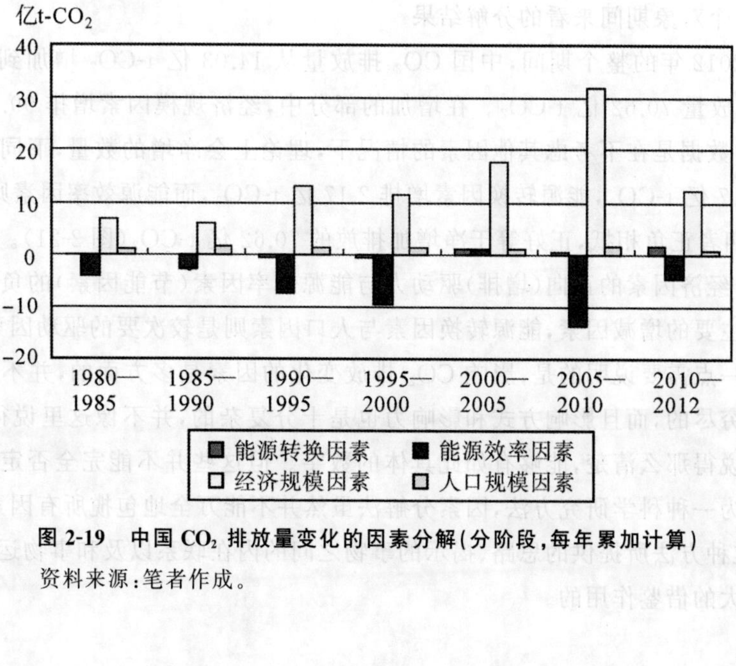

图2-19　中国CO_2排放量变化的因素分解（分阶段，每年累加计算）

资料来源：笔者作成。

上述分析结果可以从图 2-20 中得到再一次确认。图 2-20 表示的是以 1980 年为基准、将以一年为间隔的因素分解结果累积以后的情况。经济因素一贯是 CO_2 排放增加的驱动因素，是 CO_2 排放增加的最重要推手；能源效率因素在 2002 年之前一直是 CO_2 减排的驱动因素，而 2002—2004 年间却转向增加驱动；相对于人口因素缓慢的增加驱动力，能源转换因素则几乎对 CO_2 减排没有起到什么效果。

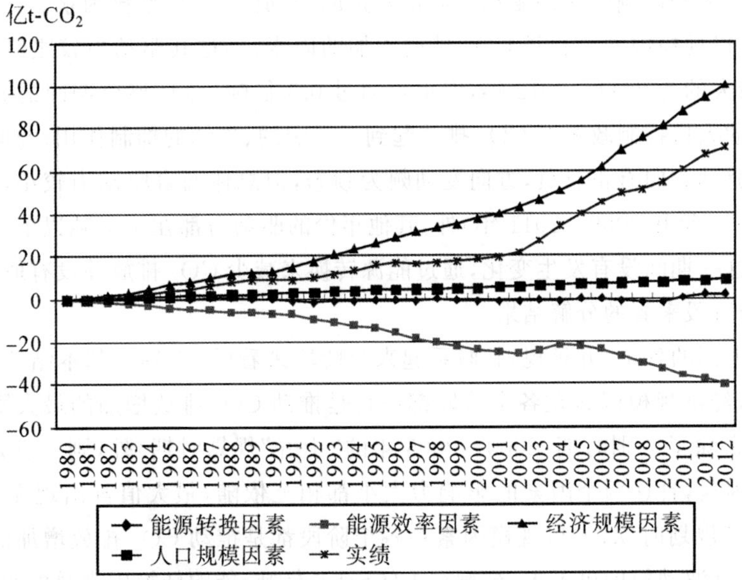

图 2-20　中国 CO_2 排放变化的因素分解(各年累积)

资料来源：笔者作成

(3)从整个对象期间来看的分解结果

1980—2012 年的整个期间，中国 CO_2 排放量从 14.03 亿 t-CO_2 增加到 84.66 亿 t-CO_2，净增排放量 70.62 亿 t-CO_2。在增加的部分中，经济规模因素增排 99.70 亿 t-CO_2(这里表示的数据是在不考虑其他因素的情况下，理论上会净增的数量，下同)，人口规模因素增排 9.17 亿 t-CO_2，能源转换因素增排 2.17 亿 t-CO_2，而能源效率因素则减排 40.41 亿 t-CO_2。四者正负相抵，正好等于净增加排放的 70.62 亿 t-CO_2(图 2-21)。从这里可以清楚地看出，经济因素的正向(增排)驱动力与能源效率因素(节能因素)的负向(减排)驱动力是两项主要的增减因素，能源转换因素与人口因素则是较次要的驱动因素。

这里有一点需要说明的是，影响 CO_2 排放变化的因素是多方面的，并不是这里列举的几项所能穷尽的，而且影响方式和影响力也是十分复杂的，并不像这里说得那么简单，也不像这里说得那么清楚，能够有如此具体的数字。但这些并不能完全否定因素分解法的作用。作为一种科学研究方法，因素分解法虽然并不能万全地包揽所有因素，但笔者坚定地认为，这种方法所提供的思路、揭示的事物之间的内在联系以及和事物运行的大致方向是有相当大的借鉴作用的。

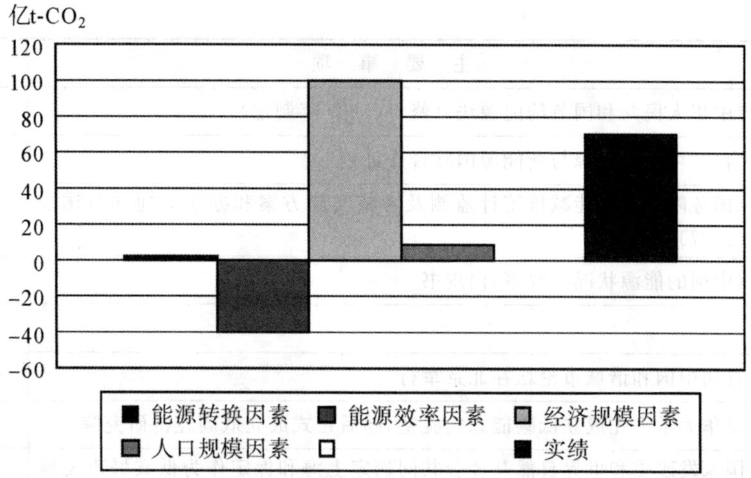

图 2-21　中国 CO_2 排放变化的因素分解(1980—2012 年,每年累加计算)

资料来源:笔者作成。

第三节　中国低碳转型实践的政策动态及特征

"低碳经济"一词,最早出现于 2003 年英国能源白皮书《我们能源的未来:创建低碳经济》①。但我国"低碳"概念的明确提出始于 2007 年,从这个角度看,我们可以将 2007 年作为我国低碳转型的元年,在此之前的时期我们可以将其称之为我国低碳转型的萌芽期。回顾这些年的历程,我们可以将迄今为止我国的低碳转型概括为萌芽期、起步期和深化期的三个阶段。下面拟按照时间顺序,对我国低碳转型的主要事项作简要梳理和回顾(主要事项见表 2-2)。

表 2-2　中国低碳转型发展的主要事项

日期	主　要　事　项	类别
2007 年		
4 月	低碳经济和中国能源与环境政策研讨会（北京）	理论研讨
6 月	国家气候变动和节能减排领导小组成立,2013 年 7 月进行了人员调整	组织机构
6 月	《中国应对气候变化国家方案》发布	政策法规
6 月	《应对气候变化科技专项行动》发布	政策法规
8 月	《可再生能源中长期发展规划》发布	政策法规
9 月	胡锦涛在亚太经合组织第十五次领导人非正式会议上提出应对全球气候变化的四项建议	权威表态

① UK Energy White Paper,*Our Energy Future－Creating a Low Carbon Energy*,2003。

续表

日期	主 要 事 项	类别
10 月	《中华人民共和国节约能源法》(修订、1997 年制定)	政策法规
11 月	启动"可再生能源与新能源国际合作计划"	国际交流
11 月	《国务院批转节能减排统计监测及考核实施方案和办法的通知》(国发〔2007〕36 号)	政策法规
12 月	《中国的能源状况与政策》白皮书	信息公开
2008 年		
1 月	首届中国和谐城市论坛在北京举行	理论研讨
1 月	清华大学率先成立低碳能源实验室,随后正式成立低碳经济研究院	组织机构
1 月	国家发改委和世界自然基金会共同选定上海和保定作为低碳城市发展项目试点	实施行动
3 月	SEE 与 TCG 举办"中国企业与低碳经济"论坛	理论研讨
3 月	《可再生能源十一五规划》制定	政策法律
4 月	修改后的《节能法》实施,明确将节约资源作为我国的一项基本国策政绩观	政策法规
4 月	第一个低碳互联网平台(Ditan360)成立	组织机构
5 月	《低碳经济论》一书出版	理论研讨
6 月	中央政治局集体学习应对气候变化	理论研讨
8 月	北京产权交易所率先成立全国性的碳排放交易市场——北京环境交易所	组织机构
8 月	上海环境能源交易所同时宣布成立	组织机构
9 月	天津排放权交易所宣告成立	组织机构
9 月	《中华人民共和国循环经济促进法》制定	政策法规
10 月	《中国应对气候变化的政策与行动——2008 年度报告》白皮书	信息公开
11 月	《中国碳平衡交易框架研究》报告正式发布	理论研究
12 月	由国家林业局气候办设计注册的我国首个官方碳补偿标识——中国绿色碳基金碳补偿标识在京发布	实施行动
2009 年		
4 月	国家发改委宣布国家已着手制定《推进低碳经济发展的指导意见》	信息公开
8 月	全国人民代表大会常务委员会通过《关于积极应对气候变动的决议》	政策法规
9 月	胡锦涛在联合国气候变动峰会上表明到 2020 年单位 GDP 的 CO_2 排放量比 2005 年大幅削减,森林面积增加 4 000 万公顷,非化石能源的比重占全部能源消费的 15%	权威表态
10 月	《低碳发展论》一书出版	理论研究
11 月	《中国应对气候变化的政策与行动——2009 年度报告》白皮书	信息公开

续表

日期	主要事项	类别
11月	国务院常务会议提出到2020年单位GDP的CO_2排放比2005年削减40%～45%	权威表态
12月	《中华人民共和国可再生能源法》(修订、2005年制定)	政策法规
2010年		
1月	国家能源委员会设立，温家宝任主任，由近20个中央各部委的一把手组成	组织机构
3月	两会代表、委员"论低碳之路"座谈会在北京召开	理论研讨
7月	《国家发改委关于开展低碳省区和低碳城市试点工作的通知》(五省八市)	政策法规
9月	《国家发改委办公厅关于启动省级温室气体排放清单编制工作有关事项的通知》	政策法规
2011年		
1月	住建部成立低碳生态城市领导小组，组织开展低碳生态城市示范和技术推广	组织机构
2月	交通部启动天津、重庆、深圳等10个城市低碳交通运输体系建设试点工作	实施行动
3月	《国民经济和社会发展第十二个五年规划纲要(草案)》发布，低碳发展第一次纳入国家五年规划	政策法规
5月	发改委、教育部等14家机构下发《关于2011年全国节能宣传周活动安排意见的通知》	政策法规
7月	国家发改委发布《关于完善太阳能光伏发电上网电价政策的通知》	政策法规
8月	国务院发布《"十二五"节能减排综合性工作方案》	政策法规
10月	国家发展改革委下发《关于开展碳排放权交易试点工作的通知》(七省市)	政策法规
11月	《中国应对气候变化的政策与行动(2011)》白皮书	信息公开
11月	第二次气候变化国家评估报告	信息公开
12月	国务院发布《"十二五"控制温室气体排放工作方案》，这是国务院首次发布关于专门针对控制温室气体排放和促进低碳发展方面的重大文件	政策法规
12月	国家发改委等12家部门发布《万家企业节能低碳行动实施方案》	政策法规
2012年		
2月	发改委会同16家部门共同制定发布《节能减排全民行动实施方案》	政策法规
5月	发改委等14家部门下发《关于2012年全国节能宣传周活动安排的通知》	政策法规
7月	科技部等16家部门联合制定《"十二五"国家应对气候变化科技发展专项规划》	政策法规
7月	发改委发布《万家企业节能目标责任考核实施方案》	政策法规
8月	发改委下发《关于进一步加强万家企业能源利用状况报告工作的通知》	政策法规
8月	国务院发布《节能减排"十二五"规划》	政策法规

续表

日期	主　要　事　项	类别
11月	发改委发布《中国应对气候变化的政策与行动2012年度报告》	信息公开
11月	发改委下发《关于开展第二批低碳省区和低碳城市试点工作的通知》(29个城市和省区)	政策法规
11月	2012年气候变化绿皮书《应对气候变化报告(2012)——气候融资与低碳发展》	信息公开
12月	"低碳发展"写进党的十八大报告,中央经济工作会议确定走集约、智能、绿色、低碳的新型城镇化道路	权威表态
12月	《工业领域应对气候变化行动方案(2012—2020)》	政策法规
2013年		
1月	国务院发布《能源发展"十二五"规划》	政策法规
1月	国家发改委分别发文,同意深圳排放权交易所有限公司、北京环境交易所有限公司、广东碳排放交易所有限公司、上海环境能源交易所股份有限公司及天津排放权交易所有限公司等5家机构为自愿减排交易机构	政策法规
2月	发改委和国家认监委发布《低碳产品认证管理暂行办法》	政策法规
4月	发改委下发《关于推动碳捕集、利用和封存试验示范的通知》	政策法规
4月	发改委等14部门下发《关于2013年全国节能宣传周和全国低碳日活动安排的通知》,确定当年活动的主题是"践行节能低碳,建设美丽家园",并传达国务院决定,自2013年起设立"全国低碳日"	政策法规
5月	发改委和国家统计局发布《关于加强应对气候变化统计工作的意见》	政策法规
7月	国务院对"国家应对气候变化及节能减排工作领导小组"的组成人员进行了调整	组织机构
8月	发改委发布《关于加大工作力度确保实现2013年节能减排目标任务的通知》	政策法规
10月	国家应对气候变化战略研究和国际合作中心牵头组织编写完成了《低碳发展及省级温室气体清单培训教材》	实施行动
11月	国家发改委会同财政部等部委发布《国家适应气候变化战略》	政策法规
11月	发改委发布《中国应对气候变化的政策与行动2013年度报告》	信息公开
12月	发改委发布公告对2012年万家企业节能目标责任考核结果进行了通告	信息公开
12月	中华人民共和国气候变化第二次国家信息通报	信息公开
2014年		
1月	发改委下发"关于组织开展重点企(事)业单位温室气体排放报告工作的通知"	政策法规
1月	发改委发布《节能低碳技术推广管理暂行办法》	政策法规
2月	《中美气候变化联合声明》发表,确认通过强化政策对话,开展合作	政策法规
3月	发改委发布《关于开展低碳社区试点工作的通知》	政策法规

续表

日期	主 要 事 项	类别
4 月	经国家批准的《中华人民共和国气候变化第二次国家信息通报》发布	信息公开
5 月	国务院办公厅下发《关于印发 2014—2015 年节能减排低碳发展行动方案的通知》，并公布了《2014—2015 年节能减排低碳发展行动方案》	政策法规
5 月	工信部和发改委公布国家低碳工业园区试点名单（第一批）的公示，55 家申报园区通过审核	实施行动
7 月	全国碳排放管理标准化技术委员会成立	组织机构
8 月	发改委发布关于印发《单位国内生产总值二氧化碳排放降低目标责任考核评估办法》的通知	政策法规
11 月	国家发改委关于印发国家应对气候变化规划（2014—2020 年）的通知	政策法规
11 月	国家发改委发布《中国发布应对气候变化的政策与行动 2014 年度报告》	信息公开
11 月	国家发改委公布《低碳社区试点建设指南》	政策法规
12 月	国家发改委发布《碳排放权交易管理暂行办法》	政策法规

资料来源：根据各种报道信息由笔者整理而成。

一、低碳转型的萌芽期（2007 年以前）

这一时期虽然并未正式提出“低碳”一词，但“低碳”的概念是与应对全球气候变化一脉相承的，早在《京都议定书》之前，中国政府就把应对气候变化看作是一个转型的机会，积极加入应对气候变化的行列，将其列为国家发展的重要目标，积极实施应对气候变化和节能减排的战略和行动，采取了一系列的政策措施。

作为一个负责任的发展中国家，早在 1990 年我国就在当时的国务院环境保护委员会下设立了国家气候变化协调小组，并派出代表团参加《联合国气候变化框架公约》的谈判，1992 年签署公约，1993 年全国人大常委会批准了这一公约。

自 1992 年联合国环境与发展大会以后，中国政府率先组织制定了《中国 21 世纪议程——中国 21 世纪人口、环境与发展白皮书》[①]，首次提出适应气候变化的概念，并从国情出发，采取了一系列政策措施，为减缓全球气候变化做出了积极的贡献。1998 年，在中央国家机关机构改革过程中，设立了由 14 个部门组成的国家气候变化对策协调小组，组长由当时国家发展计划委员会主任曾培炎担任。[②] 协调小组在研究、制定和协调有关气候变化的政策等领域开展了多方面的工作，为中央政府各部门和地方政府应对气候变化问题提供了指导。中国还于 1998 年签署并在 2002 年批准了《京都议定书（Kyoto Protocol）》。

---

① 《中国 21 世纪议程——中国 21 世纪人口、环境与发展白皮书》，http://www.acca21.org.cn/cca21pa.html。

② 《国家气候变化对策协调小组》，2008 年 6 月 4 日，http://www.wem.org.cn/news/view.asp? id=165&cataid=27。

2002 年 10 月 11 日，由国家气候变化对策协调小组办公室主办，国家信息中心中经网承建并维护的我国第一个《中国气候变化信息网》投入使用[①]，它一方面集中宣传了我国政府在气候变化方面的相关政策以及研究成果，在国际社会树立我国保护全球气候的形象；另一方面也促进了气候变化知识的普及和公众意识的提高，从而促进了全社会保护环境活动的进一步广泛开展。

2003 年 10 月，经国务院批准，新一届由 17 个部委组成的国家气候变化对策协调小组正式成立，加强了应对气候变化相关法律、法规和政策措施的制定。针对近几年出现的新问题，中国政府提出了"树立科学发展观"和"构建和谐社会"的重大战略思想，加快建设资源节约型、环境友好型社会，进一步强化了一系列与应对气候变化相关的政策措施。2004 年国务院通过了《能源中长期发展规划纲要（2004—2020）》（草案）[②]。2004 年国家发展和改革委员会发布了中国第一个《节能中长期专项规划》[③]。2005 年 2 月，全国人大审议通过了《中华人民共和国可再生能源法》，明确了政府、企业和用户在可再生能源开发利用中的责任和义务，提出了包括总量目标制度、发电并网制度、价格管理制度、费用分摊制度、专项资金制度、税收优惠制度等一系列政策和措施。[④]

为切实履行中国政府对《联合国气候变化框架公约》（UNFCCC）的承诺，国家气候变化对策协调机构组织近百个单位 400 多位专家经过近三年的努力，完成了《中华人民共和国气候变化初始国家信息通报》的编写工作，于 2004 年 11 月正式发布[⑤]，并于 2004 年底向《气候公约》第十次缔约方大会正式提交了该报告。这是中国为履行公约所规定的义务而采取的一项具体行动。

2005 年以来，中国政府不断加强与应对气候变化紧密相关的能源综合管理，5 月成立了国家能源领导小组及其办公室[⑥]，进一步强化了对能源工作的领导。6 月 30 日，国务院总理温家宝主持召开国务院常务会议，讨论并原则通过《能源中长期发展规划纲要（2004—2020 年）》（草案）[⑦]，8 月，国务院下发了《关于做好建设节约型社会近期重点工作的通知》[⑧]和《关

---

① 中国气候变化信息网，http://dtfz.ccchina.gov.cn/index.aspx。

② 《国务院能源中长期发展规划纲要（2004～2020）》，2004 年 6 月 30 日。http://www.csuaee.com.cn/CMS/news/2011113/n559911000.html。

③ 《节能中长期专项规划》，http://xwzx.ndrc.gov.cn/xwfb/200506/t20050628_104993.html，2004 年 11 月 25 日。

④ 《中华人民共和国可再生能源法》，2005 年 02 月 28 日，http://www.gov.cn/ziliao/flfg/2005－06/21/content_8275.htm。

⑤ 《中华人民共和国气候变化初始国家信息通报》，中国计划出版社 2004 年版。

⑥ 《国务院关于成立国家能源领导小组的决定》，国发〔2005〕14 号，2005 年 05 月 13 日，http://www.gov.cn/gongbao/content/2005/content_64259.htm。

⑦ 国务院总理温家宝 6 月 30 日主持召开国务院常务会议，讨论并原则通过《能源中长期发展规划纲要（2004—2020 年）》（草案），http://www.gov.cn/gjjg/2005－08/20/content_24916.htm。

⑧ 《国务院关于做好建设节约型社会近期重点工作的通知》，国发〔2005〕21 号，2005 年 06 月 27 日，http://www.gov.cn/zwgk/2005－09/08/content_30265.htm。

于加快发展循环经济的若干意见》[①]。10月，中国政府有关部门颁布了经修订后的《清洁发展机制项目运行管理办法》，详细规定了中国开展清洁发展机制（CDM）项目的具体规则和管理机制[②]。12月，国务院发布了《关于发布实施〈促进产业结构调整暂行规定〉的决定》[③]和《关于落实科学发展观加强环境保护的决定》[④]。

2006年8月，国务院发布了《关于加强节能工作的决定》[⑤]。这些政策性文件为进一步增强中国应对气候变化的能力提供了政策和法律保障。同月，国务院批准建立中国清洁发展机制基金及其管理中心，负责收取、管理和利用在CDM项目合作下获得的国家收益，支持和促进国家应对气候变化行动[⑥]。

2006年12月26日，科技部、中国气象局、发改委、国家环保总局等六部委联合发布了历经四年完成的《气候变化国家评估报告》[⑦]。这是我国编制的第一部有关全球气候变化及其影响的国家评估报告。该报告系统总结了我国在气候变化方面的科学研究成果，全面评估了在全球气候变化背景下中国近百年来的气候变化观测事实及其影响，预测了21世纪的气候变化趋势，综合分析、评价了气候变化及相关国际公约对我国生态、环境、经济和社会发展可能带来的影响，提出了我国应对全球气候变化的立场和原则主张以及相关政策。

二、低碳转型的起步期(2007—2010年)

2007年4月23—24日，中国环境与发展国际合作委员会在挪威、瑞典、英国、欧盟和美国环保协会的支持下，在北京举办了"低碳经济和中国能源与环境政策研讨会"。会议围绕中国政府提出的建设资源节约型、环境友好型社会要求，针对国内外能源与环境政策的发展趋势、全球气候变化问题的应对措施以及低碳经济、能源效率等问题，开展国内外专家交流、研讨，为国内研究与制定相关政策提供相关借鉴。[⑧] 这标志着中国正式将低碳

① 《国务院关于加快发展循环经济的若干意见》，国发〔2005〕22号，2005年07月02日，http://www.gov.cn/zwgk/2005－09/08/content_30305.htm。

② 《清洁发展机制项目运行管理办法》，http://cdm.ccchina.gov.cn/UpFile/File579.PDF。

③ 国务院关于发布实施《促进产业结构调整暂行规定》的决定，国发〔2005〕40号，2005年12月02日，http://www.gov.cn/zwgk/2005－12/21/content_133214.htm。

④ 《国务院关于落实科学发展观加强环境保护的决定》，中国人大网，2006年02月15日，http://www.npc.gov.cn/npc/xinwen/szyw/zywj/2006－02/15/content_344610.htm。

⑤ 国务院关于加强节能工作的决定，国发〔2006〕28号，2006－08－06，http://www.gov.cn/gongbao/content/2006/content_389909.htm。

⑥ 中国清洁发展机制基金，http://baike.baidu.com/link?url=veDQy_TSnziR_afFo6VM9DvsxUDiAJR5HBQBSVH4IHqOvQNOoJHiJ7NGpTHh9E0－zGeLNONtpzNkejtXFUgmD_。

⑦ 《气候变化国家评估报告》编写委员会编：《气候变化国家评估报告》，科学出版社，2007年版。

⑧ 《低碳经济和中国能源与环境政策研讨会（会议概录）》，2007年05月，http://www.china.com.cn/tech/zhuanti/wyh/2008－02/26/content_10788278.htm。

经济提上议事日程并开始付诸行动。

2007年5月,国务院印发《节能减排综合性工作方案》,进一步明确了实现节能减排的目标任务和总体要求[①]。6月,为切实加强对应对气候变化和节能减排工作的领导,中国政府成立了以国务院总理任组长的国家应对气候变化工作领导小组和节能减排领导小组,视工作需要对外可称国家应对气候变化领导小组或国务院节能减排工作领导小组(一个机构、两块牌子),作为国家应对气候变化和节能减排工作的议事协调机构。领导小组的主要任务是:研究制定国家应对气候变化的重大战略、方针和对策,统一部署应对气候变化工作,研究审议国际合作和谈判对案,协调解决应对气候变化工作中的重大问题;组织贯彻落实国务院有关节能减排工作的方针政策,统一部署节能减排工作,研究审议重大政策建议,协调解决工作中的重大问题。[②] 同月,国务院印发《中国应对气候变化国家方案的通知》,并发布《中国应对气候变化国家方案》[③],这是发展中国家在该领域的第一部国家方案。这部方案由国家发改委和17个政府部门、集中多领域几十位专家历时两年研究制定完成,方案全面阐述了中国在2010年前应对气候变化的对策。其中包含郑重提出的中期目标是到2010年,单位GDP的能耗比2005年降低20%,可再生能源利用在一次能源供应结构中的比重提高到10%,实现森林覆盖率达到20%;在2010年前,通过实施各种对策,实现减少温室气体排放9.5亿吨。同月,中国科技部、国家发改委等14个部委联合发布了《中国应对气候变化科技专项行动》[④],以落实国家方案,全面提升我国应对气候变化的科技能力。

2007年6月8日,在“G8+5”领导人对话会议上,胡锦涛主席发表讲话,强调要坚持《联合国气候变化框架公约》确立的共同但有区别的责任原则。[⑤]

2007年8月,国家发改委发布《可再生能源中长期发展规划》[⑥],提出可再生能源占能源消费总量的比例将从目前的7%大幅增加到2010年的10%和2020年的15% ;优先开发水力和风力作为可再生能源;为达到此目标,到2020年共需投资2万亿元;国家将出台各种税收和财政激励措施,包括补贴和税收减免,还将出台市场导向的优惠政策,包括设定可再生能源发电的较高售价等。

---

① 《国务院关于印发节能减排综合性工作方案的通知》,国发〔2007〕15号,2007年05月23日,http://www.gov.cn/zwgk/2007—06/03/content_634545.htm。

② 国务院关于成立国家应对气候变化及节能减排工作领导小组的通知,国发〔2007〕18号,2007—06—12,http://www.gov.cn/zwgk/2007—06/18/content_652460.htm。

③ 国务院关于印发中国应对气候变化国家方案的通知,国发〔2007〕17号,http://www.gov.cn/zwgk/2007—06/08/content_641704.htm。

④ 《中国应对气候变化科技专项行动》(国科发社字[2007]407号),2007—06—13,http://www.ccchina.gov.cn bsite/CCC}lina/up Fde/ nk198.pdf。

⑤ 《胡锦涛出席G8+5峰会并发表重要讲话》,载新华网,http://news.xinhuanet.com/world/2007—06/08/content_6217740.htm。

⑥ 《可再生能源中长期发展规划》,http://www. cresp. org. cn/uploadfiles/69/889/w020070904607346044110.pdf。

2007 年 9 月 8 日，胡锦涛在亚太经合组织第十五次领导人非正式会议上提出应对全球气候变化的四项建议，其中之一是应该加强研发和推广节能技术、环保技术、低碳能源技术，共同促进亚太地区森林恢复和增长，增加碳汇，减缓气候变化。胡锦涛指出：中国将坚持科学发展观，贯彻节约资源和保护环境的基本国策，把人与自然和谐发展作为重要理念，促进经济发展与人口资源环境相协调，走生产发展、生活富裕、生态良好的文明发展道路。中国将把可持续发展作为经济社会发展的重要目标，充分发挥科技创新在减缓和适应气候变化中的先导性、基础性作用，开展全民气候变化宣传教育，继续推动并参与国际合作。① 同月，国家科学技术部部长万钢在 2007 中国科协年会上呼吁要抢占具有低碳经济特征的前沿技术制高点，大力发展低碳经济。② 胡锦涛在 2007 年 10 月中国共产党第十七次全国代表大会报告中明确提出，要“加强应对气候变化能力建设，为保护全球气候做出新贡献”。③

2007 年 10 月，人大常委会对 1997 年 11 月制定的《中华人民共和国节约能源法》进行了修订，其中对节能管理，工业、建筑、交通、公共机构及重点用能单位合理使用与节约能源，节能技术进步，激励措施，法律责任等都作了明确规定。④

2007 年 11 月，中国启动“可再生能源与新能源国际科技合作计划”⑤，并且在 12 月发表的《中国的能源状况与政策》白皮书中也不再提以煤炭为主，而是着重能源多元化发展，并将可再生能源发展正式列为国家能源发展战略的重要组成部分。⑥ 同月，《国务院批转节能减排统计监测及考核实施方案和办法的通知》⑦，明确规定了单位 GDP 能耗的统计指标体系、监测体系和考核体系实施方案以及主要污染物总量减排的统计办法、监测办法和考核办法。

2008 年 1 月，首届“中国和谐城市论坛”在北京举行，以“低碳城市”作为研讨会主题，这是我国第一个在高端会议上以“低碳城市”为主题的会议，数十位市长与专家学者、海内

---

① 《胡锦涛在 APEC 第十五次领导人非正式会议上的讲话》，载新华网 2007 年 9 月 8 日，http://news.xinhuanet.com/newscenter/2007－09/08/content_6686906.htm。

② 万钢：《坚持科学发展，加速自主创新，为节能减排工作提供强大科技支援》，载人民网科技，2007 年 9 月 8 日，http://scitech.people.com.cn/GB/6235563.html。

③ 《胡锦涛在中国共产党第十七次全国代表大会上的报告》，载新华社，2007 年 11 月 21 日 http://news.xinhuanet.com/newscenter/2007－10/24/content_6938568.htm。

④ 《中华人民共和国节约能源法》，2007－10－28，http://www.gov.cn/ziliao/flfg/2007－10/28/content_788493.htm。

⑤ 科学技术部：《国家发展和改革委员会关于印发〈可再生能源与新能源国际科技合作计划〉的通知》2007 年 11 月 21 日 http://www.most.gov.cn/tztg/200711/t20071121_57349.htm。

⑥ 《国务院新闻办发表“中国的能源状况与政策”白皮书》，2007 年 12 月 27 日，http://www.ndrc.gov.cn/fzgggz/hjbh/hjzhdt/200712/t20071227_181540.html。

⑦ 《国务院批转节能减排统计监测及考核实施方案和办法的通知》，国发〔2007〕36 号，2007 年 11 月 17 日，http://www.gov.cn/zwgk/2007－11/23/content_813617.htm。

外企业家共同探讨低碳城市发展之路。① 同月,清华大学率先成立低碳能源实验室。② 同年6月,清华大学正式成立低碳经济研究院,将重点围绕我国经济发展方式的转变、能源安全、资源能源利用效率、城镇化模式以及全球及区域环境保护等经济和社会的可持续发展问题,开展跨学科研究。③

2008年1月,国家发改委和WWF(世界自然基金会)共同选定了上海和保定作为低碳城市发展项目试点④,此后,"低碳城市"开始受到各大城市热捧。珠海拟申建低碳经济示范区⑤,杭州表示要在全国率先建设低碳城市⑥。

2008年3月,阿拉善SEE生态协会Society of Entrepreneurs & Ecology,简称SEE)与气候组织(The Climate Group,简称TCG)举办"中国企业与低碳经济"论坛,让中国企业了解国际低碳经济发展的情况,探讨中国企业在低碳经济发展中的作用。⑦

同月,《可再生能源十一五规划》制订,提出到2010年,可再生能源在能源消费中的比重达到10%,全国可再生能源年利用量达到3亿吨标准煤。其中,水电总装机容量达到1.9亿千瓦,风电总装机容量达到1 000万千瓦,生物质发电总装机容量达到550万千瓦,太阳能发电总容量达到30万千瓦,沼气年利用量达到190亿立方米,太阳能热水器总集热面积达到1.5亿平方米,增加非粮原料燃料乙醇年利用量200万吨,生物柴油年利用量达到20万吨等一系列发展目标。⑧

2008年4月1日,修改后的《节约能源法》正式实施。它明确将节约资源作为我国的一项基本国策,实行节能目标责任制和节能考核评价制度,将节能目标完成情况作为对地方人民政府及其负责人考核评价的内容,这一重要制度创新有利于扭转少数地区、部门存在的正面追求经济增长的发展观和政绩观。⑨

---

① 《中国和谐城市论坛在京举行》,载《人民日报》,2008年1月19日第5版,http://paper.people.com.cn/rmrb/html/2008-01/19/content_39260818.htm。

② 《清华大学成立低碳能源实验室》,载新华网2008年1月14日,http://news.xinhuanet.com/newscenter/2008-01/14/content_7419731.htm。

③ 《清华大学成立低碳经济研究院》,载《光明日报》,2008年6月18日,http://www.gmw.cn/01gmrb/2008-06/18/content_792426.htm。

④ 《上海、保定入选WWF低碳城市发展项目试点》,2008年01月28日,http://news.sohu.com/20080128/n254927960.shtml。

⑤ 《珠海申请成为中国第一个"低碳经济示范区"》,载金羊网,2008年12月15日,http://news.ycwb.com/2008-12/15/content_2029949.htm。

⑥ 《杭州要在全国率先打造低碳城市》,载杭州网,2008年7月16日,http://www.hangzhou.com.cn/20080702/ca1534901.htm。

⑦ SEE·TCG论坛:《中国企业与低碳经济》,2008年04月20日,http://news.sina.com.cn/c/2008-04-20/115715392962.shtml。

⑧ 《可再生能源十一五规划》,http://www.sndrc.gov.cn/uploadfiles/f2008-05-22/200805221013437282.pdf。

⑨ 《中华人民共和国节约能源法》,http://www.gov.cn/ziliao/flfg/2007-10/28/content_788493.htm。

2008 年 4 月 24—25 日，科技部、外交部、国家发展改革委、国家环保总局、中国气象局、中国科学院等部委联合主办“气候变化与科技创新国际论坛”。来自近 30 个国家、10 多个国际组织的官员和专家以及企业和非政府组织的代表共 600 多人就气候变化的重大科学问题、减缓气候变化的战略与政策、气候变化的影响与适应、重大技术与国际科技合作、资金与市场机制等进行了研讨。①

同年 4 月，由国内外专家、学者及热心环保公益事业的企业家在京发起成立了第一个低碳互联网平台(Ditan360)②。平台成立后，在宣传低碳经济、共建低碳社会的公益内容上做了积极的工作。另外，国内众多网站纷纷推出了各种以“低碳”为主题的博客共享平台、群空间等，互联网成为推动、宣传“低碳经济”“低碳生活”的重要载体。发展低碳经济、建设低碳社会已经成为我国的战略重点和全民教育重要方向。同月，中国环境与发展国际合作委员会首次圆桌会议在北京召开，会议就环境与发展战略转型、低碳发展与城市适应气候变化对策以及创新与环境友好型社会等专题进行了探讨。③

2008 年 5 月，由相关领域的 40 余位专家、学者共同编撰的《低碳经济论》一书出版[39]，这是对低碳经济进行理论总结的有一定权威性的综合性著作。

2008 年 6 月 27 日，中央政治局集体学习应对气候变化，胡锦涛总书记在中央政治局集体学习上强调，必须以对中华民族和全人类长远发展高度负责的精神，充分认识应对气候变化的重要性和紧迫性，坚定不移地走可持续发展道路，采取更加有力的政策措施，全面加强应对气候变化能力建设，为我国和全球可持续发展事业进行不懈努力。④

2008 年 8 月，国务院办公厅印发《关于深入开展全民节能行动的通知》，提出要增强全民节能意识，在全国开展节能行动，并明确了全民节能行动的主要内容。⑤ 同月，第十一届全国人民代表大会常务委员会第四次会议通过并发布了《中华人民共和国循环经济促进法》，对循环经济的基本管理制度、减量化、再利用和资源化、激励措施和法律责任等都作了具体的规定。⑥ 同月 5 日，北京产权交易所率先成立全国性的碳排放交易市场——北京环境交易所。当天，上海环境能源交易所也同时宣布成立。⑦ 时隔不久的 9

① 《气候变化与科技创新国际论坛公报》，载科技部，2008 年 4 月 30 日，http://www.most.gov.cn/tztg/200804/t20080430_61054.htm。

② 中国低碳网，http://baike.sogou.com/v9336620.htm。

③ 中国环境与发展国际合作委员会秘书处:《中国环境与发展国际合作委员会圆桌会议(会议概录)》，2008 年 4 月，http://www.docin.com/p－411344222.html。

④ 《政治局集体学习应对全球气候变化》载新华网，2008 年 6 月 28 日，http://news.163.com/08/0628/14/4FHJ68M20001124J.html。

⑤ 《国务院办公厅关于深入开展全民节能行动的通知》，国办发〔2008〕106 号，2008 年 8 月 1 日，http://www.gov.cn/zwgk/2008－08/02/content_1062621.htm。

⑥ 《中华人民共和国循环经济促进》，2008 年 8 月 29 日，http://www.gov.cn/flfg/2008－08/29/content_1084355.htm。

⑦ 《北京上海环境交易所成立》，载《人民日报》，第 2 版，2008 年 8 月 6 日，http://paper.people.com.cn/rmrb/html/2008－08/06/content_74334.htm。

月25日，天津排放权交易所也宣告成立[①]，而其他全国性的碳排放交易所也正在紧锣密鼓推进之中。

2008年10月29日，国务院发布《中国应对气候变化的政策与行动》白皮书，全面介绍了气候变化对中国的影响、中国减缓和适应气候变化的政策与行动，以及中国对此进行的体制机制建设，明确中国是个发展中国家，易受气候变化的不利影响。[②]

2008年11月10日，由中科院牵头组织，历时一年多研究完成的《中国碳平衡交易框架研究》报告正式发布。该报告首次提出以“碳”这一可定量分析要素作为硬性指标，建议以省为单位进行碳源量与碳汇量分析，使生态受益区在享受生态效益的同时，拿出享用外部效益溢出的经济效益，对生态保护区进行补偿。[③]

2008年11月24—26日，由国家发改委负责的联合国环境基金(UNDP/GEF)项目“中国准备气候变化第二次国家信息通报能力建设”召开了项目评标会。[④] 同月，中国政府与联合国共同举办了“应对气候变化技术开发与转让高级别研讨会”，发表了《应对气候变化技术开发与转让北京宣言》，提出了中国在《公约》缔约方会议以及长期合作行动特设工作组下，就促进技术转让切实可行而有效的机制建议。[⑤]

2008年12月17日，由国家林业局气候办设计注册的我国首个官方碳补偿标识——中国绿色碳基金碳补偿标识在京发布。[⑥] 这意味着日后公众只要愿意加入“消除碳足迹，参与碳补偿，积极应对气候变化”活动，或者自愿捐资到中国绿色碳基金进行“植树造林吸收二氧化碳”的活动，即可获得碳补偿标识。

2009年5月20日，中国政府公布《落实巴厘路线图——中国政府关于哥本哈根气候变化会议的立场》的文件，阐述了中国关于哥本哈根会议落实巴厘路线图的立场和主张，提出了中国关于哥本哈根气候变化会议的原则和目标，表明中国积极、建设性推动哥本哈根会议取得积极成果的意愿和决心[⑦]。

---

① 《天津排放权交易所成立》，载新华网，2008年9月26日，http://news.xinhuanet.com/fortune/2008－09/26/content_10115523.htm。

② 《中国应对气候变化的政策与行动白皮书发表》，2008年10月29日，http://www.chinanews.com/gn/news/2008/10－29/1429538.shtml。

③ 《首部〈中国碳平衡交易框架研究〉报告在京发布》，载中国环境文化促进会，2008年11月6日，http://www.zhb.gov.cn/zhxx/hjyw/200811/t20081106_130915.htm。

④ 中国环境科学院：《我院气候中心参加联合国环境基金(UNDP/GEF)项目“中国气候变化第二次国家信息通报能力建设”投标并顺利中标》，2008年12月9日，http://www.craes.cn/c/cn/news/2008－12/09/news_1142.html。

⑤ 《〈应对气候变化技术开发与转让北京宣言〉发表》，载中国能源网，2008年11月19日，http://lvse.sohu.com/20081119/n260722913.shtml。

⑥ 李瑞林、何宇：《中国第一个碳补偿标识发布》，载《中国环境报》第1版，2008年12月26日，http://www.cenews.com.cn/xwzx/zhxw/qt/200812/t20081226_597196.html。

⑦ 《落实巴厘路线图——中国政府关于哥本哈根气候变化会议的立场》，中央政府门户网站，2009年5月21日，http://www.gov.cn/gzdt/2009－05/21/content_1321022.htm。

2009 年 7 月，世界自然基金会发布国内首部企业低碳发展案例集，介绍了家电、建筑、高耗能、金融、信息与通信、可再生能源 6 个主要行业的 12 家中国企业开展节能减排和低碳发展的行动内容、收益状况和经验教训，展示了中国企业的低碳发展之路，以便让更多企业从中获得启发和鼓舞，参与低碳发展，实现环境与企业效益增长的双赢。①

2009 年 7 月 28 日，中美签署《关于中美两国加强在气候变化、能源和环境方面合作的谅解备忘录》，表明中美两国未来将加强在气候变化、能源和环境等方面的合作②。

2009 年 8 月，十一届全国人民代表大会常务委员会第十次会通过了《关于积极应对气候变动的决议》，会议充分肯定国务院在应对气候变化方面作出的不懈努力和取得的显著成效，同意报告提出的今后工作安排。③ 全国人民代表大会是中国最高国家权力机关，其常设机关是全国人民代表大会常务委员会。由此可见，这种由人大发表的决议，展示了中国政府举全国之力破解低碳经济难题的决心。

2009 年 9 月，在联合国气候峰会上，国家主席胡锦涛发表题为《携手应对气候变化挑战》的重要讲话，提出中国应对气候变化的发展目标，宣布中国将进一步把应对气候变化纳入经济社会发展规划，并继续采取强有力的措施，提出到 2020 年，中国单位 GDP 的 CO_2 排放量要比 2005 年大幅削减，森林面积增加 4 000 万公顷，非化石能源占一次能源消费量的比例提高到 15％。④

2009 年 10 月，继上述《低碳经济论》后，同样由数十位相关领域专家编撰的《低碳发展论》一书出版。该书分别从低碳战略、低碳城市、低碳能源、低碳社会等几个方面作了理论探讨和案例分析[40]。

在 COP15 召开前的 2009 年 11 月，中国政府首次提出了温室气体减排的数值目标，即到 2020 年，单位 GDP 的 CO_2 排放量比 2005 年降低 40％～45％。⑤ 据报道，到 2010 年 3 月，单位 GDP 的 CO_2 排放指标已经按地区初步分解完毕。⑥ 同月，国家林业局发布《应对气候变化林业行动计划》，提出到 2010 年，年均造林育林面积 400 万公顷以上，全国森

① 《中国首部企业低碳发展案例集发布》，http://qhs.ndrc.gov.cn/dtjj/200908/t20090824_297684.html，载新华网，2009 年 7 月 21 日。

② 《中美草签关于加强能源、气候变化和环境方面合作的谅解备忘录》，新华网，2009 年 7 月 29 日，http://news.xinhuanet.com/world/2009－07/29/content_11788861.htm。

③ 《全国人大常委会关于积极应对气候变化的决议》，载中国网，2009 年 8 月 28 日，http://www.china.com.cn/policy/txt/2009－08/28/content_18416561.htm。

④ 《胡锦涛在联合国气候变化峰会开幕式上的讲话》，载新华网，2009 年 9 月 23 日，http://news.xinhuanet.com/world/2009－09/23/content_12098887.htm。

⑤ 《国务院：2020 年单位 GDP 二氧化碳排放降 40％至 45％》，载人民网，2009 年 11 月 27 日，http://finance.people.com.cn/GB/10461522.html。

⑥ 《如何分解和实现“十二五”节能减排目标？》中国节能产业网，2011 年 3 月 16 日，http://www.china5e.com/show.php? contentid＝164081。

林覆盖率达到20%,森林蓄积量达到132亿立方米。[①]

2009年11月,由自然之友、北京地球村、绿家园志愿者、公众环境研究中心、绿色和平、乐施会、行动援助等七个民间组织牵头组成的“中国公民社会应对气候变化小组”发布《2009中国公民社会应对气候变化立场》,反映了中国民间机构对气候变化问题的态度和立场。[②]

2009年12月,中国政府对2005年制定的《中华人民共和国可再生能源法》进行了修订,[③]并于2010年1月设立了由温家宝任主任、由近20个中央各部委一把手组成的“国家能源委员会”。[④]

2010年1月21日,由全国政协经济委员会、中国科学技术协会担任指导单位,百余家海内外知名企业负责人及著名专家学者、社会各界代表参会的“低碳中国论坛”,是国内规格最高、公众影响力最大的低碳主题论坛。[⑤]

2010年3月12日,两会代表、委员“论低碳之路”座谈会在北京召开此次座谈会通过对碳交易、碳金融和节能减排经验的交流与探讨,表达了对中国实现节能减排国家目标、建设伟大生态文明的信心。[⑥]

2010年5月,中国国际经济交流中心主办了绿色经济与应对气候变化国际合作会议,为各国加强气候变化合作提供了良好的交流平台。[⑦]

2010年7月19日,国家发改委下发了《国家发展改革委关于开展低碳省区和低碳城市试点工作的通知》(发改气候〔2010〕1587号),确定首先在“五省八市”(广东、辽宁、湖北、陕西、云南等省和天津、重庆、深圳、厦门、杭州、南昌、贵阳、保定等市)开展试点工作[⑧],并要求承担低碳省试点工作的5个省和开展低碳城市试点的8个市将各地低碳试

---

① 《国家林业局发布〈应对气候变化林业行动计划〉》,载中国网2009年11月6日,http://www.china.com.cn/news/2009－11/06/content_18839576.htm。

② 《中国7民间组织联合发布公民社会应对气候变化立场》,载中国新闻网,2009年11月17日,http://www.chinanews.com/gn/news/2009/11－17/1968758.shtml。

③ 《中华人民共和国可再生能源法(修正案)》,载中国人大网,2009年12月26日,http://www.npc.gov.cn/huiyi/cwh/1112/2009－12/26/content_1533216.htm。

④ 《国务院办公厅关于成立国家能源委员会的通知》,国办发〔2010〕12号,2010年01月22日,http://www.gov.cn/zwgk/2010－01/27/content_1520724.htm。

⑤ 《低碳中国论坛首届年会在京隆重举办》,搜狐绿色,2010年1月29日,http://green.sohu.com/20100129/n269918857.shtml。

⑥ “两会代表委员论低碳之路座谈会”在北京环境交易所成功举行,北京环境交易所,2010－03－12,http://www.cbeex.com.cn/article/zxdt/bsdt/201003/20100300015865.shtml

⑦ 《绿色经济与应对气候变化国际合作会议在京举行》,载国际在线专稿,2010年5月8日http://gb.cri.cn/27824/2010/05/08/110s2844033.htm。

⑧ 《国家发展改革委关于开展低碳省区和低碳城市试点工作的通知》,ttp://www.gov.cn/zwgk/2010－08/10/content_1675733.htm。

点方案纳入本地“十二五”(2011—2015 年)经济和社会发展规划。[①]

2010 年 8 月 31 日,中国第一个以应对气候变化、增加森林碳汇、帮助企业自愿减排为宗旨的全国性公募基金会——中国绿色碳汇基金会在北京成立。基金会旨在推动以应对气候变化为目的的植树造林、森林经营、减少毁林和其他相关的增汇减排活动,为企业和公众搭建一个通过林业措施吸收二氧化碳、抵消温室气体排放、实践低碳生产和低碳生活、展示捐资方社会责任形象的专业性平台。[②]

2010 年 9 月 27 日,国家发改委下发《国家发改委办公厅关于启动省级温室气体排放清单编制工作有关事项的通知》,要求各省、自治区、直辖市启动省级温室气体 2005 年清单的编制工作。同时,国家发改委气候司选择了陕西、浙江、湖北、云南、辽宁、广东和天津,作为省级温室气体清单编制的 7 个试点地区。[③]

2010 年 10 月,联合国气候变化会议天津峰会召开,这是中国首次承办联合国框架下的气候谈判,也是坎昆气候大会前最后一轮谈判。[④] 在这次峰会上,科技部公布了《中国 2010 发展中的清洁能源科技》报告,系统介绍了中国近年来的清洁技术进展和前景展望。[⑤]

三、低碳转型的深化期(2011 年以后)

由以上叙述可以看出,在 2007—2010 年的四年中,不管是从舆论形成到机构建立,还是从会议召开到权威表态,或是从理论探讨到政策制定等,我国的低碳转型重要事项大都经历了从无到有的第一次,表明中国的低碳转型正式起步。

2011 年以后,我国的低碳转型势头丝毫不减,并向更深入的阶段迈进。2011 年 1 月,住建部成立低碳生态城市领导小组,组织开展低碳生态城市示范和技术推广[⑥];2 月,交通部启动天津、重庆、深圳、厦门、杭州、南昌、贵阳、保定、武汉、无锡 10 个城市低碳交通运

① 发改委:《低碳试点方案将纳入“十二五”规划》,载《证券日报》,2011 年 2 月 9 号,http://biz.cn.yahoo.com/ypen/20110209/201634.html。

② 张鄰鄰:《中国绿色碳汇基金会成立》,载《中国经济导报》,2010 年 9 月 7 日,http://www.ceh.com.cn/ceh/shpd/2010/9/7/68504.shtml。

③ 《中国启动省级温室气体清单编制》,载 21 世纪经济报道,2010 年 10 月 12 日,http://economy.lnd.com.cn/htm/2010-10/12/content_1551999.htm。

④ 刘晓艳、韩爱青:《联合国气候变化国际谈判天津会议昨结束》,载天津网,2010 年 10 月 10 日,http://www.tianjinwe.com/hot/2010/hbdh/tt/201010/t20101010_2021775.html。

⑤ 《天津气候大会 中国亮出低碳技术路线》,载科技部,2010 年 10 月 15 日,http://www.most.gov.cn/gnwkjdt/201010/t20101014_82633.htm。

⑥ 《关于成立住房和城乡建设部低碳生态城市建设领导小组的通知》,建科函〔2011〕16 号,2011 年 1 月 19 日,http://www.mohurd.gov.cn/lswj/tz/jk201116.htm。

输体系建设试点工作[①],次年又增加了北京、昆明、西安、宁波、广州、沈阳、哈尔滨、淮安、烟台、海口、成都、青岛、株洲、蚌埠、十堰、济源市为第二批试点城市。[②]

在2011年3月出台的《国民经济和社会发展第十二个五年规划纲要(草案)》中,确立了今后5年绿色、低碳发展的政策导向,明确了应对气候变化的目标任务,提出在"十二五"期间,非化石能源占一次能源消费的比重要提高到11.4%,GDP能耗和二氧化碳排放分别降低16%和17%,主要污染物排放总量减少8%~10%,森林蓄积量增加6亿立方米,森林覆盖率达到21.66%的行动目标。[③] 其中,非化石能源占一次能源消费比重、CO_2排放强度和森林蓄积量是第一次写入国家五年规划,这三项指标均与低碳发展有关。

2011年3月,中美清洁能源联合研究中心建筑节能联盟在京成立,这标志着中美清洁能源联合研究中心建筑节能的合作工作正式启动。[④]

2011年5月,发改委会同教育部等14家机构下发《关于2011年全国节能宣传周活动安排意见的通知》[⑤],就"节能我行动,低碳新生活"的主题开展宣传活动。

2011年7月,《国家发展改革委关于完善太阳能光伏发电上网电价政策的通知》[⑥],提出要制定全国统一的太阳能光伏发电标杆上网电价。

2011年8月3日,国家发改委、科技部、外交部、财政部联合对《清洁发展机制项目运行管理办法》进行了修订。[⑦] 同月,国务院以国发〔2011〕26号文件的形式发布《"十二五"节能减排综合性工作方案》,明确提出了"十二五"节能减排的总体要求、主要目标和50条政策措施,以确保实现节能减排约束性目标。[⑧]

2011年10月29日,国家发展改革委下发《关于开展碳排放权交易试点工作的通知》,确定在北京市、天津市、上海市、重庆市、湖北省、广东省及深圳市开展碳排放权交易

---

① 《关于印发〈建设低碳交通运输体系指导意见〉和〈建设低碳交通运输体系试点工作方案〉的通知》,交政法发〔2011〕53号,2011年2月21日,http://glxh.hbjt.gov.cn/upload/2011－03/201103221004191.doc。

② 交通运输部节能减排与应对气候变化工作办公室:《关于开展低碳交通运输体系建设第二批城市试点工作的通知》,厅政法字〔2012〕19号,2012年2月7日,http://www.moc.gov.cn/zhuzhan/zhengwugonggao/jiaotongbu/qita/201202/t20120207_1191546.html。

③ 《国民经济和社会发展第十二个五年规划纲要》,2011年3月16日,http://www.gov.cn/zhuanti/2011－03/16/content_2623428.htm。

④ 薛秀春:《中美清洁能源联合研究中心建筑节能联盟在京成立》,载《中国建设报》,2011年8月28日,http://www.chinajsb.cn/bz/content/2011－03/28/content_24752.htm。

⑤ 《关于2011年全国节能宣传周活动安排意见的通知》,发改环资〔2011〕911号,http://www.sdpc.gov.cn/zcfb/zcfbtz/201105/t20110506_410534.html

⑥ 《国家发展改革委关于完善太阳能光伏发电上网电价政策的通知》,发改价格〔2011〕1594号,http://www.sdpc.gov.cn/zcfb/zcfbtz/201108/t20110801_426501.html。

⑦ 《清洁发展机制项目运行管理办法》,2011年8月3日,http://www.gov.cn/gzdt/att/att/site1/20110922/001e3741a2cc0fe52cf402.pdf。

⑧ 《国务院关于印发"十二五"节能减排综合性工作方案的通知》,http://www.gov.cn/zhengce/content/2011－09/07/content_1384.htm。

试点，旨在为落实"十二五"规划关于逐步建立国内碳排放交易市场的要求，推动运用市场机制以较低成本实现 2020 年我国控制温室气体排放行动目标，加快经济发展方式转变和产业结构升级。[①]

2011 年 11 月，国务院发布《中国应对气候变化的政策与行动(2011)》白皮书，对"十一五"期间中国应对气候变化取得的成效进行了总结，并展望了"十二五"时期的目标任务和政策行动。[②] 同月，由科技部、中国气象局、中科院联合牵头组织，国内其他相关部门共同参与的《第二次气候变化国家评估报告》正式出版。此次国家评估报告在第一次评估报告的基础上进行了拓展和延伸，主要涉及中国的气候变化、气候变化的影响与适应，减缓气候变化的社会经济影响评价、全球气候变化有关评估方法的分析，以及中国应对气候变化的政策措施、采取的行动及成效等内容。[③]

2011 年 12 月，国务院发布《"十二五"控制温室气体排放工作方案》，这是国务院首次发布关于专门针对控制温室气体排放和促进低碳发展方面的重大文件。[④] 同月，国家发改委等 12 个部门发布《万家企业节能低碳行动实施方案》，要求加强节能工作组织领导，强化节能目标责任制，建立能源管理体系，加强能源计量统计工作，开展能源审计和编制节能规划，加大节能技术改造力度，加快淘汰落后用能设备和生产工艺，开展能效达标对标工作，建立健全节能激励约束机制，开展节能宣传与培训。[⑤]

2012 年 2 月，国家发改委会同 16 个部门共同制定发布《节能减排全民行动实施方案》，分别对节能减排的家庭社区行动、青少年行动、企业行动、学校行动、军营行动、农村行动、政府机构行动、科技行动、科普行动以及媒体行动的具体活动、牵头单位和支撑单位等都作了明确规定。[⑥]

2012 年 3 月，财政部、国家发展改革委、能源局联合印发了《可再生能源电价附加补助资金管理暂行办法》，对可再生能源电价进行全面的资金补助。

2012 年 5 月，国家发改委等 14 个部门下发《关于 2012 年全国节能宣传周活动安排的通知》，确定当年全国节能宣传周活动的主题是"节能低碳，绿色发展"，宣传的重点是倡导绿

---

① 《国家发展改革委办公厅关于开展碳排放权交易试点工作的通知》，发改办气候〔2011〕2601 号，http://www.sdpc.gov.cn/zcfb/zcfbtz/201201/t20120113_456506.html。

② 《中国应对气候变化的政策与行动(2011)》，2011－11－22，http://www.gov.cn/zhengce/2011－11/22/content_2618563.htm。

③ 《第二次气候变化国家评估报告》编写委员会编.第二次气候变化国家评估报告，科学出版社，2011－11。

④ 《国务院关于印发"十二五"控制温室气体排放工作方案的通知》，http://www.gov.cn/zhengce/content/2012－01/13/content_1294.htm。

⑤ 《关于印发万家企业节能低碳行动实施方案的通知》，发改环资[2011]2873 号，http://www.sdpc.gov.cn/zcfb/zcfbtz/201112/t20111229_453569.html。

⑥ 《关于印发节能减排全民行动实施方案的通知》，发改环资〔2012〕194 号，http://www.gov.cn/zwgk/2012－02/07/content_2059923.htm。

色、节能、低碳的生产方式、消费模式和生活习惯,引导广大群众积极参与节能减排①。

2012 年 7 月,国家科技部等 16 个部门联合发布《"十二五"国家应对气候变化科技发展专项规划》,深入分析了当前我国应对气候变化科技发展面临的挑战与机遇,明确提出了"十二五"期间应对气候变化科技发展的指导思想与目标、重点方向,提出了十大关键减缓技术、十大关键适应技术等重点任务,提出了加强应对气候变化科技工作的协同创新、加强应对气候变化的科学普及与宣传工作、鼓励和支持地方开展应对气候变化科技行动等保障措施。② 作为我国第一部专门的应对气候变化科技发展规划,《"十二五"国家应对气候变化科技发展专项规划》对我国进一步依靠科技应对气候变化将起到重要的指导作用。

2012 年 7 月,国家发展和改革委员会发布《万家企业节能目标责任考核实施方案》,要求各地区要充分认识开展万家企业节能目标责任考核的重要性,将万家企业节能目标责任考核工作作为强化企业节能责任,推动落实万家企业节能低碳行动实施方案,促进企业建立节能长效机制的重要手段,切实加强组织领导,狠抓工作落实,确保考核工作取得实效。③ 8 月,国家发展改革委下发《关于进一步加强万家企业能源利用状况报告工作的通知》,要求国家发展改革委公告的万家企业节能低碳行动企业名单内的用能单位定期填报能源利用状况报告④。

2012 年 8 月,国务院以国发〔2012〕40 号文件的形式发布《节能减排"十二五"规划》,分析了"十一五"期间的现状与形势,明确了指导思想、基本原则、主要目标和主要任务,确定了节能减排重点工程,提出了规划实施的保障措施⑤。

2012 年 11 月,国家发展和改革委员会发布《中国应对气候变化的政策与行动 2012 年度报告》,总结了 2011 年以来中国应对气候变化采取的政策与行动及取得的成效。⑥ 同月 21 日,中国社会科学院城市发展与环境研究所联合中国气象局国家气候中心,在北京举办社科论坛暨气候变化绿皮书发布会,继 2009 年推出第一部气候变化绿皮书《应对气候变化(2009)——通向哥本哈根》[41],2010 年出版《应对气候变化(2010)——坎昆的挑战与中国的行动》[42] 及 2011 年的《应对气候变化(2011)——德班的困境与中国的战略选

① 《关于 2012 年全国节能宣传周活动安排的通知》,发改环资〔2012〕1320 号,http://www.sdpc.gov.cn/zcfb/zcfbtz/201205/t20120516_479373.html。

② 《"十二五"国家应对气候变化科技发展专项规划》发布,2012－07－16,http://www.most.gov.cn/kjbgz/201207/t20120713_95582.htm

③ 《国家发展和改革委员会办公厅关于印发万家企业节能目标责任考核实施方案的通知》,发改办环资〔2012〕1923 号,http://www.sdpc.gov.cn/zcfb/zcfbtz/201207/t20120727_494171.html。

④ 《国家发展改革委办公厅关于进一步加强万家企业能源利用状况报告工作的通知》,发改办环资〔2012〕2251 号,http://www.sdpc.gov.cn/zcfb/zcfbtz/201209/t20120904_503686.html。

⑤ 《国务院关于印发节能减排"十二五"规划的通知》,http://www.gov.cn/zhengce/content/2012－08/12/content_2728.htm。

⑥ 国家发展和改革委员会:《中国应对气候变化的政策与行动 2012 年度报告》,2012 年 12 月,http://www.cma.gov.cn/2011xzt/2012zhuant/20121119/2012111908/201211/P020121123389049273113.pdf。

择》[43]后，发布了《应对气候变化(2012)——气候融资与低碳发展》[44]。

2012 年 11 月 26 日，国家发改委以 3760 号文件的形式下发《关于开展第二批低碳省区和低碳城市试点工作的通知》，确定了包括北京、上海、海南和石家庄等 29 个城市和省区成为我国第二批低碳试点。进一步扩大试点范围，是为了更加有效地探寻不同类型地区有效控制温室气体排放路径、实现绿色低碳发展。①

2012 年 12 月 31 日，工业和信息化部、国家发改委、科技部和财政部联合下发《工业领域应对气候变化行动方案(2012—2020 年)》，勾勒我国"工业碳减排路线图"，意在加强工业领域应对气候变化的行动。②

2013 年 1 月，国务院以国发〔2013〕2 号文件的形式发布《能源发展"十二五"规划》，对我国能源发展的基础和背景进行分析，明确了"十二五"能源发展的指导思想、基本原则、方针、目标和任务，并提出了其保障措施和规划具体组织和实施的部门。③

2013 年 1 月 8 日，国家发改委分别以发改办气候〔2013〕90 号、91 号、92 号、93 号、94 号文件的形式，同意深圳排放权交易所有限公司、北京环境交易所有限公司、广东碳排放交易所有限公司、上海环境能源交易所股份有限公司及天津排放权交易所有限公司等 5 家机构为自愿减排交易机构。④

2013 年 2 月，国家发展改革委和国家认监委发布《低碳产品认证管理暂行办法》，提出要建立国家统一的低碳产品认证制度，并对从事低碳产品认证的认证机构和人员的资质、认证的内容、认证的实施、监管等都作出了具体的规定。⑤

2013 年 4 月，国家发展改革委下发《关于推动碳捕集、利用和封存试验示范的通知》，要求各地区、各部门按照"十二五"规划纲要中应对气候变化工作的整体要求，围绕贯彻《"十二五"控制温室气体排放工作方案》关于推动碳捕集、利用和封存试验示范的相关工作任务，开展碳捕集、利用和封存示范项目和基地建设，探索建立相关政策激励机制，加强碳捕集、利用和封存的发展战略研究和规划制定，推动碳捕集、利用和封存相关标准规范

---

① 《我委印发关于开展第二批国家低碳省区和低碳城市试点工作的通知》，2012 年 12 月 5 日，http://www.ndrc.gov.cn/gzdt/201212/t20121205_517506.html。

② 《工业和信息化部 国家发展和改革委员会、科技部、财政部关于印发〈工业领域应对气候变化行动方案(2012—2020 年)〉的通知》，2012 年 12 月 31 日，http://www.miit.gov.cn/n11293472/n11293832/n12843926/n13917012/15119758.html。

③ 《国务院关于印发能源发展"十二五"规划的通知》，http://www.gov.cn/zhengce/content/2013-01/23/content_2693.htm。

④ 分别参见发改委网站：http://www.sdpc.gov.cn/zcfb/zcfbtz/201312/t20131209_569537.html，http://www.sdpc.gov.cn/zcfb/zcfbtz/201312/t20131209_569540.html，http://www.sdpc.gov.cn/zcfb/zcfbtz/201312/t20131209_569542.html，http://www.sdpc.gov.cn/zcfb/zcfbtz/201312/t20131209_569545.html，http://www.sdpc.gov.cn/zcfb/zcfbtz/201312/t20131209_569548.html，http://www.sdpc.gov.cn/zcfb/zcfbtz/201312/t20131209_569548.html

⑤ 国家发展改革委：《国家认监委关于印发〈低碳产品认证管理暂行办法〉的通知》，发改气候〔2013〕279 号，http://www.sdpc.gov.cn/zcfb/zcfbtz/201303/t20130319_533084.html。

的制定，加强能力建设和国际合作。[①]

同年 4 月，国家发改委等 14 个部门下发《关于 2013 年全国节能宣传周和全国低碳日活动安排的通知》[②]，确定当年全国节能宣传周和全国低碳日活动的主题是“践行节能低碳，建设美丽家园”，并传达国务院决定，自 2013 年起设立“全国低碳日”，时间为每年全国节能宣传周第 3 天。要高度重视低碳日活动组织安排，以全国首个低碳日为契机，动员社会各界广泛开展主题宣传活动，普及应对气候变化知识，提高公众应对气候变化和低碳意识，在低碳日掀起节能减碳活动高潮，还对 2013 年全国节能宣传周和全国低碳日的宣传重点作了具体安排。

2013 年 5 月，国家发展改革委和国家统计局发布《关于加强应对气候变化统计工作的意见》，要求充分认识建立和完善应对气候变化统计的重要性和紧迫性，建立应对气候变化统计指标体系，完善温室气体排放基础统计，建立健全应对气候变化统计管理制度，并有保障措施来落实。[③]

2013 年 7 月，国务院对国家应对气候变化及节能减排工作领导小组[④]及国家能源委员会的组成人员进行了调整[⑤]，进一步加强对应对气候变化、推进低碳转型的领导。同月，国务院印发了《国务院关于促进光伏产业健康发展的若干意见》，明确了开拓光伏应用市场、加快产业结构调整和技术进步、规范产业发展秩序、完善并网管理和服务等政策措施。[⑥] 国家能源局先后印发了《太阳能发电发展“十二五”规划》[⑦]《生物质能发展“十二五”规划》[⑧]《关于促进地热能开发利用的指导意见》[⑨]，明确了“十二五”时期中国太阳能、生物质能、地热能发展的指导思想、基本原则、发展目标、规划布局和建设重点，提出了保障措

---

① 《国家发展改革委关于推动碳捕集、利用和封存试验示范的通知》，发改气候〔2013〕849 号，http://www.sdpc.gov.cn/zcfb/zcfbtz/201305/t20130509_540617.html。

② 《关于 2013 年全国节能宣传周和全国低碳日活动安排的通知》，发改环资〔2013〕827 号，http://www.sdpc.gov.cn/zcfb/zcfbtz/201305/t20130506_540207.html。

③ 国家发展改革委：《国家统计局印发关于加强应对气候变化统计工作的意见的通知》，发改气候〔2013〕937 号，http://www.sdpc.gov.cn/zcfb/zcfbtz/201312/t20131209_569536.html。

④ 《国务院办公厅关于调整国家应对气候变化及节能减排工作领导小组组成人员的通知》，国办发〔2013〕72 号，http://www.gov.cn/zhengce/content/2013－07/09/content_7573.htm。

⑤ 《国务院办公厅关于调整国家能源委员会组成人员的通知》，国办发〔2013〕74 号，2013 年 7 月 4 日，http://www.gov.cn/zwgk/2013－07/11/content_2444996.htm。

⑥ 《国务院关于促进光伏产业健康发展的若干意见》，国发〔2013〕24 号，2013 年 7 月 15 日，国务院办公厅，http://www.gov.cn/zwgk/2013－07/15/content_2447814.htm。

⑦ 《国家能源局关于印发太阳能发电发展“十二五”规划的通知》，国能新能〔2012〕194 号，2012 年 09 月 13 日，能源局网站，http://www.gov.cn/zwgk/2012－09/13/content_2223540.htm。

⑧ 《国家能源局关于印发生物质能发展“十二五”规划的通知》，国能新能〔2012〕216 号，2012 年 12 月 28 日，能源局网站，http://www.gov.cn/zwgk/2012－12/28/content_2301176.htm。

⑨ 《国家能源局、财政部、国土资源部、住房和城乡建设部关于促进地热能开发利用的指导意见》，国能新能〔2013〕48 号，2013 年 2 月 7 日，能源局网站，http://www.gov.cn/zwgk/2013－02/07/content_2329361.htm。

施和实施机制。

2013 年 8 月，鉴于当时节能减排的形势严峻，节能减排目标完成进度滞后，高耗能、高排放行业增长加快，能耗强度下降速度放缓，污染物排放增量压力加大的现实情况，国家发改委专门发布了《关于加大工作力度确保实现 2013 年节能减排目标任务的通知》，要求各地区、各部门要强化节能减排目标责任，确保完成 2013 年节能减排工作任务目标。① 同月，国家发展改革委印发《分布式发电管理暂行办法》，提出对风能、太阳能、生物质能、海洋能、地热能等新能源分布式发电的扶持政策。

2013 年 10 月 15 日，国家发展改革委办公厅下发《关于印发首批 10 个行业企业温室气体排放核算方法与报告指南（试行）的通知》，公布了发电、电网、钢铁、化工、电解铝、镁冶炼、平板玻璃、水泥、陶瓷、民航等 10 个行业温室气体排放核算方法与报告指南（试行），供开展碳排放权交易、建立企业温室气体排放报告制度、完善温室气体排放统计核算体系等相关工作参考使用。② 同月 24 日，在国家发改委与联合国开发计划署合作项目的支持下，由国家应对气候变化战略研究和国际合作中心牵头组织编写完成了《低碳发展及省级温室气体清单培训教材》，主要介绍了省级温室气体清单编写过程中存在的主要问题和解决方案，并增加了应对气候变化及其低碳发展的主要内容。③

2013 年 10 月 25 日，工业和信息化部与发改委共同发布《关于组织开展国家低碳工业园区试点工作的通知》，意在选择一批基础好、有特色、代表性强、依法设立的工业园区，通过试点建设，大力使用可再生能源，加快钢铁、建材、有色、石化和化工等重点用能行业的低碳化改造；培育积聚一批低碳型企业；推广一批适合我国国情的工业园区低碳管理模式。试点园区碳排放强度达到国内行业先进水平，引导和带动工业低碳发展，并按照上述思路和目标，研究制定了《国家低碳工业园区试点工作方案》④。

2013 年 11 月，国家发改委发布《中国应对气候变化的政策与行动 2013 年度报告》⑤。同月，国家发改委等 9 部门联合发布《国家适应气候变化战略》，就我国适应气候变化的总

---

① 《国家发展改革委关于加大工作力度确保实现 2013 年节能减排目标任务的通知》，发改环资〔2013〕1585 号，http://www.sdpc.gov.cn/zcfb/zcfbtz/201308/t20130827_555124.html。

② 《国家发展改革委办公厅关于印发首批 10 个行业企业温室气体排放核算方法与报告指南（试行）的通知》，发改办气候〔2013〕2526 号，2013 年 10 月 15 日，http://www.ndrc.gov.cn/zcfb/zcfbtz/2013tz/t20131101_565313.htm。

③ 《低碳发展及省级温室气体清单编制培训教材》，http://qhs.ndrc.gov.cn/gzdt/201403/t20140328_604827.html。

④ 工业和信息化部：《发展改革委关于组织开展国家低碳工业园区试点工作的通知》，工信部联节〔2013〕408 号，2013 年 10 月 25 日，http://www.miit.gov.cn/n11293472/n11293832/n12843926/n13917012/15673738.html。

⑤ 国家发展和改革委员会：《中国应对气候变化的政策与行动 2013 年度报告》，2013 年 11 月，http://www.calc.org.cn/shownews.asp? id=5308。

体要求(指导思想和原则、目标)、重点任务、区域格局、保障措施等作了安排。① 同月,中国社会科学院发布《气候变化绿皮书:应对气候变化报告(2013)》,以"聚焦低碳城镇化"为主题,在我国城乡一体化的背景下,展示"新型城镇化"在低碳实践领域的发展与应用。②

2013 年 11 月,国家发改委会同财政部等部委发布《国家适应气候变化战略》,在充分评估气候变化当前和未来对我国影响的基础上,明确了 2020 年前国家适应气候变化工作的指导思想和原则,提出适应目标、重点任务、区域格局和保障措施,为统筹协调开展适应工作提供指导。本战略目标期到,在具体实施中将根据形势变化和工作需要适时调整修订。③

2013 年 12 月,国家发展和改革委员会发布公告,根据前述《关于印发万家企业节能低碳行动实施方案的通知》(发改环资〔2011〕2873 号)和《关于印发万家企业节能目标责任考核实施方案的通知》(发改办环资〔2012〕1923 号)要求,对 2012 年万家企业节能目标责任考核结果进行了通告,结果显示,在参加考核的企业中,考核结果为"超额完成"等级的占 25.9%,为"完成"等级的占 50.4%,为"基本完成"等级的占 14.3%,为"未完成"等级的占 9.5%。公告指出,对节能工作成绩突出的企业(单位),各地区和有关部门要进行表彰奖励。对考核为未完成等级的企业,由所在地区节能主管部门组织进行强制能源审计,责令限期整改。未完成等级的企业一律不得参加年度评奖、授予荣誉称号,不给予国家免检等扶优措施,对其新建高耗能项目能评暂缓审批;在企业信用评级、信贷准入和退出管理以及贷款投放等方面,由银行业监管机构督促银行业金融机构按照有关规定落实相应限制措施;对国有独资、国有控股企业的考核结果,由各级国有资产监管机构根据有关规定落实奖惩措施。④

2014 年 1 月,国家发展改革委下发了《关于组织开展重点企(事)业单位温室气体排放报告工作的通知》,提出开展这项工作的目的是全面掌握重点单位温室气体排放情况,加快建立重点单位温室气体排放报告制度,完善国家、地方、企业三级温室气体排放基础统计和核算工作体系,加强重点单位温室气体排放管控,为实行温室气体排放总量控制、开展碳排放权交易等相关工作提供数据支撑。同时,也加快培育和提高广大企(事)业单位的低碳意识,强化减排社会责任,落实节能减碳措施,加强基础能力建设,进一步提高我国自主减缓行动的透明度。该通知还就对开展重点单位温室气体排放报告的责任主体、

---

① 《关于印发国家适应气候变化战略的通知》,发改气候〔2013〕2252 号,http://www.sdpc.gov.cn/zcfb/zcfbtz/201312/t20131209_569585.html。

② 《中国社会科学院 4 日在北京发布气候变化绿皮书》,中央人民政府网站,2013 年 11 月 4 日,http://money.163.com/13/1104/21/9CS86VQ100254TI5.html # from = relevant # xwwzy _ 35 _ bottomnewskwd。

③ 《关于印发国家适应气候变化战略的通知》,发改气候〔2013〕2252 号,http://www.sdpc.gov.cn/zcfb/zcfbtz/201312/t20131209_569585.html。

④ 《中华人民共和国国家发展和改革委员会公告》,2013 年第 44 号,http://www.ndrc.gov.cn/zcfb/zcfbgg/2013gg/t20140103_574473.htm。

报告的内容、程序以及保障措施等作了明确规定。①

2014 年 1 月，国家发展改革委发布《节能低碳技术推广管理暂行办法》，就重点节能低碳技术申报、遴选和推广的办法作了规定。②

2014 年 2 月，中国和美国发表《中美气候变化联合声明》，确认利用中美气候变化工作组机制，通过强化政策对话，开展合作。关于减少温室气体和其他空气污染物排放的务实合作行动，双方已就工作组下启动的五个合作领域实施计划达成一致，包括载重汽车和其他汽车减排、智能电网、碳捕集利用和封存、温室气体数据的收集和管理、建筑和工业能效。③

2014 年 2 月，国家林业局发布《2013 年林业应对气候变化政策与行动白皮书》，就 2013 年林业应对气候变化工作行动与成效进行了总结。④

2014 年 3 月，国家发改委发布《关于开展低碳社区试点工作的通知》，提出到“十二五”末，全国开展低碳社区试点的数量争取达到 1 000 个左右，择优建设一批国家级低碳示范社区。⑤

2014 年 4 月，经中国政府批准的《中华人民共和国气候变化第二次国家信息通报》发布。该通报给出的国家温室气体清单为 2005 年数据，其他章节有关现状的描述一般截至 2010 年，其内容分为：国家基本情况，国家温室气体清单，气候变化的影响与适应，减缓气候变化的政策与行动，实现公约目标的其他相关信息，资金、技术和能力建设方面的需求，香港特别行政区应对气候变化基本信息，澳门特别行政区应对气候变化基本信息等篇章。它全面反映了中国与气候变化相关的国情。⑥

2014 年 5 月 27 日，国务院办公厅发布《关于印发 2014—2015 年节能减排低碳发展行动方案的通知》，公布了《2014—2015 年节能减排低碳发展行动方案》，明确提出 2014—2015 年，单位 GDP 二氧化碳排放量两年分别下降 4％、3.5％以上的工作目标，并提出 30 条具体措施来保证上述目标的实现。⑦

---

① 《国家发展改革委关于组织开展重点企（事）业单位温室气体排放报告工作的通知》，发改气候〔2014〕63 号，http://www.sdpc.gov.cn/zcfb/zcfbtz/201403/t20140314_602463.html。

② 《国家发展改革委关于印发〈节能低碳技术推广管理暂行办法〉的通知》，发改环资〔2014〕19 号，http://www.sdpc.gov.cn/zcfb/zcfbtz/201401/t20140110_575363.html。

③ 《中美气候变化联合声明》，2014 年 2 月 15 日，http://qhs.ndrc.gov.cn/gzdt/t20140217_579269.htm。

④ 《国家林业局办公室关于印发〈2013 年林业应对气候变化政策与行动白皮书〉的通知》，办造字〔2014〕19 号，2014 年 3 月 6 日，http://www.ditan360.com/lib/Info－139191.html。

⑤ 《国家发展改革委关于开展低碳社区试点工作的通知》，发改气候〔2014〕489 号，http://www.sdpc.gov.cn/zcfb/zcfbtz/201403/t20140327_604483.html。

⑥ 《中华人民共和国气候变化第二次国家信息通报》，http://qhs.ndrc.gov.cn/zcfg/201404/W020140415316896599816.pdf。

⑦ 《国务院办公厅关于印发 2014—2015 年节能减排低碳发展行动方案的通知》，国办发〔2014〕23 号，2014 年 5 月 15 日，http://www.gov.cn/zhengce/content/2014－05/26/content_8824.htm。

2014年5月29日，国家工信部（工业和信息化部）和国家发改委公布国家低碳工业园区试点名单（第一批），第一批55家申报园区通过审核。[①]

2014年7月，全国碳排放管理标准化技术委员会成立，主要负责碳排放管理术语、统计、监测，区域碳排放清单编制方法，企业、项目层面的碳排放核算与报告，低碳产品、碳捕获与碳储存等低碳技术与设备，碳中和与碳汇等领域国家标准制定修订工作。[②]

2014年8月，国家发改委发布《关于印发〈单位国内生产总值二氧化碳排放降低目标责任考核评估办法〉的通知》（发改气候〔2014〕1828号），拟对各地单位国内生产总值二氧化碳排放降低目标完成情况进行考核，对落实各项目标责任进行评估。[③]

2014年11月，为指导和推进低碳社区试点建设工作，探索建立符合不同区域特点、不同发展水平的低碳社区建设和管理模式，推进城镇低碳化建设，控制居民生活领域碳排放水平，国家发展改革委组织编制了《低碳社区试点建设指南》，明确了低碳社区试点的基本要求和组织实施程序，提出按照城市新建社区、城市既有社区和农村社区三种类别开展试点，并详细阐述了每类社区试点的选取要求、建设目标、建设内容及建设标准。[④]

2014年11月，国家发改委下达《关于印发国家应对气候变化规划（2014—2020年）的通知》（发改气候〔2014〕2347号）[⑤]，并公布印发了9月份制定的《国家应对气候变化规划（2014—2020年）》，明确了2020年前我国应对气候变化工作的指导思想、目标要求、政策导向、重点任务及保障措施，将减缓和适应气候变化要求融入经济社会发展的各方面和全过程，加快构建中国特色的绿色低碳发展模式。[⑥]

2014年11月，国家发改委发布《中国发布应对气候变化的政策与行动2014年度报告》，从减缓气候变化、适应气候变化、低碳发展试点与示范、能力建设、全社会广泛参与、国际交流与合作、积极推进应对气候变化多边进程等方面，全面介绍了中国在应对气候变化方面采取的一系列政策措施和取得的成效[⑦]。

---

① 《工业和信息化部 国家发展和改革委员会关于国家低碳工业园区试点名单（第一批）的公示》，应对气候变化司子站，2014年5月29日，http://www.sdpc.gov.cn/gzdt/201405/t20140529_613575.html。

② 《全国碳排放管理标准化技术委员会成立》，http://qhs.ndrc.gov.cn/gzdt/201407/t20140717_619058.html。

③ 《单位国内生产总值二氧化碳排放降低目标责任考核评估办法》，http://www.sdpc.gov.cn/gzdt/201408/W020140815547830033985.doc。

④ 《低碳社区试点建设指南（征求意见稿）》，http://www.sdpc.gov.cn/gzdt/201411/W020141126381606779054.pdf。

⑤ 《国家发展改革委关于印发国家应对气候变化规划（2014—2020年）的通知》，发改气候〔2014〕2347号，http://qhs.ndrc.gov.cn/gzdt/201411/t20141105_647419.html。

⑥ 《国家应对气候变化规划（2014—2020年）》，http://qhs.ndrc.gov.cn/gzdt/201411/W020141105366311348507.doc。

⑦ 《中国发布应对气候变化的政策与行动2014年度报告》，载新华网，2014年11月25日，http://business.sohu.com/20141125/n406383037.shtml。

2014 年 12 月，国家发改委发布了《碳排放权交易管理暂行办法》，其中规定国家发展和改革委员会是碳排放权交易的国务院碳交易主管部门，并就配额管理、排放交易、核查与配额清缴、监督管理以及法律责任都作了详细规定。[①]

综上所述，我国的低碳转型时间不长，迄今经历了萌芽期、起步期和深化期，已经取得了相当大的成就，但这一历史使命任重道远，还需要付出更大的努力才能取得最后成功。

第四节　中国低碳转型实践的特征

通过以上叙述，我们可以认为，2007 年是我国推进低碳转型的重要转折点。以 2007 年为转折点，之前主要以应对气候变化和节能减排来试图解决全球变暖和能源消费所带来的压力，2007 年开始则明确提出要大力发展低碳经济，并加快了低碳转型的步伐。结合上一节对我国低碳转型实践的回顾，参考 2008—2014 年历年的《中国应对气候变化的政策与行动》报告[②]，我们可以从我国低碳转型的实践中看出如下一些特点。

一、从理论探索到机构设立，形成了低碳转型的基本架构

理论探索和机构设立，是推行低碳转型的两个轮子，也是低碳转型的基础，只有这两者相互结合，才能最初形成低碳转型的基本架构。

(一)积极开展理论探索

理论和舆论是行动的先导，有目的地做任何事情，总是以舆论为先行、以一定的理论为指导的。从 2007 年伊始，由中国环境与发展国际合作委员会召开的“低碳经济和中国能源与环境政策”研讨会，到首届“中国和谐城市论坛”以及“中国企业与低碳经济论坛”，再到“气候变化与科技创新国际论坛”，以及中国环境与发展国际合作委员会的首次圆桌会议，表明我国的低碳转型吹响了冲锋号。再加上我国第一个低碳互联网等重要平台的建立，表明我国已经形成推动低碳转型的基本态势。与此同时，从中共中央政治局集体于 2008 年专门就全球气候变化和我国加强应对气候变化能力建设进行的集中学习，到 2010 年两会代表召开的“论低碳之路”座谈会，再到将“低碳发展”写进党的十八大报告，中央经济工作会议确定走集约、智能、绿色、低碳的新型城镇化道路，无一不显示了中国走低碳转型道路的潮流已不可逆转。

---

① 《中华人民共和国国家发展和改革委员会令》，第 17 号，http://qhs.ndrc.gov.cn/gzdt/201412/t20141212_652035.html。

② 在以下的叙述中，除特别注明者外，涉及的信息、数据均来自《中国应对气候变化的政策与行动》历年的报告。

1.成立了各种低碳研究咨询机构

从清华大学率先成立低碳能源实验室和低碳经济研究院开始，国家各部委以及各大专院校、科研院所纷纷设立了开展跨学科理论探索的低碳研究或咨询机构，以强化决策支撑。例如，国家发改委成立了国家应对气候变化战略研究和国际合作中心，主要为气候变化工作提供政策研究支撑；环境保护部环境发展中心和南京环境科学研究所组建成立了环境与气候变化中心和生态保护与气候变化响应研究中心；国家林业局成立了华东、中南、西北三个林业碳汇计量监测中心以及生态系统定位观测网站中心，负责开展全国森林、湿地、荒漠生态定位观测研究；中国民航总局成立了中国民航大学节能减排研究与推广中心，作为行业节能减排专门研究机构，研究并推广节能减排工作。国家质检总局批准建立了 23 家国家城市能源计量中心，搭建能源计量数据公共平台、能源计量检测技术服务平台、能源计量技术研究平台、能源计量检测人才培养平台，为服务低碳经济发展提供全方位的计量技术支撑。各类省级层面的应对气候变化、低碳发展专业研究机构相继成立，如天津市成立了低碳发展研究中心、浙江省成立了应对气候变化和低碳发展合作中心，北京市在市属高校建立了北京应对气候变化研究和人才培养基地，增强了应对气候变化科技支撑能力和决策支持能力。

2.形成了从基础研究、科技研究到战略和政策研究的多领域理论探索局面

中国政府高度重视气候变化和低碳经济的研究，加强基础研究、科技研究和政策研究的力度，为低碳转型提供理论依据。

(1)加强基础科学研究

在基础研究方面，我国组织编制了第一次、第二次、第三次《气候变化国家评估报告》，系统总结中国气候变化科研成果，开展气候变化与环境质量关系、温室气体与污染物协同控制、气候变化与水循环机理、气候变化与林业响应对策等研究，建立未来气候变化趋势数据集，发布亚洲地区气候变化预估数据集；实施了碳收支认证及相关问题科技专项，着力研究中国温室气体排放量、固碳潜力、温度对二氧化碳的敏感性、气溶胶对气候变化的影响、温升期生态与环境的响应等科学问题；更新发布了“中国区域气候变化预估数据集”，优化了国家基准气候站网布局，推进大气温室气体成分卫星遥感能力建设，为我国气候变化科学研究提供了基础数据；开展了森林碳汇潜力研究、计量与监测，建立了中国 CDM 造林再造林碳汇项目综合评价指标体系与评价方法，对全国森林生态系统的碳循环、碳储量以及碳源汇格局和碳汇功能等进行了初步观测和研究；启动了全球气候变化地质记录研究、中国地质碳汇潜力研究、二氧化碳地质储存调查和低碳排放地质矿产能源调查等工作；组建了若干个海—气相互作用与气候变化重点实验室，开展了中国近海及沿海区域对气候变化的响应、海底碳封存、海洋生物固碳等研究，开展了大量基础研究工作。

各部委也积极行动起来进行基础应用方面的研究。科技部通过 973 计划支持“应对气候变化科技专项”和全球变化研究国家重大科学研究计划，支持气候变化领域基础研究工作；水利部组织开展气候变化对水利影响方面的关键技术研究，开展水利应对气候变化影响的适应性对策措施研究；卫生部启动气候变化对人类健康的影响与适应机制研究；国

土资源部组织开展"应对全球气候变化地质响应与对策"调查和研究工作；环境保护部组织开展钢铁、水泥、交通等重点行业大气污染物与温室气体排放协同控制政策与示范研究；国家林业局初步完成中国森林对气候变化响应与林业适应对策研究，进一步推进典型森林生态系统固碳和减排经营技术研究；交通运输部组织开展"建设低碳交通运输体系研究"；中国气象局组织开展了多模式超级集合、动力与统计集成等客观化气候预测新技术的研发和应用，完成政府间气候变化专门委员会的第五次国际耦合模式比较计划，为IPCC 第五次评估报告提供了模式结果。

(2)加强统计核算研究，建设统计监测和信息系统

如前所述，统计数据是了解我国低碳发展国情的基本要素，没有准确、详实的基础数据，就不可能制定出有针对性的发展对策。因此，我国政府十分重视对统计核算的研究，逐步建立起了温室气体统计的核算体系。

由于温室气体的排放主要来源于能源领域，所以首先就是要完善能源等相关统计制度。早在 2007 年，国务院就印发了《节能减排统计监测及考核实施方案和办法》，进一步完善了能耗核算制度，新建了 10 项能源统计制度，基本涵盖了全社会各领域的能源消费。各地方完善能源统计机构设置和人员配备，加强能源统计工作。各省(自治区、直辖市)均成立了能源统计机构，重点用能单位也加强了能源统计和计量工作。建立重点用能单位能源利用状况报告制度，规范重点用能单位能源利用状况报告报送工作。制定林业碳汇计量监测技术指南，推进了林业碳汇计量监测体系建设。2008 年，国家统计局加强了能源统计工作，新设立了能源统计司，负责组织实施能源统计调查、搜集、整理和提供有关调查数据，组织实施对全国及各地区主要耗能行业节能和重点耗能企业能源使用、节约以及资源循环利用状况的统计监测。在全国开展了能源统计指标体系、调查体系和监测体系的建设，对能源消费统计相关内容进行修订和补充，增加和细化了能源品种，使之基本与国际能源统计品种分类一致，增加了可再生能源电力产量和国际燃料舱等统计内容。加强对能源供应、消费的统计和单位国内生产总值能耗的核算，及时进行节能监测和节能分析，进一步完善了单位 GDP 能耗核算制度，建立、健全和完善了一系列能源统计、评估和考核体系，为国家节能减排政策的制定提供参考依据。全国各地方也完善了能源统计机构设置和人员配备，加强了能源统计工作。此外，工业和信息化部设立了节能与综合利用司，负责工业和通信领域的节能减排与应对气候变化工作。2013 年，国家发展改革委、国家统计局发布了《关于加强应对气候变化统计工作的意见》，国家统计局研究制定了《应对气候变化统计工作方案》，建立了应对气候变化统计指标体系和应对气候变化部门统计报表制度，并会同国家发展改革委印发了《关于开展应对气候变化统计工作的通知》，组织成立了应对气候变化统计工作领导小组，要求各相关部门和行业协会加强组织领导，落实职责分工，确保数据质量。国家发展改革委研究建立重点企(事)业单位温室气体排放报送制度，2014 年下发了《关于组织开展重点企(事)业单位温室气体排放报告工作的通知》，明确了报告主体、内容、程序及相关保障措施；正式发布化工、水泥、钢铁、有色、电力、航空、陶瓷等 10 个行业的生产企业温室气体排放核算方法与报告指南；推动碳排放权交易

试点省市逐步完善核算核查制度，完成企业碳排放核算工作，规范第三方核查工作。国家林业局初步建成了全国森林碳汇计量监测体系，具备了运用调查实测成果科学测算中国森林碳汇量的能力。

其次就是要加强温室气体排放的核算工作。继 2004 年向《联合国气候变化框架公约》缔约方大会提交《中华人民共和国气候变化初始国家信息通报》后，我国政府组织完成了《第二次国家信息通报》的编制工作（其中国家温室气体清单报告年份为 2005 年），且第三次国家信息通报的项目申报工作目前正在进行，拟在这个项目下编制 2010 年和 2012 年国家温室气体清单。制定并印发《关于加强应对气候变化统计工作的意见》，明确提出要建立应对气候变化统计指标体系，完善温室气体排放基础统计工作，逐步建立中国温室气体清单数据库；国家发改委还启动了省级温室气体清单编制工作，组织编写了陕西、浙江、湖北、云南、辽宁、广东和天津 7 个省（市）2005 年温室气体排放清单总报告，以及能源、工业生产过程、农业、土地利用变化及林业、废弃物五个领域的温室气体清单分报告，并组织开展其他 24 省市温室气体清单编制工作，研究开展化工、建材、钢铁、有色、电力、航空等行业企业温室气体排放核算方法和报告规范，组织编制了化工、水泥、钢铁、有色、电力、航空、陶瓷等行业生产企业的温室气体排放核算方法与报告指南；在全国范围内建立若干省级温室气体试点监测站，选择电力、钢铁、水泥等重点工业行业的若干典型企业开展二氧化碳自动监测试点，选择典型城市生活垃圾填埋处理场开展甲烷在线监测试点。云南省等一些地方统计部门已启动温室气体排放基础统计工作。全国 31 个省（自治区、直辖市）开展了温室气体清单编制，初步摸清了本地区的温室气体排放状况，并进行了年度碳强度下降核算工作。开展碳排放权交易试点的省市已经或正在开展企业碳排放核算工作，并正在建立第三方碳排放核查体系。

此外，一些与之相关的统计制度也在逐步制定和实施中。国务院机关事务管理局制定了《公共机构能源资源消耗统计制度》，进一步规范公共机构能源资源消费统计工作，组织完成了“十一五”期间和 2011—2013 年全国公共机构能源资源消耗情况汇总分析和国家机关办公建筑、大型公共建筑能耗统计；住房城乡建设部修订了《民用建筑能耗和节能信息统计报表制度》；国家林业局进一步加快推进全国林业碳汇计量与监测体系建设，以各省历次森林资源清查结果为基础，结合各类林业统计数据，完成了各省森林面积和蓄积量变化的测算；国家统计局出台了《关于加强和完善服务业统计工作的意见》，为建立健全服务业能源统计奠定坚实基础。交通运输部组织开展交通运输行业碳排放统计监测研究。

（3）加强科技研发，增强科技支撑能力

在国家高技术研究发展计划（“863”计划）和科技支撑计划中开展能源清洁高效利用技术、重点行业工业节能技术与装备开发、建筑节能关键技术与材料开发、重点行业清洁生产关键技术与装备开发和低碳经济产业发展模式及关键技术集成应用等节能技术研发，取得了一批具有自主知识产权的发明专利和重大成果；推动可再生能源和新能源开发利用技术、智能电网关键技术等领域的技术研发；开展温室气体提高石油采收率的资源化利用及地下埋存、咸水层封存能力评价及安全性、新型高效吸附材料的制备筛选等研发工作；在“十一五”科技支撑计划中部署气候变化影响与适应的关键技术研究、典型脆弱区域气候变化适应技术示范等项目专题，在碳排放监测方面组织开展嗅碳卫星研究；设立了主要农林生态系统固碳减排技术研究与示范、林业生态建设关键技术研究与示范、农业重大气候灾害监测预警与调控技术研究等项目；实施国家科技支撑计划项目“重点行业节能减排技术评估与应用研究”；研究制定《国家节能减排与低碳技术成果转化与推广应用清单》，促进低碳技术推广应用；国土资源部深化在地热勘查开发、气候变化地质记录、地质碳汇等方面的调查研究，加快推进二氧化碳地质储存的技术攻关；林业局完成了森林缓解气候变化影响的实证研究，开展了典型生态系统固碳潜力和固碳过程研究；国管局组织完成了公共机构新能源和可再生能源应用、中央国家机关建筑节能共性问题、公共机构节能管理信息系统建设等课题研究；国家质检总局开展了应对气候变化领域有关标准的前期研究工作；林业局完成了森林缓解气候变化影响的实证研究，开展了典型生态系统固碳潜力和固碳过程研究；气象局首次完成华东、华南、华北、东北、华中、西南、西北和新疆 8 个区域气候变化评估工作；水利部组织开展了“气候变化对我国水安全影响及适应对策研究”等 10 余项重大课题研究；卫生和计划生育委员会组织开展气候变化对人类健康的影响及适应机制、气候变化人群健康风险评估预测等方面研究工作；海洋局组织开展了“中国近海海—气二氧化碳通量遥感监测评估系统研究示范”等重大项目；科技部印发《洁净煤技术科技发展“十二五”专项规划》，将发展洁净煤技术列为先进能源领域的重要技术方向，重点支持高效洁净燃煤发电技术、先进煤转化技术、先进节能技术、污染物控制和资源化利用技术等。

(4)加强气候变化战略和政策研究

在气候变化战略和政策研究方面，围绕“十二五”应对气候变化重点任务，研究应对气候变化的长远战略，开展中国低碳发展战略、全国适应气候变化总体战略、碳排放交易机制、国内外应对气候变化相关法律法规等研究。国家发展改革委、财政部组织开展了中国低碳发展宏观战略研究项目，系统分析和研究中国 2020、2030 和 2050 年低碳发展的总体目标、阶段任务、实现途径和保障措施，为制定中国低碳发展路线图奠定基础。同时，国家发展改革委组织编制了国家适应气候变化战略，在评估气候变化对我国经济社会发展影响的基础上，明确了国家适应气候变化的指导思想和原则，提出了适应目标、重点任务、区域格局和保障措施等。浙江、河南、辽宁等省开展了本地区应对气候变化战略研究工作。另外，还组织实施了国家重大科技项目“全球气候变化预测、影响和对策研究”、“全球气候变化与环境政策研究”等，开展了国家攀登计划和国家重点基础研究发展计划项目“中国重大气候和天气灾害形成机理与预测理论研究”、“中国陆地生态系统碳循环及其驱动机制研究”等研究工作，完成了“中国陆地和近海生态系统碳收支研究”等知识创新工程重大项目，开展了“中国气候与海平面变化及其趋势和影响的研究”等重大项目研究，并组织编写了《气候变化国家评估报告》，为国家制定应对全球气候变化政策和参加《气候公约》谈判提供了科学依据。

3.形成了政府决策机构、团体研究机构和学者个人组成的多主体理论研究格局

除了上述政府机构的理论研究之外，与此同时，我国的学者、研究机构也都纷纷投入到低碳转型的研究中来。2011 年 1 月，《人民日报》刊载的中国人民大学学者的文章称，2010 年低碳经济首次进入中国经济研究热点前 10 位。① 近几年来关于低碳转型的研究成果浩如烟海，从前述的由相关领域的数十位专家、学者共同编撰的《低碳经济论》[39]到后来的《低碳发展论》[40]和《低碳创新论》[45]的相继出版，都对低碳转型进行了有益的理论探索和总结。此外，各类研究报告、论著和论文更是不胜枚举。这里仅举数例，以此来说明我国对低碳转型研究的深度和广度。

(1)《低碳经济蓝皮书》

由对外经济贸易大学国际低碳经济研究所、社会科学文献出版社、国家发改委能源研究所、日本名古屋大学经济学院亚洲核心项目、美国能源基金会中国可持续发展项目共同编著的《中国低碳经济发展报告》，是中国第一本以低碳经济为主题的系列研究报告。②该报告探讨世界金融危机后国际经济的现状，比较各国发展低碳经济的经验和政策，总结 COP15 以来各国应对气候变化的新动向，为研究人员、政府决策人员和一般读者提供参考资料。

2011 年的首次报告包括四部分内容：第一部分是总报告，中国从高碳经济向低碳经济转型；第二部分是低碳经济的分析方法；第三部分是低碳经济在国外；第四部分是低碳经济在国内[46]。

2012 年报告以“绿色低碳发展”为主题，回顾和评价“十一五”规划的节能减排成效，解读“十二五”规划的绿色低碳发展路线并分解节能减排和生态环保指标，还特别分析了日本大地震和核泄漏事件对世界核能发展、能源战略和气候变化谈判的影响[47]。

2013 年报告聚焦中国的空气污染问题，分析了雾霾现象的危害及其成因，还解读了十八大报告关于大力推进生态文明建设的精神和“十二五”规划中的绿色低碳发展战略，分解各地区节能减排指标，并提出了政策建议和落实措施[48]。

(2)《低碳发展蓝皮书》

由清华大学气候政策研究中心编著的《低碳发展蓝皮书·中国低碳发展报告》是中国首部综合性、专业性、原创性的低碳发展系列研究报告，由国家气候变化专家委员会核心成员、国家能源领导小组国家能源专家咨询委员会委员、中国工程院院士等我国能源和气候变化领域的多位著名专家组成编辑委员会，经数十位资深学者深度审阅并修订而成的系列报告书。2011—2012 年报告的主题是“回顾‘十一五’、展望‘十二五’”[49]，2013 年报告的主题是“政策执行与制度创新”[50]，2014 年报告重点分析了雾霾治理与低碳发展、新

---

① 《低碳经济首次进入中国经济研究热点前 10 位》，http://qhs.ndrc.gov.cn/dtjj/t20110127_392848.htm。

② 《低碳经济蓝皮书：中国发展低碳经济面临四重压力》，载中国网，2011 年 3 月 22 日，http://www.china.com.cn/news/txt/2011－03/22/content_22198209.htm。

型城镇化与低碳发展、页岩气开发利用在低碳发展中的作用等当前低碳发展面临的三个热点问题[51]。

(3)《中国低碳经济蓝皮书》

由联合国环境规划署和同济大学环境与可持续发展学院课题组编著的《中国低碳经济蓝皮书》运用联合国倡导的绿色经济的理论和方法，以及在已有的中国低碳经济研究成果的基础上，分析总结中国目前低碳发展的状态和制约因素，提出未来一段时期内中国低碳化道路的目标选择及对策建议[52]。

(4)《中国低碳年鉴》

为全面记载我国应对气候变化和低碳发展的历程，促进转变经济发展方式，由国务院相关部委应对气候变化和低碳发展主管司局及各省(区、市)发展和改革委员会共同编辑出版了我国大型低碳发展典籍《中国低碳年鉴》。《中国低碳年鉴 2010》的基本内容以 2009 年中国低碳发展状况为重点，同时延伸到 2005 年以来的相关情况、内容，还编写和收入了国外低碳发展概况和特点、经验，选编了低碳基本知识，以资借鉴和宣传、普及[53]。《中国低碳年鉴 2011》和《中国低碳年鉴 2012》主要载述了国家相关法律法规、政策文件，国家各部委局与各省、自治区、直辖市应对气候变化和低碳发展工作，以及有关数据资料、案例[54][55]。本年鉴系列虽然重点不在专门的理论研究方面，但提供了许多了解我国低碳转型现实的丰富而翔实的资料。

(5)《气候变化绿皮书》

《气候变化绿皮书：应对气候变化报告(2013)》以“聚焦低碳城镇化”为主题，在我国城乡一体的背景下，展示“新型城镇化”在低碳实践领域的发展与应用。本绿皮书由长期从事气候变化科学评估、应对气候变化经济政策分析以及直接参与国际气候谈判的资深专家撰写，全面介绍多哈会议以来全球应对气候变化的最新进展，深入分析中国应对气候变化的行动、成效与面临的挑战，紧紧围绕低碳城镇化这一国内热点问题展开论述，并配以大量的城市案例分析，力图为读者全景式地展示有关走低碳城镇化道路、打造低碳韧性城市的最新进展和发展方向[56]。

4.形成了从概念辨析、现状分析到前瞻规划的多方位的内容研究体系

从研究内容来看，我国低碳转型的理论探索已经跨过了概念探讨的起步阶段，进入实质性的现状分析和战略与规划研究阶段。就对低碳经济的研究而言，主要对低碳经济的内涵及其本质、碳排放状况及其因素、促进低碳经济发展的财税手段、碳权交易手段等进行了研究[57]，并积极开展低碳发展和应对气候变化的规划编制工作。国家发改委组织开展了《国家应对气候变化规划(2013—2020 年)》编制工作，在充分分析中国气候变化趋势及影响、应对气候变化工作现状、应对气候变化面临的形势的基础上，提出了中国到 2020 年前应对气候变化的主要目标、重点任务及保障措施，对中国开展应对气候变化工作进行了整体部署。另外，我国还制定了《综合气象观测系统发展规划(2010—2015 年)》，统筹规划和建设国家气候观测网、国家天气观测网、区域气象观测网和专业气象观测网，提升观测系统稳定可靠运行水平，促进各种观测资源共享，建立综合气象观测系统数据统一收

集、处理和共享平台。

与此同时，国家发改委还印发了《地方应对气候变化规划编制指导意见》，加强对地方应对气候变化规划编制工作的指导。全国各省（自治区、直辖市）积极组织开展了省级应对气候变化中长期规划的编制，江西、天津、四川、云南、广西、安徽、重庆、甘肃、宁夏、新疆、青海、辽宁等省（自治区、直辖市）已经完成了规划编制工作。

（二）建立和健全组织机构

组织机构是有组织地开展工作的基础。没有相应的组织机构，任何情况下都会是一盘散沙。我国在开展理论探索、舆论造势工作的同时，也非常重视通过组织机构的建立来完善管理体制和工作机制，建立并完善国家应对气候变化领导小组统一领导、国家发展和改革委员会归口管理、各有关部门分工负责、各地方各行业广泛参与的应对气候变化管理体制和工作机制。早在 1990 年，国务院就专门成立了国家气候变化协调小组，1998 年和 2003 年又进行过两次调整。2007 年 6 月，中国政府成立了以国务院总理任组长、相关 20 个部门的部长为成员的国家应对气候变化工作领导小组和节能减排领导小组，国家发展和改革委员会承担领导小组的具体工作，并于 2008 年设置应对气候变化司，负责统筹协调和归口管理应对气候变化工作，负责承担综合研究气候变化问题的国际形势，牵头拟订我国应对气候变化重大战略、规划和重大政策，牵头承担国家履行联合国气候变化框架公约相关工作等工作。为提高应对气候变化决策的科学性，还成立了气候变化专家委员会，在支持政府决策、促进国际合作和开展民间活动方面做了大量工作。

中国政府有关部门相继建立了应对气候变化的职能机构和工作机制，负责组织开展本领域应对气候变化工作。2010 年，在国家应对气候变化领导小组框架内设立协调联络办公室，加强了部门间的协调配合；调整、充实国家气候变化专家委员会，提高了应对气候变化决策的科学性。目前全国各省（区、市）均已建立应对气候变化领导机构，同时，在省级发展改革部门设立了应对气候变化工作机构，具体承担拟订和实施各省应对气候变化方案及相关规划编制，组织开展清洁发展机制项目工作，进行应对气候变化能力建设，指导气候变化领域对外合作。一些副省级城市和地级市也建立了应对气候变化的相关工作机构。国务院有关部门相继成立了国家应对气候变化战略研究和国际合作中心、应对气候变化研究中心等工作支持机构，一些高等院校、科研院所成立了气候变化研究机构。

各省积极组建应对气候变化的专家队伍。依托省级发展规划研究机构、环境保护科研单位、农业林业科研部门和高等院校，开展气候变化科学研究和监测、影响评估及对策研究工作。天津市组织市科研单位和南开大学等高校开展了低碳经济指标体系、低碳发展模式等研究。各地高等院校相继成立了气候变化和低碳经济研究机构，为地方应对气候变化提供了智力支撑。

不仅如此，我国政府还紧密结合形势，及时加强对低碳转型工作的领导。新一届中央政府产生以后，于 2013 年 7 月对国家应对气候变化工作领导小组和节能减排领导小组的组成单位和人员进行了调整，李克强总理任组长，并增加了部分职能部门。目前中国已经初步建立了国家应对气候变化领导小组统一领导、国家发展改革委归口管理、有关部门和地方分工负责、全社会广泛参与的应对气候变化管理体制和工作机制。全国各省（自治区、直辖市）均成立了以政府行政首长为组长的应对气候变化领导机构，建立了部门分工协调机制，明确了应对气候变化职能机构，部分城市也成立了应对气候变化或低碳发展办公室。

此外，国家还于 2010 年 1 月设立了由国务院总理任主任、近 20 个中央各部委的一把手组成的国家能源委员会。从这些机构的级别我们也可以看出我国政府对低碳转型的重视程度。为了加强领导，国家还于 2013 年 7 月对国家能源委员会进行了人员调整。

二、从零散到系统，已经相对完善的低碳政策体系

（一）基本形成了由法律、法令、法规组成的政策体系

一般情况下，政府要想实现自己的目标，就需要制定一系列的政策来进行推动。关于"政策"的内涵，不同的人有不同的定义。上海辞书出版社 1979 年出版的《辞海》，把"政策"定义为"国家、政党为实现一定历史时期的任务和目标而规定的行动依据和准则"；中国人民大学出版社 1992 年出版的《政策科学导论》则把"政策"定义为"党和政府用以规范、引导有关机关团体和个人行为的准则或指南"。

我国在开展应对气候变化立法前期研究工作的基础上，推动气候变化立法，制定了一系列相关法规和重大政策。

1.完善相关法律法规，推动气候变化立法

国家发改委、全国人大环资委、全国人大法工委、国务院法制办和有关部门联合成立了应对气候变化法律起草工作领导小组，开展了应对气候变化立法前期研究工作，加快推进应对气候变化法律草案起草工作；相关部门相继出台了海洋、气象、环保等领域的相关行动计划和工作方案；根据《中国应对气候变化国家方案》要求，全国 31 个省（自治区、直辖市）均已编制完成了地方应对气候变化方案，并已全面进入组织落实阶段，应对气候变化工作已逐步纳入各地经济社会发展的总体布局，提上了地方各级政府重要议事日程，山西、青海出台了《山西省应对气候变化办法》和《青海省应对气候变化办法》，四川、江苏省应对气候变化立法正在稳步推进。2012 年 10 月，深圳市人大通过《深圳经济特区碳排放管理若干规定》，加强对深圳市碳排放权交易的管理。

此外，国家出台了与此相关的一系列法律法规，如制定或修订了《可再生能源法》《循环经济促进法》《节约能源法》《清洁生产促进法》《水土保持法》《海岛保护法》等相关法律，颁布《民用建筑节能条例》《公共机构节能条例》《固定资产投资节能评估和审查暂行办法》《高耗能特种设备节能监督管理办法》《中央企业节能减排监督管理暂行办法》等规章。

2.出台一系列重大政策性文件

（1）能源和节能减排的政策形成配套体系

在能源和节能减排领域，仅发展规划多达数十种，如《能源发展"十二五"规划》《可再

生能源中长期发展规划》《核电中长期发展规划》《可再生能源发展“十一五”规划》《可再生能源发展“十二五”规划》《天然气发展“十二五”规划》《太阳能发电发展“十二五”规划》《生物质能发展“十二五”规划》《煤炭工业发展“十二五”规划》《页岩气发展规划(2011—2015年)》《煤层气(煤矿瓦斯)开发利用“十二五”规划》《工业节能“十二五”规划》《“十二五”建筑节能专项规划》《公共机构节能“十二五”规划》等。

此外,为了能够使规划落到实处,还出台了各种管理办法、实施方案及财税激励政策等,如《页岩气产业政策》《煤层气产业政策》《关于出台页岩气开发利用补贴政策的通知》,《关于促进光伏产业健康发展的若干意见》《关于促进地热能开发利用的指导意见》《关于发展天然气分布式能源的指导意见》《可再生能源电价附加补助资金管理暂行办法》《分布式发电管理暂行办法》《关于加强节能工作的决定》《关于加快推动我国绿色建筑发展的实施意见》《交通运输行业“十二五”控制温室气体排放工作方案》《“十一五”节能减排综合性工作方案》《“十二五”节能减排综合性工作方案》《关于节约能源使用新能源车辆减免车船税的车型目录》《风力发电设备产业化专项资金管理暂行办法》《秸秆能源化利用补助资金管理暂行办法》《太阳能光电建筑应用财政补助资金管理暂行办法》《金太阳示范工程财政补助资金管理暂行办法》《关于完善风力发电上网电价政策的通知》《光伏电站项目管理暂行办法》《关于促进光伏产业健康发展的若干意见》《分布式光伏发电项目管理暂行办法》《关于下达2014年光伏发电年度新增建设规模的通知》《关于开展分布式光伏发电应用示范区建设的通知》《关于支持分布式光伏发电金融服务的意见》《关于进一步落实分布式光伏发电有关政策的通知》《关于开展生物质成型燃料锅炉供热示范项目建设的通知》等。

(2)应对气候变化的政策日臻完善

国家发布了《“十二五”控制温室气体排放工作方案》《“十二五”控制温室气体排放工作方案重点工作部门分工(国办函〔2012〕68号)》《2014—2015年节能减排低碳发展行动方案》《国家应对气候变化规划(2014—2020年)》《国家适应气候变化战略》《工业领域应对气候变化行动方案(2012—2020年)》《“十二五”国家应对气候变化科技发展专项规划》《节能减排与低碳技术成果转化与推广应用清单(第一批)》《“十二五”碳捕集、利用与封存科技发展专项规划》《低碳产品认证管理暂行办法》《国家重点推广的低碳技术目录》《单位国内生产总值二氧化碳排放降低目标责任考核评估办法》《“十二五”节能环保产业发展规划》《关于加快发展节能环保产业的意见》《2013年工业节能与绿色发展专项行动实施方案》《绿色建筑行动方案》《全国生态保护“十二五”规划》《林业应对气候变化“十二五”行动要点》《全国造林绿化规划纲要(2011—2020年)》《林业发展“十二五”规划》《森林抚育作业设计规定》《中央财政森林抚育补贴政策成效监测办法》《森林经营方案编制与实施规范》《国家林业局关于推进林业碳汇交易工作的指导意见》《全国造林绿化规划纲要(2011—2020年)》《关于加快发展循环经济的若干意见》等相关文件,使得应对气候变化的政策体系日臻完善。

(二)基本形成了从行政推动到利用市场的低碳政策手段

根据环境经济学理论，环境政策主要有行政规制和经济激励两种内在结构。环境经济政策是以经济激励为内在结构的政策类型，该种政策类型是根据价值规律，利用价格、税收、信贷、投资等经济杠杆，调整或影响人类的资源开发利用与环境保护治理的一类政策。这类政策一般通过采取鼓励性或限制性措施，迫使生产者和消费者把它们产生的外部效果纳入经济决策之中，以达到高效利用自然资源以及保护改善环境的政策目标。理论和实践都证明，环境经济政策同行政规制政策相比，能以更低的费用实现相同的资源高效利用与生态环境保护目标。这使得世界各国政府越来越多地应用经济政策来解决环境问题，以市场机制为主要途径解决气候变化问题已成共识。但环境经济政策较之于行政规制手段，要求政府有较高的管理能力，所以一般情况下，最初的环境管理多采用比较简单直观的行政规制手段，待管理能力提高以后，会越来越多地采用经济手段。

我国在低碳转型过程中的一个突出的特点就是在行政手段之外，越来越多地引入和应用市场机制和税收、补贴等经济激励措施，调动企业积极性，促进节能减排。例如，针对高耗能产品出口对国内能源需求和环境的不利影响，我国自 2003 年以来出台了一系列限制“两高一资”产品出口的宏观调控政策，给出了明确的市场信号。又如，建筑节能是中国节能减排的一个重点领域。根据新制定的《建筑节能管理条例》，中央和地方政府要建立专门的建筑节能基金，用于促进建筑节能工作。对既有建筑节能改造、可再生能源在建筑中的利用、建筑节能示范工程等项目还将给予优惠贷款和税收优惠。一些地方还在既有建筑节能改造中引入能源服务公司(ESCO)，摸索以市场进行融资和管理运行的新模式。2011 年 7 月，国家发展改革委提出要制定全国统一的太阳能光伏发电标杆上网电价。

排放权交易政策是一项具有明显优越性的环境经济手段，它充分利用了市场机制这只“看不见的手”的调节作用，使价格信号在生态建设及环境保护中发挥基础性作用，使治理成本最小化；同时，它有利于促进企业的技术进步，有利于优化资源配置，是一种有效的激励机制。但要使排污权交易制度行之有效，除了要求市场比较完善和发达以外，还给政府管理提出了较高的要求，即政府必须具有维持和管理排污权交易市场秩序的能力，必须具有对排污者的排污行为进行有效监督和管理的能力。我国从 2008 年开始设立北京环境交易所、上海环境能源交易所和天津排放权交易所三家交易所，2011 年 10 月国家确定在北京市、天津市、上海市、重庆市、湖北省、广东省及深圳市开展碳排放权交易试点，并于 2013 年 1 月同意深圳排放权交易所、北京环境交易所、广东碳排放交易所、上海环境能源交易所及天津排放权交易所等 5 家机构为自愿减排交易机构。

2013 年 6 月深圳市正式启动上线排放权交易至 2013 年年底，累计交易量约 20 万吨 CO_2，成交额约人民币 1 300 万元。深圳排放权交易所在继 2013 年 12 月率先推出现货交易和个人投资者异地开户之后，2014 年 1 月 2 日宣布将携手深圳建行，在碳保理、碳基金、碳排放权交付保证、碳信托计划、碳项目融资资产证券化、碳金融衍生品交易等方面展开合作，试图丰富深圳碳市场产品线，挖掘新的投资价值，以此提振碳交易量。[①] 上海和北京也于 2013 年 11 月启动上线交易。[②] 上海碳排放交易市场开市百日，累计成交量突破 10 万吨，累计成交金额突破 400 万元。特别是进入 2014 年以来，出现成交高峰，年初至今的成交量约占全国碳排放二级市场成交总量的 50%[③]。自 6 月 1 日起，上海市碳排放交易试点工作正式进入第一个履约清缴期[④]。国内碳交易试点中目前唯一采用一级市场有偿发放的广东，在 2014 年 2 月 28 日举行了 2013 年度第三次配额拍卖。同时，《广东省碳排放管理试行办法》自 2014 年 3 月 1 日起施行[⑤]。

2014 年 4 月 2 日，我国中部首个碳排放权交易试点在武汉光谷产权所正式上线启动，使得湖北成为第 6 个启动碳排放产权交易的试点省市。目前，湖北已实行第一批政府碳交易预留配额的拍卖，竞买价为每吨 20 元，成交量 200 万吨，成交金额 4 000 万元，竞价拍卖获得收益将用于进行市场调节和碳市场能力建设等。[⑥]

2014 年 6 月 19 日，随着重庆碳排放权交易的正式开市，标志着国家确定的 7 个碳排放权交易试点省市已经全部实现了开市。[⑦]

据报道[⑧]，我国从 2011 年开展碳交易试点以来，截至 2014 年 5 月 23 日，碳交易已累计成交 385 万余吨，交易金额为 12 501 万元，成为继欧盟之后的全球第二大碳交易市场。国家发改委提出，全国性的碳排放交易制度将在 2016 年或 2017 年实施[⑨]，拟在三年内建成全国碳交易市场[⑩]。

这表明我国具备了在较完善市场条件下实施环境经济政策的能力。

---

① 杨长江：《深圳碳市场试水金融 联手建行推配额质押贷款》载每日经济新闻，2014 年 1 月 3 日，http://business.sohu.com/20140103/n392853552.shtml。

② 《推进低碳发展试点示范 推动经济发展方式转变》，载国家发展改革委讯，2014 年 2 月 14 日，http://www.sdpc.gov.cn/xwfb/t20140214_579117.htm。

③ 《上海碳市场满百日交易量累计突破 10 万吨》，载新华网，2014 年 3 月 15 日，http://business.sohu.com/20140305/n396073686.shtml。

④ 《上海市碳排放交易试点顺利进入第一个履约期》，载上海市发展改革委网站，2014 年 6 月 6 日，http://www.sdpc.gov.cn/dffgwdt/201406/t20140606_614339.html。

⑤ 张晴、刘一鸣：《广东完成第三次碳配额拍卖 企业参与二级市场阻力多》，载 21 世纪经济报道，2014 年 3 月 5 日，http://www.ditan360.com/Finance/Info－139170.html。

⑥ 徐海波、李建平：《中部首个碳排放权交易在武汉正式启动》，载新华网，2014 年 4 月 2 日，http://business.sohu.com/20140402/n397652663.shtml。

⑦ 倪元锦：《重庆碳交易开市 全国碳市场拟三年建成》，载新华网，2014 年 6 月 19 日，http://business.sohu.com/20140619/n401065729.shtml。

⑧ 江国成：《我国已成为欧盟之后的全球第二大碳交易市场》，载新华网，2014 年 6 月 10 日，http://business.sohu.com/20140610/n400663362.shtml。

⑨ 中国、CO_2 排出量の上限を2016 年から設定へ＝諮問機関主任，2014－06－03，http://headlines.yahoo.co.jp/hl? a＝20140603－00000097－reut-cn。

⑩ 倪元锦：《重庆碳交易开市 全国碳市场拟三年建成》，载新华网，2014 年 6 月 19 日 http://business.sohu.com/20140619/n401065729.shtml。

环境税收政策是解决负外部效应的重要方式，通过征税来弥补社会边际成本与私人边际成本的不一致，实现环境资源的最优配置。因此，环境税收政策与其他手段相比，在某些方面具有其他手段无可比拟的优越性。当然，环境税收政策并不是解决环境问题的“万能药”，它也有自身无法克服的局限性。

三、从试点项目到全面推开，已经形成了以点带面、有序推进的低碳转型区域格局

低碳转型发展既然是一项前所未有的工作，就说明没有现成的经验可以借鉴，需要自己在实践中摸索。为了避免少走弯路，也就只能采取先试点，后推广的策略，待积累经验后再全面展开，有序推进。为此，我国在许多领域开展了低碳试点工作。2013 年以来，中国稳步推进低碳省区和低碳城市试点，积极组织碳排放权交易试点，开展低碳工业园区、低碳社区、低碳交通运输等领域试点示范工作，初步形成了从省区、城市、城镇到园区、社区的全方位低碳发展试点示范工作格局。

（一）开展低碳省区和低碳城市试点

从 2008 年 1 月国家发改委和世界自然基金会（WWF）共同选定上海和保定作为低碳城市发展项目试点后，“低碳城市”开始受到各大城市的热捧。为了积累经验，更加有效地探寻不同类型地区有效控制温室气体的排放路径，实现绿色低碳发展，我国于 2010 年开展了第一批“五省八市”低碳试点。各试点省区和城市研究制定加快推进低碳发展的政策措施，创新体制机制，围绕优化能源结构，推动产业、交通、建筑领域低碳发展，引导低碳生活方式，增加林业碳汇，开展了一系列重大行动，实施了一批重点工程，取得了明显成效。2012 年，国家又确定在北京市、上海市、海南省和石家庄市等 29 个省市开展第二批低碳省区和低碳城市试点工作，先后两批共开展了 42 个低碳省区和低碳城市试点，且第二批试点规模明显大于第一批。至此，我国已确定了 6 个省区低碳试点和 36 个低碳试点城市，至今大陆 31 个省市自治区当中除湖南、宁夏、西藏和青海以外，每个地区至少有一个低碳试点城市。换句话说，低碳试点已经基本在全国全面铺开。[①]

试点启动以来，国家加强对试点工作的总体指导和协调，组织试点省区编制了试点实施方案和低碳发展规划，大力支持试点地区的能力建设。各试点地区积极明确工作方向和原则要求，编制低碳发展规划，探索适合本地区的低碳绿色发展模式，构建以低碳、绿色、环保、循环为特征的低碳产业体系，建立温室气体排放数据统计和管理体系，确立控制温室气体排放目标责任制，积极倡导低碳绿色生活方式和消费模式，使得试点工作取得了显著的成效。在 2012 年碳强度试评价考核中，列入试点的 10 个省（直辖市）2012 年碳强

① 王尔德：《发改委确定第二批 29 个国家低碳试点》，载 21 世纪经济报道，2012 年 12 月 4 日，http://gongyi.sina.com.cn/greenlife/2012－12－04/095739489.html。

度比2010年平均下降幅度约9.2%，显著高于全国平均6.6%的下降幅度。[①]

在试点的示范效应下，我国各省（自治区、直辖市）积极开展符合本地区实际和特点的低碳发展实践，如四川省确定成都、广元、宜宾、遂宁、雅安等市为省级低碳试点城市，积极探索具有本地特色的低碳发展模式；安徽省积极探索低碳社区、低碳园区等试点示范建设，安排专项资金，用于支持省内9个园区、社区等综合性低碳示范基地建设；山东省设立了建筑节能与绿色建筑发展资金、新能源产业资金、新能源汽车补贴等一系列低碳发展类专项资金，着力支持建筑节能、工业降耗、新能源产业发展等重点行业和领域的低碳试点示范建设。

（二）开展绿色低碳重点小城镇试点示范

2011年，财政部、住房城乡建设部和国家发展改革委启动绿色低碳重点小城镇试点示范工作，选定北京市密云县古北口镇、天津市静海县大邱庄镇、江苏省苏州市常熟市海虞镇、安徽省合肥市肥西县三河镇、福建省厦门市集美区灌口镇、广东省佛山市南海区西樵镇、重庆市巴南区木洞镇7个镇为第一批试点示范绿色低碳重点小城镇。各试点示范镇根据本地经济社会发展水平、区位特点、资源和环境基础，分类探索小城镇建设发展模式，编制完善总体规划和各专项规划，有效利用土地和其他资源，合理布局建设用地，加强生态环境建设，改善居住环境，增强基础设施和公共服务覆盖能力，引导产业和人口有序集聚。

（三）开展低碳社区和低碳园区试点

在低碳省区和低碳城市试点的基础上，国家又将试点范围扩大到工业园区和社区，研究开展低碳产业试验园区、低碳社区、低碳商业试点。国家发展改革委组织开展低碳产业试验园区、低碳社区、低碳商业评价指标体系和配套政策研究，探索形成适合中国国情的低碳发展模式和政策机制。国家发改委于2014年3月发布《关于开展低碳社区试点工作的通知》，开展低碳社区试点研究工作，探索社区低碳化管理新模式，减少居民生活领域的能源消耗和碳排放。工业和信息化部、发展改革委在相继下发《关于组织开展国家低碳工业园区试点工作的通知》后，于2014年5月公布了第一批55家国家低碳工业园区的试点名单，组织研究开展低碳工业试验园区试点工作，研究制定相应的评价指标体系和配套政策。

（四）开展碳排放交易试点

2011年10月我国启动碳排放交易试点，确定在北京市、天津市、上海市、重庆市、湖北省、广东省及深圳市等7省市开展碳排放交易试点。2012年6月，国家发展改革委出台《温室气体自愿减排交易管理暂行办法》，确立自愿减排交易机制的基本管理框架、交易流程和监管办法，建立交易登记注册系统和信息发布制度，鼓励基于项目的温室气体自愿减排交易，保障有关交易活动有序开展。2012年以来，北京市、天津市、上海市、重庆市、深圳市、广东省和湖北省等七个省市的碳排放交易试点工作取得积极进展。2012年10月，深圳市发布实施了相关管理规定；2013年7月至8月，上海市、广东省和湖北省就碳

---

① 《低碳试点工作展览》，http://www.ndrc.gov.cn/rdztnew/dtsd/。

交易管理办法向社会公开征求意见。各试点地区结合本地实情，综合考虑节能减排目标、经济增长趋势、企业及行业排放水平等因素，确定碳交易覆盖企业范围，并研究确定交易范围和配额分配。各试点地区针对交易所覆盖行业，研究建立碳排放核算方法和标准，开展企业碳排放历史数据核查。其中，上海市于 2012 年 10 月发布了钢铁、电力等行业的碳排放核算方法指南，深圳市于 2012 年 11 月和 2013 年 4 月以地方标准形式发布了温室气体量化报告及核查规范指南和建筑行业细则。截止到 2014 年 4 月，深圳、上海、北京、广东、天津、湖北均已上市交易。地方碳交易试点的运行标志着中国利用市场机制推进绿色低碳发展迈出了具有开创性和重要意义的一步，是中国应对气候变化领域一项重大的体制创新。

(五)开展低碳产品认证试点

2013 年发改委组织研究产品碳排放计算方法，建立低碳产品标准、标识和认证制度，并会同国家认监委联合印发《低碳产品认证管理暂行办法》，开展低碳产品认证试点，引导低碳消费。第一批认证目录包括通用硅酸盐水泥、平板玻璃、铝合金建筑型材、中小型三相异步电动机 4 种产品，并在广东、重庆等省市开展低碳产品认证试点工作，探索鼓励企业生产、社会消费低碳产品的良好制度环境。

(六)开展温室气体清单编制试点

温室气体清单编制是应对气候变化的基础工作，发达国家编制温室气体清单起步较早，形成了一套较完善的管理体制，而我国则缺乏经验。2010 年，国家发改委启动省级温室气体排放清单编制工作，选择了陕西、浙江、湖北、云南、辽宁、广东和天津等 7 个省市作为试点地区。

(七)开展低碳交通运输体系建设城市试点

2011 年，交通运输部启动低碳交通运输体系建设试点工作，以公路、水路交通运输和城市客运为主，选定天津、重庆、深圳、厦门、杭州、南昌、贵阳、保定、无锡、武汉 10 个城市开展首批试点。2012 年 2 月，选定北京、昆明、西安、宁波、广州、沈阳、哈尔滨、淮安、烟台、海口、成都、青岛、株洲、蚌埠、十堰、济源 16 个城市开展低碳交通运输体系建设第二批城市试点工作，启动了 26 个甩挂运输试点项目、40 个甩挂运输场站建设，推进以天然气为燃料的内河运输船舶试点，开展原油码头油气回收试点，组织开展了低碳交通城市、低碳港口、低碳港口航道建设、低碳公路建设等评价指标体系研究。目前，各试点城市通过建设低碳型交通基础设施，推广应用低碳型交通运输装备，优化交通运输组织模式及操作方法，建设智能交通工程，完善交通公众信息服务，建立健全交通运输碳排放管理体系，加快建设以低碳排放为特征的交通运输体系。

(八)推进碳捕集、利用和封存(CCUS)试验示范

2013 年 4 月发改委下发《关于推动碳捕集、利用和封存试验示范的通知》，明确了近期推动 CCUS 的试验示范工作，成立了有国内 40 多家相关企业、高校、科研院所参加的 CCUS 产业技术创新联盟，积极开展 CCUS 工程应用，中石油、中石化、华能等大型企业均在开展不同类型、不同规模的示范工程。其中，中国石油化工集团公司建成了国内首个燃煤电厂烟气 CCUS 全流程示范工程；截至 2012 年，神华集团 CCUS 示范累计灌注二氧化碳超过5.7万吨；截至 2013 年 6 月，位于内蒙古鄂尔多斯市伊金霍洛旗的中国首个二氧化碳地质储存示范工程已灌注二氧化碳近 12 万吨。科技部发布《“十二五”碳捕集、利用与封存科技发展专项规划》，开展了二氧化碳化工利用关键技术研发与示范、二氧化碳矿化利用技术研发与工程示范、燃煤电厂二氧化碳捕集、驱替煤层气利用与封存技术研究与试验示范等 CCUS 科技支撑计划项目。科技部编制发布碳捕集、利用和封存技术发展路线图，指导国内 CCUS 科研和产业发展。

四、从政府到国民，已经形成了全社会参与的低碳转型局面

（一）政府积极引导

我国政府一贯重视节能减排工作，自始至终站在低碳转型的最前列，重视环境与气候变化领域的教育、宣传和公众参与，通过多种途径提高公众的环境意识。

1.积极开展各种科普宣传活动

从 1992 年开始，连续举办 18 届全国“节能宣传周”活动，组织开展系列活动，普及节能减排与气候变化知识。2007 年，国家发布《节能减排全民行动实施方案》，在全国范围内组织开展“节能减排全民行动”，包括家庭社区行动、青少年行动、企业行动、学校行动、军营行动、政府机构行动、科技行动、科普行动、媒体行动等 9 个专项行动，形成政府推动、企业实施、全社会共同参与的节能减排的工作机制。通过举办气候变化、节能环保等领域的大型国际研讨会、论坛和展览等活动，加强与世界各国在低碳发展方面的经验交流，增强公众应对气候变化和节能低碳的意识。充分发挥报纸、广播、电视、杂志等传统媒体和互联网、手机等新媒体的作用，加强应对气候变化和节能低碳的宣传教育。2012 年 9 月，国务院批复同意，自 2013 年起，将每年“全国节能宣传周”的第三天设立为“全国低碳日”，加强对应对气候变化和低碳发展的宣传引导。有关部门和地方各级政府通过制作宣传材料、举办论坛、组织活动等多种途径，倡导低碳发展理念。

组织气候变化进社区、进公交、进学校、进农村等宣传活动，开展了“社区千家家庭碳排放调查及公众教育项目”、“植树造林、参与碳补偿、消除碳足迹”、“气候变化与健康”专项宣传、“气候变化与人类健康科普展览”等一系列大型宣传活动，引导居民应对气候变化、实践低碳生活。

从 2008 年开始，每年编写出版《中国应对气候变化的政策与行动》年度报告，系统介绍我国在应对气候变化领域的政策与进展。

中国利用世界环境日、世界气象日、世界地球日、世界海洋日、世界无车日、全国防灾减灾日、全国科普日等主题日，积极开展应对气候变化、低碳发展的科普宣传活动。

各部委也都积极行动，紧密配合宣传活动。科技部组织编制《“十一五”应对气候变化科技宣传手册》；环境保护部制作了《应对气候变化，就在开关之间》、《应对气候变化，始于足下》等 4 部环保公益广告片，设计制作了 2 万余套公众应对气候变化宣传挂图，举办了

8 期“千名青年环境友好使者行动”培训活动。在 2012 年防灾减灾宣传周期间，各地共发放各类科普书籍和宣传手册 2 000 余万册，举办各类防灾减灾讲座 3 000 余场。国家发展改革委会同有关部门组织开展以“节能低碳，绿色发展”为主题的节能宣传周活动，举办了 2012 年中国北京国际节能环保展览，并通过发送节能公益短信、举办绿色驾驶知识讲座等形式，积极开展节能宣传。住房城乡建设部组织开展了以“绿色交通·城市未来”为主题的 2011 年中国城市无车日活动。交通运输部组织了公共自行车启动仪式、参观节能环保展、低碳体验日、公益讲座、第五批节能减排示范项目授牌仪式等宣传活动，推广交通运输节能低碳发展理念。国家林业局开展了林业应对气候变化媒体培训班、零碳音乐会、林业碳汇公益广告进公园等宣传活动。气象局制作完成了《气候变化——中国在行动 2011》多语种电视外宣片及画册，出版《气候变化的故事》、《寻找绿色低碳建筑》两本科普读物；利用“3·23”世界气象日、“5·12”防灾减灾日等活动积极开展气候变化科普宣传。国管局组织开展了以“节能低碳新生活，公共机构做表率”为主题的全国公共机构节能宣传周活动，组织各级公共机构开展了停开电梯、空调，步行或骑车上下班等能源紧缺体验活动。

住房城乡建设部组织开展“中国城市无车日活动”，截至 2012 年，承诺的城市已达 152 个。气象局组织完成多语种《应对气候变化——中国在行动 2012》电视宣传片及画册。

各地也开展了丰富多彩的活动。北京、上海、重庆、广州、杭州等地举办多种形式的主题宣传活动，提高公众低碳意识。2013 年 7 月，生态文明贵阳国际论坛围绕“建设生态文明：绿色变革与转型——绿色产业、绿色城镇、绿色消费引领可持续发展”为主题，开展研讨，形成了广泛共识。

2014 年，国家发展改革委会同有关部门继续组织开展了 2014 年“全国低碳日”活动、天津夏季达沃斯论坛“气候变化：气候政策的新环境”分会、生态文明贵阳国际论坛“气候变化与未来地球”分论坛等，取得了良好的宣传效果。国管局会同国家发展改革委、财政部开展第一批节约型公共机构示范单位创建工作，共有 879 家公共机构成为示范单位。各地方政府举办了低碳知识科普大赛、主题展览、低碳案例征集、宣传低碳典型等活动，向全社会倡导低碳消费模式和生产方式，宣传地方低碳政策与行动。国家发展改革委会同有关部门组织联合国华沙气候变化大会“中国角”系列宣传活动，向国际社会展示中国应对气候变化的积极行动。卫生计生委等部门组织开展“环境与健康宣传周”等活动，提高公众环境与健康意识，增强公众应对极端天气的防护能力。海洋局建立了“中国海洋与气候变化信息网”，广泛宣传海洋领域应对气候变化工作。国家认监委组织制作了公益广告和海报，推广低碳产品认证制度。

2.积极开展各种教育培训活动

中国政府一直重视环境与气候变化领域的教育、宣传与公众意识的提高。《中国 21 世纪初可持续发展行动纲要》中明确提出：积极发展各级各类教育，提高全民可持续发展意识；强化人力资源开发，提高公众参与可持续发展的科学文化素质；将气候变化内容逐步纳入国家教育体系。中、高等院校加强环境和气候变化教育，陆续建立环境和气候变化相关专业，加强气候变化教育科研基地建设，为培养气候变化领域专业人才发挥了积极作用。近年来，中国加大了气候变化问题的宣传和教育力度，开展了多种形式的有关气候变化的知识讲座和报告会，举办了多期中央及省级决策者气候变化培训班，召开了“气候变化与生态环境”等大型研讨会，开通了全方位提供气候变化信息的中英文双语政府网站“中国气候变化信息网”等，并取得了较好的效果。

加强对领导干部气候变化知识的培训。通过举办集体学习、讲座、报告会等形式，有效提高各级领导干部气候变化意识和科学管理水平。中央政府有关部门举办了气候变化、可持续发展和环境管理培训班、应对气候变化省级决策者能力建设培训班、地方政府官员清洁发展机制管理能力建设培训班、适应气候变化能力建设培训研讨班、省级温室气体清单编制能力建设培训班等。地方政府也积极开展了气候变化相关培训。

国家发展改革委先后举办了 5 期低碳发展及省级温室气体清单编制培训研讨会，来自 24 个省市区应对气候变化主管部门领导及技术支撑机构的专业人员参加了培训；举办了 5 期中德应对气候变化能力建设。国管局先后举办了多期全国公共机构节能管理干部和高校节能干部培训班。林业局编写出版了中学生校本课程教材《林业碳汇与气候变化》并进入课堂，制作播出了《森林之歌》《大地寻梦》《森林中国》等系列电视片，强化林业碳汇计量监测技术培训；还组织开发了两门林业应对气候变化远程培训课件。气象局组织了政府间气候变化专门委员会（IPCC）第五次评估报告宣讲会，并举办了第十届气候系统与气候变化国际讲习班及多期气候预测培训班，拍摄了纪录片《气候变化与粮食安全》。

（二）民间组织积极行动

仅有政府的积极领导而没有全民的共同参与是不够的。因此，在建立健全政府的管理机制和工作机制的基础上，要鼓励全民积极参与其中。只有全社会上下拧成一股绳，齐心协力，才能完成低碳转型的伟大使命。

1.各类学术团体及行业学会的活动

中国国土经济学会开展低碳国土实验区创建活动。中华环保联合会和中国旅游协会在 48 家旅游景区开展首批全国低碳旅游试验区试点。中国钢铁工业协会与全国总工会组织开展全国重点大型耗能钢铁生产设备节能降耗对标竞赛活动。中国节能协会等举办“气候变化与低碳经济发展媒体高层论坛”。中国煤炭协会、中国有色金属工业协会、中国石油和化学工业协会、中国建筑材料联合会、中国电力企业联合会等在行业节能规划、节能标准的制定和实施、节能技术推广、能源消费统计、节能宣传培训和信息咨询等方面发挥了重要作用。

中国气候传播项目中心组织了问卷调查，统计分析了中国公众对气候变化问题的认知度、对气候变化影响的认知度、对气候变化应对的认知度、对应对气候变化政策的支持度、对应对气候变化行动的执行度，以及对气候变化传播效果的评价等 6 个方面的信息，供中国政府政策制定者参考。中国可再生能源行业协会等通过联合举办我国低碳照明、低碳建筑、节能环保建材、低碳交通及新能源汽车等领域的论坛、博览会，促进企业交流合作,推动产业快速发展。中华环境保护基金会主办以“积极行动,应对气候变化”为主题的第四批大学生环保公益活动,引导大学生开展应对气候变化公益活动实践,推动节能减排全民行动。中国绿色碳汇基金会发起了“绿化祖国,低碳行动”植树节活动。

环境保护部宣传教育中心、国家应对气候变化战略研究和国际合作中心、中国国际民间组织合作促进会绿色出行基金等机构在全国11个城市开展了“酷中国——全民低碳行动计划”。在全国低碳日期间,中石油、万科、绿色出行基金等众多企业、民间组织成立了“中国低碳联盟”,共同发表《中国低碳联盟宣言》。中国绿色碳汇基金会在全国数十个城市和国家部委开展了“足不出户,购买碳汇,低碳造林,履行义务植树”活动。中国低碳产业协会和联合国工业发展组织共同主办了2013中国国际低碳产业博览会,中国轻工业联合会等机构共同组织了“低碳行动,骑行中国”2013美丽西部自行车幸福行活动。中国国土经济学会在中国科学技术协会的支持下,开展了“全国绿色国土行”公益活动。中国关心下一代工作委员会等部门在北京、天津、石家庄等10个城市开展“中华家庭低碳环保行”公益活动。北京、上海、大连、香港、澳门等80多个城市的社区、企业、学校参与了世界自然基金会倡导的“地球一小时”公益活动。

在国家发展改革委气候司的指导下,国家信息中心与中国民促会绿色出行基金在杭州、宁波、镇江、保定等地联合主办了“低碳中国·院士专家行”活动,开展了“2014年低碳中国行优秀低碳案例”评选活动,20家优秀园区、社区、企业入选。国家应对气候变化战略研究和国际合作中心联合中国人民大学新闻与社会发展研究中心、气象局公共气象服务中心、中国绿色碳汇基金会联合举办了四期“应对气候变化媒体课堂”活动。中国科学技术协会指导、中国国土经济学会组织发起了“全国低碳国土实验区”活动。中国绿色碳汇基金会举办了第四届“绿化祖国·低碳行动”植树节,并组织了首届“中国绿色碳汇节·绿韵—竹乐器暨竹文化艺术展”活动,实施了第六届中国国际生态竞争力等重要会议的碳中和项目。中国民促会编制出版了《低碳生活案例手册》,收录了城市和农村衣、食、住、行、工作等领域的低碳生活案例。世界自然基金会以“蓝天自造”为主题,举办了“地球一小时”活动。

2.民间组织的活动

近年来,中国环境保护领域的非政府组织不断发展壮大,他们活跃在应对气候变化等各个方面,为宣传普及相关知识、提高公众参与意识起到了重要的推动作用。由自然之友、北京地球村、绿家园志愿者、公众环境研究中心、行动援助等民间组织牵头组成的“中国公民社会应对气候变化小组”,通过网络、报纸等媒体,面向公众、民间组织公开征集中国公民社会应对气候变化问题的立场,并组织开展了一系列讨论。2009年11月发布《2009中国公民社会应对气候变化立场》,反映了中国民间机构对气候变化问题的态度和立场。

中国大学生环境组织合作论坛、北京大学清洁发展机制研究会等7个成员单位发起组成了中国青年应对气候变化行动网络(CYCAN),致力组织中国青年开展有关全球变暖、能源问题的项目,推动资源节约型校园建设。该组织向全国高校环保论坛发出1 000

余份参与 CYCAN 试点项目的邀请，选拔了 21 个省(区、市)的 23 所高校代表赴京参加节能减排相关培训，并在各高校开展具体的应对气候变化行动。全国 300 余所高校的青年团体及 100 多家企业响应其倡议，开展了一系列应对气候变化的活动。

中华环境保护基金会主办了第四批大学生环保公益活动资助项目，来自全国各地 72 所高校学生社团的 75 个公益项目得到资助。项目的主题是“积极行动，应对气候变化”，带动了更多的高校学生社团参与到应对气候变化事业中。

山水自然保护中心举办了“中国商界气候变化国际论坛”，阿拉善 SEE 生态协会组织 200 余名中国企业家发布了《中国企业界哥本哈根宣言》。

近 40 家中外民间组织共同发起了气候公民超越行动(C+)计划，倡导企业、学校、社区和个人积极参与应对气候变化的活动。世界自然基金会继续组织“地球一小时”公益活动。中国国际民间组织合作促进会、绿色出行基金等在辽宁、北京、天津、杭州等 15 个省、市组织“酷中国——全民低碳行动计划”项目及低碳公众宣传教育巡展活动。

(三)新闻媒体大力宣传

中国媒体不断加大应对气候变化与节能低碳的宣传报道力度。中国中央电视台、新华社等编写并出版了一系列气候变化与气象灾害防御的科普宣传画册，先后制作了《面对气候变化》《应对全球变暖——中国在行动》《变暖的地球》《关注气候变化》《环球同此凉热》等影视片，及时跟踪报道全球应对气候变化的热点新闻，积极介绍中国应对气候变化的政策、行动和进展，倡导低碳生活理念，增进社会各界对气候变化的了解和认识，展示中国在应对气候变化方面付出的努力和取得的成就。

2009 年以来，中国媒体对气候变化问题的关注明显升温，进行了大量的报道和宣传活动，为提升公众的参与意识发挥了重要作用。社会公众也积极参与应对气候变化活动，实践绿色出行、低碳办公，能源节约、环境保护意识明显提升，逐步形成“保护自然生态环境，人人有责”的社会氛围。

2009 年哥本哈根气候变化大会和 2010 年联合国气候变化国际谈判天津会议期间，中国各大媒体进行了大量报道，向公众和国际社会展示了中国在应对气候变化方面付出的努力和取得的成就。2009 年 7 月，北京举办了“气候变化与低碳经济发展媒体高层论坛——2009 气候变化中国声音”，为中国媒体搭建了一个交流平台，促进了其与国内气候变化领域的决策者和研究者之间的对话，加强了与国际媒体的交流，增进了国内外对中国能源与气候变化政策和行动的了解。

中国媒体还通过不同的方式来倡导绿色环保、低碳消费的理念。2010 年 3 月，北京日报等单位主办了“绿色北京 · 低碳出行”大型环保倡议活动，推出了低碳出行专刊，宣传环保节能、低碳生活从你我做起的理念，倡导广大市民少开车，多乘坐公共交通工具，并发放《“绿色北京 · 低碳出行”市民互动问卷》60 万份，收集广大市民建设绿色北京的意见和建议。2010 年 8 月，中国新闻社在北京王府井步行街举办了“低碳发展，低碳生活”公益影像展，通过 180 余幅精彩照片，展现了中国低碳发展的绿色画卷，让公众更加深入地了解中国为应对气候变化所做出的不懈努力，也向国际社会和社会公众展示了中国低碳发展所取得的成果。

中国的互联网媒体也积极关注应对气候变化，新华网、人民网、搜狐、新浪等媒体都设立了应对气候变化的专题网页，及时追踪报道全球应对气候变化的热点新闻，宣传低碳生活理念。中国能源网还每月发布一期“气候对话”视频节目，邀请政府官员、专家、企业家、公众人物到节目中对话讨论，呼吁全球各界人士共同关注气候变化，参与到保护地球气候的行动中。

2012年，中国媒体围绕应对气候变化、节能环保、低碳发展等主题进行了内容丰富、形式多样的宣传报道活动。新华社、人民日报、中央电视台、中国国际广播电台、中国日报、中国新闻社等新闻媒体及环境气候领域的专业媒体围绕气候变化国际谈判德班会议及有关重大文件发布开展了一系列专题报道和深度报道。在2012年卡塔尔多哈气候变化大会期间，派出驻会记者进行了大量深入及时的报道，新华网、中国网、中国新闻网等多家新闻网站开辟专栏进行了文字、图片、声音、视频等全方位报道，在营造良好舆论氛围、普及气候变化知识方面，作出了积极贡献；中央电视台等媒体制作完成了《面对气候变化》《变暖的地球》《关注气候变化》《环球同此凉热——气候文明之旅》等纪录片，在2013年全国低碳日期间制作播出了全国低碳日公益广告。中华环保联合会与北京人民广播电台合作录制了主题为“倡导低碳生活，宣传节能减排”的广播节目。中国媒体还通过多种多样方式来倡导绿色环保、低碳消费的理念。中国经济导报社等媒体举办了“2012中国应对气候变化和低碳发展十大新闻”评选活动；北京日报等单位主办了“绿色北京·低碳出行”大型环保倡议活动等；中国新闻社举办了以“为了梦想的家园”为主题的“低碳发展·绿色生活”公益影像展暨“中国低碳榜样”发布会；中国经济导报社等媒体举办了“2011中国应对气候变化和低碳发展十大新闻”评选活动。

(四)公众广泛参与

中国公众以实际行动积极应对气候变化，广泛参与自备购物袋、双面使用纸张、控制空调温度、不使用一次性筷子、购买节能产品、低碳出行、低碳饮食、低碳居住等节能低碳活动，从日常生活的衣、食、住、行、用等细微之处，实践低碳生活消费方式。各地公众积极响应“地球一小时”倡议，在每年3月最后一个星期六晚熄灯一小时，共同表达保护全球气候的意愿。开展“千名青年环境友好使者行动”等活动，在机关、学校、社区、军营、企业、公园和广场等宣讲环保理念，倡导低碳生活，践行绿色消费。在全国一些大中城市，低碳生活成为时尚，人们开始追求简约、低碳的生活方式。上海、重庆、天津等城市开展“酷中国——全民低碳行动”，进行家庭碳排放调查和分析。哈尔滨等城市开展了节能减排社区行动，动员社区内的家庭、学校、商服、机关参与节能减排。中国各地的大、中、小学积极宣传低碳生活、保护环境，一些高校提出建设“绿色大学”等目标，得到广泛响应。

中国公众采取积极行动应对气候变化，践行低碳饮食、低碳居住、低碳出行、低碳旅游等低排放的生活方式和适度消费、杜绝浪费等消费模式。广大市民选择公共交通等绿色低碳出行方式，截至2011年，全国已有143个城市承诺开展无车日活动。中国各地开展以学校、机关、商场、军营、企业、社区为单位的节能减碳活动，号召人们树立“节能、节俭、节约”的工作、生活和消费理念，自觉抵制铺张浪费行为，崇尚简约的生活方式。各地大、中、小学开展形式多样的活动积极宣传低碳生活、保护环境，在加强青少年节能、低碳宣传教育方面产生了广泛的社会影响。

通过气候变化教育培训应对气候变化、节能减排、低碳生活等丰富活动，公众对气候变化的认知更深入，行动更自觉，参与领域更广泛。更多公众开始选择低碳出行、低碳饮食、低碳居住、厉行节约的低碳生活及消费模式，积极应对气候变化正成为社会公众的自觉行动。2013 年 1 月，在网络微博发起的“光盘行动”得到社会公众的广泛关注。“千名青年环境友好使者应对气候变化创新行动”在 2013 年积极开展行动，提升了青年使者的环境领导力。全国各城市普遍开展了节能减排进家庭、进社区、进企业、进机关、进学校等专项活动，南京、深圳、济南等 15 个城市举办了“低碳 · 健康家生活”宣教活动，通过免费发放 30 万宣教手册等形式，在普通家庭中倡导节能减排的科学观念，提倡绿色低碳的行为方式。

五、从国内到国际，已经基本形成参与国际合作的低碳转型态势

任何国家面对气候变化都不可能独善其身，也无法单独承担应对气候变化的重任。应对这一挑战，需要国际社会同舟共济、齐心协力。中国本着互利共赢的原则，继续积极参与和推动应对气候变化的国际合作。

(一)积极参与应对全球气候变化的全球行动

1.广泛参与相关国际对话与交流

中国长期以来，本着“互利共赢、务实有效”的原则，积极参与和推动应对气候变化的国际合作，积极参加和支持《气候公约》和《议定书》框架下的活动，努力促进《气候公约》和《议定书》的有效实施。中国专家积极参与政府间气候变化专门委员会的工作，为相关报告的编写做出了贡献。中国认真履行本国在《气候公约》和《议定书》下的义务，于 2004 年提交了《中华人民共和国气候变化初始国家信息通报》，并于 2007 年 6 月发布《应对气候变化国家方案》和《中国应对气候变化科技专项行动》。近年来，中国国家主席和国务院总理分别在八国集团同发展中国家领导人对话会议、亚太经合组织会议、东亚峰会、博鳌亚洲论坛等多边场合以及双边交往中，阐述了中国对气候变化国际合作的立场，积极推动应对气候变化的全球行动。

(1)加强高层对话和交流，推动谈判进程

我国积极推动和参加全球气候变化领域政策对话，利用高层互访和重要会议推动谈判进程。2008 年以来，国家领导人分别在联合国气候变化峰会、二十国集团峰会、八国集团同发展中国家领导人对话会议、主要经济体能源安全和气候变化领导人会议、亚太经合组织、亚欧首脑会议等重大多边及双边外交活动中，多次发表重要讲话，进一步全面阐述了中国对气候变化问题的立场和主张，并公布了中国进一步应对气候变化的政策和措施，努力促进国际社会在应对气候变化方面凝聚共识，共同推进全球合作应对气候变化进程。

2009 年 9 月 22 日，时任国家主席胡锦涛出席联合国气候变化峰会，发表了题为“携手应对气候变化”的讲话，阐明中国应对气候变化的目标、立场和主张，并表达了加强国际合作的意愿。2012 年 6 月，时任总理温家宝在出席联合国可持续发展大会期间，呼吁各方按照“共同但有区别的责任原则”应对气候变化，发展绿色经济，推动可持续发展。国家主席习近平在出席金砖国家领导人会议、“二十国集团”领导人峰会、亚太经合组织领导人峰会等重大多边外交活动中，多次发表重要讲话，与各国元首共同推动积极应对气候变化。中美两国元首均高度重视气候变化问题，在 2013 年两次会晤中就加强气候变化对话与合作，以及氢氟碳化物(HFCs)问题形成重要共识。2013 年 7 月第五轮中美战略与经济对话期间举行了由两国元首特别代表共同主持的气候变化特别会议，深化了两国国内气候变化政策和双边务实合作的交流。

中国国家主席习近平在出席金砖国家领导人会议、“二十国集团”领导人峰会、亚太经合组织领导人峰会、第八届夏季达沃斯论坛等重大多边外交活动中，多次发表重要讲话，与各国元首共同推动积极应对气候变化、推动多边进程。2014 年 9 月，国务院副总理张高丽以习近平主席特使身份率团赴纽约参加联合国气候峰会，强调中国高度重视应对气候变化，愿与国际社会一道，积极应对气候变化的严峻挑战。积极参与政府间气候变化专门委员会第五次评估报告三个工作组报告和综合报告的政府评审工作。积极参与国际民航组织、国际海事组织、《关于消耗臭氧层物质的蒙特利尔议定书》、万国邮政联盟等国际机制下的谈判。积极参与“全球清洁炉灶联盟”“全球甲烷倡议”“全球农业温室气体研究联盟”等活动，推动公约主渠道谈判取得进展。

(2)积极举办和参加应对气候变化相关的国际会议

中国政府派团参加了在印度举办的应对气候变化技术转让部长级研讨会、格林纳达部长级研讨会和美国应对气候变化州长峰会。2010 年 9 月，中国人民政治协商会议全国委员会举办的第四次“21 世纪论坛”，开设了“合作应对挑战，实现绿色增长”“气候变化、新能源以及国际合作”等专题研讨会。2010 年 5 月，中国国际经济交流中心主办了绿色经济与应对气候变化国际合作会议，来自联合国等国际组织以及尼日利亚、澳大利亚、英国、日本等国的政府官员、企业代表、专家学者等参加会议，为各国加强气候变化合作提供了良好的交流平台。中国参加了“里约＋20”联合国可持续发展大会、经济大国能源与气候论坛领导人代表会议、彼得斯堡气候变化部长级对话会、华沙会议部长级预备会等一系列与气候变化相关的对话和磋商。积极参与国际民航组织、国际海事组织、关于消耗臭氧层物质的《蒙特利尔议定书》、万国邮政联盟等国际机制下的谈判。中国还积极参与“全球清洁炉灶联盟”“全球甲烷倡议”“全球农业温室气体研究联盟”等活动，多方推动公约主渠道谈判并取得进展。

(3)积极参与气候变化谈判相关国际进程

中国努力促进《联合国气候变化框架公约》和《京都议定书》(下称《公约》和《议定书》)的全面、有效和持续实施，积极而建设性地参加了《公约》和《议定书》框架下的谈判。中国政府公布《落实巴厘路线图——中国政府关于哥本哈根气候变化会议的立场》，提出了中国关于哥本哈根气候变化会议的原则、目标，就进一步加强《公约》的全面、有效和持续实施，关于发达国家在《京都议定书》第二承诺期进一步量化减排指标等方面阐明了立场，努力推动哥本哈根会议取得成功。中国积极参加国际海事组织和国际民航组织关于温室气体减排技术方面的讨论。中国专家积极参加政府间气候变化专门委员会第五次评估报告的前期准备工作。在全球环境基金(GEF)的资金支持下，中国启动了《中华人民共和国气候变化第二次国家信息通报》的编制工作。

中国参与联合国气候变化大会东道国举办的部长级非正式磋商会议、"经济大国能源与气候论坛"领导人代表会议、彼得斯堡气候变化部长级对话会、小岛国气候变化部长级会议、气候技术机制部长级对话会、联合国秘书长气候变化融资高级别咨询小组会议和国际民航、国际海事组织会议及全球农业温室气体研究联盟等系列国际磋商和交流活动。中国积极参与政府间气候变化专门委员会及其工作小组的活动，中国科学家参与了历次评估报告的编写。

2013 年，中国继续积极参与联合国进程下的气候变化国际谈判，全面参与华沙会议下各议题的磋商，积极引导谈判走向，推动会议取得成功。在中国等广大发展中国家的努力下，通过了进一步推进德班平台的决定，为 2015 年如期达成协议奠定基础；并围绕落实巴厘路线图成果作出相关安排，在发展中国家关切的资金、损失和损害、《议定书》第二承诺期等问题上取得一定进展。中国代表团在华沙会议期间创新传媒表达方式，举办多场形式新颖的"中国角"边会活动，向国际社会宣传介绍中国取得的相关成就和政策，全面展现积极负责任的国际形象。

(4)加强与各国磋商和对话

加强与美国、欧盟、丹麦、日本等发达国家和地区的部长级磋商。加强与其他发展中国家的沟通，推动建立"基础四国"协商机制，并采取"基础四国＋"的方式，协调推动气候变化谈判进程。加强与非洲国家、最不发达国家、小岛屿国家的沟通。中国国家气候变化专家委员会积极开展与其他国家相关智库的学术交流对话，推动气候变化科学研究、技术转让、公众教育和信息共享等方面的国际合作。

广泛开展双边多边气候变化对话与磋商。继续加强"基础四国"、"立场相近发展中国家"等磋商机制，与发展中国家开展联合研究，积极维护发展中国家利益。通过中美、中欧、中澳等气候变化部长级磋商开展与发达国家的双边磋商，就气候变化国际谈判、国内应对气候变化政策和相关务实合作深入交换意见。积极推动中国与其他国家智库之间开展交流。

在双边方面，中国与欧盟、印度、巴西、南非、日本、美国、加拿大、英国、澳大利亚等国家和地区建立了气候变化对话与合作机制，并将气候变化作为双方合作的重要内容。签署或草签了《中国—澳大利亚气候变化部长级对话联合声明》《关于促进中韩绿色经济合作的谅解备忘录》《中美加强气候变化、能源和环境合作的谅解备忘录》《建筑与社区节能领域谅解备忘录》等一系列相关的联合声明、谅解备忘录和合作协议等。中国一直在力所能及的范围内，帮助非洲和小岛屿发展中国家提高应对气候变化的能力。《中国对非洲政策文件》明确提出，积极推动中非在气候变化等领域的合作。中国政府分别举办了两期针对非洲和亚洲发展中国家政府官员的清洁发展机制项目研修班，提高了这些国家开展清洁发展机制项目的能力。

在多边合作方面，中国是碳收集领导人论坛、甲烷市场化伙伴计划、亚太清洁发展和气候伙伴计划的正式成员，是八国集团和五个主要发展中国家气候变化对话以及主要经济体能源安全和气候变化会议的参与者。在亚太经合组织会议上，中国提出了"亚太森林恢复与可持续管理网络"倡议，并举办了"气候变化与科技创新国际论坛"。中国努力推动气候变化领域中国际社会的交流与互信，促进形成公平、有效的全球应对气候变化机制。

2.积极参与应对全球变化的合作研究

中国积极开展应对气候变化领域的合作研究，签署了一系列合作研究协议，实施了一批研究项目，内容涉及气候变化的科学问题、减缓与适应、应对政策与措施等方面，包括中国气候变化的趋势、气候变化对中国的影响、中国农林部门的适应措施与行动、中国水资源管理、中国海岸带和海洋生态系统综合管理、中国的温室气体减排成本和潜力、中国应对气候变化的法律法规和政策研究，以及若干低碳能源技术的研发和示范等。中国积极参与相关国际科技合作计划，如地球科学系统联盟（ESSP）框架下的世界气候研究计划（WCRP）、国际地圈—生物圈计划（IGBP）、国际全球变化人文因素计划（IHDP）、全球对地观测政府间协调组织（GEO）、全球气候系统观测计划（GCOS）、全球海洋观测系统（GOOS）、国际地转海洋学实时观测阵计划（ARGO）、国际极地年计划等，并加强与相关国际组织和机构的信息沟通和资源共享。

3.积极参与应对全球变化的技术合作

中国积极推动和参与《公约》框架下的技术转让，努力创建有利于国际技术转让的国内环境，并提交了技术需求清单。中国国家气候变化专家委员会多次与主要发达国家和发展中国家的智库机构进行科技交流和政策对话，推动了在气候变化科技研发、技术转让、公众教育和信息共享等方面的国际合作。中国政府与联合国于2008年11月在北京共同举办了"应对气候变化技术开发与转让高级别研讨会"，发表了《应对气候变化技术开发与转让北京宣言》。中国也在公约缔约方会议以及长期合作行动特设工作组下就促进技术转让提出了切实可行而有效的机制建议。

(二)加强与发达国家合作

中国与美国、欧盟、意大利、德国、挪威、英国、法国、澳大利亚、加拿大、日本等国家和地区建立了气候变化领域对话和合作机制，签署相关联合声明、谅解备忘录和合作协议等，将气候变化作为双方合作的重要内容。推动中日节能环保合作，与美国在建筑节能、清洁煤/碳捕集与封存、清洁能源汽车、社区节能领域等领域开展合作，与德国在电动汽车领域开展深入的科技合作，与澳大利亚开展二氧化碳地质封存合作，与意大利开展清洁能源/ 碳捕集与封存技术合作，与欧盟开展建筑能效与质量的合作，与英国推进绿色建筑和生态城市发展合作，与加拿大开展采用现代木结构建筑技术应对气候变化合作，与瑞典开展城乡可持续发展领域合作。

国家发改委开展了“中德气候变化项目”“中意气候变化合作计划”“中挪气候变化适应战略应用研究项目”等双边合作项目；组织召开了中欧、中德、中丹等气候变化双边磋商会议，推动了有关框架协议签署和合作项目开展；与瑞士、丹麦等国家有关部门和美国加利福尼亚州签署了气候变化领域合作谅解备忘录。在中澳清洁煤联合工作组的支持下，开展国内产学研碳捕集、封存利用技术方面的培训和重大问题预研究；与美国开展新型结合增强地热系统的大规模二氧化碳利用与封存技术研究合作项目；与美国能源部在电力系统、清洁燃料、石油与天然气、能源与环境技术、气候科学等多个重点领域方向达成共识，开展了一系列富有成效的合作项目。环境保护部与美国、日本、意大利、挪威、澳大利亚在减缓、适应、基础能力建设和公众意识提高等方面开展了一批务实的双边多边合作项目，具体包括页岩气开发中环境标准及其实施细则研究项目、中挪生物多样性与气候变化项目、中澳二氧化碳地质封存环境影响与风险研究等。林业局加强中美、中英、中芬、中瑞在林业应对气候变化相关领域的技术交流。海洋局与意大利合作开展了“沿海地区生态系统能力建设项目”。科技部在中美清洁能源联合研究中心框架下，在洁净煤技术、建筑节能技术以及电动汽车等领域与美国开展了富有成效的联合研究。住房城乡建设部与美国、德国、英国、加拿大、丹麦等国家的有关部门签署了有关建筑节能合作备忘录，促进建筑节能的合作。交通运输部与德国交通建设和城市规划部联合举办了“中德绿色物流会议”，进一步加强了交通运输低碳发展国际交流与合作。中国民航局与美国贸发署（TDA）和联邦航空局（FAA）共同举办了“中美民航节能减排高层培训”，学习了解美国民航业节能减排管理体制、运行机制、相关技术和研发项目进展，以及美国民航业应对气候变化的做法和经验。

中美两国元首在2013年两次会晤中就加强气候变化对话与合作以及氢氟碳化物（HFCs）问题形成重要共识，发表了《气候变化联合声明》，建立了中美气候变化工作组，确定在五个领域开展合作。2013年7月第五轮中美战略与经济对话期间举行了由两国元首特别代表共同主持的气候变化特别会议，召开了中美两国气候变化专家对话，深化了两国气候变化政策和双边务实合作的交流。通过利用包括《蒙特利尔议定书》专场和机制在内的多边方式削减氢氟碳化物，落实中美两国领导共识。2014年3月荷兰海牙核安全峰会期间，两国元首举行会晤并就继续加强在气候变化领域对话与合作、推进中美气候变化工作组框架下务实合作达成共识。7月第六轮中美战略与经济对话期间举行了气候变化问题特别联合会议，并核准了中美气候变化工作组的工作进展报告。

国家发展改革委组织召开了中英、中德、中韩等气候变化工作组双边会议，推动有关框架协议签署和项目合作。通过中美、中欧、中澳等气候变化部长级磋商开展与发达国家的双边磋商，就气候变化国际谈判、国内应对气候变化政策和相关务实合作深入交换意见。继续执行与英国国际发展部和瑞士大使馆合作的“中国适应气候变化项目”和“中德气候变化项目”、“中意气候变化合作计划”等已有双边合作项目；与丹麦签订了《中华人民共和国国家发展和改革委员会和丹麦王国能源、气候和建筑部关于气候变化和能效领域合作的谅解备忘录》，建立了气候变化部长对话机制；开展中欧碳排放交易能力建设合作项目，加强中欧在低碳城镇、低碳社区、低碳产业园区及控制温室气体排放方面的务实合作；召开中澳气候变化第三次部长级对话、中澳气候变化论坛，就双方务实合作等议题进行了广泛沟通和磋商；开展中国和新西兰双边对话活动，就国际谈判和双边合作等问题交换意见。国家发展改革委组织国家气候变化专家委员会有关专家开展中法、中美专家对话。

中国参加了经济大国能源与气候论坛领导人代表会议、彼得斯堡气候变化部长级对话会、华沙会议部长级预备会等一系列气候变化相关的对话和磋商，积极就气候变化开展多边交流。

(三)加强与发展中国家合作

中国为发展中国家应对气候变化提供力所能及的援助，帮助有关国家发展卫星监测，完善基础设施，开发新能源，提高农业生产，建设医疗设施，培训科技人员，增强减缓和适应气候变化的能力。

2006 年以来，中国扩大了对非洲援助规模，向非洲提供优惠贷款和优惠出口卖方信贷，设立中非发展基金支持中国企业到非洲投资，免除同中国有外交关系的所有非洲重债穷国和最不发达国家截至 2005 年底到期的政府无息贷款债务，把同中国有外交关系的非洲最不发达国家输华商品零关税待遇受惠商品由 190 个税目扩大到 440 多个，在非洲国家建立经济贸易合作区，为非洲培训各类人才、派遣专家、援建医院和学校等。

2009 年，中国政府再次宣布促进中非合作新举措，包括在气象卫星监测、新能源开发利用、沙漠化防治、城市环境保护等领域加强合作，为非洲援建太阳能、沼气、小水电等 100 个清洁能源项目；加强科技合作，实施 100 个中非联合科技研究示范项目；向非洲国家提供 100 亿美元优惠性质贷款，增强非洲融资能力；对非洲与中国有邦交的重债穷国和最不发达国家免除截至 2009 年底对华到期未还的政府无息贷款债务；逐步给予非洲与中国建交的最不发达国家 95%的产品免关税待遇，2010 年年内首先对 60%的产品实施免关税；进一步加强农业合作，援建农业示范中心，派遣农业技术专家，培训农业技术人员，提高非洲实现粮食安全能力等。

中国还对南太平洋、加勒比等地区的小岛屿国家提供了支持与帮助，包括进一步扩大双边贸易，对基础设施、航空运输、通信和城市改造等领域的项目提供人民币优惠贷款，对原产于萨摩亚、瓦努阿图的 278 个税目商品实施零关税待遇，免除部分国家的到期债务等。

积极援助发展中国家开展应对气候变化能力建设。2008—2013 年为发展中国家援助 100 个小水电、太阳能、沼气等小型清洁能源项目。在 2012 年前为非洲援建 100 个小水电、太阳能、沼气等小型清洁能源项目和小型打井供水项目，援建农业示范中心，派遣农业技术专家，培训农业技术人员，提高非洲实现粮食安全能力。中国关注小岛屿国家的援助诉求。先后为太平洋岛屿国家援建 80 多个项目，其中包括很多清洁能源项目，如援助斐济小水电项目，援助汤加示范生态农场技术合作项目、援助瓦努阿图沼气技术等。注重在人力资源开发上的合作，2010 年安排了 16 期应对气候变化和清洁能源国际研修班，共为受援国培训380名官员和专业人员。

国家发展改革委积极推动应对气候变化南南合作，与41个发展中国家建立了联系渠道，与格林纳达、埃塞俄比亚、马达加斯加、尼日利亚、贝宁、多米尼克等12个发展中国家有关部门签订了《关于应对气候变化物资赠送的谅解备忘录》，向其赠送节能低碳产品；成功举办了8期发展中国家应对气候变化研修班，共培训来自81个国家的300多名政府官员和技术人员。科技部支持了13个面向发展中国家的、与应对气候变化直接相关的国际培训班，涉及生物质、太阳能、沼气、荒漠化防治、节水高效农业、草原生态建设、热带生物多样性、燃煤电厂烟气净化、非木质林产品开发等领域；重点支持南太平洋岛国可再生能源利用与海洋灾害预警研究及能力建设、LED照明产品开发推广应用、秸秆综合利用技术示范、风光互补发电系统研究推广利用、灌溉滴水肥高效利用技术试验示范等一批援外项目，帮助发展中国家提高应对气候变化的适应能力。水利部承办了水资源和小水电部级培训班，与发展中国家的高级官员交流了气候变化条件下加强水资源管理、开发和利用小水电等方面的经验和实践。国家海洋局设立了“南海及周边海洋国际合作框架计划(2011—2015)”，将“海洋与气候变化”、“海洋防灾减灾”列为主要资助领域，联合周边国家开展了“中印尼热带东南印度洋海气相互作用与观测”和“印度洋季风爆发观测研究项目”。国家林业局成功举办了“气候变化框架下毁林与土地退化监测和评估南南合作研讨班”，共同探讨中国与发展中国家开展林业应对气候变化南南合作。

中国政府积极推动应对气候变化南南合作，举办了应对气候变化南南合作政策与行动研讨会、应对气候变化与绿色低碳发展研修班。科技部、外交部等部门联合举办“中国—东盟应对气候变化：促进可再生能源与新能源开发利用国际科技合作论坛”，促进中国与东盟国家可再生能源与新能源相关技术开发和产品应用的交流与合作。国家发展改革委会同海洋局组织实施了气候变化框架下的海洋灾害监测与预警南南合作研究项目，编制了《发展中国家海洋灾害监测预警能力建设指南》(英文版)，并在厦门举办了“发展中国家海洋灾害监测与预警技术研修班”，为柬埔寨、印度尼西亚等9个发展中国家的16名学员进行了技术培训。林业局组织了气候变化框架下毁林与土地退化监测和评估南南合作研讨培训。气象局面向发展中国家人员开展气候变化与极端天气气候事件的关系、多灾种早期预警和气候服务系统技术培训。在卫星监测、清洁能源开发利用、农业抗旱技术、水资源利用和管理、沙漠化防治、生态保护等领域加强与亚洲、非洲、南太平洋地区有关国家的合作，为发展中国家援助了182个应对气候变化类项目。根据2012年联合国可持续发展大会期间中国政府提出的在2011—2013年安排2亿元人民币开展应对气候变化“南南合作”的要求，2013年与乌干达、多米尼克、乍得、巴巴多斯、安提瓜和巴布达等9个发展中国家有关部门签订了《关于应对气候变化物资赠送的谅解备忘录》，累计赠送节能灯30多万盏、节能空调2 000多台、太阳能路灯4 000余套、太阳能发电系统6 000多套、车载式卫星数据接受处理应用系统一套，并派驻技术人员到当地进行支持。2014年9月，国务院副总理张高丽在联合国气候峰会上宣布，2015年开始在现有基础上把每年的资金支持翻一番，建立气候变化南南合作基金，并捐赠600万美元支持联合国秘书长潘基文推动应对气候变化南南合作。中国共举办了28期应对气候变化南南合作政策与行动研讨会、应对气候变化与绿色低碳发展研修班，总计培训了来自114个发展中国家的千余名应对气候变化官员和技术人员。

继续加强“基础四国”、“立场相近发展中国家”等磋商机制，与发展中国家开展联合研究，积极维护发展中国家利益。通过出席太平洋岛国论坛、落实2012年东亚峰会倡议中关于“建立东亚应对气候变化区域研究与合作中心”筹备等，积极开展区域性对话与交流，积极推动中国与其他国家智库之间的交流。科技部与联合国开发计划署(UNDP)共同启动了中国—加纳/中国—赞比亚可再生能源技术转移项目，促进非洲国家应对气候变化和实现千年发展目标。

(四)拓展与国际组织、国际机构的务实合作

中国本着“互利共赢，务实有效”的原则，积极参加和推动与各国政府、国际组织、国际机构的务实合作，为促进国际社会合作应对气候变化发挥着积极的建设性作用。2010年3月，中国颁布《应对气候变化领域对外合作管理暂行办法》，进一步规范和促进了气候变化国际合作。

加强与相关国际组织和机构的信息沟通、资源共享和务实合作，签署了一系列合作研究协议，实施了一批研究项目，内容涉及气候变化的科学问题、减缓和适应、应对政策和措施等，主要包括：与联合国开发计划署、世界银行、欧洲投资银行开展项目合作，与亚洲开发银行、碳收集领导人论坛、全球碳捕集和封存研究院开展碳捕集、利用和封存领域相关合作，与全球环境基金开展了中国技术需求评估项目合作，与能源基金会合作开展编制温室气体清单能力建设及相关政策、技术路线研究、气候变化立法研究，参与联合国教科文组织政府间海洋委员会、北太平洋海洋科学组织事务，广泛参与全球海洋观测系统、气候变率与可预报性研究、全球和区域海洋环境评估数据库等合作计划，加强了在海洋与气候变化领域的国家合作。

中国积极参与相关国际科技合作计划，如地球科学系统联盟框架下的世界气候研究计划、国家地圈—生物圈计划、国家全球变化人文因素计划、全球对地观测政府间协调组织、全球气候系统观测计划等。

国家发展改革委继续开展与联合国开发计划署、联合国环境规划署等机构和世界银行、亚洲开发银行、全球环境基金等多边金融机构的交流与合作，与世界银行签署了《关于应对气候变化领域合作的谅解备忘录》，正式启动全球环境基金的“增强对脆弱发展中国家气候适应力的能力、知识和技术支持”项目及“中国应对气候变化技术需求评估”项目，启动亚洲开发银行支持的“碳捕集和封存路线图”技援项目；在2012年5月第四轮中美战略经济对话期间加入“全球清洁炉灶联盟”，与联合国基金会、全球清洁炉灶联盟秘书处签订谅解备忘录；与全球碳捕集和封存研究院等相关组织举办碳捕集、利用与封存技术现场研讨会。环境保护部积极推动生物多样性适应气候变化国际合作，组织参加了生物多样性和生态系统服务政府间科学—政策平台(IPBES)第一次全体会议。卫生和计划生育委员会与世界卫生组织等国际组织开展合作，进行气候变化与健康影响相关研究试点工作。

国家发展改革委与联合国环境规划署合作，共同开展 GEF“增强对脆弱发展中国家气候适应力的能力、知识和技术支持”项目。卫生部组织中国疾病预防控制中心等单位与世界卫生组织合作，实施 GEF“适应气候变化保护人类健康”项目，目前中国项目活动按计划顺利开展。科技部与国家发展改革委联合举办了“碳收集领导人论坛(CSLF)”第四届部长级会议。国家林业局成功召开了首届亚太经合组织林业部长级会议，举办了联合国粮农组织第 24 次亚太林委会会议、第 2 届亚太林业周活动、东北亚生态论坛；依托亚太森林恢复与可持续管理网络中心，开展亚太地区林业应对气候变化相关能力建设和国际合作项目，加强与世界自然资金会、大自然保护协会、德国国际合作机构(GIZ)在林业应对气候变化相关领域技术交流。民政部积极推进上海合作组织、中日韩、中俄印和东盟地区论坛等框架下的对话与交流，进一步完善上合、东盟、中日韩、中俄印等多边减灾救灾合作机制；参加了第四届全球减灾平台大会，加强与联合国和相关国际组织机构在减灾救灾领域的合作。国家标准化管理委员会积极参与温室气体减排领域国际标准化工作，承办国际标准化组织二氧化碳捕集、运输和地质封存技术委员会第三届全会。气象局组织参加政府间气候变化专门委员会(IPCC)第 35 次全会等 10 余次国际会议，开展 IPCC 第五次评估报告评审工作。

中国积极开展与联合国开发计划署、联合国环境规划署、联合国基金会等机构和世界银行、亚洲开发银行、全球环境基金等多边金融机构的交流与合作，稳步执行世界银行全球环境基金的“增强对脆弱发展中国家气候适应力的能力、知识和技术支持”项目及“中国应对气候变化技术需求评估”赠款项目，切实开展亚洲开发银行支持的“碳捕集和封存路线图”技援项目；参加由联合国基金会、全球清洁炉灶联盟秘书处召开的“全球清洁炉灶联盟”相关会议并开展国内试点活动；与全球碳捕集和封存研究院等相关组织举办碳捕集、利用与封存技术现场研讨会和实地考察活动。

(五)积极开展清洁发展机制项目合作

中国积极参加清洁发展机制项目合作，重视清洁发展机制在促进本国可持续发展中的积极作用。通过国际合作，中国进行了清洁发展机制方面的系统研究，为国际规则和国内政策措施的制定提供了科学基础，为各利益相关方提供了有益信息；进行了大量的能力建设活动，提高政府部门、企业界、学术机构、咨询服务机构、金融机构等推动清洁发展机制项目开发的能力。为完善相关的国内制度，2005 年制定和实施了《清洁发展机制项目运行管理办法》。2010 年，为提高清洁发展机制项目开发和审定核查效率，又对该管理办法进行了修订。每年组织专家计算电网基准线排放因子，及时公布和共享信息，大大提高了清洁发展机制项目开发和审定核查效率。

通过清洁发展机制项目开发，有效推动了应对气候变化国际合作，促进了企业参与温室气体减排的积极性，推动了企业的技术进步和节能减排，为继续活跃国际碳市场做出了积极贡献。截至 2012 年 8 月底，中国共批准了 4 540 个清洁发展机制项目，预计年减排量近 7.3 亿吨二氧化碳当量，主要集中在新能源和可再生能源、节能和提高能效、甲烷回收利用等方面。其中，已有 2 364 个项目在联合国清洁发展机制执行理事会成功注册，占全世界注册项目总数的 50.41%，已注册项目预计年减排量(CER)约 4.2 亿吨二氧化碳当量，占全球注册项目年减排量的 54.54%，项目数量和年减排量都居世界第一。注册项目中已有 880 个项目获得签发，总签发量累计 5.9 亿吨二氧化碳当量，为《京都议定书》的实施提供了支持。

主要参考文献

[1]燕丽、杨金田:《中国火电行业 CO_2 排放特征探讨》，载《环境污染与防治》2010 年第 22 卷第 9 期，第 92～94 页。

[2]金艳鸣:《我国各省电力工业碳排放现状与趋势分析》，载《能源技术经济》2011 年第 23 卷第 4 期，第 56～60 页。

[3]胡初枝、黄贤金、钟太洋等:《中国碳排放特征及其动态演进分析》，载《中国人口・资源与环境》2008 年第 18 卷第 3 期，第 38～42 页。

[4]王怡:《环境规制视角下我国工业碳排放的灰色斜率关联分析》，载《科学技术与工程》2011 年第 11 卷第 4 期，第 791～797 页。

[5]潘雄锋、舒涛、徐大伟:《中国制造业碳排放强度变动及其因素分解》，载《中国人口・资源与环境》2011 年第 2 卷第 5 期，第 101～105 页。

[6]国家发改委能源研究所:《2050 中国能源和碳排放报告》，科学出版社 2009 年版。

[7]環境庁企画調整局地球環境部編.地球温暖化防止対策ハンドブック[1]総合評価編」，第一法規，1992。

[8]日本エネルギー経済研究所.エネルギー・経済統計要覧，省エネルギーセンター，各年版。

[9]科学技術庁科学技術政策研究所編.アジアのエネルギー利用と地球環境―エネルギー消費構造と地球汚染物質の放出の動態[M].大蔵省印刷局，1992。

[10]経済企画庁経済研究所.環境問題への計量経済学的接近[R].経済分析，第 154 号，1997。

[11]Kaya Yoichi .Impact of Carbon Dioxide Emission on GNP Growth: Interpretation of Proposed Scenarios [R].Presentation to the Energy and Industry Subgroup, Response Strategies Working Group, IPCC, Paris, 1989.

[12]Liu X Q, Ang B W, Ong H L.The application of Divisia index to the decomposition of changes in industrial energy consumption [J].The Energy Journal, 1992, 13(4): 161～177.

[13]Ang B.W, Zhang, F.Q, Choi, K.H..Factorizing changes in energy and environmental indicators through decomposition [J].Energy ,1998, 23(6): 489－495.

[14]Chung H S, Rhee H C.A Residual－free Decomposition of the Sources of Carbon Dioxide Emission s: A Case of the Korean Industries [J].ENERGY, 2001, 26(1): 15－30.

[15]Ehrlich P.R, Ehrlich A.H.Population, Resources, Environment: Issues in Human Ecology[M]. San Francisco: Freeman, 1970.

[16]Torvanger A.Manufacturing Sector Carbon－dioxide Emissions in 9 OECD Countries, 1973－1987: A Divisia Index Decomposition to Changes in Fuel Mix, Emission Coefficients, Industry Structure, Energy Intensities and Intern at ion al Structure[J].Energy Economics, 1991, 13(3): 168－186.

[17]Stephen D.Casler, Adam Rose.Carbon Dioxide Emissions in the U.S.Economy: A Structural Decomposition Analysis[J].Environmental and Resource Economics, 1998, 11 (3-4): 349－363.

[18]Schipper L, Murtishaw S, Khrushch M.Carbon emissions from manufacturing energy use in 13 IEA countries: Long-term trends through 1995 [J].Energy Policy, 2001, 29:667～688.

[19]J W Tester et a.l Sustainable Energy: Choosing among Options [M].US: MIT Press, 2005.

[20]Ratnakar Pan, i U jjain iMukhopadhyay.Identifying the Major Players behind Increasing Global Carbon Dioxide Emissions: A Decomposition Analysis[J].The Environmentalist, 2010, 30 (2):183－205.

[21]张宏武:《我国 CO_2 排出量的要因分析》,载《山西师范大学学报(自然科学版)》2002 年第 16 卷第 2 期,第 78～84 页。

[22]張宏武.中国の経済発展に伴うエネルギーと環境問題－部門別・地域別の経済分析[M].溪水社,2003.

[23]Wang Can, Chen Jining, Zou Ji.Decomposition of energy related CO_2 emission in China: 1957－2000 [J].Energy, 2005, 30:73－83.

[24]Wu L., S.Kaneko, S.Matsuoka.Dynamics of energy-related CO_2 emissions in China during 1980 to 2002: The relative importance of energy supply-side and demand-side effects[J].Energy Policy, 2006, 34:3548－3572.2006,(18):3549－3572.

[25]徐国泉、刘则渊、姜照华:《中国碳排放的因素分解模型及实证分析:1995～2004 》,载《中国人口・资源与环境》2006 年第 6 期,第 158～161 页。

[26]Liu Lan cui, Fan Ying, Wu Gang, et al.Using LMDI method t o analyze the change of China's industrial CO_2 emissions from final fuel us e: an empirical analysis[J].Energy Policy, 2007, 35:5892－5900.

[27]Yi－Ming Wei, Lan－Cui Liu, Ying Fan, Gang Wu.The Impact of Lifestyle on Energy Use and CO_2 Emission : An Empirical Analysis of China's Residents [J]..Energy Policy, 2007, 35:247－257.

[28]冯相昭、邹骥:《中国 CO_2 排放趋势的经济分析》,载《中国人口资源与环境》2008 年第 18 卷第 3 期,第 43～47 页。

[29]朱勤、彭希哲、陆志明、吴开亚:《中国能源消费碳排放变化的因素分解及实证分析》,载《资源科学》2009 年第 3 卷第 12 期,第 2072～2079 页。

[30]陈佳瑛、彭希哲、朱勤:《家庭模式对碳排放影响的宏观实证分析》,载《中国人口科学》2009 年第 5 期,第 68～79 页。

[31]宋德勇、卢忠宝:《中国碳排放影响因素分解及其周期性波动研究》,载《中国人口资源与环境》2009 年第 19 卷第 3 期,第 18～24 页。

[32]刘红光、刘卫东:《中国工业燃烧能源导致碳排放的因素分解》,载《地理科学进展》2009 年第 28 卷第 2 期,第 285～292 页。

[33]王俊松、贺灿飞:《能源消费、经济增长与中国 CO_2 排放量变化——基于 LMDI 方法的分解分析》,载《长江流域资源与环境》2010 年第 19 卷第 1 期,第 18～23 页。

[34]王锋、吴丽华、杨超:《中国经济发展中碳排放增长的驱动因素研究》,载《经济研究》,2010 年第 2 卷,第 123～146 页。

[35]陈劭锋、刘扬、邹秀萍等:《二氧化碳排放演变驱动力的理论与实证研究》,载《科学管理研究》2010 年第 28 卷第 1 期,第 43～48 页。

[36]赵奥、武春友:《中国 CO_2 排放量变化的影响因素分解研究——基于改进的 Kaya 等式与 LMDI 分解法》,载《科学》2010 年第 24 卷第 12 期,第 55～59 页。

[37]李艳梅、张雷、程晓凌:《中国碳排放变化的因素分解与减排途径分析》,载《资源科学》2010 年第

32 卷第 2 期，第 218～222 页。

[38]蒋金荷：《中国碳排放量测算及影响因素分析》，载《资源科学》2011 年第 33 卷第 4 期，第 597～604 页。

[39]张坤民、潘家华、崔大鹏主编：《低碳经济论》，中国环境科学出版社 2008 年版。

[40]张坤民、潘家华、崔大鹏主编：《低碳发展论》（上、下），中国环境科学出版社 2009 年版。

[41]王伟光、郑国光编：《应对气候变化(2009)——通向哥本哈根》，社会科学文献出版社 2009 年版。

[42]王伟光、郑国光编：《应对气候变化报告(2010)：坎昆的挑战与中国的行动》，社会科学文献出版社 2010 年版。

[43]王伟光、郑国光编：《应对气候变化(2011)——德班的困境与中国的战略选择》，社会科学文献出版社 2011 年版。

[44]王伟光、郑国光编：《应对气候变化(2012)——气候融资与低碳发展》，社会科学文献出版社 2012 年版。

[45]张坤民、潘家华、崔大鹏主编：《低碳创新论》，人民邮电出版社 2012 年版。

[46]薛进军主编《低碳经济蓝皮书・中国低碳经济发展报告(2011)》，社会科学文献出版社 2011 年版。

[47]薛进军、赵忠秀编：《低碳经济蓝皮书：中国低碳经济发展报告(2012)》，社会科学文献出版社 2011 年版。

[48]薛进军、赵忠秀编：《低碳经济蓝皮书：中国低碳经济发展报告(2013)》，京社会科学文献出版社 2013 年版。

[49]齐晔编：《低碳发展蓝皮书：中国低碳发展报告(2011～2012)》，社会科学文献出版社 2011 年版。

[50]齐晔编：《低碳发展蓝皮书・中国低碳发展报告：政策执行与制度创新(2013)》，社会科学文献出版社 2013 年版。

[51]刘晔编：《低碳发展蓝皮书：中国低碳发展报告(2014)》，社会科学文献出版社 2014 年版。

[52]诸大建、陈飞、刘国平：《中国低碳经济蓝皮书》，同济大学出版社 2012 年版。

[53]中国低碳年鉴编委会编：《中国低碳年鉴 2010》，中国财政经济出版社 2010 年版。

[54]中国低碳年鉴编委会编：《中国低碳年鉴 2011》，冶金工业出版社 2012 年版。

[55]中国低碳年鉴编委会编：《中国低碳年鉴 2012》，冶金工业出版社 2013 年版。

[56]王伟光主编：《气候变化绿皮书：应对气候变化报告(2013)》，社会科学文献出版社 2013 年版。

[57]沈满洪、吴文博、魏楚：《近二十年低碳经济研究进展及未来趋势》，载《浙江大学学报(人文社会科学版)》2011 年第 41 卷第 3 期，第 28～39 页。

第三章
中国产业低碳转型

第一节 中国三次产业低碳转型

一、中国三次产业 CO_2 排放的动态及其特征

(一)产业部门 CO_2 排放的地位

这里所述我国产业部门 CO_2 排放量数据是根据前述的推算方法得来的。排放部门包括农业、工业、建筑业、交通通信业、商业、其他服务业等 6 个部门,推算期间为 1980—2012 年,推算的能源种类为 16 种。

从图 3-1 可知,我国产业部门的 CO_2 排放在总排放中占据绝对优势。仅就产业的直接排放(即不包括利用的电力、热力转换在内)而言,虽然呈现逐渐下降的趋势,从 1980 年的 60%以上下降为 2012 年的 50%以下,但包括间接排放(指各产业本身利用的电力和热

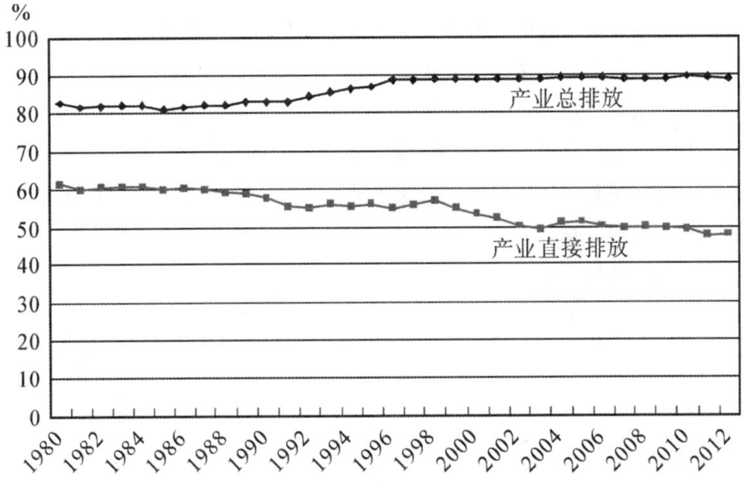

图 3-1 中国产业 CO_2 排放占总排放量的比重

资料来源:笔者作成。

力所产生的排放量)在内的产业 CO_2 总排放占全部排放量的比重从 1980 年的 82.8%上升到 2012 年的将近 90%，由此足见产业部门在我国碳排放中的地位。

(二)三次产业 CO_2 排放的动态及其特征

1.三次产业 CO_2 排放量的变化特征

在以下的叙述和分析中，如果没有特别说明，文中所指的三次产业 CO_2 排放指的是能源转换部门分配后的产业部门的总排放。图 3-2 表示的是 1980—2012 年我国三次产业 CO_2 排放的推移情况。从中可以看出，我国三次产业 CO_2 排放均呈增长态势，但增长幅度有不同。从这 33 年间的 CO_2 排放量增加的绝对值来看，以第二产业增加最多，从 9.5亿吨增加到 60.5 亿吨，年均增加 1.5 亿吨以上；第三产业居次，年均增加 3 600 万吨；而第一产业则为 238 万吨，增加最少。但从年平均增长率来看，以第三产业的增长最快，为 7.6%；其次是第二产业，为 6.0%，与同期全产业的平均水平持平；而第一产业的增长率最低，为 2.1%。

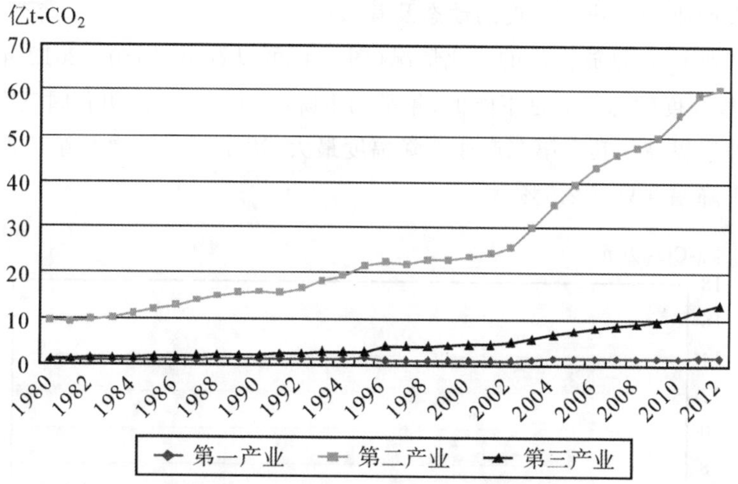

图 3-2　中国三次产业 CO_2 排放的推移

资料来源：笔者作成。

2.三次产业 CO_2 排放结构的变化特征

从图 3-3 可以看出，我国第二产业 CO_2 排放的比重最高，约占三次产业总排放的80%，30 多年来比重几乎没有什么变化，徘徊在 80%～82%，近年来略有下降，2012 年占80.4%。发生明显变化的是第三产业和第一产业，其中第三产业一直是增加的，从 1980年的 10.8%增加为 2012 年的 17.5%，上升了近 8 个百分点；而第一产业则由 7.3%下降到2.2%，下降了 5 个百分点。

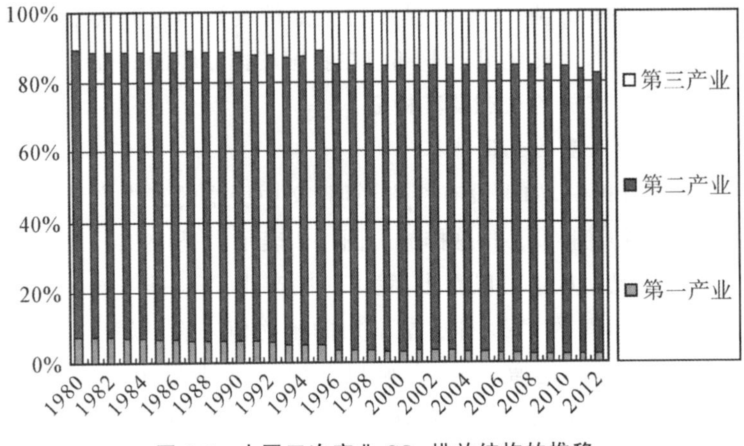

图 3-3 中国三次产业 CO_2 排放结构的推移

资料来源:笔者作成。

(三)三次产业 CO_2 排放强度的动态及其特征

从三次产业 CO_2 排放强度的变化情况(图 3-4)可以看出,1980—2012 年我国各个产业的 CO_2 排放强度的总趋势是下降的,年平均下降率为 3.5%,说明我国三次产业的 CO_2 排放效率在普遍提高。其中第二产业下降幅度最大,达 4.8%;其次是第三产业为 3.1%;而第一产业下降幅度只有 2.5%。

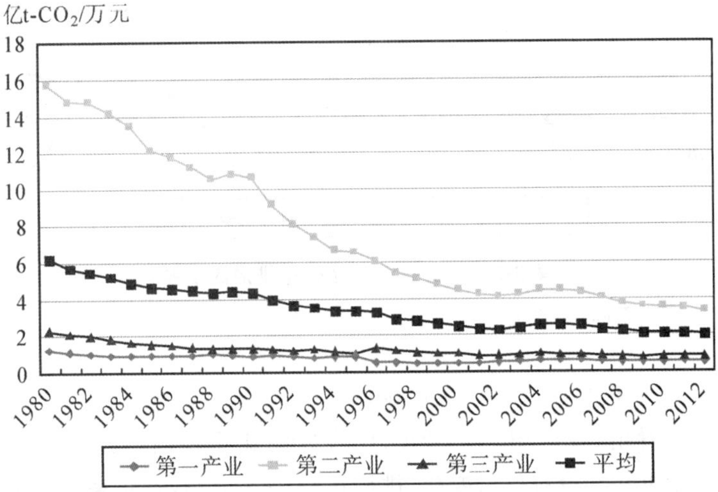

图 3-4 中国三次产业 CO_2 排放强度的推移

资料来源:笔者作成。

从 2012 年的现状来看,我国产业部门的 CO_2 排放强度平均为 2.02 吨/万元。其中第二产业最高,达 3.28 吨/万元。第三产业次之,为 0.84 吨/万元。第一产业最低,为 0.54 吨/万元。由此可见,通过降低第二产业比重,加大第三产业比重的结构调整,可以起到提高 CO_2 排放效率的作用。

二、中国三次产业 CO_2 排放量变化的影响因素分解

(一)分析方法

如果我们用 C 表示 CO_2 排出量,用 E 表示能源消费量,用 Y 表示 GDP,用下标 i 表示部门,则 t 年全产业的 CO_2 排放量就可以用下式表示:

$$C_t = \sum_i C_{it} = \sum_i \frac{C_{it}}{E_{it}} \times \frac{E_{it}}{G_{it}} \times \frac{G_{it}}{G_t} \times G_t \tag{3-1}$$

此时,

C_{it}/E_{it}:t 年 i 产业的单位能源消费的污染排出量(称为能源转换因素);

E_{it}/G_{it}:t 年 i 产业的单位 GDP 的能源消费量(称为能源效率因素);

G_{it}/G_t:t 年 i 产业的 GDP 在全国 GDP 中所占的比重(称为产业结构因素);

G_t:t 年的全产业 GDP(称为经济规模因素)。

如果我们将着眼点置于 CO_2 排放量的变化(ΔC),就可以按下面的公式,将其影响因素分解为以下五项:

$$\begin{aligned}\Delta C_t = &\sum_i \left[\Delta\left(\frac{C_{it}}{E_{it}}\right) \times \left(\frac{E_{it}}{G_{it}}\right) \times \left(\frac{G_{it}}{G_t}\right) \times G_t\right] + \\ &\sum_i \left[\left(\frac{C_{it}}{E_{it}}\right) \times \Delta\left(\frac{E_{it}}{G_{it}}\right) \times \left(\frac{G_{it}}{G_t}\right) \times G_t\right] + \\ &\sum_i \left[\left(\frac{C_{it}}{E_{it}}\right) \times \left(\frac{E_{it}}{G_{it}}\right) \times \Delta\left(\frac{G_{it}}{G_t}\right) \times G_t\right] + \\ &\sum_i \left[\left(\frac{C_{it}}{E_{it}}\right) \times \left(\frac{E_{it}}{G_{it}}\right) \times \left(\frac{G_{it}}{G_t}\right) \times \Delta G_t\right] + \lambda \end{aligned} \tag{3-2}$$

=第一项(能源转换因素(C_i/E_i))的效果+第二项(能源效率因素(E_i/G_i))的效果+第三项(产业结构因素(G_i/G))的效果+第四项(经济因素(G))的效果+第五项(复合因素(残差))的复合效果

因此,我国三次产业化石能源起源的 CO_2 排放量的变动,可以分解为能源转换因素、能源效率因素、产业结构因素、经济因素等四个驱动因素及由于误差而导致的残差部分。能源转换因素是单位能源消费的 CO_2 排放量,是表示能源种类结构变化的指标;能源效率因素是单位附加价值产出的能源消费量,是反映能源消费效率的指标;而产业结构因素表示的是各产业的生产比重变化在全部产业中对 CO_2 排放量变化影响的指标;最后的经济因素表示则的是由于经济规模变化引起多大的 CO_2 排放量增减的指标。

这种方法的特点是将复合的影响因素的同时变化全部计入残差项,但这种方法经常被认为有一个问题,就是残差较大。为了缩小残差,学者们进行了一些改善,如 B.W.

Ang&S.Y.Lee(1994)对产业能源消费的因素进行了分解[1]。这里,我们参考其研究成果,并将其扩展到对 CO_2 排放量变化的分析上,进行了以下的推导。

如果我们令

$$P_{it}=C_{it}/E_{it},I_{it}=E_{it}/G_{it},S_{it}=G_{it}/G_t$$

则(3-1)式可以改写为:

$$C_t = \sum_i P_{it} \times I_{it} \times S_{it} \times G_t \tag{3-3}$$

对上式进行微分,则

$$\begin{aligned} C_t' = & \sum_i P_{it}' \times I_{it} \times S_{it} \times G_t + \sum_i P_{it} \times I_{it}' \times S_{it} \times G_t + \\ & \sum_i P_{it} \times I_{it} \times S_{it}' \times G_t + \sum_i P_{it} \times I_{it} \times S_{it} \times G_t' \end{aligned} \tag{3-4}$$

将(3-4)式在(0,T)区间积分,即可得下式:

$$\begin{aligned} \Delta C_t &= C_T - C_0 \\ &= \sum_i \int_0^T P_{it} \times I_{it} \times S_{it} \times G_t (P_{it}'/P_{it})\,\mathrm{d}t + \\ &\quad \sum_i \int_0^T P_{it} \times I_{it} \times S_{it} \times G_t (I_{it}'/I_{it})\,\mathrm{d}t + \\ &\quad \sum_i \int_0^T P_{it} \times I_{it} \times S_{it} \times G_t (S_{it}'/S_{it})\,\mathrm{d}t + \\ &\quad \sum_i \int_0^T P_{it} \times I_{it} \times S_{it} \times G_t (G_t'/G_t)\,\mathrm{d}t \end{aligned} \tag{3-5}$$

此处

$$P_{it} \times I_{it} \times S_{it} = C_{it}/G_t \tag{3-6}$$

设

$$\bar{k}_i = C_{i0}/G_0 + \alpha (C_{iT}/G_T - C_{i0}/G_0) \tag{3-7}$$

则可得下式:

$$P_{it} \times I_{it} \times S_{it} \times G_t = \bar{k}_i G_t \tag{3-8}$$

将上式代入(3-5)式,即得

$$\begin{aligned} \Delta C_t = & \sum_i \bar{k}_i \int_0^T G_t \,\mathrm{dln}\, P_{it} + \sum_i \bar{k}_i \int_0^T G_t \,\mathrm{dln}\, I_{it} + \\ & \sum_i \bar{k}_i \int_0^T G_t \,\mathrm{dln}\, S_{it} + \sum_i \bar{k}_i \int_0^T G_t' \,\mathrm{d}t \end{aligned} \tag{3-9}$$

(3-9)式右边第一项的积分为:

$$\int_0^T G_t \mathrm{d}\ln P_{it} = G_t \ln P_{it} \mid_0^T - \int_0^T G_t' \ln P_{it} \mathrm{d}t$$
$$= G_T \ln P_{iT} - G_0 \ln P_{i0} - \int_0^T G_t' \ln P_{it} \mathrm{d}t$$
$$= \ln (P_{iT})^{GT} / (P_{i0})^{G0} - \int_0^T G_t' \ln P_{it} \mathrm{d}t \quad (3\text{-}10)$$

此处与通常的 Simple Average Divisia Methods 不同，我们采用的方法是将 $\ln P_{it}$ 函数、$\ln I_{it}$ 函数和 $\ln S_{it}$ 函数再一次适用于 Simple Average Divisia Methods。

设

$$\dot{P}_i = \ln P_{i0} + \frac{1}{2}(\ln P_{iT} - \ln P_{i0}) = \frac{1}{2}(\ln P_{i0} + \ln P_{iT}) \quad (3\text{-}11)$$

则可得到：

$$\int_0^T G_t' \ln P_{it} \mathrm{d}t \approx \int_0^T G_t' \dot{P}_i \mathrm{d}t = \dot{P}_i \int_0^T G_t' \mathrm{d}t = \dot{P}_i (G_T - G_0) \quad (3\text{-}12)$$

接着，对 $\ln I_{it}$ 和 $\ln S_{it}$ 也做同样的计算，则从(3-9)式可以得到下式：

$$\Delta C_t = \sum_i \dot{k}_i \{\ln(P_{iT})^{GT} / (P_{i0})^{G0} - \dot{P}_i (G_T - G_0)\} +$$
$$\sum_i \dot{k}_i \{\ln(I_{iT})^{GT} / (I_{i0})^{G0} - \dot{I}_i (G_T - G_0)\} +$$
$$\sum_i \dot{k}_i \{\ln(S_{iT})^{GT} / (S_{i0})^{G0} - \dot{S}_i (G_T - G_0)\} +$$
$$\sum_i \dot{k}_i (G_T - G_0) \quad (3\text{-}13)$$

这里，

$$\dot{P}_i = \alpha(\ln P_{i0} + \ln P_{iT}) \quad (3\text{-}14)$$

$$\dot{I}_i = \alpha(\ln I_{i0} + \ln I_{iT}) \quad (3\text{-}15)$$

$$\dot{S}_i = \alpha(\ln S_{i0} + \ln S_{iT}) \quad (3\text{-}16)$$

结果可以得到分解结果为：

$$\Delta C_{tec} = \sum [C_{i,0} + \alpha_i (C_{i,t} - C_{i,0})] \ln\left(\frac{P_{it}}{P_{i0}}\right) \quad (3\text{-}17)$$

$$\Delta C_{int} = \sum [C_{i,0} + \alpha_i (C_{i,t} - C_{i,0})] \ln\left(\frac{I_{it}}{I_{i0}}\right) \quad (3\text{-}18)$$

$$\Delta C_{str} = \sum [C_{i,0} + \alpha_i (C_{i,t} - C_{i,0})] \ln\left(\frac{S_{it}}{S_{i0}}\right) \quad (3\text{-}19)$$

$$\Delta C_{pdn} = [C_0 + \alpha (C_t - C_{i,0})] \ln\left(\frac{G_t}{G_0}\right) \quad (3\text{-}20)$$

从上式可以看出，CO_2 排放量的变化可以分解为能源转换(ΔC_{tec})、能源效率(ΔC_{int})、产业结构(ΔC_{str})以及经济规模(ΔC_{pdn})这四项因素。

(二)分析结果

利用上式,本研究根据1995—2012年这18年间三次产业部门的CO_2排放量、能源消费量和GDP数据,对中国三次产业的CO_2排放量变化的驱动因素进行了逐年的分解。这里利用的数据情况是:CO_2排放量来自笔者的推算,能源消费量取自《中国能源统计年鉴》(各年版),GDP数据取自《中国统计年鉴》(各年版)。关于GDP数据,分别按照第一产业、第二产业、第三产业的2005年的可比价格进行了统一计算。

1.整个研究对象期的因素分解

图3-5表示的是1995—2012年中国三次产业CO_2排放变化的驱动因素分解情况(累积计算)。从中可以明显地看出,经济规模因素是影响我国产业CO_2排放增加的最大因素,而能源效率因素则是其最大的减排因素,其他两个因素虽然也是增排因素,但其驱动力较小。从具体数据来看,1995—2012年我国产业CO_2排放增加49.4亿吨,其中由于经济规模增大增排了70.0亿吨,由于能源效率改善减排了27.9亿吨,由于能源转换增排了2.7亿吨,由于产业结构变化增排了4.7亿吨。另有117.4万吨不能分解的复合影响,约占总增排量的0.2‰。

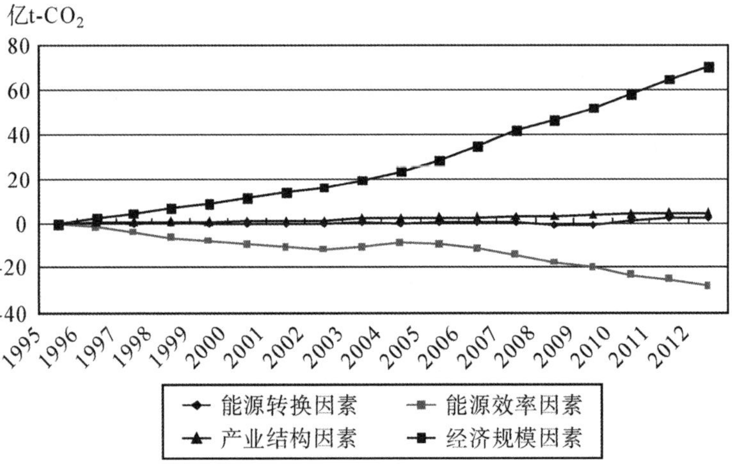

图3-5 中国产业CO_2排放变化的驱动因素分解

资料来源:笔者作成。

2.分阶段来看的因素分解

分阶段来看,虽然各个影响因素在不同时期的特征大体类似,但也可以看出一些相异之处。首先,2005—2010年的“十一五”期间是驱动力较大的时期,特别是经济规模因素,较之其他时期高出约一倍;其次,从能源效率因素来看,2000—2005年的“十五”时期驱动力最小,说明这一时期能源效率改善效果欠佳,这一点从图3-5中能源效率因素的走势中也可以得到证明;再次,能源转换因素总体上驱动力都不大,但似有增排驱动渐趋加大之势,1995—2000年的“九五”时期是唯一的一个减排期,之后逆转为增排,特别是最近2010—2012年的两年累加的增排量已经超过过去任何一个五年,说明我国以化石能源为主的能源利用结构不仅没有改善，还有进一步加剧的趋势；最后，产业结构因素虽然较之经济规模因素驱动力较小，但从发展趋势上来看，仍然是增排驱动在加大（图中最右侧的数值看起来较小，是因为这是两年累加的，而其他时期是五年累加的）。从具体数值来看，"九五"时期为1.18亿吨，"十五"时期为1.34亿吨，而"十一五"时期为1.69亿吨，说明我国的工业化还在继续。

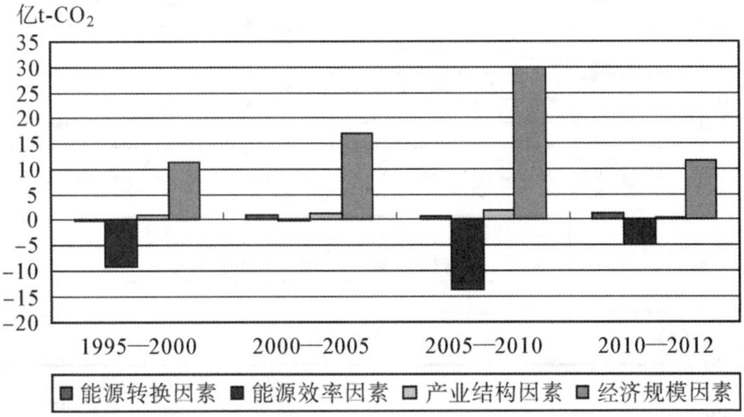

图 3-6 分阶段来看的产业 CO_2 排放变化的驱动因素分解

资料来源：笔者作成。

3.分三次产业来看的因素分解

下面我们来分析一下分三次产业来看的情况（图3-7）。与前述的全产业部门的因素分解相比，我们可以明确如下一些更加详细的信息。

首先，与全部产业部门相比，各产业的影响因素的驱动方向和驱动力也有大致相近的特点，特别是影响第二产业诸因素的走势与全部产业部门的相似度很高，这也可以说明第二产业在全部产业部门中的地位非常重要，以致几乎概括了全部产业的特征。这一点也可以从左侧的坐标轴的数值得到证实：第二产业在70和－30（亿t-CO_2）之间，非常接近全产业的80～－40（亿t-CO_2），远高于第三产业的12～－4（亿t-CO_2），更远高于第一产业的2.5～－1.5（亿t-CO_2）。

其次，与全部产业部门相比，经济规模因素与能源效率因素的基本作用没有大的变化，都是前者为最大的增排因素，后者为最大的减排因素。但与经济规模因素一贯连续的作用相比，能源效率因素显示出一定的波动性，在"十五"后期至"十一五"前期的一段时间内发生了逆转的现象，由减排因素变为了增排因素；尤其是第一产业和第三产业的波动幅度更大，波动持续期更长一些，以致第一产业的能源效率减排驱动力到2011年才与1996年持平，第三产业直到2007年以后减排驱动才开始有大的改善；而进入"十二五"以来又出现反弹，这提示我们不能对能源效率的改善掉以轻心，应时刻抓紧。

再次，就产业结构因素而言，只有第一产业是减排驱动，而且其驱动力一直在增大，1995—2012年，由于第一产业比重的下降累计减排达1亿吨以上，而第二产业和第三产业则是增排驱动。

最后,能源转换因素在三次产业中都是诸因素中驱动力最小的,尤其是第一产业几乎可以忽略不计,第三产业也只有 0.35 亿吨。

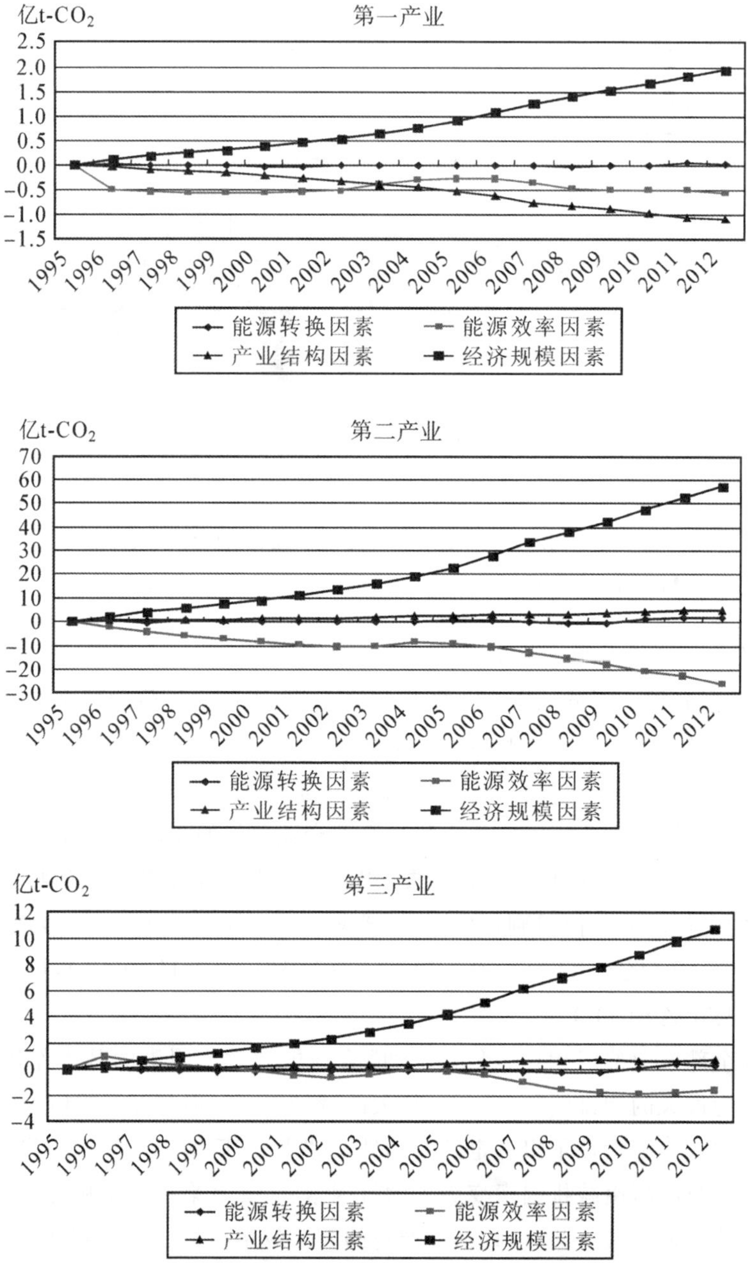

图 3-7　分三次产业来看的产业 CO_2 排放变化的驱动因素分解

资料来源:笔者作成。

三、中国三次产业CO_2排放强度变化的影响因素分解

CO_2排放强度是一个衡量CO_2减排的相对指标。由于我国经济增长的惯性，在短期内难以实现CO_2排放总量绝对的减排，但我们可以通过降低CO_2排放强度来实现相对的减排。中国政府在2009年12月就提出，到2020年单位GDP的CO_2排放量要比2005年下降40%～45%。由于中国的产业排放占到全国排放总量的绝大部分，因此，对我国产业部门的CO_2排放强度变化的驱动因素的探讨就显得具有重要意义。

下面我们将通过驱动力因素分解来探讨一下上述单位GDP的CO_2排放量变化的特征是如何形成的。

(一)分析方法和数据

同样，如果我们用C表示CO_2排出量，用E表示能源消费量，用G表示GDP，用下标i表示部门，则t年全产业的单位GDP的CO_2排放量就可以用下式表示：

$$\frac{C_t}{G_t}=\sum_i \frac{C_{it}}{E_{it}}\times\frac{E_{it}}{G_{it}}\times\frac{G_{it}}{G_t} \tag{3-21}$$

此时，

C_{it}/E_{it}：t年i产业的单位能源消费的污染排出量(称为能源转换因素)。

E_{it}/G_{it}：t年i产业的单位GDP的能源消费量(称为能源效率因素)。

G_{it}/G_t：t年i产业的GDP在全国GDP中所占的比重(称为产业结构因素)。

然后取单位GDP的CO_2排放量的变化值，就可以得到(3-22)式，将其分解为若干个驱动因素。

$$\Delta\left[\frac{C}{G}\right]=\frac{C_t}{G_t}-\frac{C_0}{G_0}=\sum_i\left[\left(\Delta\frac{C_i}{E_i}\right)\times\frac{E_i}{G_i}\times\frac{G_i}{G}\right]+\sum_i\left[\frac{C_i}{E_i}\times\left(\Delta\frac{E_i}{G_i}\right)\times\frac{G_i}{G}\right]+\sum_i\left[\frac{C_i}{E_i}\times\frac{E_i}{G_i}\times\left(\frac{G_i}{G}\right)\right]+\sum_i[\Delta Z_i] \tag{3-22}$$

这里的Δ表示变数的差值。即可以有以下的表述：

单位GDP的CO_2排放量的变化＝各部门碳强度的变化(能源种类转换)的效果＋各部门的能源强度(节能)的效果＋各部门的GDP构成比例的变化(产业结构变化)的效果＋各部门的其他效果(残差)的效果。

一般情况下，利用这种方法进行分解，如果期间较长的话，容易产生残差(ΔZ)变大的问题。为了尽量缩小残差，本研究采用以下方法进行了推导。

设$C_i/E_i=P_i$，$E_i/G_i=I_i$，$G_i/G=S_i$，则单位GDP的CO_2排放量的变化可以用下式来计算(推导过程省略)：

$$\Delta\left[\frac{C_t}{G_t}\right]=\sum_i\left[\frac{C_{i0}}{G_0}+\alpha\left(\frac{C_{it}}{G_t}-\frac{C_{i0}}{G_0}\right)\right]\ln\left(\frac{P_{it}}{P_{i0}}\right)+$$
$$\sum_i\left[\frac{C_{i0}}{G_0}+\alpha\left(\frac{C_{it}}{G_t}-\frac{C_{i0}}{G_0}\right)\right]\ln\left(\frac{I_{it}}{I_{i0}}\right)+$$
$$\sum_i\left[\frac{C_{i0}}{G_0}+\alpha\left(\frac{C_{it}}{G_t}-\frac{C_{i0}}{G_t}\right)\right]\ln\left(\frac{S_{it}}{S_{i0}}\right)+\sum_i\left[\Delta Z_i\right] \tag{3-23}$$

此处，根据 Simple Average Divisia 法，$\alpha=0.5$。

如此，我们就将单位 GDP 的 CO_2 排放量变化分解为各部门的能源转换因素、能源效率因素、产业结构因素以及其他因素（残差）等几项。

利用上式，对中国各产业部门（除家庭部门以外）的单位 GDP 的 CO_2 排放量变化的驱动因素进行了分解。这里所利用的各部门 CO_2 排放量数据、各部门的能源消费数据以及各部门的 GDP 数据来源与前述相同。

（二）分析结果

1.全产业的分析结果

图 3-8 表示的是根据（3-23）式，对全部产业的单位 GDP 的 CO_2 排放量变化的驱动力进行因素分解（一年间隔），是 1995—2012 年各个因素的驱动力的累积状况。

从中可以看出，能源效率因素是影响 CO_2 强度变化的主要驱动力，其推移状况与 CO_2 强度的实际变化几乎呈相同态势并延续至今，在对象期内基本上是减排驱动，但 2002—2004 年连续两年曾逆转为增排驱动，说明能源效率改善的作用并不稳定；产业结构因素一直是 CO_2 强度变化的增排因素，并呈逐渐加大趋势，说明产业结构并没有朝着 CO_2 强度减排的方向而发生变动；能源转换因素在整个期间较之前两个因素整体驱动力很小，而且驱动方向变动频繁，说明能源结构转换在整个 CO_2 强度变化中作用甚微。

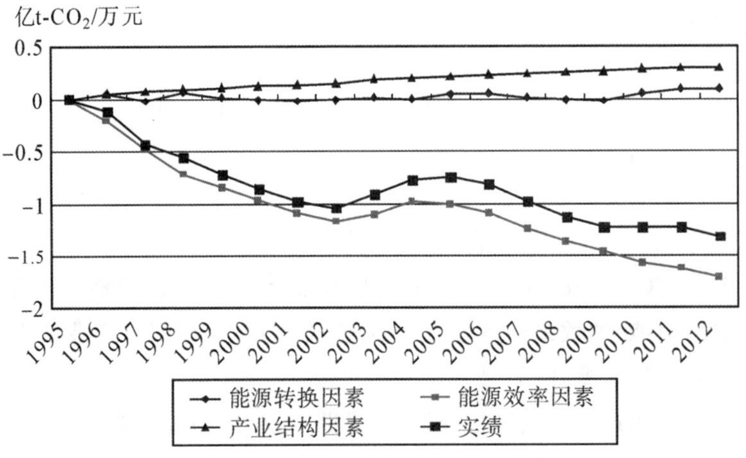

图 3-8 中国产业 CO_2 排放强度变化的因素分解（1995 年基准，累积计算）

资料来源：笔者作成。

下面进一步分为四个阶段来看一下分解结果(图 3-9)。我们可以看到,整个对象期间从总体上来看,影响 CO_2 强度变化的三个因素中,能源效率是最大的影响因素,而且是唯一的下降因素,能源转换和产业结构是两个上升因素,而且产业结构因素的驱动力大于能源转换因素。但从分阶段来看,驱动力和驱动方向有所不同,能源转换因素在 1995—2000 年期间曾经为微弱的下降因素,其他三个阶段逆转为上升因素,但驱动力时大时小;能源效率因素虽然在四个阶段均为下降因素,但同样也有时大时小的波动;只有产业结构因素随时间推移渐趋缩小。

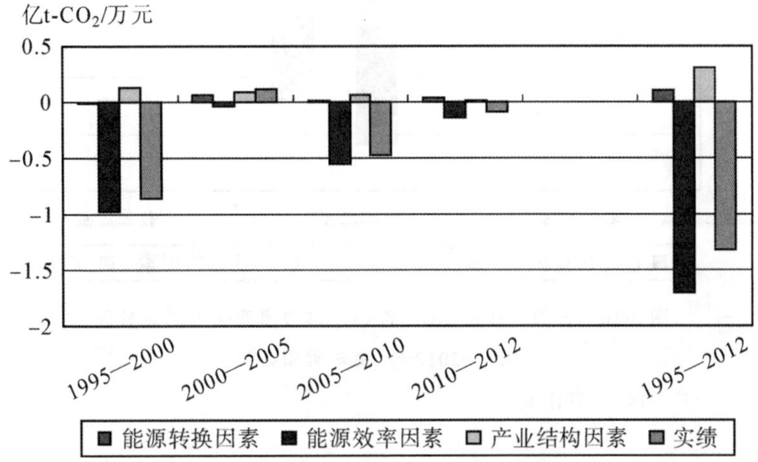

图 3-9　中国产业 CO_2 排放强度变化的因素分解(分阶段)

资料来源:笔者作成。

总之,1995—2012 年期间,CO_2 排放强度下降最大的驱动力是能源效率因素,全产业部门 1 万元 GDP 的 CO_2 排放量下降了 1.322 吨,其中能源效率因素削减 1.715 吨(按照理论上的计算,假定没有其他增减因素而得出的结果),能源转换因素的增排量为 0.094 万吨,产业结构因素的增排量为 0.300 万吨,剩下的约 0.001 万吨可以看作是交叉因素(残差项)。

2.各产业部门的分析结果

图 3-10 表示了 1995—2012 年的各产业单位 GDP 的 CO_2 排放量变化驱动分解结果。[①] 首先,从各产业部门来看,第二产业占的比重极大,而第一产业和第三产业的比重较小。在全产业每万元 GDP 产出产生的 CO_2 排放的削减量 1.32 吨中,第二产业的削减量达 1.183 吨,占全部门削减量的 89.5%,其中能源效率因素和能源转换因素对 CO_2 强度下降的贡献率分别占整个部门该因素削减量的 98.7%和 92.8%。而从产业结构因素来看,第二产业每万元 GDP 产出产生的 CO_2 排放量的增加量为 0.32 吨,这个数字相当于整个产业部门结构因素增排量的 105.5%,这表明在产业结构变化引起的单位 GDP 的

① 是按一年间隔计算的各个因素的变化量的累积数值。

CO_2 排放增量中，产业结构向第二产业部门转移(特别是工业部门比重的增大)占了绝大的部分。

其次，从各影响因素来看，能源效率因素作用相对比较重要，而产业结构因素和能源转换因素作用相对较小，特别是能源转换因素，作用几乎微不足道。

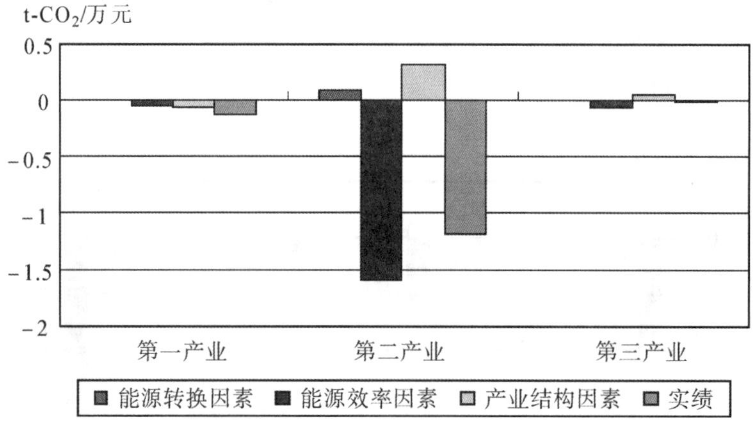

图 3-10 各部门单位 GDP 的 CO_2 排放量变化的因素分解

(1995—2012 年，每年累积计算)

资料来源：笔者作成。

3.各产业、各时期的分析结果

下面再来分析一下各产业、各时期单位 GDP 的 CO_2 排放量变化驱动因素的情况(图 3-11)。

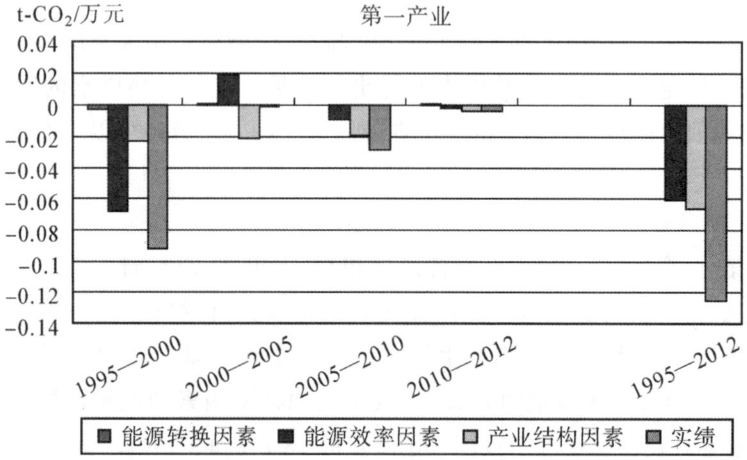

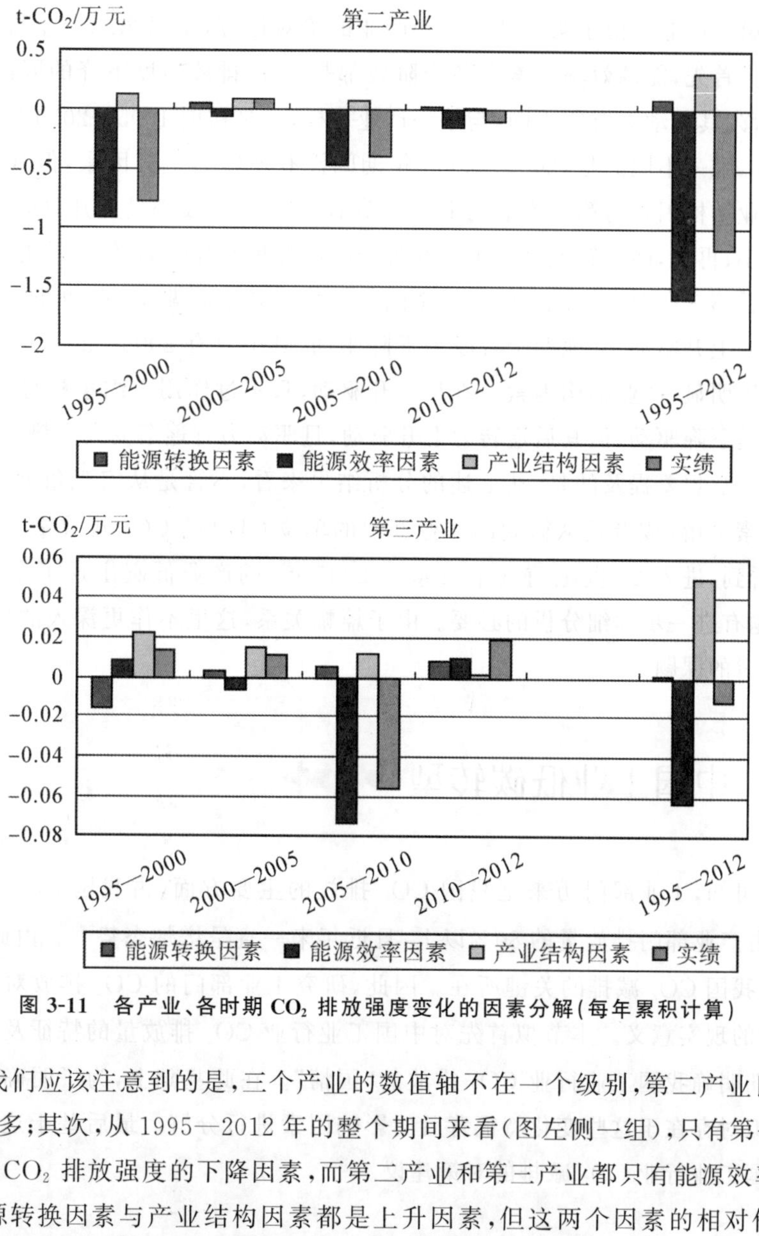

图 3-11　各产业、各时期 CO_2 排放强度变化的因素分解(每年累积计算)

首先,我们应该注意到的是,三个产业的数值轴不在一个级别,第二产业比其他两个产业要大得多;其次,从 1995—2012 年的整个期间来看(图左侧一组),只有第一产业的三个因素都是 CO_2 排放强度的下降因素,而第二产业和第三产业都只有能源效率一个下降因素,而能源转换因素与产业结构因素都是上升因素,但这两个因素的相对作用大小不同,第三产业的产业结构因素更大一些,能源转换因素更小一些。

从第一产业来看,初期的 1995—2000 年期间各个因素的驱动力都是最大的,而最后的 2010—2012 年期间各因素的驱动力是最小的。在各个因素的驱动作用中,首先可以断言的是,产业结构因素在全部时期都是 CO_2 排放强度下降的驱动因素。很明显,这是由于随着经济的发展,第一产业的比重逐渐降低的缘故,因此农业的产业结构因素的下降驱动力比能源效率因素还大。其次可以看到的是能源效率因素在 1995—2000 年间的下降驱动作用最大,其后的阶段中不仅下降幅度逐渐变小,而且在 2000—2005 年期间逆转为上升驱动。最后的能源转换因素则没有多大驱动作用,且驱动方向时正时负。

再来看第二产业。由于第二产业在全产业的绝对地位，所以第二产业与全产业的情形十分相像。首先，能源效率因素在各个阶段都是 CO_2 排放强度下降的因素，只不过随着时间的推移，其驱动力有所不同，与第一产业一样，也是初期 1995—2000 年的驱动力最大，其后变小，唯一不同的是，2000—2005 年期间没有逆转为上升因素，但其下降作用甚小；其次，产业结构因素与第一产业的下降驱动不同，所有阶段都是上升驱动，只不过驱动力在逐渐变小；再次，能源转换因素虽然在各个阶段都是上升驱动，但驱动力同样很微小。

最后来看第三产业的情况。能源效率因素总体上是下降驱动，在初期和末期两个阶段却是逆向的上升驱动，其他两个阶段为下降驱动，其中只有 2005—2010 年“十一五”期间的下降作用明显；产业结构因素一直是上升驱动，只不过作用有缩小趋势；能源转换因素在初期还是下降驱动，但其后逆转为上升驱动，且驱动力有逐渐变大之势。

这里有一点想要提及的是，从上述的分析结果来看，不管是从宏观角度的 CO_2 排放量变化的因素分解，或者是从微观的产业部门的单位 GDP 的 CO_2 排放量变化的因素分解，都可以看到，进入 21 世纪前五年（2000—2005 年）的产业低碳出现了令人担忧的状况，这一问题有进一步详细分析的必要。由于篇幅关系，这里不作更深入的探讨，拟将其作为今后探讨的课题。

第二节　中国工业低碳转型

由前述可知，工业部门历来是我国 CO_2 排放的主要方面，占我国 CO_2 总排放量的 70%以上，占产业部门排放量的 80%以上，且近年来一直呈增加态势[2]。由此可以看出，工业部门是我国 CO_2 减排的关键所在。因此，研究工业部门的 CO_2 排放对低碳转型有着十分重要的现实意义。本节拟首先对中国工业行业 CO_2 排放量的特征及变化动态进行分析，以期明确我国工业行业 CO_2 排放的“国情”。在此基础上，为了明确上述特征的形成原因，拟对存在于这些变化特征背后的影响因素进行分解。最后基于这些特征和原因，提出中国工业行业 CO_2 减排的对策建议。

一、工业行业 CO_2 排放的现状及其变化特征

关于我国工业部门 CO_2 排放量的推算方法与前述产业部门相同，能源种类也与其他部门相同，略有不同的是，由于统计资料的限制，推算的对象期间为 1991—2012 年的 22 年；作为能源消费部门的工业行业分类各年也略有不同，1991—1996 年为 31 个行业，1997 年以后增加为 40 个部门。

由于推算过程中工业行业众多，为了使分析简洁，我们将其合并为 12 个行业。首先来看一下工业各行业的 CO_2 排放的现状特征，然后再来看其变化特征。

(一)工业行业 CO_2 排放的现状特征

1.CO_2 排放总量的现状特征

图 3-12 表示的是 1991 年和 2012 年中国工业各行业的 CO_2 排放量(图中数据是将能源转换部门的排放量进行分解之后得出的,即包括了电力、热力消费后的间接排放量,下同)的比较。从 2012 年我国工业部门的 CO_2 排放量的现状来看,在当年总排放量 64.38 亿吨中,钢铁工业排放最多,达 18.67 亿吨;化学工业次之,为 11.63 亿吨;以下依次为建材工业 7.71 亿吨,机械工业 4.77 亿吨,采矿工业 4.24 亿吨,能源加工工业 4.03 亿吨,有色金属工业 3.86 亿吨,电力煤气工业 3.79 亿吨,纺织工业 2.04 亿吨,食品工业 1.61 亿吨,造纸工业 1.07 亿吨,其他工业 0.95 亿吨。

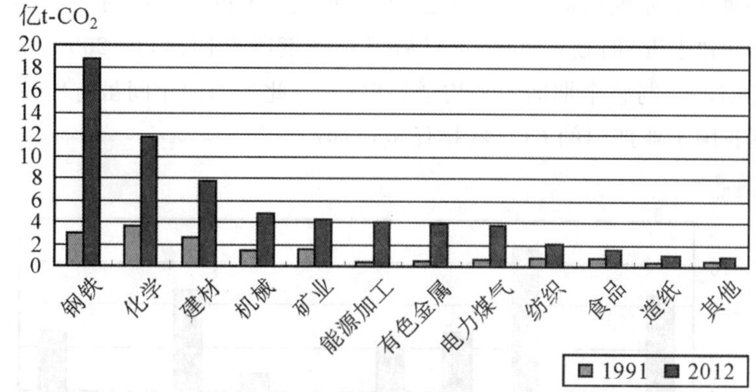

图 3-12　中国工业行业 CO_2 排放量比较(1991 和 2012 年)

2.CO_2 排放结构的现状特征

图 3-13 表示的是 2012 年中国工业各行业占工业部门 CO_2 排放量的比重。从中可以看出,钢铁业鹤立鸡群,所占比重最大,为 29.0%,其次是化学业,占 18.1%,再次是建材业,占 12.0%,三者合计占工业全部排放量的将近 60%,可见这三个行业是 CO_2 排放大户,其他行业排放量比重都在 10%以下。

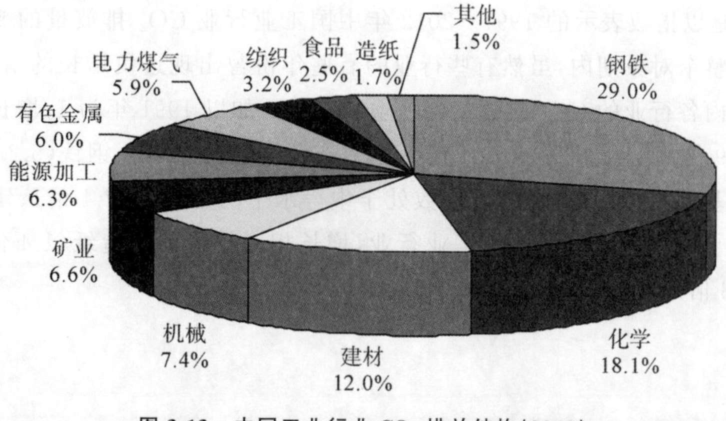

图 3-13　中国工业行业 CO_2 排放结构(2012)

由上述可知，我国工业部门的 CO_2 排放量主要来自重化工业和能源、原材料工业，占90%以上，而轻纺工业仅占不到10%。

(二)工业行业 CO_2 排放变化的特征

1.工业部门不同阶段 CO_2 排放变化特征

图3-14表示的是我国工业部门 CO_2 排放变化的情况。1991—2012年期间的年均增长率为6.75%，但若分阶段来看，增长率并不平衡，1991—2000年平均增长率为4.78%，2000—2010年则为8.69%，2010—2012年为6.11%，可见上世纪90年代增长较缓，21世纪的头十年增长势头较猛，2011年以后略有和缓。如果再大致以五年为间隔来看的话，1991—1995年为8.46%，1995—2000年为1.92%，2000—2005年为10.65%，2005—2010为6.75%。由此增长最慢的时期是在上世纪90年代后期的"九五"时期，而增长最快的是21世纪头五年的"十五"时期。2005年以后增长速度略有回落，但2005—2010年"十一五"时期仍达6.75%，与整个期间的平均增长率持平；此后的两年间虽有所减缓，但仍达到6.11%。可见我国工业部门的 CO_2 减排任重道远。

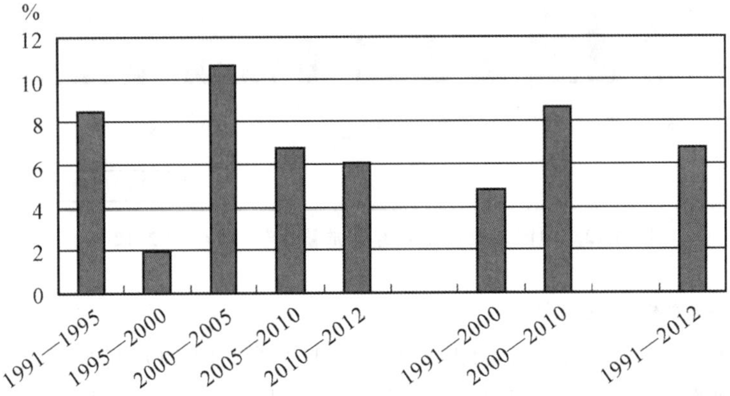

图3-14 中国工业部门 CO_2 排放年均增长率分阶段比较

2.工业各行业 CO_2 排放变化特征

图3-15是以指数表示的1991—2012年中国工业行业 CO_2 排放量的变化情况。从中可以看出，整个对象期内，虽然有些行业的有些年份曾出现过负增长的情况，但总体而言，在对象期内各行业的 CO_2 排放量均呈增长态势。如以1991年为1，增长倍数在平均数(增长了2.9倍)以上的是能源加工(8.5倍)、有色金属(6.3倍)、钢铁(5.2倍)和电力煤气(4.5倍)等基础原材料行业，增长倍数处于中等水平的是机械(2.4倍)、建材(2.3倍)、化学(2.0倍)、矿业(1.9倍)等重型工业行业，增长相对较慢的是造纸(1.4倍)、纺织(1.4倍)、食品(0.8倍)等轻工行业。

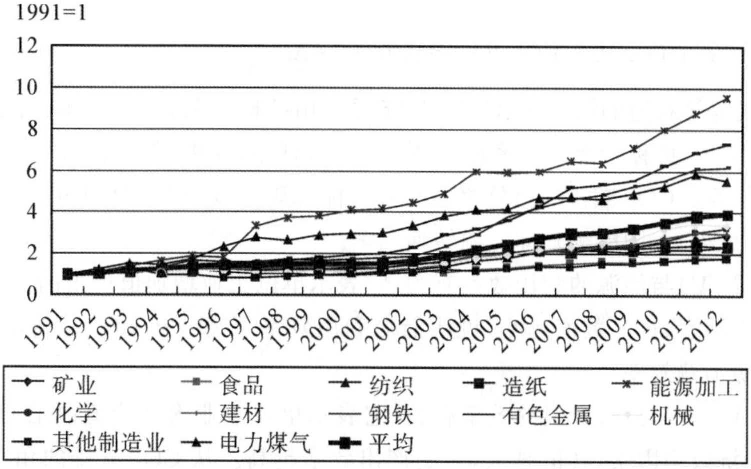

图 3-15　中国工业行业 CO_2 排放量变化(指数表示,1991 年基准)

二、工业部门 CO_2 排放量变化的驱动因素分析

在工业部门的 CO_2 排放影响因素的研究方面,有 Liu Lan Cui, et al.(2007)对 1998—2005 年我国工业最终消费能源导致的 CO_2 排放量变化因素的研究[3],刘红光、刘卫东(2009)借助 LMDI 分解法对 1992—2005 年我国工业燃烧能源导致碳排放的影响因素的研究[4],卢祖丹、赵定涛(2010)从规模效应、结构效应和技术效应三个角度对西部大开发对工业碳排放影响的分析[5],邵帅等(2010)基于 STIRPAT 模型对 1994—2008 年上海市工业能源消费碳排放影响因素的研究[6]等。

上述研究有重要的参考价值,但也存在一些不足之处。其主要表现是推算碳排放时采用的能源种类、消费部门分类少,比较粗糙,影响分析结果的准确性;对工业部门的分析很少,而对工业各行业的分析则更少;以数年间隔为单位,影响计算结果的准确性。本节拟在前人分析的基础上做一些改进。

(一)分析方法及数据

1.分析模型

CO_2 排放变化驱动因素分析方法中比较有名的是利用日本学者茅阳一提出的所谓 Kaya 模型[7]。本书拟将 Kaya 模型做进一步扩展,将 CO_2 排放变化驱动因素分析应用于工业行业的分析中。

以某工业行业为例,如果我们用 C 表示 CO_2 排放量,E 表示能源消费量,V 表示工业增加值,G 表示工业总产值,P 表示就业人数,则可以有下式:

$$C = C/E \times E/V \times V/G \times G/P \times P \tag{3-24}$$

如果我们取(3-24)式的增量,即将下一期对上一期的 CO_2 排放变化量用 ΔC 表示的话，可得到下式：

$$\Delta C=\Delta(C/E)+\Delta(E/V)+\Delta(V/G)+\Delta(G/P)+\Delta P \tag{3-25}$$

(3-25)式等号右边的第一项(C/E)与能源利用结构有关，它表示单位能源消费所产生的CO_2排放量，可称为能源碳密度因素，其数值越小，说明CO_2排放较少或零排放的能源利用率越高。CO_2减排的措施之一是降低能源碳密度，将能源利用由化石能源转向可再生能源(风力、太阳能等)，即能源转换因素。

第二项(E/V)与能源的利用效率有关，它表示单位工业增加值产出的能源消费量，可称为能源效率因素，这一数值越小，说明能源利用效率越高。从CO_2减排的角度来看应尽量提高能源消费效率。

第三项(V/G)与投入产出的效率有关，它表示单位工业附加价值占工业总产值的比重，可称为经济效率因素，其值越大，说明产出效率越高。从CO_2减排的角度来看，应尽量提高经济效率。

第四项(G/P)，与经济规模有关，它表示本行业人均生产的工业总产值，这一数值越大，说明经济活动的规模越大。从CO_2减排的角度来考察，经济发展与CO_2排放经常是正相关的关系，即随着经济的发展，CO_2排放会呈现增加的趋势。但有一点需要明确，上述结论建立在产业结构和技术水平一定的前提下，如果产业结构和技术水平发生变化时，也会出现CO_2排放不随经济规模扩大而增加的现象。

最后的第五项是本行业的就业人数，在其他条件不变的情况下，这一数值越大，对CO_2排放的影响也越大。

根据以上叙述，我们可以将工业行业CO_2排放变化分解为能源转换、能源效率、经济效率、经济规模和人口规模等几个驱动因素。

具体的分析方法是采用偏微分的手法来计算各自的因素变化对总排放量变化的驱动力。例如，第一项的能源转换因素可以用下式求得：

$$\begin{aligned}\Delta(C/E)=&\Delta(C/E)\times E/V\times V/G\times G/P\times P+\Delta(C/E)\times\Delta(E/V)\times V/G\times G/P\times P/2+\\&\Delta(C/E)\times E/V\times\Delta(V/G)\times G/P\times P/2+\Delta(C/E)\times E/V\times V/G\times\Delta(G/P)\times\\&P/2+\Delta(C/E)\times E/V\times V/G\times G/P\times\Delta P/2+\Delta(C/E)\times\Delta(E/V)\times\Delta(V/G)\times\\&G/P\times P/3+\Delta(C/E)\times\Delta(E/V)\times V/G\times\Delta(G/P)\times P/3+\Delta(C/E)\times\Delta(E/V)\times\\&V/G\times G/P\times\Delta P/3+\Delta(C/E)\times E/V\times\Delta(V/G)\times\Delta(G/P)\times P/3+\Delta(C/E)\times\\&E/V\times\Delta(V/G)\times G/P\times\Delta P/3+\Delta(C/E)\times E/V\times V/G\times\Delta(G/P)\times\Delta P/3+\\&\Delta(C/E)\times\Delta(E/V)\times\Delta(V/G)\times\Delta(G/P)\times P/4+\Delta(C/E)\times\Delta(E/V)\times\Delta(V/G)\times\\&G/P\times\Delta P/4+\Delta(C/E)\times\Delta(E/V)\times V/G\times\Delta(G/P)\times\Delta P/4+\Delta(C/E)\times E/V\times\\&\Delta(V/G)\times\Delta(G/P)\times\Delta P/4+\Delta(C/E)\times\Delta(E/V)\times\Delta(V/G)\times\Delta(G/P)\times\Delta P/5\end{aligned} \tag{3-26}$$

同理，其他各项均可仿照上式求得。

2.数据来源及处理

本书利用的工业行业能源消费数据来源于《中国能源统计年鉴》各年版，各行业的工业生产总值和就业人员数来源于《中国统计年鉴》各年版，各行业的工业增加值除了2004年及2008—2010年取自相应年份的《中华人民共和国国民经济和社会发展统计公报》，并采用计量经济学中相应的处理方法对缺失资料进行补齐外，其他年份的数据也来源于《中国统计年鉴》各年版，而CO_2排放数据采用的是根据前述推算方法得出的结果。在对数据的处理过程中，对其中各行业的工业增加值和工业生产总值按不变价格统一调整为2005年价格。

(二)分析结果

1.中国工业部门驱动因素的作用分析

根据上述分析方法，我们对工业各行业的CO_2排放量变化的驱动因素进行了逐年的分解。图3-16表示的是以1991年为基础年，对工业部门的分解结果进行逐年累加的情况。

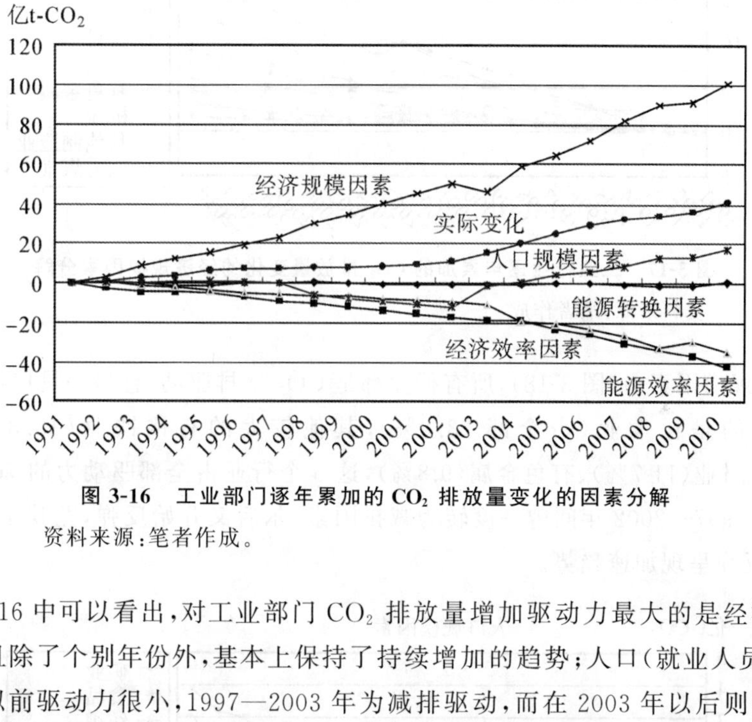

图3-16　工业部门逐年累加的CO_2排放量变化的因素分解

资料来源：笔者作成。

从图3-16中可以看出，对工业部门CO_2排放量增加驱动力最大的是经济(工业)规模因素，而且除了个别年份外，基本上保持了持续增加的趋势；人口(就业人员)规模因素在1997年以前驱动力很小，1997—2003年为减排驱动，而在2003年以后则变为增排驱动，且呈上升趋势；能源效率因素和经济效率因素则是工业部门CO_2减排主要驱动力，而且是持续减排的趋势；最后的能源转换因素则几乎没有起到什么作用。

从实际的计算结果来看，在研究对象期间，由于经济规模因素的驱动增加CO_2排放100.84亿吨(这表示如果不考虑其他影响因素或者其他影响因素保持一定的前提下会净增的排放量)，人口规模的作用增排16.90亿吨，能源转换因素增排0.42亿吨，而能源效率因素减排42.39亿吨，经济效率因素减排34.92亿吨，五项因素相抵，与1991—2010年工业部门实际增加的CO_2排放量40.85亿吨相当，残差极小，几乎为零。

2.中国工业行业影响因素驱动力的作用分析

图3-17至3-21是工业行业各个影响因素驱动力进行逐年累加的分解结果。在经济

规模因素中(图 3-17),所有行业都是 CO_2 增排驱动,其中驱动力最大的是钢铁业,占全部增排作用的25.7%,其次是化学业(16.6%)和建材业(13.5%),三者相加占全部增排量的55.8%。结合前面的叙述可知,这三个行业既是 CO_2 排放大户,也是 CO_2 增排大户,而且都是以强劲的规模扩张形成的。以下依次为矿业(9.2%)、电力煤气(7.9%)、机械(6.5%)、能源加工(6.0%)、有色金属(4.6%)等。上述 8 个行业占到全部驱动力的 90%以上。

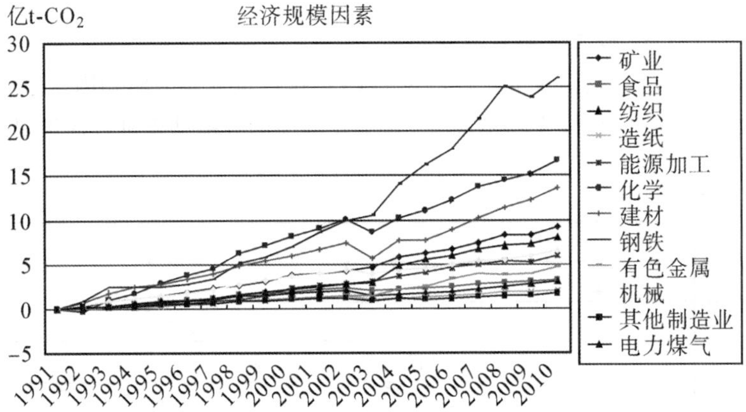

图 3-17 工业行业逐年累加的 CO_2 排放量变化的经济规模因素分解

资料来源:笔者作成。

在人口规模因素中(图 3-18),所有行业都是 CO_2 增排驱动,且呈一贯持续趋势,其中驱动力最大的是化学业(占全部 23.0%),其他较大的有钢铁业(18.3%)、机械业(13.8%)、建材业(11.7%)、有色金属(9.8%),这 5 个行业占全部驱动力的 76.7%。其中多数行业在 1997—2002 年间曾一度转为减排因素,尔后又开始反弹,尤其是钢铁、化学、建材行业,反弹呈现加速趋势。

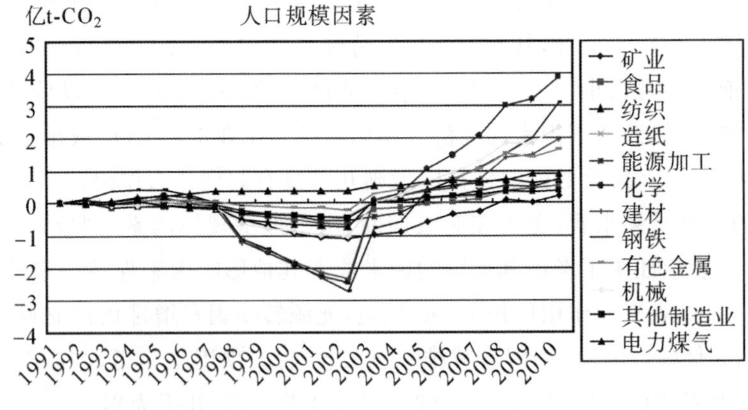

图 3-18 工业行业逐年累加的 CO_2 排放量变化的人口规模因素分解

资料来源:笔者作成。

与上述两个因素不同，在能源效率因素中（图 3-19），所有行业都是 CO_2 减排驱动，其中驱动力最大的是化学业（占全部 21.7%），其次是钢铁（18.7%）、建材（14.9%）、矿业（10.0%）、机械（8.0%）、有色金属（5.8%）等，以上 6 个行业占全部驱动力的 79.1%。

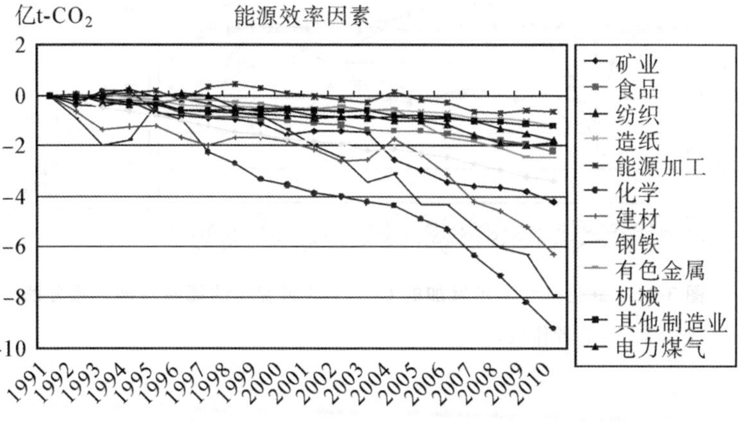

图 3-19 工业行业逐年累加的 CO_2 排放量变化的能源效率因素分解

资料来源：笔者作成。

经济效率因素（图 3-20）与能源效率因素一样，所有行业均为 CO_2 减排驱动，且变化过程中略有起伏，其中驱动力最大的依次是钢铁（22.9%）、化学（17.5%）、建材（14.2%）、电力煤气（9.4%）、能源加工（8.6%）、矿业（7.7%）、机械（7.0%），这 7 个行业占全部驱动力的 87.3%。

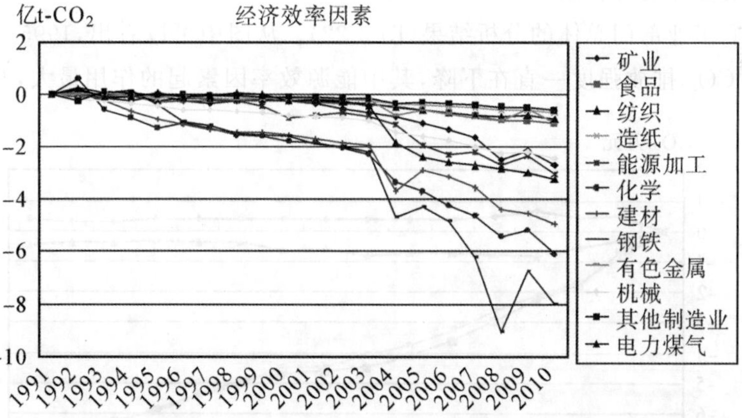

图 3-20 工业行业逐年累加的 CO_2 排放量变化的经济效率因素分解

资料来源：笔者作成。

最后再来看能源转换因素（图 3-21）。在研究对象期间，能源转换因素的驱动力最小（由图左侧的坐标轴数值可知），且各行业的驱动方向差别较大。属于减排驱动的行业较少，只有电力煤气、矿业和能源加工三个行业，其余为增排驱动。增排驱动力较大的有化学、钢铁、建材等。

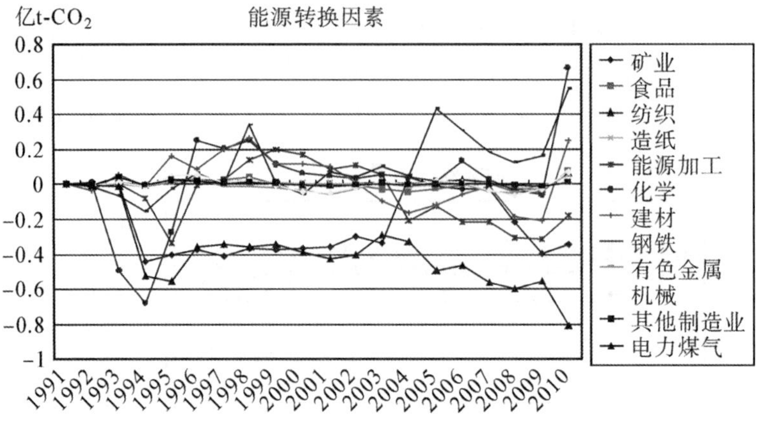

图 3-21 工业行业逐年累加的 CO_2 排放量变化的能源转换因素分解

资料来源:笔者作成。

三、工业行业 CO_2 排放强度变化的驱动因素分析

分析方法与前述中国三次产业 CO_2 排放强度变化的影响因素分解方法相同,将工业部门单位 GDP 的 CO_2 排放量变化分解为能源转换因素、能源效率因素、产业结构因素以及其他因素(残差)等几项;分析中的数据来源与前述工业 CO_2 排放总量变化的因素分解时一样,分别来自《中国统计年鉴》和《中国能源统计年鉴》各年版,其中经济数据都换算成 2005 年价格。

(一)工业总体的分析结果

首先来看工业部门总体的分析结果(图 3-22)。从图中可以看出,1995—2010 年我国工业部门的 CO_2 排放强度一直在下降,其中能源效率因素起的作用最大,几乎与实绩变

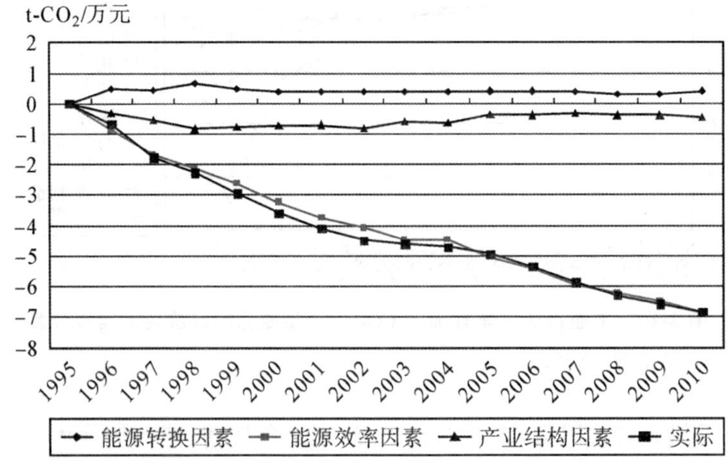

图 3-22 工业部门 CO_2 排放强度变化的因素分解(逐年累加)

资料来源:笔者作成。

化的轨迹重合，贡献率高达 99.8%；而能源转换因素和产业结构因素的驱动力则较小，期间的作用起伏也比较小，其中能源转换因素为强度上升驱动，产业结构因素为强度下降驱动。

(二)工业各行业的分析结果

1.整个期间的分析结果(图 3-23)

首先，我们可以看到，能源效率因素是我国工业各行业 CO_2 排放强度下降的主要因素，这不仅因为所有行业的能源效率因素无一例外地都是下降驱动，而且几乎所有行业的能源效率因素都是最大的影响因素，其中驱动力较大的行业有化学、钢铁、建材和矿业等重型工业行业。

其次，能源转换因素和产业结构因素则各有正负，总体上的驱动力也较小。其中，能源转换因素中驱动力较大的行业是化学、能源加工钢铁、矿业和电力煤气，且均为上升驱动，产业结构因素中驱动力较大的行业是建材、有色金属、能源加工、钢铁和机械等，且多数为下降驱动，从而影响到图 3-22 中所述工业部门整体的趋势是前者为上升驱动，后者为下降驱动。

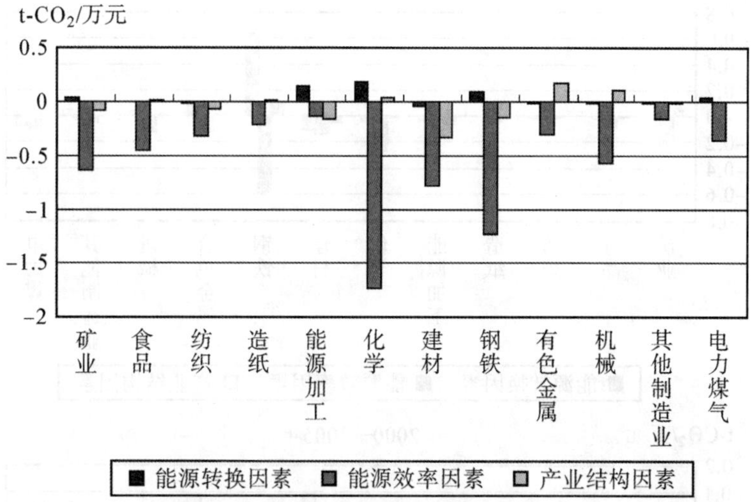

图 3-23　工业行业 CO_2 排放强度变化的因素分解(1995—2010)

资料来源：笔者作成。

2.分阶段的分析结果

从分阶段的情况来看(图 3-24)，能源效率因素自始至终是 CO_2 排放强度下降的主导因素，所有行业在三个阶段都无一例外地是下降驱动，只不过各个行业在不同时期的驱动力大小有所不同：1995—2000 年期间，能源效率因素驱动力最大的是化学工业，下降了 1.09 t-CO_2/万元，其次是机械的 0.34 t-CO_2/万元和钢铁的 0.30 t-CO_2/万元，其他行业都在 0.30 t-CO_2/万元以下；2000—2005 年期间，能源效率因素驱动力最大的是钢铁工业，下降了 0.61 t-CO_2/万元，其次是化学的 0.26 t-CO_2/万元和矿业的 0.22 t-CO_2/万元，其他行业都在 0.20 t-CO_2/万元以下;2005—2010 年期间,能源效率因素驱动力排在前列的是建材、化学和钢铁,分别下降了 0.38 t-CO_2/万元、0.37 t-CO_2/万元和 0.31 t-CO_2/万元,其余行业都在 0.14 t-CO_2/万元以下。

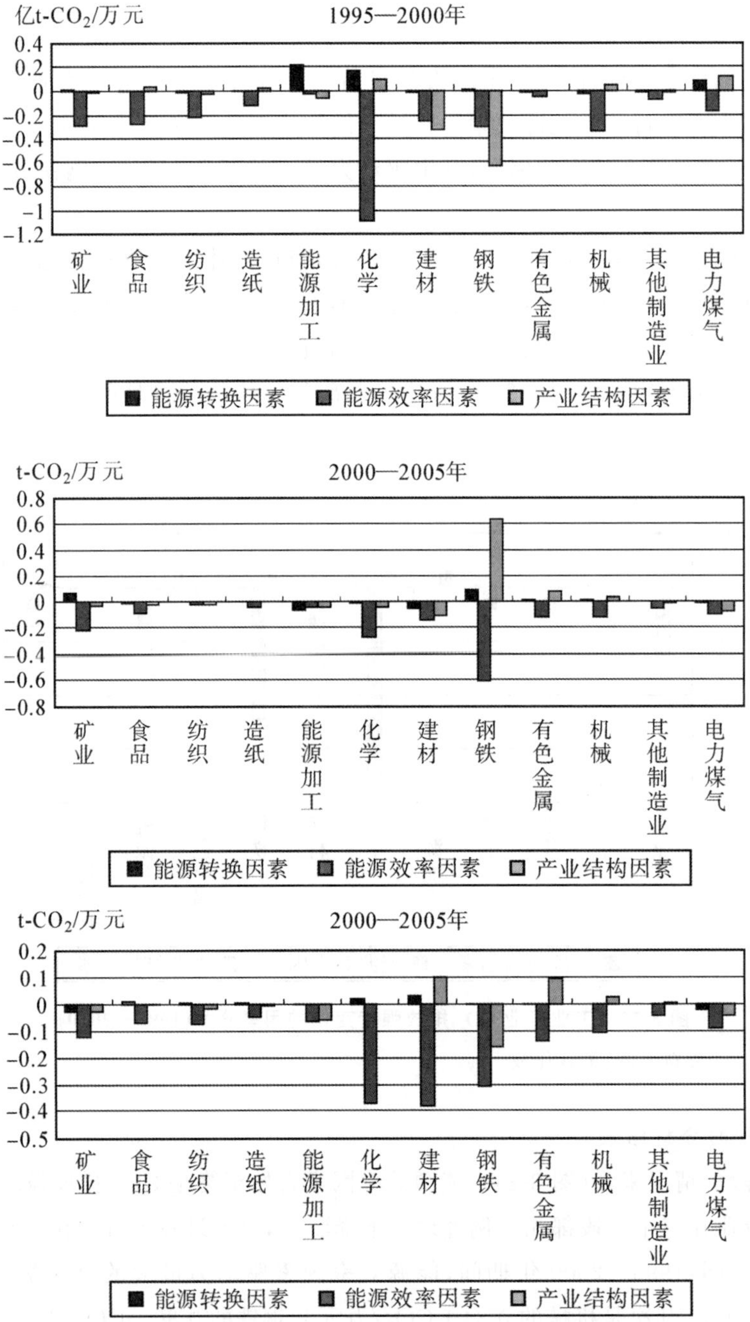

图 3-24 工业行业 CO_2 排放强度变化的因素分解(分阶段)

资料来源:笔者作成。

能源转换因素和产业结构因素的驱动方向参差不一。就产业结构因素而言，1995—2000 年期间下降驱动力比较突出，钢铁下降了 0.62 t-CO_2/万元，建材下降了 0.33 t-CO_2/万元，其他行业的驱动力很少有超过 0.1 t-CO_2/万元以上的；2000—2005 年期间，驱动力最为突出的是钢铁工业，上升了 0.64 t-CO_2/万元，而其他行业的驱动力大都在 0.1 t-CO_2/万元以下；2005—2010 年期间，产业结构的影响力有所减弱，驱动力最大的是钢铁工业，下降了 0.16 t-CO_2/万元，其次是建材和有色金属，上升了 0.1 t-CO_2/万元，其他行业都不超过 0.06 t-CO_2/万元。

在能源转换因素中，1995—2000 年期间上升驱动较强，主要上升驱动部门是化学、能源加工和电力煤气行业，不过总体上驱动力都不大，最大的能源加工行业也只有 0.21 t-CO_2/万元；其后的两个阶段能源转换因素几乎都没起什么作用，最大的驱动力也只在 0.1 t-CO_2/万元以下。

第三节　中国第三产业低碳转型

一、第三产业 CO_2 排放的动态及其特征分析

第三产业是国民经济的重要部门，而且是随着经济发展而变得越来越重要的部门。在 CO_2 排放方面，由于在经济发展的初期和中期，第三产业的比重较低，CO_2 排放也相对较少；随着经济的发展，服务业逐渐壮大，来自第三产业的 CO_2 排放也相应增多，甚至超过第一、第二产业占据绝对优势。这一点可以从发达国家的发展经历中得到证明。

我国正处于工业化向后工业化过渡的阶段，目前虽然来自工业的 CO_2 排放占绝大多数，但随着我国工业化的实现，势必会出现与发达国家类似的情况，即出现第三产业 CO_2 排放大增的时期。事实上，我国 2013 年开始已经出现第三产业的 GDP 超过第二产业的苗头，由此看来，这个时期的到来已经为期不远了。在这种情况下，对我国第三产业 CO_2 排放的过程、现状进行分析，为服务业低碳转型提供科学决策的依据，就成为十分迫切的课题。

本节拟首先对我国第三产业 CO_2 排放的历史和现状特征进行分析，然后对其影响因素进行分解，以图明确其存在的问题和障碍，从而为第三产业的低碳转型提供科学依据。

(一)第三产业 CO_2 排放量的动态及其特征

第三产业是一个涉及面十分广泛的产业，有着各种不同的分类。本节所指第三产业主要包括《中国统计年鉴》中所载的交通运输、仓储和邮政业(下称运输业)，批发、零售和住宿、餐饮业(下称商业)以及其他行业(下称服务业)三类产业。

图 3-25 表示的是 1980—2012 年我国第三产业各部门 CO_2 排放的变化情况。从中可以看出，我国第三产业各部门的 CO_2 排放都呈增大趋势，其中运输业的 CO_2 排放最

多,服务业次之,商业最少;但从增长速度上来看,商业增长最快,从 1980 年的 0.12 亿 t-CO_2增加为 2012 年的 2.08 亿 t-CO_2,增长了 16.9 倍,年均增长 9.4%,大大高于第三产业平均的 9.5 倍和 7.6%;运输业的增长速度居中,同期 CO_2 排放从 0.70 t-CO_2 增长到 7.09 t-CO_2,增长了 9.2 倍,年均增长 7.5%,略低于平均值;而服务业的增长速度较慢,同期仅增长了 8.0 倍,年均增长率为 7.1%。

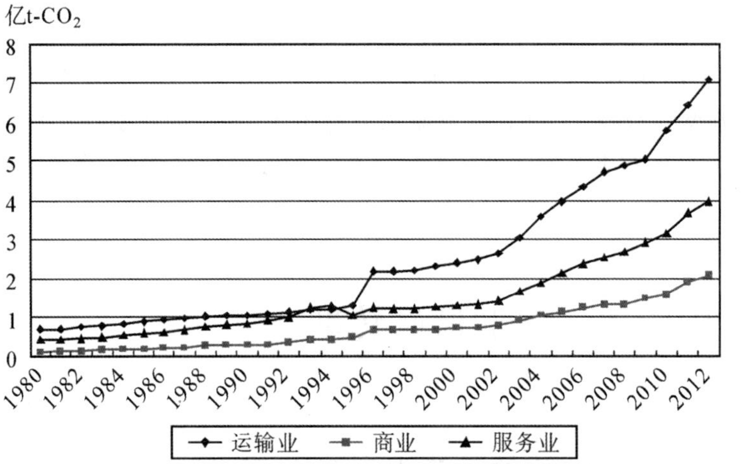

图 3-25 中国第三产业 CO_2 排放的推移

资料来源:笔者作成。

将整个对象期间分为 1980—1990 年、1990—2000 年、2000—2010 年、2010—2012 年这四个阶段来看(图 3-26),就总体的平均状况而言,各个阶段 CO_2 排放的年均增长率分别为 5.7%、7.3%、9.1%和 9.5%,可见中国第三产业的 CO_2 排放增加率似有渐趋增大之势,可以预见,随着我国第三产业比重的扩大,今后 CO_2 排放将会进一步增加;分部门来看,近两个阶段各部门均呈增长率上扬趋势,其中运输业稳步增大,服务业连续三期增大,且近来增幅最大,只有商业部门在上个世纪 80 年代增长率最高,其后一度增幅趋缓,但 2010 年以后又趋增大。

图 3-27 表示的是中国第三产业 CO_2 排放结构的变化情况。从图中可以看出,运输业 CO_2 排放的比重最高,整个对象期间多数年份所占比重都在 50%以上,1988—1995 年曾一度低于 50%,但此后一直徘徊在 53%~55%,2012 年为 54.0%;其次比重较高的是服务业,整个期间 CO_2 排放比重基本上在 29%以上,1994 年曾达到最高的 44.2%,其后大幅回落,2012 年占30.2%;商业部门所在比重最小,1980 年仅占 9.2%,之后比重逐渐上升,至 1995 年上升到最高的 17.1%,以后有渐趋下降,到 2008 年下降到 14.9%,近年略有回升,2012 年为 15.8%。

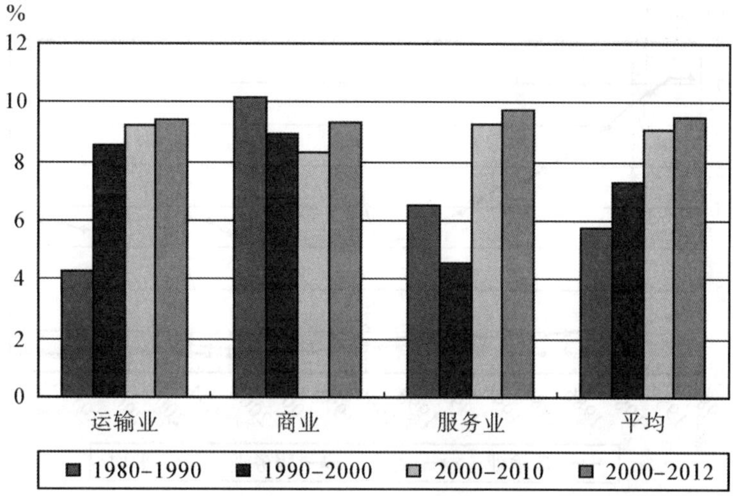

图 3-26　分阶段来看的中国第三产业 CO_2 排放的年增长率

资料来源：笔者作成。

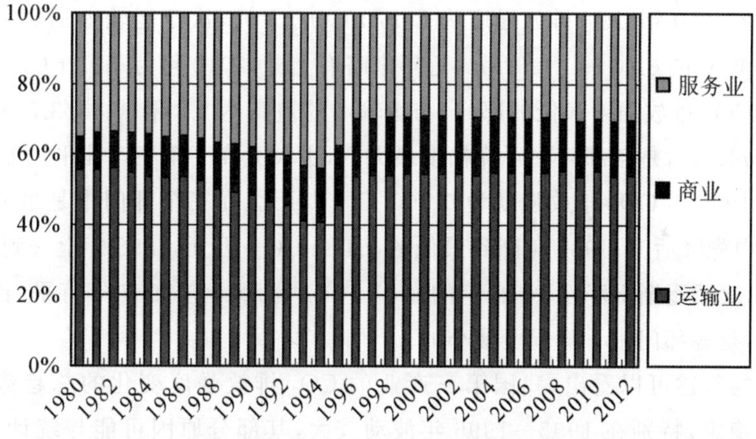

图 3-27　中国第三产业 CO_2 排放结构的变化

资料来源：笔者作成。

(二)第三产业 CO_2 排放强度的动态及其特征

从图 3-28 可以看出，中国第三产业各部门的 CO_2 排放强度差别颇大，最高的运输业在 1980 年曾高达 7.15 t-CO_2/万元，之后虽一路下降至 1995 年的低谷 3.10 t-CO_2/万元，但 1996 年则突升到 4.75 t-CO_2/万元，其后又缓慢波动，略有下降，到 2012 年下降为 3.75 t-CO_2/万元，甚至高于 1995 年，比 1980 年下降了 47.5%。

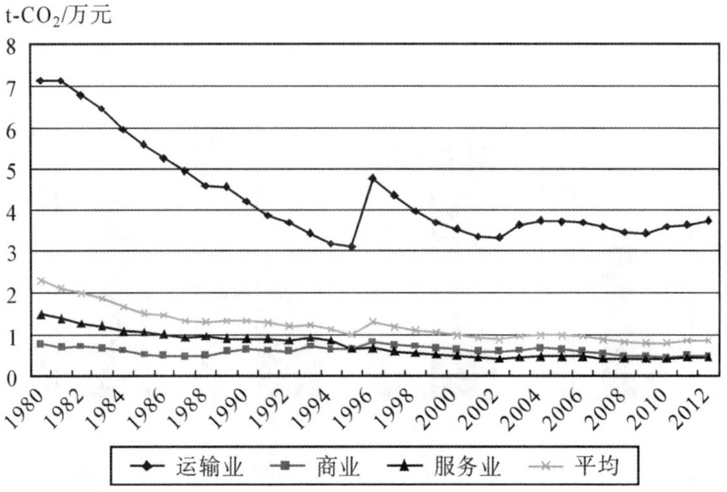

图 3-28 中国第三产业 CO_2 排放强度的变化

资料来源:笔者作成。

服务业在 1980 年 CO_2 排放强度为 1.49 t-CO_2/万元,次于运输业居第二位,其后一路下降至 2009 年的 0.40 t-CO_2/万元,近年来略有上升,2012 年为 0.43 t-CO_2/万元,成为第三产业中 CO_2 排放强度最低的部门,与运输业的差高达 8.8 倍(0.43/3.75);与 1980 年相比下降了 71.2%,是各部门中下降幅度最大的,也大大高于第三产业平均的 63.4%。

商业在 1980 年 CO_2 排放强度为 0.76 t-CO_2/万元,在三个部门中是最低的,以后在缓慢的波动中先降后升,1987 年降到最低的 0.47 t-CO_2/万元,1996 年上升到最高的 0.82 t-CO_2/万元,之后逐渐下降至 2012 年的 0.47 t-CO_2/万元,与 1987 年持平,比 1980 年下降了 39.1%,是各部门中下降幅度最小的。

从以上的叙述可以看出,我国第三产业的 CO_2 排放强度变化的总趋势是下降的,但期间很不稳定,特别在 1995—1996 年波动较大,其部分原因可能与统计的整合性有关。

二、服务业部门 CO_2 排放量变化驱动力的因素分解

根据本章第一节所述的方法,对第三产业 CO_2 排放量及其排放强度变化的影响因素进行分解,其中资料来源及数据处理均与本章第一节相同。

(一)第三产业 CO_2 排放量变化的因素分析

1.整个研究对象期第三产业的因素分解

图 3-29 是第三产业 CO_2 排放变化的因素分解结果。从图中可以看出,产业规模一贯是 CO_2 增排的驱动因素,且驱动力远远高于其他三个因素,占全部 CO_2 增排量的 111.5%;而其他三个驱动因素的驱动力都不大,能源效率因素和产业结构因素是 CO_2 减

排的驱动因素，而能源转换因素一直多为减排驱动，但近期的 2009—2011 年连续两年逆转为增排驱动。从具体数据来看，1995—2012 年，我国第三产业 CO_2 排放量从 2.83 亿吨增加到13.13亿吨，增加了 10.3 亿吨，其中由于能源效率提高减排了 0.86 亿吨，由于产业结构变动减排了 0.70 亿吨，由于能源转换增排了 0.36 亿吨，但由于产业规模的扩大增排了11.50亿吨，另外有0.01亿吨不可分解的复合影响，占实际增排量的 0.1%。

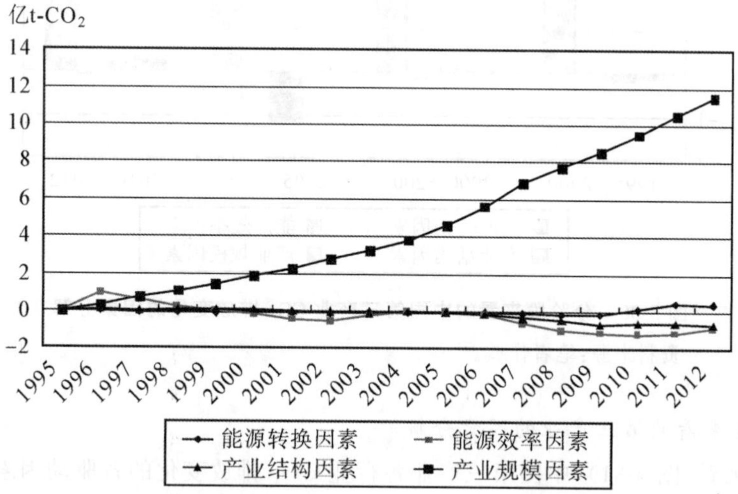

图 3-29 中国第三产业 CO_2 排放变化的因素分解

资料来源：笔者作成。

2.分阶段来看的第三产业的因素分解

分阶段来看(图 3-30)，产业规模因素在每个阶段都是所有因素中最大的驱动因素，而且一直是增排驱动，且驱动力越来越大，“十一五”期间的驱动力相当于“十五”期间的 1.75 倍，更相当于“九五”期间的 2.63 倍，而“十二五”前两年的驱动力已经超过“九五”期，相当于“十二五”期的 41.4%，可见增长势头依然不减，大有越来越烈之势；产业结构因素则随着时间的推移，由期初微弱的增排转为减排驱动，继而在“十一五”期间达到减排驱动最大，近两年来仍然保持在减排驱动上；能源转换因素则与产业结构相反，随着时间的推移，由期初微弱的减排转为增排驱动，继而增排驱动越来越强，近两年达到最强；最后的能源效率因素呈现出正负波动的倾向，初期为减排驱动，中间经过增排、减排，近两年又逆转为增排驱动，且驱动力高达 0.36 亿 t-CO_2，成为各个阶段中增排驱动最大的时期，说明在第三产业中能源效率改善成效甚微。

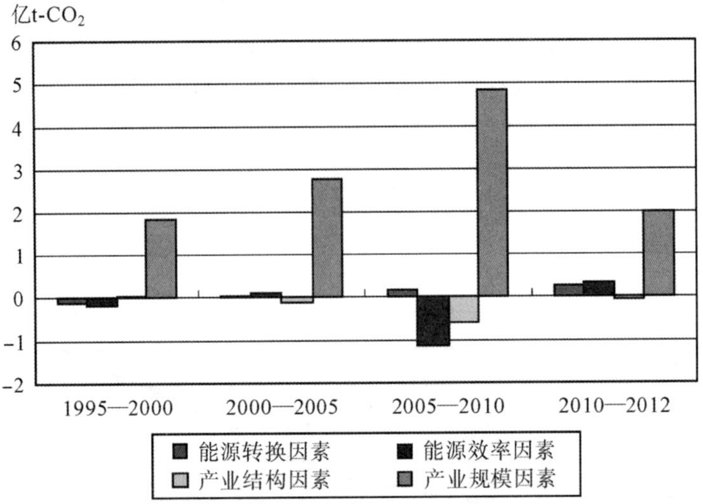

图 3-30 分阶段来看的中国第三产业 CO_2 排放变化的因素分解

资料来源:笔者作成。

3.分行业来看的第三产业的因素分解

分行业来看(图 3-31),中国第三产业各行业 CO_2 排放变化的各驱动因素的驱动力和驱动方向有大致相似之处。首先,各行业的产业规模因素都是最大的增排因素,且持续连贯地增大,丝毫未出现波动;其次,其他三个因素的驱动力都较小,特别是能源转换因素,几乎紧贴着横轴推移,对 CO_2 排放变化影响很小。仔细分析,各行业也有不少不同之处,一是从产业规模因素来看,虽然都是增排驱动,但驱动力大小不同,运输业驱动力最大,达6.24亿 t-CO_2,相当于服务业的 1.8 倍,商业的 3.4 倍。二是从产业结构因素来看,运输业的减排驱动最为明显,达 0.82 亿 t-CO_2,大大高于服务业的 0.06 亿 t-CO_2;而商业的产业结构因素从 2008 年起由原来的减排驱动逆转为增排驱动,且增排驱动力渐趋增大,这说明在我国,与传统的运输业、商业等服务业相比,新型服务业的发展势头已经显现,这也符合我国产业结构演进的客观规律。三是从能源效率因素来看,服务业的减排驱动最明显,达 0.58 亿 t-CO_2;商业在 2005 年以后减排驱动明显增大,但 2010 年以来趋于停滞,而运输业则驱动力较小,2012 年甚至转为了增排驱动。最后从能源转换因素来看,虽然总体上各行业的驱动力都不大,但值得注意的一个动向是,各行业都是由前期的减排驱动逆转为近期的增排驱动,增排驱动力最大的是运输业的 0.21 亿 t-CO_2。

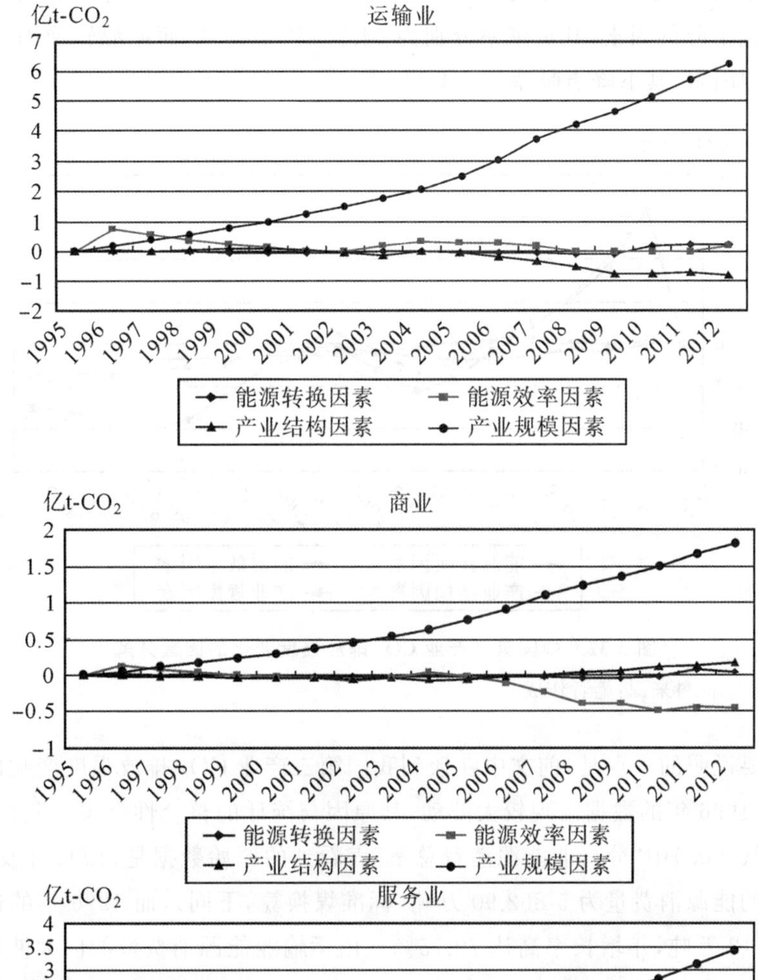

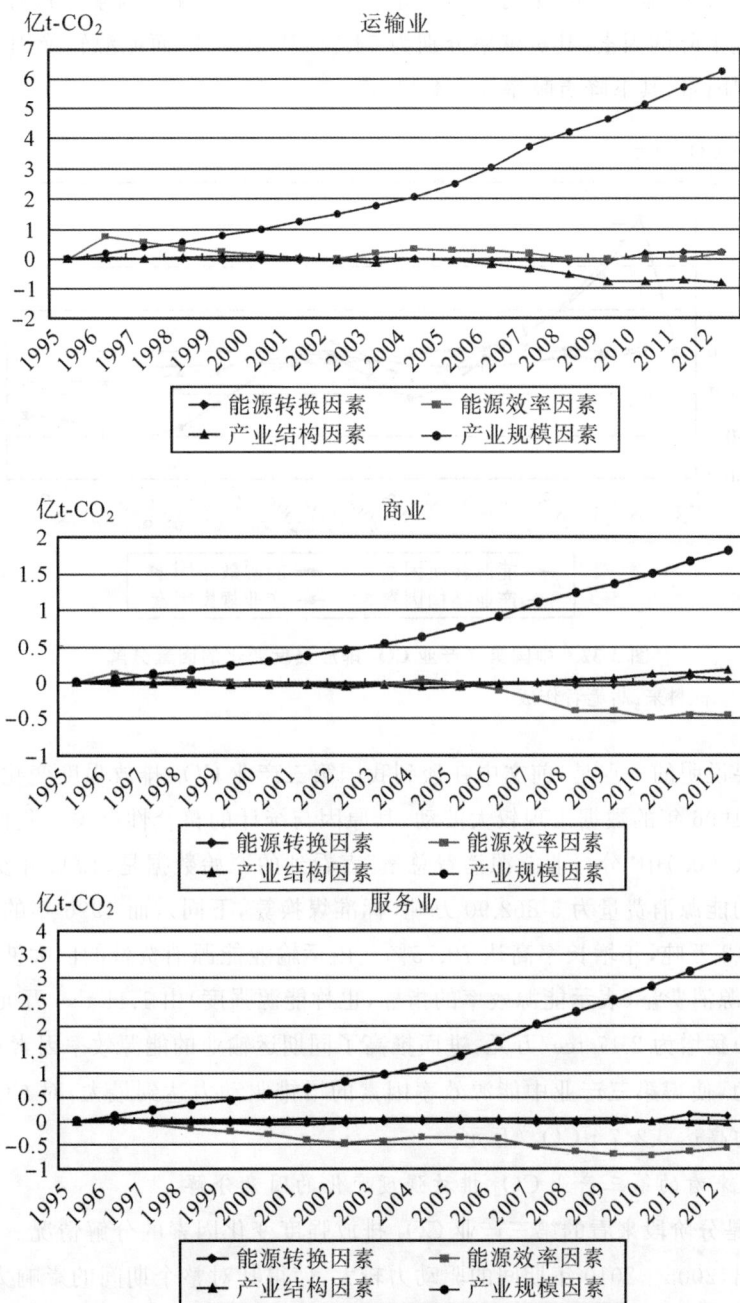

图 3-31　分部门来看的中国第三产业 CO_2 排放变化的因素分解

资料来源:笔者作成。

(二)第三产业 CO_2 排放强度变化的因素分解

1.整个研究对象期第三产业 CO_2 排放强度变化的因素分解

图 3-32 表示的是第三产业 CO_2 排放强度变化的因素分解结果。从图中可以看出,

我国第三产业 CO_2 排放强度变化的诸多影响因素中，能源效率因素和产业结构因素是 CO_2 排放强度下降的因素，其贡献率分别为 54.5%和 49.7%，而能源转换因素是 CO_2 排放强度上升的因素，其下降贡献率为－4.2%。

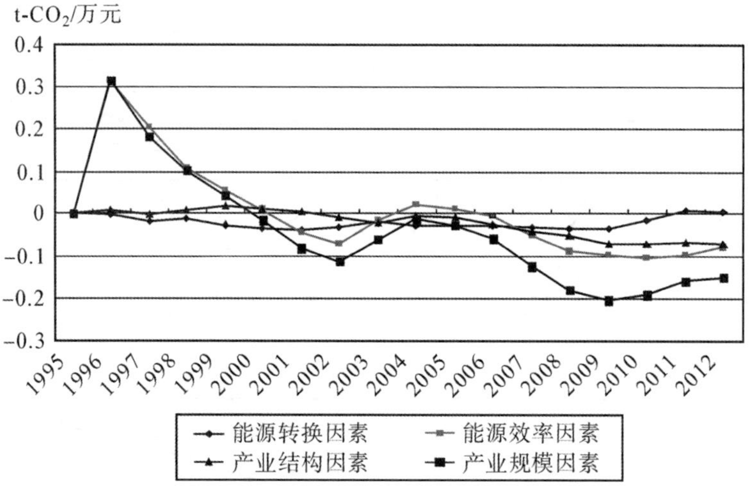

图 3-32　中国第三产业 CO_2 排放强度变化的因素分解

资料来源：笔者作成。

这里需要说明的一点是，前文中在谈到我国第三产业 CO_2 排放强度变化的实绩时曾提及，1995—1996 年的数据出现较大波动，其原因与统计的整合性有关。我们从《中国能源统计年鉴》(2009)中“分行业能源消费总量”表看到的原始数据是，1995 年交通运输、仓储和邮政业的能源消费量为 5 862.90 万吨(标准煤换算，下同)，而 1996 年的这一数据猛增为 10 011.12 万吨，年增长率高达 70.75%。由运输业能源消费量的巨大波动造成的单位 GDP 的能源消费量(表示能源效率的指标，也称能源强度)由 1.41 tce/万元(2005 年价格换算，下同)猛增为 2.17 tce/万元，进而推高了同期运输业的能源效率因素对 CO_2 排放强度的驱动力，使得第三产业中能源效率因素的增排驱动力达到最大，对 CO_2 排放强度上升的驱动力高达 0.247 t-CO_2/万元。

2.分阶段来看的第三产业 CO_2 排放强度变化的因素分解

图 3-33 是分阶段来看的第三产业 CO_2 排放强度变化因素的分解情况。从图中我们首先可以看出，2005—2010 年期间的驱动力较大，使得其对整个期间的影响力较大，所以在很大程度上与全期间类似，能源效率因素和产业结构因素是 CO_2 排放强度下降的因素，其中前者较后者大，而能源转换因素则是 CO_2 排放强度上升的因素，结果造成的实际变化是 CO_2 排放强度的下降。其次，我们可以看到，其他三个时期诸因素的驱动力相对较小，而且驱动方向也变动频繁，其中能源转换因素由负变正，而且正的驱动力(导致 CO_2 排放强度上升的作用)越来越强，最终导致其成为全期间 CO_2 排放强度的微弱上升，为 0.006 t-CO_2/万元；产业结构的驱动方向与能源转换因素正好相反，是由正变负，驱动

力则大小相间，最终导致其作用是使得 CO_2 排放强度下降 0.07 t-CO_2/万元；能源效率因素的驱动方向则是除了上述 2005—2010 年期间是较大的负向驱动外，其他三个阶段都是正向驱动，最终的结果是使得 CO_2 排放强度下降了 0.079 t-CO_2/万元。最后，有一个值得警惕的现象是进入"十二五"时期以来的前两年，出现了逆向发展的趋势：不仅能源转换因素的正向驱动力加大，而且能源效率因素由较大的负向驱动逆转为正向驱动，再加上产业结构因素的负向驱动力也变得很疲软，结果就造成这一时期 CO_2 排放强度的逆转上升，这不得不引起我们的重视。

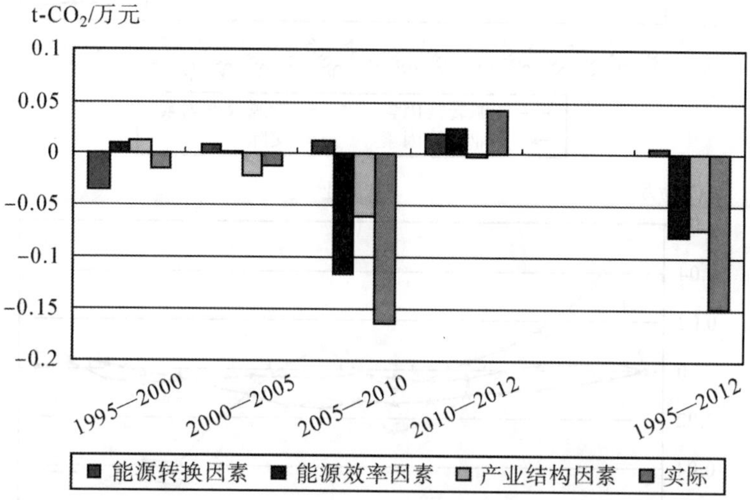

图 3-33　分阶段来看的中国第三产业 CO_2 排放强度变化的因素分解

资料来源：笔者作成。

3.分行业来看的第三产业 CO_2 排放强度变化的因素分解

分行业来看(图 3-34)，我国第三产业各部门 CO_2 排放强度变化影响因素的作用不尽相同。很明显的不同在于纵轴所表示的运输业的驱动力较商业大了许多，运输业在＋0.3 和－0.1 之间，而商业则仅在＋0.06 和－0.06 之间，同时也比服务业的正值大了许多(服务业在＋0.05 和－0.15 之间)。

首先我们来看一下运输业。运输业中只有产业结构因素在 2001 年之前是 CO_2 排放强度上升的因素，2002 年以后成为比较稳定的强度下降因素，最终形成 0.08 t-CO_2/万元的下降；而能源效率因素虽然多数年份为强度下降驱动，但由于前述 1995—1996 年的波动原因，2002 年之前曾降到最低的 0.05 t-CO_2/万元，之后经过 2002—2004 年和 2011—2012 年的反弹，最终造成了0.08 t-CO_2/万元的上升；能源转换因素在 2009 年之前基本上以强度下降驱动为主，2009—2011 年逆转为上升驱动，但由于驱动力极小，最终造成 0.006 t-CO_2/万元的上升。

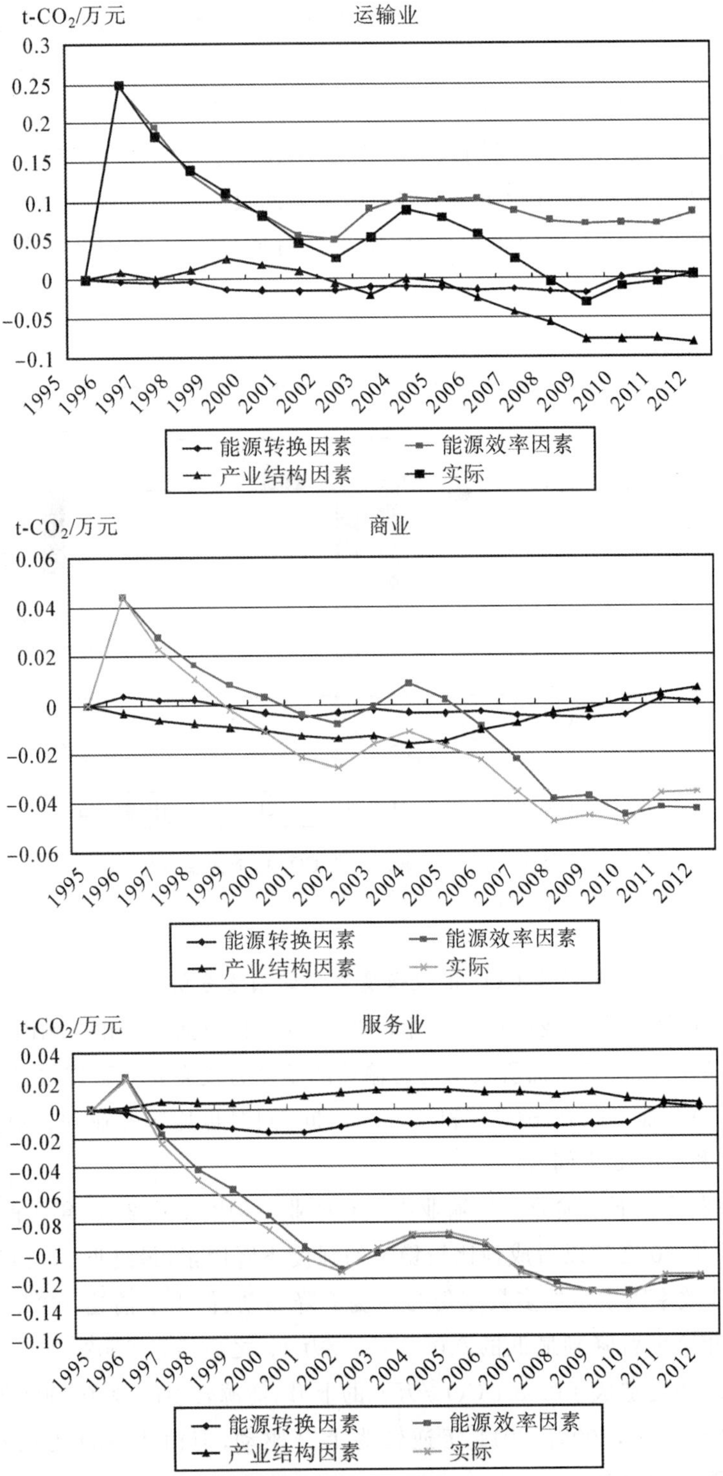

图 3-34　分行业来看的中国第三产业 CO_2 排放强度变化的因素分解

资料来源:笔者作成。

其次来看商业。与运输业明显不同的是产业结构因素成为 CO_2 排放强度上升的因素，而能源效率因素成为 CO_2 排放强度下降的因素。产业结构因素在 2002 年之前基本上是 CO_2 排放强度下降因素，此后多数年份转为上升因素，最终的结果是0.006 t-CO_2/万元的上升；能源效率因素在 2002 年降到谷底后出现反弹，2004 年到达一个峰值后又开始下降，到 2012 年最终达成0.043 t-CO_2/万元的下降；与运输业相比，商业的能源转换因素更小，最终的结果只有 0.00065 t-CO_2/万元的上升，几乎可以忽略不计。

最后来看一下服务业的情况。首先，能源效率因素与 CO_2 排放强度的变化实绩几乎呈重叠的走势延续，说明这是影响服务业 CO_2 排放强度变化的主要因素，而且基本上是服务业 CO_2 排放强度下降的主要因素。纵观其变化趋势，1996 年开始下降驱动，至 2002 年到达谷底后出现反弹，2005 年达到一个峰值后又开始下降，至 2010 年后又开始出现反弹，最终造成了 0.12 t-CO_2/万元的下降；其次，产业结构因素一贯是 CO_2 排放强度变化的上升因素，说明除了运输业和商业以外的新型服务业在第三产业中的地位在逐渐上升，只不过驱动力较小，最终只造成 0.003 t-CO_2/万元的上升；最后，能源转换因素以下降驱动年份为多，2001 年降到最低，之后下降缓慢，近年有所反弹，不过其驱动力总体很小，最终只造成 0.001 t-CO_2/万元的下降，比产业结构因素的驱动力还要小。

通过以上因素分解的叙述，我们可以看到一个共同点：2002—2005 年和 2010—2012 年这两个时期是我国服务业发展的转折时期，这两个时期的 CO_2 排放强度相对恶化，前者的恶化程度更大一些，说明我国服务业 CO_2 排放强度的下降并不是一帆风顺的，要时刻抓紧，以防反弹。此外，从各行业的影响因素来看，运输业的能源效率因素和商业的产业结构因素应该成为我们关注的重点，而能源转换则应该是所有行业都需要加强的工作。

第四节　中国农业和建筑业低碳转型

一、农业低碳转型

(一)农业部门 CO_2 排放的动态及其特征分析

1.农业部门 CO_2 排放量的动态及其特征

前已述及，农业在三次产业中的 CO_2 排放量最少，增长速度也最慢，从而导致农业在我国 CO_2 排放总量中的比重逐步下降，但这并不意味着农业的低碳发展可有可无、无足轻重。恰恰相反，这更需要引起我们足够的重视，因为虽然农业部门 CO_2 排放量占产业排放量的比重是下降的，但绝对量毕竟还是不断攀升的，图 3-35 表示的是 1980—2012 年我国农业 CO_2 排放的推移情况。从中可以看出，1980—2012 年期间我国农业部门的 CO_2 排放量除了 1995—1996 年的大落以及若干小落外，基本上都处于上升趋势。1980 年的 CO_2 排放量为 0.85 亿吨，到 2012 年则增加到 1.63 亿吨，增加了 92.6%，年均增长率为2.1%，低于产业的年平均增长速度。但整个期间增长幅度并不相同，如以大致5年为一间隔来看的话(图3-36)，1995—2000年是唯一一个下降的时期，年均下降率达7.3%(单纯从统计来看，这一阶段CO_2排放量的下降主要是由于原煤和柴油的消费量大幅度下降造成的，是否统计有误，尚待考证)，其余阶段均呈增长态势，增长最快的是相当于"九五"时期的2000—2005年，年增长率高达9.6%，其后的"十一五"期间年增长率下降到1.3%，低于整个期间的平均年增长率，其他时期增长率均大于平均数，直到最近的"十二五"前两年仍然高达3.9%。

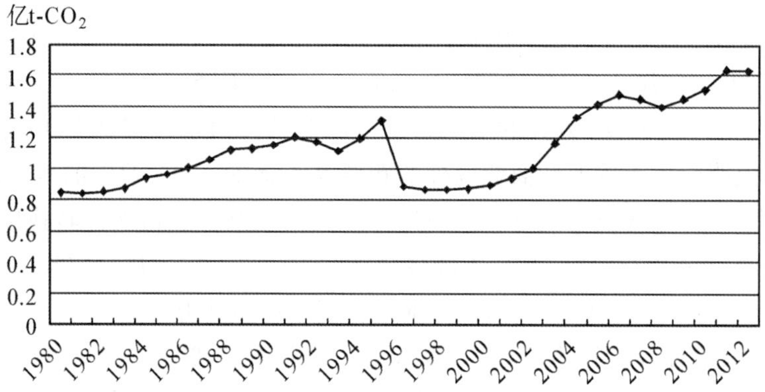

图3-35　中国农业部门CO_2排放量的推移

资料来源：笔者作成。

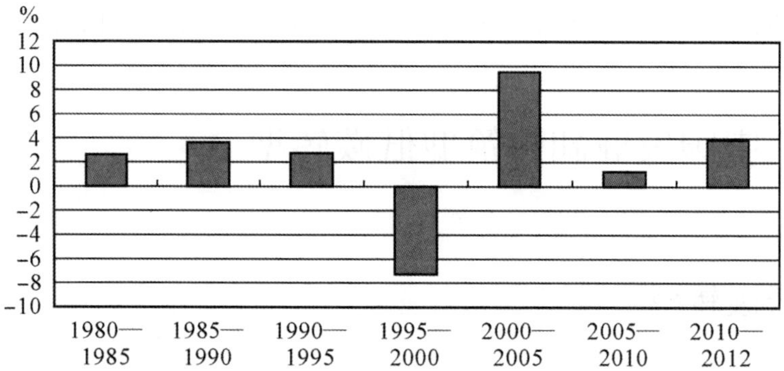

图3-36　分阶段来看的农业部门CO_2排放量的年变化率

资料来源：笔者作成。

2.农业部门CO_2排放强度的动态及其特征

从农业CO_2排放强度的变化情况(图3-37)可以看出，我国农业部门的CO_2排放强度的总趋势是下降的，1980年每万元产出的CO_2排放量为1.21吨，而到2012年则下降为0.54吨，下降了55.9%，年平均下降率为2.5%。

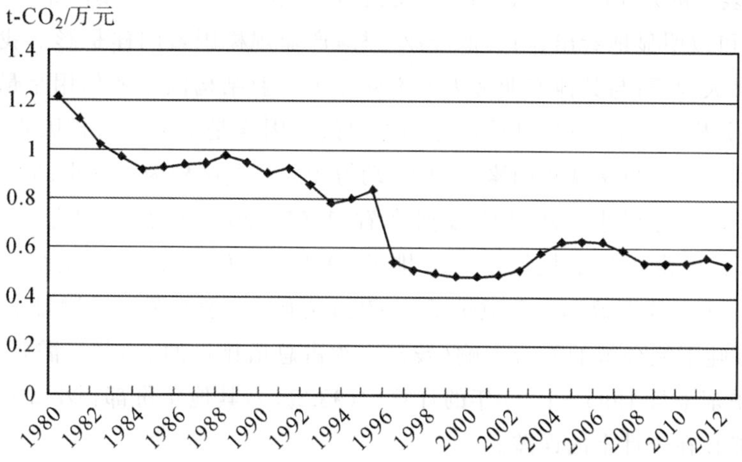

图 3-37　中国农业部门 CO_2 排放强度的推移

资料来源：笔者作成。

分阶段来看(图 3-38)，中国农业部门 CO_2 排放强度的变化也很不平衡，波动较大。在所有 7 个阶段中，2000—2005 年的 CO_2 排放强度不降反升，上升幅度达年均 5.4%；其他 6 个时期中，有 3 个下降幅度大于平均数，下降幅度最大的当属 1995—2000 年的“九五”时期，年均下降率达 10.4%，其次是 1980—1985 年的 5.2% 和 2005—2010 年的 3.1%，而另外三个阶段的下降幅度都小于平均下降率，最近两年的年均下降率只有0.5%。

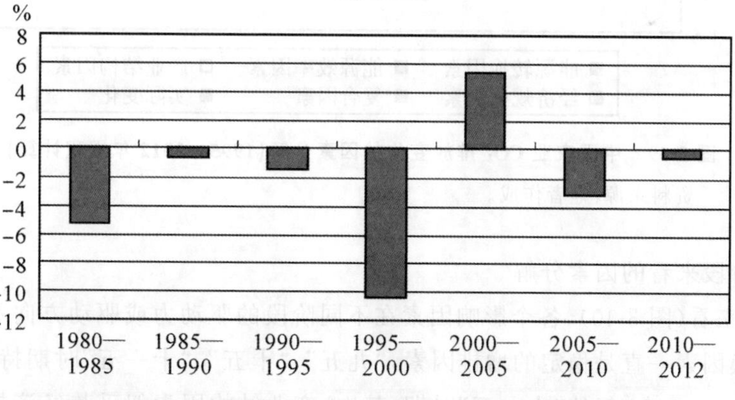

图 3-38　分阶段来看的农业部门 CO_2 排放强度的年变化率

资料来源：笔者作成。

(二)影响农业部门 CO_2 排放量变化的因素分析

根据本章第一节所述的方法，对农业部门 CO_2 排放量及其排放强度变化的影响因素进行了分解，其中资料来源及数据处理均与本章第一节相同。

1.农业部门 CO_2 排放量变化的因素分析

(1)整个研究对象期的因素分解

图 3-39 表示的是 1995—2012 年中国农业 CO_2 排放变化的驱动因素分解情况（累积计算）。从中可以明显地看出，与其他产业一样，产业规模因素同样是影响我国农业 CO_2 排放增加的最大因素；与其他产业最大的不同在于产业结构因素的作用是最大的减排因素，在前面的分析中我们知道，其他产业的能源效率因素是最大的减排因素，而影响农业的能源效率因素虽然也是减排因素，但其驱动力较之产业结构因素为小；能源转换虽然是增排因素，但驱动力很小。从具体数据来看，1955—2012 年我国农业 CO_2 排放增加 3 205.8万吨，其中由于经济规模增大增排了 19 417.0 万吨，由于产业结构变化减排了 10 976.6万吨，由于能源效率改善减排了 5 676.5 万吨，由于能源转换增排了 333.6 万吨，另有 108.4 万吨不能分解的复合影响（残差），约占总增排量的 3.4%。需要说明的是，这里的残差几乎都来自 1995—1996 年的计算中（98.2%），其他年份都很小。这说明这一期间的数据可能存在统计上的误差。

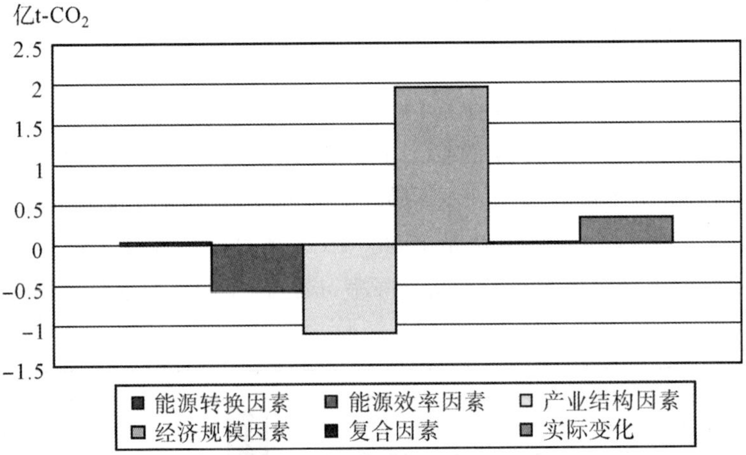

图 3-39 中国农业 CO_2 排放变化的因素分解（1995—2012 年累积计算）

资料来源：笔者作成。

（2）分阶段来看的因素分解

分阶段来看（图 3-40），各个影响因素在不同阶段的驱动力或驱动方向不尽相同。首先，产业规模因素一直是稳定的增排因素，“九五”、“十五”、“十一五”时期持续递进，最大值出现在 2005—2010 年的“十一五”时期；其次，产业结构因素似乎与经济规模因素如影随形，其绝对值随着经济规模的增大而增大，只不过其驱动方向正好相反，这样使得其一直是稳定的减排因素，最大值也与经济规模出现在同一时期；再次，能源效率因素在 1995—2000 年期间为较大的减排驱动，但在 2000—2005 年期间逆转为增排驱动，其后虽然又转为减排驱动，但驱动力趋于缩小；最后，能源转换因素驱动力最小，且驱动方向呈现交替变动之势，波动在正负 500 万吨之内。

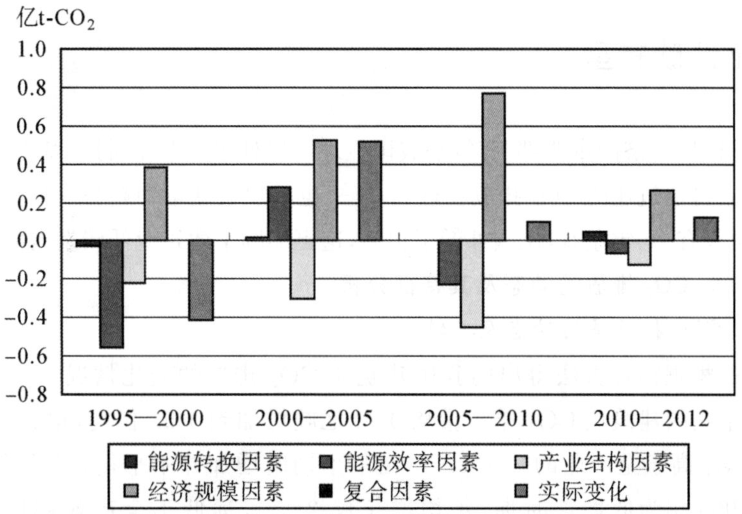

图 3-40　分阶段来看的农业部门 CO_2 排放量变化的因素分解

资料来源：笔者作成。

2.农业部门 CO_2 排放变强度化的因素分析

图 3-41 表示的是对 1995—2012 年农业部门 CO_2 排放强度变化因素的分解结果（一年间隔，累积计算）。从中可以看出，产业结构因素是 CO_2 排放强度下降的最大驱动力，在全部 CO_2 排放强度下降率中的贡献率达 52.4%，且作用比较稳定；能源效率因素的减排驱动力较产业结构小，贡献率为 47.5%，但作用不够稳定，1999—2005 年期间连续 6 年逆转为增排驱动，使得 CO_2 排放强度的实际变化也曾一度出现上升趋势；能源转换因素在整体 CO_2 排放强度变化中的作用很小，几乎可以忽略不计。

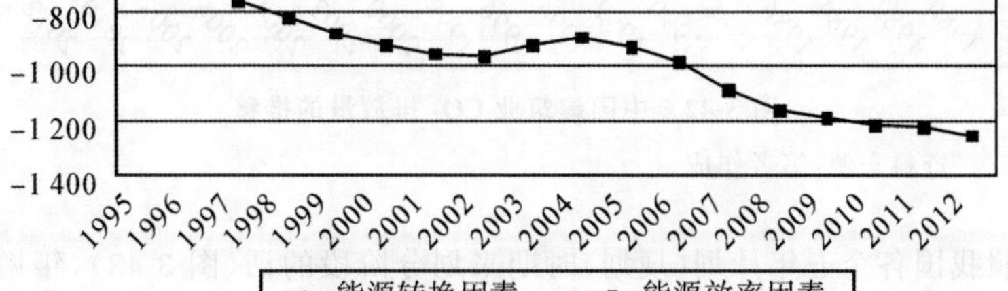

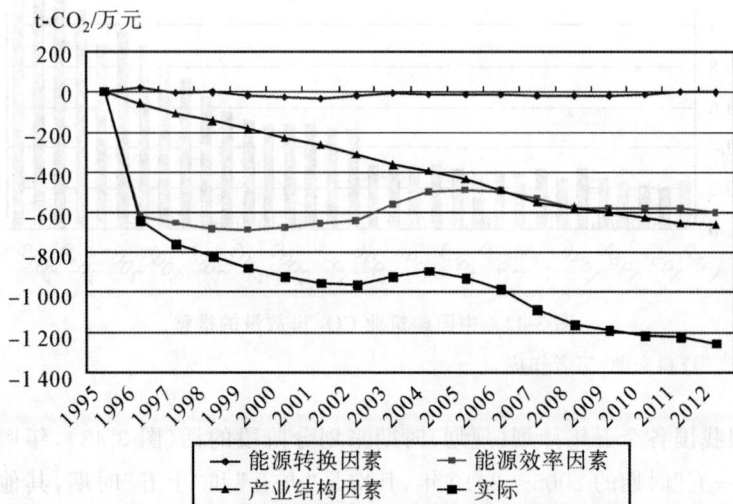

图 3-41　农业部门 CO_2 排放变强度化的因素分析

资料来源：笔者作成。

二、建筑业低碳转型

建筑业是国民经济的重要部门，特别我国在现阶段处于工业化时期，基本建设方面的任务十分繁重，来自建筑业的 CO_2 排放在近 20 年来也呈现快速增加趋势。据报道，我国建筑物的平均寿命只有 20 年左右，比国外低了很多，这更加剧了建筑业低碳发展的压力。

（一）建筑业 CO_2 排放的动态及其特征分析

1.建筑业 CO_2 排放量的动态及其特征

图 3-42 是根据前述方法得出的我国建筑业 CO_2 排放的变化情况。从中可以看出，1980—2012 年我国建筑业 CO_2 排放量从 0.23 亿吨增加到 1.53 亿吨，增长了 5.64 倍，年均增长 6.1%，略高于全产业的 6.0%。但在整个期间增加并不平衡，呈阶段性增加的态势。1980—1995 年为低增长时期，年均增长仅 2.1%，远低于全产业部门年均增长的 5.5%；1995—2009 年为高速增长期，年均增长 9.2%，远高于平均水平的 6.2%；2009—2012 年进入新一轮高速增长期，年均增长高达 12.2%，同样远高于全产业的平均增长率(7.5%)。由此可见，我国建筑业 CO_2 排放呈方兴未艾之势，增长势头越来越猛。如果以大致 10 年分为一个间隔，分为 1980—1990 年、1990—2000 年和 2000—2012 年三个阶段来看的话，年增长率分别为1.8%、6.5%和 9.5%，逐渐递增的趋势也很明显。

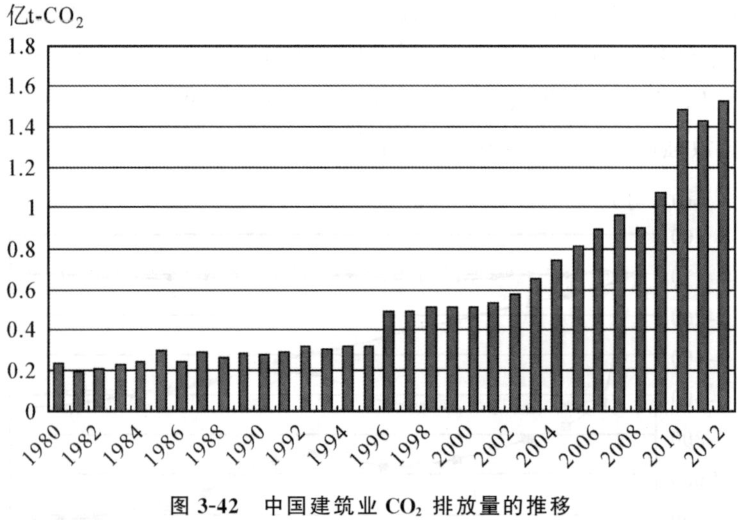

图 3-42 中国建筑业 CO_2 排放量的推移

资料来源：笔者作成。

如果按照我国各个五年计划（规划）时期来划分阶段的话（图 3-43），年增长率最高的是相当于“十一五”时期的 2005—2010 年，其次是“九五”和“十五”时期，其他时期增长率相对较低，在“七五”时期（1985—1990）甚至出现负增长。

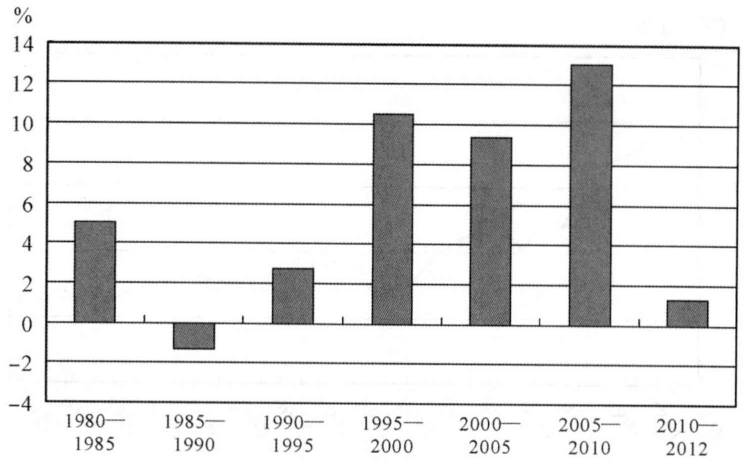

图 3-43 分阶段来看的建筑业 CO_2 排放量的年变化率

资料来源：笔者作成。

2.建筑业 CO_2 排放强度的动态及其特征

图 3-44 是建筑业 CO_2 排放强度的变化情况。从中可以看出，我国建筑业 CO_2 排放强度与其他产业一样，也是逐渐下降的。1980—2012 年，我国建筑业 CO_2 排放强度从 2.24 t-CO_2/万元下降到 0.61 t-CO_2/万元，下降幅度达 73%，年均下降率为 4%，高于全产业的 3.5%。期间除了 1981—1982 年、1988—1989 年、1995—1996 年、2002—2004 年和 2008—2010 年等几个时期有明显的上升外，其余时段基本上都是下降的。如果与我国的五年计划（规划）对应的时期来看（图 3-45），1980—1995 年的“六五”至“八五”时期是我国建筑业 CO_2 排放强度比较顺利下降的时期，从最初的 2.24 t-CO_2/万元下降到 0.66 t-CO_2/万元，年平均下降率达 7.8%，高于全产业平均的 4.1%，而且下降幅度越来越大，三个时期分别为年率 5.5%、7.3%和 10.6%；之后的“九五”时期（1995—2000 年）形势急转直下，由 0.66 t-CO_2/万元逆转上升为 0.81 t-CO_2/万元，年递增率达 4.2%，与全产业的下降 5.8%形成鲜明对照；“十五”时期以后 CO_2 排放强度恢复下降，虽然下降也呈递进态势，但下降幅度大大小于 1995 年以前，“十五”（2000—2005 年）和“十一五”时期（2005—2010 年）的下降率分别为年率 0.8%和 1.7%；不过，“十二五”前两年（2010—2012 年）的下降幅度有所加大，年下降率高达 7.5%。

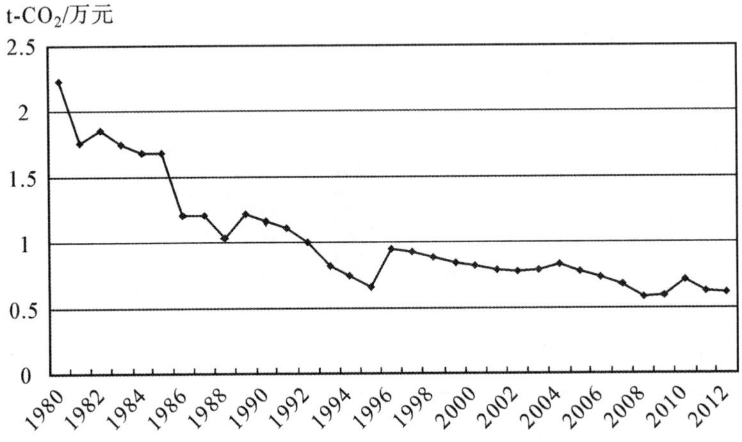

图 3-44 中国建筑业 CO_2 排放强度的推移

资料来源:笔者作成。

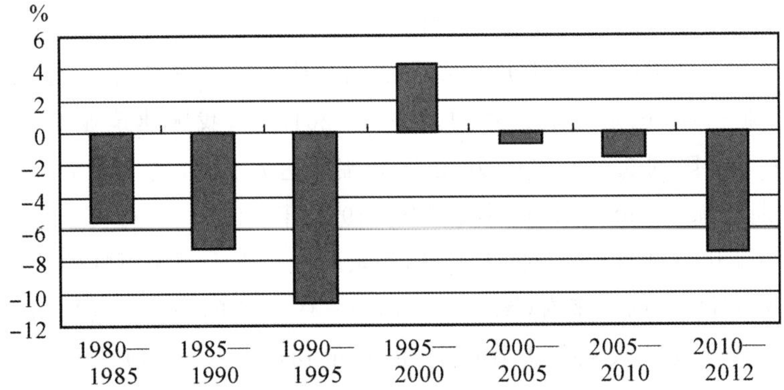

图 3-45 分阶段来看的建筑业 CO_2 排放强度的年变化率

资料来源:笔者作成。

(二)影响建筑业 CO_2 排放量变化的因素分析

1.建筑业 CO_2 排放量变化的因素分析

(1)整个研究对象期的因素分解

图 3-46 是整个研究对象期的因素分解结果。从图中可以看出,我国建筑业 CO_2 排放量的变化主要受产业规模因素的影响。在增加的 1.21 亿吨 CO_2 排放量中,由于产业规模变动增加了1.26亿吨,占全部增加量的 103.7%;与前述农业部门的产业结构因素的负向驱动作用不同,建筑业的产业结构因素是正向驱动,而且驱动力较大,达 0.15 亿吨;能源转换因素虽然也是增排驱动,但驱动力不大,仅为 0.03 亿吨;能源效率因素是唯一的减排因素,减排量达 0.23 亿吨。

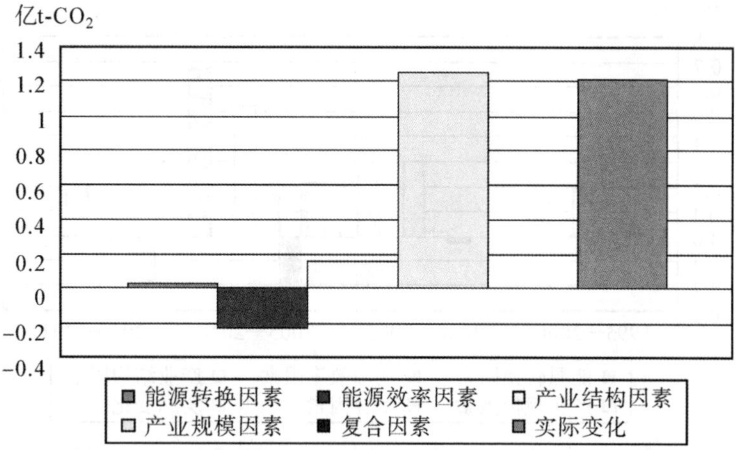

图 3-46　中国建筑业 CO_2 排放变化的因素分解(1995—2012 年累积计算)

资料来源:笔者作成。

(2)分阶段来看的因素分解

图 3-47 是分阶段来看的建筑业因素分解结果。从图中可以看出,产业规模因素在历个阶段都是增排驱动,且在历个五年计划中驱动力呈递进状态,在“十一五”时期(2005—2010 年)达到高峰,增排驱动力高达 0.52 亿 t-CO_2,进入“十二五”时期(2010—2015 年)后,其增排势头并未见减弱,2011—2012 年两年的增排驱动力就达到 0.24 亿 t-CO_2,超过“九五”时期(1995—2000 年),逼近“十五”时期(2000—2005 年),已占到“十一五”时期的 42.6%,如按此增长,很可能超过“十一五”时期;产业结构因素在“九五”时期还是负向驱动,2000 年以后逆转为正向驱动,且驱动力与产业规模因素一样,也是越来越大,“十一五”时期达到 0.16 亿 t-CO_2,在“十二五”时期前两年仍然是增排驱动,且两年的驱动力已超过“十五”时期,但与“十一五”时期相比,似乎增排驱动力不是很强劲。令人欣慰的是,能源效率因素由最初的正向驱动转变为负向驱动,且负向驱动力越来越大,“十一五”时期达到最大的 0.22 亿 t-CO_2,“十二五”时期以来仍然延续着负向驱动的态势,且保持着较大的驱动力;从能源转换因素来看,1995—2005 年期间几乎不起什么作用,而 2005—2010 年则大幅逆转,增排驱动达 0.21 亿 t-CO_2,不过近两年来大有好转,不仅转向减排驱动,而且驱动力达到 0.18 亿 t-CO_2,使得 2010—2012 年的减排因素由前几个阶段的一个增加到两个,从而使得这一阶段的 CO_2 排放量的增加幅度缩小为0.04亿 t-CO_2。

2.建筑业 CO_2 排放变强度化的因素分析

图 3-48 表示的是对 1995—2012 年建筑业 CO_2 排放强度变化因素的分解结果。从中可以看出,影响建筑业 CO_2 排放强度变化的主要因素是能源效率因素和产业结构因素,而能源转换因素的影响相对较小。产业结构因素在 2004 年以前基本上是下降驱动,2005 年以后逆转为上升驱动,最终造成 23.8 t-CO_2/亿元的强度上升。能源效率因素对建筑业 CO_2 排放强度的变化影响更为直接,在整个对象期内,除了 2010 年前后之外,能

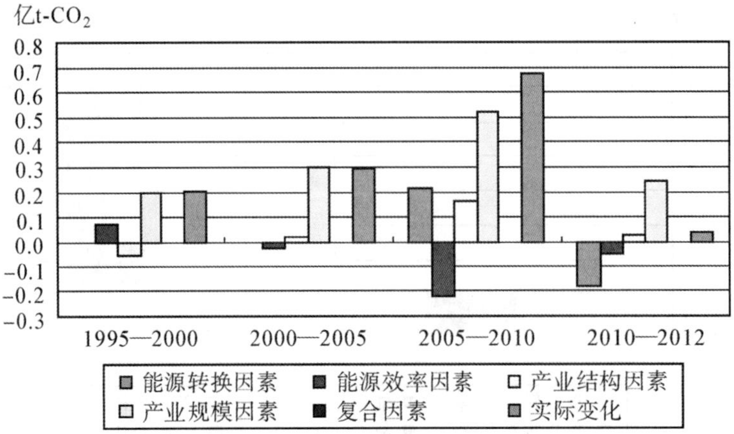

图 3-47 分阶段来看的建筑业 CO_2 排放量变化的因素分解

资料来源：笔者作成。

源效率因素与实际变化的推移趋势基本相似，变动频繁，很不稳定。1995—1996 年有一个大的上升驱动，之后基本上是下降驱动，但下降幅度很不均匀，期间也有若干反复：刚开始时下降较缓慢，2004 年以后下降幅度加大，直至 2008 年降至最低的－35.5 t-CO_2/亿元，随后又略有上升，最终造成 34.4 t-CO_2/亿元的下降，是唯一的最终形成下降驱动的因素。虽然能源转换因素在整体 CO_2 排放强度变化中的作用较小，但值得注意的是，2009—2010 年期间突然上升驱动陡增，结果造成 18.7 t-CO_2/亿元的上升。

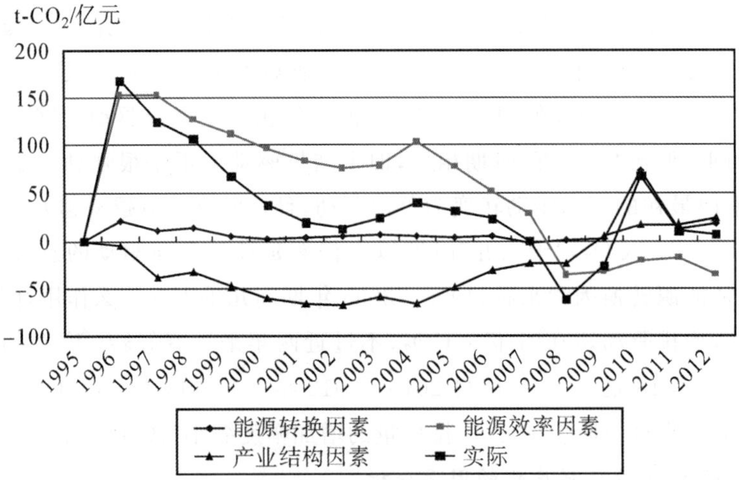

图 3-48 建筑业 CO_2 排放变强度化的因素分析

资料来源：笔者作成。

第五节 中国能源转换部门低碳转型

在本章前面的分析中,我们将能源转换部门的 CO_2 排放量全部分配到各产业部门,因为能源转换部门将能源的形态进行了转换,并将转换后的能源提供给各个最终能源消费部门。由于能源转换部门不是最终的能源消费者,因此将在转换过程中产生的 CO_2 排放量计入能源转换部门是不尽合理的。另一方面,由于能源转换部门的 CO_2 排放量十分巨大,从 CO_2 减排的角度来看,能源转换部门有必要低碳发展,尽量在不减少甚至增加供给的情况下减少这个环节的 CO_2 排放量。在这个意义上讲,探讨中国能源转换部门的低碳转型问题有着很重要的意义。

一、能源转换部门的 CO_2 排放特征分析

(一)能源转换部门在我国 CO_2 排放中的地位

本书所指能源转换部门,特指大量排放 CO_2 的发电和供热两个部门,其他如炼焦、炼油、制气等不包括在内。

图 3-49 表示的是按照直接排放原则计算的能源转换部门在我国 CO_2 排放量中所占比重的情况。从中可以清楚地看出,1980—2012 年这 30 多年期间,能源转换部门的 CO_2 排放比重呈现逐渐增大的趋势。1980 年能源转换部门占我国 CO_2 排放量的比重为 22.3%,到 2012 年这一比重增加为 47.8%,增加了一倍以上;而同期产业部门的 CO_2 排放比重由 61.2%下降为47.9%,下降了 13%;生活部门比重下降更多,由 16.4%下降到 4.2%。当然,产业部门和生活部门的下降只是直接排放量的下降,并不是完全的、真正意义上的下降,这也正好印证了我国的电力化取得了巨大的进展这一成果。

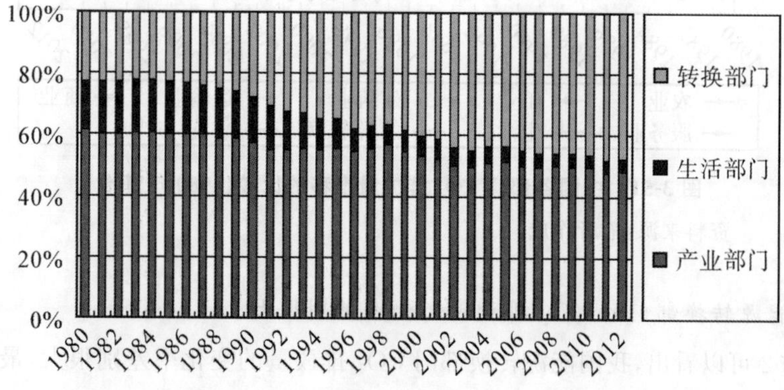

图 3-49 能源转换部门在中国 CO_2 排放中的比重

资料来源:笔者作成。

(二)能源转换部门CO_2排放量的变化及其特征

1.能源转换部门是我国CO_2排放量增加最快的部门

从我国能源转换部门CO_2排放量的变化来看(图3-50),1980—2012年期间,除了1997年以外,一直是增加趋势,从3.1亿吨增加到40.5亿吨,增加了近12倍,年均增长率高达8.3%,这一比率不仅高于各部门的平均值,也高于所有其他部门,如果以1980年为基点来看,这一点就可以看得更清楚(图3-51)。

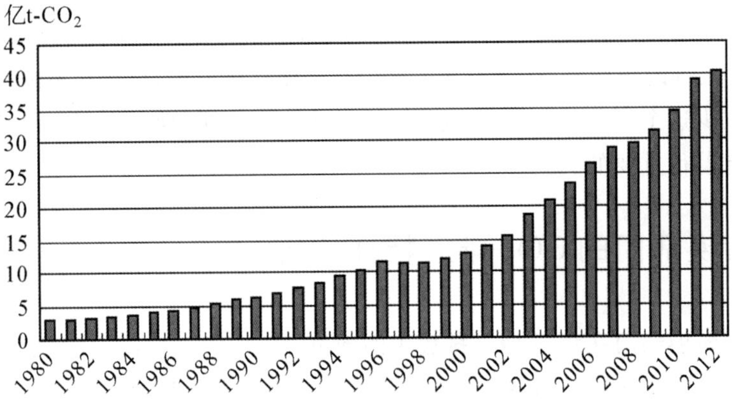

图3-50 能源转换部门CO_2排放量的推移

资料来源:笔者作成。

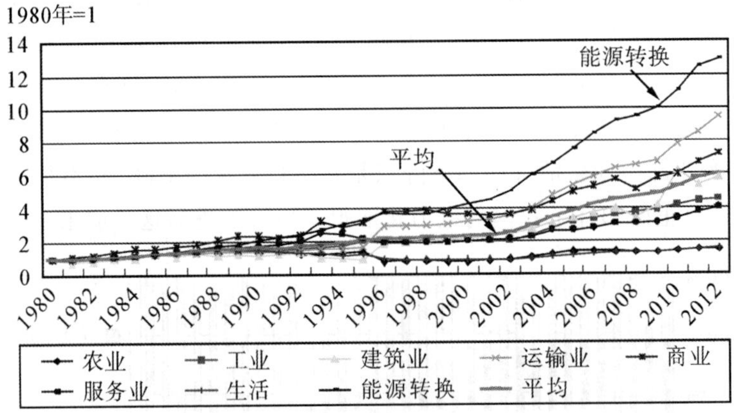

图3-51 中国各部门CO_2排放量推移的比较(1980年基准)

资料来源:笔者作成。

2.能源转换部门的CO_2排放量变化率差别很大

从图3-52可以看出,我国能源转换部门CO_2排放量的变化率差别很大,最低的和最高的值分别为−3.5%和19.3%,相差约22%;研究对象期的33年内,多数年份的年增长率都高于5%,低于5%的只有7个年份,增加最剧烈的是2001—2003年和2008—2011年。如果以我国的五年计划为单位来看(图3-53),明显低于平均值(8.3%)的只有上世纪80年代初期的“六五”时期和 90 年代后期的“九五”时期，其他时期都接近（2005—2010 年为 8.0%）或超过平均值，特别是 21 世纪前五年的“十五”时期，年均增长率高达 12.4%；进入“十二五”规划期以来，年增长率并未见明显下降，2011—2012 年的年增长率为 8.4%，略高于平均值，甚至比“十一五”时期的 8.0%还要高，可见能源转换部门的 CO_2 减排工作压力十分巨大。

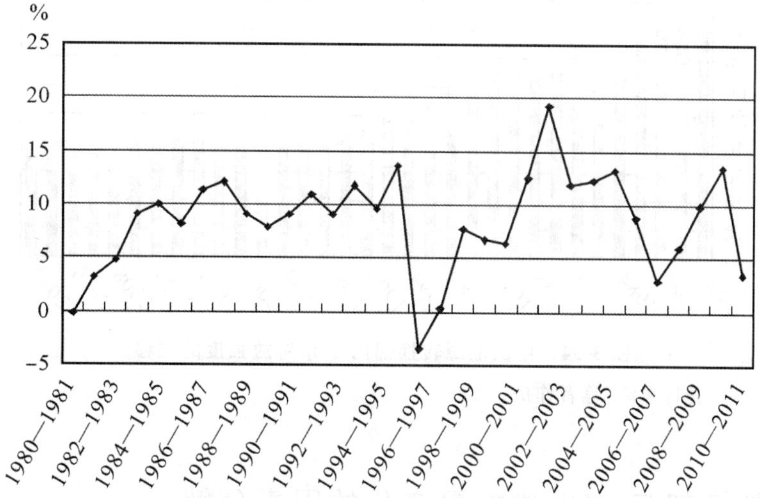

图 3-52 各个年份能源转换部门 CO_2 排放量年变化率的比较

资料来源：笔者作成。

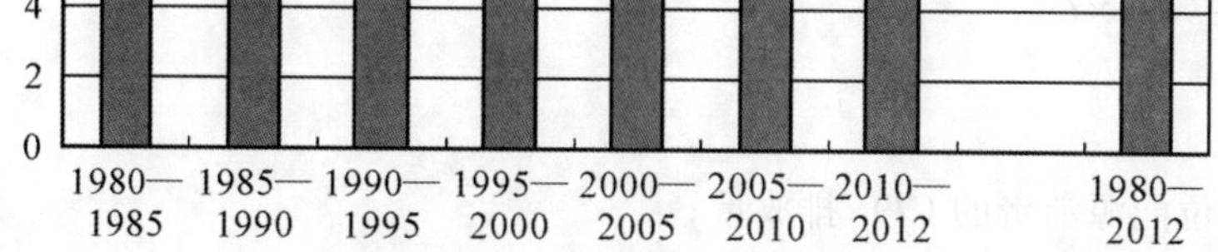

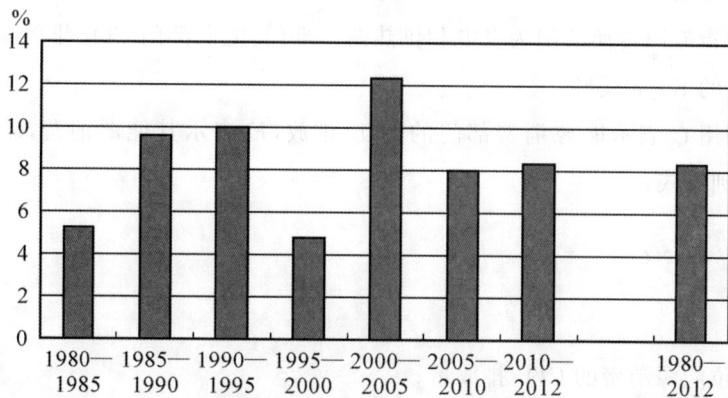

图 3-53 各个时期能源转换部门 CO_2 排放量年增加率的比较（1980 年基准）

资料来源：笔者作成。

（三）能源转换部门 CO_2 排放强度的动态及其特征

图 3-54 表示的是能源转换部门 CO_2 排放强度的推移情况。这里的经济数据采用的是电力、热力生产和供应业的增加值，并按照工业指数的不变值换算成 2005 年价格。从图中可以看出，我国能源转换部门的 CO_2 排放强度呈现不断下降的趋势，从 1980 年的 83.8 t-CO_2/万元下降到 2012 年的 34.3 t-CO_2/万元，下降了 59.41%，年均下降 2.8%；期间下降速度也不均衡，1980—1988 年呈连续下降态势，下降至第一个谷值 63.6 t-CO_2/万

元；随后 1989—1990 年开始回升至第一个峰值 68.9 t-CO_2/万元；之后又开始下降，2001 年降至第二个谷值 37.5 t-CO_2/万元；又经过五年的上升，至 2006 年出现第二个峰值 41.0 t-CO_2/万元；随后又开始下降至 2012 年的最低值 34.3 t-CO_2/万元。

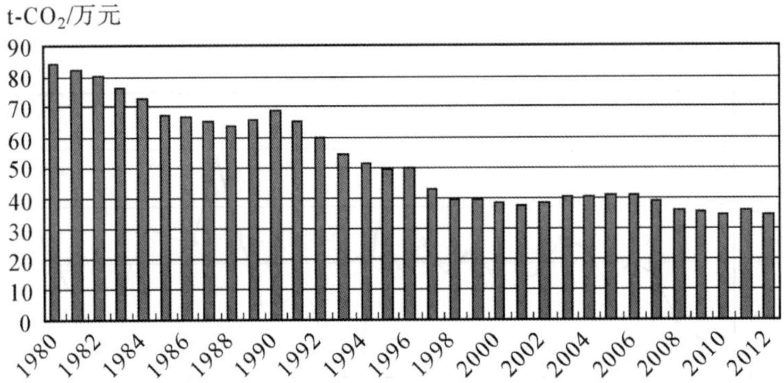

图 3-54 中国能源转换部门 CO_2 排放强度的推移

资料来源：笔者作成。

二、能源转换部门 CO_2 排放量变化的因素分解

（一）分析方法

本研究所指能源转换部门为发电和供热两个部门，能源部门 CO_2 排放量变化的因素分解基于前述的 Kaya 模型。

如果我们用 C 表示能源消费部门的 CO_2 排放，E 表示其能源消费，G 表示其增加值，则可以得到下式：

$$C=\frac{C}{E}\times\frac{E}{G}\times G \tag{3-27}$$

此处：

C/E：单位能源消费的 CO_2 排放量；

E/G：单位 GDP 的能源消费量；

G：增加值。

如果取上述因子的变化率（增量），可以有下式：

$$\Delta C=\Delta\left(\frac{C}{E}\right)+\Delta\left(\frac{E}{G}\right)+\Delta G \tag{3-28}$$

从上式可以将能源转换 CO_2 排放量变化的影响因素分为能源转换因素、能源效率因素和产业规模因素。

第一项的能源转换因素可以按下式来计算：

$$\Delta\left(\frac{C}{E}\right)=\Delta\left(\frac{C}{E}\right)\times\frac{E}{G}\times G+\Delta\left(\frac{C}{E}\right)\times\Delta\left(\frac{E}{G}\right)\times G\div 2+\Delta\left(\frac{C}{E}\right)\times\frac{E}{G}\times\Delta G\div 2+\Delta\left(\frac{C}{E}\right)\times\Delta\left(\frac{E}{G}\right)\times\Delta G\div 3 \tag{3-29}$$

第二项的能源效率因素的计算式为：

$$\Delta\left(\frac{E}{G}\right)=\frac{C}{E}\times\Delta\left(\frac{E}{G}\right)\times G+\Delta\left(\frac{C}{E}\right)\times\Delta\left(\frac{E}{G}\right)\times G\div 2+\frac{C}{E}\times\Delta\left(\frac{E}{G}\right)\times\Delta G\div 2+\Delta\left(\frac{C}{E}\right)\times\Delta\left(\frac{E}{G}\right)\times\Delta G\div 3 \tag{3-30}$$

第三项的产业规模因素的计算式为：

$$\Delta G=\frac{C}{E}\times\frac{E}{G}\times\Delta G+\Delta\left(\frac{C}{E}\right)\times\frac{E}{G}\times\Delta G\div 2+\frac{C}{E}\times\Delta\left(\frac{E}{G}\right)\times\Delta G\div 2++\Delta\left(\frac{C}{E}\right)\times\Delta\left(\frac{E}{G}\right)\times\Delta G\div 3 \tag{3-31}$$

(二)分析结果

1.全期间的分析结果

从对象期整体来看(图 3-55)，产业规模因素是我国能源转换部门 CO_2 排放量增加的主要因素，1991—2010 年累计增排 44.55 亿 t-CO_2；能源效率因素则是其减排的主要因素，同期累计减排 16.59 亿 t-CO_2；而能源转换因素作用极微，仅减排为 0.46 亿 t-CO_2。数项相抵，实际增长 27.50 亿 t-CO_2。

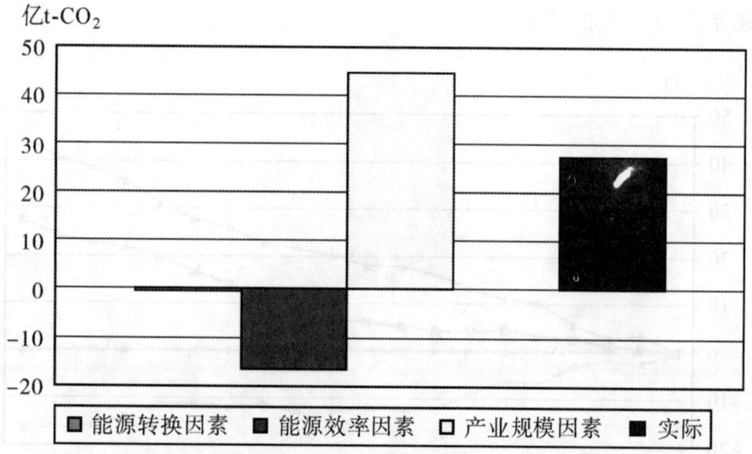

图 3-55　中国能源转换部门 CO_2 排放量变化的因素分解(1995—2010 年)

资料来源：笔者作成。

从逐年分解的情况(图 3-56)可以较为清晰地明确其变化过程。在大多数年份，产业规模因素为增排驱动，能源效率因素为减排驱动，但也有少数年份例外，驱动力大小也各有不同。如 2002—2003 年的能源效率因素就是增排驱动，而且增排驱动力高达 1.92 亿

t-CO_2。此外，还有2004—2005年、1992—1993年、1995—1996年以及1999—2000年都曾出现过增排驱动的情况。能源转换因素虽然一直影响甚微，但2009—2010年的减排驱动相当大，达到0.54亿t-CO_2。

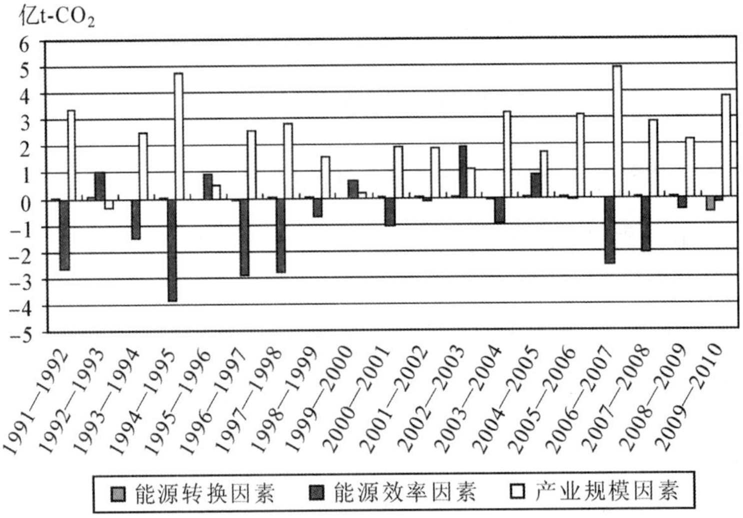

图 3-56　中国能源转换部门 CO_2 排放量变化的因素分解(逐年分解)

资料来源：笔者作成

再从各年累积的情况来看(图3-57)，产业规模因素一直是能源转换部门CO_2增排的主导因素，能源效率因素一直是减排因素，能源转换因素一直影响较小的这种总的变化趋势在短期内还不会有太大的改变。

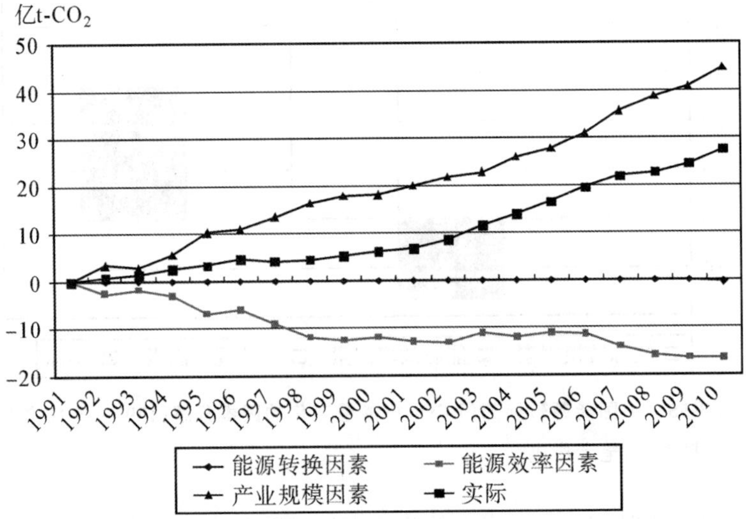

图 3-57　中国能源转换部门 CO_2 排放量变化的因素分解(累积计算)

资料来源：笔者作成。

2.分阶段的分析结果

将研究期间分为四个阶段来看(图 3-58),上述基本态势没有什么变化,但可以明显地看到一个现象——随着时间的推移,能源转换部门的 CO_2 排放增量越来越大,与此相对,产业规模因素和能源效率因素的驱动力也相应地越来越大,并未出现收敛的迹象,而能源转换因素的驱动力也并未出现明显增强的现象。

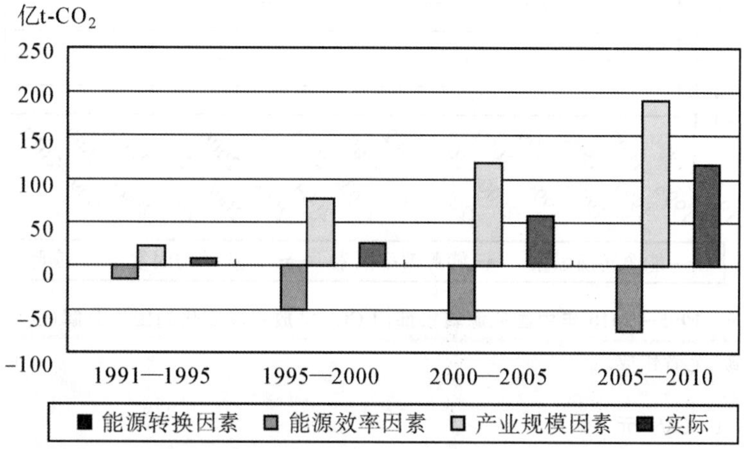

图 3-58 中国能源转换部门 CO_2 排放量变化的因素分解(分阶段)

资料来源:笔者作成。

三、能源转换部门 CO_2 排放强度变化的因素分解

(一)全期间的分析结果

从 1995—2010 年的分析结果(图 3-59)来看,能源效率因素是中国能源转换部门 CO_2 排放强度下降的主要因素,因能源效率变化造成 CO_2 排放强度累计下降了 2.28 t-CO_2/万元,但其间并不稳定,起伏颇大,且近两年下降驱动力趋于微小;产业结构因素在初期为上升驱动,后期开始出现下降驱动,累积下降了 0.26 t-CO_2/万元;只有能源转换因素几乎没有发挥什么作用。

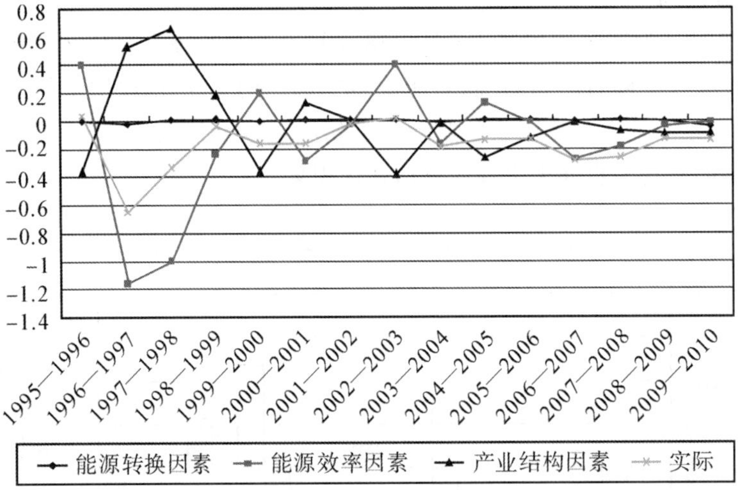

图 3-59 1995—2010 年中国能源转换部门 CO_2 排放强度变化的因素分解(逐年分析)

资料来源:笔者作成。

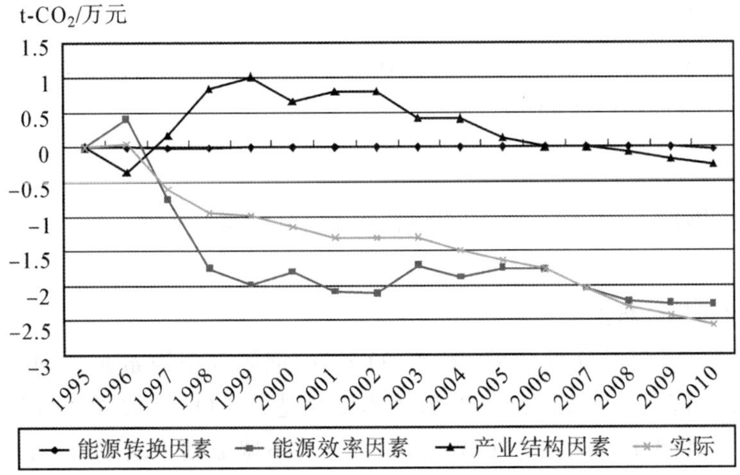

图 3-60 1995—2010 年中国能源转换部门 CO_2 排放强度变化的因素分解(叠加计算)

资料来源:笔者作成。

(二)分阶段的分析结果

从分阶段的情况来看(图 3-61),1995—2000 年虽然能源效率因素和能源转换因素为下降驱动,且能源效率因素的驱动力最大,但产业结构因素则表现为比较大的上升驱动力;2000—2005 年和前一个时期正好相反,虽然驱动力不大,但能源效率因素和能源转换因素都表现为上升驱动,只有产业结构因素表现为下降驱动,结果造成本时期的 CO_2 排放强度下降幅度最小;2005—2010 年可以说是这三个时期中最理想的一个时期,所有三个因素都表现为下降驱动。

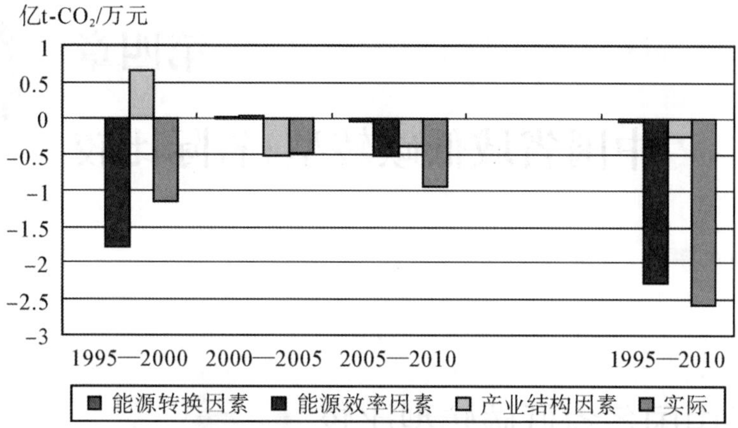

图 3-61 中国能源转换部门 CO_2 排放强度变化的因素分解(分阶段)

资料来源:笔者作成。

主要参考文献

[1]B.W.Ang&S.Y.Lee:Decomposition of industrial energy consumption, Energy Economics 1994, 16(2)83-92.

[2]张宏武、时临云:《中国的多部门 CO_2 排放量的试算及其特征分析——基于 1980—2007 年的化石能源消费数据》,载中国环境科学学会编:《中国环境科学学会学术年会论文集·第二卷(2009)》,北京航空航天大学出版社 2009 年版,第 789～794 页。

[3]Liu Lan cui, et al.Using LMDI method to analyze the change of China's industrial CO_2 emissions from final fuel use:an empirical analysis[J].Energy Policy, 2007, 35:5892-5900.

[4]刘红光、刘卫东:《中国工业燃烧能源导致碳排放的因素分解》,载《地理科学进展》2009 年第 28 卷第 2 期,第 285～292 页。

[5]卢祖丹、赵定涛:《西部大开发对工业碳排放的影响解析》,载《中国科技论坛》2010 年第 11 期,第 79～85 页。

[6]邵帅、杨莉莉、曹建华:《工业能源消费碳排放影响因素研究——基于 STIRPAT 模型的上海分行业动态面板数据实证分析》,载《财经研究》2010 年第 36 卷第 11 期,第 16～27 页。

[7]Kaya Yoichi .Impact of Carbon Dioxide Emission on GNP Growth:Interpretation of Proposed Scenarios [R].Presentation to the Energy and Industry Subgroup, Response Strategies Working Group, IPCC, Paris, 1989。

第四章
中国省域低碳转型:省际比较

第一节 中国各省低碳转型比较

前一章我们对我国产业的低碳转型进行了探讨,但由于中国国土面积辽阔,各地自然、经济和社会的条件差异极大,在此基础上 CO_2 排放状况也会千差万别,发展低碳经济、制定 CO_2 减排对策也不可能使用统一的模式,各地方应该有各自不同的政策。在这个意义上而言,着眼于中国区域层面对包括 CO_2 减排在内的环境治理(environmental governance)进行研究是非常重要的。

但从当前的研究现状来看,有关中国的经济发展、国民收入等方面的区域差异研究比较多,而关于环境污染方面的差异研究则较少,特别是有关 CO_2 排放地区差异的研究更是少之又少。这种状况出现的背景,在于中国分地区的统计数据很难得到。与其他污染物质相比,中国政府公布的分地区 CO_2 排放数据极其不足,只能看到一些零零星星的、断断续续的资料,严重缺乏系统、连续且权威性的 CO_2 排放资料。

对 CO_2 排放的区域差异研究较少的另一个背景是,与其他污染物(如二氧化硫、氮氧化物、化学需氧量等)相比较,CO_2 本身还没有被纳入直接的污染物的范围,还存在着 CO_2 究竟是不是污染物的暧昧认识。

这种状况对中国低碳经济的发展和转换以及 CO_2 减排起到了很大的负面作用。在中国 CO_2 减排的努力不被国际社会充分认识的同时,也对 CO_2 减排的研究形成了较大的障碍。学者们虽然痛感 CO_2 排放研究的重要性,但由于资料的缺乏只好敬而远之,选择放弃研究。这样考虑问题的研究者不在少数。因此,分地区的 CO_2 排放量的推算和分析就成为非常必要和非常重要的工作。

鉴于此,本研究首先利用中国政府公布的能源消费数据对中国各省、各部门的化石能源起源的 CO_2 排放量进行推算,做成基础数据;其次以此为依据,对中国的 CO_2 排放特征进行分析;再次对影响中国各省、各地区的分部门 CO_2 排放量的驱动因素进行分解;最后从区域环境治理的角度来探讨一下中国低碳经济的对策。

让人感到欣慰的是,中国政府的统计体系和指标都在逐步改善,公布的资料也在逐渐增加,也开始重视资料的连续性、准确性和可靠性。例如,中国政府根据《联合国气候变动框架公约》，在前述的《中华人民共和国气候变动初始国家信息通报》中，登载了中国 1994 年的 3 种温室气体（二氧化碳、甲烷、一氧化二氮）的分部门排放量，之后，从 2008 年 12 月开始国家发展与改革委员会（发改委）启动了《中国第二次国家信息通报能力建设》项目，至今已进行过数次讨论会[①②③]。另据报道，国家已经启动省级应对气候变化方案项目[④]，并已就如何开展统计体系和指标体系的建设、如何开展排放清单的测算体系的建设进行多次研讨[⑤]，以图建立起温室气体排放数据统计和管理体系，这对研究者来说无疑是一个福音。

这里有一点需要说明的是，本研究的推算只是为了科学研究所做的一种尝试，并不能代表国家权威数据的发布。根据 COP15 提出的《哥本哈根协议》，发展中国家（气候变动框架条约非附属书 1 国）应制定国内法，实行温室气体削减计划，并两年一次将其工作情况通过联合国对外公布[⑥]。《哥本哈根协议》虽然没有被正式通过，只是形成了以“注意事项”这样的自主参加方式，但以此为契机，期待着中国政府能够公布详细而连续的中国 CO_2 排放量的数据。

一、各省 CO_2 排放现状和特征

鉴于我国 CO_2 排放数据十分缺乏的现状，本章利用中国的能源消费数据，对我国大陆各省、直辖市、自治区（因西藏自治区得不到数据，故没有列入）的 30 个省级行政单位（以下简称省）1995—2012 年的各部门（工业、农业、建筑业、运输业、商业、其他服务业以

① 《GEF/UNDP—“中国准备第二次国家信息通报能力建设”项目介绍》，http://nc.ccchina.gov.cn/web/column.asp? ColumnId=1。

② 《“中国准备第二次国家信息通报能力建设”项目 10 个分包子项目启动会简报（第 2 期）》，http://qhs.ndrc.gov.cn/gndt/jhqhbh/P0200904023736 43374748.pdf。

③ 《“能源清单活动温室气体清单编制”和“建立中国温室气体排放清单数据库”第一次进展汇报会召开》，http://nc.ccchina.gov.cn/web/NewsInfo.asp? NewsId=399。

④ 中国国家发展和改革委气候办、中国国家发展和改革委能源研究所、中国省级应对气候变化方案项目办，中国/联合国开发计划署/挪威/欧盟合作项目中国省级应对气候变化方案项目简报，2008 年 6 月第 1 期，中国省级应对气候变化方案项目启动会，http://qhs.ndrc.gov.cn/gndt/qhbhfa/t20090205_259511.htm。

⑤ 1.中国省级应对气候变化方案项目青海研讨会会议总结，http://qhs.ndrc.gov.cn/gndt/qhbhfa/t20090205_259529.htm；2.中国省级应对气候变化方案项目内蒙古研讨会会议总结，http://qhs.ndrc.gov.cn/gndt/qhbhfa/t20090205_259530.htm；3.中国省级应对气候变化方案项目初步成果讨论会总结，http://qhs.ndrc.gov.cn/gndt/qhbhfa/t20090205_259531.htm；4.中国省级应对气候变化方案项目第二次成果讨论会总结，http://qhs.ndrc.gov.cn/gndt/qhbhfa/t20090205_259533.htm；5.中国省级应对气候变化方案项目研讨会情况总结，http://qhs.ndrc.gov.cn/gndt/qhbhfa/t20090804_294792.htm；6.省级应对气候变化方案项目中期总结会在京举行，http://qhs.ndrc.gov.cn/gndt/qhbhfa/t20100107_323599.htm。

⑥ 朝日新聞社、COP15コペンハーゲン合意の要旨、2009 年 12 月 19 日、http://www.asahi.com/international/update/1219/TKY200912190285.html。

及生活部门等七个最终能源消费部门和发电、供热两个能源转换部门)、各种化石能源(原煤、洗精煤、其他洗煤、型煤、焦炭、焦炉煤气、原油、燃料油、汽油、煤油、柴油、液化天然气(liquefied petroleum gas:LGP)、炼厂干气、其他煤气、其他石油制品、天然气等16种)的CO_2排放量进行了推算。

推算方法系采用各省、各部门的能源消费量乘以各类能源的CO_2排放系数(具体方法参照第一章第一节),其中能源消费数据来源于《中国能源统计年鉴》(各年版)①,排放系数采用日本科学技术厅科学技术政策研究所的研究成果[1]。另外,在推算过程中,扣除了作为工业原料的能源利用部分(非燃料利用部分)。

这里需要特别说明的一点是,这里对各省区各部门CO_2排放量的推算,不仅吸收了国内外研究成果,而且利用的是基于国家统计局公布的《中国能源统计年鉴》(各年版)中的能源消费数据进行的,作者认为在目前资料缺乏情况下,这只是出于研究的目的的一种尝试。正如有人指出的那样,中国的统计数据还有不完善的地方[2],《中国能源统计年鉴》中还有些明显的错误和资料缺失的地方(如缺少宁夏2000—2002年、海南2002年的数据等),建立在此基础上的推算结果的准确性还有待验证。不过,在目前中国的统计体系中,《中国能源统计年鉴》可以认为是有关中国能源消费数据最具权威性的源头,虽然统计指标体系等尚在逐渐完善中,但已经形成一定的时间序列和较为稳定的地区和部门统计体系,仍不失为一个重要的信息源。因此,笔者认为,这种推算还是有一定的意义和可信度的,特别是给我们比较各个省区相对的特征提供了一个统一的标尺,就这一点而言,本推算结果还是有重要价值的。

(一)各省CO_2排放总量的现状特征

图4-1表示了中国各省2012年CO_2排放量的推算结果。从中可以看出,CO_2排放量较多的是山东、河北、内蒙古、江苏、河南、广东、辽宁和山西等省区。这8省区合计占全国CO_2排放量的51.7%;而CO_2排放量相对较少的是海南、青海、北京、宁夏、江西、甘肃、重庆、天津、广西、云南、上海和贵州等,上述12省(市、区)占全国排放量的18.3%。

究其原因,我们不难看出,影响CO_2排放量的因素主要是经济和人口规模以及能源消费结构等。一方面,如排放量较大的省区或者是经济、人口规模较大的地区[2012年的GDP(当年价格)排位顺序是广东、江苏、山东、浙江、河南、河北和辽宁,人口排位顺序是广东、山东、河南、四川、江苏、河北],或者是经济和人均GDP增长迅速以及煤炭消费数量多、比重大的省区(1995—2012年内蒙古的GDP增长了8.9倍,年均增长14.4%,位居全国各省区榜首);另一方面,排放量较小的大体上都是经济或人口规模较小的省份。

从分布上来看,CO_2排放较多的省区多位于我国的中东部地区或北方地区,而排放较少的省份大多位于西部内陆地区(京、津、沪等直辖市除外)。这种分布态势与我国经济发展水平的东高西低趋势是基本一致的。

① 中国国家统计局编:《中国能源统计年鉴》中国统计出版社各年版。

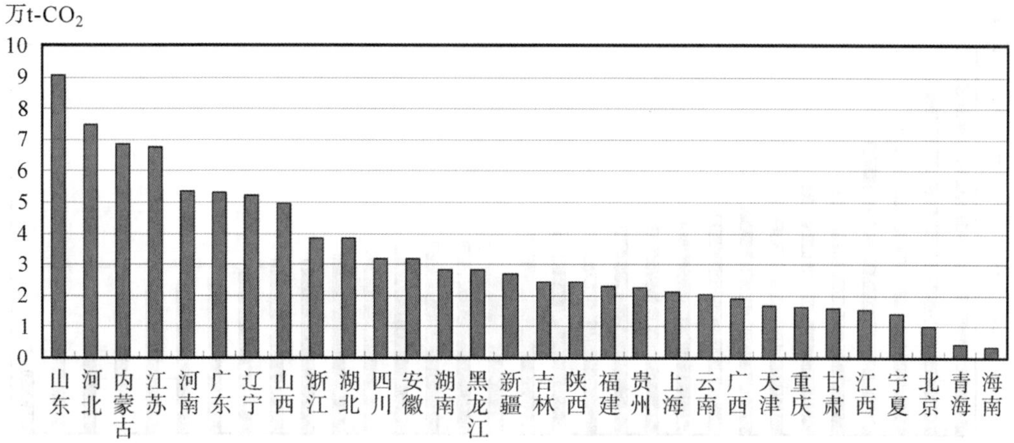

图 4-1 中国各省的 CO_2 排放量(2012)

资料来源：根据笔者推算资料作成

从 CO_2 排放量的省际差距来看，2012 年山东省排放量为9.05亿吨，海南省为 0.34 亿吨，两者相差 26 倍以上，这说明我国 CO_2 排放量的省际差异还是比较大的。

(二)各省 CO_2 排放总量的变动特征

1995—2012 年中国 CO_2 排放量的平均年增长率为 7.2%，但各省之间的差别较大，增长幅度最大和最小的比为 5.8 倍。整个期间增长幅度较大(年增长率在 8%以上)的依次为内蒙古(12.8%)、宁夏(12.8%)、海南(11.0%)、福建(10.5%)、山东(9.3%)、新疆(9.0%)和云南(8.4%)，其中既有排放基数较高的省份，也有基数较低的省份；增长幅度较小(年增长率在 6%以下)的有北京(2.2%)、上海(4.5%)、黑龙江(4.6%)、湖南(5.1%)、吉林(5.1%)、辽宁(5.4%)、四川(5.6%)、江西(5.9%)等，除了两个直辖市外，东北老工业基地比较突出。

从分阶段的变动率来看，20 世纪 90 年代 5 年间(1995—2000)的平均增长率为 1.5%(年增长率分别为 3.8%、−0.8%、0.7%、0.2%、3.5%)；进入 21 世纪以后，增长速度明显加快，本世纪前 5 年(2000—2005)的平均年增长率达到 12.0%，特别是 2002 年以后的三年，年增长率分别达到 13.2%、15.29%和 19.2%；2005—2010 年的年平均增长仍然高达 8.7%(其中 2005—2007 年分别为 10.5%、12.3%)；2010—2012 年增长率下降为 6.6%，开始低于整个期间的平均值。

由此可以看出，中国 CO_2 减排的压力十分巨大。今后短期内随着经济的继续发展，不仅绝对量减排难以实现，而且连政府提出的到 2020 年单位 GDP 碳排放降低 40%～45%的相对量减排也需付出很大的努力。

从各省各年的情况来看，CO_2 排放量的年平均增长率变动十分剧烈，最极端的情况下各年间相差 1 倍以上。这中间不排除有资料上的准确性问题，还有个别省份年度资料缺失的问题，如宁夏的 2000—2002 年、海南的 2002 年等。

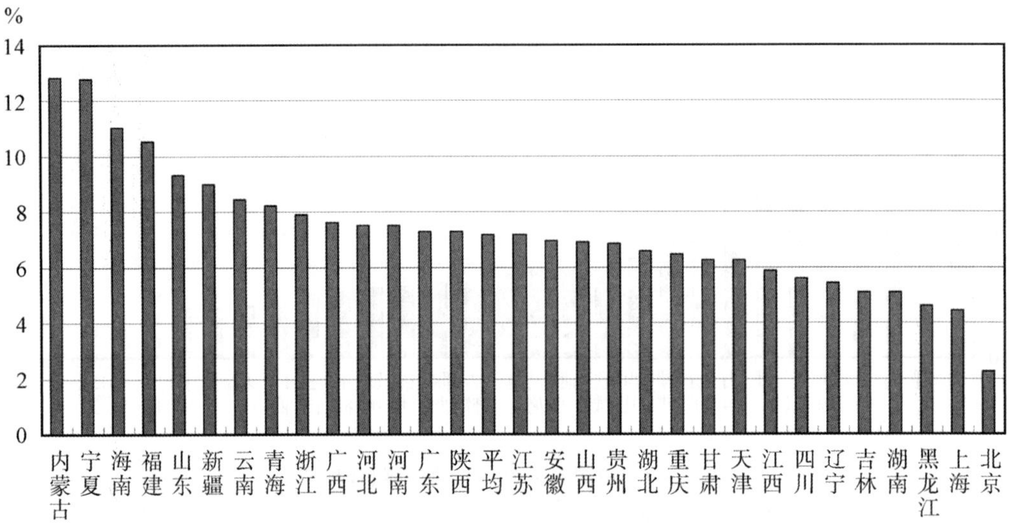

图 4-2 中国各省 CO_2 排放量的年平均增加率(1995—2012)

资料来源:笔者作成。

由于 CO_2 排放增长率的地区差异性,各省 CO_2 排放量的位次也发生了较大变化。2012 年与 1995 年的排放量相比,多到少排名上升最快的是内蒙古,从 1995 年的第 16 位一跃为第 3 位,上升了 13 位,其他上升较多的还有福建(上升 9 位)、云南(上升 5 位)、新疆(上升 5 位)等省;而位次下降最多的是北京(从第 19 位下降到第 28 位,下降了 9 位),其次是上海(下降 6 位)、黑龙江(下降 6 位)、辽宁(下降 5 位)、江西(下降 4 位)、吉林(下降 3 位)等省。

(三)各省人均 CO_2 排放量的演变及特征

从各省人均 CO_2 排放量(图 4-3)可以看出,这 18 年间 CO_2 排放量有了很大增幅,不管哪个省份都是增加的,但由于其增加率的差异,省际之间的差别变得更大。单从 2012 年的数据来看,人均 CO_2 排放量最多的内蒙古(27.5 吨/人),是人均排放最少的江西省(3.5吨/人)的 7.9 倍。

人均 CO_2 排放量较多的包括位于北部地区的内蒙古、宁夏、山西、新疆、河北、辽宁、山东、吉林等煤炭产出省区以及位于沿海地区的天津、上海、江苏、浙江等经济发展水平较高的省区。前者煤炭利用率较高,后者则是能源消费量较多。

另外,人均 CO_2 排放量较少的省区是江西、海南、四川、广西、湖南、云南、北京和广东等,除了北京外,其他省区都位于中国南部地区。

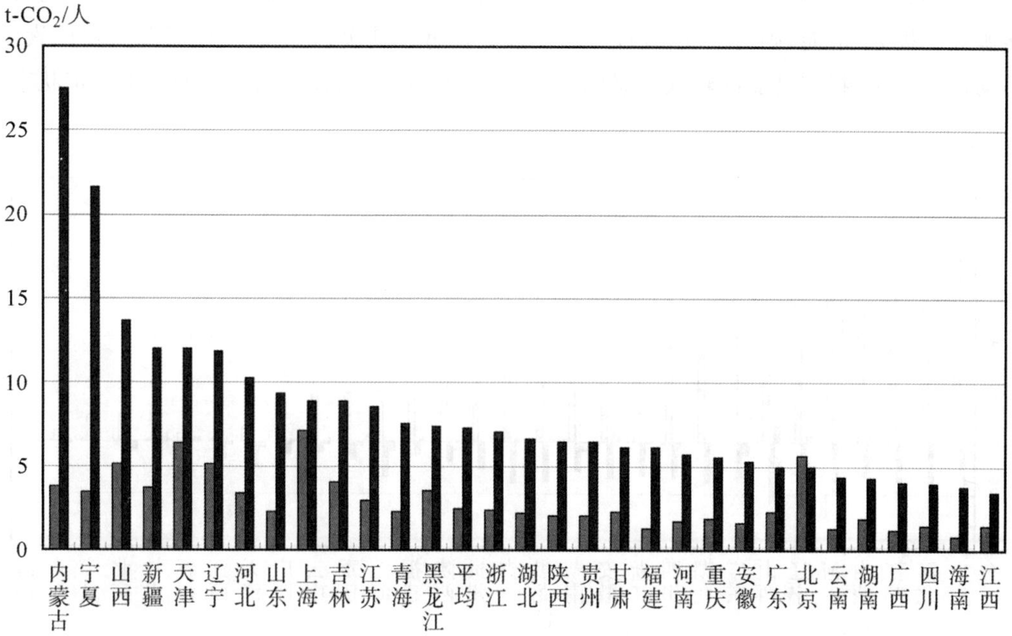

图 4-3 人均 CO_2 排放量的比较(1995—2012)

资料来源：笔者作成。

二、各省 CO_2 排放变化的因素分解

以上我们对中国各省 CO_2 排放的特征进行了分析。下面我们来探讨一下上述特征是由什么原因造成的，这些原因又是怎样影响 CO_2 排放量的变化的。

(一)分析方法和数据

从宏观角度来分析中国各省 CO_2 排放变动的驱动因素，与第一章相同用茅恒等式(Kaya identity)来进行，即将各地区的 CO_2 排放量分解为若干因素的乘积，通过偏微分计算，得出各个因素对 CO_2 排放变化的驱动力。具体方法请参照第一章相关内容。

分析中所利用的数据也与第一章相同，CO_2 排放数据是根据笔者的上述推算结果，能源消费数据来自《中国统计年鉴》(各年版)，GDP 和人口数据取自《中国统计年鉴》(各年版)。这里的 GDP 数值按 2005 年价格进行了换算。

(二)分析结果

本研究利用茅恒等式和上述资料对中国各省 CO_2 排放变动的驱动因素进行了分解。

图 4-4 是 1995—2012 年各省 CO_2 排放变动驱动因素的分解结果。这里首先可以明确的一点是，所有的省市都是经济规模因素和能源效率因素影响较大，而且除了个别省市以外，两者的驱动方向是相反的。也就是说，几乎所有的省市都以经济规模因素为 CO_2 排放增加的驱动因素，而能源效率因素则是 CO_2 排放削减的驱动因素。对中国 CO_2 排

放变动起较大驱动作用的基本构图是，经济增长对 CO_2 排放增加的驱动力十分强劲，而能源效率提高（节能）则对 CO_2 减排做出了极大贡献。其次，能源转换因素和人口因素的驱动作用较小，特别是能源转换因素的驱动力方向时而为正，时而为负，处于不稳定状态。

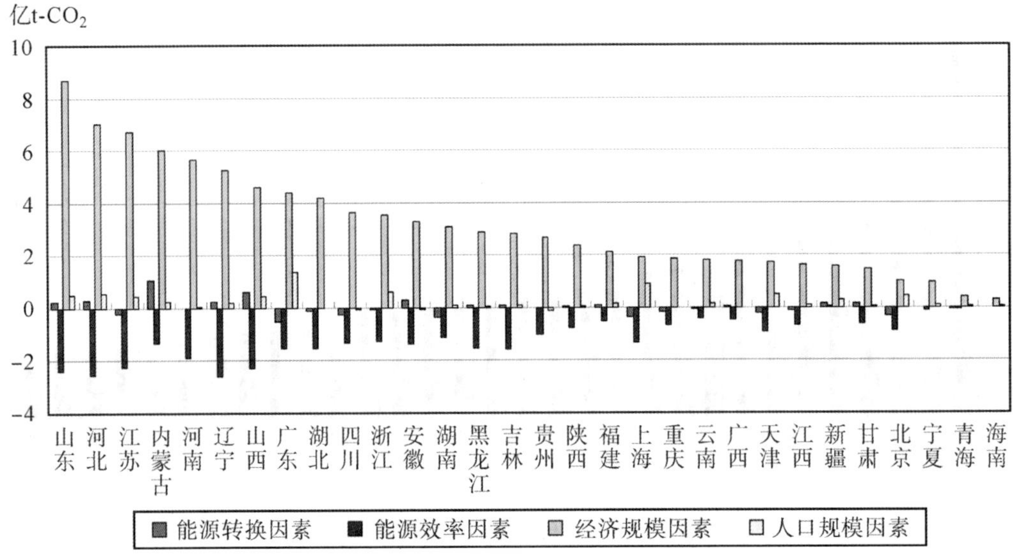

图 4-4　1995—2012 年各省 CO_2 排放量变化的因素分解

资料来源：笔者作成。

图 4-5 是分别从各个因素来看的分析结果。首先来看经济规模因素。所有省区都是正向驱动（CO_2 增排作用），其中驱动力较大的有山东、河北、江苏、内蒙古、河南、辽宁、山西、广东等省区，驱动力较小的是海南、青海、宁夏、北京、甘肃、新疆、江西、天津、广西、云南、重庆、上海等省区。究其原因，大致可以看出，原先经济规模越大或经济增长越快的省区，其驱动力也越大；原先经济规模越小或经济增长越慢的省，其驱动力也越小。例如驱动力居于上位的都是经济规模较大的省，而内蒙古的经济规模虽然不是很大，但由于经济增长率较高，在全国各省经济规模排名上从 1995 年的第 24 位上升到 2012 年的第 16 位；另一方面，在上述驱动力较小的各省中，除了北京、上海以外，其他省区的经济规模大都较小。

北京、上海的经济规模因素驱动力较小可能有其他的原因。如前所述，经济规模因素中也有经济结构的影响，由于此处没能对经济结构进行分析，所以尚不明确经济结构的影响。这两个直辖市虽然经济规模较大，但由于经济结构变化的影响（向第三产业转型），所以即使经济增长了，但由于 CO_2 排放较少的第三产业比重扩大带来的影响，使得 CO_2 排放增加得到了抑制。从这个意义上讲，经济规模最大的广东省也由于受到经济结构的影响而使其排名不是十分靠前。

其次来看能源效率因素。除了新疆是属微小的正向驱动以外，其余所有省区都是负向驱动（CO_2 减排作用）。贡献度较大的是辽宁、河北、山东、山西、江苏、河南、吉林、黑龙江、广东、湖北等省，贡献度较小的有海南、青海、宁夏、云南、广西等省区。其主要原因与

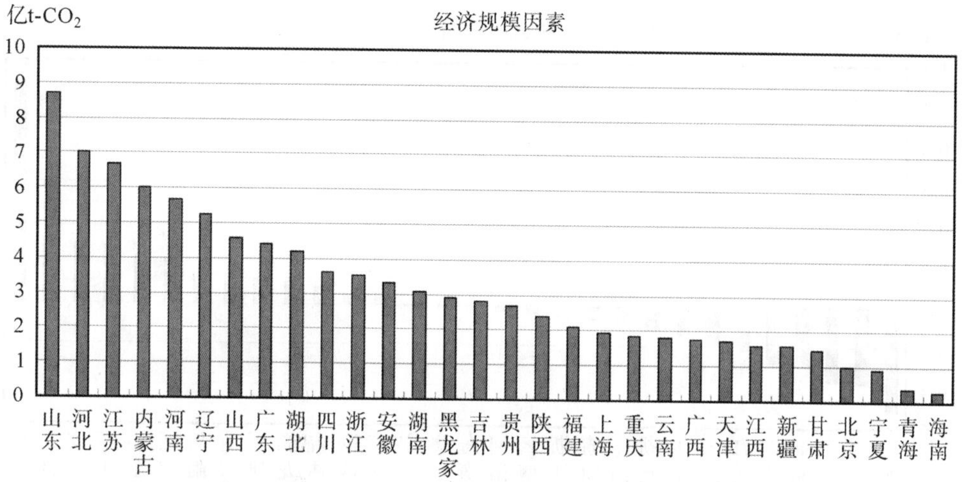
亿t-CO2
经济规模因素
10
9
8
7
6
5
4
3
2
1
0
山东 河北 江苏 内蒙古 河南 辽宁 山西 广东 湖北 四川 浙江 安徽 湖南 黑龙家 吉林 贵州 陕西 福建 上海 重庆 云南 广西 天津 江西 新疆 甘肃 北京 宁夏 青海 海南

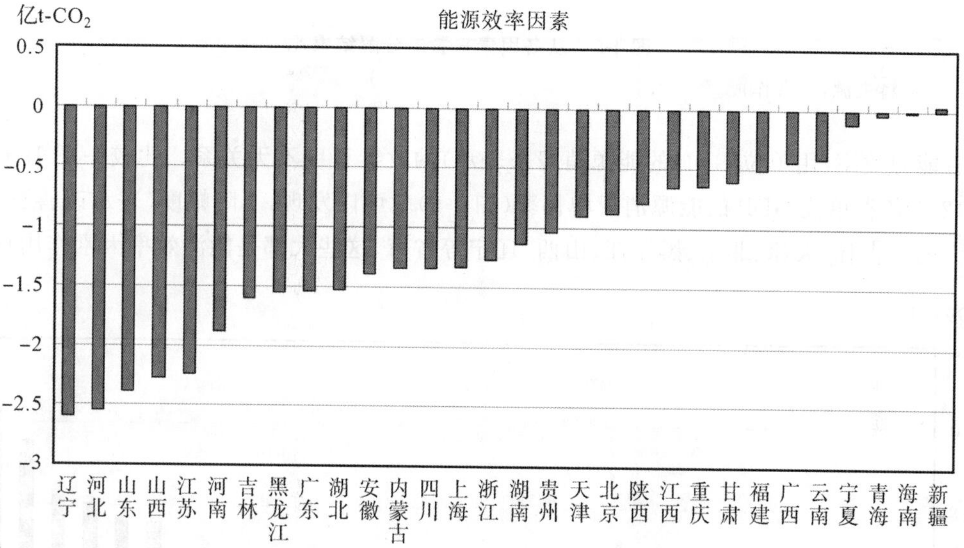
亿t-CO2
能源效率因素
0.5
0
-0.5
-1
-1.5
-2
-2.5
-3
辽宁 河北 山东 山西 江苏 河南 吉林 黑龙江 广东 湖北 安徽 内蒙古 四川 上海 浙江 湖南 贵州 天津 北京 陕西 江西 重庆 甘肃 福建 广西 云南 宁夏 青海 海南 新疆

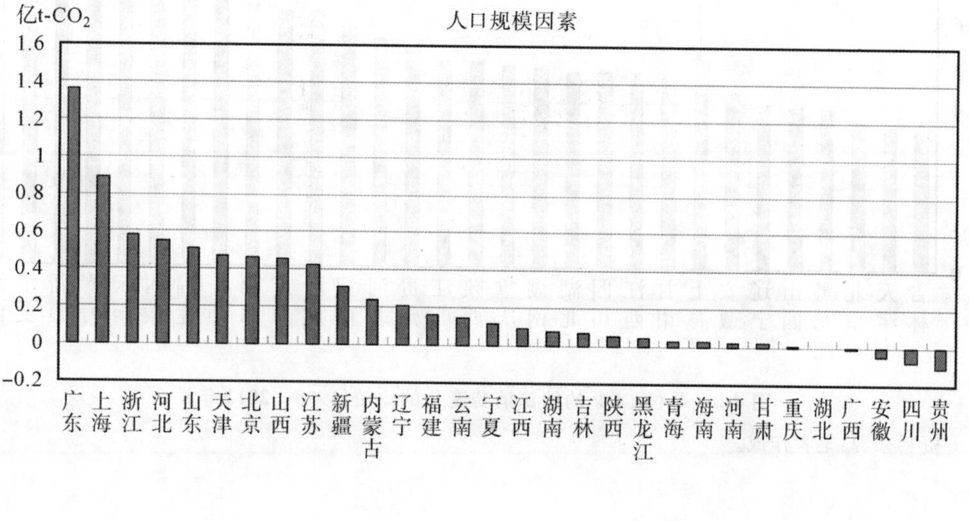
亿t-CO2
人口规模因素
1.6
1.4
1.2
1
0.8
0.6
0.4
0.2
0
-0.2
广东 上海 浙江 河北 山东 天津 北京 山西 江苏 新疆 内蒙古 辽宁 福建 云南 宁夏 江西 湖南 吉林 陕西 黑龙江 青海 海南 河南 甘肃 重庆 湖北 广西 安徽 四川 贵州

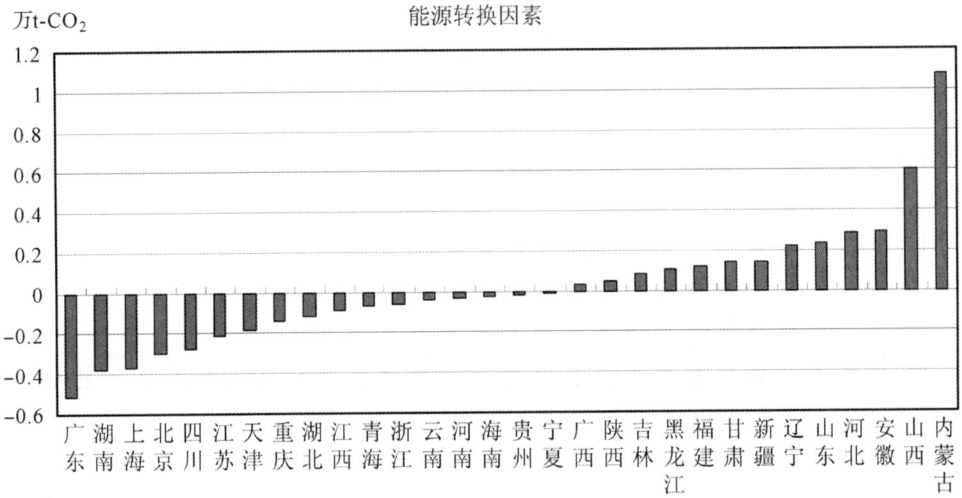

图 4-5　从各因素来看的分解结果

资料来源：笔者作成。

各省能源效率(用单位 GDP 的能源消费来表示)的改善程度不无关系。比较一下 1995—2012 年各省单位 GDP 的能源消费增长率(图 4-6)就可以发现，下降幅度(表示改善程度)较大的有吉林、天津、北京、黑龙江、山西、辽宁等省市，这些大都是能源效率因素作用较大

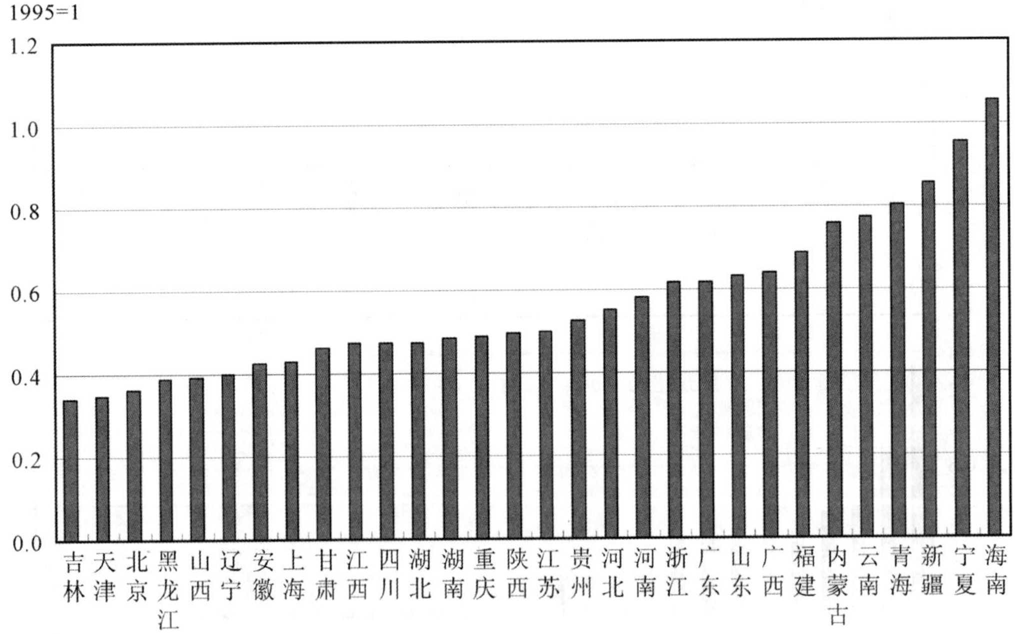

图 4-6　单位 GDP 的能源消费变化的比较(1995—2012 年)

资料来源：笔者作成。

的省市，且大多位于煤炭产出量较多的华北和东北地区，原先的能源效率极端低下（有一种解释是由于煤炭可以容易取得，所以节约意识欠缺），在此期间能源效率得到了较大的改善，如山西在 1995 年单位 GDP 的能源消费量居于全国最高位置（能源效率倒数第一），而东北三省在 1995 年都位置靠后，到 2012 年位次都有了较大提高；而天津、北京虽然能源效率有了较大提高，但由于 CO_2 排放总量不是很大，所以能源效率因素的绝对值也不是很大，但单位 GDP 的能源消费量排名都有较大幅度提升，尤其是天津市的位次提高了 9 位。另一方面，2012 年单位 GDP 的能源消费指标居于下位的依次是海南、宁夏、新疆、青海、云南、内蒙古等省区，几乎与能源效率因素驱动力较小的省区是一致的。这些省区要么是位于内陆地区，要么即使是位于沿海地区也是属于经济不太发达的省区。

再来看人口因素。除了贵州、四川、安徽和广西等少数几个负向驱动作用的省外，其他的 26 个省市均为正向驱动（CO_2 增排作用），其中驱动力较大的是广东、上海、浙江、河北、山东、天津、北京等省市。这些都是 GDP 规模较大的省份，而且人均 GDP 也是较大的省份。2012 年中国 GDP 规模最大的是广东省，其次是江苏、山东、浙江等省；从人均 GDP 来看，除了上海、北京和天津这三个直辖市以外，就数江苏、浙江、广东等省的人均 GDP 数量较大。

最后再来看能源转换因素。一方面有 17 个省是负向驱动，另一方面有 13 个省则是正向驱动。其中，负向驱动力较大的有广东、湖南、上海、北京、四川、江苏、天津、重庆、湖北等省市，正向驱动力较大的则是内蒙古、山西、安徽、河北、山东、辽宁等省份。其原因恐怕与能源消费规模的大小和单位能源消费的 CO_2 排放量的变动有关。能源消费量越多，不管是正向驱动还是负向驱动，其驱动力就越大；而单位能源消费的 CO_2 排放量越多，说明单位发热量的 CO_2 排放较多的煤炭消费就越多，此期间单位能源消费的 CO_2 排放量的变动越大，能源转换因素的驱动力就越大。实际上，如果我们将 1995 年作为基准对其变动进行比较（图 4-7）就可以知道，2012 年中国各省市单位能源消费的 CO_2 排放量数值在 0.9 以下的有北京、青海、湖南、上海、四川、广东、重庆、江西、天津等，都是能源转换因素为负向驱动力的省市；而其值在 1.1 以上的则是山西、宁夏、安徽、福建、甘肃等，多为能源转换因素是正向驱动力的省区。

三、各省低碳转型比较

图 4-8 表示的是基于 2012 年数据来看的中国各省人均 CO_2 排放量和人均 GDP 的关系。在这张图上表示的意思是越往上方，表明 CO_2 排放量越多；越往右边，表示经济发展的水平越高。人均 GDP 较高的有天津、北京、上海、江苏、内蒙古、浙江、辽宁、广东、福建、山东等省市，而人均 CO_2 排放量较多的则是内蒙古、宁夏、山西、新疆、天津、辽宁、河北、山东、上海、吉林、江苏等省市。

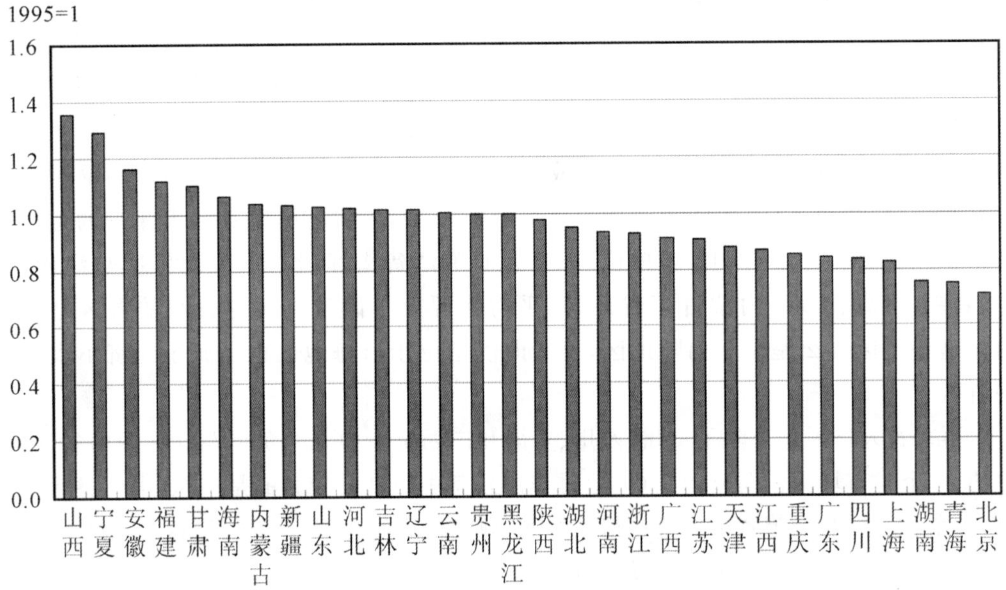

图 4-7　单位能源消费的 CO_2 排放量变化的比较(1995—2012 年)

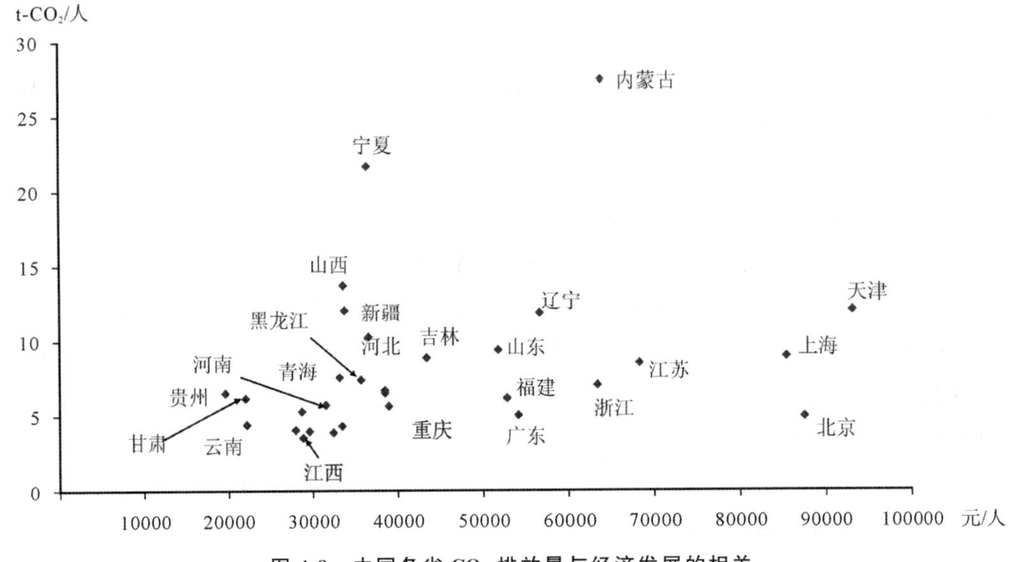

图 4-8　中国各省 CO_2 排放量与经济发展的相关

资料来源:GDP 数据来源于 2013 年中国统计年鉴(当年价格),CO_2 数据来源于笔者推算

另外,图 4-9 表示的是中国各省市人均 CO_2 排放量与单位 GDP 的 CO_2 排放量的相关关系。这里的纵轴表示人均 CO_2 排放量指标,与图 4-8 相同,横轴表示的是单位 GDP 的 CO_2 排放量。这张图表示的意思是越往图的上方,CO_2 排放量越多;越往图的右边,CO_2 排放的效率越差。从图中可以看出,单位 GDP 的 CO_2 排放强度较低(排放效率较

高)的有北京、广东、上海、浙江、福建、天津、江苏、海南、江西、四川、湖南和重庆等沿海或南方省市，而排放强度较高(排放效率较低)的是宁夏、内蒙古、山西、新疆、贵州、甘肃、河北、青海、辽宁、吉林、云南等西部或北方省区。

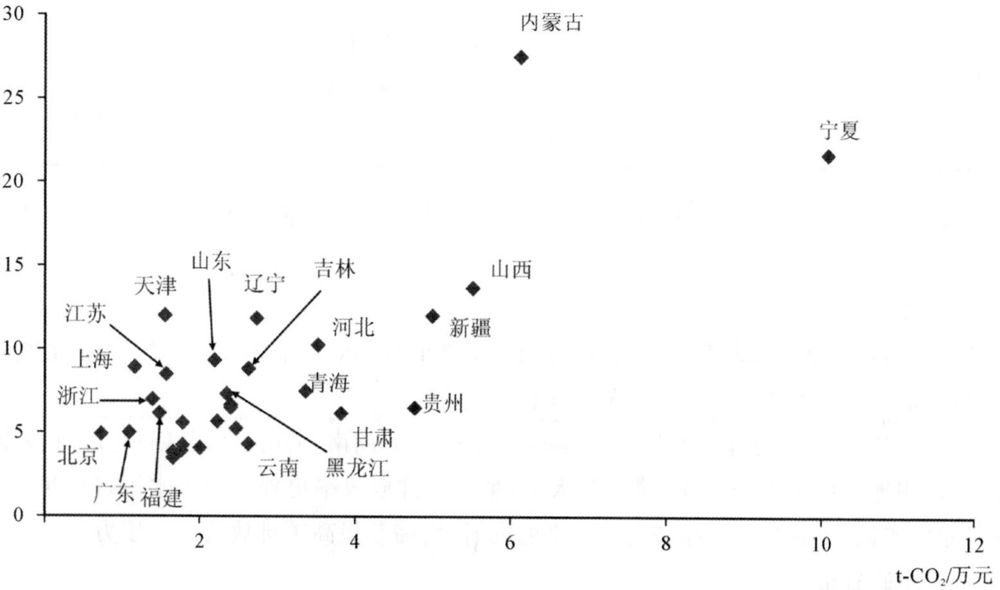

图 4-9　中国各省 CO_2 排放量与排放效率的相关

资料来源：GDP 数据来源于各年《中国统计年鉴》(换算成 2005 年价格)，CO_2 数据来源于笔者推算。

根据图 4-8 和图 4-9 的数据，我们可以从人均 GDP、人均 CO_2 排放量和单位 GDP 的 CO_2 排放量这三个指标将各省区的作如下归纳(表 4-1)。

表 4-1　中国各省区 CO_2 排放及经济指标比较(2012 年)

项目	指标	等级		省　区
人均 CO_2 排放	>10 t-CO_2	高		内蒙古、宁夏、山西、新疆、天津、辽宁、河北
	<10 t-CO_2 >5 t-CO_2	中	中上	山东、上海、吉林、江苏、青海、黑龙江、浙江
			中下	湖北、陕西、贵州、甘肃、福建、河南、重庆、安徽
	<5 t-CO_2	低		广东、北京、云南、湖南、广西、四川、海南、江西
单位 GDP 的 CO_2 排放	<1.6 t-CO_2/万元	高		北京、广东、上海、浙江、福建、天津、江苏
	>1.6 t-CO_2/万元 <3 t-CO_2/万元	中	中上	海南、江西、四川、湖南、重庆、广西
			中下	山东、河南、黑龙江、湖北、陕西、安徽、云南、吉林、辽宁
	>3 t-CO_2/万元	低		青海、河北、甘肃、贵州、新疆、山西、内蒙古、宁夏

续表

项目	指标	等级		省　区
人均 GDP	>5 万元	高		天津、北京、上海、江苏、内蒙古、浙江、辽宁、广东、福建、山东
	<5 万元 >3 万元	中	中上	吉林、重庆、湖北、陕西、河北、宁夏、黑龙江
			中下	新疆、山西、湖南、青海、海南、河南
	<3 万元	低		四川、江西、安徽、广西、云南、甘肃、贵州

根据表 4-1，我们可以将中国各省区的低碳经济类型作如下划分（表 4-2）。从表中可以看出如下几点：

（1）低碳省市

①我国各省市中以北京和广东最为理想，即在低碳高效的前提下，实现了经济的高产出，可以说是我国低碳转型的领头羊和样板。

②低碳省区主要分布于我国中西部的南方地区，如湖南、海南、江西、四川、广西、云南等省，这些地区由于人均 GDP 属中低水平，虽然碳排放效率也处于中等水平，但 CO_2 排放量相应较低，今后在提高经济发展水平的同时，面临着提高碳排放效率的压力。

（2）中碳省市

①在中等碳排放省市中，虽然人均 GDP 较高，但碳排放效率也较高，所以 CO_2 排放量也相应处于中等水平，这一类型包括上海、浙江、江苏、山东、福建等东南部沿海省市，这些省市的努力方向是如何进一步加大低碳转型的力度。

②在中等碳排放省市中，由于人均 GDP 属中低水平，虽然碳排放效率也处于中等水平，但 CO_2 排放量相应处于中等水平，这一类型包括吉林、黑龙江、湖北、河南、陕西、重庆和安徽等省市，这些省市多位于我国中部地区，今后在提高碳排放效率和发展经济方面面临着较大挑战。

③在中等碳排放区中，由于人均 GDP 和碳排放效率都处于中低水平，所以 CO_2 排放量也处于中等水平，这一类的省区是甘肃、青海和贵州，其今后推动经济发展的同时，要着力提高碳排放效率。

（3）高碳省市

①在高碳省市中，天津市虽然碳排放效率居于全国前列，但由于人均 GDP 较高，且增长迅速，在很大程度上抵消了效率提高带来的减排作用，故呈现出 CO_2 排放持续增加的态势。今后的重点方向应该是坚持在发展经济的同时，通过各种方式，如提高产业结构的层次、大力利用可再生能源等来实现低碳转型。

②在高碳省区中，辽宁和内蒙古由于人均 GDP 较高，加之碳排放效率居中低水平，所以 CO_2 排放较多，特别是内蒙古由于经济发展迅速，碳排放效率又极低，造成了 CO_2 排放量居高不下。这两个省区应该将重点突出放在提高碳排放效率上。

③在高碳省区中，位于我国北方的山西、河北、宁夏、新疆等省区，人均 GDP 在我国属

中下水平，但由于碳排放效率十分低下，故 CO_2 排放量属较高水平，这些省区与前述高碳省区一样，提高碳排放效率应属当务之急。

表 4-2　中国各省区低碳经济类型(2012 年)

人均碳排放量	碳排放效率	人均 GDP	省　区
低碳	高	高	北京、广东
	中	中	湖南、海南
	中	低	江西、四川、广西、云南
中碳	高	高	上海、浙江、江苏、山东、福建
	中	中	吉林、黑龙江、湖北、河南、陕西、重庆
	中	低	安徽
	低	中	甘肃
	低	低	青海、贵州
高碳	高	高	天津
	中	高	辽宁
	低	高	内蒙古
	低	中	山西、河北、宁夏、新疆

这里有一点需要说明的是，本研究所谓高、中、低碳省区的划分，完全是出于各省区相对比较出发的角度进行的一种尝试，并不能说明是一个固定的称谓；划分的指标只是固定于 2012 年的时点，不同的时点会有不同的情况；且指标具有主观随意性，只能反映各省区的相对位置等。另外，这里关注的重点指标是人均 CO_2 排放量，如果将其换为 CO_2 排放总量或是单位面积的 CO_2 排放量，其结果可能又是另一种情况。但无论如何，笔者认为这样的探讨还是有一定意义的。

第二节　中国各省 CO_2 排放强度比较

如前所述，中国政府于 2009 年 12 月正式确定并承诺到 2020 年单位 GDP 的 CO_2 排放量比 2005 年下降 40％～45％的目标，并于 2011 年 12 月发布了《"十二五"控制温室气体排放工作方案》[①]，将这一目标纳入"十二五"规划，明确提出到 2015 年全国单位国内生产总值 CO_2 排放比 2010 年下降 17％，还进一步将这一指标分解到各个省区，给各个省区下达了 10％～19.5％不等的具体指标任务，这表明我国是一个负责任的大国。

① 《"十二五"控制温室气体排放工作方案》，http://qhs.ndrc.gov.cn/dtjj/t20120228_464116.htm。

单位GDP的CO_2排放反映的是CO_2排放的一种综合效率指标，也可称之为“碳排放强度”指标。理想的状态是单位GDP的CO_2排放量(即碳强度)越低越好，因为这样可以实现以较小的CO_2排放获得较高的GDP产出。也就是说，在GDP产出同样的情况下，可以实现较少的CO_2排放，或者说在同等的CO_2排放的情况下，可以实现较高的GDP产出。因此，本书中将单位GDP的CO_2排放量较低与CO_2排放效率较高视为同一表达，反之亦然。

有一种观点认为，碳强度高低不表明效率高低，如贫穷的农业国家碳强度均较低，但效率并不高。但笔者认为，将碳强度作为一个效率指标还是有意义的，它隐含的意思是舍弃了其他不同条件之下的一种相对比较。如发达国家与贫穷的农业国家，由于能源利用结构的极大差异，直接拿来比较可能是没有什么意义的，但作为我国中央政府管辖之下的各省之间的比较还是有较大意义的。正如用单位GDP的能源消费(能源强度)来表示能源效率的指标一样，在我国能源强度高的地区可以被认为是能源效率较低的地区，反之亦然。

笔者认为，要想又快又好地实现中国政府提出的目标，就首先要了解各个地区单位国内生产总值CO_2排放的效率状况及其形成原因，然后才能据此制定出科学的减排方案和对策。因此，这项研究有着很重要的现实意义。

一、前期研究评述

近年来，对我国各省(以下视情况将我国的省、直辖市和自治区称为省、省份、省区和省市等，意思不加区别)CO_2排放强度研究方面的成果有逐渐增加的趋势，其研究内容主要集中在以下几个方面：

一是对各省区CO_2排放量的推算研究。因为我国缺乏公开发表的CO_2排放数据，而要知道碳排放强度，首先就需要明确CO_2排放量。为此，许多学者就根据能源消费资料并结合各类能源的CO_2排放系数进行估算，其中最常见的是利用政府间气候变化专门委员会方法进行的研究，如杨骞、刘华军(2012)[3]等。此外，还有利用美国橡树岭国家实验室二氧化碳信息分析中心的方法进行的研究，如岳超等(2010)[4]；利用中国科学院可持续发展战略研究组的有关数据[5]进行的研究，如杜官印等(2010)[6]。

二是对各省区碳排放效率特征及差异的研究。如周健(2011)[7]运用OWA算子赋权方法对不同年份进行权重分配，并结合TOPSOS评估方法对各地低碳排放经济效益进行了系统的评价；肖黎姗等(2011)[8]运用基尼系数和空间自相关的方法，探讨了中国省际碳排放时空分布格局和聚集程度，发现碳强度的极化现象比碳总量更加严重。

三是对各省区CO_2排放变化影响因素的分解研究。研究中采用的分解模型多种多样，用得比较多的是基于DEA分解法的研究，如马军(2011)[9]应用DEA法的研究，段庆锋(2012)[10]基于DEA的Malmquist指数分解方法的研究，如仲云云、仲伟周(2012a)[11]利用BC2-DEA模型和Malmquist指数法的研究等。此外，有基于STIRPAT模型的研究如陈志建、王铮(2012)[12],基于非意愿变量Ruggiero三阶段模型的研究,如李涛、傅强(2011)[13];基于LMDI分解方法的研究,如范定祥、刘会洪(2012)[14],仲云云、仲伟周(2012b)[15];基于广义最小二乘法(FGLS)模型的研究,如虞义华等(2011)[16];基于回归分析的研究,如丘兆逸(2011)[17]、陈继勇等[18]。另外,还有利用区域间投入产出表进行的分析,如刘红光等(2010)[19]。

四是对各省区CO_2排放强度减排的边际减排成本、潜力及配额进行的研究。刘明磊等(2011)[20]利用非参数距离函数方法,研究了我国省级地区碳排放绩效水平和二氧化碳边际减排成本;李陶等(2010)[21]估计了我国二氧化碳减排的成本曲线,基于碳强度建立了各省的减排成本估计模型,提出了基于非线性规划的减排配额分配方法;张亚雄等(2011)[22]基于实现目标的成本最小化原则建立模型,对我国2020年碳强度目标进行了省级分解;王群伟等(2011)[23]在全要素生产框架下,利用环境生产技术和有向距离函数,分析了我国主要工业省区二氧化碳排放绩效和减排潜力。

上述研究,由于各自采用的方法不同,再加上作为变量的影响因素的选取也各不相同,得出的结论自然就有所差别,但这都是从不同视角出发进行的研究,有一定的参考价值。

纵观上述研究,虽然在各省区CO_2排放效率研究方面取得了一定的成果,但远远不够,还有必要进行更深入、细致的研究,如对我国各省区CO_2排放的推算中利用较多的IPCC的排放系数显得比较粗糙,能源消费部门和能源种类都显得比较少,这样会直接影响结果的准确性。此外,在分析方法上多采用现成的模型,尚有改进的余地。

基于此,本节拟在对我国各省CO_2排放量进行分部门、分能源类别推算的基础上来探讨我国CO_2排放效率的省际差异,并进一步采用改进的Divisia法分析模型来探讨形成这种差异的影响因素,从中探究我国碳强度减排的对策,为实现我国提出的单位GDP的CO_2排放目标提供科学依据。

二、我国CO_2排放强度的省际差异

(一)省际差异的特征

图4-10表示的是1995年和2012年各省单位GDP的CO_2排放量比较的情况。从图中可以看出,1995年各省CO_2排放强度较低的以海南、福建、广东、浙江、北京、上海和山东等东南沿海省市为主,而较高的则以山西、贵州、宁夏、内蒙古、吉林、甘肃、辽宁、河北、黑龙江、新疆和青海等西部和北部省区为主。由此可见,这种分布格局基本与我国的经济发展程度相适应,即CO_2排放效率较高的省区多位于经济发达的沿海,特别是东南沿海地区,而排放效率较低的省区大多位于经济落后的西部和北部地区。

而到了2012年,这种分布格局总体上并未发生大的变化,但有些省份的位次变动较大,提高比较明显的是天津市,大幅前移10位以上,北京、上海两市也前移3～4位,说明这些直辖市仍然有较大的提升潜力;另外就是东北地区的黑龙江、吉林,位次提前5～6

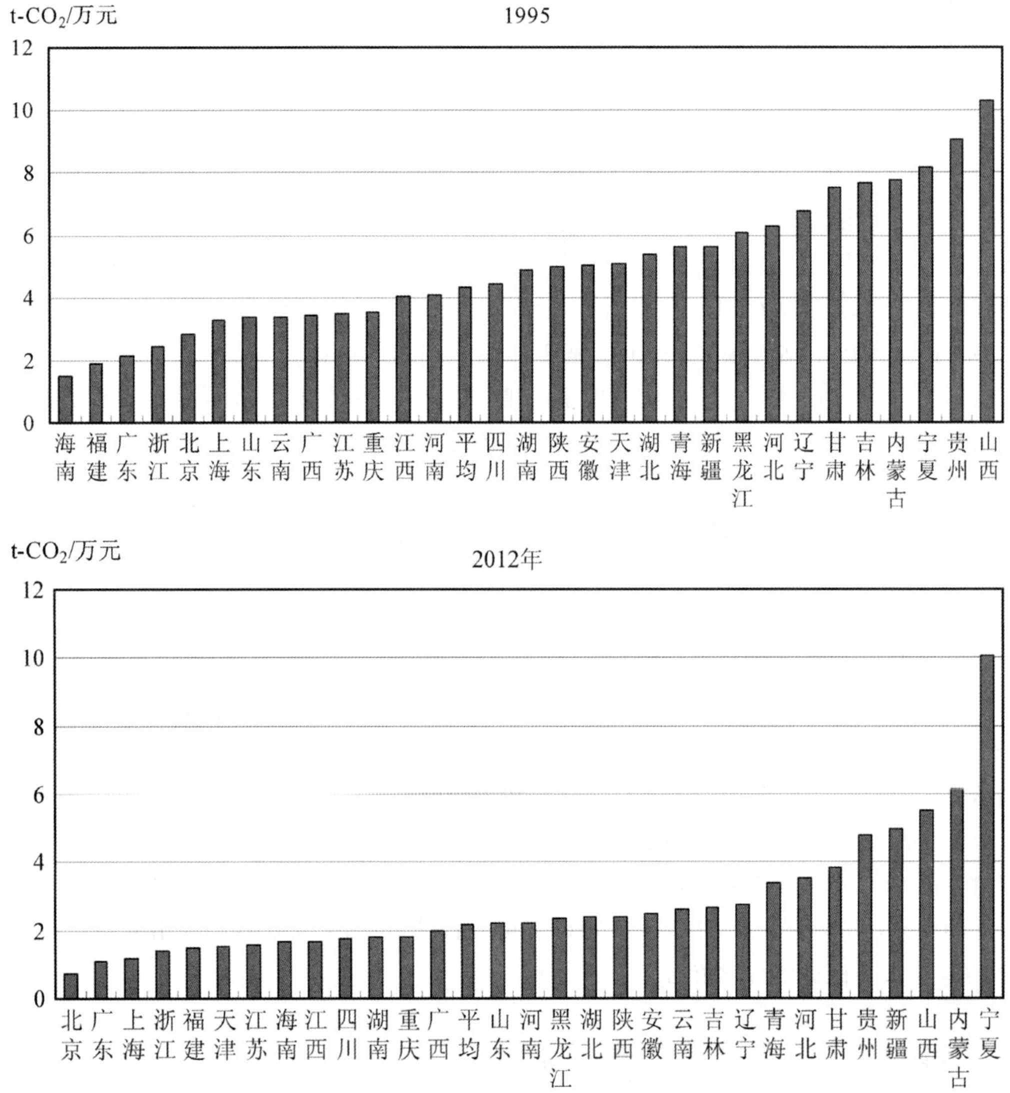

图 4-10　中国各省区单位 GDP 的 CO_2 排放量比较（1995 和 2012）

资料来源：各省 GDP 数据取自《中国统计年鉴》各年版，并根据可比价格将其换算为 2005 年价格；CO_2 排放数据系根据笔者自己的推算而得。

位，辽宁也前移两位；而位次后移最大的是云南，大幅后移 10 位以上，山东、广西等省区也后移明显。

从 2012 年我国 CO_2 排放效率的省际比较来看，效率最高的北京（为 0.74t-CO_2/万元，是唯一一个万元生产总值 CO_2 排放低于 1 t 的省市）和最低的宁夏（为 10.08 t-CO_2/万元，是唯一一个万元生产总值高于 7 t-CO_2/万元的省区）两者相差在 10 倍以上，而这一最高与最低的差距在 1995 年为 7 倍（最高的山西为 10.31 t-CO_2/万元，最低的海南为 1.14 t-CO_2/万元）。由此可见，我国各省 CO_2 排放效率的省际差异十分显著，而且有扩大的趋势。

(二)省际差异的类型

根据2012年的现状，我们可以根据CO_2排放强度对各省进行简单归类，将其划分为四种类型：

(1)排放效率较高(碳强度低于1.6 t-CO_2/万元)的类型：包括北京、广东、上海、浙江、福建、天津、江苏等，这些省市位于我国东部沿海，属经济发达省份。

(2)排放效率中等偏上(碳强度在1.6～2.0 t-CO_2/万元之间)的类型：包括海南、江西、四川、湖南、重庆、广西等，这些省区多位于我国南方地区。

(3)排放效率中等偏下(碳强度在2.2～3.0 t-CO_2/万元之间)的类型：山东、河南、黑龙江、湖北、陕西、安徽、云南、吉林、辽宁等，这些省区多位于我国中部及北方地区。

(4)排放效率较低(碳强度高于3.0 t-CO_2/万元)的类型：包括青海、河北、甘肃、贵州、新疆、山西、内蒙古、宁夏等，这些省区多位于我国西部及北方地区，大多属于经济较落后的省区。

(三)省际差异的演变趋势

从表4-3可以看出，1995—2012年中国各省单位GDP的CO_2排放量的变化情况是，末期与初期相比，除了宁夏和海南不降反升外，其他省区的单位GDP的CO_2排放量都是下降的，各省平均的下降率为49.5%(年均下降3.9%)，这说明总体上我国CO_2排放效率是提高的。但各省之间也很不平衡，其中下降幅度最大的是北京，下降率为74.1%(年平均下降7.6%)，其他下降幅度较大的依次为天津(总下降率69.4%)、吉林(65.5%)、上海(64.5%)、湖南(63.4%)、黑龙江(61.1%)、四川(60.4%)、辽宁(59.5%)，江西(58.9%)、重庆(58.4%)、湖北(55.1%)、江苏(54.8%)、陕西(51.8%)和安徽(50.4%)等省市，上述占全部省区中大约一半省区的下降率都超过了平均下降率。

表4-3　各省区单位GDP的CO_2排放量变化

省区	排放效率(t-CO_2/万元)					变化率(%)				
	1995	2000	2005	2010	2012	1995—2000	2000—2005	2005—2010	2010—2012	1995—2012
北京	2.84	1.83	1.35	0.90	0.74	−35.67	−26.29	−32.84	−18.59	−74.07
广东	2.12	1.65	1.52	1.23	1.10	−22.09	−8.12	−19.07	−10.59	−48.20
上海	3.26	2.45	1.80	1.35	1.16	−24.97	−26.33	−25.39	−13.81	−64.46
浙江	2.43	1.84	1.90	1.54	1.39	−24.24	3.09	−18.77	−10.07	−42.95
福建	1.91	1.50	1.92	1.60	1.47	−21.66	28.19	−16.76	−7.76	−22.89
天津	5.08	3.22	2.58	1.71	1.55	−36.53	−20.05	−33.70	−9.17	−69.44
江苏	3.49	2.16	2.27	1.66	1.58	−37.99	4.87	−26.99	−4.80	−54.79
海南	1.47	1.48	1.82	1.62	1.66	0.37	23.36	−11.07	2.21	12.55
江西	4.04	2.29	2.24	1.90	1.66	−43.49	−2.19	−14.93	−12.59	−58.90
四川	4.43	2.46	2.33	2.01	1.76	−44.41	−5.39	−13.64	−12.73	−60.36
湖南	4.88	2.00	2.80	2.01	1.78	−59.02	39.83	−28.12	−11.26	−63.45

续表

省区	排放效率(t-CO_2/万元)					变化率(%)				
	1995	2000	2005	2010	2012	1995—2000	2000—2005	2005—2010	2010—2012	1995—2012
重庆	4.28	3.48	2.37	2.01	1.78	−18.85	−31.69	−15.23	−11.37	−58.35
广西	3.44	2.33	2.30	2.11	2.00	−32.28	−1.08	−8.44	−5.10	−41.80
平均	4.31	2.85	2.87	2.36	2.18	−33.80	0.63	−17.78	−7.71	−49.46
山东	3.36	1.80	3.24	2.45	2.19	−46.52	80.05	−24.36	−10.64	−34.92
河南	4.09	2.96	3.03	2.70	2.23	−27.69	2.25	−10.66	−17.47	−45.48
黑龙江	6.05	4.12	3.08	2.33	2.35	−31.83	−25.36	−24.38	1.01	−61.14
湖北	5.35	3.65	3.05	2.72	2.40	−31.75	−16.64	−10.75	−11.65	−55.14
陕西	5.00	2.60	2.87	2.82	2.41	−48.05	10.65	−1.72	−14.62	−51.76
安徽	5.00	3.81	2.89	2.57	2.48	−23.88	−24.04	−11.12	−3.51	−50.41
云南	3.38	2.40	3.95	3.20	2.63	−29.03	64.69	−18.96	−17.91	−22.24
吉林	7.65	4.20	4.28	2.96	2.64	−45.09	1.92	−30.77	−10.88	−65.47
辽宁	6.75	4.68	3.53	3.05	2.74	−30.78	−24.44	−13.74	−10.15	−59.46
青海	5.61	4.28	3.88	3.05	3.36	−23.60	−9.41	−21.50	10.42	−40.00
河北	6.25	4.24	4.80	3.85	3.53	−32.19	13.16	−19.78	−8.34	−43.58
甘肃	7.50	4.86	4.55	3.97	3.82	−35.22	−6.38	−12.79	−3.70	−49.07
贵州	9.04	7.34	7.68	5.54	4.76	−18.80	4.63	−27.80	−14.08	−47.29
新疆	5.64	4.44	4.45	4.14	4.98	−21.31	0.17	−6.94	20.37	−11.70
山西	10.31	6.89	6.60	6.39	5.51	−33.19	−4.20	−3.28	−13.70	−46.57
内蒙古	7.79	6.25	6.27	5.67	6.12	−19.81	0.42	−9.66	8.05	−21.40
宁夏	8.17	7.78	8.79	9.05	10.08	−4.87	13.07	2.92	11.37	23.29

资料来源：同图 4-1。

由此可以看出，我国各省区单位 GDP 的 CO_2 排放量的变化可以分为几种情况：一是沿海地区一些初期基数相对较低(排放效率较高)的省市，一部分仍以较快的速度下降，如北京、天津、上海、江苏等省市，另一部分虽下降速度不是很快，但仍保持了靠前的位置，如广东、浙江、福建、海南等省；二是原先基数较高的省市，一部分得到了较快的下降，最明显的就是东北地区的黑龙江、吉林等省，而其他位于西北、华北的省区则下降幅度较小。

如果从不同时间段的变化情况来看，将这 17 年再细分为 1995—2000 年(“九五”期间)、2000—2005 年(“十五”期间)、2005—2010 年(“十一五”期间)、2010—2012 年(“十二五”前两年)的四个阶段，则有着较大的不同。

先来看“九五”期间。除了海南略微上升外，其余省区的 CO_2 排放强度都是在下降的，各省区平均的下降率为 33.8%(年均下降 7.9%)，其中下降率较大的有湖南、陕西、山东、吉林、四川、江西、江苏、天津、北京和甘肃(以上省市均高于平均水平)，其他省区除了宁夏(下降率 4.9%)和海南(上升率 0.4%)外，下降幅度比较接近，最低在 18%以上。

“十五”期间则情况大有不同。有一半的省份的 CO_2 排放强度不仅没有下降，反而上升。总体平均略有上升(上升了 0.6%，年均上升 0.1%)，其中下降幅度最大的是重庆，下降率 31.7%，其次是上海、北京、黑龙江、辽宁、安徽和天津等省市，下降率在 20%以上。而另一方面，上升幅度最大的山东，高达 80.1%，其次是云南，为 64.7%，其他如湖南、福建、海南、河北、宁夏和陕西等省区上升率都在 10%以上。

再来看“十一五”期间。除了宁夏外，其余省份的 CO_2 排放强度都是在下降的，各省区平均的下降率为 17.8%(年均下降3.8%)，其中北京、天津和吉林的下降率在 30%以上，湖南、贵州、江苏、上海、黑龙江、山东和青海等省市在 20%以上，而陕西、山西、新疆、广西和内蒙古等省区下降幅度较低，下降率在 10%以下。

最后再来看 2010—2012 年的情况。总体来看并不令人乐观，各省平均下降率为 7.7%，虽然北京依然是独占鳌头，下降率最大，为 18.6%，也有 14 个省区如云南、河南、陕西、贵州、上海等下降率都在 10%以上，但值得注意的是，这一阶段出现了如新疆、宁夏、青海、内蒙古、黑龙江和海南等 6 个省区不降反升的反弹现象。

由此可见，总体而言，我国各省份在“九五”期间 CO_2 排放效率改善力度最大，其次为“十一五”期间，“十五”期间效率几乎没有什么改善，而最近两年的形势不容乐观。

三、我国 CO_2 排放强度演变的省际差异影响因素分解

(一)分析方法和数据

以上我们分析了我国 CO_2 排放效率及其演变的省际差异，那么，这些差异是由哪些因素造成的呢？各种因素又是如何影响其差异形成的呢？下面我们就来分析一下形成这种状况的原因。

1.CO_2 排放效率影响因素的析出

如果我们以单位 GDP 的 CO_2 排放这一指标来代表 CO_2 排放效率，则某一期间某一地区 CO_2 排放效率就可以用下式来表示：

$$\frac{C}{Y}=\sum_{i}\left[\left(\frac{C_i}{E_i}\right)\times\left(\frac{E_i}{Y_i}\right)\times\left(\frac{Y_i}{Y}\right)\right] \tag{4-1}$$

式中，C 为 CO_2 排放量，E 为能源消费量，Y 为 GDP，下标 i 表示各个产业部门，这里分别指的是第一产业、第二产业和第三产业。

这里：

C_i/E_i 为 i 部门单位能源消费的 CO_2 排放量，这一指标与能源种类结构变化相关。

E_i/Y_i 为 i 部门单位 GDP 的能源消费量，这一指标与能源消费效率变化相关。

Y_i/Y 为 i 部门 GDP 占该地区总 GDP 的比重，这一指标与该地区产业间部门结构的变化相关。

如果取某一期间的变化(增量),则有:

$$\Delta\left[\frac{C}{Y}\right]=\frac{C_t}{Y_t}-\frac{C_{t-1}}{Y_{t-1}}$$
$$=\sum_i\left[\left(\Delta\frac{C_i}{E_i}\right)\times\frac{E_i}{Y_i}\times\frac{Y_i}{Y}\right]+\sum_i\left[\frac{C_i}{E_i}\times\left(\Delta\frac{E_i}{Y_i}\right)\times\frac{Y_i}{Y}\right]+$$
$$\sum_i\left[\frac{C_i}{E_i}\times\frac{E_i}{Y_i}\times\left(\Delta\frac{Y_i}{Y}\right)\right]+\sum_i[\Delta Z] \tag{4-2}$$

此处,Δ 表示变化的差值。

根据上式,可以将 CO_2 排放效率的变化分解为能源种类的变化、能源效率的变化、产业结构的变化等几个影响因素,即:

单位 GDP 的 CO_2 排放量变化=能源排放强度(能源种类转换)的效果+能源效率变化(节能)的效果+产业之间部门结构变化(产业结构)的效果+其他效果(残差)

2.CO_2 排放强度与其影响因素之间的关系

(1)CO_2 排放效率与能源转换因素

能源转换指的是能源利用结构的变化。由于各种能源含碳率不同,因此不同的能源其单位发热量的 CO_2 排放量(可称之为能源碳密度)是不同的。一个国家或地区碳密度高的能源利用越多,分摊在单位产出上的 CO_2 排放量就越多,从而间接地影响到 CO_2 排放效率(即 CO_2 排放效率越低)。在目前人类利用的众多能源种类中,以不可再生的化石能源的碳密度最高,而可再生能源的碳密度较低,甚至不产生碳排放。而在化石能源中则以煤炭的碳密度最高,石油次之,天然气则较低。因此,所谓能源转换因素的影响,指的就是一个地区能源利用结构的转换所产生的对 CO_2 排放效率的驱动作用。这个作用包括其驱动方向和驱动力,前者指的是对 CO_2 排放效率起提高作用还是起阻碍作用,后者指的是对 CO_2 排放效率提高或阻碍的作用力的大小。

从 2012 年我国各省区单位能源消费的 CO_2 排放情况来看,地区差异不是很大,最大差距为 2.8 倍。这从一个侧面佐证了我国各省区在能源利用方面以煤炭为主的格局是一个普遍的现象。从当年我国各省区能源消费结构的实际情况来看,煤炭比重居高不下,平均占能源消费总量的比重为 80%,其中,河北、山西、宁夏、贵州、河南等省煤炭消费比重占能源消费总量高达 90%以上,全国有一半以上的省区煤炭比重在 80%以上,这些煤炭消费比重高的省区多分布在中西部内陆或煤炭产区;比重在 70%以下的只占省区总数的 1/5,多分布在东部沿海或石油产区,其中只有海南、北京、广东、上海在 60%以下。[①] 由此可以看出,能源转换在我国各省区提高 CO_2 排放效率方面有着巨大的潜力,也是今后各省都要着力加强的一种手段。

(2)CO_2 排放效率与能源效率因素

---

① 根据《中国能源统计年鉴》2011 中的各省区能源平衡表数据计算而得。

这里的能源效率指的是单位 GDP 的能源消费量。由于我们希望的是单位产出的能源消费越少越好，所以，可以认为一个地区的这一数值越低，表明能源利用效率越高；而能源效率越高，也间接地反映出 CO_2 排放效率越高。因此，利用这个指标可以从宏观上来考察一个地区的 CO_2 排放效率。

从 2012 年我国能源效率的情况来看，省际差异相对较大，最大差距将近 7 倍，效率较高的省市有北京、广东、上海、浙江、江苏、福建和天津等，较低的省区有宁夏、青海、新疆、山西、贵州、内蒙古和甘肃等。从这里可以看出这个指标与经济发展水平相关度很高，通过提升经济发展水平来提高 CO_2 排放效率仍然是各个省区，特别是中西部地区今后努力的方向。从各地的差距较大这一点也说明，今后通过这一手段来提高 CO_2 排放效率的潜力仍然很大。

(3)CO_2 排放效率与产业结构因素

产业结构因素对 CO_2 排放效率的影响作用表现在各个产业的 CO_2 排放效率的差异上。在其他条件相同的情况下，各个产业部门的单位产出的 CO_2 排放是不同的。一般情况下，第二产业会比第一、第三产业排放较多 CO_2，特别是高耗能的第二产业，如重型制造业等单位产出的 CO_2 排放量就多，相应地，CO_2 排放效率就会低一些，而低耗能产业的 CO_2 排放效率就会高一些，从而通过各地产业结构的差异可以察知其对 CO_2 排放效率影响的大小和方向。

有研究指出[24]，我国大多数省区仍处于工业化正盛的时期，工业化综合指数在 70% 以上的只有上海、北京、天津、广东、浙江、江苏等少数省市。

就我国 2012 年的情况来看，各省区产业结构的差异不是很大，第二产业的比重较高，而第三产业比重相对较低。第三产业比重最高的是北京(76.5%)和上海(60.4%)，其他相对较高(在 45%～50%之间)的省市有贵州、天津、海南、广东和浙江等①。

我们知道，一般情况下，随着工业化的进行，第三产业比重呈现越来越高的趋势是一个普遍规律，但也有由于工业化发展程度低而使得第三产业比重呈现相对较高的情况(如这里的海南和贵州，其农业占比也相对较高，分别达到 24.9% 和 13.0%)。从这里可以看出，通过产业结构的转型升级也是提高 CO_2 排放效率的一个重要途径。

3.分析模型及其数据来源

将 4-2 式进行变换，则各地区 CO_2 排放效率的变化可以用下式计算(为节省篇幅，具体推算过程省略)：

$$\begin{aligned}\Delta\left[\frac{C_t}{Y_t}\right] = & \sum_i\left[\frac{C_{i0}}{Y_0}+\alpha\left(\frac{C_{it}}{Y_t}-\frac{C_{i0}}{Y_0}\right)\right]\ln\left(\frac{C_{it}/E_{it}}{C_{i0}/E_{i0}}\right)+ \\ & \sum_i\left[\frac{C_{i0}}{Y_0}+\alpha\left(\frac{C_{it}}{Y_t}-\frac{C_{i0}}{Y_0}\right)\right]\ln\left(\frac{E_{it}/Y_{it}}{E_{i0}/Y_{i0}}\right)+ \\ & \sum_i\left[\frac{C_{i0}}{Y_0}+\alpha\left(\frac{C_{it}}{Y_t}-\frac{C_{i0}}{Y_0}\right)\right]\ln\left(\frac{Y_{it}/Y_t}{Y_{i0}/Y_0}\right)+\sum_i[\Delta Z]\end{aligned} \tag{4-3}$$

① 按当年价格计算。资料来源：《中国统计年鉴》(2013)。

此处：依据 Simple Average Divisia 法，参数 α＝0.5。

本分析引用的数据情况为：能源消费数据来源于《中国能源统计年鉴》(各年版)；GDP 数据来源于《中国统计年鉴》(各年版)，并换算为 2005 年价格；CO_2 排放数据根据前述笔者的推算。

(二)分析结果

利用上述模型，笔者对我国各省区单位 GDP 的 CO_2 排放量变化的影响因素进行了分解。具体计算方法是将各省 1995—2012 年期间单位 GDP 的 CO_2 排放量变化进行了逐年的分解。

1.研究期间各因素的驱动方向和驱动力

图 4-11 表示的是 1995—2012 年全期间我国各省区 CO_2 排放强度变化影响因素的差异比较。从图中可以看出，除了少数例外，虽然各省区的 CO_2 排放效率变化的影响因素的驱动方向具有相当高的同一性，但程度大小则有着相当大的差别。

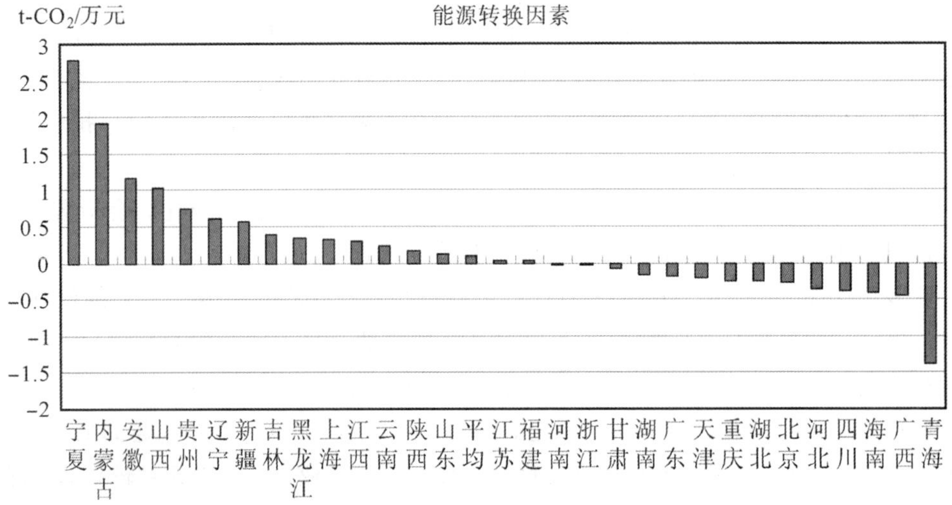

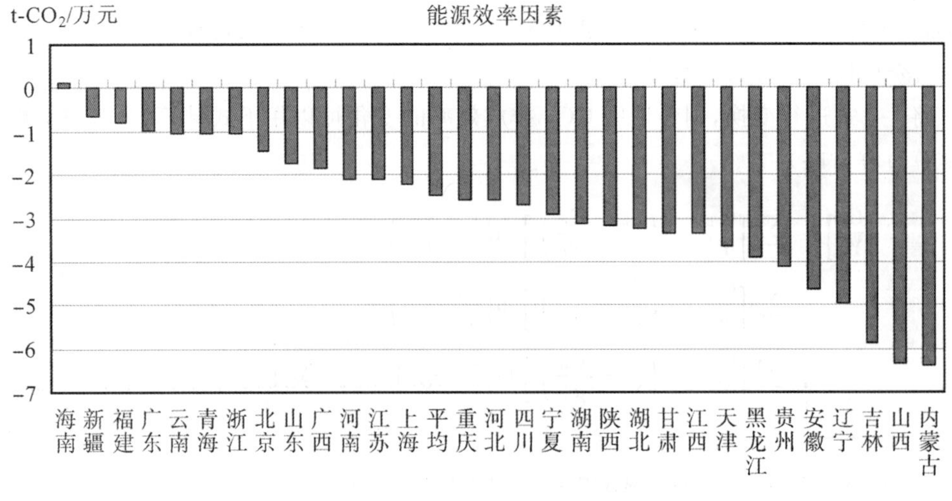

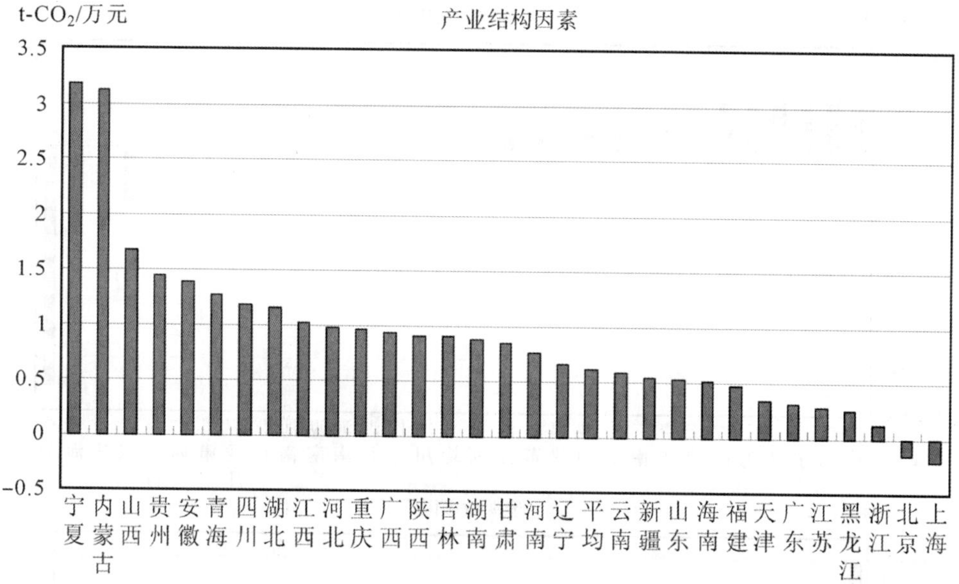

图 4-11　1995—2012 年各省区 CO_2 排放效率变化因素分解

资料来源：笔者作成。

首先来看能源转换因素。总体而言（全国平均状况），能源转换因素对碳排放强度的影响起着略微增强的作用，但各省之间有较大差别，约一半的省区是正向驱动（即起着碳强度增强作用），其中作用较大的是多位于煤炭产地，如宁夏、内蒙古、安徽、山西、贵州、辽宁、新疆、吉林、黑龙江等省区；另约一半的省区能源转换因素的作用是负向驱动的，即这些省区的能源转换因素是 CO_2 排放效率提高的因素，其中作用较大的有青海、广西、海南、四川、河北、北京、湖北、重庆、天津等省市。

其次来看能源效率因素。除了海南以外，能源效率在其他省区都起着 CO_2 排放效率的提高作用，说明能源效率提高是使得我国碳强度下降的主要原因。其中作用较大的有内蒙古、山西、吉林、辽宁、安徽、贵州、黑龙江、天津等省区，作用较小的有海南、新疆、福建、广东、云南、青海等省区。

最后来看产业结构因素。除了上海和北京外，其他省区都对碳强度下降起着阻碍作用，说明工业化仍然是我国 CO_2 排放效率提高的最大限制因素，其中作用较大的有宁夏、内蒙古、山西、贵州、安徽、青海、四川、湖北和江西等中西部省区，而作用较小的是浙江、江苏、广东、天津、福建、海南和山东等东部省市以及东北的黑龙江省。

2.诸影响因素在各个阶段的驱动方向和驱动力

下面我们将整个研究期间分为“九五”时期（1995—2000 年）、“十五”时期（2000—2005 年）、“十一五”时期（2005—2010 年）和“十二五”前两年（2010—2012 年）这四个阶段，分别来看一下各个因素在上述不同时期的影响情况。

（1）1995—2000 年（图 4-12）

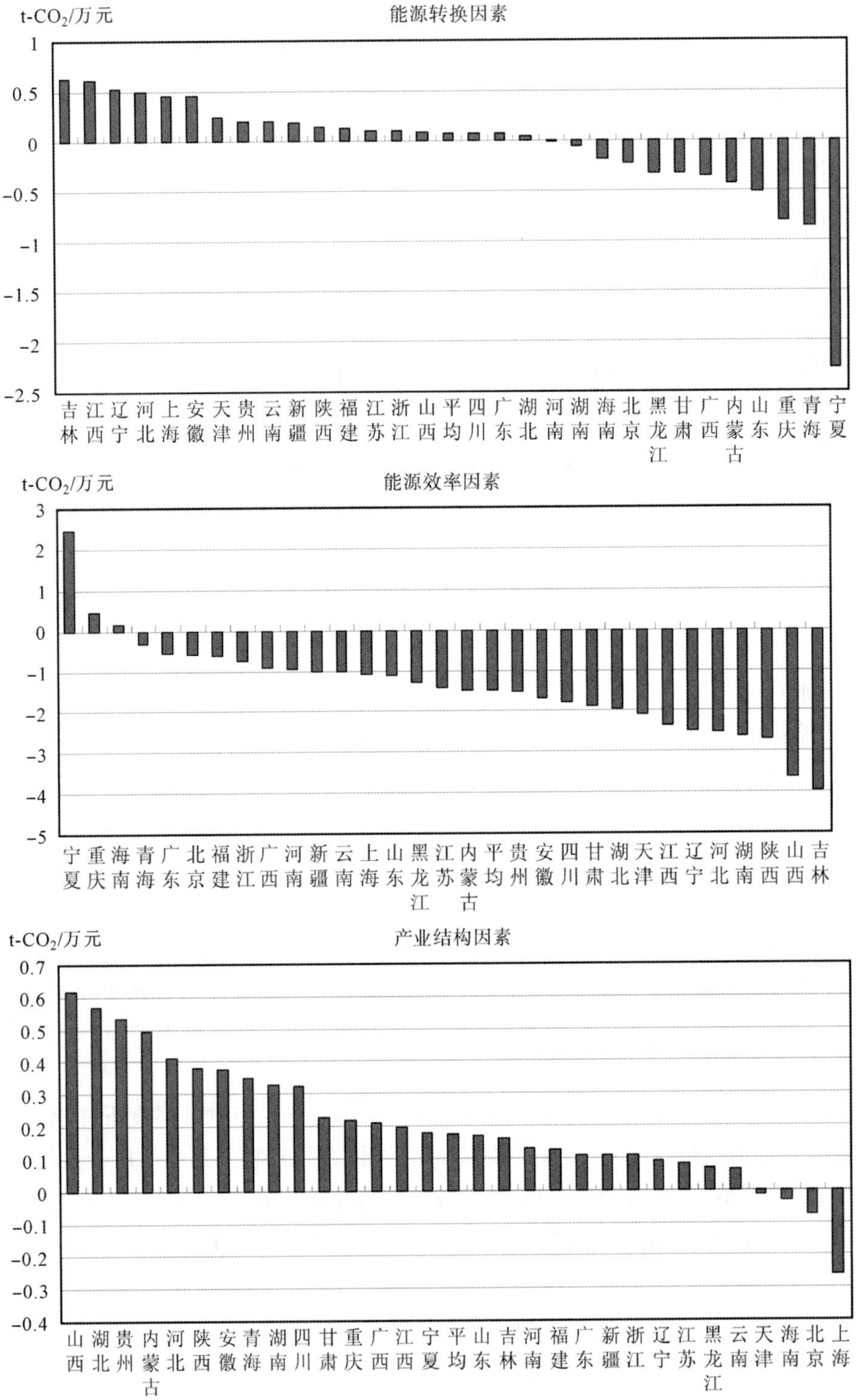

图 4-12　1995—2000 年各省区 CO_2 排放效率变化影响因素的分解

资料来源：笔者作成。

在能源转换因素中，这一时期有 18 个省份为正向驱动，有 12 个省份为负向驱动，平均上升 0.077 t-CO_2/万元，说明这一时期能源转换因素对 CO_2 排放效率提高的阻碍作用较大，总体上能源低碳转换效果不佳；在能源效率因素中，除了宁夏、重庆和海南以外，绝大多数省份均为负向驱动，整体平均为负向驱动 1.47 t-CO_2/万元，其中吉林、山西、陕西、湖南、河北、辽宁、江西和天津的负向驱动力都在 2 t-CO_2/万元以上；而在产业结构因素中，除了上海、北京、海南和天津等少数省市为负向驱动外，多数省份为正向驱动，其中山西、湖北、贵州、内蒙古和河北等省区驱动力较大，都在 0.4 t-CO_2/万元以上。

(2)2000—2005 年(图 4-13)

在能源转换因素中，有 13 个省份为正向驱动，17 个省份为负向驱动，与“九五”时期相比变化不大，但上升幅度变得十分微小，各省平均上升 0.008 t-CO_2/万元，其中正向驱动力较大的是宁夏、山东、重庆、黑龙江、青海等省份，都在 0.4 t-CO_2/万元以上，负向驱动力较大的有河北、山西、新疆、河南、福建、陕西和广西等省区，均在－0.2 t-CO_2/万元以

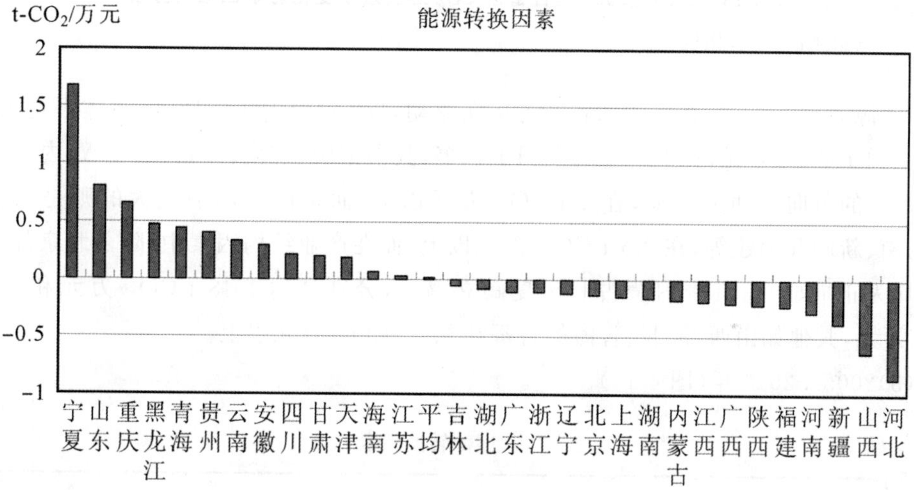

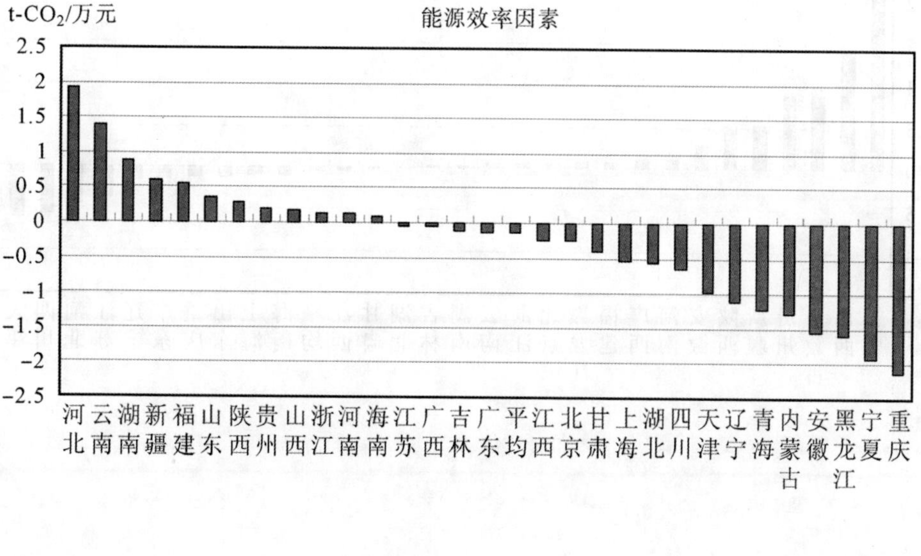

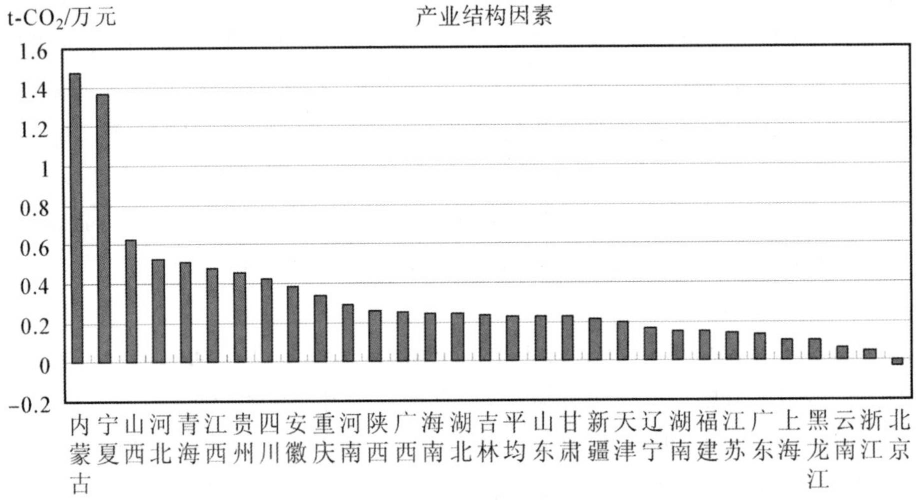

图 4-13　2000—2005 年各省区 CO_2 排放效率变化影响因素的分解

资料来源：笔者作成。

下；在能源效率因素中，有 2/3 的省区为负向驱动，1/3 省份为正向驱动，整体平均为负向驱动 0.14 t-CO_2/万元，比上一个时期弱了许多，其中重庆、宁夏、黑龙江、安徽、内蒙古、青海和辽宁的负向驱动力较大，在 1 t-CO_2/万元以上，而正向驱动力较大的则是河北、云南、湖南、新疆和福建等，在 0.5 t-CO_2/万元以上；而在产业结构因素中，除了北京外，其余省份均为正向驱动，其中内蒙古和宁夏鹤立鸡群，分别高达 1.48 t-CO_2/万元和 1.37 t-CO_2/万元，其他如山西、河北、青海等省都在 0.5 t-CO_2/万元以上。

(3)2005—2010 年(图 4-14)

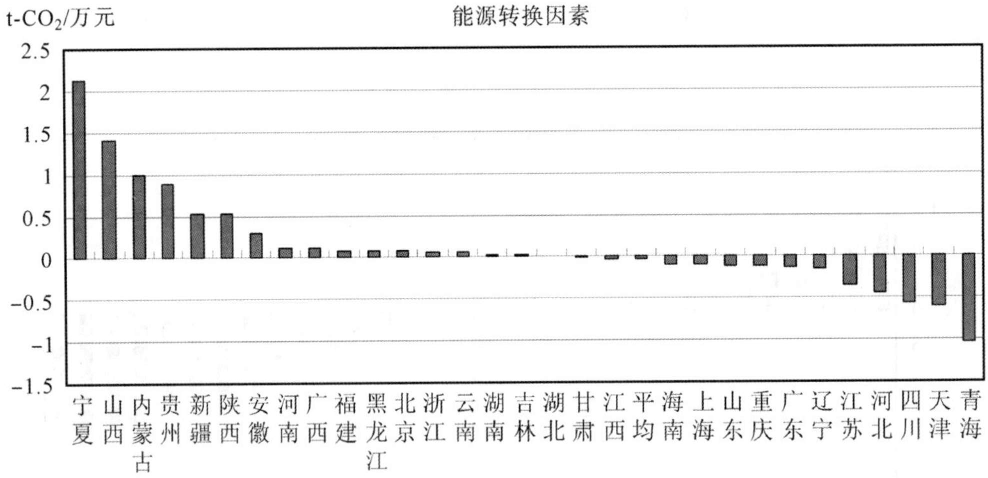

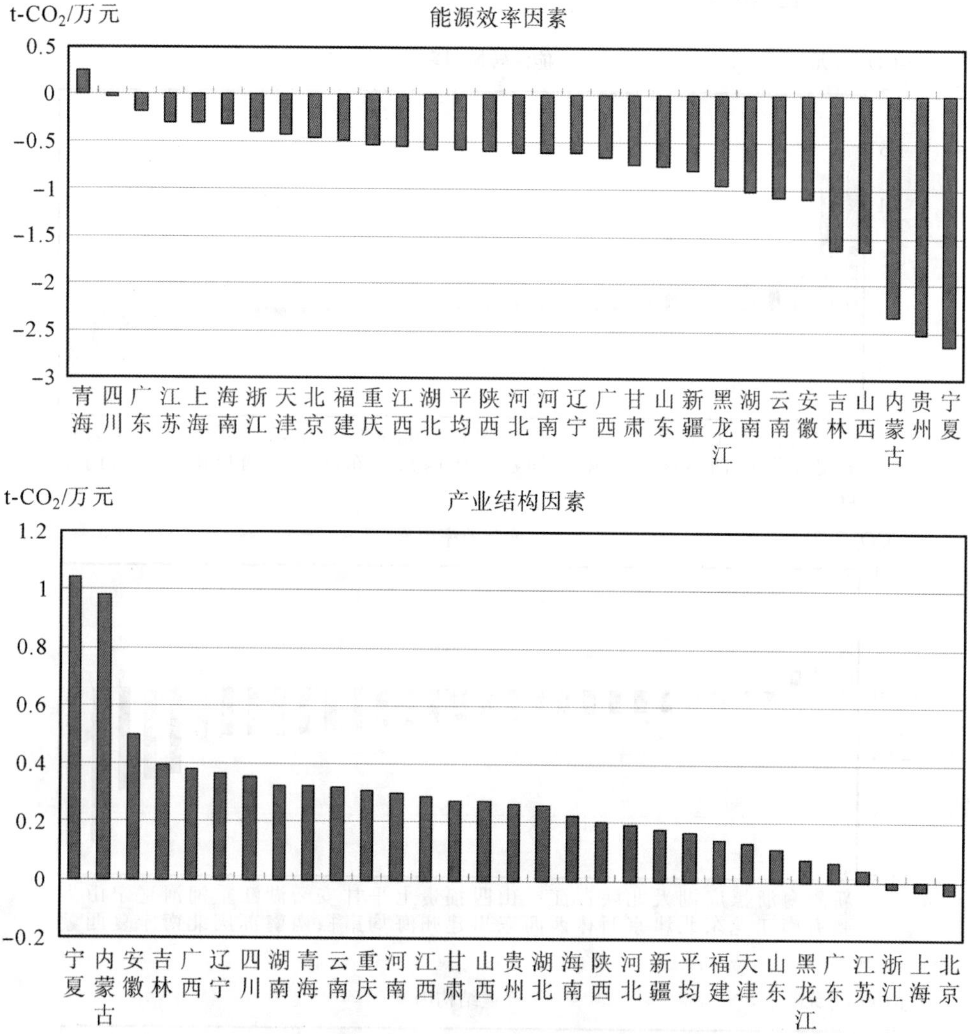

图 4-14　2005—2010 年各省区 CO_2 排放效率变化影响因素的分解

资料来源：笔者作成

在能源转换因素中，有 17 个省份为正向驱动，较之“十五”期间，范围有所扩大，说明能源转换因素对 CO_2 排放效率的提高作用仍在继续下降，其中宁夏、山西、内蒙古、贵州、新疆和陕西等省区正向驱动作用较大，达 0.5 t-CO_2/万元以上，而青海、天津、四川、河北、江苏等省负向驱动作用较大，在－0.3 t-CO_2/万元以下；在能源效率因素中，除了青海以外，其余各省均为负向驱动，表明这一时期能源效率因素对 CO_2 排放效率的提高作用有所加强（各省平均为－0.58 t-CO_2/万元），其中宁夏、贵州、内蒙古、山西、吉林等省区的负向驱动力较大，均在－1.6 t-CO_2/万元以下；在产业结构因素中，与上一阶段大体相似，除了北京、上海和浙江等少数省市外，其余均为正向驱动，其中宁夏和内蒙古仍为作用力较大的两个省区，且比第三位的安徽高出一倍左右，工业化的趋势十分突出。

(4)2010—2012 年(图 4-15)

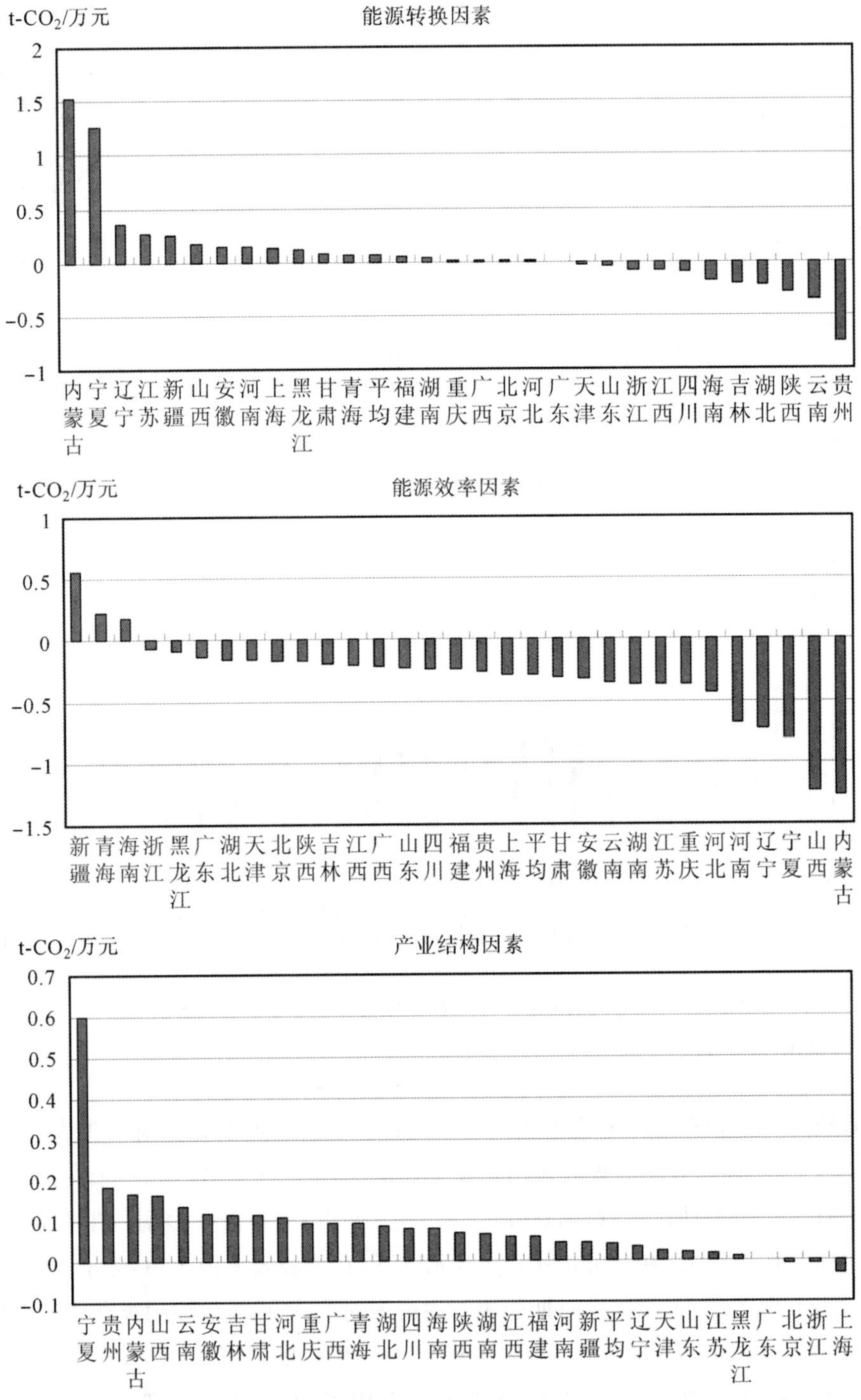

图 4-15　2010—2012 年各省区 CO_2 排放效率变化影响因素的分解

资料来源:笔者作成。

在能源转换因素中，有 18 个省份仍为正向驱动，且平均强度加强为 0.06 t-CO_2/万元，其中内蒙古和宁夏的正向驱动力达到 1 t-CO_2/万元以上，超出第三位辽宁 3 倍以上；在能源效率因素中，除了新疆、青海和海南外，其余省份均为负向驱动，负向驱动力较大的是内蒙古、山西、宁夏、辽宁和河南，都在 −0.5 t-CO_2/万元以下；在产业结构因素中，上海、浙江、北京、广东等省市为负向驱动，其他省区均为正向驱动，正向驱动力最大的是宁夏，高达 0.6 t-CO_2/万元，其他较大的有贵州、内蒙古和山西等省区。

四、我国 CO_2 排放强度省际差异影响因素的横截面分析

以上我们从时间序列的角度，纵向分析了我国 CO_2 排放效率演变的省际差异及其原因。下面我们将时间固定在 2012 年，从横向的角度对其差异形成的原因作分析。

这里的分解模型与前面的时间序列分析一样，只不过前面的分析是将基准定在了上一年，而这里的横截面分析则是将基准定在了各省平均。

运用以上方法，对 2012 年各省区 CO_2 排放效率的影响因素进行分析的结果，如图 4-15 所示，从中可以看出，影响我国各省区 CO_2 排放效率的因素也存在着较大的差异和明显的地域分异规律。

需要说明的一点是，由于在图 4-16 中负的数值表示的是对 CO_2 排放效率提高的正向影响力，而正的数值表示的是对 CO_2 排放效率提高的反向影响力，故在以下的叙述中，我们将前者称为正向(提高)驱动，后者称为负向(反向)驱动。

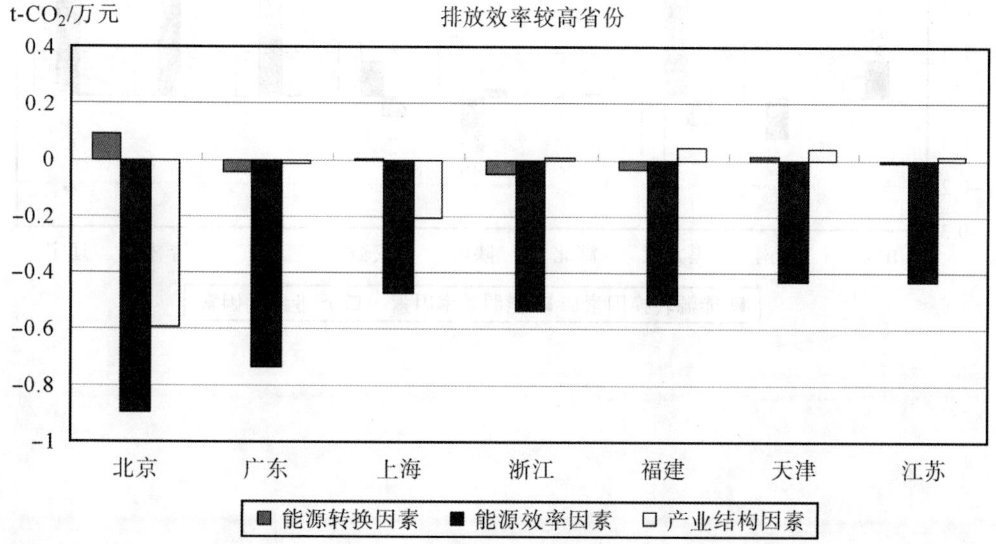

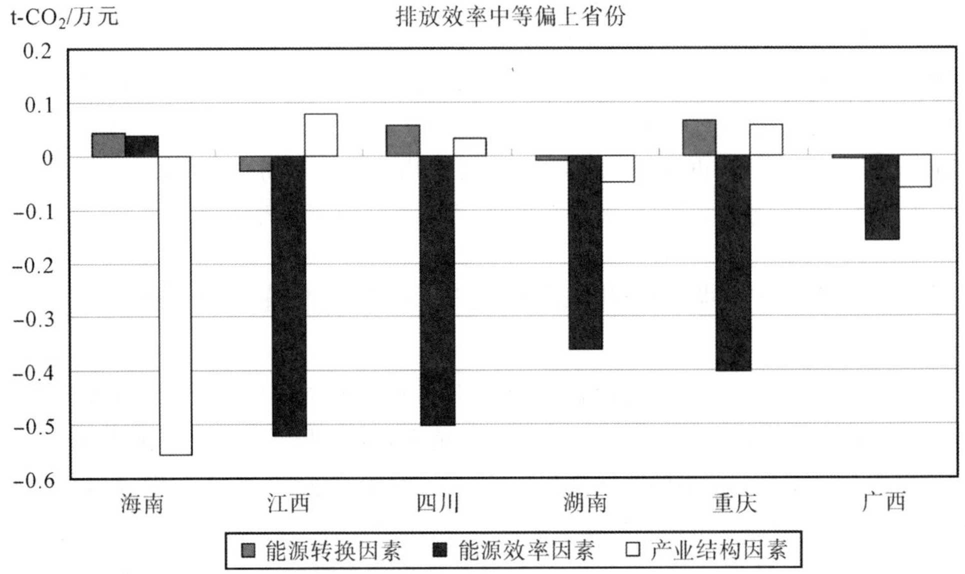
t-CO₂/万元
排放效率中等偏上省份
0.2
0.1
0
-0.1
-0.2
-0.3
-0.4
-0.5
-0.6
海南
江西
四川
湖南
重庆
广西
能源转换因素
能源效率因素
产业结构因素

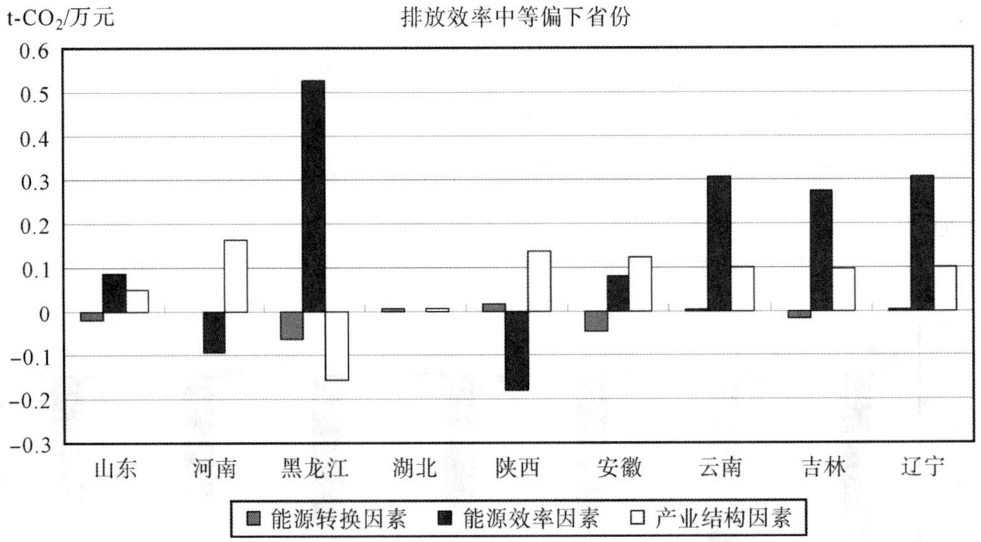
t-CO₂/万元
排放效率中等偏下省份
0.6
0.5
0.4
0.3
0.2
0.1
0
-0.1
-0.2
-0.3
山东
河南
黑龙江
湖北
陕西
安徽
云南
吉林
辽宁
能源转换因素
能源效率因素
产业结构因素

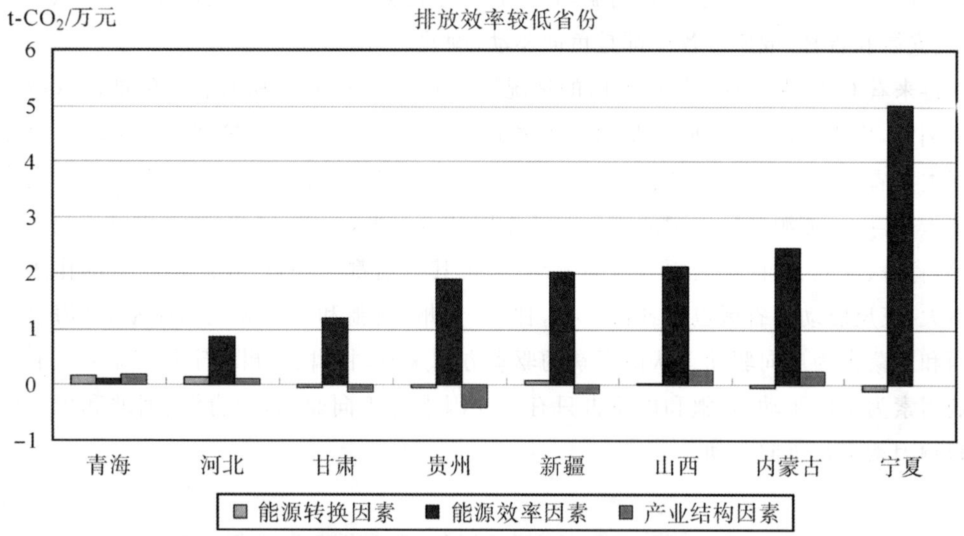

图 4-16　各省区 CO_2 排放效率影响因素的比较

资料来源：笔者作成

在 CO_2 排放效率较高的省区中，所有省市的能源效率因素都是 CO_2 排放效率提高的因素，而且是诸因素中最大的驱动因素；而能源转换因素和产业结构因素的作用大小和方向则不尽相同，能源转换因素对 CO_2 排放效率起提高作用的是广东、浙江、福建和江苏等省，其他省市为反向驱动，其中除了北京以外，数值都不大；而产业结构起效率提高作用的有北京、上海和广东等省市。从诸因素的作用方向来看，只有广东一地的三项因素均为提高驱动，北京、上海、浙江和江苏有两项因素为提高驱动，而天津则仅有一项因素为提高驱动。

在 CO_2 排放效率中等偏上的省区中，除了海南的能源效率因素为反向驱动外，其他省区均为排放效率提高的正向驱动，说明这些省区的排放效率提高的主导因素与前一类型一样，为能源效率提高的拉动作用；而能源转换因素和产业结构因素的作用则同样不尽相同，两两各占一半省份，能源转换因素起提高作用的是江西、湖南和广西，但其值都很小，而海南、四川和重庆的反向作用都比较大，说明这一类型的省区通过能源转换来提高 CO_2 排放效率的效果不是很好；产业结构因素起提高作用的是海南、湖南和广西，起反向作用的是江西、四川和重庆，其中海南省的产业结构转换作用较大，其他省区相对较小。

而在 CO_2 排放效率中等偏下的省区中，除了河南和陕西以外，其他省份的能源效率因素均起着 CO_2 排放效率提高的反向作用，这说明与前两类省区相比，这一类省区能源效率因素并不是 CO_2 排放效率提高主导作用；而产业结构因素正向驱动的省区更少，除了黑龙江以外，其他省区均为反向驱动，说明这一类型的省区产业结构的转换还处于工业化的阶段；相比较而言，能源转换因素是各省区中推动 CO_2 排放效率提高作用最多的，包括黑龙江、吉林、安徽和山东则都是正向驱动。从诸因素的驱动方向来看，全部 9 个省区中，只有黑龙江有两项因素为正向驱动的，其他省区则只有一项为正向驱动（山东、河南、陕西、安徽和吉林）或所有各项都是负向驱动（湖北、云南和辽宁）。

再来看 CO_2 排放效率较低省区的情况。首先我们注意到，所有省区的能源效率因素无一例外，均为反向驱动，而且驱动力较之前三类省区大了许多（参阅纵坐标轴的刻度），比同类型省区的其他两个影响因素也大了许多，可见这类省区能源效率因素的反向主导作用十分巨大；能源转换因素的正反驱动作用各占一半，甘肃、贵州、内蒙古和宁夏为正向驱动，青海、河北、山西和新疆为负向驱动，只是其数值都较小；产业结构因素的作用总体也不大，正反驱动的省区也是各占一半，甘肃、贵州、新疆和宁夏为正向驱动，青海、河北、山西和内蒙古为反向驱动。从诸因素的驱动方向来看，甘肃、贵州和宁夏三个省区有两项影响因素为正向驱动，新疆和内蒙古只有一项因素为正向驱动，而青海、河北和山西的三个影响因素都是负向驱动。

第三节　中国各省各部门的低碳转型比较

一、各省部门 CO_2 排放现状和特征

（一）各省平均的 CO_2 排放部门结构现状及变化特征

2012 年我国各省平均的 CO_2 排放部门结构为农业占 1.5%，工业占 39.5%，建筑业占 1.1%，运输业占 6.8%，商业占 1.8%，服务业占 1.6%，生活占 4.4%，转换占 43.2%；与 1995 年相比，工业部门下降了 7%，而与此形成鲜明对照的转换部门则上升了 9%；此外，变动较大的是生活部门，下降了 5%，而运输业则上升了 3%；其他部门略有变动，但升降幅度不大，大致在 1%～2%。由此可以看出，由于我国尚处于工业化阶段，第三产业尚不发达，所以从各省内部的 CO_2 排放结构来看，绝大多数的省份以工业部门为主，其他产业的排放量相对较小；此外，能源转换部门（发电、供热）也占较大比重。这两个部门从 1995—2012 年期间的平均所占比重都一直占到 80%以上（图 4-17）。不过，这两个部门的变化趋势也不相同，工业部门的比重呈下降趋势，从 1995 年的 46.6%下降到 2012 年的 39.5%，而转换部门则是上升趋势，从 34.1%上升到 43.2%。

此外，运输业 CO_2 排放比重的逐步增加，预示着我国将来应该注重运输业的 CO_2 减排，因为这也符合一般发展规律。按照发达国家的经验，随着工业化的实现，运输业的 CO_2 排放会增加较快。

生活部门 CO_2 排放比重的下降，并不意味着生活部门在 CO_2 减排中地位的下降，而是生活部门的能源消费结构发生变化所致。由于生活部门更多地利用了电力而非直接燃烧非化石能源，所以只是减少了生活部门直接利用非化石能源的比重。

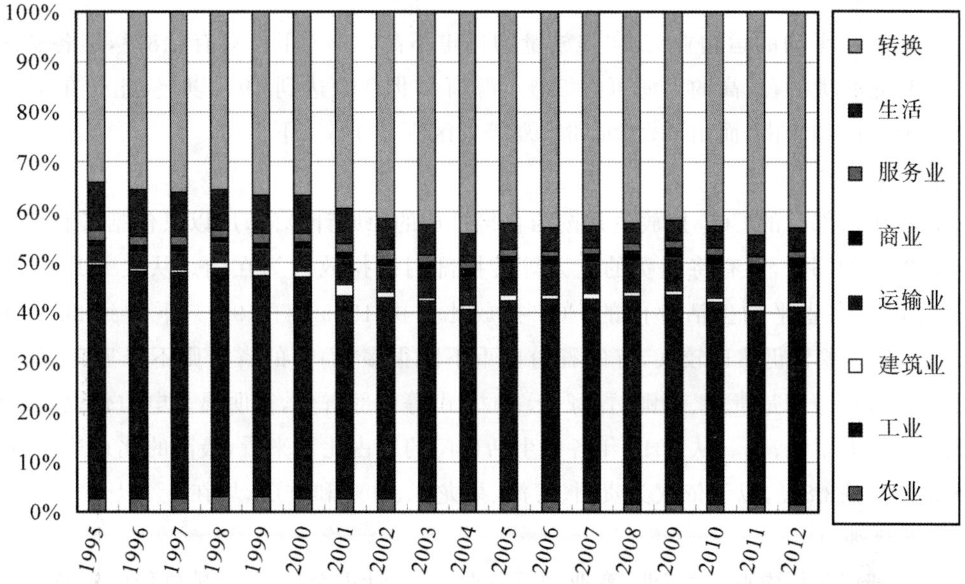

图 4-17　各省平均的 CO_2 排放结构及变化(1995—2012)

资料来源：笔者作成。

(二)各省各部门 CO_2 排放结构的特征比较

下面我们来分别对照一下 1995 年(表 4-4)和 2012 年(表 4-5)各省各部门 CO_2 排放结构的特征。

1.工业部门

首先我们来看工业部门。虽然各省平均来自工业部门的 CO_2 排放量占总排放量的比重在 1995 年为 46.6%，到 2012 年为39.5%，下降了 7.1%，而各省差异较大，2012 年比重最高的河北(58.0%)与最低的北京(15.9%)相比，两者相差了约 42%。此外，工业比重较高(50%以上)的还有四川(57.6%)、湖北(54.3%)、重庆(53.6%)、江西(52.4%)、湖南(50.7%)等，而且从变化情况来看，河北和四川并没有下降，甚至比各自 1995 年的比重上升了；相反，比重较低(30%以下)的除了北京(15.9&)之外，还有内蒙古(17.3%)、宁夏(22.0%)、海南(22.6%)、浙江(26.8%)、贵州(27.6%)、上海(27.6%)、黑龙江(28.7%)等，上述省份除了海南变化不大外，工业部门的 CO_2 排放比重都有大幅度的下降，特别是北京、下降幅度高达 26%，内蒙古的下降幅度也达到 18.8%。

2.转换部门

各省平均来自发电、供热部门的 CO_2 排放量的比重呈上升趋势，1995 年为33.9%，2012 年上升为 43.2%，上升了 9.3%。但各省很不平衡，其差异比工业部门还大，2012 年比重最高和最低的四川(18.1%)相差约 54%。2012 年比重较大的依次是宁夏(72.2%)、内蒙古(65.2%)、浙江(57.2%)、江苏(55.9%)、山西(52.0%)和安徽(50.6%)等省区；比重较低的是四川(18.1%)、湖北(21.6%)、重庆(22.4%)和湖南(28.8%)等省市。

3.运输部门

虽然各省平均的运输业 CO_2 排放量的比重不高，2012 年也只有 6.8%，但各省之间的差别还是很大的，最高的上海可达 20%，海南和北京也达到 19%以上，此外在 10%以上的还有广东和云南，而山西、河北和宁夏等省区则在 4%以下。

4.生活部门

这里生活部门的 CO_2 排放量是按照直接排放的原则计算的，所以只包括了直接消费非化石能源的部分，没有将消费的电力等转换部门的排放计算在内。从表 4-1 和表 4-2 的比较来看，各省平均生活部门的 CO_2 排放比重由 1995 年的 9.5%下降到 2012 年的 4.4%，但省际差异仍然比较大，有的省份比重下降很多，而有的省份则不降反升，如下降较多(10%以上)的是贵州、新疆、青海、云南、甘肃等西部省份，很明显是电力化提高所致；而北京则上升了 2.7%。从 2012 年各省生活部门的所占比重来看，最高的北京达 15.7%，其次是四川的8.8%，以下依次为贵州、青海、黑龙江、甘肃和重庆，均在 6%以上。

5.其他部门

其他部门包括农业、建筑业、商业和服务业等，合计占全部 CO_2 排放量的比重平均在 6%上下，其中 2012 年比较突出的是贵州(合计占 18.3%，其中建筑业和商业各占 6%，服务业占 4.8%)、北京(合计占 16.9%，其中服务业占 11.3%)、黑龙江(合计占11.1%，其中商业占 4.5%，服务业占 3.3%，农业占 3.2%)、湖北(合计占 10.7%，其中商业占 4.3%)和海南(合计占 10.6%，其中农业占 6.3%)。

表 4-4 1995 年各省各部门的 CO_2 排放结构比较(%)

省区	农业	工业	建筑业	运输业	商业	服务业	生活	转换	合计
上海	0.8	46.1	0.4	6.0	0.6	1.3	4.9	40.0	100.0
江苏	2.6	50.8	0.1	2.6	0.3	0.6	4.3	38.7	100.0
浙江	4.3	47.4	0.2	4.8	1.2	1.7	4.2	36.2	100.0
安徽	2.0	53.7	0.9	3.3	0.7	0.3	6.7	32.4	100.0
福建	1.9	46.3	0.3	7.7	1.0	5.0	9.6	28.3	100.0
江西	2.9	53.3	0.3	2.8	0.5	0.4	10.5	29.2	100.0
山东	3.3	38.0	0.6	2.8	2.2	4.1	4.4	44.6	100.0
北京	2.7	42.0	0.8	4.3	0.5	7.3	12.9	29.5	100.0
天津	1.2	47.3	0.7	3.4	3.4	9.8	5.8	28.5	100.0
河北	1.4	52.2	0.3	1.9	0.5	1.6	11.2	31.0	100.0
山西	4.3	43.4	1.1	1.7	0.7	1.8	9.9	37.0	100.0
内蒙古	2.1	36.1	1.0	4.7	1.8	2.8	3.4	48.1	100.0
四川	0.5	50.4	0.6	3.0	1.0	0.7	14.3	29.4	100.0
贵州	6.3	34.8	0.1	2.7	3.0	4.5	28.3	20.3	100.0

续表

省区	农业	工业	建筑业	运输业	商业	服务业	生活	转换	合计
云南	3.7	51.2	0.8	4.3	0.4	1.1	17.4	21.1	100.0
陕西	1.2	43.5	1.2	3.9	0.8	2.3	12.9	34.3	100.0
甘肃	1.9	39.9	1.5	4.6	2.1	2.3	16.3	31.4	100.0
青海	1.4	39.9	1.8	2.7	1.1	4.6	21.0	27.6	100.0
宁夏	1.8	25.1	0.3	5.7	0.1	0.2	9.1	57.7	100.0
新疆	4.8	35.3	1.7	4.9	2.2	5.9	22.3	22.8	100.0
河南	2.3	37.6	0.4	3.1	0.5	0.5	14.4	41.3	100.0
湖北	2.5	60.9	0.7	4.3	0.8	0.0	9.4	21.6	100.0
湖南	5.3	56.7	0.1	3.3	0.4	0.4	13.0	20.8	100.0
广东	3.3	40.8	0.8	7.3	1.4	0.7	7.4	38.3	100.0
广西	0.7	67.9	0.2	4.1	0.5	1.2	2.5	22.8	100.0
海南	8.9	20.9	1.3	16.6	2.3	8.9	2.1	39.1	100.0
辽宁	1.2	52.1	0.4	2.6	0.5	1.6	5.7	35.9	100.0
吉林	1.8	45.7	0.5	3.3	2.4	3.8	6.5	35.8	100.0
黑龙江	5.3	34.3	0.7	3.2	0.8	2.0	9.4	44.3	100.0
重庆	6.2	59.4	0.4	2.8	0.6	0.2	8.6	21.8	100.0
全国	2.8	46.6	0.6	3.6	1.0	2.0	9.4	34.1	100.0

资料来源：笔者作成。

注：四川和重庆是 1997 年数字。

表 4-5　2012 年各省各部门的 CO_2 排放结构比较(%)

省区	农业	工业	建筑业	运输业	商业	服务业	生活	转换	合计
上海	0.5	27.6	1.3	20.0	3.1	4.9	5.5	37.0	100.0
江苏	1.3	34.3	0.8	4.9	0.3	0.3	2.3	55.9	100.0
浙江	1.9	26.8	1.3	7.0	1.1	0.8	3.8	57.2	100.0
安徽	1.2	38.3	0.6	5.4	0.6	0.7	2.7	50.6	100.0
福建	2.2	40.5	1.2	7.7	0.8	1.2	3.0	43.2	100.0
江西	1.3	52.4	0.6	6.7	0.8	0.7	3.0	34.6	100.0
山东	0.6	42.0	1.5	7.0	2.2	1.8	3.4	41.4	100.0
北京	1.1	15.9	1.5	19.8	2.9	11.3	15.7	31.8	100.0
天津	0.8	37.9	2.1	6.0	1.9	2.1	4.3	44.9	100.0
河北	1.2	58.0	1.0	2.5	0.5	1.4	4.0	31.4	100.0

续表

省区	农业	工业	建筑业	运输业	商业	服务业	生活	转换	合计
山西	1.2	36.2	0.5	3.6	1.2	1.2	4.0	52.0	100.0
内蒙古	1.5	17.3	1.1	5.0	4.0	1.4	4.5	65.2	100.0
四川	1.7	57.6	1.9	7.9	2.5	1.6	8.8	18.1	100.0
贵州	1.2	27.6	6.3	6.1	6.0	4.8	7.8	40.2	100.0
云南	2.3	47.1	1.3	10.1	1.7	1.0	5.3	31.2	100.0
陕西	0.9	37.2	1.1	8.1	2.1	2.4	4.7	43.5	100.0
甘肃	1.4	34.6	3.4	4.8	0.7	0.5	6.3	48.4	100.0
青海	0.8	47.4	0.9	6.0	1.9	4.5	7.7	30.7	100.0
宁夏	0.3	22.0	0.6	2.4	0.2	0.9	1.4	72.2	100.0
新疆	1.7	41.4	0.5	4.9	0.9	0.9	2.7	46.9	100.0
河南	1.2	40.5	0.4	4.3	0.5	0.4	5.4	47.2	100.0
湖北	2.4	54.3	1.9	8.7	4.3	2.2	4.7	21.6	100.0
湖南	3.2	50.7	1.4	6.3	3.3	1.2	5.2	28.8	100.0
广东	0.9	31.1	0.4	13.2	1.9	0.4	5.9	46.3	100.0
广西	0.8	48.6	0.1	9.5	1.5	1.3	3.8	34.4	100.0
海南	6.3	22.6	1.0	19.8	0.8	2.5	2.3	44.7	100.0
辽宁	1.1	47.9	0.6	7.8	0.5	2.4	2.8	36.8	100.0
吉林	1.0	42.1	0.6	4.6	1.7	2.9	2.8	44.3	100.0
黑龙江	3.2	28.7	0.1	7.1	4.5	3.3	6.3	46.9	100.0
重庆	5.0	53.6	1.1	9.1	1.3	1.4	6.2	22.4	100.0
全国	1.5	39.5	1.1	6.8	1.8	1.6	4.4	43.2	100.0

资料来源:笔者作成。

二、各省各部门CO_2排放变化的因素分解

上一节我们从宏观的角度,对中国各省CO_2排放量变化的驱动因素进行了分析。然而,这只是看到了各省的总体情况,是一个平均状态,而各省产业部门之间的差别是不明确的。因此,下面我们将来探讨一下影响各省各部门的CO_2排放变化的驱动因素及其驱动力的大小。

(一)分析方法

某一区域的CO_2排放量可以用下式来表示:

$$C=\sum_i C_i=\sum_i\left[\left(\frac{C_i}{E_i}\right)\times\left(\frac{G_i}{G_i}\right)\times\left(\frac{G_i}{G}\right)\times G\right] \tag{4-4}$$

此处，

C：CO_2 排放量；

E：能源消费量；

G：GDP；

i：部门。

如果我们将着眼点置于 CO_2 排放量的变化(ΔC)，就可以按下面的公式，将其分解为以下几个影响因素。

$$\Delta C = \sum_i \left[\Delta\left(\frac{C_i}{E_i}\right)\times\left(\frac{E_i}{G_i}\right)\times\left(\frac{G_i}{G}\right)\times G\right]+$$
$$\sum_i \left[\left(\frac{C_i}{E_i}\right)\times\Delta\left(\frac{E_i}{G_i}\right)\times\left(\frac{G_i}{G}\right)\times G\right]+$$
$$\sum_i \left[\left(\frac{C_i}{E_i}\right)\times\left(\frac{E_i}{G_i}\right)\times\Delta\left(\frac{Y_i}{G}\right)\times G\right]+$$
$$\sum_i \left[\left(\frac{C_i}{E_i}\right)\times\left(\frac{E_i}{G_i}\right)\times\left(\frac{G_i}{G}\right)\times \Delta G\right]+\text{交叉项}$$

＝第一因素(能源转换因素(C_i/E_i))变化的效果＋第二因素(能源效率因素(E_i/G_i))变化的效果＋第三因素(产业结构因素(G_i/G))变化的效果＋第四因素(经济因素(G))变化的效果＋复数因素变化的复合效果　　(4-5)

因此，某一区域化石能源起源的 CO_2 排放量的变动，可以分解为能源转换因素、能源效率因素、产业结构因素和经济因素等四个驱动因素。能源转换因素是单位能源消费的 CO_2 排放量，是表示能源种类结构变化的指标；能源效率因素是单位附加价值产出的能源消费量，是反映能源消费效率的指标；而产业结构因素表示的是各产业的生产比重变化在全部产业中对 CO_2 排放量变化影响的指标；最后的经济因素则表示的是由于经济规模变化引起多大的 CO_2 排放量增减的指标。

这种方法的特点是将复数的影响因素的同时变化全部计入交叉项，但这种方法经常被认为残差较大。为了缩小残差，学者们进行了一些改善，如 B. W. Ang&S. Y. Lee (1994)[25]对产业能源消费的因素进行了分解。这里，我们参考其研究成果，将其扩展到对 CO_2 排放量变化的分析上，并推导出了新的因素分解方法。

假设我们用 C_0 和 C_t 分别表示 0 年和 t 年的 CO_2 排放量，这两个时点的 CO_2 排放量的变化就可以用下式表示：

$$\Delta C_{tot} = C_t - C_0 \qquad (4\text{-}6)$$

如果将 CO_2 排放量的变化分解为四个因素，就可以得到下式：

$$\Delta C_{tot} = \Delta C_{tec} + \Delta C_{\text{int}} + \Delta C_{str} + \Delta C_{pdn} + D \qquad (4\text{-}7)$$

上面的式子中：

ΔC_{tec}：能源转换因素，ΔC_{int}：能源效率因素，ΔC_{str}：产业结构因素，ΔC_{pdn}：经济因素。

如果我们对 k 年的变数分别定义如下，则：

C_k：k 年的 CO_2 排放量；

C_{ik}：k 年的 i 部门的 CO_2 排放量；

E_k：k 年的能源消费量；

E_{ik}：k 年的 i 部门的能源消费量；

Y_k：k 年的 GDP；

Y_{ik}：k 年的 i 部门的附加价值；

S_{ik}：k 年的 i 部门的 GDP 比重（$=Y_{ik}/Y_k$）；

I_k：k 年的单位 GDP 的能源消费（$=E_k/Y_k$）；

I_{ik}：k 年的 i 部门的单位 GDP 的能源消费（$=E_{ik}/Y_{ik}$）；

P_k：k 年的单位能源消费的 CO_2 排放量（$=C_k/E_k$）；

P_{ik}：k 年的 i 部门的单位能源消费的 CO_2 排放量（$=C_{ik}/E_{ik}$）。

经过推导，可以得到以下的等式(因篇幅关系，推导过程省略)：

$$\Delta C_{tec} = \sum [C_{i,0} + \alpha_i (C_{i,t} - C_{i,0})] \ln\left(\frac{P_{it}}{P_{i0}}\right) \tag{4-8}$$

$$\Delta C_{\text{int}} = \sum [C_{i,0} + \alpha_i (C_{i,t} - C_{i,0})] \ln\left(\frac{I_{it}}{I_{i0}}\right) \tag{4-9}$$

$$\Delta C_{str} = \sum [C_{i,0} + \alpha_i (C_{i,t} - C_{i,0})] \ln\left(\frac{S_{it}}{S_{i0}}\right) \tag{4-10}$$

$$\Delta C_{pdn} = [C_0 + \alpha (C_t - C_0)] \ln\left(\frac{G_t}{G_0}\right)$$

(二)分析结果

利用上式，我们对中国各省分部门的 CO_2 排放量变化的驱动因素进行分解。具体方法是利用 1995—2012 年这 18 年间各省分部门的 CO_2 排放量、能源消费量和 GDP 数据，对 CO_2 排放量变化的驱动因素作了一年间隔的分界。

这里利用的数据情况是，CO_2 排放量来自笔者的推算，能源消费量取自《中国能源统计年鉴》(各年版)，GDP 数据取自《中国统计年鉴》(各年版)。关于 GDP 数据，分别按照 2005 年第一产业、第二产业、第三产业的可比价格进行了统一计算。

图 4-18 表示的是 1995—2012 年中国各省分部门 CO_2 排放变化的驱动因素分解情况(逐年累积计算)。

1.第一产业的分解结果

首先，第一产业的经济规模因素无一例外地均为 CO_2 增排因素，说明经济规模的扩张是我国各省区 CO_2 排放量增加的主要因素，其中驱动力较大的有山东、湖南、浙江、江苏、内蒙古、山西、黑龙江和湖北等省区(增排量在 1 000 万 t-CO_2 以上)，驱动力较小的是青海、宁夏、广西、海南、天津、北京、陕西、甘肃、上海、江西和河北等省市(增排量在 500 万

t-CO_2 以下)，其他省区介于二者之间。由此可见，其驱动力的大小与该区域的经济规模大小及经济规模的扩张速度有关，经济规模大的地区增排量较大，经济规模扩张快的地区增排量也较大。

其次，产业结构因素无一例外地均为 CO_2 减排因素，说明农业结构的变动(比重下降)是我国各省区 CO_2 排放减少的主要因素，其中驱动力较大的有山东、山西、浙江、湖南、江苏和重庆(减排量在 500 万 t-CO_2 以上)，驱动力较小的是宁夏、青海、海南、广西、陕西、甘肃、天津、江西、北京和云南(减排量在 200 万 t-CO_2 以下)，其他省区介于二者之间。可以想见，驱动力的大小与农业规模的大小及农业比重下降的速度有关。

再次，能源效率因素在各省中的驱动方向差别较大，有相当于全部省份 2/3 的 20 个省区为减排驱动，其中驱动力较大的有山东、贵州、黑龙江、广东、山西、吉林、云南和江西等省区(减排量在 100 万 t-CO_2 以上)，另有相当于 1/3 数量的省区为增排驱动，其中驱动力较大的有内蒙古、重庆、四川和河北等省市(增排量在 100 万 t-CO_2 以上)。

最后，能源转换因素在各省中的驱动方向差别较大，只有 13 个省区表现为减排驱动，且最大减排驱动力只有 188 万t-CO_2，是诸因素中驱动力最小的一个因素，其中驱动力相对较大的有山东、湖南、新疆和山西等省区，减排驱动力都在 10 万t-CO_2以上，而具有增排驱动的省区则多达 17 个，其中河北、重庆、福建、云南、内蒙古和四川的驱动力较大，增排驱动力都超过 100 万t-CO_2。

总之，从各省区的角度来看，实现了除经济规模因素以外的三个因素的 CO_2 减排驱动的有山东、湖南、山西、黑龙江、河南、辽宁、新疆、吉林、甘肃、北京和宁夏等 11 个省区，只有两个因素为减排驱动的是浙江、江苏、广东、贵州、云南、安徽、江西、上海、陕西、天津和海南等 12 个省区，还有内蒙古、福建、重庆、四川、河北、广西和青海则只有一个因素为减排因素，其他三个因素均为增排因素。

2.第二产业的分解结果

首先，与第一产业相同，所有省区第二产业的经济规模因素也都是增排驱动，且驱动力巨大，相当于第一产业的数百倍，与第一产业根本不在同一个级别(请注意图中纵坐标的刻度)，表明我国第二产业的规模仍然在扩大。其中驱动力较大的有山东、河北、江苏、内蒙古、河南、辽宁、广东和山西等省区，增排量 4 亿 t-CO_2 以上；而驱动力较小的是贵州、海南、青海、北京和宁夏等，增排量在 1 亿 t-CO_2 以下。

其次，与第一产业形成鲜明对照的是，我国各省区第二产业的产业结构因素除了北京之外，均为 CO_2 的增排因素，其中驱动力较大(1 亿 t-CO_2 以上)的是内蒙古、山东、河北、河南、四川、辽宁和江苏等省区，说明这些省区的工业规模扩大(比重增大)比较显著，而驱动力较小(0.4 亿 t-CO_2 以下)的有上海、海南、青海、贵州、新疆、甘肃、宁夏、黑龙江、天津和浙江等省市，说明这些省市由于第二产业比重变化带来的 CO_2 排放量的增加值比较小。

再次，从能源效率因素来看，与第一产业相比，第二产业除了新疆和贵州以外，均为其他省区 CO_2 的减排因素，减排的省区大大增加，说明我国第二产业的减排效果还是比较明显的。其中减排驱动力较大的(减排量在 2 亿 t-CO_2 以上)的是辽宁、内蒙古、河南、山东、江苏和山西等省区,而减排驱动力较小(减排量在 0.5 亿 t-CO_2 以下)的是海南、青海、宁夏、甘肃、云南和福建等省区。

最后,从能源转换因素来看,与第一产业相比,第二产业的能源转换因素同样是诸影响因素中驱动力最小的因素,减排驱动力最大的河北也只有 0.78 亿 t-CO_2。但从驱动方向来看,第二产业表现为减排驱动的省区增多,有相当于近 2/3 的省区为减排驱动,其中减排驱动力较大的(减排量在 0.2 亿 t-CO_2 以上)是河北、浙江、湖北、四川、山东、广东、江苏和天津等省市;而增排驱动的省区则减少到 11 个,其中内蒙古的增排驱动力最大且突出,达到 1.43 亿 t-CO_2,高出其他增排省区 1 亿 t-CO_2 以上,而河南、山西和辽宁等省的增排驱动力也较大,在 0.3 亿~0.42 亿 t-CO_2 之间。

总体来看,各省区的第二产业只有北京实现了除经济规模因素以外的三个因素的 CO_2 减排驱动,其他多数省区(山东、河北、江苏、浙江等 18 个省区)只实现了能源效率和能源转换这两个因素的减排驱动,尚有内蒙古、河南、辽宁、山西、安徽、湖南、上海、江西和宁夏只实现了能源效率一个因素的减排驱动,更有新疆和贵州两个省区没有一个因素是减排驱动,所有因素均为增排驱动。

3.第三产业的分解结果

再来看第三产业的分解结果。我们可以发现,诸因素对各省区第三产业的影响比第一产业和第二产业要复杂一些。除了规模因素的驱动方向一致外,其他因素的驱动方向在各省区的差别都比较大。

首先,与第一、第二产业一样,所有省区的经济规模因素无一例外地都是 CO_2 减排的驱动因素,只是驱动力大小略有不同,驱动力较大(增排量在 0.4 亿 t-CO_2 以上)的是山东、广东、上海、内蒙古、辽宁和湖北等省区;而驱动力较小(增排量在 0.2 亿 t-CO_2 以下)的则是青海、宁夏、海南、甘肃、江西、重庆、安徽、新疆和云南等省区。

其次,在产业结构因素的驱动方向中,有 25 个省市是增排驱动,不过增排量不是很大,除了最大的山东省超过 1 亿 t-CO_2 以外,其他省市都在 600 多万亿 t-CO_2 以下,驱动力相对较大的是山东、上海、贵州、北京、浙江、江苏、湖北、河北、湖南、黑龙江等省市;另外有山西、江西、天津、宁夏和青海等省区为减排驱动。

再次,在能源效率因素的驱动方向中,有 10 个省区为增排驱动,有 20 个省区为减排驱动,是诸因素中减排驱动省份最多的一个影响因素。其中减排驱动力较大(减排量在 0.1亿 t-CO_2 以上)的有吉林、天津、河北和新疆等省区,而增排驱动力较大的省区除了内蒙古的 0.1 亿 t-CO_2 以外,其他省区都低于 0.05 亿 t-CO_2。

最后,在能源转换因素的驱动方向中,增减排驱动各占一半,其绝对值也和第一产业、第二产业一样,属于驱动力最小的因素,最大的也不过 200 多万 t-CO_2。其中减排驱动较大(减排量在0.02亿 t-CO_2 以上)的是北京、天津、浙江、江苏和湖南等省市,而增排驱动较大(增排量在 0.02 亿 t-CO_2 以上)的是湖北、内蒙古、贵州、黑龙江、云南、广东和辽宁等省区。

总体来看，在第三产业中，各省区中只有天津实现了除经济规模因素以外的三个因素的减排驱动，江苏、北京、浙江、湖南、吉林、山西、福建、新疆、江西、甘肃、海南、宁夏和青海等 13 个省区实现了两个因素的减排驱动，而广东、上海、湖北、四川、河北、贵州、陕西、河南、广西、安徽和重庆等 11 个省区只实现了一个因素的减排驱动，尚有山东、内蒙古、辽宁、黑龙江和云南等 5 个省区还没有一个因素实现了减排驱动，而全部都是增排驱动。

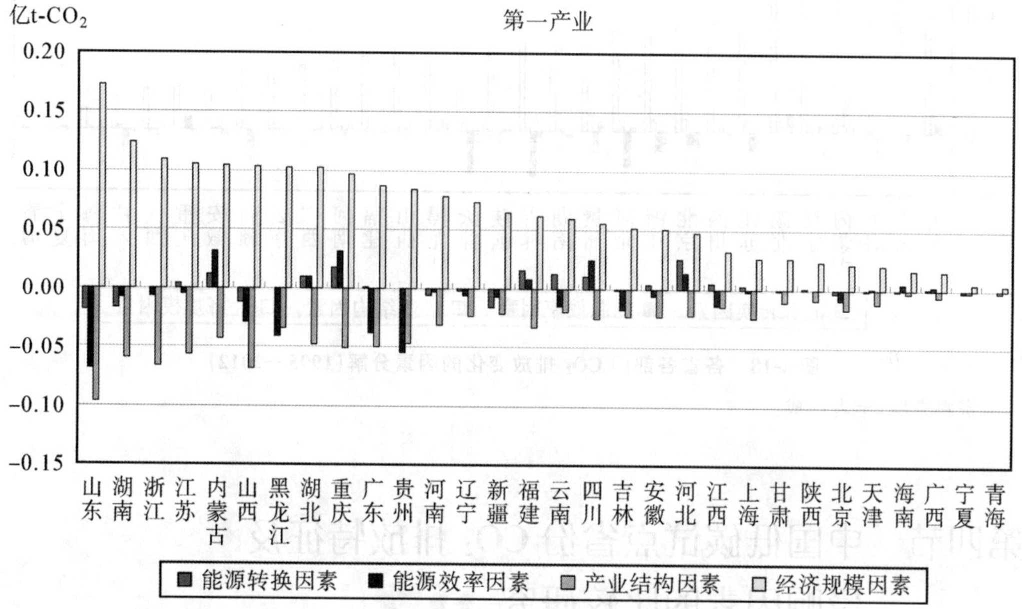

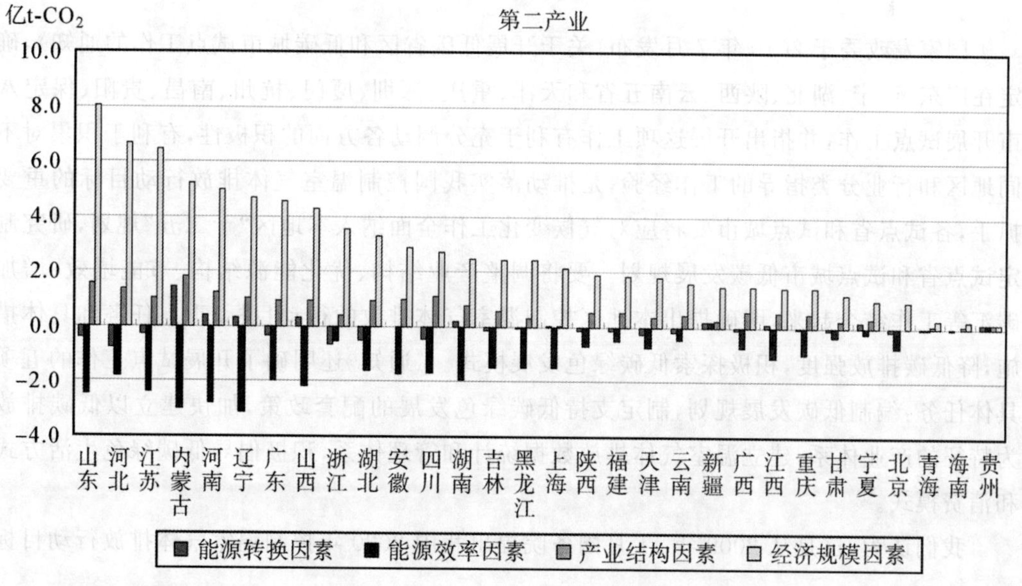

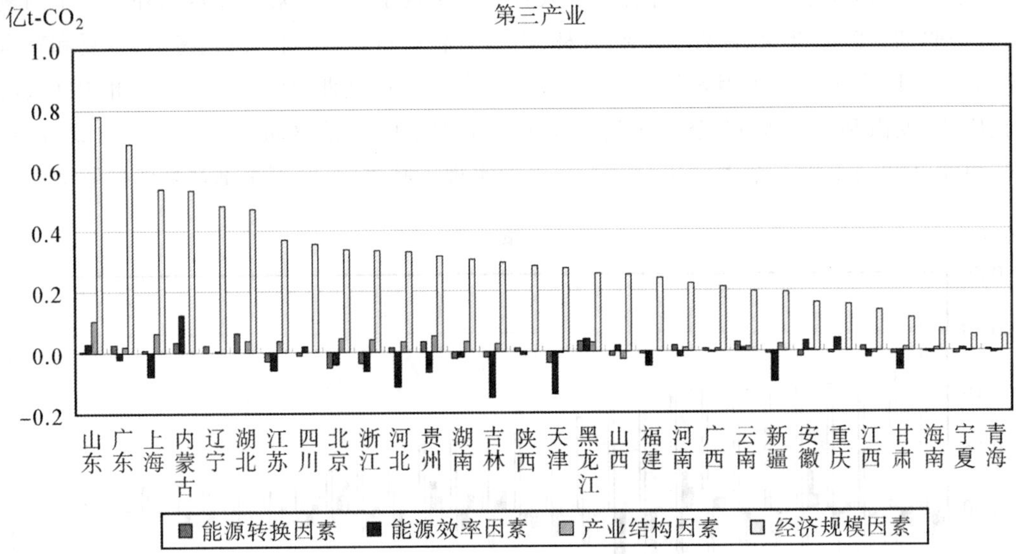

图 4-18　各省各部门 CO_2 排放变化的因素分解(1995—2012)

资料来源：笔者作成。

第四节　中国低碳试点省份 CO_2 排放特征及影响因素的比较研究

国家发改委于 2010 年 7 月发布《关于开展低碳省区和低碳城市试点工作的通知》，确定在广东、辽宁、湖北、陕西、云南五省和天津、重庆、深圳、厦门、杭州、南昌、贵阳、保定八市开展试点工作，并指出开展这项工作有利于充分调动各方面的积极性，有利于积累对不同地区和行业分类指导的工作经验，是推动落实我国控制温室气体排放行动目标的重要抓手，各试点省和试点城市要将应对气候变化工作全面纳入本地区"十二五"规划，研究制定试点省和试点城市低碳发展规划。要将调整产业结构、优化能源结构、节能增效、增加碳汇等工作结合起来，明确提出本地区控制温室气体排放的行动目标、重点任务和具体措施，降低碳排放强度，积极探索低碳绿色发展模式。《通知》还明确了开展试点工作的五项具体任务：编制低碳发展规划，制定支持低碳绿色发展的配套政策，加快建立以低碳排放为特征的产业体系，建立温室气体排放数据统计和管理体系，积极倡导低碳绿色生活方式和消费模式。①

我们认为，这是从 2009 年 11 月国务院提出我国 2020 年控制温室气体排放行动目标

① 《国家发展改革委关于开展低碳省区和低碳城市试点工作的通知》，发改气候〔2010〕1587 号，http://qhs.ndrc.gov.cn/dtjj/t20100810_365271.htm。

后的一项重大战略举措，其意义是不言自明的。但要使试点取得应有的成效，为全国各个类型区做出表率，有两个亟待解决的问题：一是需要摸清各地区的 CO_2 排放家底及其特征，二是需要明确各地区 CO_2 排放特征的形成原因，以便能够有针对性地制定出低碳发展对策。从试点地区的分布可以看出，国家对试点地区的选择兼顾了各自的代表性，目的就在于区别不同情况出台相应的政策。为此，本节拟对中国低碳试点省区 CO_2 排放特征及形成原因进行比较研究，以图为我国制定低碳发展政策提供依据。

一、中国低碳试点省区 CO_2 排放特征比较

本节所指中国低碳试点省区，包括广东、辽宁、湖北、陕西、云南五省和天津、重庆两个省级直辖市。国家发改委确定的其他各市因资料缺乏，只得忍痛割爱，不在本节讨论之列。

（一）CO_2 排放总量及其变化比较

从各试点省区 CO_2 排放总量来看（图 4-19），2012 年排放量最大的是广东和辽宁，分别达到 5.29 亿 t-CO_2 和 5.21 亿 t-CO_2，其次是湖北，排放量为 3.84 亿 t-CO_2，再次是陕西和云南，排放量分别为 2.44 亿 t-CO_2 和 2.04 亿 t-CO_2，而天津和重庆这两个直辖市的排放量分别为 1.70 亿 t-CO_2 和 1.64 亿 t-CO_2。由此可以看出，除了直辖市比较特殊外，我国各省区的 CO_2 排放量有从东部沿海向中部进而向西部内陆地区递减的趋势。

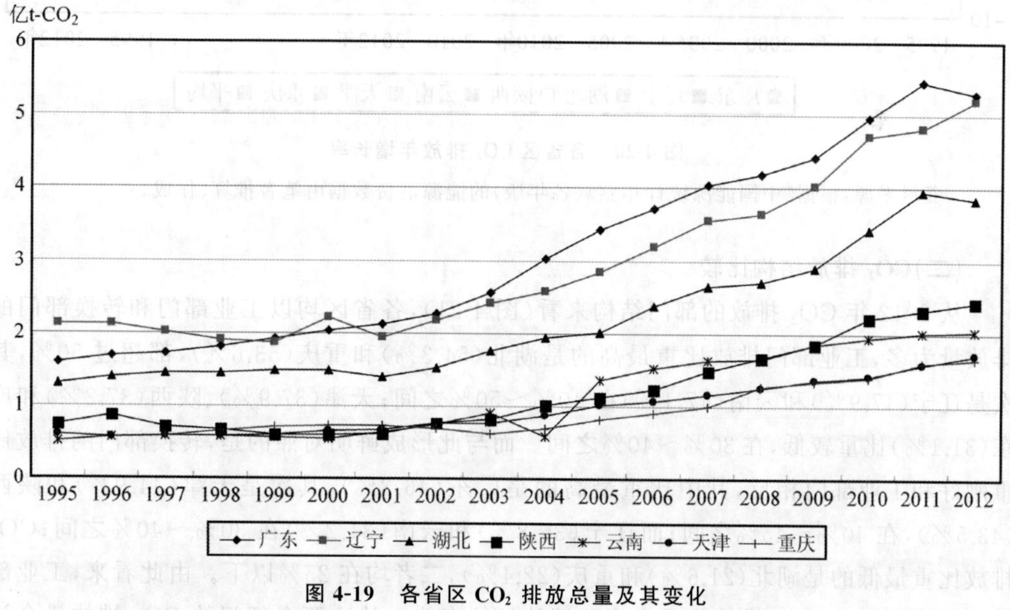

图 4-19　各省区 CO_2 排放总量及其变化

资料来源：根据《中国能源统计年鉴》（各年版）的能源消费数据由笔者推算、作成。

再从各省区 CO_2 排放量的变化情况来看（图 4-20），从 1995—2012 年各地都呈增加趋势，增加最快的是云南，年平均增加率达 8.4%，其次是广东和陕西的 7.3%，以下依次为

重庆的7.2%(1997—2009 年)、湖北的 6.6%、天津的 6.3%以及辽宁的5.4%。如果从各个五年规划期间来看,1995—2000 年的年均增长率最低,仅为 1.5%;平均增加最快的是"十一五"时期,年均增加率为 9.8%,其次是"十五"时期的 8.9%,"十二五"以来增长势头有所减缓,年增长回落到 5.0%。但各省市也有差别:一是虽然多数省份的增长率最高值在"十一五"期间出现,但广东、天津和云南的最高值则出现在较早的"十五"期间;二是虽然大多数省份在 2010—2012 年均较"十一五"期间的增速放缓,但唯有天津不仅不减,反而由7.0%增加为 9.7%,成为其中增长最快的省份,这明显与天津的滨海新区纳入全国开发开放战略后经济增长能力的释放有关。

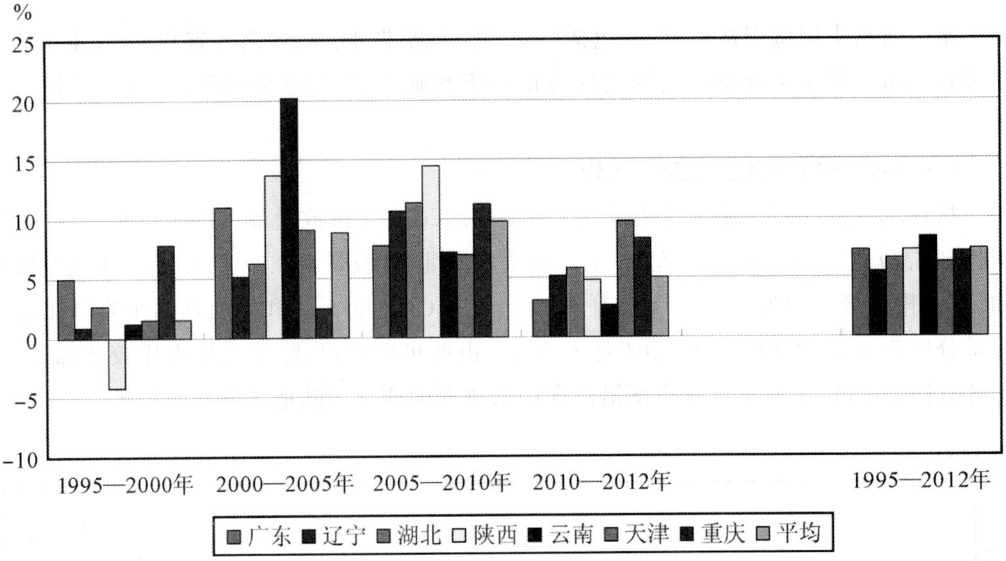

图 4-20 各省区 CO_2 排放年增长率

资料来源:根据《中国能源统计年鉴》(各年版)的能源消费数据由笔者推算、作成

(二)CO_2 排放结构比较

从 2012 年 CO_2 排放的部门结构来看(图 4-21),各省区均以工业部门和转换部门的排放量为多,工业部门排放比重最高的是湖北(54.3%)和重庆(53.6%),都超过 50%,其次是辽宁(47.9%)和云南(47.1%)在 40%~50%之间;天津(37.9%)、陕西(37.2%)和广东(31.1%)比重较低,在 30%~40%之间。而与此形成鲜明对照的是,转换部门的排放比重刚好和工业部门相反,其中比重最高的是广东(46.3%),其次是天津(44.9%)和陕西(43.5%),在 40%~45%之间;而辽宁(36.8%)和云南(31.2%)在 30%~40%之间;CO_2 排放比重最低的是湖北(21.6%)和重庆(22.4%),二者均在 25%以下。由此看来,工业部门和转换部门的 CO_2 排放比重呈现此消彼长的态势。从这两个部门的 CO_2 排放量合计占各地总排放量的比重来看,大约都在 80%,其中最高的辽宁占84.8%,以下依次是天津(82.7%)、陕西(80.6%)、云南(78.3)%、广东(77.4%)、重庆(76.0%)、最低的湖北也占到75.9%。来自这两个部门以外的其他部门的 CO_2 排放量较少,大致在 20%上下。这里带

给我们的一个启示是 CO_2 减排的重点部门应该是工业部门和转换部门。

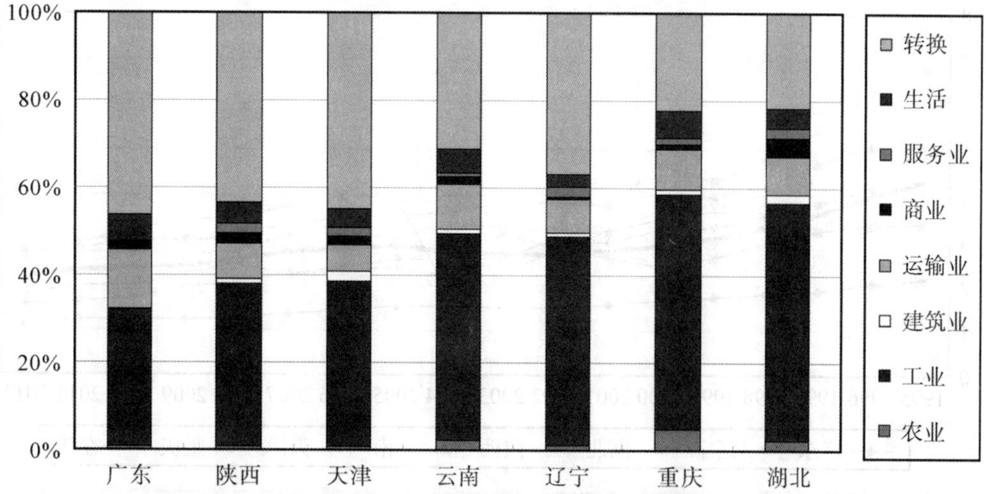

图 4-21　2012 年各省区 CO_2 排放部门结构

资料来源：根据笔者的推算结果作成。

（三）CO_2 排放效率比较

这里的 CO_2 排放效率是指 CO_2 排放量与人口、经济和能源等关系的指标，如人均 CO_2 排放量、单位产出的 CO_2 排放量、单位能源消费的 CO_2 排放量等。如果一个地区的人均 CO_2 排放量越低、单位产出的 CO_2 排放量越少、单位能源消费的 CO_2 排放量越小，则说明该地区的 CO_2 排放效率越高；反之亦然。

从图 4-22 可以看出，各省区的人均 CO_2 排放量都呈上升趋势，而尤以近几年的增幅为大。人均排放量较多的是天津和辽宁，大大高出全国平均水平，而其他省区都较全国平均水平低，这种状况主要是由该地区的人口与经济规模、技术水平以及能源结构等有关。以各

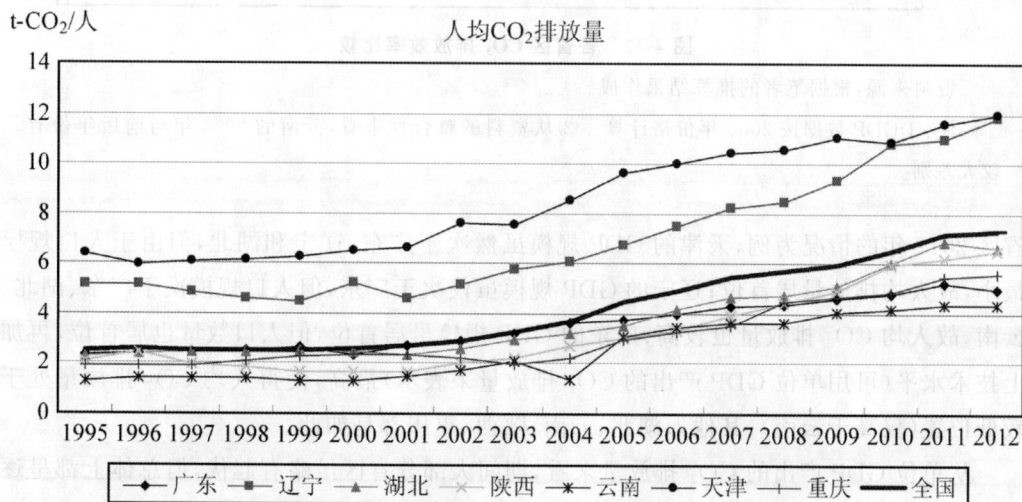

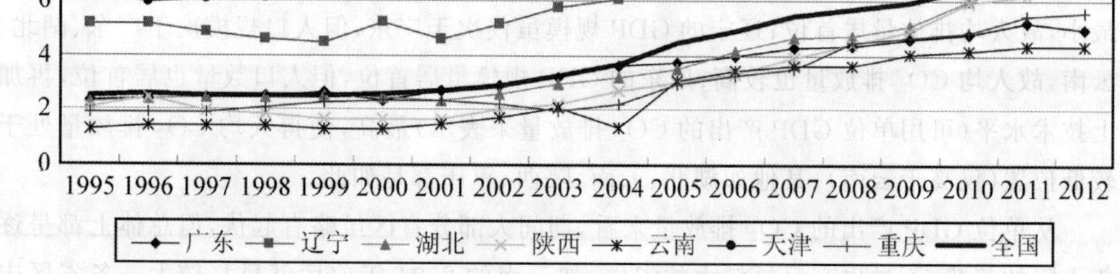

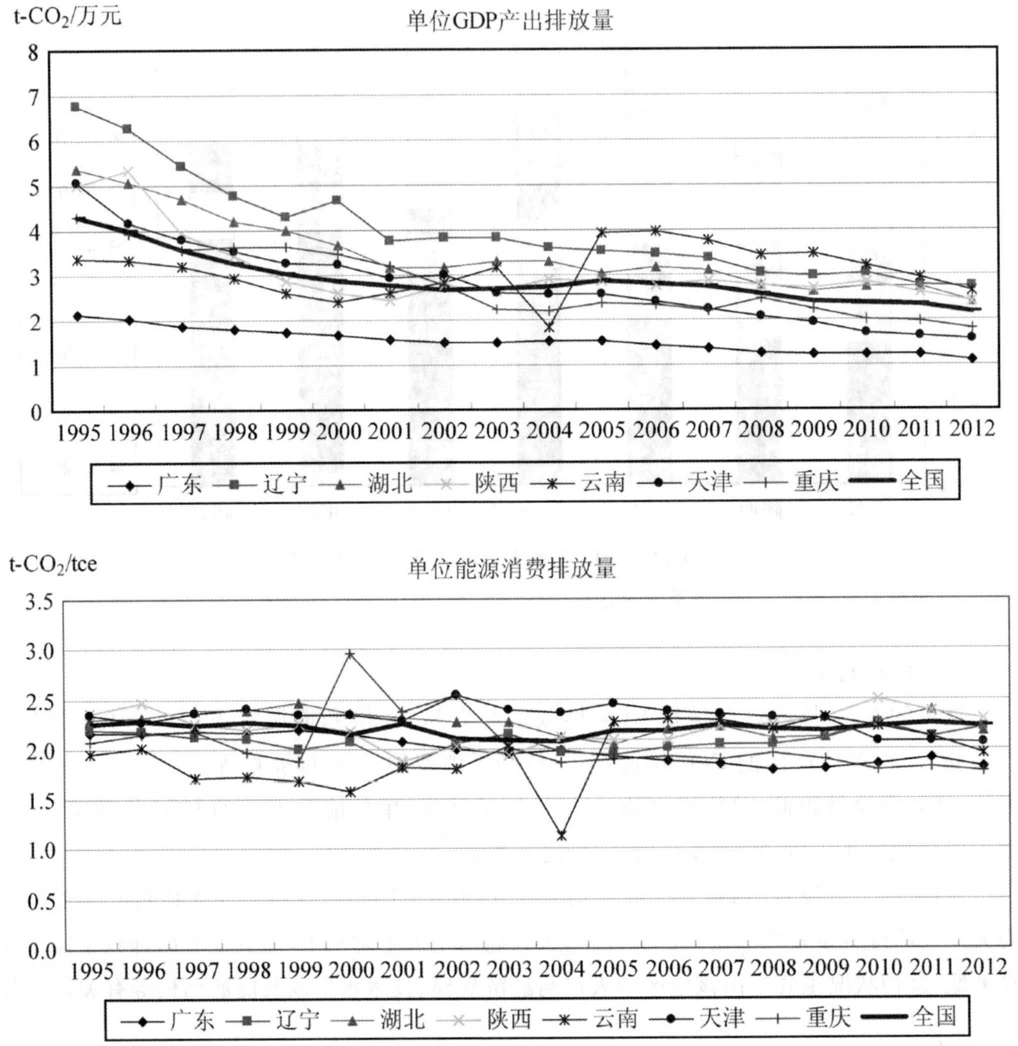

图 4-22　各省区 CO_2 排放效率比较

资料来源：根据笔者的推算结果作成。

注：①GDP 数据按 2005 年价格计算。②从资料的整合性来看，云南的 2004 年与前后年份有较大差别。

省区 2012 年的情况为例，天津的 GDP 规模虽然次于广东、辽宁和湖北，但由于人口规模最小，故人均排放量居首位；辽宁的 GDP 规模虽仅次于广东，但人口规模次于广东、湖北、云南，故人均 CO_2 排放量也较高；广东的 GDP 规模虽居首位，但人口数量也居首位，再加上技术水平（可用单位 GDP 产出的 CO_2 排放量来表示）最高，使得人均 CO_2 排放量处于较低位置（仅高于云南）；其他如湖北、云南、陕西、重庆都是如此。

从单位 GDP 产出的 CO_2 排放量来看，期间大部分省区虽略有起伏，但总体上都呈逐年下降的趋势，不过也有反复较大的省份，如云南的 2004 年前后就反复较大。各省区中单位 GDP 产出的 CO_2 排放量中最低的是广东（2012 年为 1.1 t-CO_2/万元），仅相当于全国平均水平（2.2 t-CO_2/万元）的一半，说明广东的 CO_2 排放效率是最高的，其次是天津（1.6 t-CO_2/万元）和重庆（1.8 t-CO_2/万元），上述三个省区都低于全国平均水平，属排放效率较高者；而陕西（2.4 t-CO_2/万元）和湖北（2.4 t-CO_2/万元）的排放强度略高于全国平均，属排放效率中等者；而排放强度较高的是辽宁（2.7 t-CO_2/万元）和云南（2.6 t-CO_2/万元），比全国平均水平高出许多，属排放效率较低者。

1995—2012 年单位能源消费的 CO_2 排放量几乎没有什么变动，全国平均只从 2.3 t-CO_2/tce 下降到 2.2 t-CO_2/tce，其中辽宁持平，其他省区略有下降，降幅最大的广东也仅从2.2 t-CO_2/tce降到 1.8 t-CO_2/tce，成为单位能源消费 CO_2 排放量最低的省份。从纵向比较来看，各省区的差别也远远小于其他指标，2012 年最高的陕西为 2.3 t-CO_2/tce。

二、中国低碳试点省区 CO_2 排放变化影响因素比较

（一）各省区 CO_2 排放总量变化影响因素比较

笔者利用 Kaya 恒等式，将地区 CO_2 排放量变化的影响因素分为能源转换因素、能源效率（节能）因素、经济规模因素和人口规模因素，对我国低碳试点省区 1995—2012 年 CO_2 排放量变化的影响因素进行了逐年的分析。

分析结果如图 4-23 所示（每年累积计算）。首先从各影响因素的驱动力大小来看，各省区基本上都是经济规模因素的影响力最大，其次是能源效率因素，而能源转换因素和人口规模因素的驱动力较小；其次从各影响因素的驱动方向来看，经济规模因素和人口因素均为正向驱动（CO_2 增排作用），能源效率因素均为负向驱动（CO_2 减排作用），而能源转换因素除了辽宁和陕西以外也都为负向驱动。其中各省区的共同点是经济规模因素是推动 CO_2 增排的最大因素，能源效率因素（节能因素）是 CO_2 减排的最大因素，这两者的消长造成了各省区 CO_2 排放变化的基本格局。由于各省区经济规模因素的驱动力均远远大于能源效率因素，即经济增长带来的 CO_2 排放增加抵消了来自能源效率改善带来的 CO_2 排放削减，所以各地 CO_2 排放量的实际变化均呈增加态势（参阅图 4-23 中的实际变化）。

从具体数据来看，1995—2012 年的 18 年间，广东的 CO_2 排放量从 1.59 亿吨增加到 5.29 亿吨，增加 3.70 亿吨，其中能源转换减排 0.52 亿吨，节能减排 1.54 亿吨，两者合计减排量达 2.06 亿吨，但由于经济增长增排 4.39 亿吨，再加上由于人口规模变动增排1.36亿吨，两者合计增排量达 5.75 亿吨，四者正负相抵，净增加排放 3.70 亿吨；辽宁的四项影响因素中只有节能减排 2.60 亿吨，而由于经济增长、人口变动和能源转换分别增加排放 5.26亿吨、0.21 亿吨和 0.22 亿吨，最终使得 CO_2 排放量增加了 3.10 亿吨；湖北则由于能源转换减排 0.12 亿吨，节能减排 1.53 亿吨，经济增长增排 4.19 亿吨，再加上人口变动增加排放 18 万吨，结果是 CO_2 排放量增加了 2.54 亿吨；陕西和辽宁一样，只有节能为减排驱动，其他均为增排驱动，节能的减排量为 0.78 亿吨，而能源转换增排 0.05 亿吨，经济增

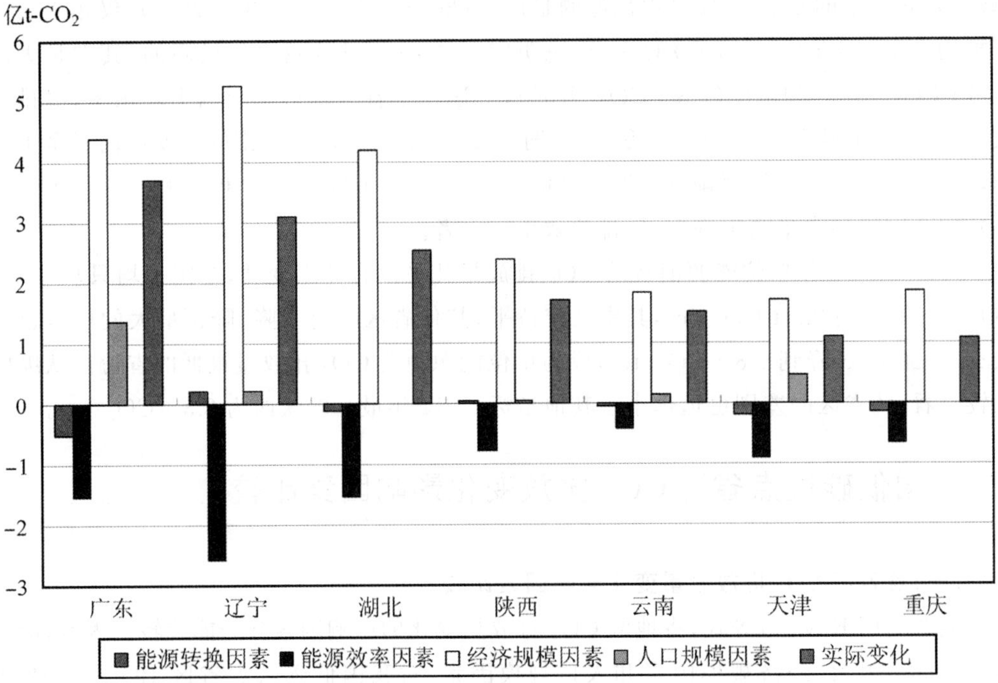

图 4-23 各省区 CO_2 排放量变化的因素分析(1995—2012)

资料来源:根据笔者的推算结果作成

长增排 2.38 亿吨,人口变动增排 0.05 亿吨,CO_2 排放量净增 1.70 亿吨;云南的能源转换和能源效率各减排 0.04 亿吨和 0.41 亿吨,而经济增长和人口变动分别增排 1.83 亿吨和 0.15亿吨,CO_2 排放量净增加 1.52 亿吨;天津的 CO_2 排放量增加 1.09 亿吨,其中能源转换减排 0.19 亿吨,节能减排 0.90 亿吨,经济增长增排 1.71 亿吨,人口变动增排 0.47 亿吨;重庆的 CO_2 排放量增加 1.07 亿吨,在各省市中增量最小,其中能源转换因素减排 0.14 亿吨,节能因素减排 0.65 亿吨,经济增长因素和人口变动因素各增排 1.85 亿吨和 0.01 亿吨。

(二)各省区产业部门 CO_2 排放量变化影响因素比较

下面运用 Divisia 指数分解法(Index Decomposition Analysis,IDA)对中国 1995—2012 年各省区产业部门 CO_2 排放量变化影响因素作比较分析,并将逐年累积的结果表示于图 4-24。

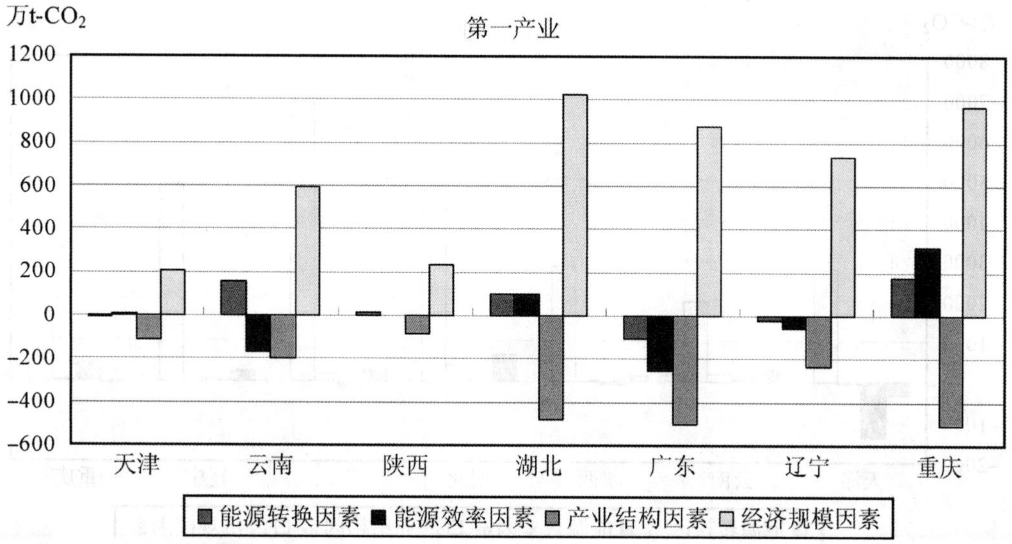
万t-CO_2
第一产业
1200
1000
800
600
400
200
0
-200
-400
-600
天津
云南
陕西
湖北
广东
辽宁
重庆
能源转换因素
能源效率因素
产业结构因素
经济规模因素

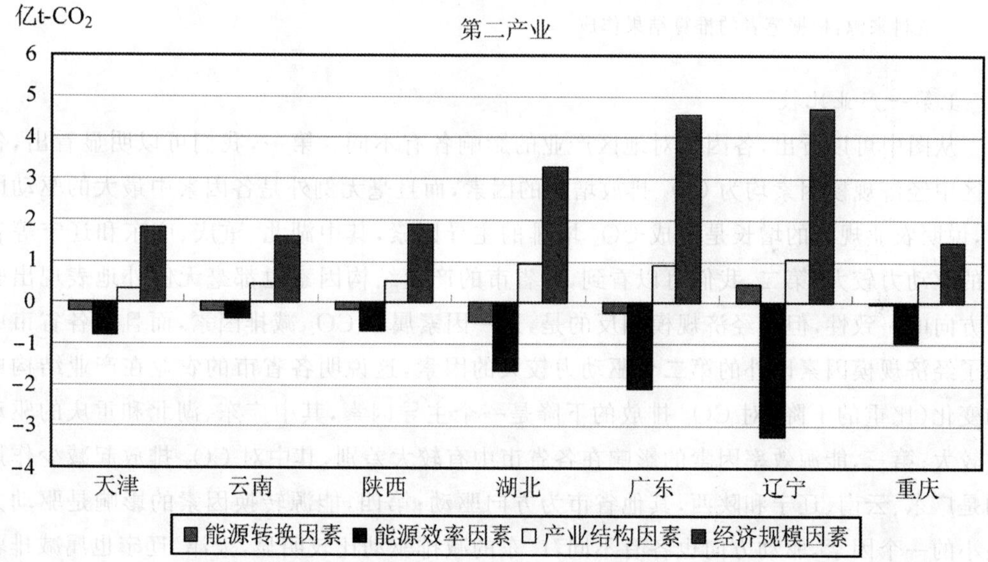
亿t-CO_2
第二产业
6
5
4
3
2
1
0
-1
-2
-3
-4
天津
云南
陕西
湖北
广东
辽宁
重庆
能源转换因素
能源效率因素
产业结构因素
经济规模因素

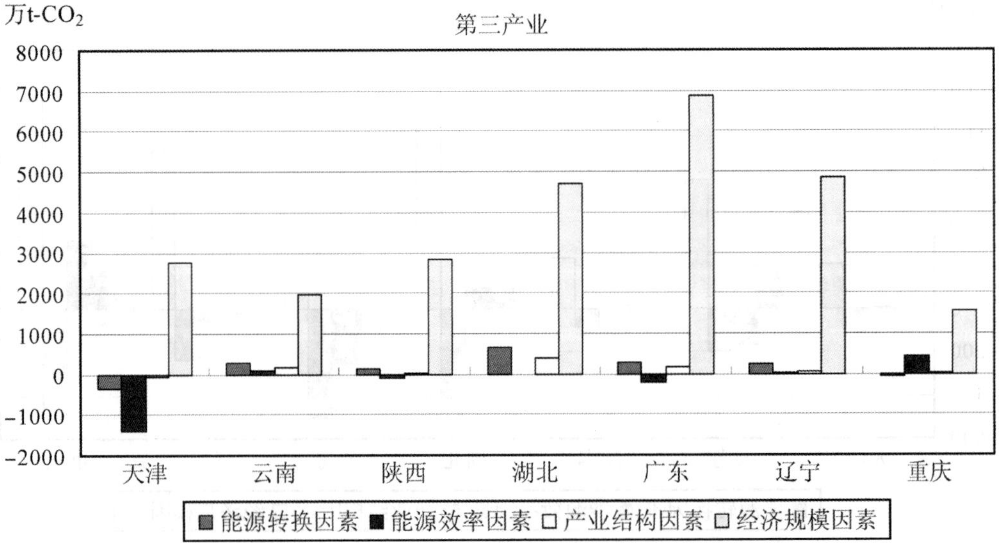

图 4-24 各省份产业部门 CO_2 排放量变化影响因素分析(1995—2012)

资料来源:根据笔者的推算结果作成

1.第一产业比较

从图中可以看出,各因素对地区产业的影响各有不同。第一,我们可以明显看出,各省区中经济规模因素均为 CO_2 排放增加的因素,而且毫无例外是各因素中最大的驱动因素,说明农业规模的增长是造成 CO_2 增排的主导因素,其中湖北、重庆、广东和辽宁等省市的驱动力较大;第二,我们可以看到,各省市的产业结构因素也都毫无例外地表现出驱动方向的一致性,但与经济规模相反的是,这一因素属于 CO_2 减排因素,而且是各省市中除了经济规模因素以外的第二个驱动力较大的因素,这说明各省市的农业在产业结构中的变化(比重的下降)对 CO_2 排放的下降是一个主导因素,其中广东、湖北和重庆的驱动力较大;第三,能源效率因素的影响在各省市中有较大差别,其中对 CO_2 排放起减少作用的是广东、云南、辽宁和陕西,其他省市为方向驱动;第四,能源转换因素的影响是驱动力最小的一个因素,驱动方向也各有不同,广东的减排驱动比较明显,天津、辽宁也属减排驱动,而其他省市为增排驱动,其中重庆、云南和湖北驱动力稍微明显一些。

总体而言,在上述四个影响因素中,除了经济规模因素的影响外,各省市中只有广东和辽宁实现了三个因素的减排驱动,而其他省市则只有两个(如云南和陕西的产业结构因素和能源效率因素,天津的产业结构因素和能源转换因素)甚至一个(如重庆和湖北仅有产业结构因素)为减排因素。

2.第二产业比较

这里要注意到的一点是,图 4-24 中表示的各产业单位的不同。与第一产业和第三产业的万 t-CO_2 相比,第二产业的单位是亿 t-CO_2,表明各影响因素的驱动力在第二产业和其他两个产业间不在同一个数量级,这意味着第二产业对 CO_2 排放变动的影响比其他产业要大得多，同时也意味着第二产业减排的重要性。

首先，与第一产业相同的一点是，经济规模因素同样都是驱动方向为增排、驱动力最大的因素，都是各省市 CO_2 排放增加的主导因素，其中辽宁、广东和湖北的驱动力较大；其次，与第一产业形成鲜明对比的是产业结构因素则无一例外地都是 CO_2 排放增加的因素，说明第二产业的比重仍然处于增加状态，各省市的工业化进程还在进行，只不过驱动力最大在 1 亿 t-CO_2 上下，相对于经济规模因素的 4 亿～5 亿 t-CO_2 而言，还是比较小的；再次，与第一产业不同，第二产业的能源效率因素均为 CO_2 减排驱动，说明在第二产业领域，各省市的能源效率提高还是比较明显的，对节能技术还是比较重视的，其中辽宁、广东和湖北的驱动力较大；最后，在能源转换因素中，第二产业与第一产业相同的是能源转换因素也是诸因素中驱动力最小的因素，但不同的是第二产业能源转换因素的减排作用也比较明显，除了辽宁为增排驱动外，其余省市均为减排驱动。

大体而言，在第二产业中，各省市的经济规模因素和产业结构因素是 CO_2 增排的因素，其中前者为增排的主导因素；而能源效率因素和能源转换因素则是 CO_2 减排的因素，其中前者为减排的主导因素。

3.第三产业比较

从纵轴的数值来看，第三产业的总体驱动力介于第一产业和第二产业之间。从图中我们可以明显看出，首先，第三产业的经济规模因素不仅是最大的驱动因素，而且在诸因素中大有鹤立鸡群之感，比其他三个因素的驱动力大了许多倍，说明各省第三产业规模的增加十分迅速，对 CO_2 排放的增加起了较大的推动作用；其次，如果将上述特点与产业结构因素的作用结合起来看，从中也可以得到一些佐证：在第三产业的产业结构因素中，除了天津为减排驱动外，其余省市均为增排驱动，虽然看起来增排的绝对量不如第二产业，但这可能是由于第三产业经济规模基数较小的缘故；再次，能源效率因素中除了天津有比较大的减排驱动外，其他省份的驱动力都比较小，而且重庆、云南和辽宁还是增排驱动；最后，能源转换因素的驱动力都不是很大，而且除了天津和重庆是些微的减排驱动外，其余省份都是增排驱动。

总体而言，与第一产业和第二产业相比，各省市中影响第三产业 CO_2 排放的诸因素的减排驱动最不明显。除了天津市实现了除经济规模因素以外三个因素的 CO_2 减排效用之外，其余省份都仅有一个微弱的减排驱动因素（如广东、陕西和湖北的能源效率因素和重庆的能源转换因素），甚至所有因素都是增排驱动因素（云南和辽宁）。

三、各省区的综合特征及其政策启示

（一）各省区经济与 CO_2 排放量及其排放效率的综合特征

从前面的叙述可以看出，中国各低碳试点省区 CO_2 排放总量有从东部沿海向中部进而向西部内陆地区递减的趋势。在研究期内各省区 CO_2 排放量的变化都呈增加趋势，南方省区增长较快，而且多数省区的增长高峰期出现在 2000 年以后的“十五”期间和“十一五”期间。

各省区的人均 CO_2 排放量都呈上升趋势，天津和辽宁大大高出全国平均水平，而其他省区都较全国平均低；从单位 CO_2 排放的 GDP 产出来看，各省区排放效率较高的是广东、天津和重庆，排放效率中等的是湖北和陕西，而云南和辽宁的排放效率较差；从单位能源消费的 CO_2 排放量来看，最低的是广东，最高的是云南。

综合上述，可以从经济发展水平、CO_2 排放量及 CO_2 排放效率等方面将各省区的经济与碳排放综合特征归纳如下（表 4-6）：

表 4-6　各省区综合特征比较（2012 年）

省区	经济水平（万元/人）	CO_2 排放量（t-CO_2/人）	CO_2 排放效率（万元/t-CO_2）	综合特征
天津	8.52（高）	12.00（高）	0.64（高）	高经济、高排放、高效率型（三高型）
广东	5.41（高）	4.99（低）	0.91（高）	高经济、低排放、高效率型（高低高型）
辽宁	5.07（高）	11.87（高）	0.37（低）	高经济、高排放、低效率型（高高低型）
重庆	3.89（中）	5.57（低）	0.56（高）	中经济、低排放、中效率型（中低高型）
湖北	3.86（中）	6.65（中）	0.42（中）	中经济、中排放、中效率型（中中中型）
陕西	3.86（中）	6.49（中）	0.41（中）	中经济、低排放、低效率型（中中中型）
云南	2.22（低）	4.37（低）	0.38（低）	低经济、低排放、低效率型（三低型）
全国	3.84	7.33	0.46	

资料来源：作者根据《中国统计年鉴》（各年版）、《中国能源统计年鉴》（各年版）资料推算而得。CO_2 排放效率中的 GDP 数据换算为 2005 年价格。

（二）各省区 CO_2 排放量变化影响因素的驱动特征

从各省区 CO_2 排放量变化影响因素的驱动力大小来看，基本上都是经济规模因素的影响力最大，其次是能源效率因素，而能源转换因素和人口规模因素的驱动力较小；而从各影响因素的驱动方向来看，经济规模因素和人口因素基本上为正向驱动，而能源效率因素和能源转换因素基本上是负向驱动。

从各省区产业部门的 CO_2 排放量变化影响因素来看，所有省区各产业部门的经济规模因素均为 CO_2 排放增加的因素，而且是各因素中最大的驱动因素，说明产业规模扩张是造成 CO_2 排放增加的主要因素；各省的产业结构因素在第一产业中均为 CO_2 减排因素，但在第二、第三产业中则绝大多数都为增排因素；各省区的能源效率因素在第二产业中均为 CO_2 减排因素，而在第一、第三产业中则不尽相同；绝大多数省区的能源转换因素在第二产业中都为 CO_2 减排因素，但在第一、第三产业中则差别较大。

从各产业的角度来看，在第一产业中，只有广东和辽宁实现了除经济规模因素以外的三个因素的减排驱动，而其他省则只有两个甚至一个为减排因素；在第二产业中，绝大多数省区实现了能源效率因素和能源转换因素的减排驱动；而在第三产业中，只有天津市实现了除经济规模因素以外的三个因素的 CO_2 减排效用，其余省区都仅有一个微弱的减排驱动因素，甚至所有因素都是增排驱动因素。另外，第二产业对 CO_2 排放变动的影响比其他产业要大得多。

(三)政策启示

1.各省区 CO_2 减排强度有较大潜力

从各省区 CO_2 排放变化趋势来看，总量尚难出现绝对量减排的趋势；但从碳排放强度(单位 GDP 的 CO_2 排放)相对减排的角度来看，各省区都呈现减排趋势，而且尚有较大潜力。因为各省区的差异很大，2012 年最低的广东(1.10 t/万元)与最高的辽宁(2.74 t/万元)相差了 1.5 倍，但广东的碳排放强度与国际先进水平相比也仍有较大差距。国家"十二五"规划将降低碳排放强度的指标分配到各地，因此各地应积极采取措施从碳排放强度方面开展 CO_2 减排。

2.各省区 CO_2 减排的重点部门在于工业部门和转换部门

前已述及，从 CO_2 排放的部门结构来看，各省区均以工业部门和转换部门的排放量为多，而且这两个部门的 CO_2 排放比重呈现此消彼长的态势，两者合计约占各地总排放量的 80%(最低的湖北也达 75.9%)。其中，工业部门为各地 CO_2 排放大户，而广东、天津和陕西等省区的能源转换部门的比重都在 40%以上。因此，各省区都应该将减排重点置于工业部门和转换部门。

3.各省区应采取不同重点的减排对策

前述研究表明，发展低碳经济的影响因素至少包括能源结构转换、能源效率、经济规模、人口规模、产业结构等几个方面。一般情况下，要减少 CO_2 排放，各地均可以通过改善能源的消费结构(能源减排)、提高能源效率(节能减排)、控制经济规模、优化产业结构或抑制人口增长等措施中的其中之一项或若干项组合的方法来达到目标。但在上述各项对策中，各省区在综合采用各种政策的同时，也应该各自有所侧重，抓住主导因素，不能一概视之。例如 CO_2 排放效率较低的云南、辽宁、陕西、湖北等省的当务之急是如何在经济增长的情况下降低单位 GDP 的 CO_2 排放；又如天津，由于滨海新区开发纳入国家战略，随着高速经济增长带来的突出问题是 CO_2 排放增加较快，人均排放量是各省区中最高的，因此急需通过优化产业结构、大力发展第三产业(特别是生产性服务业)来减缓 CO_2 排放增加过快的势头；重庆作为直辖市之一，经济发展、人均 CO_2 排放量和排放效率均处于中等水平，今后应综合运用多种措施来实现低碳发展，尤其在能源结构转换方面有较大潜力；而广东在各省区中居于领先地位，人均 GDP 仅次于天津，人均 CO_2 排放量仅高于云南，尚不及天津的一半，而 CO_2 排放效率是最高的，而且能源转换因素的负向驱动作用十分显著，今后应瞄准国际先进水平，在我国各省区中起到表率作用。

主要参考文献

[1]科学技術庁科学技術政策研究所(編).アジアのエネルギー利用と地球環境—エネルギー消費構造と地球汚染物質の放出の動態[M].大蔵省印刷局，1992 年.

[2]堀井伸浩.石炭と大気汚染問題[M].中国環境問題研究会(編)，中国環境ハンドブック—2005

～2006年版一，蒼蒼社，2004年.

[3]杨骞、刘华军:《中国碳强度分布的地区差异与收敛性——基于1995—2009年省际数据的实证研究》，载《当代财经》2012第2期，第87～98页。

[4]岳超、胡雪洋、贺灿飞、朱江玲、王少鹏、方精云:《1995—2007年我国省区碳排放及碳强度的分析——碳排放与社会发展Ⅲ》，载《北京大学学报(自然科学版)》2010第46卷第4期，第510～516页。

[5]中国科学院可持续发展战略研究组:《2009中国可持续发展报告——探索中国特色的低碳道路》，科学出版社2009年版。

[6]杜官印、蔡运龙、李双成:《1997—2007年中国分省化石能源碳排放强度变化趋势分析》，载《地理与地理信息科学》2010第5期，第76～81、92页。

[7]周健:《省际碳排放经济效率的TOPSIS评价分析》，载《统计与决策》2011年第21期，第81～84页。

[8]肖黎姗、王润、杨德伟、孙艳伟、刘健:《中国省际碳排放极化格局研究》，载《中国人口·资源与环境》2011年第11期，第21～27页。

[9]马军:《中国区域低碳发展的效率分析与减排对策研究》，载《前沿》2011年第3期，第12～16页。

[10]段庆锋:《我国省域全要素碳排放绩效比较研究——基于Malmquist指数分解方法》，载《技术经济》2012年第2期，第68～74页。

[11]仲云云、仲伟周:《中国区域全要素碳排放绩效及影响因素研究》，载《商业经济与管理》2012年第1期，第85～96页。

[12]陈志建、王铮:《中国地方政府碳减排压力驱动因素的省际差异——基于STIRPAT模型》，载《资源科学》2012年第4期，第718～724页。

[13]李涛、傅强:《中国省际碳排放效率研究》，载《统计研究》2011年第7期，第62～70页。

[14]范定祥、刘会洪:《中国省区碳排放强度的分布特征及其变化分析》，载《西安财经学院学报》2012年第3期，第5～10页。

[15]仲云云、仲伟周:《我国碳排放的区域差异及驱动因素分析——基于脱钩和三层完全分解模型的实证研究》，载《财经研究》2012年第2期，第123～133页。

[16]虞义华、郑新业、张莉:《经济发展水平、产业结构与碳排放强度——中国省级面板数据分析》，载《经济理论与经济管理》2011年第3期，第72～81页。

[17]丘兆逸:《碳排放强度与工业化的关系研究——基于2000—2008年省级面板数据分析》，载《广西师范学院学报(自然科学版)》2011年第1期，第106～114页。

[18]陈继勇、彭巍、胡艺:《中国碳强度的影响因素——基于各省市面板数据的实证研究》，载《经济管理》2011年第5期，第1～6页。

[19]刘红光、刘卫东、唐志鹏、范晓梅:《中国区域产业结构调整的CO_2减排效果分析——基于区域间投入产出表的分析》，载《地域研究与开发》2010年第3期，第129～135页。

[20]刘明磊、朱磊、范英:《我国省级碳排放绩效评价及边际减排成本估计_基于非参数距离函数方法》，载《中国软科学》2011年第3期，第106～114页。

[21]李陶、陈林菊、范英:《基于非线性规划的我国省区碳强度减排配额研究》，载《管理评论》2010第6期，第54～60页。

[22]张亚雄、李继峰、冯婷婷:《我国2020年碳强度目标省级分解方法研究》，载《财经界》2011年第2期，第36～40页。

[23]王群伟、周德群、周鹏：《区域二氧化碳排放绩效及减排潜力研究——以我国主要工业省区为例》，载《科学学研究》2011 年第 6 期，第 868～875 页。

[24]陈佳贵等：《中国工业化进程报告：1995—2005 年中国省域工业化水平评价与研究》，社会科学文献出版社 2007 年版，第 7、42 页。

[25]B.W.Ang&S.Y.Lee：Decomposition of industrial energy consumption，Energy Economics 1994，16(2)：83－92.

第五章
中国区域低碳转型：各类型区比较

第一节 中国区域的低碳转型比较

一、中国低碳经济的地域类型及其 CO_2 排放特征

(一)地域类型的划分

以上我们对中国各省 CO_2 排放的现状、特征及其排放变化的驱动因素作了分析，但中国的省级数量达到30个以上，从分析的角度和政策的实行方面都比较复杂。如果能将性质类似的若干省份统筹合并，就能够简洁、明快地把握中国区域低碳经济发展的特征，在制定政策方面也会有一定的针对性。因此，这里将着眼于各省 CO_2 排放和经济发展的关系，对各省的共同特征进行探讨。

众所周知，CO_2 排放和经济发展存在着密切的关系。一般而言，在其他要素一定的前提下，GDP规模越大，CO_2 排放量也就越多；随着GDP规模的扩大，CO_2 排放量也会增加。不过，由于包括节能等在内的生产效率的提高，或者由于产业结构的变化(例如由高耗能产业向低耗能产业变化，由工业向服务业变化等)，即使GDP增加，CO_2 排放量也可以做到不增加甚至出现减少的现象。另外，如果再加上其他要素的变化(如能源消费结构从煤炭向石油转变，再向天然气转变，或者由化石能源向非化石能源转变等)，即使GDP增加，CO_2 排放量也会减少。也就是说，在经济发展的某一阶段，CO_2 排放将会随着经济的增长而出现减少，与倒U字形的环境库兹涅茨曲线相符合。然而，令人遗憾的是，就中国的情况而言，至今这一时期并未到来。从各省 CO_2 排放量的变化来看，偶尔出现比上一年减少的情况，但从整个期间来看，CO_2 排放量稳定减少的省份一个也没有出现。从中国 CO_2 排放量和GDP的关系来看，离 CO_2 排放量减少趋势的出现仍然相距甚远。

在考虑某一区域的 CO_2 排放与经济发展关系的时候，其地域所处的相应的经济发展阶段，特别是工业化的阶段有着重要的意义。之所以这样说，是因为不仅工业部门是排放 CO_2 最多的部门，而且工业部门也决定了 CO_2 排放的许多特征。在工业化初期，由于基础设施建设的需要，原材料等重工业的发展必须先行，同时也成为 CO_2 排放量最多的一

个阶段；随着工业化的进行，CO_2 排放量的增加幅度可能会变小，但绝对量还是增加的；只有在实现了工业化，服务业占到相当大的比重时，才有可能出现 CO_2 排放总量减少的情况。这是 CO_2 排放量变化的一般趋势。在中国的各个省份之间，经济发展的水平和阶段具有相当大的差别。根据学者关于中国工业化的研究[1]，中国各省的工业化阶段可以划分为前工业化阶段、工业化初期、中期、后期和后工业化阶段等（表 5-1）。这项研究基于各省人均 GDP、三次产业产出额的比例、工业结构、城市化水平、就业结构指标来判断中国各省的综合工业化阶段。

表 5-1　中国各省工业化阶段的综合评价(2005)

工业化阶段		省、市、区
后工业化阶段（五）		上海、北京
工业化后期（四）	后半阶段	天津、广东
	前半阶段	浙江、江苏、山东
工业化中期（三）	后半阶段	辽宁、福建
	前半阶段	山西、吉林、内蒙古、湖北、河北、黑龙江、重庆、宁夏
工业化初期（二）	后半阶段	陕西、青海、湖南、河南、新疆、安徽、江西、四川、甘肃、云南、广西、海南
	前半阶段	贵州
前工业化（一）		西藏

资料来源：根据陈佳贵等：《中国工业化进展报告：1995—2005 年中国各省工业化水平的评价和研究》，社会科学文献出版社 2007 年版第 42 页整理简化。

将前述图 4-8 与表 5-1 比较可以看出，各省的组合有着很强的相似性。也就是说，从分类的观点来看，工业化阶段和 CO_2 排放量之间有着密切关系。

在这里，我们综合考虑图 4-8、图 4-9 及表 4-1、表 4-2、表 5-1 所反映的中国各省 CO_2 排放和经济的关系，再将区域之间的联系也纳入考虑视野，尝试对中国低碳经济的地域类型作了以下的划分。

首先，在表达中国经济发展水平时，经常使用东部、中部和西部的说法。从图 5-1 也可以看出，我国的地区经济发展水平呈现出从东部到中部再到西部的由高向低的变化。也就是说，在中国，东部是经济最发达的地区，西部是经济落后的地区，中部位于两者中间。这里也反映了这种经济发展水平的差异，于是将中国首先分为东部、中部和西部三个区域。

其次，在上述东部、中部和西部区域中，反映 CO_2 排放量及排放效率的实际状况，分别又呈现出南方和北方的差异，即分为南方和北方两种类型。这样我们就可以将中国低碳经济的地域类型分为六类（表 5-2）。

表 5-2 中国低碳经济类型区

类型		特 征	省、市、区
东部	都市型	高效率中排放型	北京、上海、天津
	沿海型	中高效率中排放型	浙江、江苏、山东、福建、广东
中部	北方型	低效率中高排放型	山西、河北、内蒙古、辽宁、吉林、黑龙江
	南方型	中效率中低排放型	湖南、江西、湖北、河南、安徽
西部	北方型	中低效率高排放型	陕西、甘肃、青海、宁夏、新疆
	南方型	中效率低排放型	四川、重庆、广西、云南、海南、贵州

资料来源:笔者作成。

下面我们对各个类型的范围和特征作简要归纳。

(1)都市型

这一类型是包括北京、上海、天津三个直辖市在内的都市型区域,是中国经济发展水平最高的区域,人均 GDP 从 8.5 万元到 9.3 万元不等。本类型区的一个显著特征是 CO_2 排放效率较高,单位 GDP 的 CO_2 排放量北京为 0.74 t-CO_2/万元,在全国是最低的,只相当于宁夏(10.07 t-CO_2/万元)的 1/13;上海则为 1.16 t-CO_2/万元,在全国排第三位;天津达 1.55 t-CO_2/万元,居全国第六位,在本区中排放效率相对较差①。

本类型区的另一个特点是人均 CO_2 排放量原先相对较高,近年来只有天津还在继续增加,2012 年已超过 10 t-CO_2/人,位居全国第五位;而北京和上海从 2007 年以来都出现下降趋势,上海从 2007 年的最高值 11.09 t-CO_2/人降到 8.91 t-CO_2/人,位居全国第九位;北京从 6.5 t-CO_2/人降到 2012 年在 5 t-CO_2/人左右。

(2)东部沿海型

这一类型由位于东部沿海地区的浙江、江苏、广东、山东和福建等省组成,是经济发展水平仅次于上述都市型地域的一个区域类型。这五省的人均 GDP 在 5.2 万元到 6.8 万元之间,人均 CO_2 排放量除了广东和福建较低,在 5~6 t-CO_2/人以上外,其他省份都在 7 t-CO_2/人以上,最多的山东达 9 t-CO_2/人以上;单位 GDP 的 CO_2 排放量除了山东稍高,超过 2 t-CO_2/万元以外,其他省都在 2 t-CO_2/万元以下。

(3)中部北方型

由位于北部地区的山西、河北、内蒙古、辽宁、吉林和黑龙江等省区组成。这里对内蒙古的经济发展加一点说明。近年来内蒙古的经济发展十分显著,人均 GDP 大幅增加,2012 年达到6.4万元,已超过浙江和辽宁,位居全国第五;但人均 CO_2 排放量也成为全国最多的。从本类型区的人均 GDP 来看,除了内蒙古以外大体在 3.4 万~5.7 万元之间。

① 此处的数据中,GDP、人口数据是取自《中国统计年鉴》(各年版),能源数据取自《中国能源统计年鉴》(各年版),CO_2 排放数据系根据笔者推算而得。下同。

本类型区非常显著的特点是，单位 GDP 的 CO_2 排放量体现的排放效率极低性和人均 CO_2 排放量极高性。从单位 GDP 的 CO_2 排放量来看，内蒙古和山西分别为 6.12 t-CO_2/万元和 5.51 t-CO_2/万元，分列全国第二位和第三位，最低的黑龙江也在 2.35 t-CO_2/万元以上；再从人均 CO_2 排放量来看，内蒙古列全国之首，山西列全国第三位，其中内蒙古和宁夏超过 20 t-CO_2/人，山西超过 13 t-CO_2/人，而辽宁和河北也都超过 10 t-CO_2/人，分别居全国第六和第七位。吉林和黑龙江在本类型区虽然较低，但也都高于全国平均数，在 7 t-CO_2/人以上。

(4)中部南方型

由位于中南部的湖北、湖南、河南、安徽、江西等省组成。人均 GDP 在全国属中下水平，在 2.9 万～3.9 万元之间；从 CO_2 排放的相关指标来看，与中部北方型相比，CO_2 排放效率较高，在 1.66～2.48 t-CO_2/万元之间，其中江西和湖南在 1.8 t-CO_2/万元以下；人均 CO_2 排放量则较低，最高的湖北为 6.6 t-CO_2/人，在全国平均水平以下，而江西为全国最低，仅为 3.5 t-CO_2/人，不及全国平均水平的一半。另外，与西部地区相比，CO_2 排放效率较西部北方型高，但人均 CO_2 排放量较西部南方型高(除江西外)。总体来看，CO_2 排放效率和排放量均处于中间水平。

(5)西部北方型

由位于西北部的陕西、甘肃、青海、宁夏和新疆组成。人均 GDP 以甘肃(2.2 万元)最低，其他三省区介于 3.3 万～3.9 万元之间，属全国中下水平；CO_2 排放效率陕西稍高(2.41 t-CO_2/万元)，宁夏最低(超过 10 t-CO_2/万元)，其他省区则介于 3.36～4.98 t-CO_2/万元之间，总体上仅高于中部北方型地区；另外，人均 CO_2 排放量以宁夏最高，超过 20 t-CO_2/人以上，新疆次之，在 10 t-CO_2/人以上，其他大体上在 6.2～7.5 t-CO_2/人之间，一般高于南方多数省份。

(6)西部南方型

由位于西南部的重庆、四川、云南、广西、海南和贵州等省区组成。人均 GDP 除了较高的重庆为 3.9 万元以外，其他省市均在 2.0 万～3.2 万元之间，在全国居于较低位置；CO_2 排放效率除了贵州特别较低(4.76 t-CO_2/万元)和云南稍微较低(2.63 t-CO_2/万元)以外，其他都在 2 t-CO_2/万元以下，较西部北方型为高；人均 CO_2 排放量差不多是全国最低的(如按排放由少到多排序则是海南、四川、广西为全国第二至第四位，云南为第六位)，以上各省区都在 4.4 t-CO_2/人以下，相当于全国平均水平的 60%以下；重庆稍多，为5.6 t-CO_2/人，相当于平均水平的 76%，居全国第十位；只有贵州较多，达 6.5 t-CO_2/人，相当于平均水平的 89%，居全国第 14 的中等位置。

这里想就贵州的归属作一解释。从 CO_2 排放的特征来看，贵州的 CO_2 排放效率较低，而人均 CO_2 排放量较高，与西部北方型十分相近，而与西部南方型相去甚远，但因其位于西南部地区，故将其归入这一类型。

(二)各地域类型的特征比较

在作了以上的分类以后，下面将通过对各地域的比较，探讨一下各自的特征。

1.经济水平的比较

从各地区人均GDP数值及其变动可以很清楚地明确中国的区域经济水平及变动趋势。从图5-1可以明显看出,1995—2012年各地区的人均GDP都是增加的,但各地区的相对位置变化不是很大。到2012年,经济发展水平最高的是东部都市地区,其次是东部沿海地区,然后是中部北方地区和中部南方地区,最后是西部北方地区和西部南方地区。

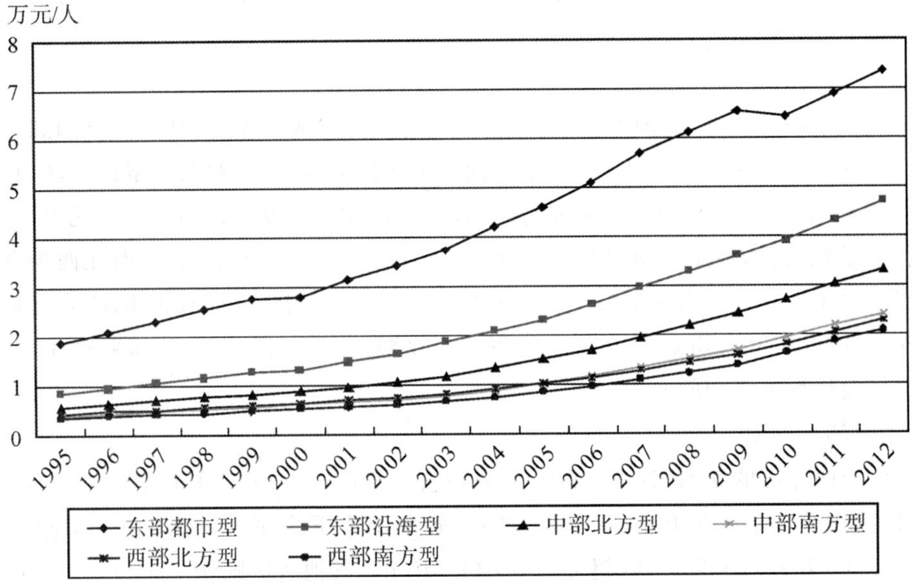

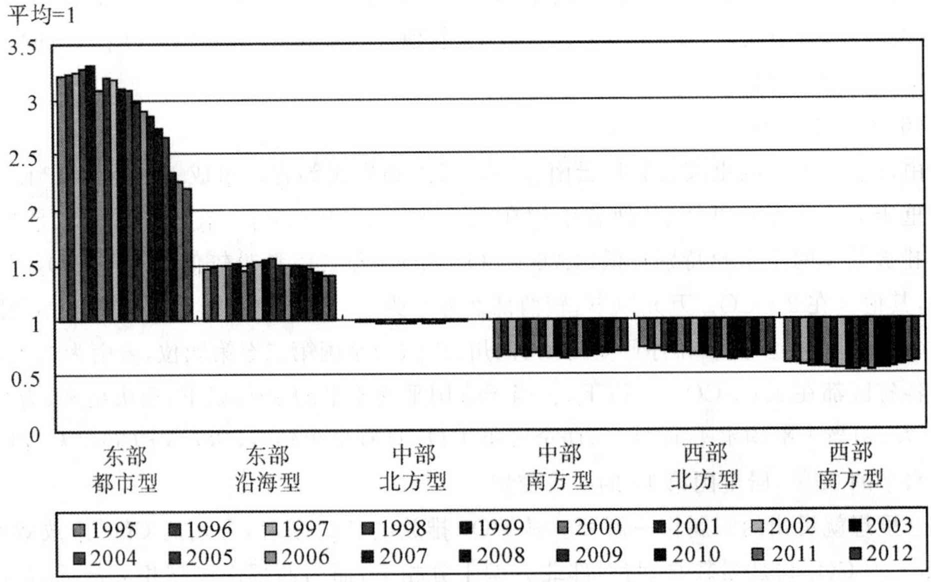

图5-1 各地区人均GDP的变化及其比较

资料来源:根据《中国统计年鉴》(各年版)整理作成,GDP数据按2005年价格作了调整。

如果以平均值1来看,人均GDP在平均值以上的是东部地区,其中水平最高的是东部都市地区,初期为平均值的3倍以上,但呈逐年下降趋势,2012年已降为平均值的2.2倍左右;其次是东部沿海地区,约为平均值的1.4倍;其他各区除中部北方型几乎接近平均值外,其他区域都比平均值低,最低的是西部地区。

2.能源效率比较

从单位GDP的能源消费量(能源消费强度)的比较中可以清楚地看出能源消费效率的差异。从图5-2可以看出,1995—2012年各地区能源消费强度的变化虽在进入21世纪后的前五年("十五"期间)有所反弹,但总的态势基本上都是逐渐下降的。到2012年,能源消费强度最低(可看作能源效率最高)的是东部都市地区,其次是东部沿海地区,再次是中部南方地区和西部南方地区,最后是中部北方地区和西部北方地区。这样看来,我国能源效率在全国范围内呈现由东部向中部再向西部递减的态势,也有自南方向北方递减的态势。能源效率最高的是东部地区,特别是东部都市型地域,有了相当明显的改善;而能源效率较低的是中部北方型和西部北方型地区,特别是西部北方型地区,近年来能源效率改善不多,成为能源效率最差的区域。

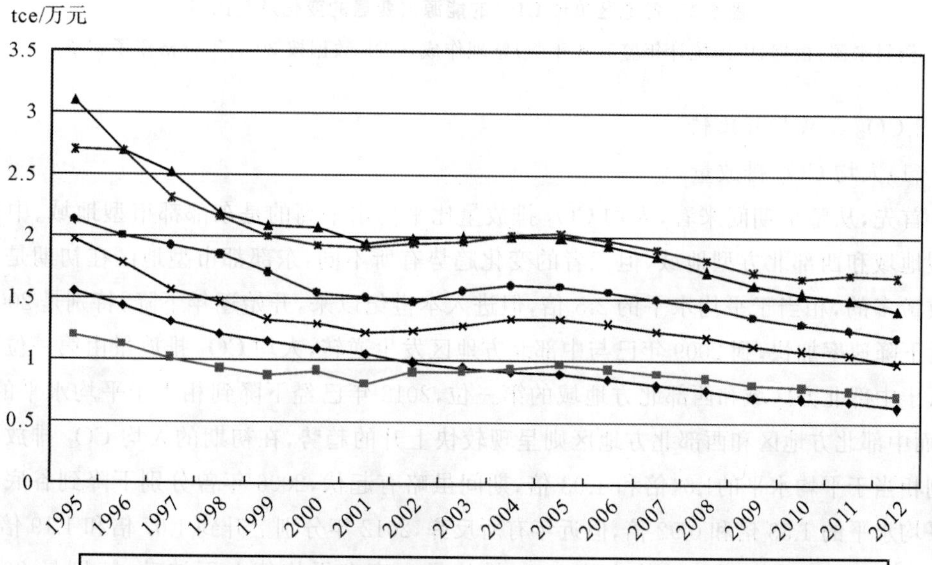

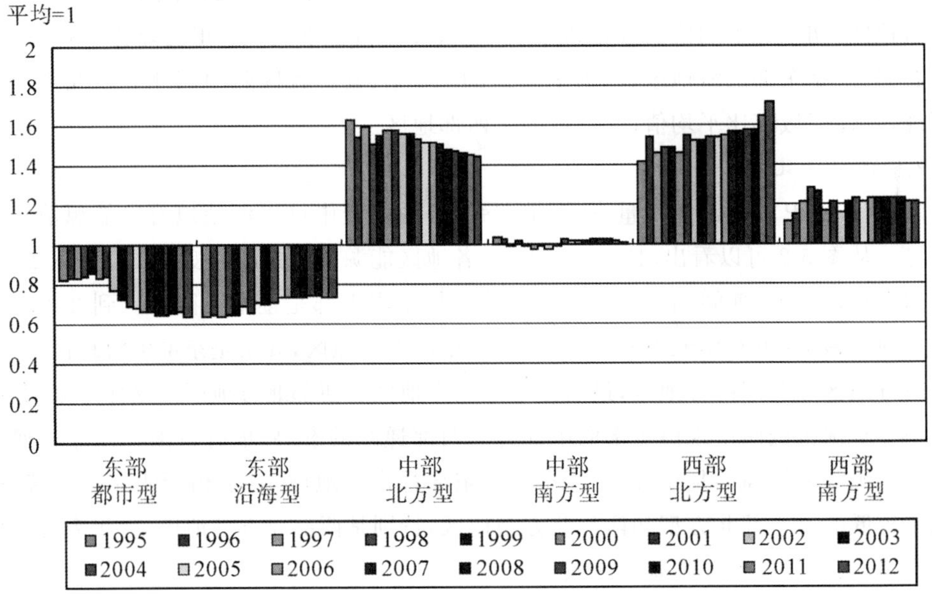

图 5-2 各地区单位 GDP 的能源消费量的变化及其比较

资料来源:根据《中国统计年鉴》(各年版)整理作成,GDP 数据按 2005 年价格作了调整。

3.CO_2 排放指标比较

(1)人均 CO_2 排放量

首先,从整个期间来看,人均 CO_2 排放量比平均水平高的是东部都市型地域、中部北方型地域和西部北方型地域,但三者的变化趋势有所不同:东部都市型地区在初期是人均排放最多的,相当于平均水平的 2.5 倍,但进入本世纪以来,开始逐年下降,特别是 2003 年以后下降速率加快,到 2009 年已与中部北方地区发生逆转,人均 CO_2 排放量由第一位下降为低于中部北方区域和西部北方地域的第三位,2012 年已经下降到相当于平均水平的 1.1 倍;而中部北方地区和西部北方地区则呈现较快上升的趋势,在初期的人均 CO_2 排放量只分别相当于平均水平的1.64倍和 1.03 倍,期间虽略有起伏,2006 年曾分别下降到谷底相当于平均水平的 1.53 倍和 0.92 倍,但近年有所反弹,2012 年分别上升到 1.67 倍和 1.19 倍。

其次,东部沿海型地域的人均 CO_2 排放量一直在平均值上下波动,特别是 2004—2006 年曾反弹到最高峰,相当于平均值的 1.1 倍以上,其后有所下降,与初期相比,由 1995 年的 0.94 倍略升为 2012 年的 0.99 倍。

最后,人均 CO_2 排放量低于平均值的是中部南方型地域和西部南方型地域,其中西部南方型地域最低,中部南方型次低。因此可以说,我国西部地区的人均 CO_2 排放量总体上比东、中部地区要低。

这里值得注意的一点是,中部北方型的人均 CO_2 排放量比人均 GDP 较高的东部沿海地区还多。这可能是中部北方地域是中国最有名的煤炭产地,在产业结构中重工业的比重较大的缘故(图 5-3)。

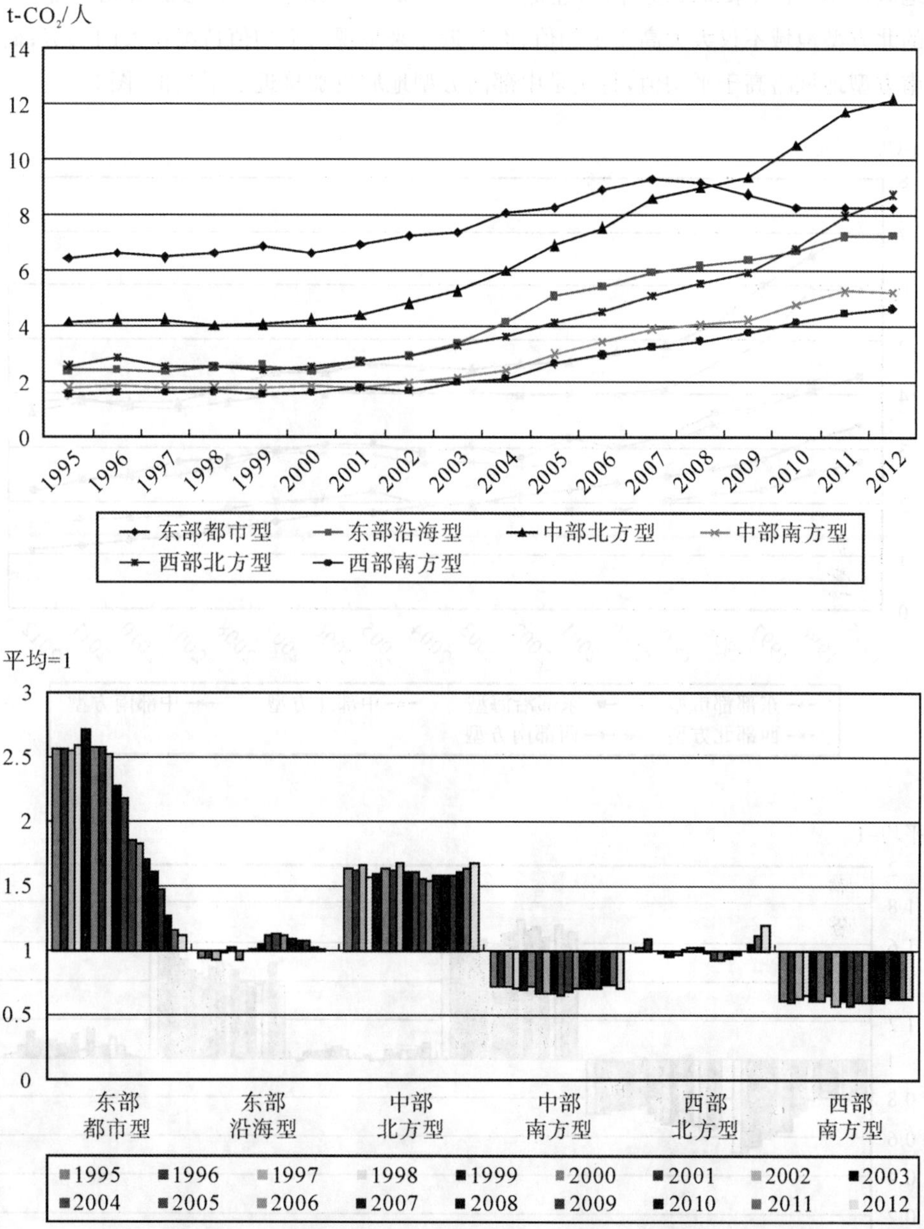

图 5-3 各地区人均 CO_2 排放量的变化及其比较

资料来源：笔者作成。

(2)单位 GDP 的 CO_2 排放量(CO_2 排放强度)

与前述单位 GDP 的能源消费(能源消费强度)指标十分相似，各地区 CO_2 排放强度的基本趋势是下降的。从 2012 年的情况来看，CO_2 排放强度最低(可看作排放效率最高)的是东部都市地区，其次是东部沿海地区，再次是中部南方地区和西部南方地区，最后是西部北方地区和中部北方地区。从与平均水平的比较来看，东部地区大大低于平均值，特别是东部都市地区，2002 年以来持续改善，已经低于平均值的一半以下；与之形成鲜明对照的是，中西部的北方型地域不仅大大高于平均值，而且近年来呈现与平均值持续拉大的趋势；而中西部的南方型地域略高于平均值，特别是中部南方型地域更加接近于平均值（图 5-4）。

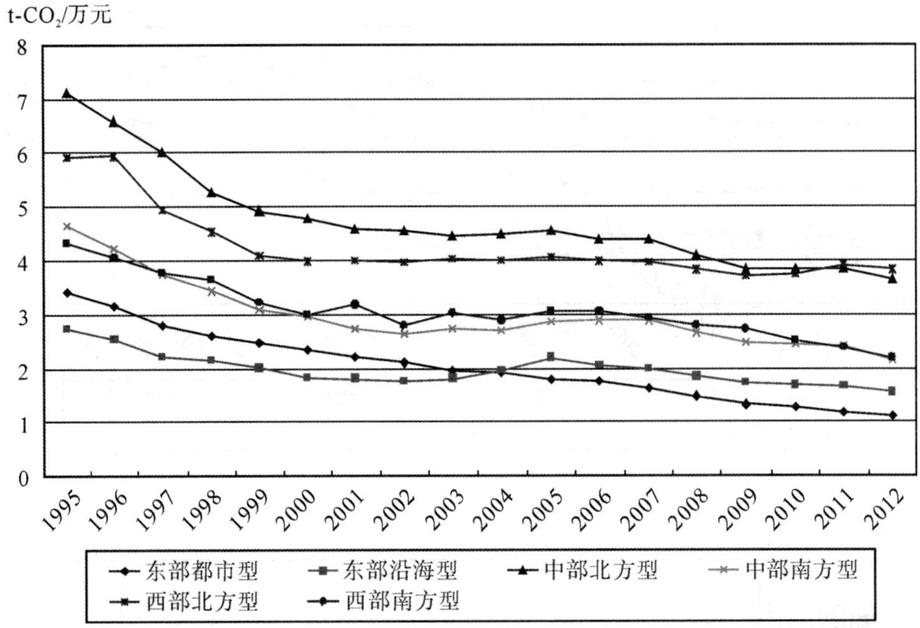

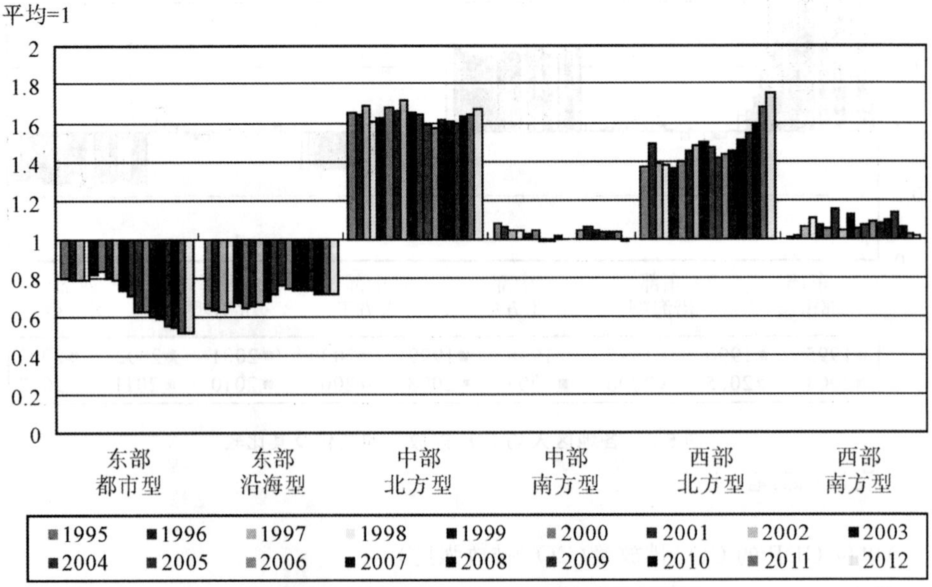

图 5-4 各地区单位 GDP 的 CO_2 排放量的变化及其比较

资料来源：笔者作成。

(3)单位能源消费的 CO_2 排放量(能源排放强度)

单位能源消费的 CO_2 排放量是反映能源结构转换的指标。首先，从纵轴的刻度可以发现，各地域的差异并不是很大。可见与上述各指标相比，各地能源排放强度的差异是比较小的(图 5-5)。

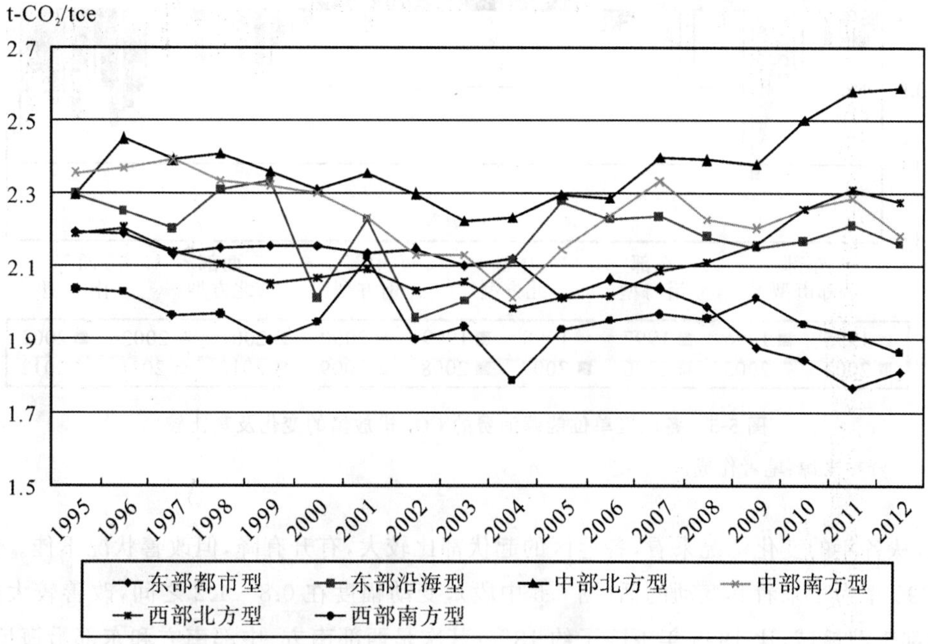

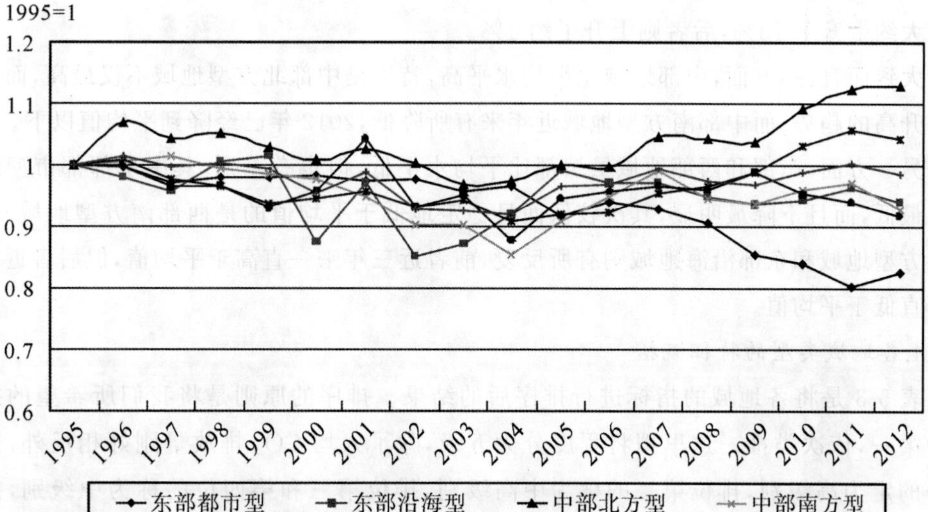

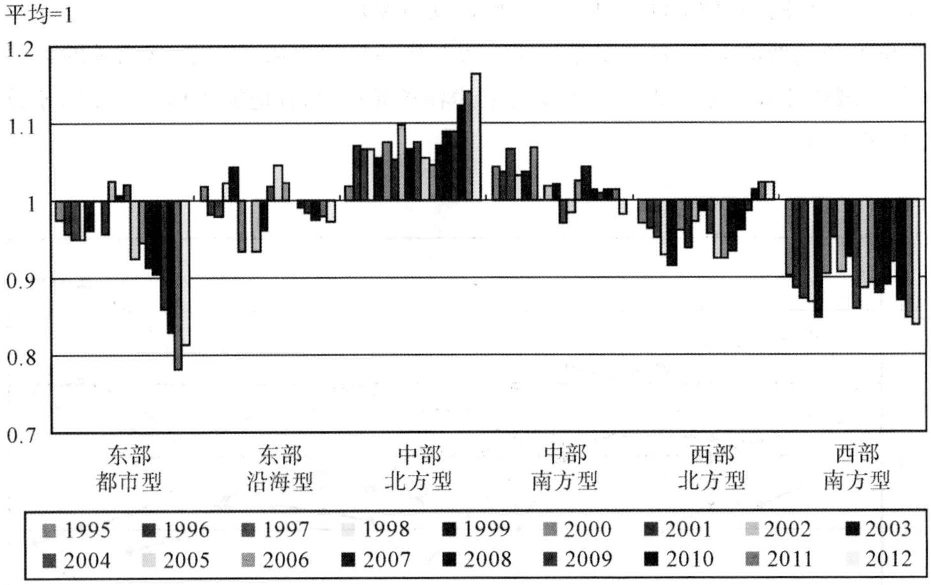

图 5-5 各地区单位能源消费的 CO_2 排放量的变化及其比较

资料来源：笔者作成。

其次，从各年的变化情况来看，各地区的起伏都比较大，有升有降，但改善状况不佳。如果以 1995 年为 1 来看其变动的话(图 5-5 中段)，变动幅度在 0.8～1.2 之间，改善较大的是东部都市型地域，比 1995 年下降了约 18%；其次是西部南方、中部南方和东部沿海地域，大约下降了 6%～8%；而中部北方型地域和西部北方地域不仅没有改善，反而有所上扬，前者大约上升了 13%，后者则上升了约 4%。

大致而言，一方面，中部地域比平均水平高，特别是中部北方型地域不仅最高，而且有逐年升高的趋势；而中部南方型地域近年来有所降低，2012 年已经降到平均值以下。

另一方面，东部和西部地域虽然都比平均水平低，但也有差别，其中东部都市型地域不仅最低，而且下降最明显，其次较低而且稳定地低于平均值的是西部南方型地域；而西部北方型地域和东部沿海地域则有所反复，前者近三年来一直高于平均值，但后者近五年来一直低于平均值。

4.各地域类型的特征概括

表 5-3 是将各地域的指标进行排序后的结果。排序的原则是将我们所希望的指标作为第一，依次类推。这里拟将程度分为五级，除了人均 CO_2 排放量刚好相反外，排位第一的定为高级别，排位第二的称为中高级别，排位第三和第四位的称为中级别，排位第五的称为中低级别，排位第六的称低级别。据此我们可以对各地域的特征进行如下的归纳。

表 5-3　各地域的诸指标比较（2012 年）

类型区	经济发展水平	能源效率	CO_2 排放	CO_2 排放效率	能源排放效率
东部都市型	1（高）	1（高）	4（中）	1（高）	1（高）
东部沿海型	2（中高）	2（中高）	3（中）	2（中高）	3（中）
中部北方型	3（中）	5（中低）	5（中高）	6（低）	6（低）
中部南方型	4（中）	3（中）	2（中低）	3（中）	4（中）
西部北方型	5（中低）	6（低）	6（高）	5（中低）	5（中低）
西部南方型	6（低）	4（中）	1（低）	4（中）	2（中高）

资料来源：笔者作成。

东部都市型：经济发展水平和能源消费效率都最高，CO_2 排放强度最低，能源排放强度最低，人均 CO_2 排放量也已经从峰值后开始下降，可以说是我国低碳经济的领头羊和样板；但人均 CO_2 排放量仍然较高，居各区倒数第三位，也超过全国平均排放水平，今后仍然有改善的余地。据此，东部都市型可以称为高发展高效率中排放类型。

东部沿海型：经济发展水平、能源效率和 CO_2 排放强度都是仅低于东部都市型地域，居各区第二位；但人均 CO_2 排放量低于东部都市型和中、西部北方型，居第三位；能源排放强度也居第三位。综合来看，东部沿海型地域是仅次于东部都市型地域的低碳经济区，可称为中高发展中高效率中排放类型区。

中部北方型：经济发展水平次于东部两区，居各区第三位；但 CO_2 排放强度和能源排放强度都是最差的，人均 CO_2 排放量与能源消费效率仅好于西部北方型地域，是中发展低效率中高排放型区。

中部南方型：各个指标大体上都居于中间位置，是中发展中效率中低排放型。

西部北方型：经济发展居中下水平，CO_2 排放强度与能源排放强度也属中下水平；而能源消费效率和人均 CO_2 排放都是最差的，是中低发展中低效率高排放型。

西部南方型：经济发展水平在各区中最低，但 CO_2 排放量也最低；能源排放强度仅次于东部都市型地域，也属较好水平；但能源效率和 CO_2 排放强度都属中下水平，可定位为低发展中效率低排放型地域。

二、中国各地域类型 CO_2 排放变化的因素分解

（一）各地域类型 CO_2 排放变化的因素分解

1.研究对象期内初期和末期 CO_2 排放变化的因素分解

各地域类型的 CO_2 排放变化受到各种因素的影响程度有多大呢？用前述方法对 1995—2012 年的中国各类型地域的 CO_2 排放变化进行因素分解，结果如图 5-6 所示。

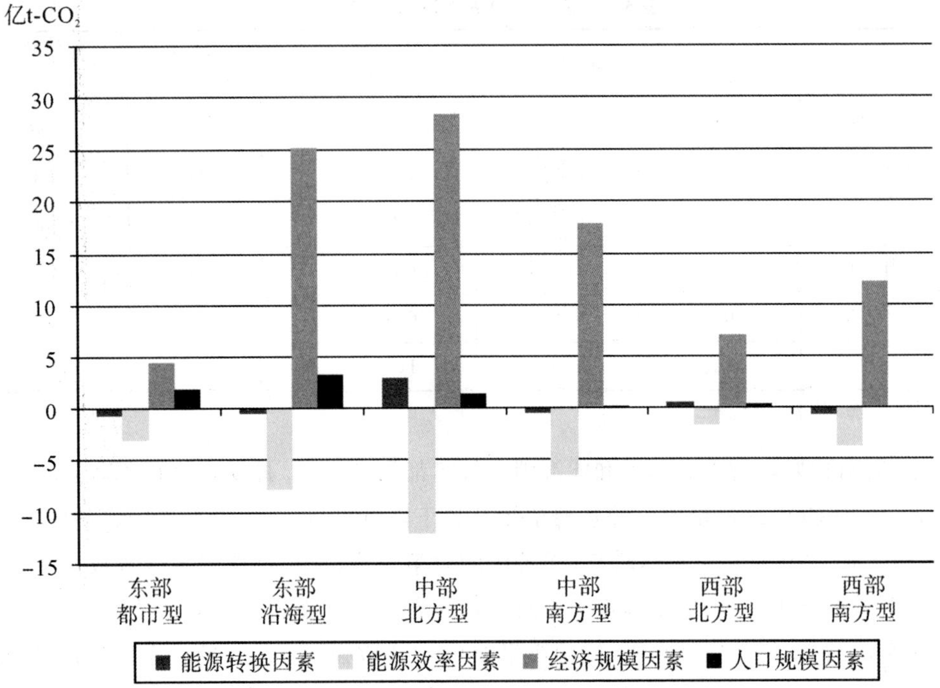

图 5-6　各地域类型的 CO_2 排放变化的因素分解(1995—2012)

资料来源:笔者作成。

各地域类型都是经济因素最大,而且全部都是 CO_2 排放的增加因素;另一方面,全部能源效率因素都是 CO_2 排放的削减因素,而且其驱动力都比经济因素小;全部地域类型的人口因素都是 CO_2 增加的因素,除了东部沿海型的值稍微大一些外,其他都不是很大,尤其是西部地区和中部南方地区几乎没有什么作用力;能源转换因素总体上不是很大,除了煤炭产出较多的中部北方型的正向驱动力较大以外,其他地区都比较小,而且东部地区和中西部的南方地区为微弱的负向驱动力,说明能源转换多少取得了一些进展。

从各地域类型影响因素的驱动力大小来看,中部北方型和东部沿海型地域的数值较大,特别是经济因素对 CO_2 排放增加有很大的驱动作用;其次是中部南方型地域;其他三个地域相对较小。

2.研究对象期内逐年 CO_2 排放变化的因素分解

图 5-7 至图 5-10 表示了以 1995 年为基准的各影响因素来看的各个地域类型的分解结果。

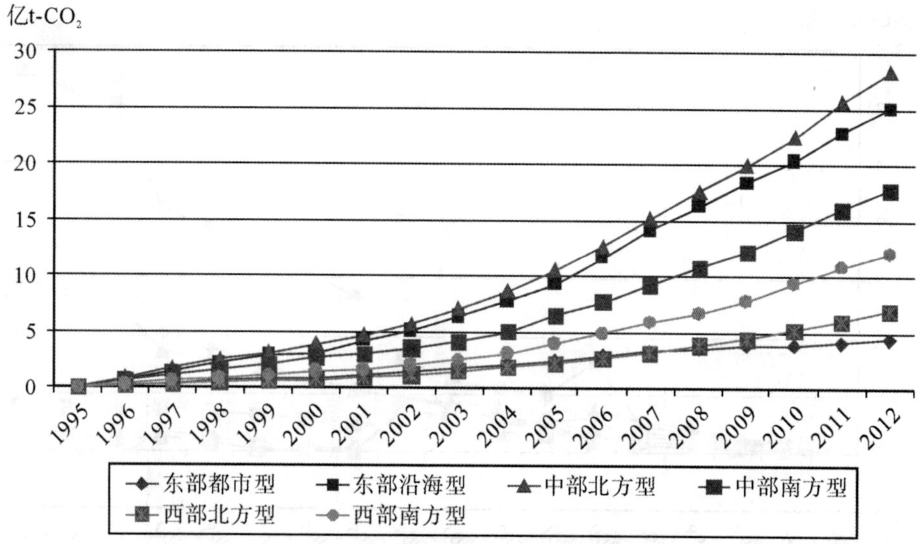

图 5-7　各地域类型的经济因素

资料来源：笔者作成。

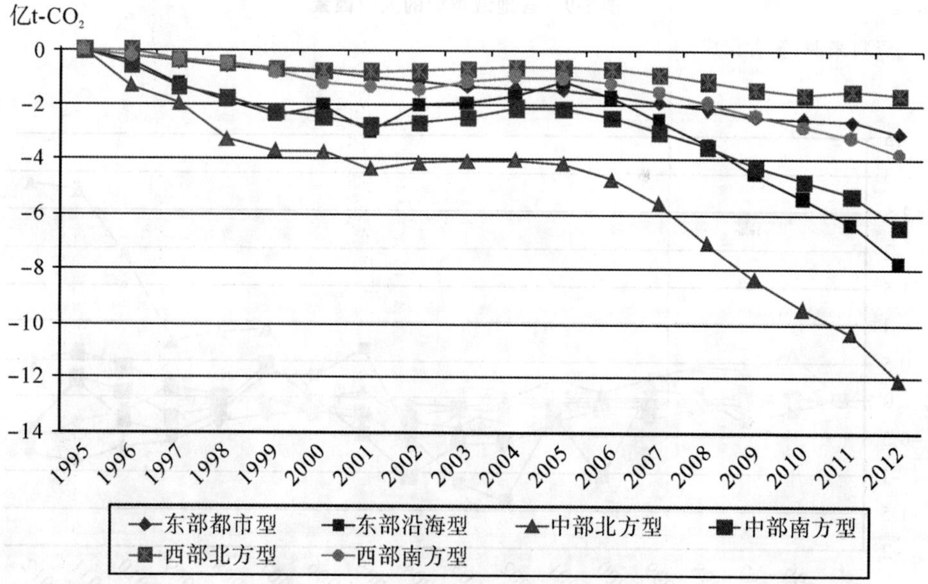

图 5-8　各地域类型的能源效率因素

资料来源：笔者作成。

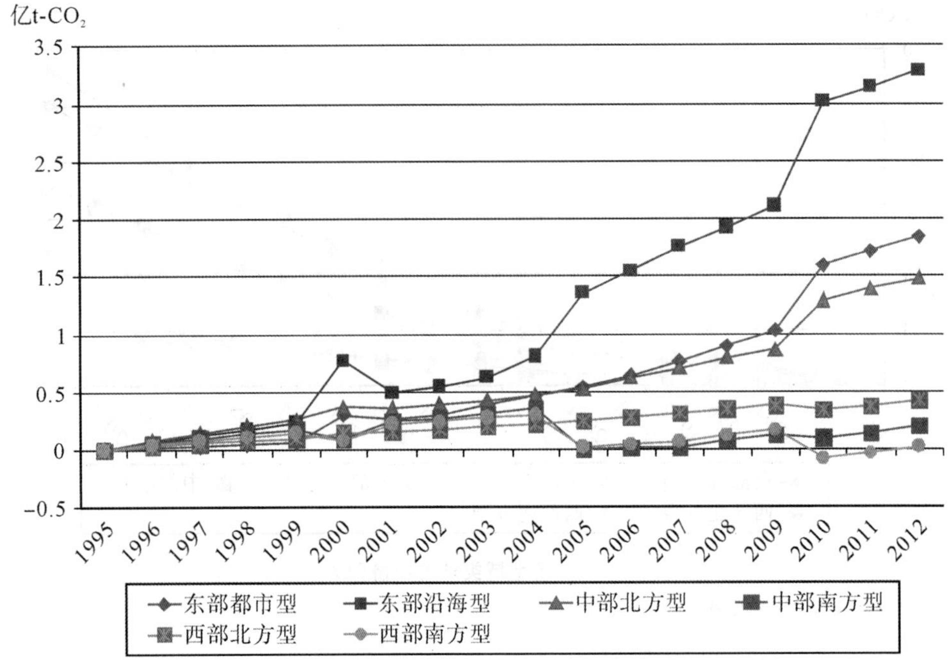

图 5-9　各地域类型的人口因素

资料来源：笔者作成。

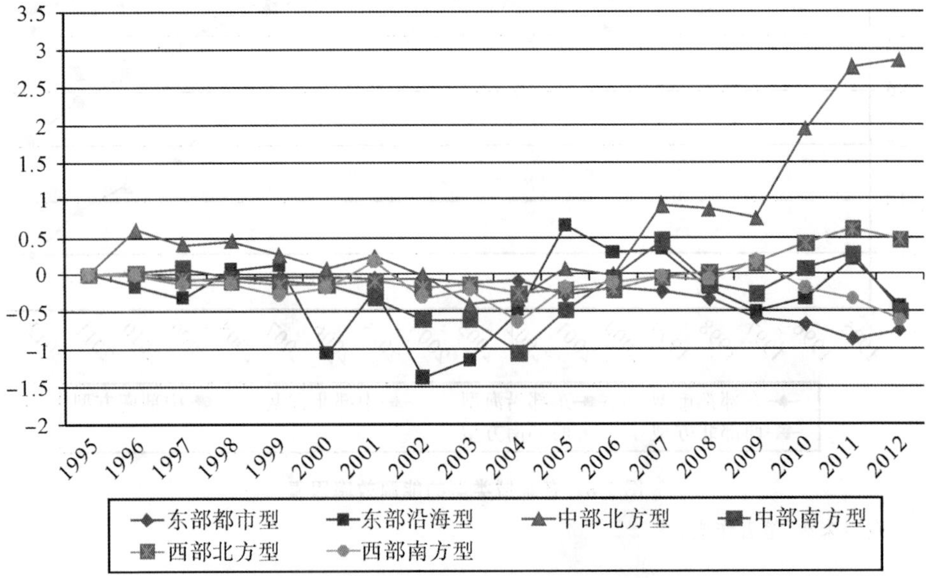

图 5-10　各地域类型的能源转换因素

资料来源：笔者作成。

(1)经济因素

首先来看经济因素。各地域类型的 CO_2 排放增加的驱动力都是随着时间的推移而增大的，其大小是按照中部北方型、东部沿海型、中部南方型、西部南方型、西部北方型及东部都市型的顺序排列的。

(2)能源效率因素

其次来看能源效率因素。各地域类型在总体上都表现为 CO_2 排放的削减因素，但在2001—2005 年之间出现过反复，以后才又回复到减排驱动。从驱动力的大小来看，能源效率因素的减排驱动力最大的是中部北方型；其次是东部沿海型和中部南方型等中东部工业化正在盛行的地域，但这些地域在进入 21 世纪以来出现一定的起伏，特别是东部沿海地区起伏较大；其他的东部都市地区和西部南方地区的驱动力较小，西部北方型地域的驱动力最小。

(3)人口因素

再来看人口因素。各地域类型的大部分年份都作为缓慢的增加因素对 CO_2 排放变化施加着影响，其中驱动力较大的是东部沿海型地域，其次是东部都市型和中部北方型地域，说明这些地区人口规模的变动仍然处在引起 CO_2 排放增加的阶段；与此相对，中部南方型和西部地区驱动力较小，特别是西部南方型地域虽然经历过 2001—2004 年的反复，但此后回复到较低水准，只有大约增排 200 万 t-CO_2 的水平。

(4)能源转换因素

最后来看能源转换因素。各个地域类型的驱动力变动的幅度虽然不是很大，但时而正向驱动，时而负向驱动，呈现相当大的差异。东部沿海型地域在最初阶段能源转换因素并没有多大作用，但进入 2000 年以后曾有一度使 CO_2 排放消减的驱动力变得很强，2002 年达到最低值，然后又转向增加，2005 年驱动力达到最高值，其后转为下降，到 2012 年下降到微弱的负向驱动；另外，中部北方型地域也曾一度下降至负向驱动，但 2009—2011 年连续两年又猛增到最大，呈现出极不稳定的状态。其他地域类型的驱动力相对变动较小。

总的来看，除了中、西部的北方型地域外，其他地域均为负向驱动。

(二)各地域类型分部门的 CO_2 排放变化的因素分解

这里也和对各省的分析一样，对各地域的分部门 CO_2 排放变化的影响因素进行分析。

1.工业部门

首先从工业部门开始分析(图 5-11)。一方面，所有地域都呈现出经济因素为正向驱动、能源效率因素为负向驱动的基本构图。工业部门 CO_2 排放量的增加在很大程度上是由于经济发展的作用，特别是东部沿海地区和中部地区的驱动力较大；而能源效率因素则是一贯作为 CO_2 排放消减驱动的主导因素，同样也是东部沿海地区和中部地区的驱动力较大。

另一方面，产业结构因素也全部都是正向驱动，中部地域和西部南方型地域的驱动力较大，说明这三个地域的工业化劲头正盛；而东部沿海型和西部北方型驱动力稍小，但两

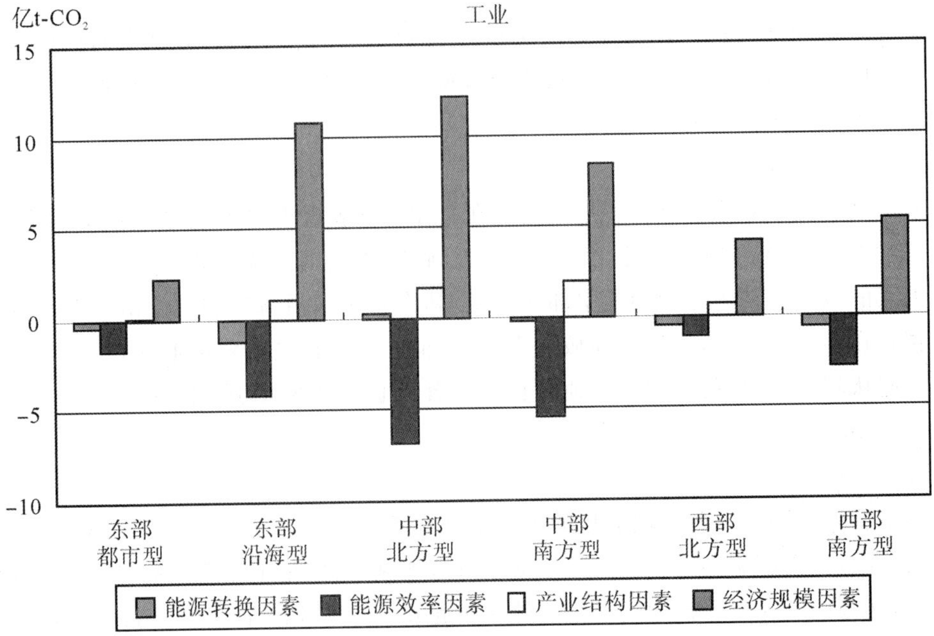

图 5-11　各地域类型工业部门的因素分解

资料来源：笔者作成。

者的原因有所不同，前者可能是因工业化的势头渐弱所致，而后者则是因工业化不够发达所致；最后我们可以看到，东部沿海型地域虽然也为正值，但驱动力最小，几乎可以忽略不计，这说明东部都市型地域的工业化已经接近完成，因此造成产业结构变动导致的 CO_2 排放几乎没有增加。整体而言，在中国工业化仍在进行的过程中，由于各自所处的地位不同，导致对 CO_2 排放变动的影响不同，东部都市型的北京、上海、天津等地区的工业化有收束的苗头，东部都市型地域也已经越过峰值，中部地域和西部南方地域正在盛期，而西部北方型地域还处于上升时期。

此外，从能源转换因素来看，工业部门比其他部门的转换成效大，在所有六个地域类型中，有五个实现了负向驱动。其中东部和西部地域均为负向驱动，说明在上述地区能源转换有一定程度的进展，而中部地域转换成果不佳，特别是中部北方型地域仍为正向驱动，还没有转型到脱化石能源的方向上。

2.转换部门

转换部门大体上也和工业部门相同，由经济因素的正向驱动和由能源效率因素的负向驱动构成了基本构图，其中东部沿海型和中部北方型的经济因素特别突出，比工业部门的值更大（见图 5-12）。另外，在产业结构因素中，除了东部都市型地域为些微的负向驱动外，其余地域都为正向驱动。这意味着发电等能源转换部门除了东部都市型地域外，仍然都处在产业规模扩大的过程中。最后的能源转换因素则均为正向驱动，其中东部沿海型地域驱动力最大，其次是中部的两个类型区，而西部两个类型区的驱动力较小。

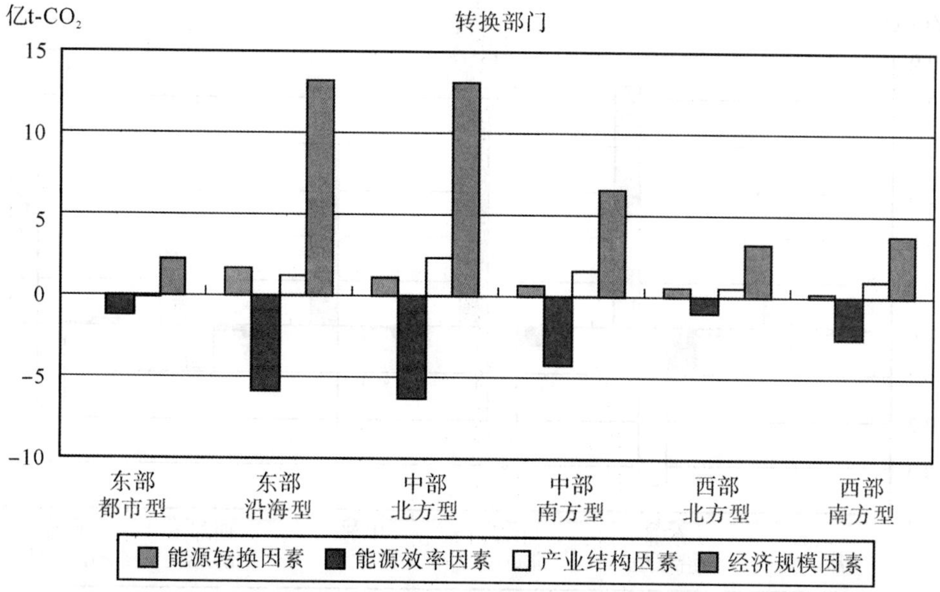

图 5-12　各地域类型转换部门的因素分解

资料来源：笔者作成。

3.农业部门

这里要附带说明的一点是，上述两个部门是 CO_2 排放变动的主要部门，其变动值规模在数亿吨到十几亿吨，而其他部门则变动幅度较小，除了运输业可达 1 亿～2 亿吨外，其余均在 0.6 亿吨以下。

农业部门的经济因素与上述工业部门和转换部门的驱动方向相同，全部地域类型都为正向驱动，也是各类型地域中驱动力最大的因素，其中东部沿海型地域和中部两个地域的驱动力较大，而西部两个类型区稍小，东部都市型地域的农业规模因素的驱动力最小（见图 5-13）。能源效率因素与上述两个部门稍有不同，一是其中的西部南方型地域与基本构图相反，为正向驱动；二是农业部门的能源效率因素驱动力很小，除了东部沿海型地域较大、中部北方型地域稍大外，其他地域几乎微不足道。另外，农业部门的产业结构因素与上述工业部门和转换部门有着很大的不同，即所有地域都是负向驱动，这意味着由于农业部门比重的缩小导致其 CO_2 排放变动表现为减排。最后的能源转换因素在各个地域的驱动力都很小，而且驱动方向不尽相同，其中东部所有两个地域和中部北方型及西部南方型地域为负向驱动，中部南方型地域和西部北方型地域为正向驱动。

4.建筑部门

建筑部门的经济因素在所有地域都是正向驱动，能源效率因素除了西部南方型地域为正向驱动以外，其他均为负向驱动，产业结构因素则全部是正向驱动，而能源转换因素除了东部沿海型地域和中部南方型地域为稍大一点的负向驱动以外，其他地域的驱动力都很小（见图 5-14）。

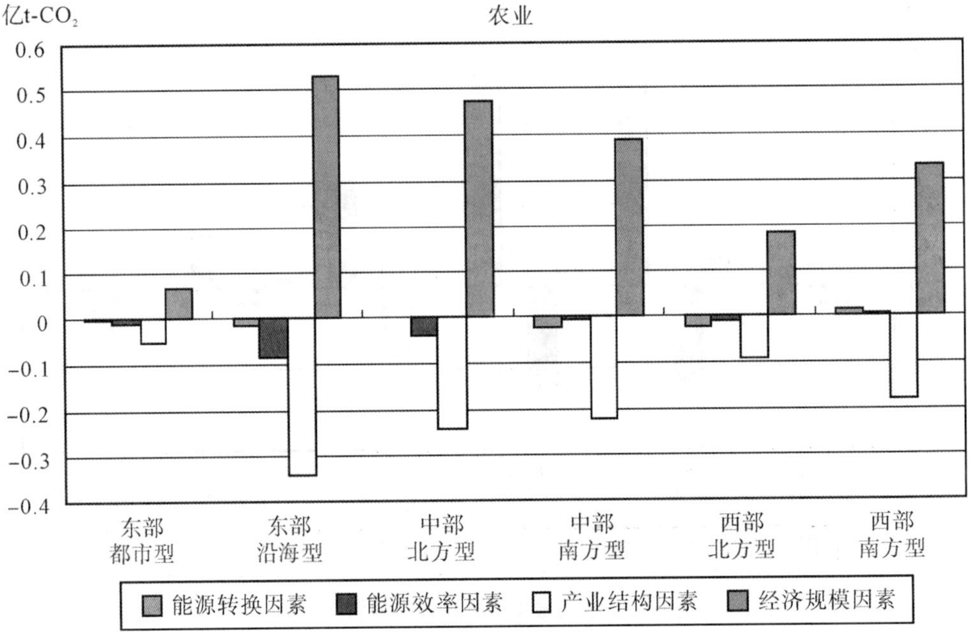

图 5-13 各地域类型农业部门的因素分解

资料来源:笔者作成。

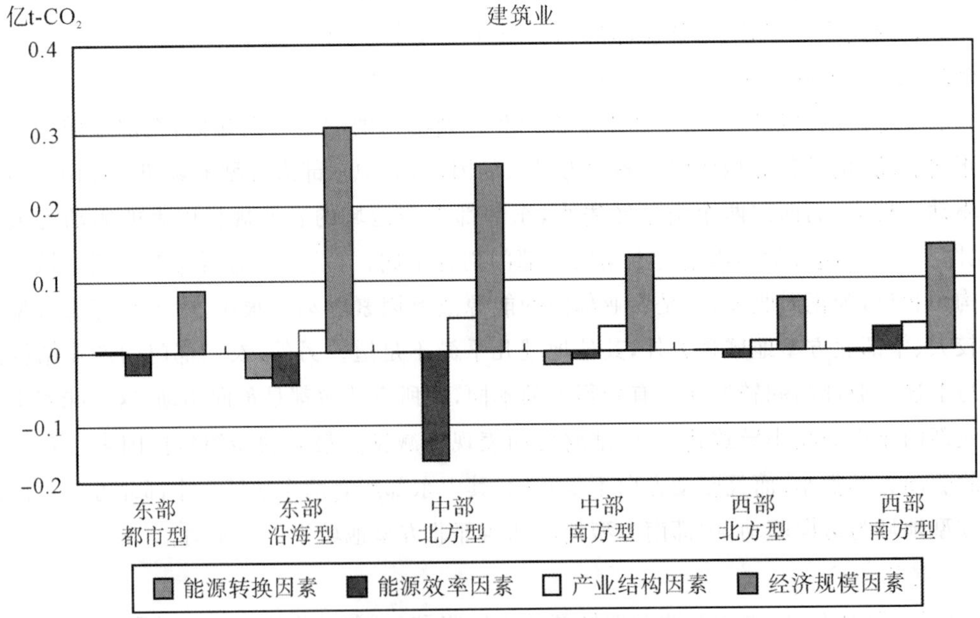

图 5-14 各地域类型建筑部门的因素分解

资料来源:笔者作成。

5.运输部门

运输部门的经济因素全部为正向驱动，这与其他部门无异，但与其他部门最大的区别在于在所有因素中，只有经济规模因素的驱动力非常大，以致其他因素都显得微不足道；能源效率因素除了东部都市型地域为稍大一点的负向驱动外，其他地域都驱动力极小，且大多为正向驱动（只有西部南方型为负向驱动）；能源转换因素虽多为负向驱动（只有中部北方型地域为正向驱动），但驱动力都很小（只有中部南方型地域最大，为－0.08 万 t-CO_2）；产业结构因素则在所有地域都没有看到较大的驱动力。

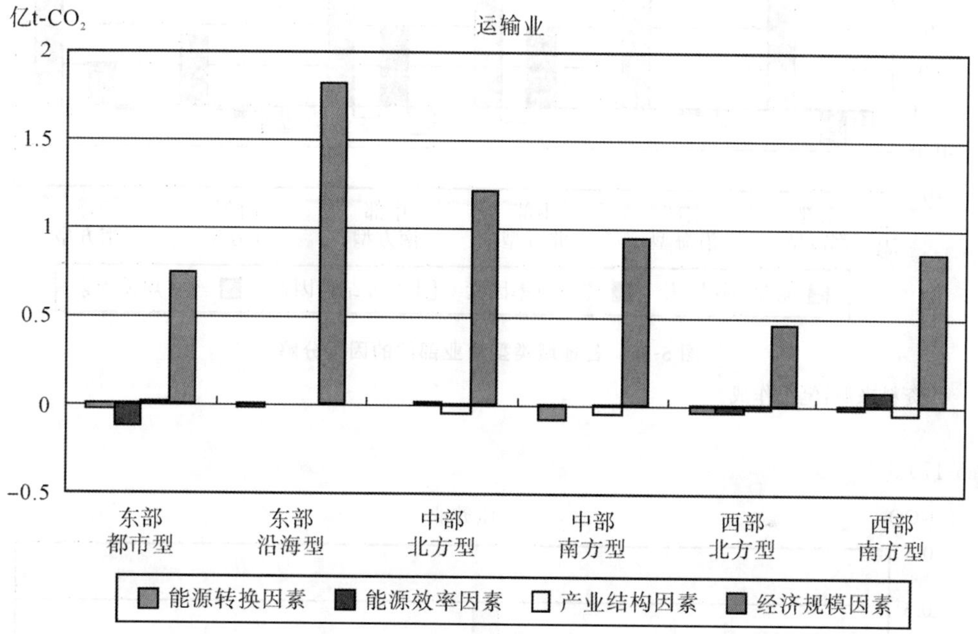

图 5-15　各地域类型运输部门的因素分解

资料来源：笔者作成。

6.商业部门

商业部门的经济因素在所有地域都是正向驱动，而且驱动力最大；能源效率因素在东部两个地域都是负向驱动，而在中部两个地域都是正向驱动，而且驱动力最大，西部地区则是北方型地域负向驱动，南方型地域正向驱动；产业结构因素的驱动力数值虽然都不大，但多为负向驱动；能源转换因素在全部地域呈现负向驱动，其中的中部南方型和西部北方型地域的驱动力较大（见图 5-16）。

7.服务业部门

服务业部门的经济规模因素均为正向驱动，这与所有部门相同，而且同样是经济规模因素的驱动力在所有因素中最大；能源效率因素除了中部南方型地域外均为负向驱动，其中中部北方型地域和东部的两个地域驱动力较大；能源转换因素在东部两个地域和西部两个地区是负向驱动，而在中部两个地域则为正向驱动；产业结构因素驱动力都很小（见

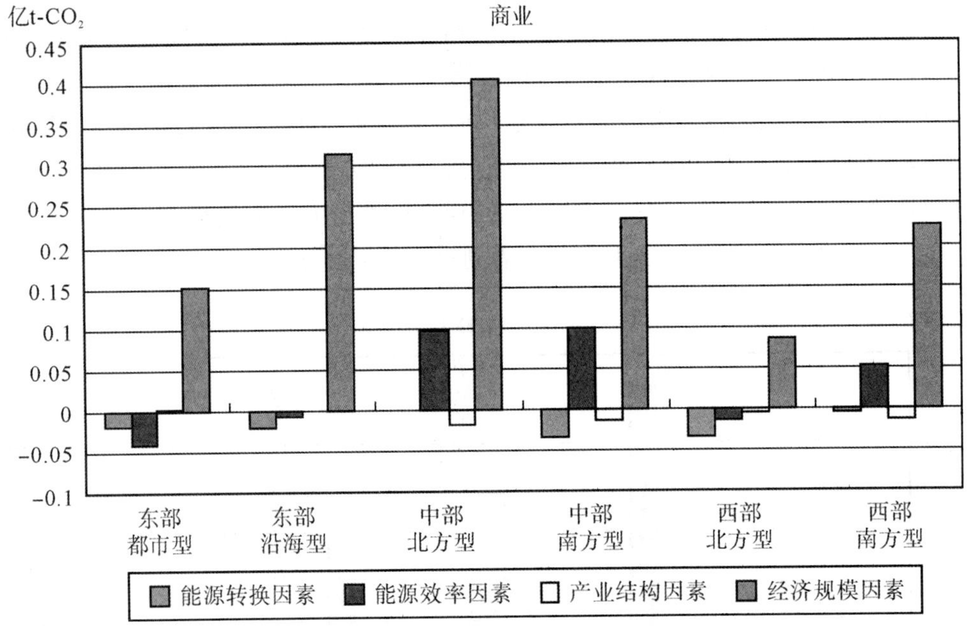

图 5-16 各地域类型商业部门的因素分解

资料来源：笔者作成。

图 5-17)。

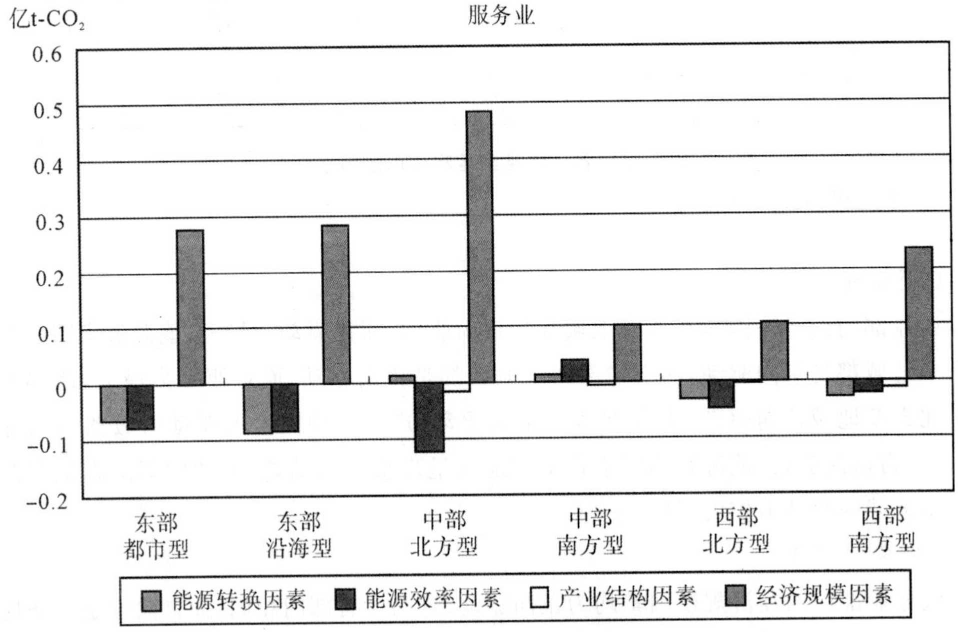

图 5-17 各地域类型服务业部门的因素分解

资料来源：笔者作成。

第二节　东部都市型地域

城市是人类文明的标志。城市作为人类活动集聚的中心地，是人们从事政治、经济、文化和社会生活的中心，因而具有政治、经济、文化和社会等多种职能。从景观学上讲的城市化，是指人口从农村向城市集中的过程以及变农村地区为城市地区的过程。但从城市化的内涵来看，这种过程并非人口、地域那么简单，重要的还在于城市化是人类经济、文化、社会等各种活动向城市集聚的过程。这种过程在集聚效应的作用下，极大地创造了社会财富，方便了人们的生活，所以城市化的程度是衡量一个国家和地区经济、社会、文化、科技水平的重要标志。只有经过城市化才能实现现代化的目标，人类才能迈向更辉煌的时代。可以预见，中国城市化今后还将快速发展。

由于集聚经济拥有极大的优越性，所以经济活动呈现出向城市集中的趋势。这种集聚现象在经济发展的初期阶段表现尤为明显，它既是经济发展的标志之一，也是城市化的标志之一。我国正处于工业化时期，经济向城市的集聚仍然十分明显，包括第二产业和第三产业在内的城市经济，占到我国经济的绝大部分。北京、上海、天津作为中国的三大直辖市，既是行政中心，同样也是全国重要的经济中心，城市化得到了迅速发展，而且在今后一段时期内这种发展趋势还将继续加强。

同时，由于城市化带来的诸如交通拥挤、资源紧缺、城市居民生活质量下降、环境污染等问题也不容忽视。特别是在此过程中由于大量排放温室气体造成的气候变暖问题已经给人类带来了严重的危害，如极端天气事件的增加、海平面的上升、荒漠化速度的加快等，如果不采取有效措施，将可能威胁到人类自身的生存，出现灾难性的后果。因此，随着中国城市化的进展和全球气候环境的变化，“低碳经济”成为当今社会最热门的话题。中国政府对发展低碳经济十分重视，已经制定和实施了一系列发展低碳经济的政策。但由于低碳经济在中国的发展时日尚浅，有许多问题需要认真研究并加以解决。

众所周知，在所有温室气体中，CO_2 的排放量是最多的，其中尤以化石能源燃烧排放的 CO_2 居多。因此，发展低碳经济就是要尽量减少 CO_2 的排放量。由于城市是工业等经济活动和人们生活活动集中的场所，也是能源消费集中的场所，从而也就成为 CO_2 排放集中的场所。从这个意义上讲，探讨城市化与 CO_2 排放问题就是极为重要的研究课题。

笔者认为，由于城市经济在我国经济中占有突出地位，所以发展城市低碳经济是发展我国低碳经济的关键所在。北京、上海、天津等作为中国人才、技术、资金、现代化基础设施最集中的城市地区，在某种程度上代表了中国经济发展的方向，应该为全国的低碳经济发展做出表率。另一方面，北京、上海和天津三市各自又有着不同的发展条件和发展经历，在发展低碳经济中存在的问题也不相同，因而需要采取各自不同的政策措施。

本节以我国三大直辖市北京、上海、天津为例，试图通过对上述三市在城市化进程中发展低碳经济的状况进行比较分析，摸清三者的现状特征、发展过程中的问题及形成原因，从中发现各自不同的问题所在，探讨不同问题形成的原因，并有针对性地提出解决问题的方案和政策，为在城市化过程中制定 CO_2 减排对策提供依据，进而为中国其他城市的低碳经济发展提供借鉴。

一、东部都市型地域的特征比较

(一)城市化特征比较

对于城市化的概念，不同的学科从不同的侧面有着不同的解释。人口学将其定义为农村人口转化为城镇人口的过程；地理学将其理解为城镇用地扩展，城市文化、城市生活方式和价值观在农村地域的扩散过程；社会学则将其看成是农村生活方式转化为城市生活方式的过程；经济学认为城市化就是农村经济转化为城市化大生产的过程。综合上述，我们可以认为，城市化就是一个国家或地区的人口由农村向城市转移、农村地区逐步演变成城市地区的过程，同时也是产业结构转变和居民收入水平不断提高的过程，还是城市文明不断发展并向农村渗透和传播、引起人们生产方式、生活方式以及价值观念的转变的过程。据此，我们可以分别从人口城市化水平、空间城市化水平、经济城市化水平、社会城市化水平等方面来衡量一个国家或地区城市化水平的高低。这里拟选取一些有代表性的指标对北京、上海、天津的城市化水平作简单比较(表 5-4)。

1.人口城市化水平

人口城市化水平主要通过总人口和城镇人口占总人口比重来衡量。从表 5-4 可知，上海市的人口城市化水平最高，北京次之，与上海相差无几，天津较低。

2.空间城市化水平

空间城市化水平体现在城市基础设施的不断完善和环境条件的不断提高等方面。北京市的建成区面积、每万人拥有公共交通车辆和人均公园绿地面积均居三市之首，仅人均城市道路面积低于天津市；而天津因近几年发展较快，除了建成区面积低于上海外，其余都超出上海。

3.经济城市化水平

经济城市化水平主要体现在经济规模的大小、经济结构的合理性以及经济可持续发展能力等方面。从人均 GDP 来看，以天津的 9.3 万元为最高，北京和上海各为 8.7 万元和 8.5 万元；但从第三产业就业人口比重及第三产业产值占 GDP 的比重来看，以北京最高，分别达 76.4%和 76.5%；上海次之，分别为 50.6%和 60.4%，比北京低了 16%～26%；天津最低，比北京低了近 30%；单位 GDP 能耗指标以北京为最低，能源利用效率最高，上海居中，天津能源利用效率最低。

4.社会城市化水平

社会城市化水平体现在城市社会事业的完善、居民生活水平的提高等方面。在表5-4所列诸项指标中，北京市除了年末参加基本养老保险人数比重和生活垃圾无害化处理率指标略低于天津外，其他如城镇居民每百户家用汽车拥有量、每万人拥有执业医师数及普通高校在校学生等指标均居首位，而上海和天津则互有高低。这表明北京市社会城市化水平较高。

从上述分析中我们可以发现，以北京居首的指标较多，这反映了北京的综合城市化水平相对较高；上海市与天津相比，互有高低，其特点是人口、经济规模较为突出，特别是第三产业比重较大；而天津市近年来发展较快，但仍处于实体经济比较突出的阶段。

表 5-4　东部都市型地域的城市化水平比较(2012)

水平	指　　标	北京	上海	天津
人口城市化水平	总人口(万人)	2 069.0	2 380.0	1 413.0
	城镇人口占总人口比重(%)	86.2	89.3	81.6
空间城市化水平	建成区面积(平方公里)	1 261.1	998.8	722.1
	人均城市道路面积(平方米)	7.57	4.08	17.88
	每万人拥有公共交通车辆(标台)	23.43	11.91	17.34
	人均公园绿地面积(平方米)	11.87	7.08	10.54
经济城市化水平	人均 GDP(当年价万元/人)	8.7	8.5	9.3
	第三产业就业人口比重(%)	76.4	50.6	43.5
	第三产业产值占 GDP 比重(%)	76.5	60.4	47.0
	单位 GDP 能耗(吨标煤/万元)	0.459	0.618	0.708
社会城市化水平	城镇居民每百户家用汽车拥有量(辆)	42.32	20.14	29.97
	每万人拥有执业医师数	35.9	23.4	21.7
	年末参加基本养老保险人数比重(%)	69.2	68.8	69.4
	普通高等学校在校学生数(万人)	59.1	50.7	47.3
	生活垃圾无害化处理率(%)	99.1	83.6	99.8

说明：单位 GDP 能耗指标为 2011 年数值。
资料来源：《中国统计年鉴》(2013)。

(二)CO_2 排放特征比较

在各类污染物中，CO_2 排放是比较特殊的。因为 CO_2 对环境的影响主要表现在会使气候变暖上，而气候变暖问题的特点一是“看不见、摸不着”，不像二氧化硫等其他污染物那样直接影响到人们的健康；二是“很遥远”，对于目前为生计而忙碌的人来说，下一个世纪的事情似乎并不是那么紧迫。因此，人们对 CO_2 排放的关心度似乎也较低。迄今为止对“节能减排”的重点还局限在二氧化硫、超氧化物歧化酶、氮氧化物等污染物方面。

但是，随着气候变化带来的极端气候的频频出现，以及在世界范围内兴起的“低碳经济”发展的潮流，这种局面已经并正在发生变化。中国政府已经向世界公开承诺：到 2020 年，中国单位 GDP 的 CO_2 排放将比 2005 年下降 40%～45%。这一具有挑战性的目标表明中国走“低碳”发展道路的决心和信心。目前，国家发改委已经将碳排放强度(单位

GDP 的 CO_2 排放)纳入"十二五""十三五"发展规划,并准备试行建立碳排放强度考核制度,将此目标落实在地方与行业的发展规划中。可以预见,CO_2 排放问题将成为今后应对环境问题的重要议题之一。因此,这也是本节仅选取 CO_2 排放作为分析对象的理由。

人类要发展经济,就要消耗大量的能源。目前世界消耗的能源中,煤炭、石油和天然气等化石能源占有相当大的比重。这些化石能源中所含的碳在利用过程中被释放到大气中并积累起来,其温室效应使得全球变暖,直接威胁到人类自身的生存。因此,发展低碳经济就是要尽量减少对化石能源的依赖,大力发展太阳能、风能等可再生能源和清洁能源,从而减少 CO_2 等温室气体的排放量。

1.CO_2 排放总量及变化特征

根据前述方法对 1995—2012 年中国东部都市型地域各部门的化石能源起源的 CO_2 排放量进行推算结果如图 5-18 所示。从中可以看出,三市的 CO_2 排放量以上海居多,北京在 2004 年前略多于天津,但从 2005 年开始,天津已超过北京居第二位。这表明随着天津滨海新区的开发开放上升为国家战略,经济中心的地位得到加强的同时,由于经济的快速增长也带来了碳排放增加的负面效应。

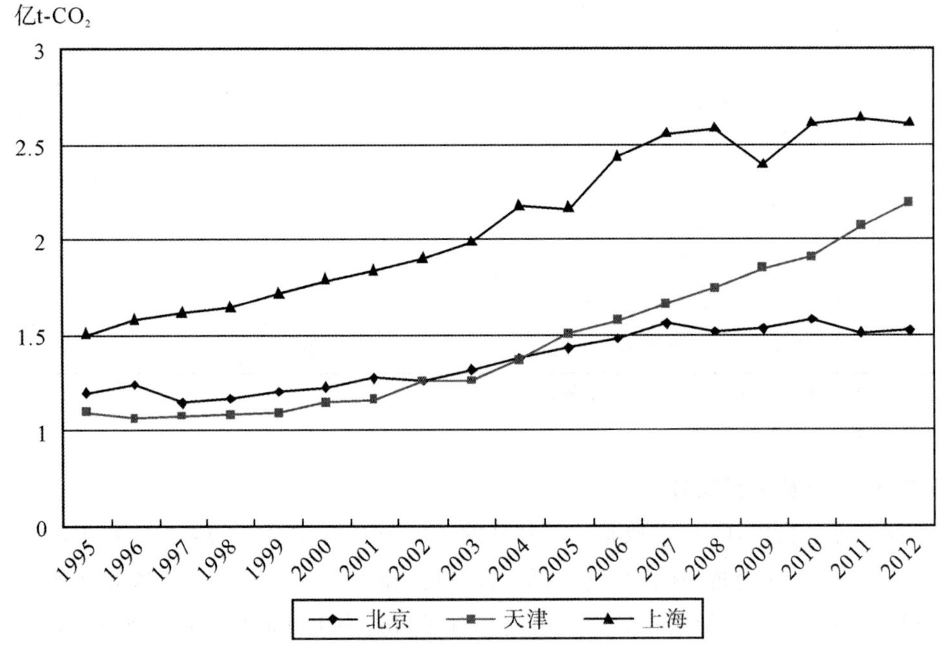

图 5-18　东部都市型地域 CO_2 排放比较

资料来源:笔者作成。

从 1995—2012 年 CO_2 排放的变化来看,除了个别年份比上一年有所减少外,基本呈现逐年上升的趋势。平均年增长速度以天津最高,达 6.3%;上海次之,为 4.5%;北京最低,仅有 2.2%,不过均低于同期全国平均水平的 7.2%。如果分阶段来看,则出现一些差异：1995—2000年，北京、天津、上海和全国平均的年增长率分别为0.7%、1.6%、5.1%和1.5%，三市中只有北京低于全国平均水平，天津略高，而上海则大大高于全国水平；2000—2010年间，北京、天津、上海和全国平均的年增长率分别为4.0%、8.0%、5.0%和10.3%，虽然三市均较全国平均水平低，但天津的增长速度大大快于北京和上海。

2010年以后的两年间，三市的CO_2排放年增长速度出现新的变化，2010—2012年年平均增长分别为北京－2.6%、天津9.7%、上海0.1%，只有天津仍保持高增长态势，北京和上海已出现或接近负增长。如果这两年分开来看，2010—2011年北京为负增长，2011—2012年上海为负增长。

2.CO_2排放部门结构及变化特征

从CO_2排放量的部门结构（表5-5）来看，三市均以发电、供热等能源转换部门的排出量最多，其次是工业部门，二者相加占到排放量的绝大部分。以2012年为例，三市能源转换部门CO_2排放的比重以天津最高，达44.9%，不仅远高于北京的31.8%，也高于上海的37.0%，甚至高于全国平均的43.2%；工业部门占全市排出量的比重也以天津最高，达37.9%，不仅远高于北京的15.9%，也高于上海的27.6%，仅略低于全国平均水平（39.5%）；这两个部门相加，天津占总排放量的82.7%，上海占64.6%，北京最低也达到47.7%。而包括运输业、商业、服务业在内的第三产业的CO_2排放比重则以北京最高，达34.1%，上海次之，为28.0%，而天津则只有10.0%，远低于上述两市，与全国平均水平（10.3%）持平。

从1995—2012年三市CO_2排放的部门结构的变化趋势来看，三市的工业部门排放比重均呈下降趋势，但下降幅度有所不同，北京从42.0%降到15.9%，下降幅度最大，达26%；上海市从46.1%降到27.6%，下降18%，居其中；而天津市从47.3%下降到37.9%，下降幅度最小，只有9%，且从2004年（最低达34.5%）以后有所反弹。而能源转换部门的比重则呈现各不相同的特征，北京市略有上升，从29.5%上升到31.8%，上海市有所下降，从40.0%下降到37.0%，而天津市则大幅上升，从28.5%上升到44.9%，超过全国平均从33.9%上升到43.2%的趋势。

第三产业CO_2排放的结构变化也各不相同，上海和北京呈现逐年上升的趋势（北京从12.1%上升到34.1%，上海从7.8%上升到28.0%）；而天津则几经反复，从1995年的16.5%，曾一度增加到2000年的19.1%，此后又下降，到2009年更降到历史最低的10.0%。

表 5-5 转换部门分配前三市 CO_2 排放结构比较(%)

年度	工业部门				转换部门				第三产业			
	北京	天津	上海	全国	北京	天津	上海	全国	北京	天津	上海	全国
1995	42.0	47.3	46.1	46.6	29.5	28.5	40.0	33.9	12.1	16.5	7.8	6.6
1996	45.9	44.1	45.9	45.6	28.6	33.8	39.9	35.6	12.2	12.1	9.9	6.3
1997	46.9	42.0	44.5	45.0	30.1	35.1	38.7	36.2	9.3	13.7	9.7	6.6
1998	47.1	43.3	44.2	45.7	28.8	35.0	37.9	35.4	10.1	14.0	10.8	6.6
1999	43.7	37.7	46.0	44.4	27.2	37.1	36.2	36.5	16.5	17.4	11.3	7.3
2000	41.3	40.2	43.1	44.4	28.9	33.3	38.0	36.8	16.2	19.1	12.6	7.8
2001	42.5	38.6	41.3	40.5	27.0	36.8	38.3	39.2	17.2	16.8	13.9	8.4
2002	38.6	40.7	37.8	40.4	29.4	40.0	39.7	41.3	19.3	13.6	15.2	8.4
2003	37.4	40.2	36.1	40.1	28.6	39.8	41.6	42.5	19.9	14.7	15.9	8.3
2004	31.9	34.5	33.6	38.6	31.0	44.9	40.5	44.4	23.7	15.2	19.4	8.4
2005	30.2	36.6	31.4	40.3	31.0	45.0	40.4	42.3	25.3	13.1	21.8	9.0
2006	29.2	40.3	38.5	40.5	28.5	42.2	33.5	43.0	27.6	12.5	22.2	9.0
2007	28.6	41.8	37.5	40.9	28.6	41.1	32.2	42.9	27.7	11.9	24.5	9.0
2008	23.3	43.4	35.6	41.5	30.6	40.1	33.6	42.3	30.0	10.5	25.1	9.7
2009	22.6	44.1	28.1	41.9	29.2	39.0	35.9	41.6	30.6	10.4	29.1	10.0
2010	22.5	33.5	28.1	40.4	30.7	48.4	38.0	42.9	29.4	11.0	27.3	9.8
2011	16.7	34.8	29.5	38.8	31.7	48.0	37.6	44.6	32.9	10.2	26.5	9.8
2012	15.9	37.9	27.6	39.5	31.8	44.9	37.0	43.2	34.1	10.0	28.0	10.3

资料来源:同表 5-1,笔者作成。

3.人均 CO_2 排放量及变化特征

从 2012 年的人均 CO_2 排放量(表 5-6)来看,以天津最高,达12.0 t-CO_2/人,不仅远高于北京的 5.0 t-CO_2/人,也高于上海的8.9 t-CO_2/人,比全国平均水平 7.3 t-CO_2/人也高出 60%。

从 1995—2012 年这 18 年间的变化趋势来看,北京在 2007 年达到最高的 6.5 t-CO_2/人后开始下降,2012 年下降到5 t-CO_2/人以下;上海也在 2007 年达到峰值的 11.09 t-CO_2/人,以后开始连续下降至 9 t-CO_2/人以下;天津则有所不同,期间虽然也有个别年份出现下降,但大多数年份呈增加趋势,这种趋势与全国的平均水平相同,迄今还处在继续增加的态势中。

虽然三市的人均 CO_2 排放量增长均大大低于全国平均水平（年均增长 6.5%），是全国人均增长率最低的三个省份，但从三市比较来看，增加最快的是天津（年均增长 3.8%），其次是上海（年均增长1.3%），而北京是全国唯一一个负增长的省级行政区（年均下降 0.8%）。

如将这一期间分为三段，即 1995—2000 年、2000—2005 年和 2005—2012 年，人均排放量的增加呈现出先慢后快再慢的波动，即 20 世纪 90 年代较慢，而进入 21 世纪以后初期加快，后期又出现变慢的趋势。如上海的情况是分别增长 1.7%、3.9%和－0.7%；天津则增长 0.4%、8.1%和 3.2%；北京增长－1.3%、2.9%和－2.9%。值得一提的是，天津 CO_2 的人均排放量一路增加，2009 年开始已经超过上海 CO_2 的人均排放量。

4.单位 GDP 的 CO_2 排放量及变化特征

如表 5-6 所示，2012 年，三市每万元 GDP 产出排放的 CO_2 数量虽都低于全国平均的 2.18 t-CO_2/万元，但三市中以天津最高（1.55 t-CO_2/万元），北京最低（0.74 t-CO_2/万元），上海居中（1.16 t-CO_2/万元）。天津比北京高出 1 倍以上，比上海高出 1/3 以上。如果在相同产出的情况下碳排放越少越好，那么天津的碳排放效率最差。

从 1995—2012 年这 18 年间的变化情况来看，虽然都呈下降趋势，但下降幅度北京最大（年均 7.6%），天津次之（年均6.7%），上海较小（年均 5.9%），下降幅度的差别也不是很大。如果分为 1995—2000 年、2000—2005 年和 2005—2012 年三个阶段，北京（前期 8.4%、中期 5.9%和后期 8.3%）和天津（前期 8.7%、中期 4.4%和后期 7.0%）呈现出前期降幅大、中期降幅小、后期降幅又增大的特征，说明 21 世纪初期的碳排放效率改善速度放慢。上海的情况则有所不同（前期 5.6%、中期 5.9%和后期 6.1%），呈现出一贯改善的特点。

表 5-6　三市碳排放指标比较（能源转换分配前）

年度	人均排放量（t-CO_2/人）				单位 GDP 排放量（t-CO_2/万元）				单位能源消费排放量（t-CO_2/tce）			
	北京	天津	上海	全国	北京	天津	上海	全国	北京	天津	上海	全国
1995	5.63	6.40	7.14	2.51	2.84	5.08	3.26	4.31	2.00	2.35	2.26	2.26
1996	5.88	5.98	7.67	2.58	2.72	4.17	3.11	4.00	2.02	2.27	2.28	2.29
1997	5.24	6.09	7.75	2.53	2.18	3.81	2.86	3.56	1.69	2.36	2.37	2.24
1998	5.38	6.15	7.89	2.54	2.05	3.54	2.66	3.28	1.71	2.41	2.37	2.26
1999	5.62	6.24	8.31	2.53	1.96	3.27	2.56	3.02	1.77	2.34	2.35	2.24
2000	5.28	6.53	7.75	2.57	1.83	3.22	2.45	2.85	1.76	2.34	2.36	2.15
2001	5.64	6.63	8.32	2.72	1.75	2.93	2.30	2.77	1.81	2.28	2.31	2.25
2002	5.37	7.62	8.67	2.89	1.56	3.00	2.18	2.67	1.72	2.54	2.26	2.10
2003	5.64	7.58	8.74	3.25	1.51	2.61	2.06	2.69	1.77	2.38	2.20	2.09

续表

年度	人均排放量 (t-CO_2/人)				单位GDP排放量 (t-CO_2/万元)				单位能源消费排放量 (t-CO_2/tce)			
	北京	天津	上海	全国	北京	天津	上海	全国	北京	天津	上海	全国
2004	5.90	8.52	9.69	3.71	1.42	2.57	2.03	2.73	1.71	2.36	2.28	2.08
2005	6.10	9.65	9.38	4.46	1.35	2.58	1.80	2.87	1.70	2.45	2.01	2.18
2006	6.22	10.01	10.70	4.90	1.25	2.40	1.86	2.78	1.67	2.38	2.17	2.18
2007	6.50	10.42	11.09	5.47	1.18	2.25	1.72	2.73	1.69	2.35	2.11	2.24
2008	6.04	10.57	11.06	5.68	1.04	2.06	1.59	2.55	1.62	2.32	2.05	2.20
2009	5.88	11.02	9.86	5.94	0.95	1.93	1.33	2.40	1.57	2.31	1.83	2.18
2010	5.51	10.84	9.19	6.51	0.90	1.71	1.35	2.36	1.55	2.07	1.89	2.22
2011	5.02	11.62	9.15	7.16	0.78	1.64	1.26	2.33	1.45	2.07	1.75	2.26
2012	4.95	12.00	8.91	7.33	0.74	1.55	1.16	2.18	1.43	2.07	1.87	2.22

资料来源：CO_2 排放数据同表5-4，能源消费、人口和GDP数据取自《中国统计年鉴》各年版，其中GDP数据按2005年价格作了调整。

5.单位能源消费的 CO_2 排放量及变化特征

每消费一个单位的能源所产生的 CO_2 排放量与能源消费结构有关，是衡量低碳经济发展水平的重要指标之一。这一数值越低，说明含碳量较高的化石能源所占比重越低，低碳经济发展水平则越高；反之亦然。如表5-6所示，2012年三市单位能源消费的 CO_2 排放量的差别相对于其他指标来说比较小，最低的是北京（1.43t-CO_2/tce），上海次低（1.87 t-CO_2/tce），天津最高（2.07 t-CO_2/tce）；1995—2012年的变化也不大，年平均下降率北京为2.0%，上海为1.1%，天津为0.8%，说明三市在通过能源转换减排方面在缓慢地取得成效。

二、东部都市型地域低碳经济发展影响因素的比较分析

以上我们探讨了北京、上海、天津三市低碳经济的历史和现状的一些特征，下面需要探讨的问题是：这些特征是怎样形成的？受什么因素的影响？各种因素的影响力有多大？

（一）CO_2 排放总量变化的影响因素

这里利用Kaya恒等式，从宏观的角度对北京、上海、天津三市1995—2012年的 CO_2 排放量变化的影响因素进行了分析。分析结果如图5-19、5-20所示。

1.分阶段来看的结果

首先来看整个期间的情况。从图中可以看出，1995—2012年期间，三市的相同点首先是经济规模因素和人口规模因素是推动 CO_2 排放增加的两个因素，其中经济规模因素

的影响力较大，人口规模因素的影响较小。其次，能源效率因素和能源转换因素是 CO_2 排放减少的两个因素，其中能源效率因素的影响较大，是最大的 CO_2 减排贡献方，而能源转换因素的影响较小。

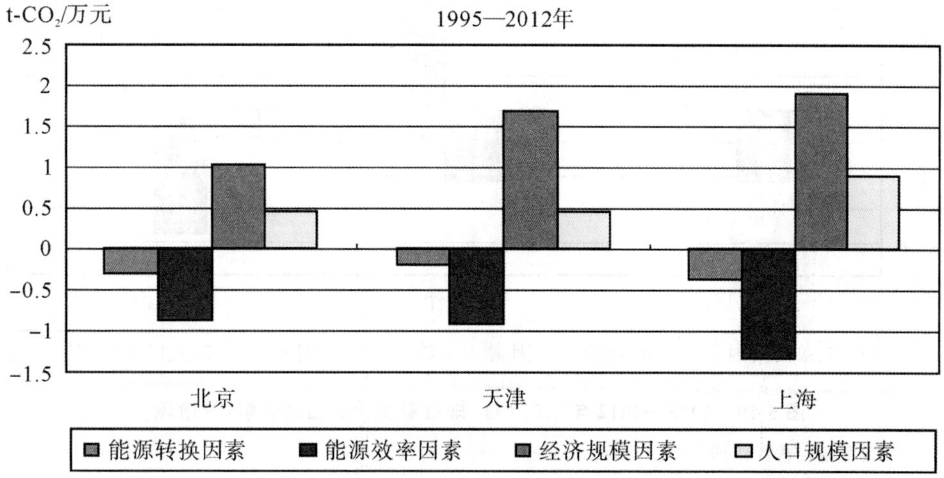

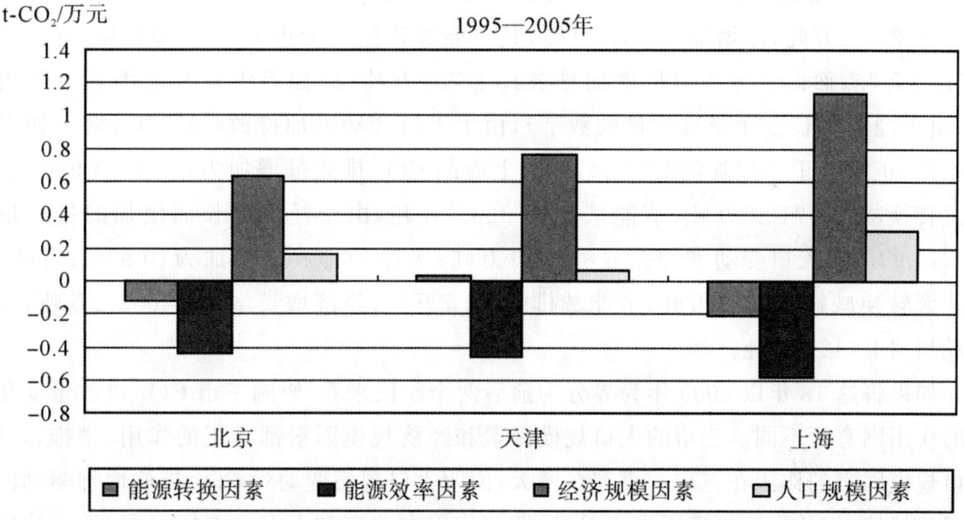

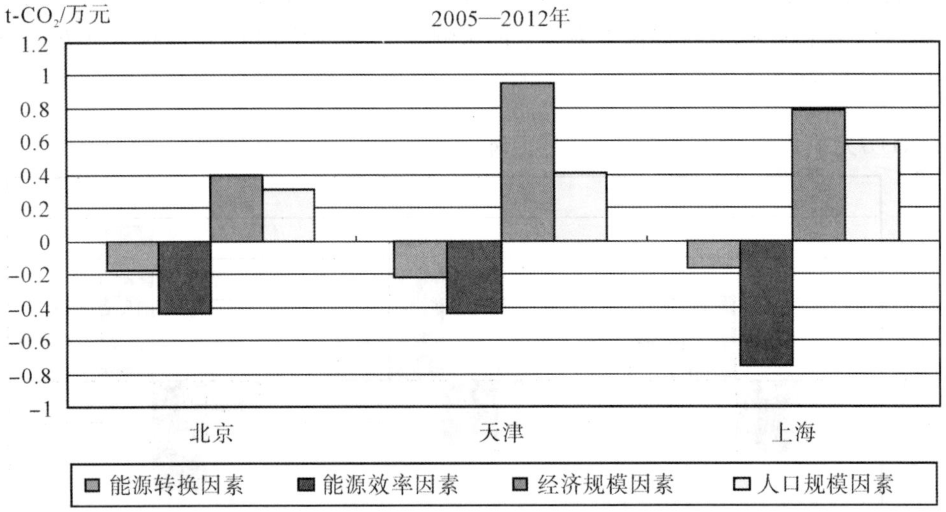

图 5-19 1995—2012 年三市 CO_2 排放量变化的因素分解(分阶段)

资料来源:笔者作成

从具体数据来看,1995—2012 年的 18 年间,北京的 CO_2 排放量从7 043.8万吨增加到10 245.2万吨,净增加3 201.4万吨,其中能源转换减少排放3 011.0万吨,节能减排8 748.3万吨,而由于经济增长增加排放10 283.2万吨(即如果没有其他因素的作用的话,由于经济增长会净增排放量的数字),由于人口变动增加排放4 677.4万吨。四者正负相抵,正好等于净增加的3 201.4万吨;上海的 CO_2 排放量增加为11 101.0万吨,其中能源转换减排3 710.5万吨,节能减排13 326.6万吨,由于经济增长而增加的排放量达19 219.9万吨,人口变动增加排放8 918.1万吨;天津的排放量增加为10 919.1万吨,其中能源转换减排1 851.1万吨,节能减排9 025.7万吨,经济增长增排17 053.2万吨,人口变动增排4 742.7万吨。

如果将这 18 年以 2005 年为界分为前后两个阶段来看,影响三市 CO_2 排放量变化因素的作用则有所不同。三市的人口规模因素和经济规模因素都是正的作用(增排),其中人口规模因素的作用在三市一直都在增大,说明人口规模变动对 CO_2 排放增加驱动的势头仍然持续;但从经济规模因素来看,后期其作用在北京和上海已有所减弱,而天津则有所加强,说明北京和上海的经济规模扩张势头对 CO_2 排放增加的作用已经趋缓,而天津仍然在持续;能源效率因素都是三市 CO_2 减排的重要方面,前后两段作用变化不大,只有上海的后半段有所加强。三市差异较大的要数能源转换因素,天津在前半段还为正向驱动,后半段发生逆转,减排作用突出;北京虽然在整个期间都是负数,但前半段减排作用小,后半段减排作用有所增大;而上海则是前半段减排作用稍大,后半段减排作用有所减小。

2.逐年分解来看的结果

图 5-20 表示的是以 1995 年为基点,每年累加的 CO_2 排放量变化要因分析的情况。

从中可以看出，天津 CO_2 排放的实际变化基本上呈现逐年增加的趋势，而北京和上海在近年出现了比上年减少的现象。在影响 CO_2 排放量变化的诸个因素中，推动其增加的最主要的是经济规模因素，说明三市的经济增长作为 CO_2 排放的主要驱动力仍然非常强劲；人口规模也是推动 CO_2 排放量增加的因素之一，不过较之经济规模因素，其影响力小得多，从中可以折射出我国实行的人口控制政策对 CO_2 排放起到了一定的抑制作用；能源效率因素是 CO_2 排放减少最主要的驱动力，而且基本呈稳定下降的趋势；能源转换因素的影响力是最小的，说明三市的能源转换基本上没有多大成效，其中北京呈缓慢下降的趋势，而天津和上海则是从后期才开始有了减排作用，上海始于 2005 年，而天津则直到 2009 年以后才开始有明显的改善。

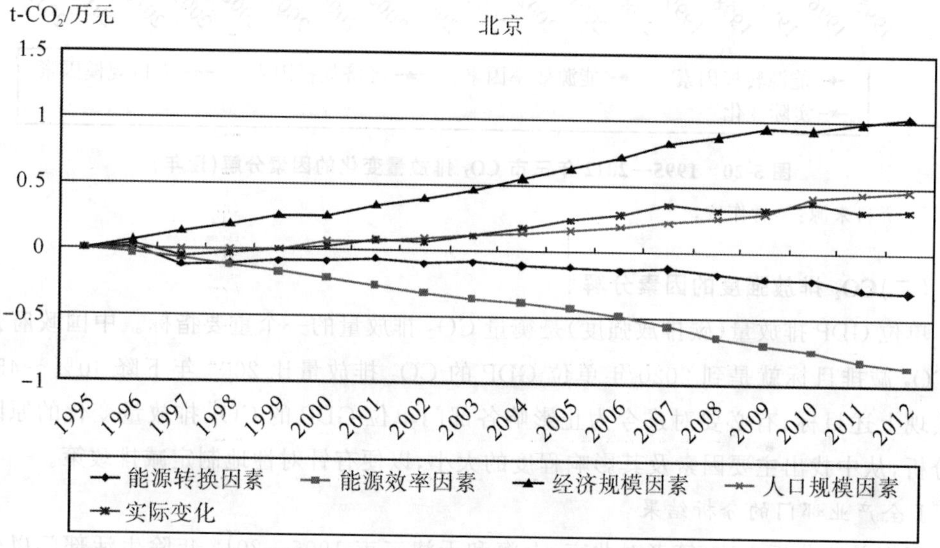

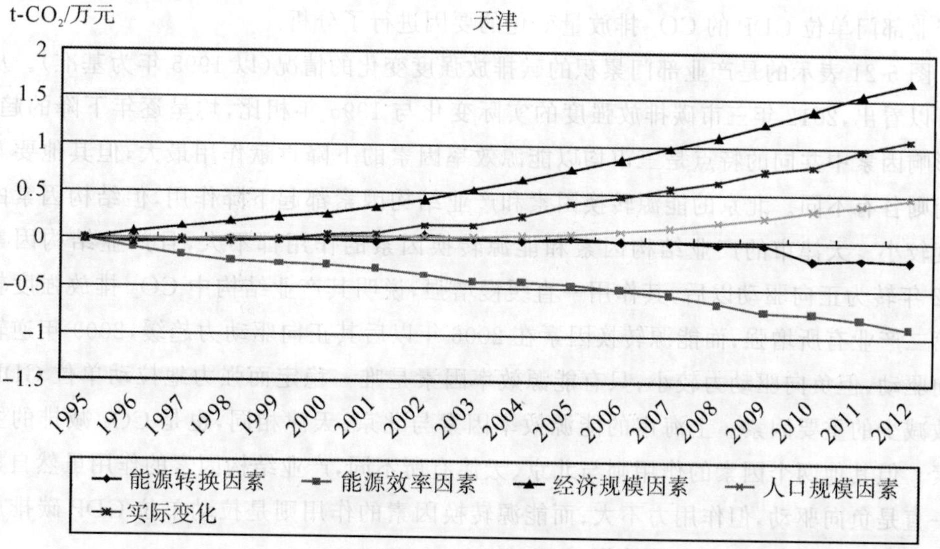

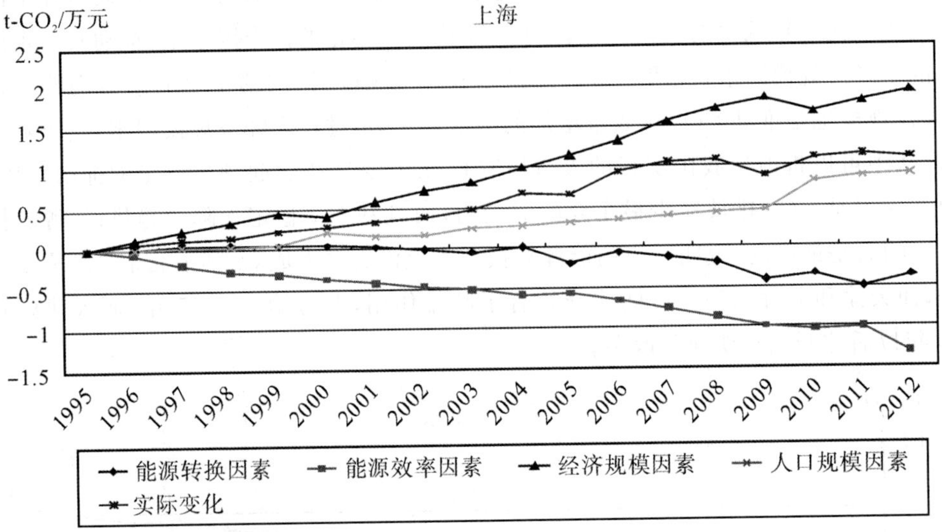

图 5-20　1995—2012 年三市 CO_2 排放量变化的因素分解(逐年)

资料来源:笔者作成。

(二)CO_2 排放强度的因素分解

单位 GDP 排放量(碳排放强度)是衡量 CO_2 排放量的一个重要指标。中国政府公布的 CO_2 减排目标就是到 2020 年单位 GDP 的 CO_2 排放量比 2005 年下降 40%～45%。要实现上述目标,有必要对迄今为止影响各部门单位 GDP 的 CO_2 排放量变化的原因进行分析,从中找出主要因素及其影响程度的大小,以便有针对性地制定减排政策。

1.全产业部门的分析结果

根据前述分析方法,笔者对北京、上海和天津三市 1995—2012 年除生活部门以外的各产业部门单位 GDP 的 CO_2 排放量变化的要因进行了分析。

图 5-21 表示的是产业部门累积的碳排放强度变化的情况(以 1995 年为基准)。从图中可以看出,2012 年三市碳排放强度的实际变化与 1995 年相比,均呈逐年下降的趋势,其影响因素中共同的特点是三市均以能源效率因素的下降贡献作用最大,但其他要素的作用则各有不同。北京的能源转换因素和产业结构因素都起下降作用,但结构因素的贡献度较小。天津市的产业结构因素和能源转换因素的作用都不大,且产业结构因素从 2002 年转为正向驱动以后,其作用一直缓慢增强,说明其产业结构中 CO_2 排放强度较大的第二产业有所增强;而能源转换因素在 2006 年以后其正向驱动力趋缓,2009 年逆转为负向驱动,但负向驱动力较小;只有能源效率因素是唯一稳定而强力地拉动单位 GDP 碳排放减少的重要因素。上海市的能源效率因素与北京、天津相同,也是 CO_2 减排的主要因素。但其他两个因素的作用则与北京、天津有所不同,产业结构因素的作用虽然自始至终一直是负向驱动,但作用力不大;而能源转换因素的作用则是拉动单位 GDP 碳排放增加的因素,且近年来有增强的趋势。

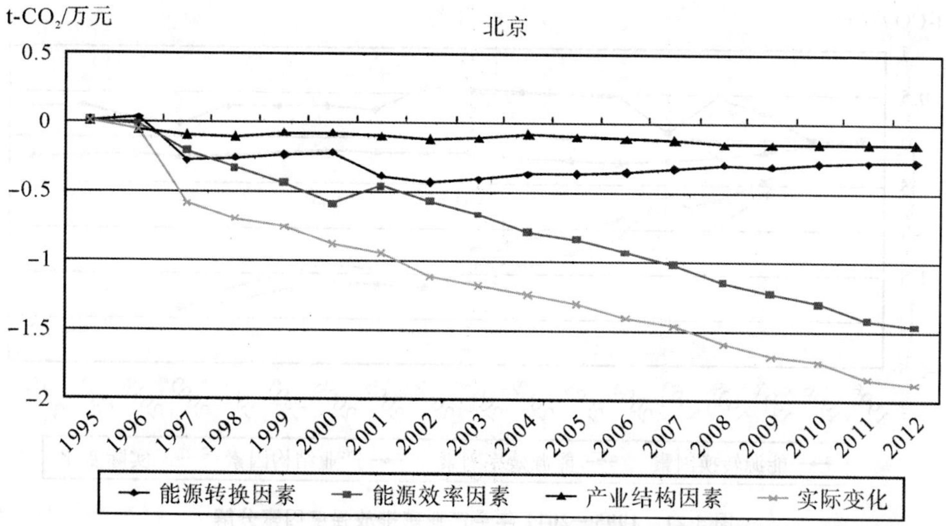
t-CO_2/万元
北京
0.5
0
-0.5
-1
-1.5
-2
1995
1996
1997
1998
1999
2000
2001
2002
2003
2004
2005
2006
2007
2008
2009
2010
2011
2012
能源转换因素
能源效率因素
产业结构因素
实际变化

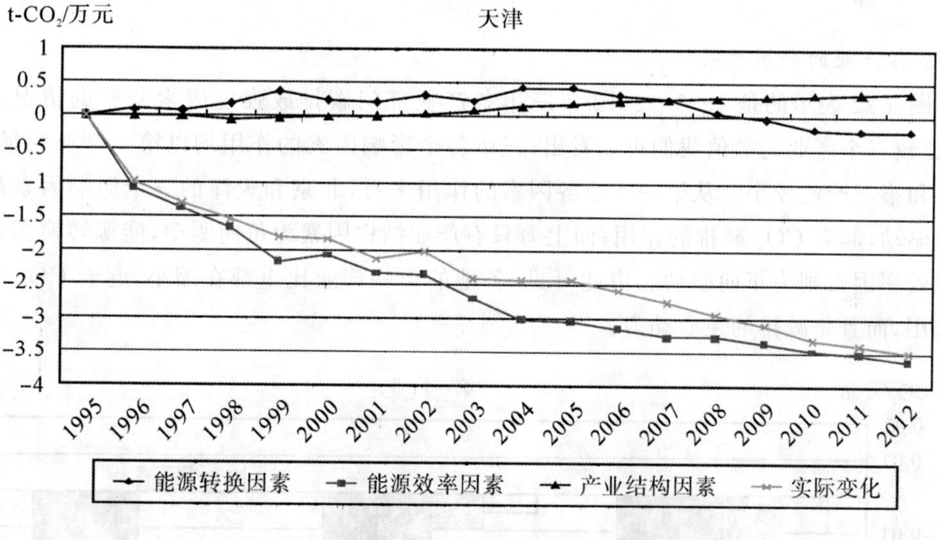
t-CO_2/万元
天津
1
0.5
0
-0.5
-1
-1.5
-2
-2.5
-3
-3.5
-4
1995
1996
1997
1998
1999
2000
2001
2002
2003
2004
2005
2006
2007
2008
2009
2010
2011
2012
能源转换因素
能源效率因素
产业结构因素
实际变化

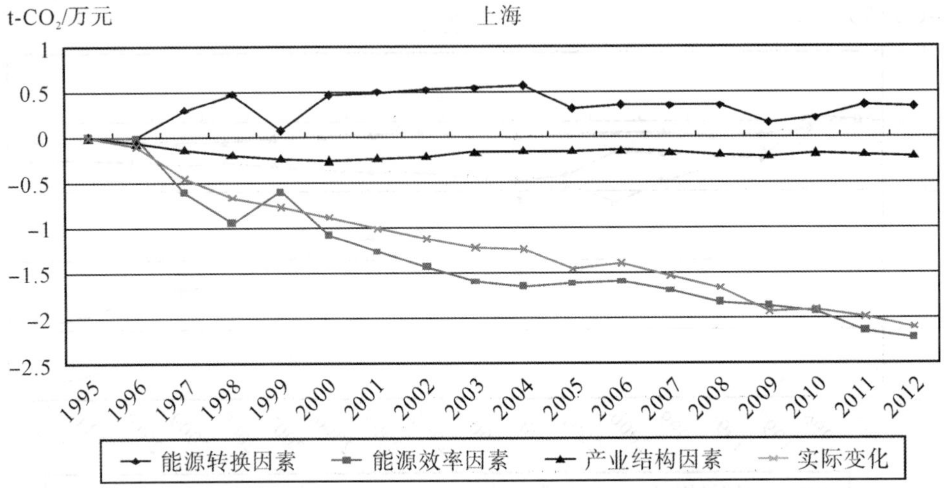

图 5-21　1995—2012 年全产业碳排放强度因素分解

资料来源：笔者作成。

2.各产业的分解结果

图 5-22 表示的是 1995—2012 年三市各产业部门碳排放强度因素分解的情况。首先，比较三个产业的数值我们可以看出，三市各个影响因素的作用均以第一产业为最大，第一和第三产业较小。从第一产业各因素的作用来看，北京和天津的三个影响因素都是负向驱动，起着 CO_2 减排的作用；而上海只有产业结构因素为负向驱动，能源转换因素和能源效率因素则为正向驱动。由此可见，各地的第一产业比重都在缩小，起着 CO_2 减排的作用，而且是减排的主要动力。

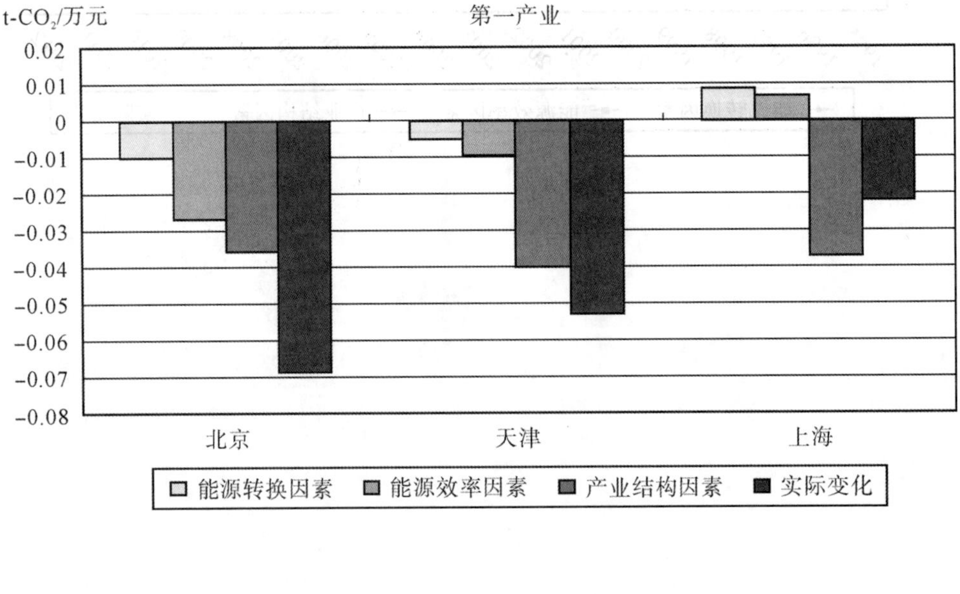

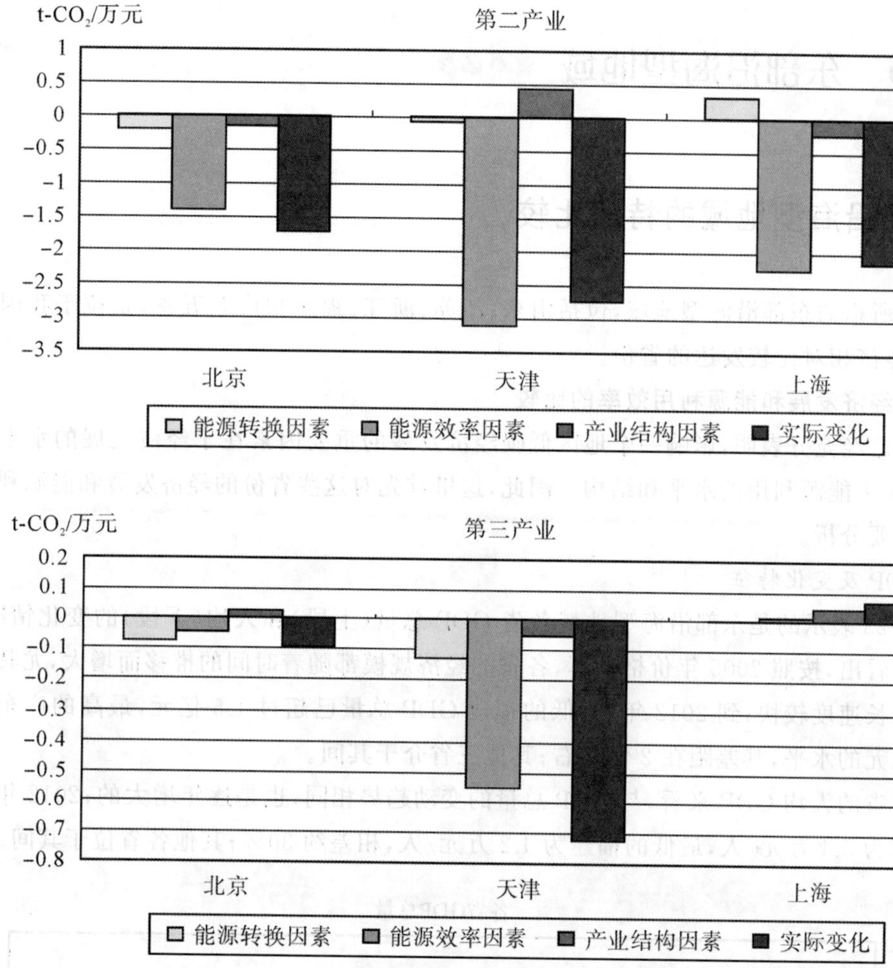

图 5-22 1995—2012 年各产业碳排放强度因素分解

资料来源：笔者作成。

从第二产业各因素的作用来看，只有北京的三个因素都是负向驱动（起下降作用），上海和天津则有两个因素为负向驱动，其中能源效率因素的作用是相同的，即为负向驱动，而且驱动力都是最大的，这表明能源效率的改善是最主要的减排因素。不同的是，天津的产业结构因素是正向驱动，说明天津产业结构的变动仍然是朝着 CO_2 排放较多的方向发展；上海则是能源转换因素为正向驱动，表明能源结构改善还有待加强。

从第三产业各因素的作用来看，天津的驱动力较大，而且三个影响因素都是负向驱动；北京和上海的驱动力较小，其中北京有两个因素为正向驱动，产业结构因素是正向驱动，而上海则三个因素均为正向驱动，不过其值甚小。

第三节 东部沿海型地域

一、东部沿海型地域的特征比较

本节所指的东部沿海型地域，包括山东、江苏、浙江、福建和广东五省，是位于我国东部沿海、经济相对比较发达的省份。

（一）经济发展和能源利用效率的比较

前述已经充分表明，影响一个地区低碳经济发展的重要因素在于经济发展的水平和结构，还在于能源利用的水平和结构。因此，这里首先对这些省份的经济发展和能源利用状况作简要分析。

1.GDP 及变化特征

图 5-23 表示的是东部沿海型地域各省 GDP 总量（上段）和人均（下段）的变化情况。从中可以看出，按照 2005 年价格计算，各省的经济规模都随着时间的推移而增大，尤其是广东的增长速度较快；到 2012 年，最低的福建 GDP 总量已超过 1.5 亿元，最高的广东已接近 5 亿元的水平，其差距在 2 倍左右；其他三省介于其间。

从各省的人均 GDP 来看，与 GDP 总量的变动趋势相同，也是逐年增大的；2012 年最高的江苏为 5.4 万元/人，最低的福建为 4.2 万元/人，相差约 30%；其他各省位于其间。

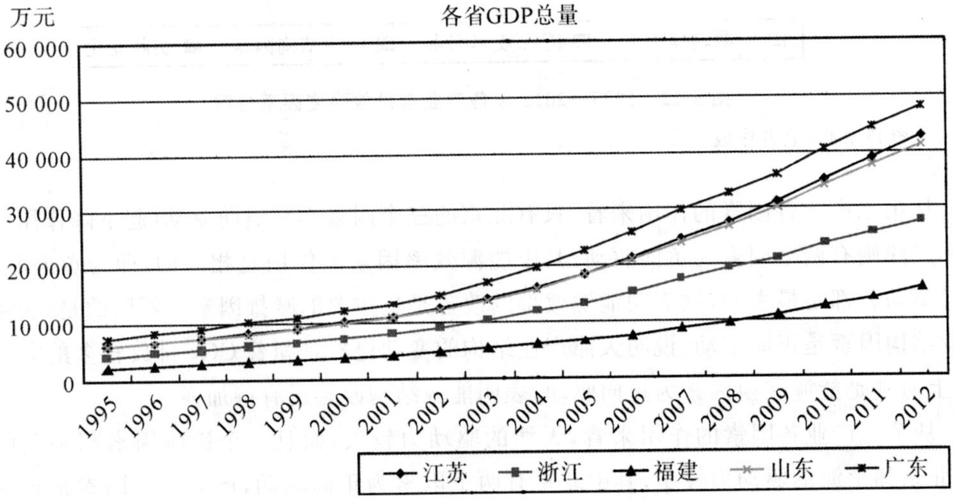

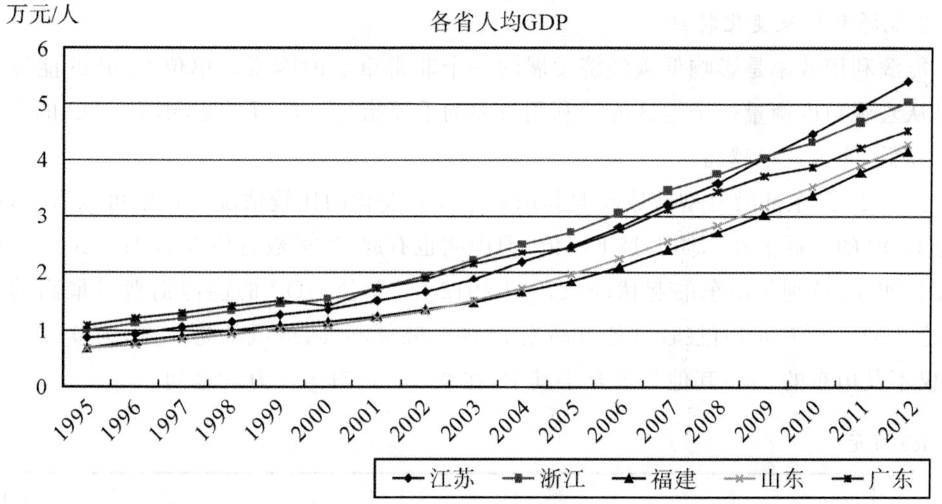

图 5-23 东部沿海型地域 GDP 总量和人均的变化比较

资料来源:根据《中国统计年鉴》各年版资料作成,统一换算为 2005 年价格。

各省的产业结构(图 5-24)均以第二产业为最高,第三产业次之,但广东的第三产业已经与第二产业相差无几,在各省中比重最高,达到 46.5%,其他各省中除了福建接近 40%以外,也都在 40%以上,第一产业比重最高的是福建,为 9.0%;其次是山东为 8.6%;其他各省比重较低,在 5%～6%之间。

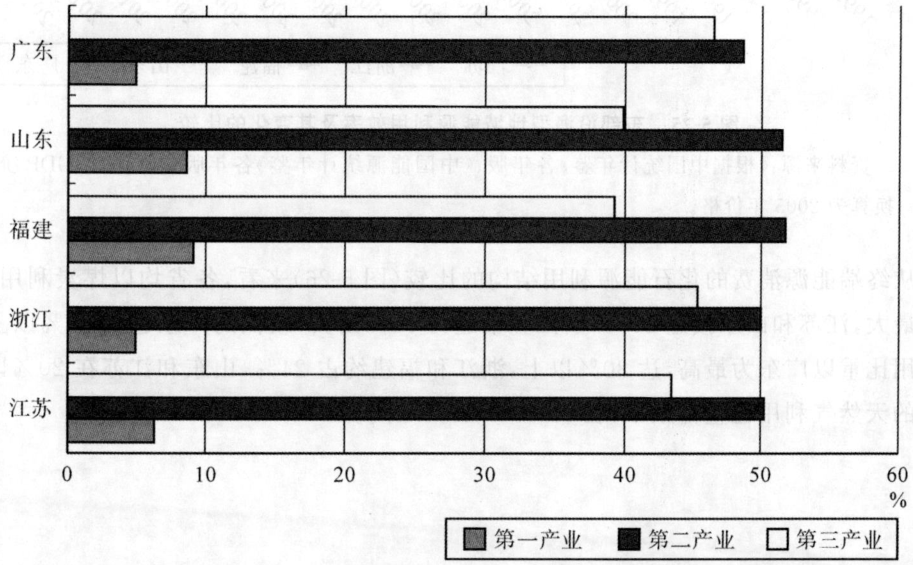

图 5-24 东部沿海型地域产业结构比较(2012 年)

资料来源:根据《中国统计年鉴》(2013)资料作成,统一换算为 2012 年价格。

2.能源利用及变化特征

能源利用效率是影响低碳经济发展的一个非常重要的因素。单位 GDP 的能源消费量是从宏观角度衡量一个地区能源利用效率的重要指标。显而易见，单位 GDP 的能源消费量越低，能源效率越高。

图 5-25 是东部沿海型地域能源利用效率及其变化的比较情况。从中可以看出，各省单位 GDP 的能源消费总体上是下降的，但中间也有起伏，多数省份在 2001—2005 期间反弹比较明显，特别是山东的起伏较大。到 2012 年，单位 GDP 的能源消费量最高的是山东，达 0.94 tce/万元，而且较其他省高出 30%～55%不等；最低的是广东，为 0.60 tce/万元，仅不及山东的 2/3；其他各省介于其中，在 0.65～0.71 tce/万元之间。

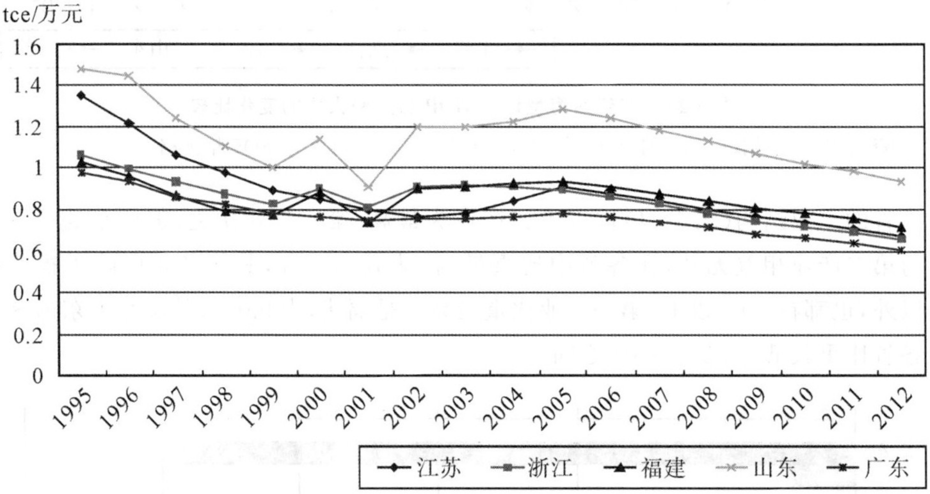

图 5-25 东部沿海型地域能源利用效率及其变化的比较

资料来源：《根据中国统计年鉴》各年版、《中国能源统计年鉴》各年版资料作成，GDP 统一换算为 2005 年价格。

从终端能源消费的化石能源利用结构的比较(图 5-26)来看，各省均以煤炭利用的比重为最大，江苏和山东接近 80%，浙江和福建为 70%出头，较低的广东也在 60%以上；石油利用比重以广东为最高，达 30%以上，浙江和福建约占 24%，山东和江苏在 20%以下；各省的天然气利用比重都很小，在 2.5%～5.5%之间。

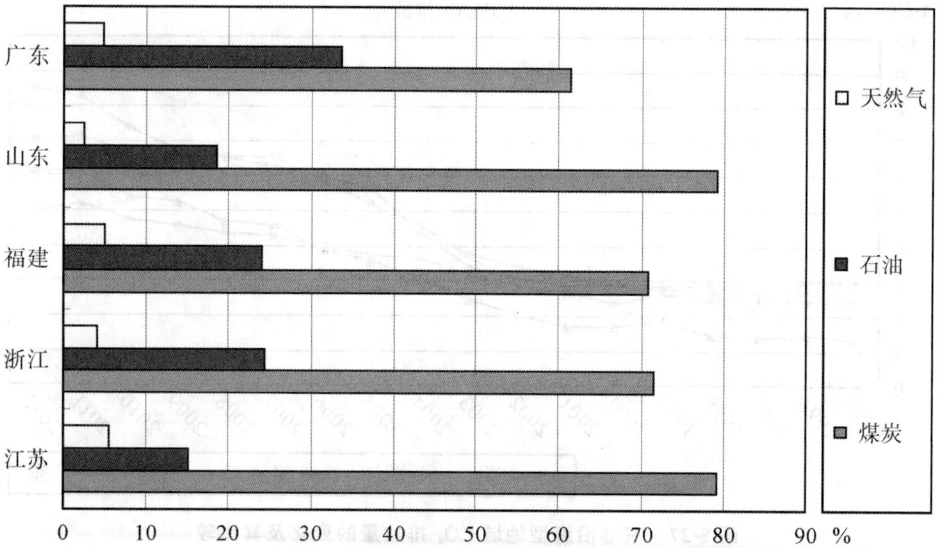

图 5-26　东部沿海型地域化石能源利用结构比较(2012 年)

资料来源：根据《中国能源统计年鉴》各年版计算。

(二)CO_2 排放特征比较

1.CO_2 排放总量和人均的变化及其比较

从图 5-27 可看出，1995 年以来，各省的 CO_2 排放总量和人均排放量都有较大幅度的增加。到 2012 年，排放总量以山东为最多，均达 9 亿吨，以下依次是江苏的 6 亿多吨，广东的 5 亿多吨，浙江的 3.8 亿吨，福建的 2.3 亿吨；人均排放量也以山东为最多，多达 9 吨，其次是江苏的 8 吨多，浙江的 7 吨，再次是福建的 6 吨多，而广东则是最低的，约 5 吨。

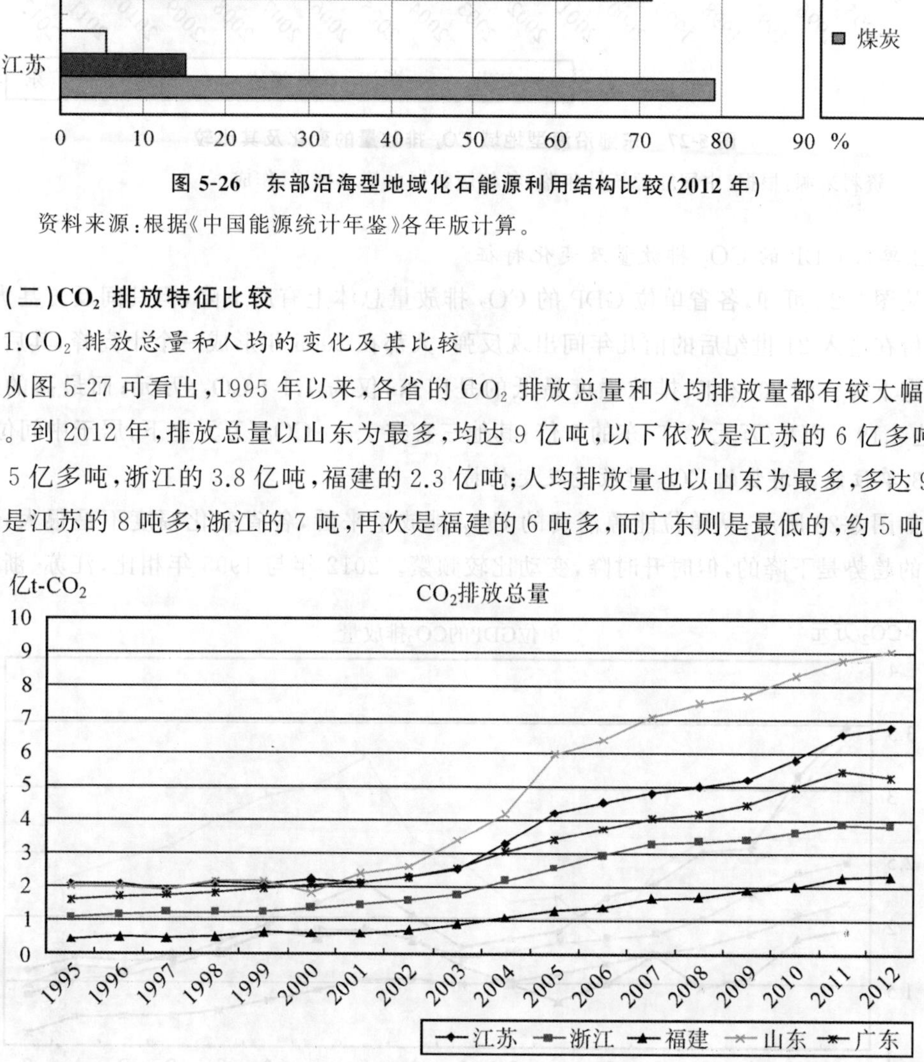

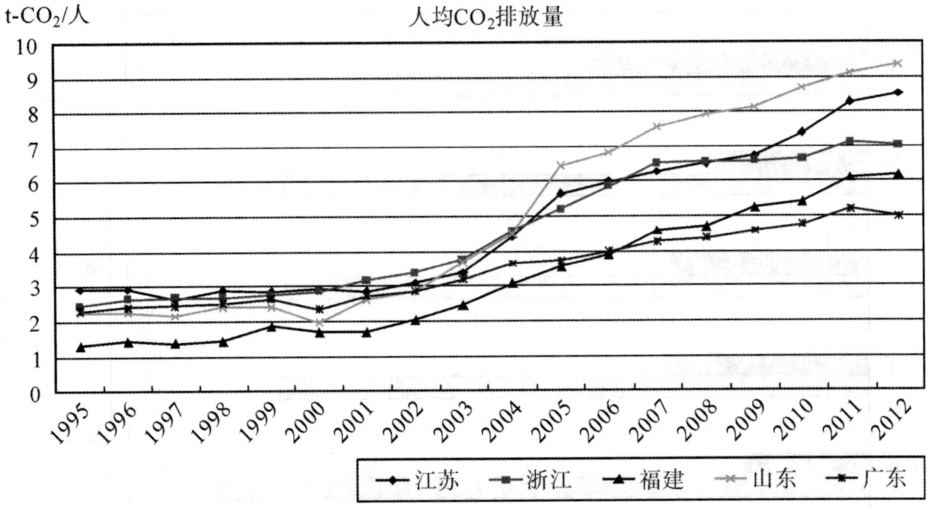

图 5-27 东部沿海型地域 CO_2 排放量的变化及其比较

资料来源:根据《中国能源统计年鉴》各年版数据由笔者推算、作成。

2.单位 GDP 的 CO_2 排放量及变化特征

从图 5-28 可知,各省单位 GDP 的 CO_2 排放量总体上有所下降,但其间反复甚大,多数省份在进入 21 世纪后的前几年间出现反弹,大都在 2005 年形成一个小高峰,其后又开始稳定下降。到 2012 年,排放强度最低的是广东,仅为 1.1 t-CO_2/万元;而最高的是山东,达 2.19 t-CO_2/万元,为广东的 2 倍;其他三省在 1.5 t-CO_2/万元上下,居于中间位置。

3.单位能源消费的 CO_2 排放量及变化特征

如图 5-28 所示,从单位能源消费的 CO_2 排放量来看,各省变化幅度不是很大,多数省份的趋势是下降的,但时升时降,变动比较频繁。2012 年与 1995 年相比,江苏、浙江和

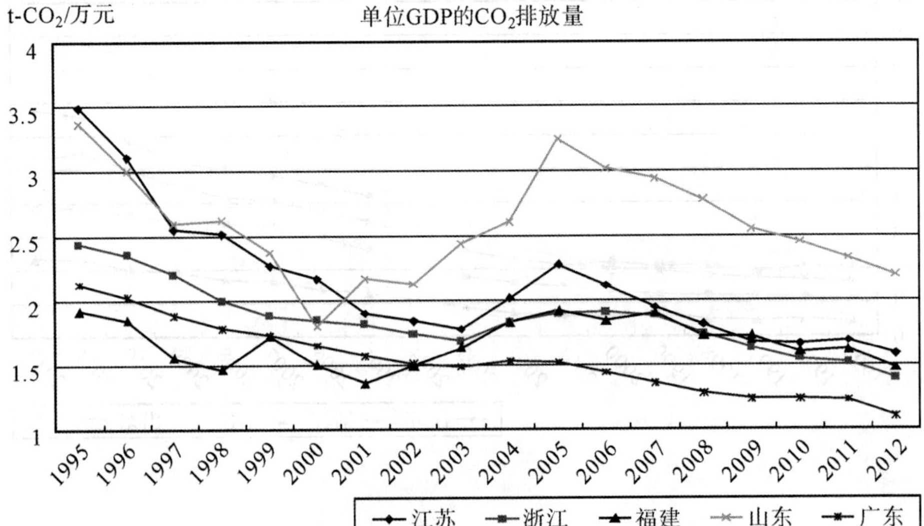

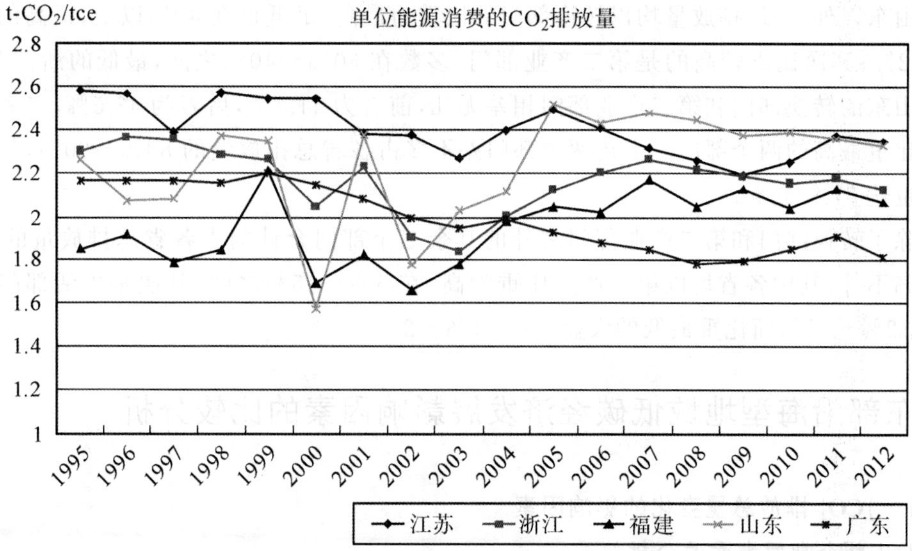

图 5-28　东部沿海型地域 CO_2 排放效率的变化及其比较

资料来源：根据《中国统计年鉴》各年版、《中国能源统计年鉴》各年版资料作成，GDP 统一换算为 2005 年价格。

广东是下降的，而福建和山东则不降反升，这说明本类型区总体上的能源转换成效不及 CO_2 排放强度大。

4.CO_2 排放部门结构及变化特征

图 5-29 是 2012 年东部沿海型地域 CO_2 排放的部门结构比较情况。从中可以看出，

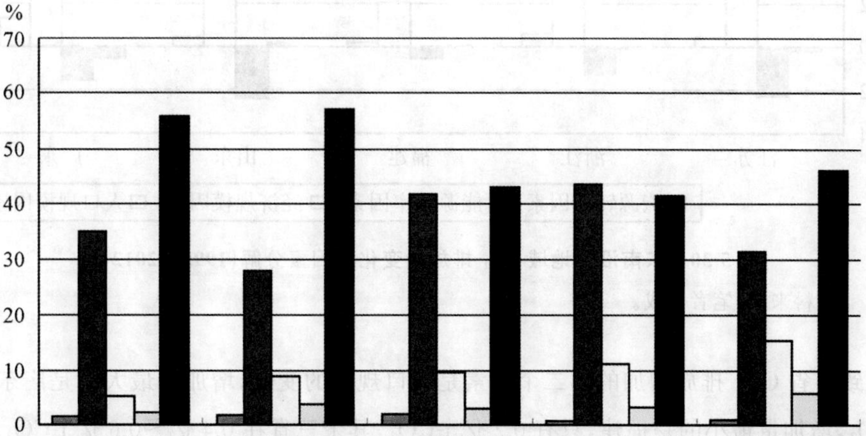

图 5-29　东部沿海型地域 CO_2 排放的部门结构比较(2012 年)

资料来源：根据中国能源统计年鉴各年版数据由笔者推算、作成。

除了山东以外，各地排放量均以转换部门的比重为最高，最低也在 40%以上，最高的浙江达57.2%；其次比重较高的是第二产业部门，多数在 30%～40%之间，最低的浙江为 28.1%；山东的转换部门和第二产业部门相差无几，前者为 41.4%，后者为 43.5%，二者也是排放比重最高的两个部门。上述两个部门差不多占各省总排放量的 80%～90%，最低的广东也达 77.8%。

除了转换部门和第二产业部门之外的其余三个部门合计的占各省总排放量的 10%～20%不等，其中各省均以第三产业比重为高，在 5%～15%之间，其次是生活部门的排放，占 2%～6%，而比重最低的农业，只占 1%～2%。

二、东部沿海型地域低碳经济发展影响因素的比较分析

（一）CO_2 排放总量变化的影响因素

1.从整个期间来看的分析结果

由图 5-30 可知，从 1995—2012 年，各省的 CO_2 排放总量增加主要是由于经济规模扩大所导致的，特别是山东和江苏，由于经济发展带来的 CO_2 排放增量分别达到 8.7 亿 t-CO_2 和 6.7 亿 t-CO_2，其他三省在 2 亿～4 亿 t-CO_2 之间。

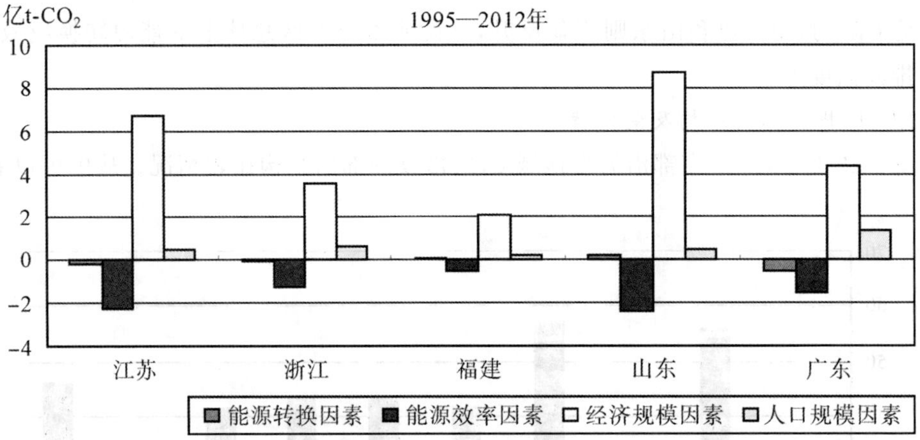

图 5-30 东南沿海地域 CO_2 排放量变化的因素分解（1995—2012）

资料来源：笔者作成。

导致各省 CO_2 排放增加的第二个因素是人口规模的变化，增加量最大的是广东，达 1.4 亿 t-CO_2，增加量最小的是福建，只有 0.2 亿 t-CO_2，其余三省在 0.4 亿～0.6 亿 t-CO_2 之间。

推动 CO_2 减排的最大因素是能源效率的改善，其在很大程度上抵消了由经济规模扩张引起的排放增加，其中山东和江苏的减排量在 2 亿 t-CO_2 以上，浙江和广东在 1.3 亿～不 1.5 亿 t-CO_2 之间，只有福建的减排量较小，约为 0.5 亿 t-CO_2。

能源转换因素的驱动力总体上较小，且驱动方向各省也不一致，广东的减排量最大，

达 0.5 亿 t-CO_2，江苏和浙江也是减排驱动，驱动力在 0.06～0.2 亿 t-CO_2 之间，而福建和山东的能源转换因素则是增排驱动，驱动力在 0.1 亿～0.2 亿 t-CO_2 之间。

2.分阶段来看的结果

如果我们将研究期间分为前后两个时段，则可以看出虽然前期（1995—2005 年）和后期（2005—2012 年）的主要趋势是相似的，但也有一些区别（图 5-31）。

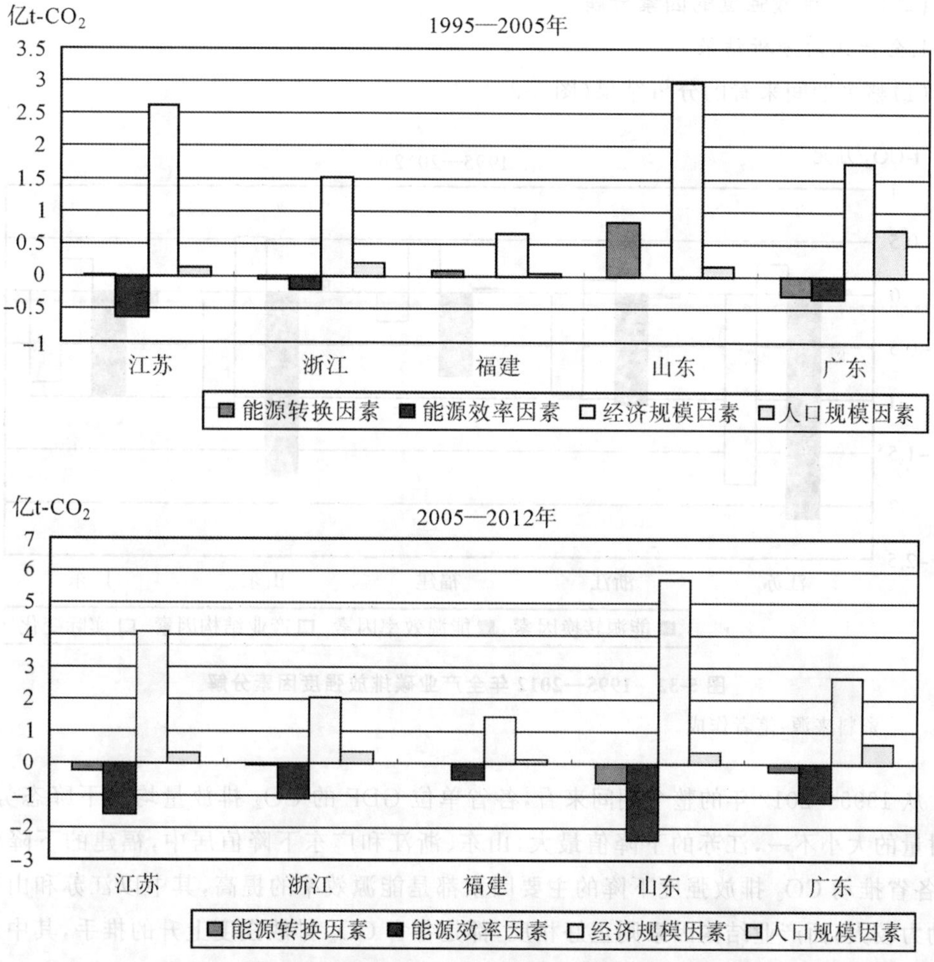

图 5-31　东南沿海地域 CO_2 排放量变化的因素分解(分阶段)

资料来源：笔者作成。

首先，前后两个时段各个因素的驱动力大小差别较大，后者的驱动力较前者大了许多。这一点从图中的坐标轴数值可以看出。

其次，经济规模因素和人口规模因素的正向驱动方向以及各省驱动力的相对大小没有什么变化，只是后期较前期的数值大。

再次，能源效率因素的基本减排驱动作用虽然没有太大变化，但后期的驱动力较前期大了数倍至数百倍，表明后期的能源效率改善对 CO_2 总量的减排作用大大增强。

最后，能源转换因素在前期只有广东和浙江为减排驱动，其他三省为增排驱动；而后期除只有福建仍为增排驱动外，其余均为减排驱动，特别是山东，虽然整个期间来看是增排驱动(图 5-30)，但实际上后期已逆转为减排驱动，而且福建的增排驱动力也已下降到 0.006 亿 t-CO_2 的水平，几乎可以忽略不计，较前期有较大改进。由此看来，后期的能源转换也取得了一定的成效。

(二)CO_2 排放强度的因素分解

1.全产业的分析结果

(1)整个期间来看的分析结果(图 5-32)

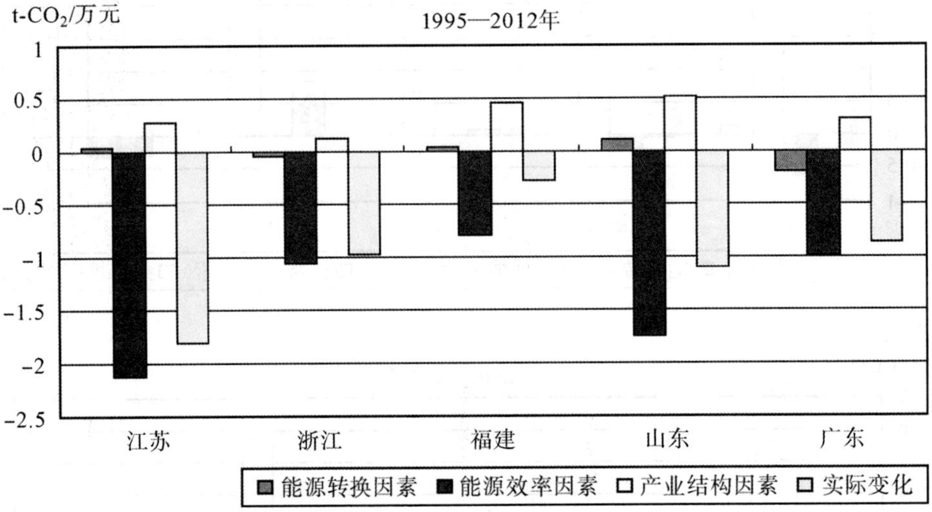

图 5-32　1995—2012 年全产业碳排放强度因素分解

资料来源：笔者作成。

从 1995—2012 年的整个期间来看，各省单位 GDP 的 CO_2 排放量均呈下降态势，但绝对量的大小不一，江苏的下降值最大，山东、浙江和广东下降值居中，福建的下降值较小；各省推动 CO_2 排放强度下降的主要因素都是能源效率的提高，其中以江苏和山东的驱动力较大；而产业结构因素则正好相反，都是各省 CO_2 排放强度上升的推手，其中山东和福建的驱动力较大；能源转换因素的驱动力都不大，驱动方向也不太一致，只有广东和浙江是下降驱动，其他三省则是上升驱动。

(2)分阶段来看的分析结果(图 5-33)

从实际的变化情况来看，前期(1995—2005 年)福建单位 GDP 的 CO_2 排放量不仅没有降低，反而有所上升，后期(2005—2012 年)则所有各省均是下降的；前期驱动力较大的是江苏，后期驱动力较大的是山东。

在各影响因素中，前期和后期能源效率因素都是下降驱动，且其驱动力是诸因素中最大的，而产业结构因素则都是上升驱动，且其驱动力都次于能源效率因素而高于能源转换因素；三个因素中驱动方向差别较大的就是能源转换因素，前期山东和江苏是上升驱动，

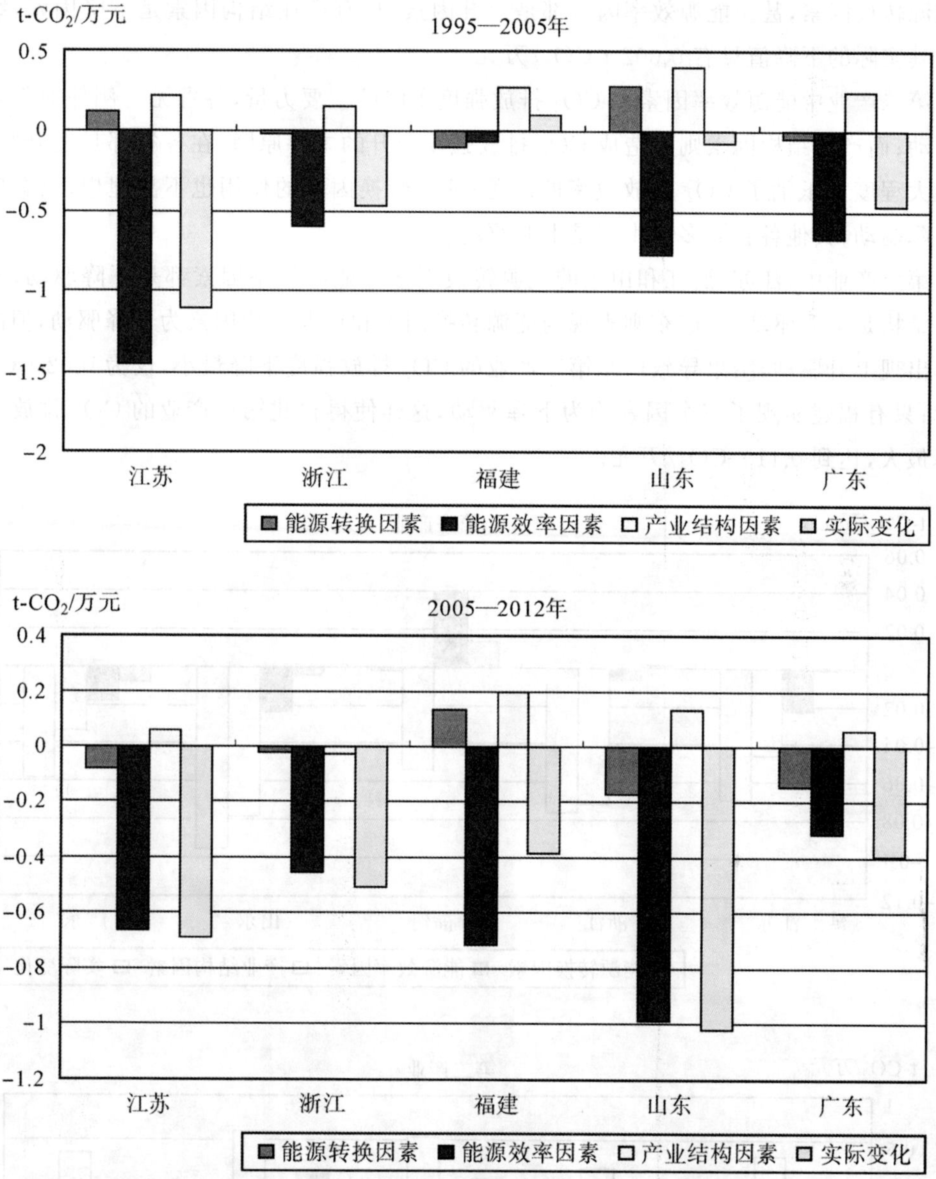

图 5-33　全产业碳排放强度因素分解(分阶段)

资料来源:笔者作成。

而后期则只有福建为上升驱动。

2.各产业的分解结果

从对 1995—2012 年各产业的影响因素的分解结果来看,各产业之间有较大差异。

第一产业中产业结构因素在各省均为下降驱动,这一点与其他产业有显著不同。此外,在第一产业中,除了福建以外,其他各省几乎所有的影响因素都是单位 GDP 的 CO_2 排放量的下降因素(只有浙江的能源转换因素为 0.0013 t-CO_2/万元的微弱上升),而福建的能源转换因素，甚至能源效率因素都是上升因素，只有产业结构因素是下降因素，结果导致其实际的下降值只有 0.002 t-CO_2/万元。

第二产业中能源效率因素是 CO_2 排放强度下降的主要力量，各省无一例外地都是下降驱动；而产业结构因素则是造成 CO_2 排放强度上升的主要原因，在各省都是上升驱动，在很大程度上抵消了 CO_2 排放效率的改善；能源转换因素的作用也不甚理想，只有广东是下降驱动，其他各省或多或少都是上升驱动。

第三产业中，江苏、浙江和山东的能源转换因素和能源效率因素都是下降驱动，只有产业结构是上升驱动；而广东则表现为能源转换因素和产业结构因素为下降驱动，但能源效率出现上升驱动，结果导致广东第三产业的 CO_2 排放强度下降最小，仅为 0.02 t-CO_2/万元；只有福建实现了三个因素均为下降驱动，这样使得福建第三产业的 CO_2 排放强度下降最大，达到 0.11 t-CO_2/万元。

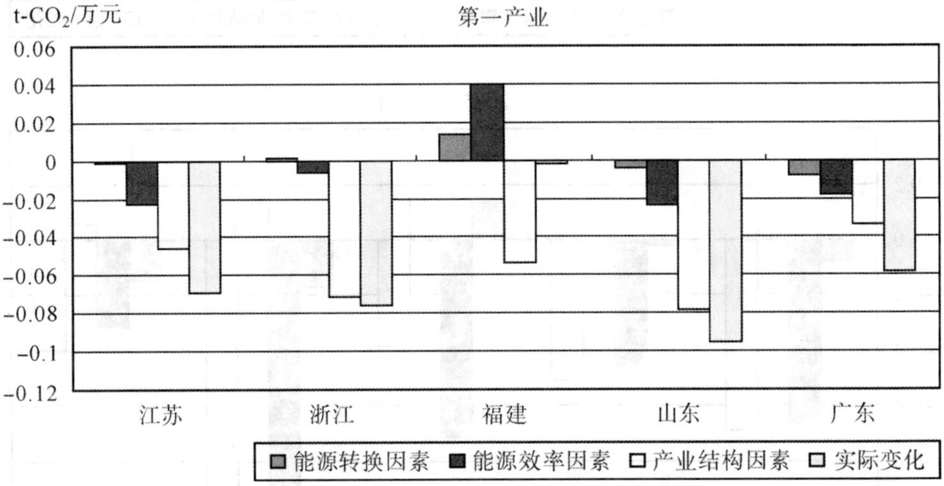

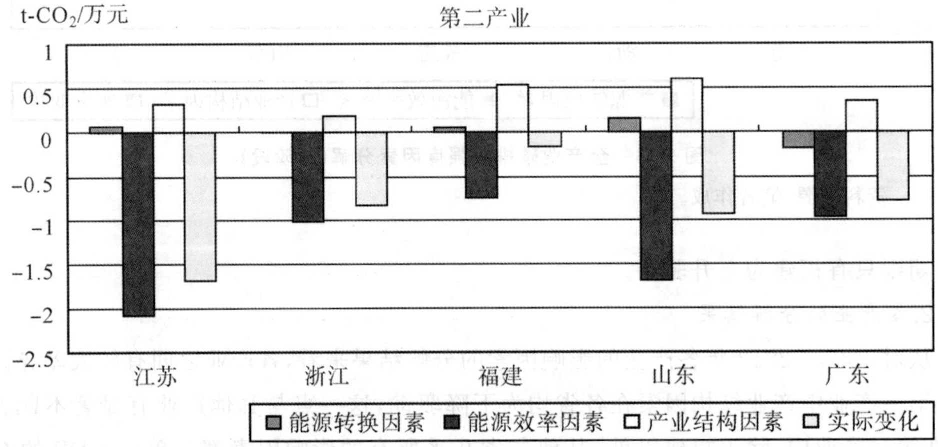

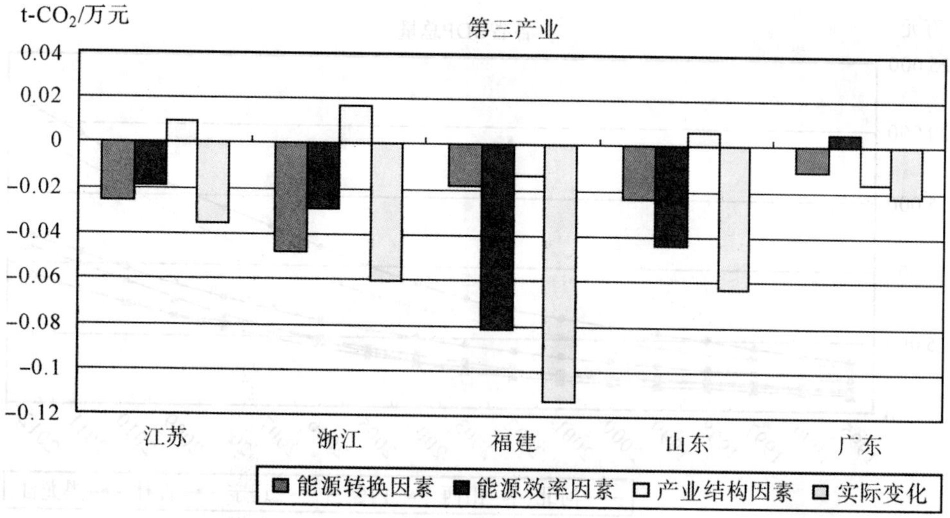

图 5-34　1995—2012 年各产业碳排放强度因素分解

资料来源：笔者作成

第四节　中部北方型地域

中部北方型地域包括我国华北地区的河北、山西和内蒙古以及东北地区的黑龙江、吉林、辽宁等省区。本类型区是我国重要的化石能源基地，产业结构也以能源密集型的重型产业为主，因此造成本区的高碳低效特征。

一、中部北方型地域的特征比较

（一）经济发展水平和能源利用效率的比较

1.GDP 及变化特征

如图 5-35 所示，从 GDP 总量的变化情况来看，各省区都是逐年递增的，其中河北和辽宁两省规模较大，2012 年在 2 万亿元上下（按 2005 年价格计算，下同），其他四省规模相差不大，在 1 万亿元上下，内蒙古和黑龙江稍高，吉林和山西稍低。

从人均 GDP 来看，各省区同样也是逐年递增的，但由于增加率的不同，末期与初期的位次有所变化，特别是内蒙古的人均 GDP 增速较快，2009 年开始已超过辽宁，居本区首位。2012 年内蒙古和辽宁的人均 GDP 分别达 4.5 万元和 4.3 万元，属本区第一梯队，而其他四省在 3 万元上下，最低的山西省为 2.5 万元。

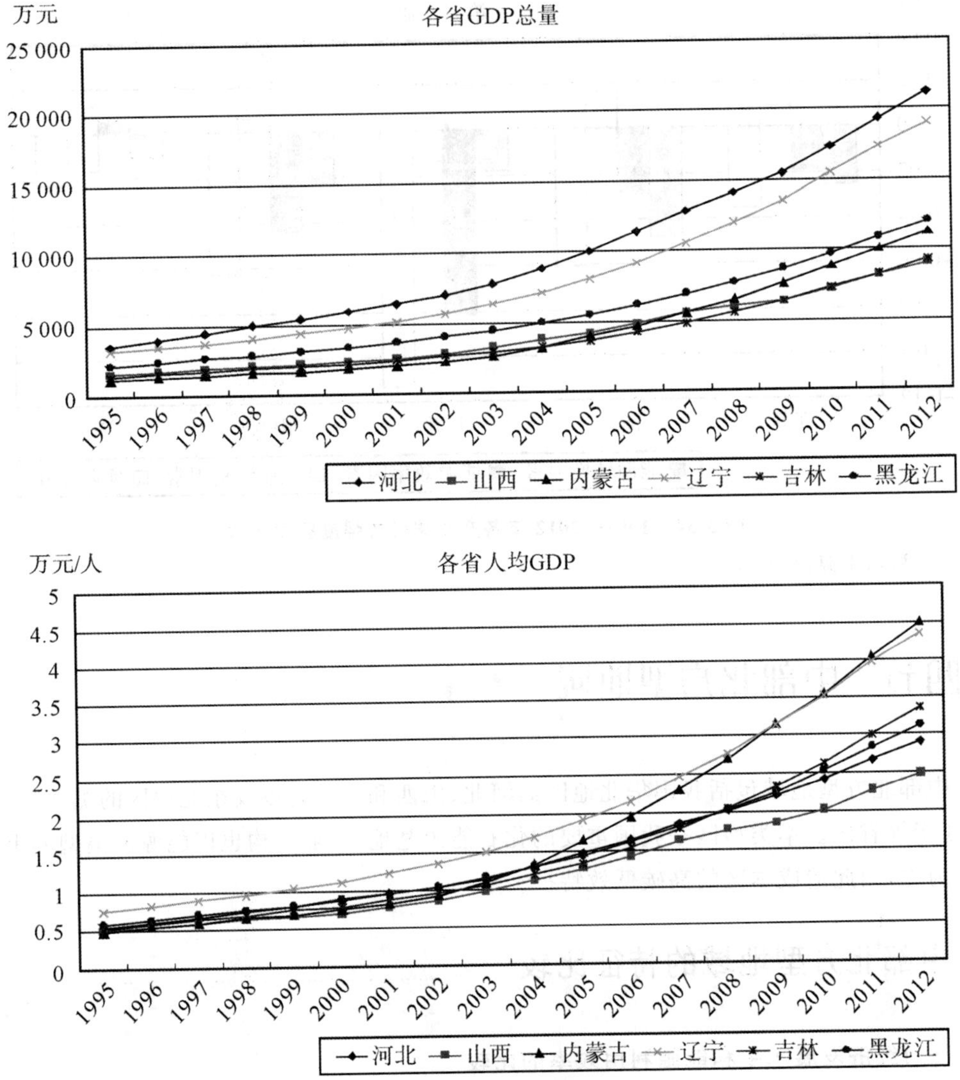

图 5-35 中部北方型地域 GDP 总量和人均的变化比较

资料来源:根据《中国统计年鉴》各年版资料作成,统一换算为2005年价格。

各省的产业结构(图5-36)均以第二产业最为突出,2012年均在50%以上,山西更将近60%;第三产业相对较低,最高的辽宁为36.7%,其他各省区在35%上下,相对比较均衡;第一产业以黑龙江比重最高,达13.5%,其次是吉林的12.1%与河北的11.9%,其他三省区在10%以下,其中山西最低为5.7%。

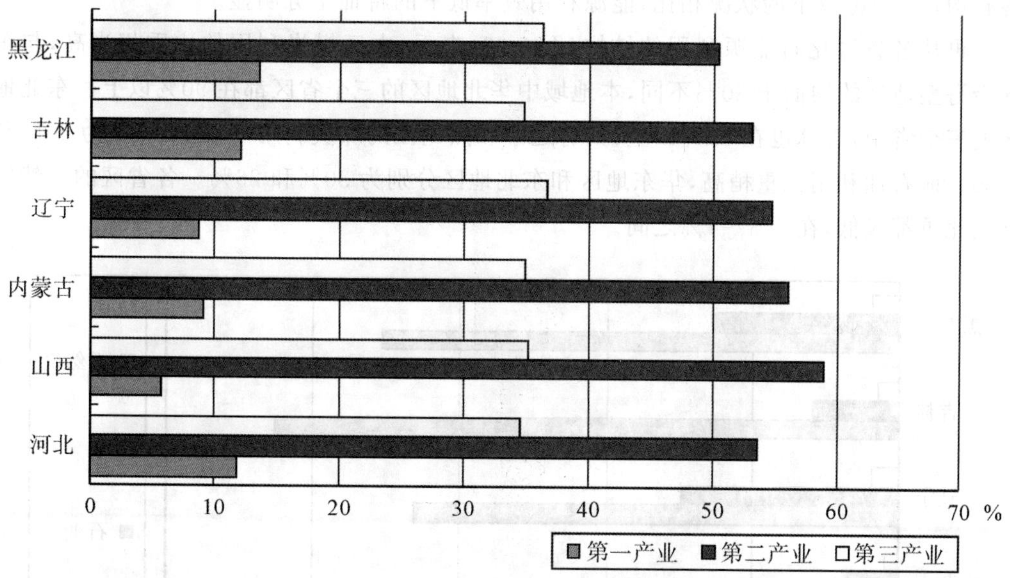

图 5-36　中部北方型地域产业结构比较(2012 年)

资料来源：根据《中国统计年鉴》(2013)，统一换算为 2012 年价格。

2.能源利用及变化特征

从图 5-37 表示的中部北方型地域能源利用效率及其变化的比较情况来看，本区 GDP 的能源消费量虽然也呈下降态势，且下降率在全国名列前茅，如吉林、黑龙江、山西

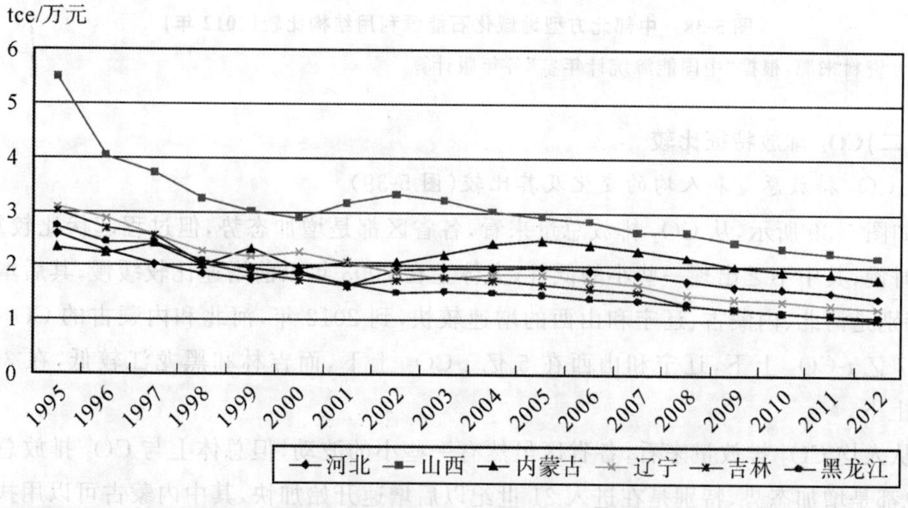

图 5-37　中部北方型地域能源利用效率及其变化的比较

资料来源：根据《中国统计年鉴》各年版，《中国能源统计年鉴》各年版资料作成，GDP 统一换算为 2005 年价格。

和辽宁的下降幅度在全国分列第一、第四、第五和第六位，但由于原先的效率差，因此到 2012 年能源消费强度仍然处在全国的较高水平，最低的吉林也在 1 tce/以上，与前述两区

各省均在 1 tce/以下的状况相比，能源利用效率低下的特征十分明显。

再从各省区化石能源利用的结构(图 5-38)来看，本区煤炭利用的比重相当高，与东部沿海型地域的均低于 80%不同，本地域中华北地区的三个省区都在 90%以上。东北地区的三个省中，吉林也在 85%以上；只有辽宁和黑龙江的煤炭利用率较低，分别为 66%和 70%。而石油利用比重稍高，华东地区和东北地区分别为 30%和 26%。各省区的天然气利用比重都极低，在 2%～4%之间。

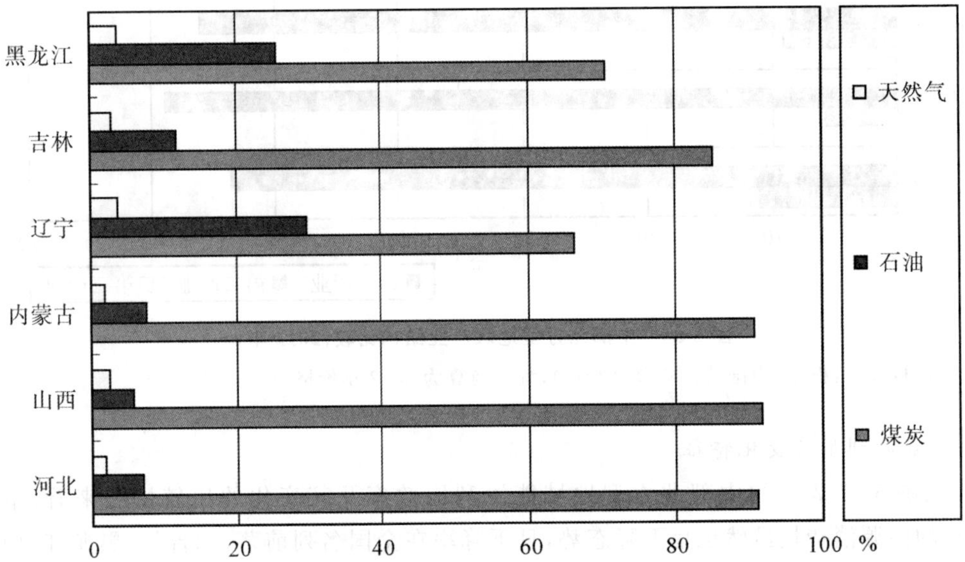

图 5-38　中部北方型地域化石能源利用结构比较(2012 年)

资料来源：根据"中国能源统计年鉴"各年版计算

(二)CO_2 排放特征比较

1.CO_2 排放总量和人均的变化及其比较(图 5-39)

如图 5-39 所示，从 CO_2 排放总量来看，各省区都是增加态势，但过程起伏比较复杂，时快时慢，其中不乏出现一些小的低谷，大体上在 2003 年以前增速比较缓慢，其后增速加快，特别是河北、内蒙古、辽宁和山西的增速较快，到 2012 年，河北和内蒙古的 CO_2 排放量在 7 亿 t-CO_2 上下，辽宁和山西在 5 亿 t-CO_2 上下，而吉林和黑龙江较低，在 3 亿 t-CO_2 上下。

从人均 CO_2 排放量来看，各省区虽然有一些小的波动，但总体上与 CO_2 排放总量一样，也都是增加态势，特别是在进入 21 世纪以后增速开始加快，其中内蒙古可以用扶摇直上来形容。到 2012 年，人均排放最多的是内蒙古，已超过 20 t-CO_2；其次是山西、辽宁和河北，也已达到 10 t-CO_2 以上，只有吉林和黑龙江在 10 t-CO_2 以下。

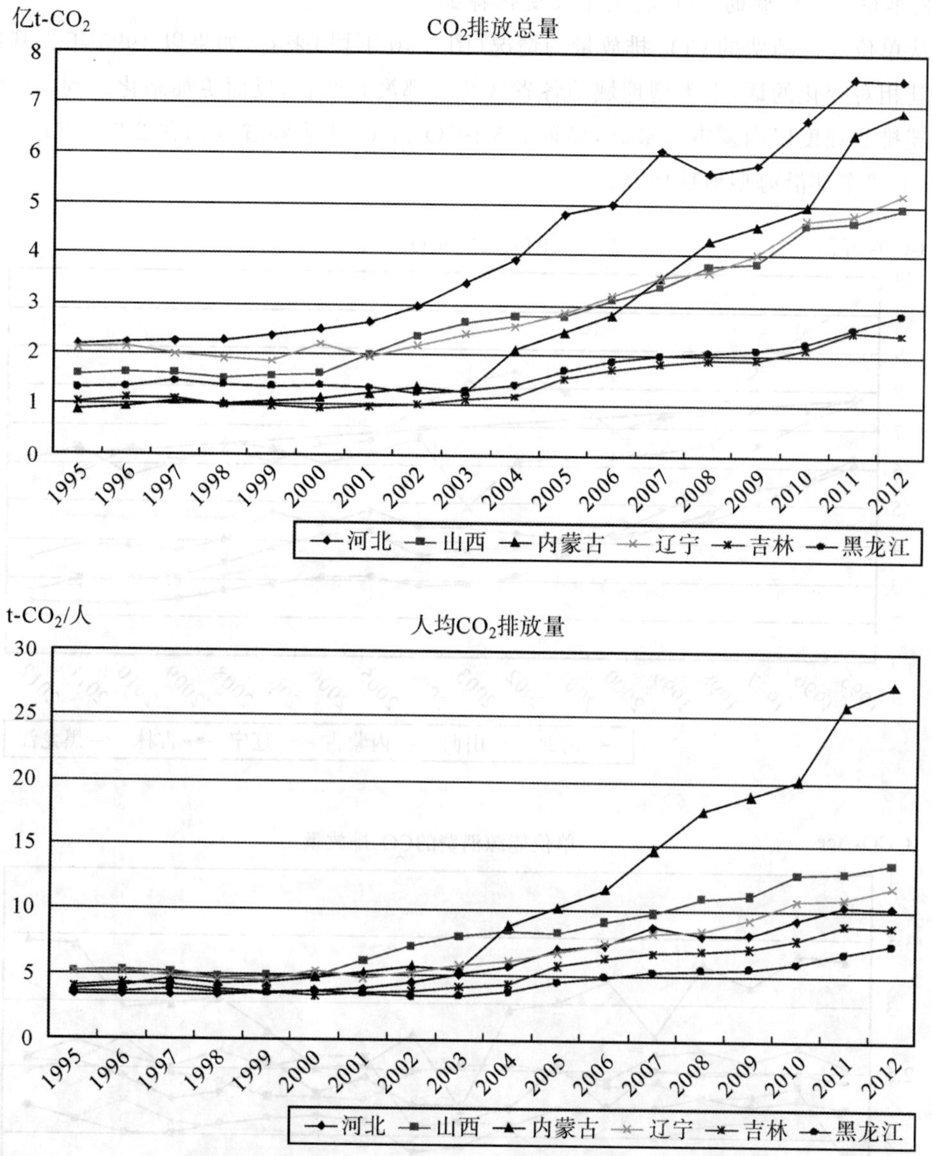

图 5-39　中部北方型地域 CO_2 排放量的变化及其比较

资料来源:根据《中国能源统计年鉴》各年版数据由笔者推算、作成。

2.单位 GDP 的 CO_2 排放量及变化特征

从图 5-40 上段可看出,1995—2012 年,各省区单位 GDP 的 CO_2 排放量都是下降的,但并不稳定,大的反复出现在 2000—2005 年,在此之前和之后的下降都相对稳定。到 2012 年,CO_2 排放强度较高的是内蒙古和山西,分别达 6.12 t-CO_2/万元和 5.51 t-CO_2/万元,二者经历过 21 世纪初的较大起伏后进入相对稳定期,但内蒙古下降相对较缓,已超过初期最高的山西;居中的是河北,为 3.53 t-CO_2/万元;东北三省较低,在 3 t-CO_2/万元以下。

3.单位能源消费的 CO_2 排放量及变化特征

从单位能源消费的 CO_2 排放量的情况(图 5-40 下段)来看,如果以 1995 年为基准来观察其相对变化的话,本类型地域的各省区几乎都没有改善,反而更加恶化。到 2012 年,能源碳排放强度以内蒙古为最高,接近 3.5 t-CO_2/tce,其他各省也都在 2.2 t-CO_2/tce 以上,较上述东部沿海型地域要高。

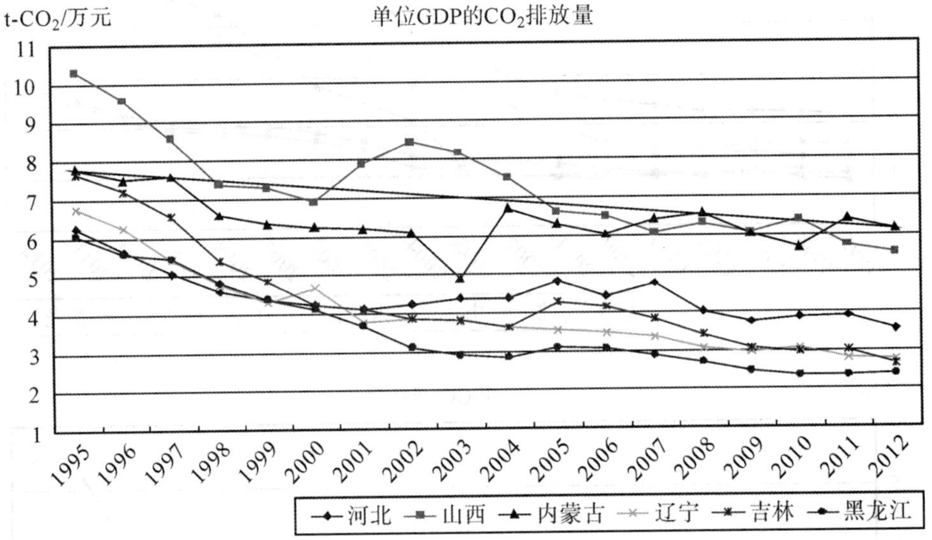

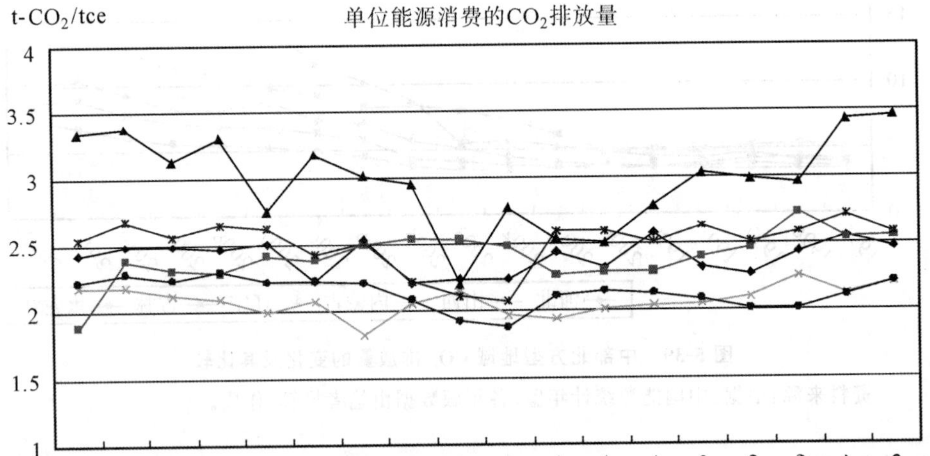

图 5-40 中部北方型地域 CO_2 排放效率的变化及其比较

资料来源:根据《中国统计年鉴》各年版、《中国能源统计年鉴》各年版资料作成,GDP 统一换算为 2005 年价格。

4.CO_2 排放部门结构及变化特征

从 CO_2 排放部门结构（图 5-41）来看，除了河北和辽宁以外，其他省区最大的 CO_2 排放部门是能源转换部门，其中内蒙古十分突出，比重高达 65%，其次是山西，也达到 50% 以上，吉林和黑龙江也都在 44%以上，只有河北和辽宁在 40%以下。第二产业的 CO_2 排放比重以河北为最高，将近 60%，其次是辽宁，将近 50%，而山西和吉林在 40%上下，黑龙江接近 30%，只有内蒙古最低，不及 30%。由此可以看出，本区特别是内蒙古的能源转换基地的作用十分突出。第三产业部门的 CO_2 排放不高，除了黑龙江的 15%之外，其他都在 10%左右或以下。至于生活部门和第一产业部门的 CO_2 排放比重就更低了，大都在 6%以下。

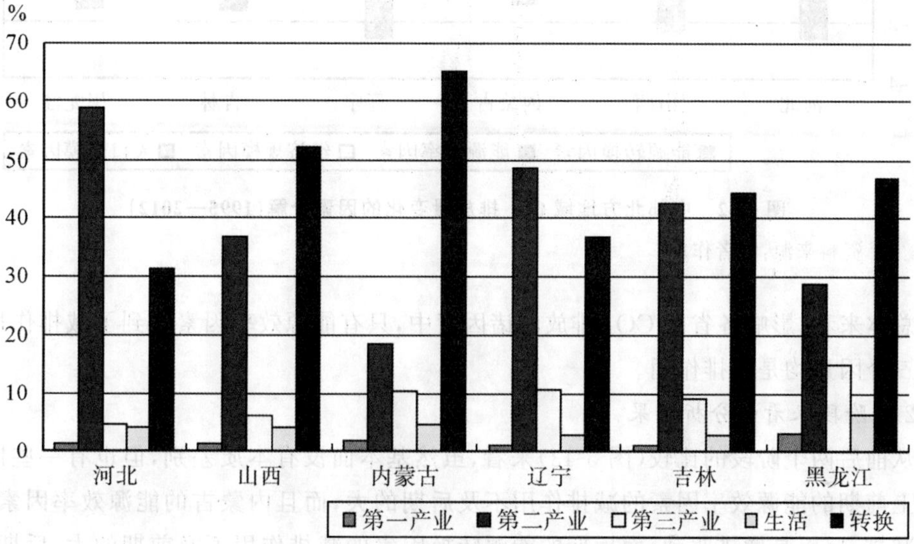

图 5-41　中部北方型地域 CO_2 排放的部门结构比较（2012 年）

资料来源：根据《中国能源统计年鉴》各年版数据由笔者推算、作成。

二、中部北方型地域低碳经济发展影响因素的比较分析

（一）CO_2 排放总量变化的影响因素

1.从整个期间来看的分析结果

如图 5-42 所示，各省区的经济规模因素都是增排因素，而且是最大的影响因素，其中驱动力较大的是河北和内蒙古，增排在 6 亿 t-CO_2 以上，驱动力较小的是吉林和黑龙江，增排量在 3 亿 t-CO_2 以下，而山西和辽宁在 4.6 亿～5.3 亿 t-CO_2 之间；各省区的能源效率因素均为减排因素，辽宁、河北和山西的减排量在 2 亿 t-CO_2 以上，其他三省区在 1.3 亿～1.6 亿 t-CO_2 之间；各省区的人口规模因素虽然也都是增排因素，但驱动力不大，最大的河北为 0.55 亿 t-CO_2，最小的黑龙江只有 0.05 亿 t-CO_2；与前述各地域不同的是，本

地域各省区的能源转换因素均为增排因素，且其增排驱动力大都超过了人口规模，说明本类型区的能源转换没有取得什么实质成效。

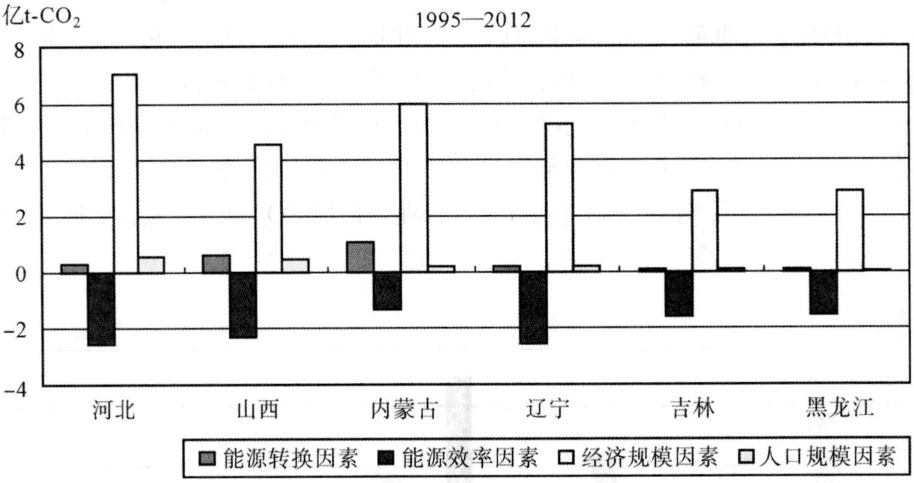

图 5-42　中部北方地域 CO_2 排放量变化的因素分解(1995—2012)

资料来源：笔者作成。

总体来看，影响各省区 CO_2 排放的诸因素中，只有能源效率因素起到了减排作用，而其他三个因素均是增排作用。

2.分阶段来看的分析结果

从前后两个阶段的比较(图 5-43)来看，虽然基本面没有本质差别，但也有一些区别。大体上前期的能源效率因素的减排作用不及后期的大，而且内蒙古的能源效率因素不仅没有减排，反而是增排驱动；而后期的能源转换因素的减排作用不及前期的大，后期基本上都是起增排作用，而前期则有三个省区是减排驱动。

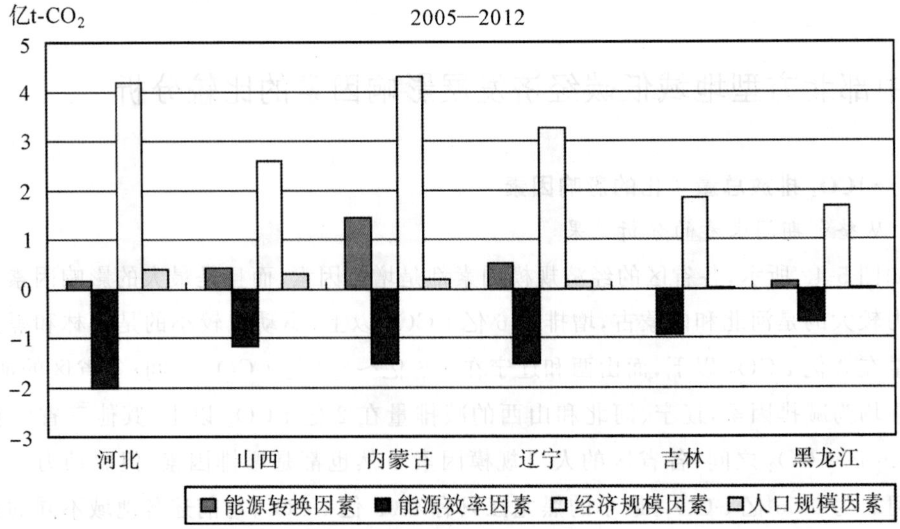

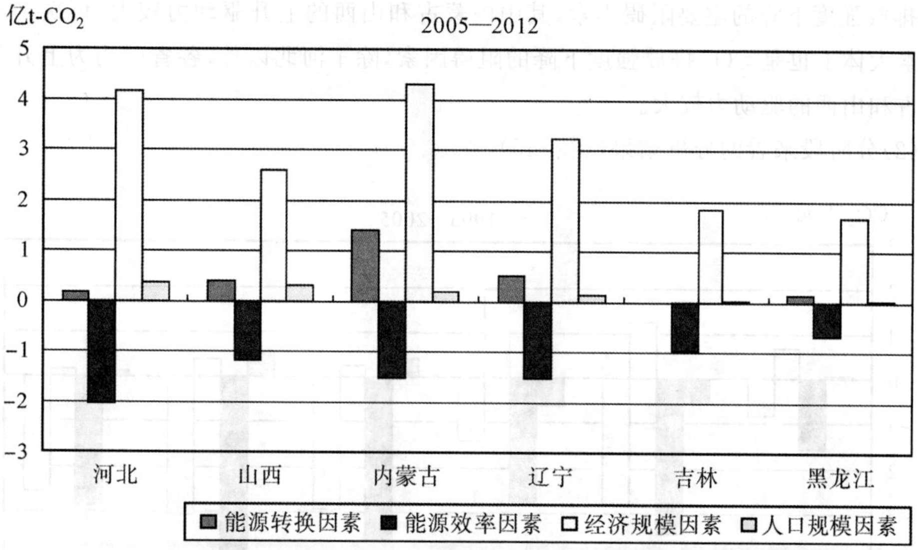

图 5-43　中部北方地域 CO_2 排放量变化的因素分解(分阶段)

资料来源:笔者作成。

(二)CO_2 排放强度的因素分解

1.全产业的分析结果

(1)整个期间来看的分析结果(图 5-44)

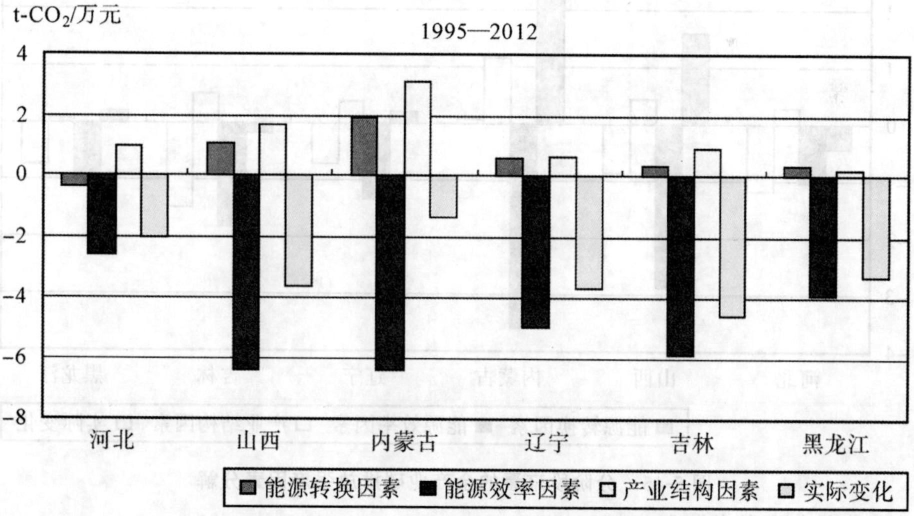

图 5-44　1995—2012 年全产业碳排放强度因素分解

资料来源:笔者作成。

首先,能源效率因素是 CO_2 排放强度下降的主要推动因素,这一点各省都是共通的,其中山西、内蒙古和吉林的减排驱动力在 6 t-CO_2/万元上下,黑龙江和辽宁在 4～5 t-CO_2/万元之间,只有河北较低,减排驱动力为 2.6 t-CO_2/万元;其次,产业结构因素是

CO_2 排放强度下降的主要阻碍因素，其中内蒙古和山西的上升驱动力较大；再次，能源转换因素大体上也是 CO_2 排放强度下降的阻碍因素，除了河北以外，各省区均为上升驱动，内蒙古和山西的驱动力较大。

(2)分阶段来看的分析结果(图 5-45)

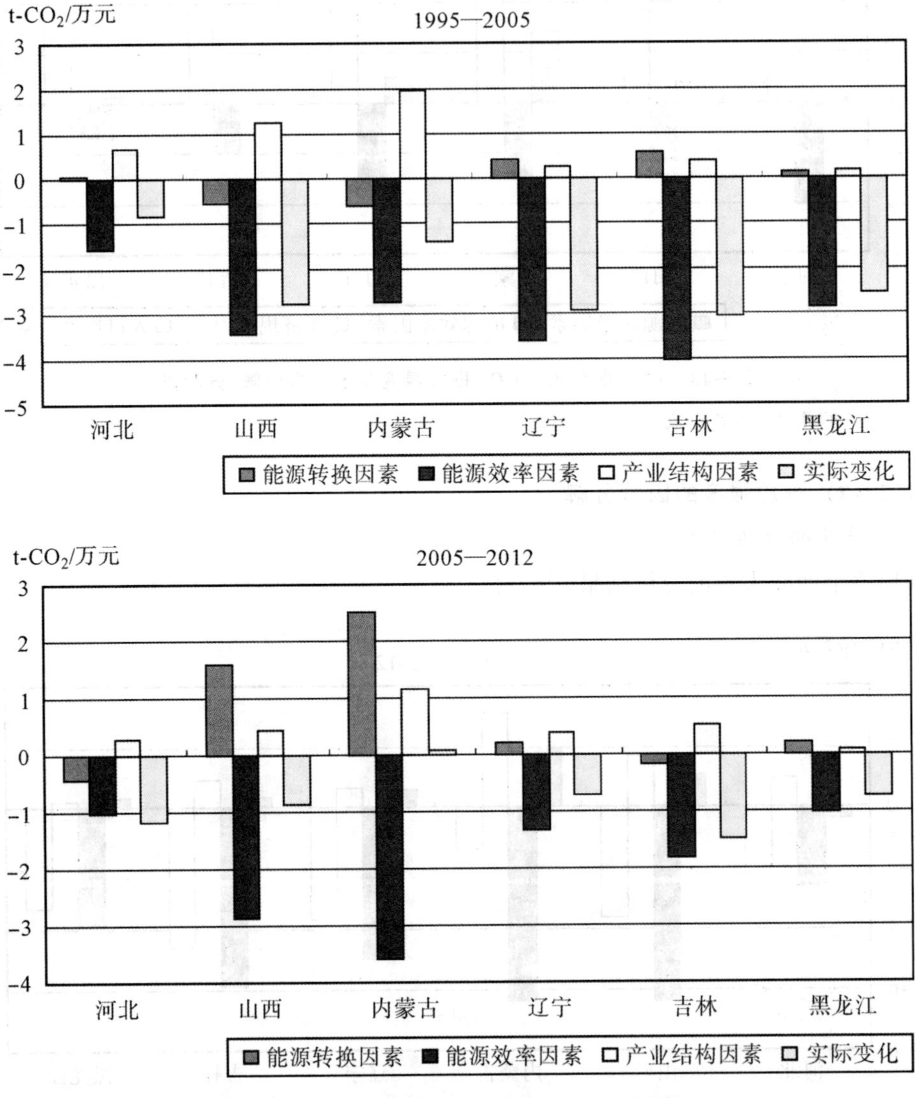

图 5-45 分阶段来看的全产业碳排放强度因素分解

资料来源：笔者作成。

前后期比较，能源效率因素和产业结构因素没有太大的本质变化，但能源转换因素变化甚巨。如内蒙古和山西在前期的能源转换因素是 CO_2 排放强度的下降因素，而后期则逆转为上升因素，而且驱动力较大，说明其能源转换不仅没有取得成效，反而有恶化趋势；河北和吉林在前期的能源转换因素为 CO_2 排放强度的上升因素，而后期则逆转为下降因素，说明能源转换有所改善；只有辽宁和黑龙江的能源转换因素的驱动方向没有变化，前后期都是上升驱动。

2.各产业的分解结果

从图 5-46 来看，第一产业中除了内蒙古以外，其他各省的所有影响因素都是 CO_2 排放强度下降的因素，其中山西的驱动力较大，其次为黑龙江；而内蒙古只有产业结果因素与各省一样是下降驱动，而能源效率因素和能源转换因素则是上升驱动。

第二产业与第一产业相比，所有省区的能源转换因素都是下降驱动，所有省区的产业结构因素都是上升驱动；另外，除了河北以外所有省区的能源转换因素都是上升驱动，说明第二产业的能源转换不及第一产业；从驱动力的大小来看，各省区中内蒙古和山西的驱动力较大。

第三产业情况稍显复杂。山西、内蒙古和辽宁的能源转换因素和产业结构因素是下降因素，而能源效率因素是上升因素；河北和吉林的能源转换因素和能源效率因素是下降因素，而产业结构因素是上升因素；黑龙江则只有能源效率因素是下降因素，而能源转换

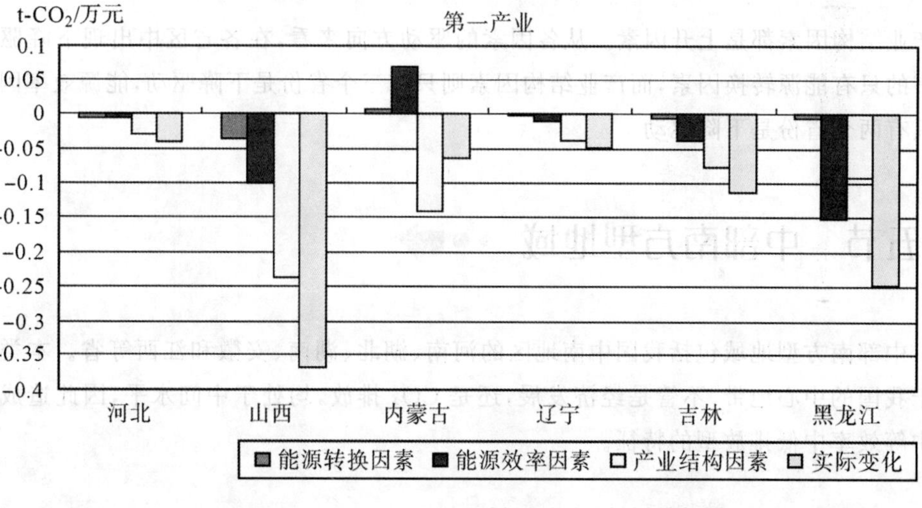

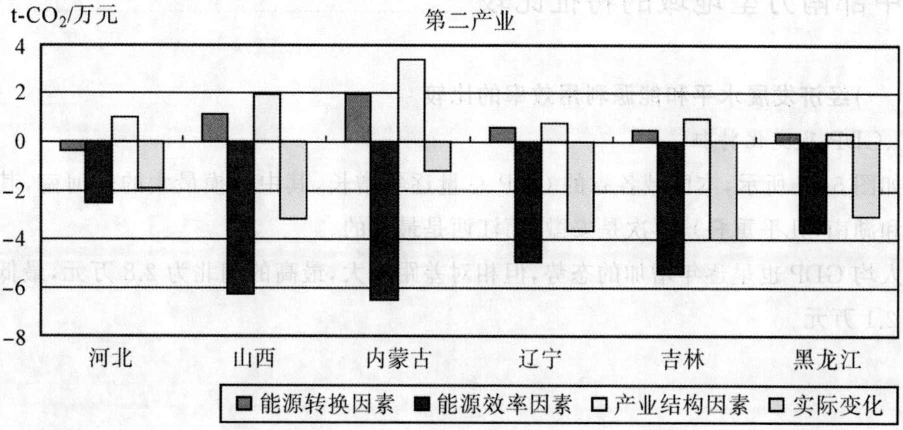

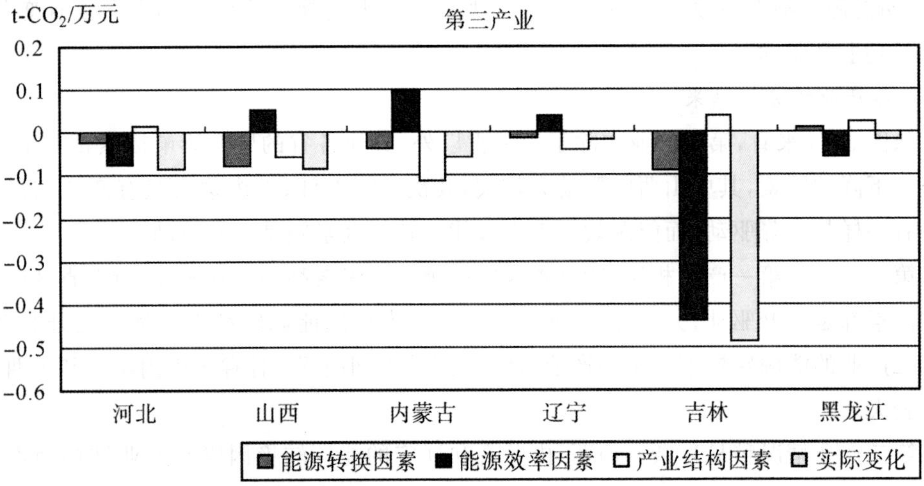

图 5-46　1995—2012 年各产业碳排放强度因素分解

资料来源：笔者作成。

和产业结构因素都是上升因素。从各因素的驱动方向来看，在各省区中出现下降驱动比较多的只有能源转换因素，而产业结构因素则只有三个省份是下降驱动，能源效率因素更是只有两个省份是下降驱动。

第五节　中部南方型地域

中部南方型地域包括我国中南地区的河南、湖北、湖南、安徽和江西等省。本类型区位于我国的中心地带，不管是经济发展，还是 CO_2 排放，均处于中间水平，因此造成本区的中等效率中低排放型的特征。

一、中部南方型地域的特征比较

(一)经济发展水平和能源利用效率的比较

1.GDP 及变化特征

如图 5-47 所示，本区域各省的 GDP 总量逐年增长，其中规模最大的是河南，其次是湖北和湖南(几乎重叠)，再次是安徽，而江西是最低的。

人均 GDP 也呈逐年增加的态势，但相对差距不大，最高的湖北为 2.8 万元，最低的江西为 2.1 万元。

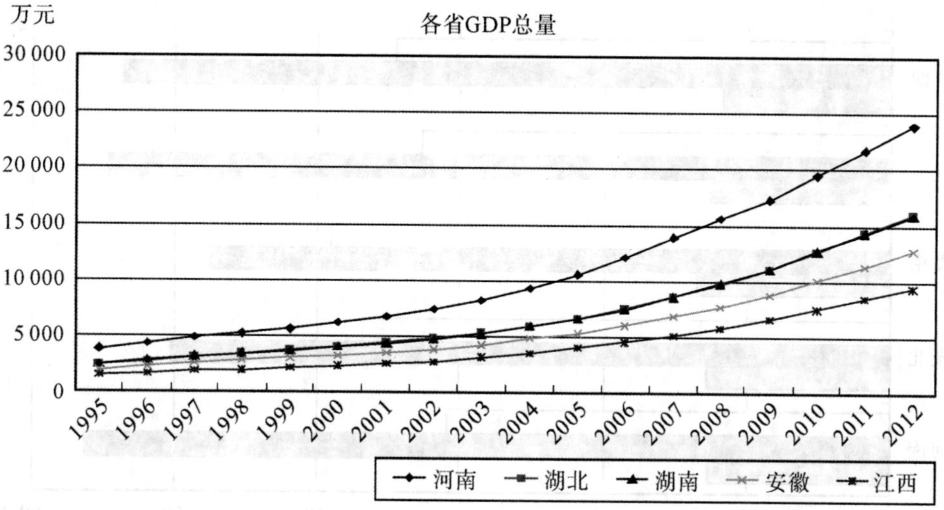

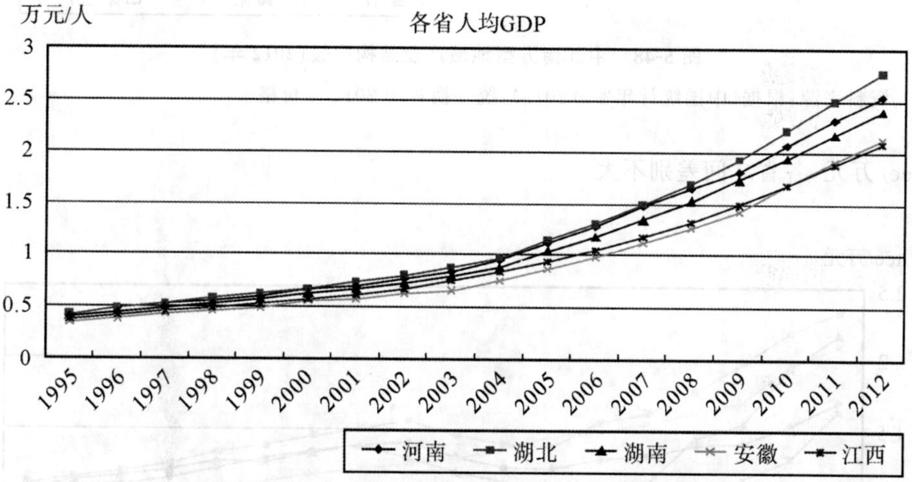

图 5-47　中部南方型地域 GDP 总量和人均的变化比较

资料来源:根据《中国统计年鉴》各年版资料作成,统一换算为 2005 年价格。

如图 5-48 所示,从 2012 年的产业结构状况来看,各省同样以第二产业为第一大产业,大约占全部产业的50%,最高的河南为 56.3%,最低的湖南为 47.5%;第三产业为第二大产业,占全部产业的30%～40%;农业比重相对于其他类型区较高,在 12%～14%之间,各省差别不大。

2.能源利用及变化特征

单位 GDP 的能源消费(能源强度)的变化(图 5-49)总体上是下降的,但多数省份于 2001—2004 年曾出现较大反复,以致多数省份 2004 年的能源利用强度又返回到了 2001 年的水平;之前和之后的时期内,单位能源消费的 GDP 产出都是逐步下降的。到末期的 2012 年,湖北、湖南与河南为 1～1.1 tce/万元;安徽稍低,为 0.9 tce/万元,江西最低,为

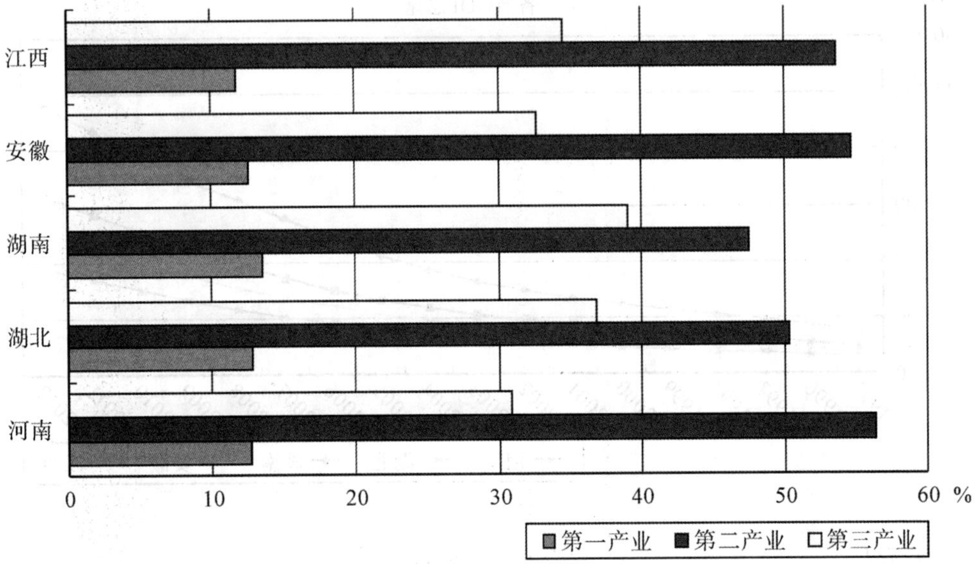

图 5-48 中部南方型地域产业结构比较(2012 年)

资料来源:根据《中国统计年鉴》(2013),统一换算为 2012 年价格。

0.8 tce/万元,各省之间差别不大。

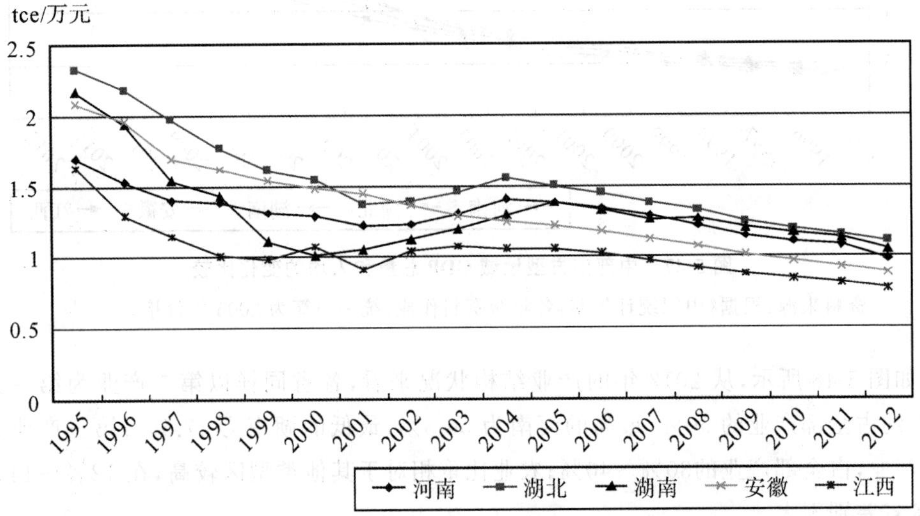

图 5-49 中部南方型地域能源利用效率及其变化的比较

资料来源:根据《中国统计年鉴》各年版、《中国能源统计年鉴》各年版资料作成,GDP 统一换算为 2005 年价格。

在化石能源利用的结构（图 5-50）中，各省区煤炭利用比重也比较大，都在 80%～85%之间，而石油利用比重则在 11%～18%之间。

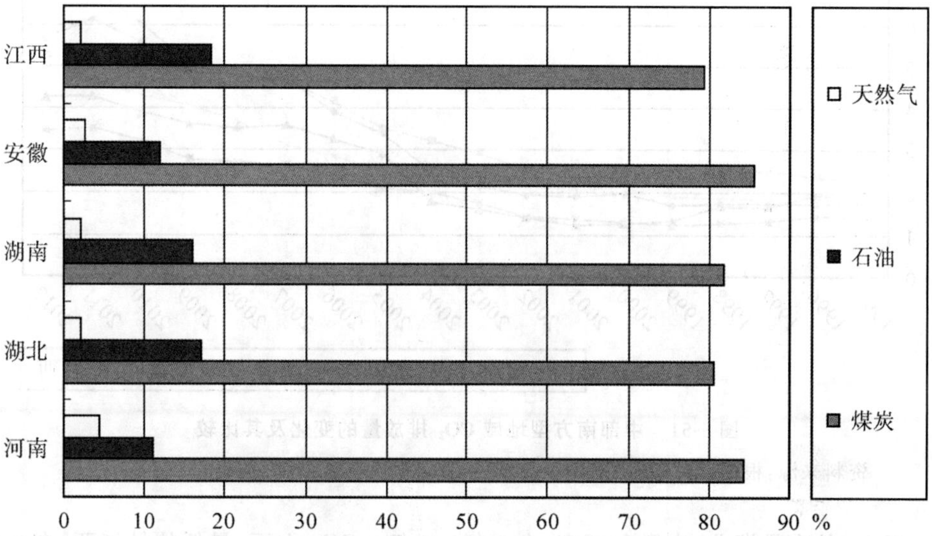

图 5-50 中部南方型地域化石能源利用结构比较（2012 年）

资料来源：根据中国能源统计年鉴各年版计算。

（二）CO_2 排放特征比较

1.CO_2 排放总量和人均的变化及其比较

如图 5-51 所示，CO_2 排放总量的变化从总体上与前述各类型区大致相同，都呈增长的趋势；但稍有不同的是，在本世纪初的“十一五”期间本区没有出现明显的起伏，而是从 2003 年以后增长速度明显加快，2011 年以来多数省份出现总量下降或增速减缓的趋势，是否到达或接近峰值，还需后续观察。到 2012 年，本区 CO_2 排放最多的是河南，在 5 亿

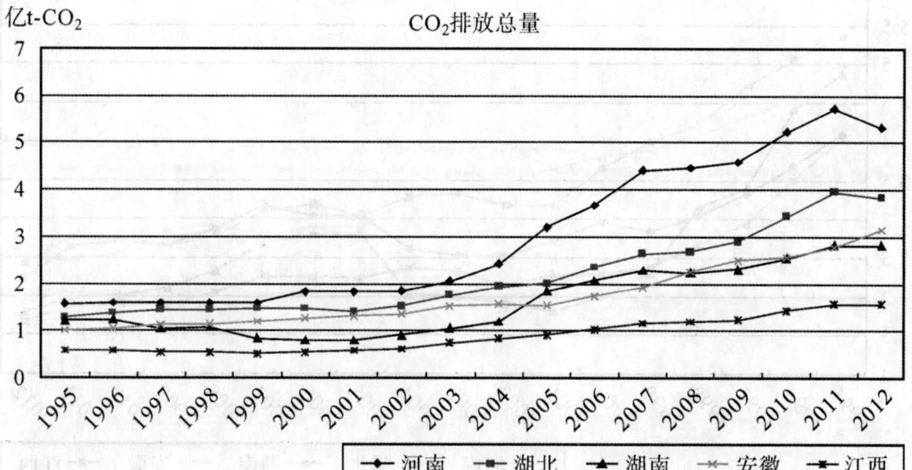

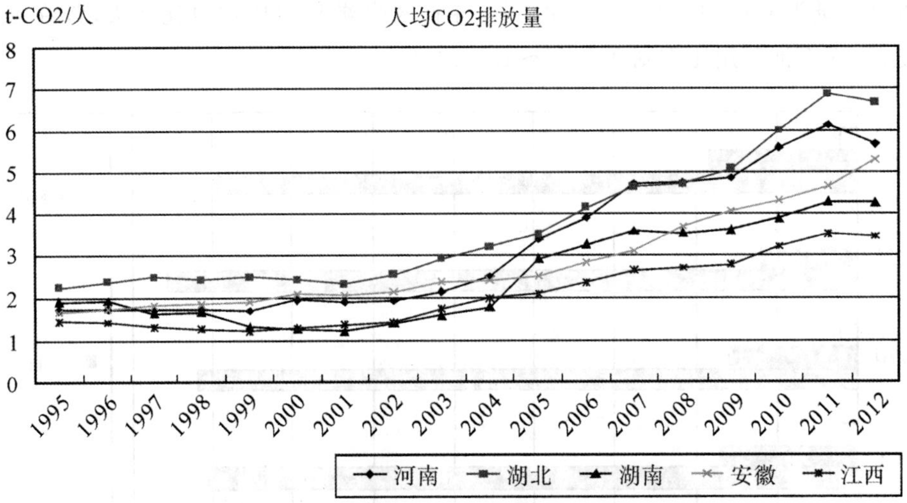

图 5-51 中部南方型地域 CO_2 排放量的变化及其比较

资料来源：根据《中国能源统计年鉴》各年版数据由笔者推算、作成。

t-CO_2 以上；其次是湖北、安徽和湖南，在 3 亿～4 亿 t-CO_2 上下；最低的是江西，在 2 亿 t-CO_2 以下。

从人均 CO_2 排放量来看，总的情况与 CO_2 排放总量相似，与其他类型区相比属于中等水平。2012 年人均排放最高的是湖北，为 6.6t-CO_2/人；河南和安徽在 5～6 t-CO_2/人之间；湖南较低，为 4.3 t-CO_2/人；江西最低，为 3.5 t-CO_2/人。

2.单位 GDP 的 CO_2 排放量及变化特征

如图 5-52 所示，各省单位 GDP 的 CO_2 排放量均有较大幅度的下降，但都在 20 世纪初期出现过起伏，只是起伏的程度和时期略有差别。起伏幅度最小的是安徽和江西，起伏

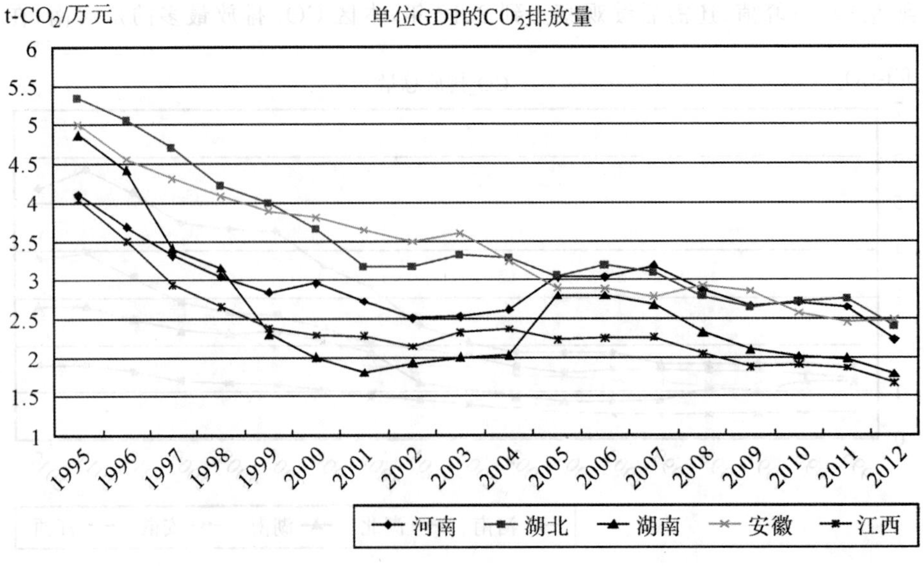

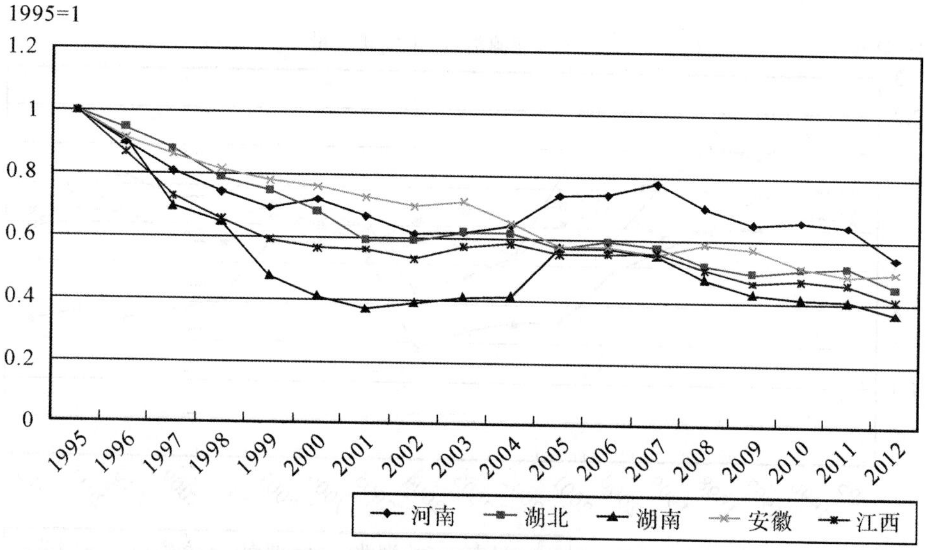

图 5-52　中部南方型地域 CO_2 排放效率的变化及其比较

资料来源：根据《中国统计年鉴》各年版、《中国能源统计年鉴》各年版资料作成，GDP 统一换算为 2005 年价格。

时间短，也不太明显，基本上是平稳下降的；其次是湖北，起伏程度也比较小；再次是河南，起伏时间长，以致到 2008 年的 CO_2 排放强度仍然高于 1999 年的水平；起伏程度最大的是湖南，2001 年曾降到谷底的 1.8 t-CO_2/万元，但其后连续走高，2006 年后虽又开始下降，但直到 2012 年才降到 2001 年以下的水平。到 2012 年，本类型区的 CO_2 排放强度在 2.5～1.7 t-CO_2/万元之间，在整个类型区中居中下水平，各省的差别也比较小。

再从相对变化值来看，1995 年以来，本类型区的 CO_2 排放强度已经下降了 40%～60%。

3.单位能源消费的 CO_2 排放量及变化特征

从单位能源消费的 CO_2 排放量（图 5-53 上段）来看，各省的变化都很复杂，起伏多变，时高时低。如果以 1995 年为基准来看的话（图 5-53 下段），1995—2012 年，除了安徽以外，其他省份都有所下降，下降幅度最大的是湖南，下降了 25%。

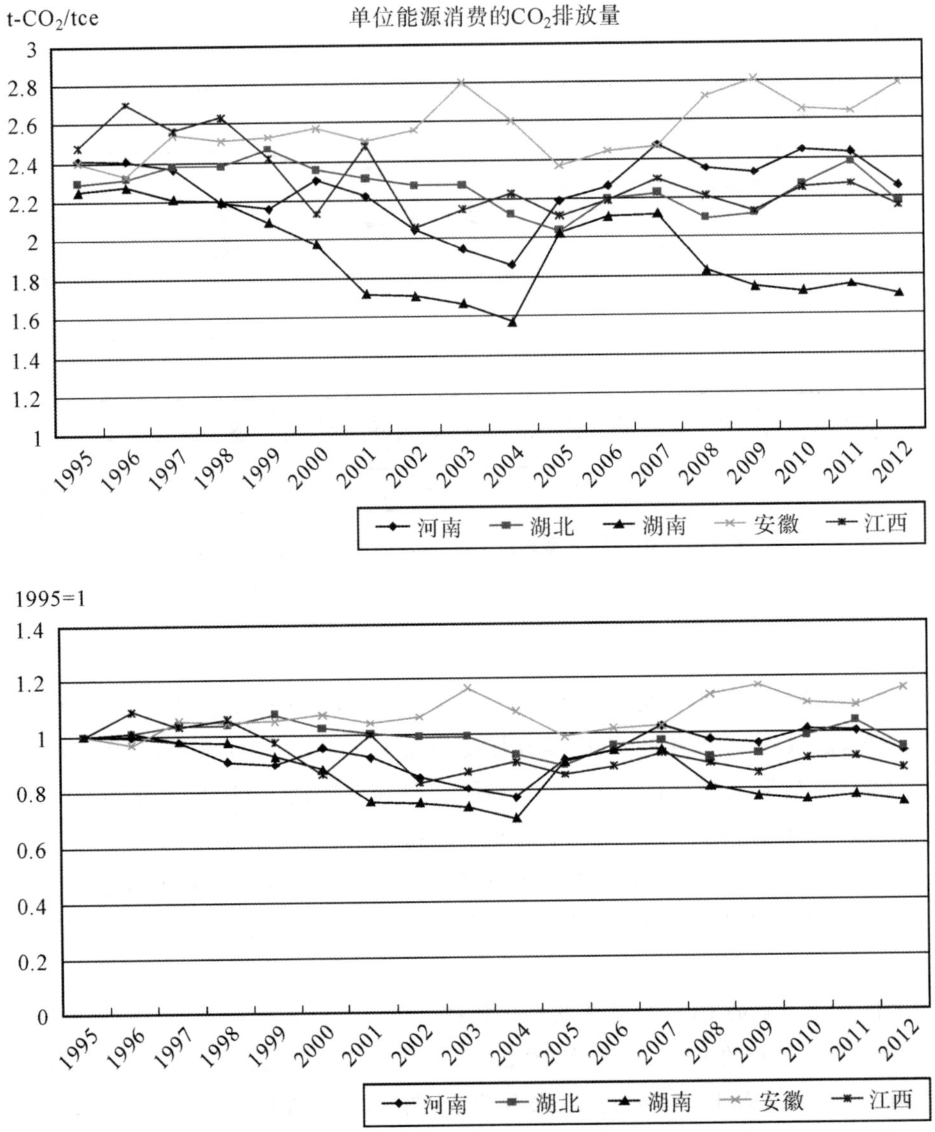

图 5-53 中部南方型地域单位能源消费的 CO_2 排放变化及其比较

资料来源：根据中国统计年鉴、中国能源统计年鉴各年版资料作成，GDP 统一换算为 2005 年价格。

4.CO_2 排放部门结构及变化特征

从 CO_2 排放的部门结构(图 5-54)来看，第二产业和转换部门的排放量比较突出，分居各省的第一、第二位。湖北、湖南和江西的第二产业居第一位，比重都在 50%以上，而转换部门的比重都在 35%以下，最低的湖北只有 21.6%；另一方面，河南和安徽的转换部门的排放比重居首，在 50%上下，而第二产业的比重在 40%上下。第三产业的排放比重在 5%～15%之间，相对较低；生活部门和第一产业的比重更低，都不超过 6%。

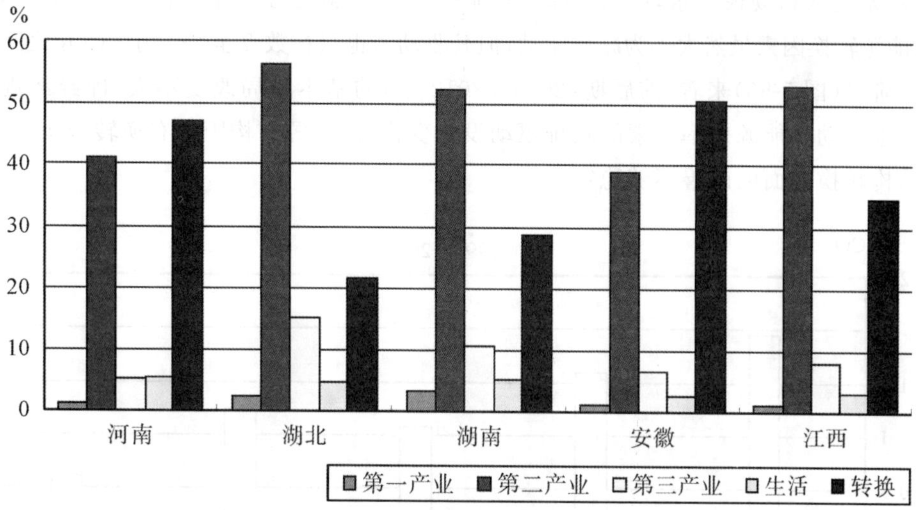

图 5-54　中部南方型地域 CO_2 排放的部门结构比较(2012 年)

资料来源：根据《中国能源统计年鉴》各年版数据由笔者推算、作成。

二、中部南方型地域低碳经济发展影响因素的比较分析

(一)CO_2 排放总量变化的影响因素

从整个期间(图 5-55)来看，各省经济规模因素的 CO_2 排放增加作用都非常突出，最高的河南增排驱动力达 5 亿 t-CO_2 以上，最低的江西也在 1.6 亿 t-CO_2 以上，而能源效率因素则是减排作用比较突出，减排驱动力在 0.6～1.8 t-CO_2 之间；其他两个因素的驱动力

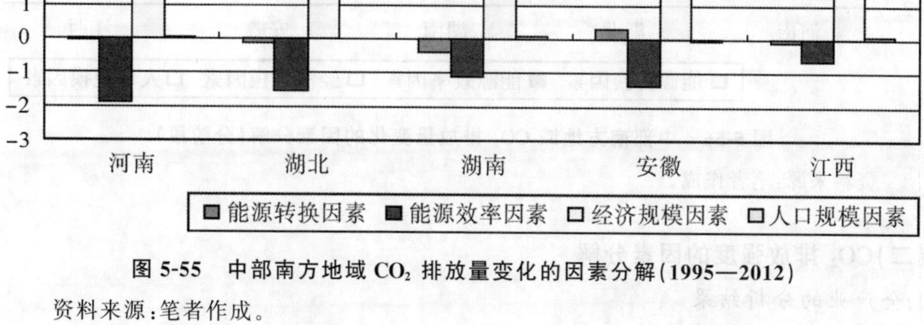

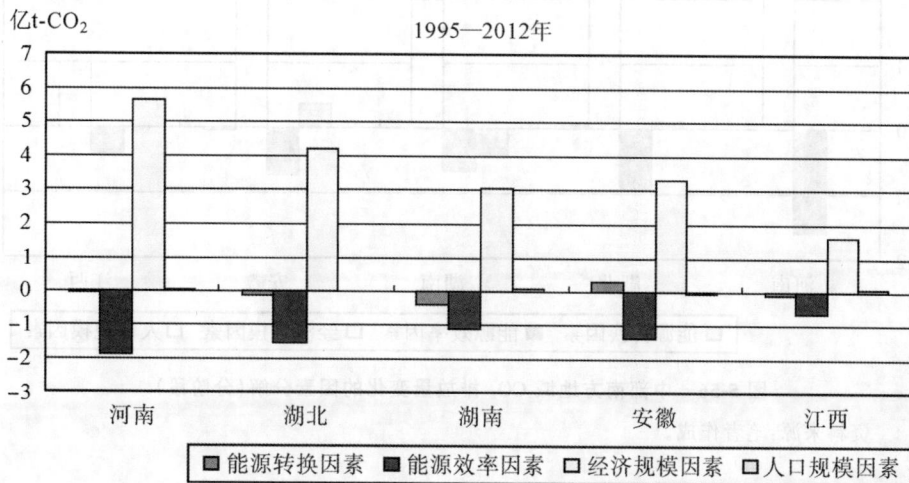

图 5-55　中部南方地域 CO_2 排放量变化的因素分解(1995—2012)

资料来源：笔者作成。

很小，特别是人口规模因素，虽然大都是增排驱动，但其驱动力只有数十至数百万 t-CO_2 之间，而能源转换因素虽然大多为减排驱动，但其驱动力也只在数百至数千万 t-CO_2 之间。

分阶段(图 5-56)来看，前后期(2005—2012 年)的基本格局改变不大，即经济规模因素的增排驱动和能源效率因素的减排驱动没有变化，但能源结构因素有逆转现象，说明在能源结构转换方面的改善不够稳定。

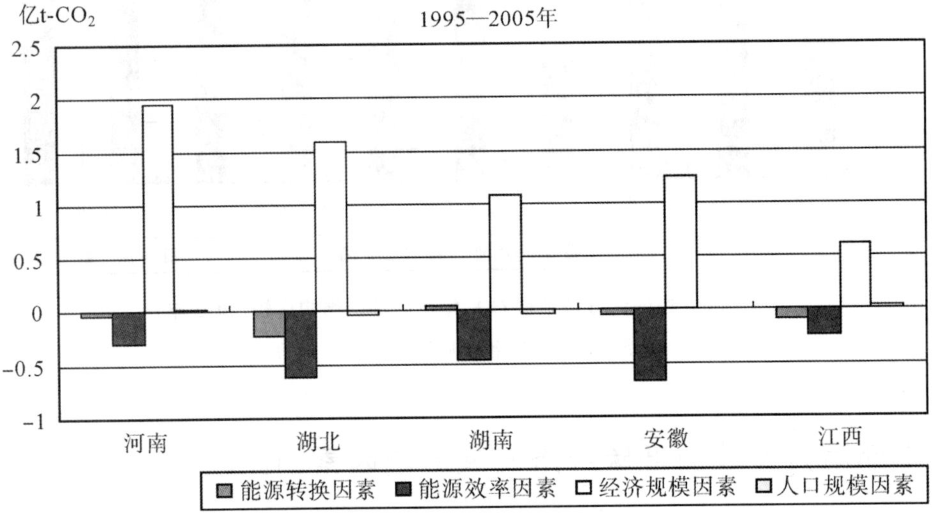

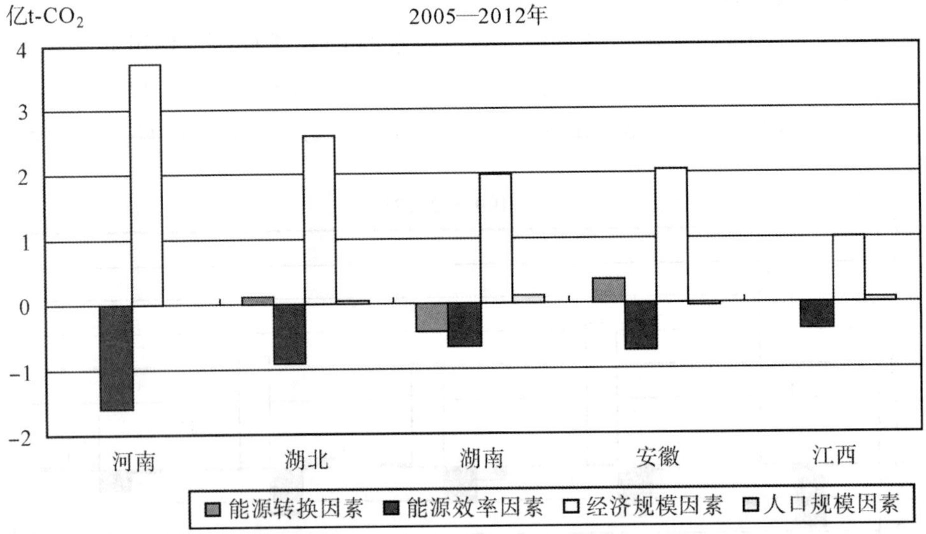

图 5-56 中部南方地域 CO_2 排放量变化的因素分解(分阶段)

资料来源：笔者作成。

(二)CO_2 排放强度的因素分解

1.全产业的分析结果

从整个期间(图 5-57)来看，各省份能源效率因素都是减排驱动，而产业结构因素都是增排驱动，区别只在于驱动力的大小；能源转换因素则呈现出不同的特征，河南、湖北和湖南为减排驱动，而安徽和江西为增排驱动。

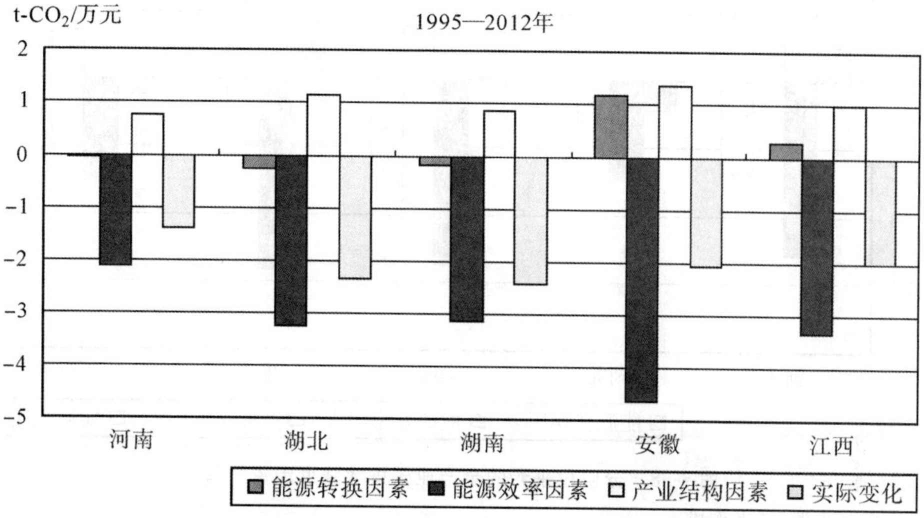

图 5-57　1995—2012 年全产业碳排放量强度因素分解

资料来源：笔者作成。

分阶段（图 5-58）来看，前期和后期的改变也都不大，只有能源转换因素变动频繁，前期的情况和整个时期基本重合，但后期则变成湖北和江西为减排驱动，河南、湖南和安徽为增排驱动。

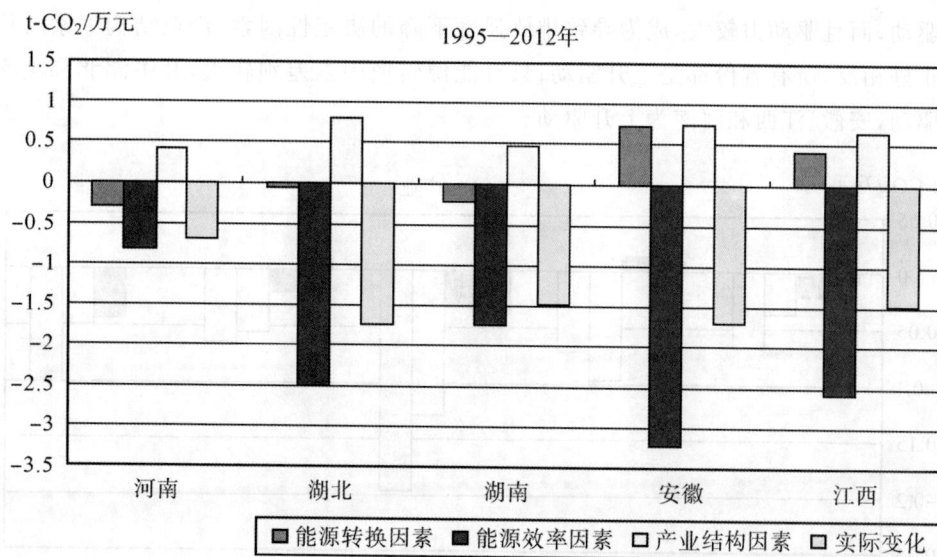

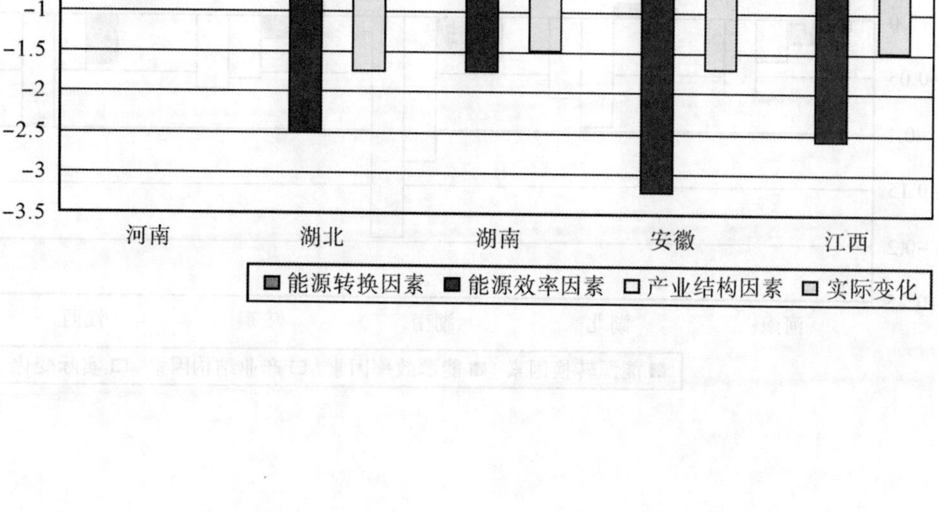

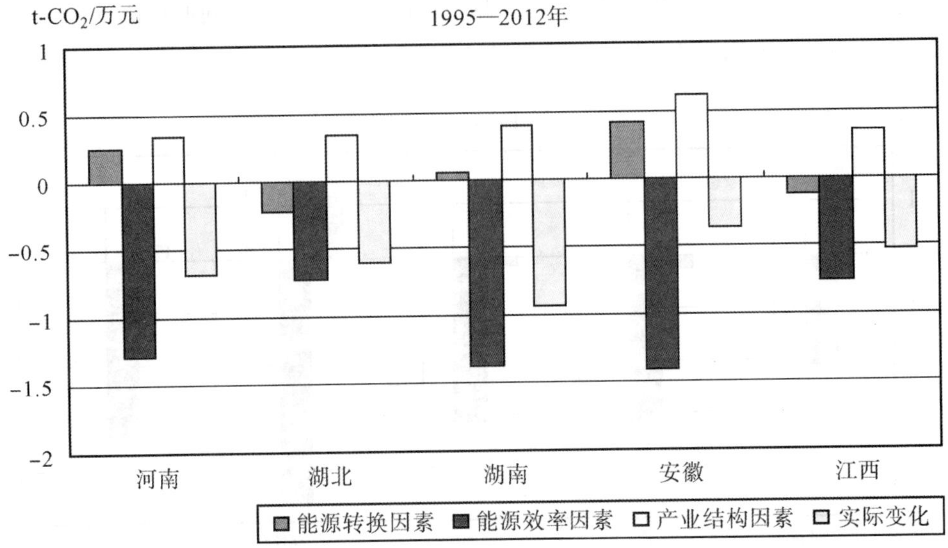

图 5-58 分阶段来看的全产业碳排放强度因素分解

资料来源:笔者作成。

2.各产业的分解结果

如图 5-59 所示,各省第一产业的产业结构因素均为 CO_2 排放强度的下降驱动,能源效率因素除了湖北以外,各省也都是下降驱动,但能源效率因素中只有河南、湖南和江西是下降驱动,湖北和安徽则为上升驱动。

第二产业中能源效率因素的 CO_2 排放强度的下降驱动力比较突出,各省不仅全部是下降驱动,而且驱动力较大,成为导致排放强度下降的决定性因素;产业结构因素与第一产业正好相反,所有省份都是上升驱动;只有能源转换因素差别较大,其中湖北和湖南是下降驱动,安徽、江西和河南为上升驱动。

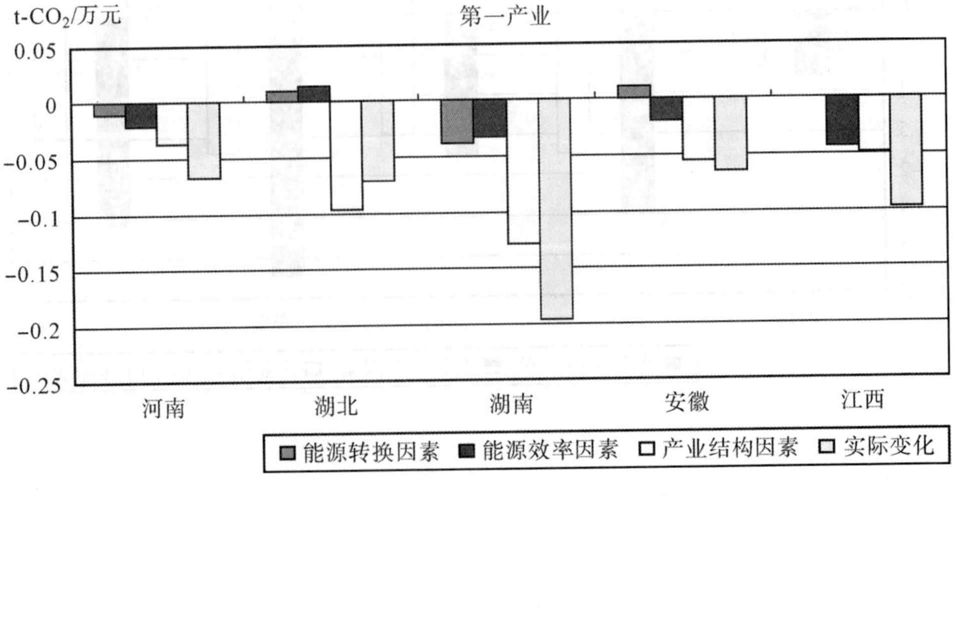

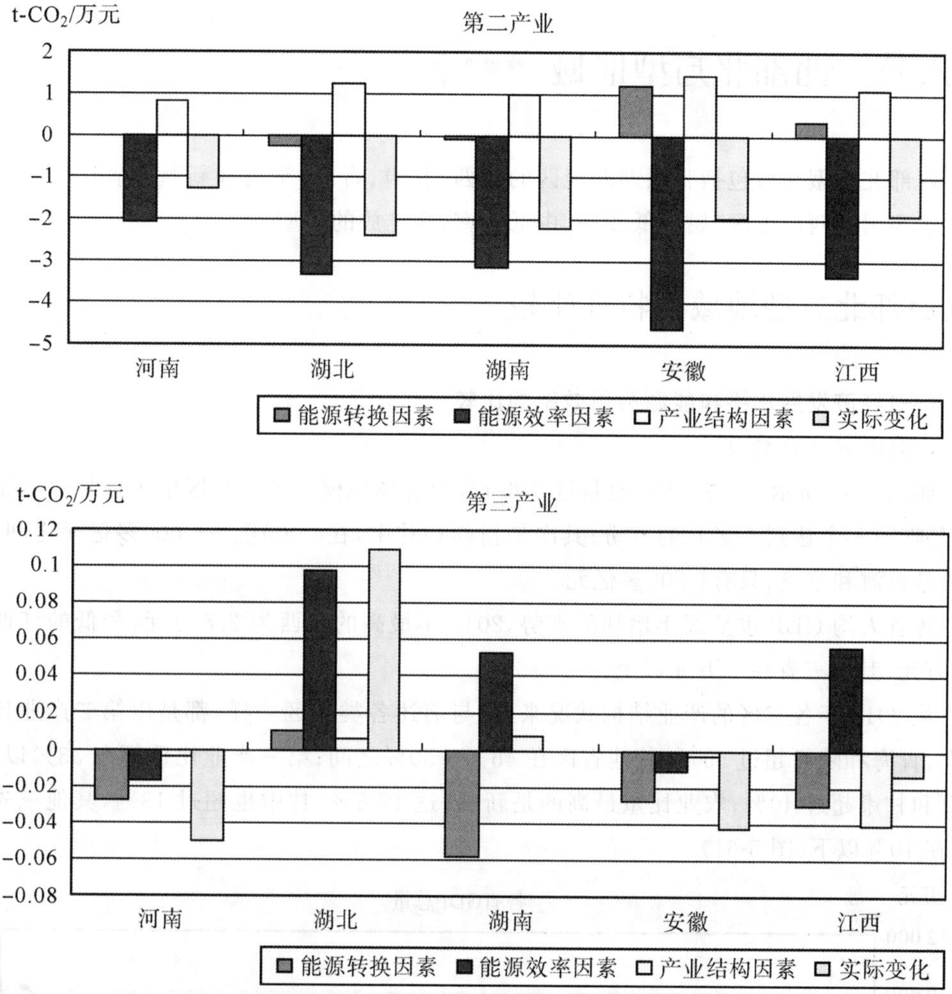

图 5-59　1995—2012 年各产业碳排放强度因素分解

资料来源：笔者作成。

各省第三产业 CO_2 排放强度变化及其影响因素的差别是最大的。首先，排放强度的实际变化中，湖北不仅没有下降，反而上升了 0.11 t-CO_2/万元，湖南也几乎没有下降；其次，能源效率因素只有河南和安徽是下降驱动，湖北、湖南和江西则是上升驱动，特别是湖北的上升驱动力达到 0.1 t-CO_2/万元，成为该省第三产业 CO_2 排放强度上升的主要推手；能源转换因素除了湖北以外，其余各省均为下降驱动，且下降驱动力较大。总体而言，各省第三产业的影响因素中，只有河南和安徽三个因素均为下降驱动，湖北则是三个因素均为上升驱动。

第六节　西部北方型地域

西部北方型地域包括我国西北地区的陕西、甘肃、青海、宁夏和新疆等省区。本类型区位于我国的西部地区，属于低发展、中低效率、高排放的类型。

一、西部北方型地域的特征比较

(一)经济发展水平和能源利用效率的比较

1.GDP 及变化特征

如图 5-60 所示，各省 GDP 总量逐年增长，但总体规模不大。本区中规模最大的是陕西，是唯一一个达到 1 亿元的省份；其次是新疆和甘肃，在4 000亿～5 000多亿元之间；最低的是青海和宁夏，只有1 000多亿元。

各省人均 GDP 也呈逐年增加的态势，2012 年最高的陕西为 2.7 万元，最低的江西为 1.6 万元，其他三省在 2 万元以上。

从 2012 年各省区的产业结构状况来看，与前述各类型区一样，都是以第二产业比重最大，青海和陕西超过 55%，其他省区在 46%～50%之间；第三产业比重都在 33%以上，宁夏和甘肃超过 40%；农业比重最高的是新疆，达 17.6%，甘肃也超过 13%，其他三省较低，在 10%以下(图 5-61)。

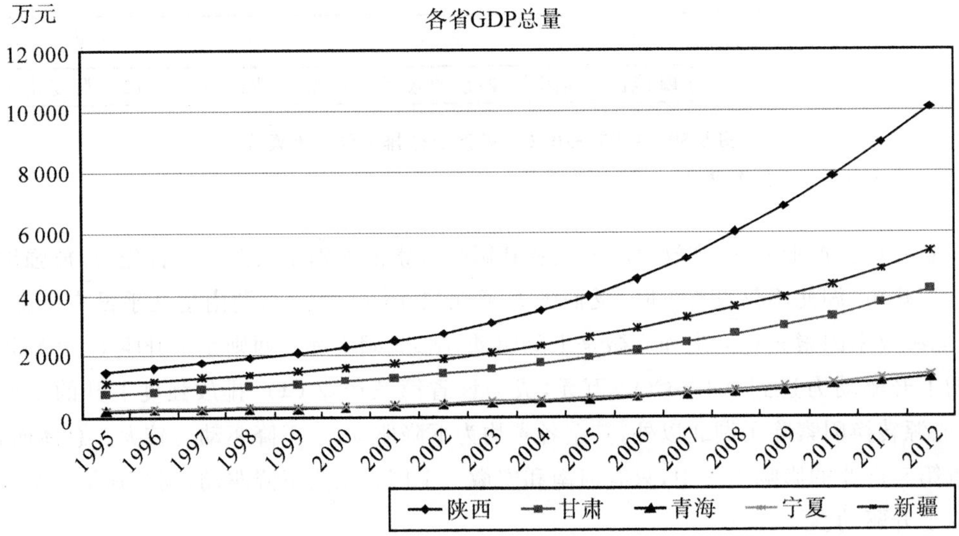

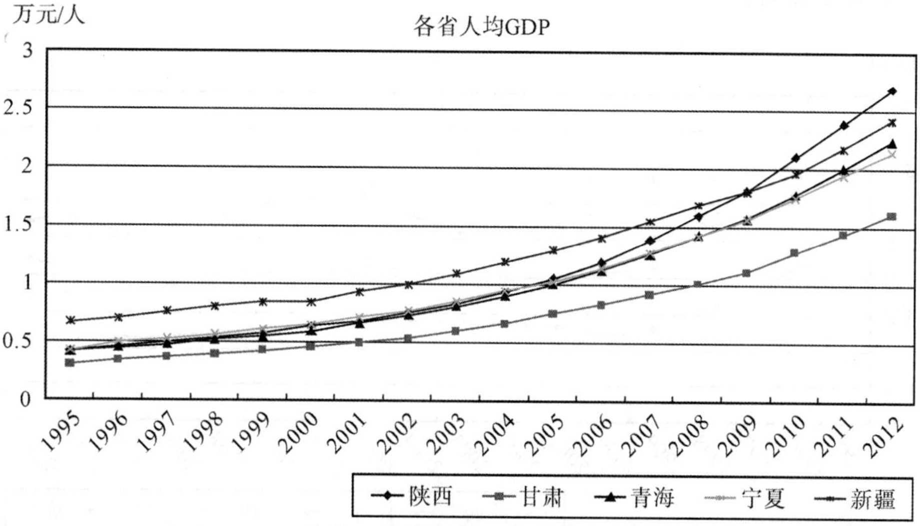

图 5-60 西部北方型地域 GDP 总量和人均的变化比较

资料来源:笔者根据《中国统计年鉴》各年版资料作成,统一换算为 2005 年价格。

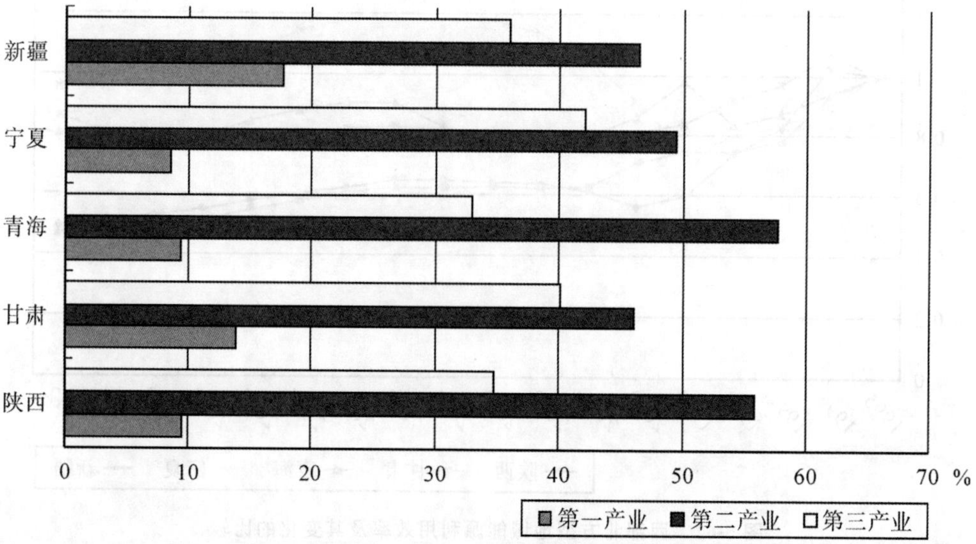

图 5-61 西部北方型地域产业结构比较(2012 年)

资料来源:根据《中国统计年鉴》(2013)统一换算为 2012 年当年价格。

2.能源利用及变化特征

单位 GDP 的能源消费量的变化(图 5-62)与前述各类型区基本相似,总体上是下降的,但多数省份在其间内曾出现反复,特别是宁夏的波动幅度较大;但本区的特点之一是能源利用效率在所有各类型区中是最低的,以 2012 年为例,能源效率最高的陕西,万元 GDP 的能源消费量也在 1.0 tec/万元以上,最高的宁夏甚至达到 3.28 tec/万元,也是全国所有省区中最高的。

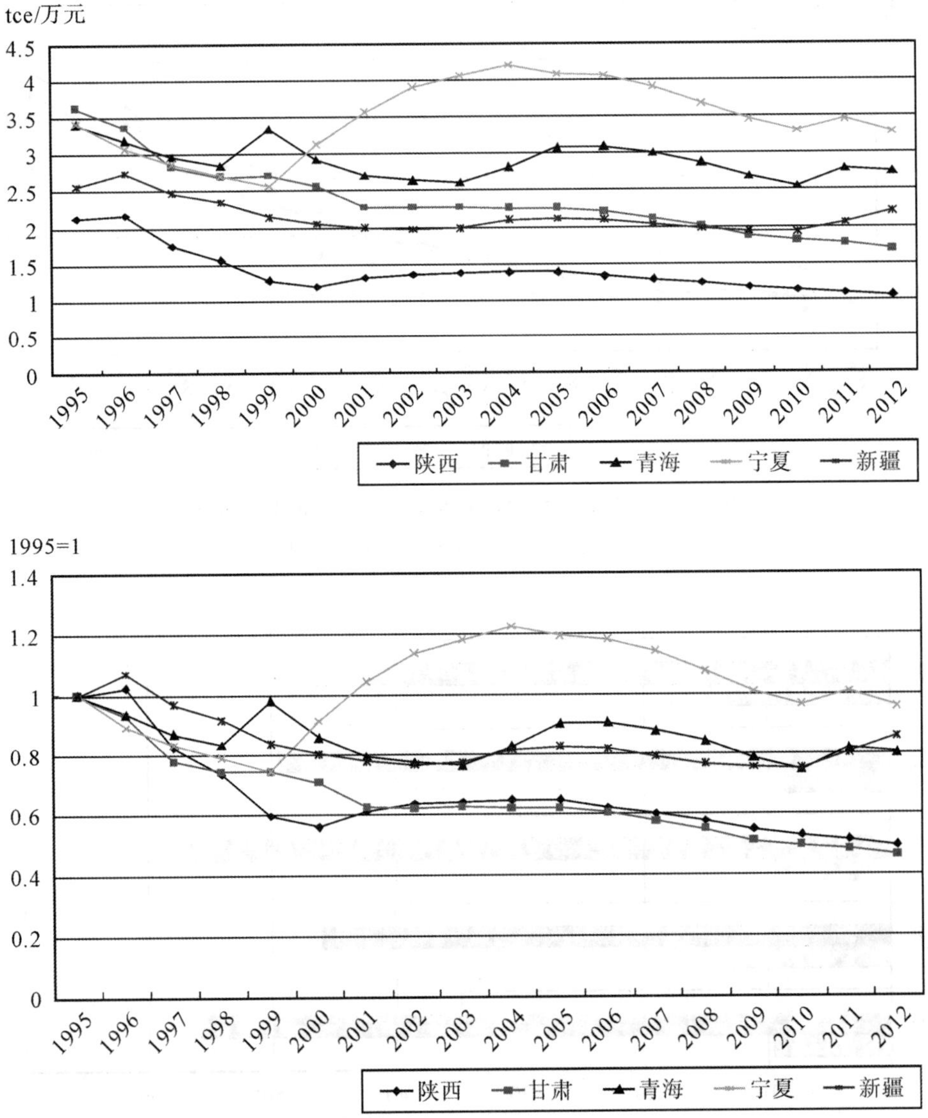

图 5-62 西部北方型地域能源利用效率及其变化的比较

资料来源:根据《中国统计年鉴》各年版、《中国能源统计年鉴》各年版资料作成,GDP 统一换算为 2005 年价格。

从相对变化量来看,尽管与初期的 1995 年相比,各省区的能源利用强度都有所下降,陕西和甘肃的下降幅度甚至超过 50%,新疆和青海也下降了 15%～20%,但宁夏只下降了 5%,而且这一数值还高于 1999 年。

关于宁夏的数据,有一点需要说明的是,本研究资料来源之一的《中国能源统计年鉴》中缺失了 2000—2002 年宁夏的能源消费数据。这里作者只好根据中点法对缺失数据进行了补充，因此，这三年的数据属于虚拟数据。

2012 年各省区化石能源利用的结构（图 5-63）与前述各省一样，以煤炭利用比重最大且煤炭比重更突出一些。煤炭利用比重最高的宁夏高达 90%，甘肃在 80%以上，陕西和新疆在 75%上下，只有青海在 60%左右；石油比重以宁夏为最低，只有 5.2%，其他省区在 13%～15%之间；天然气利用比重以青海为最高，在 26%以上，新疆在 12%以上，其他各省区都在 10%以下。

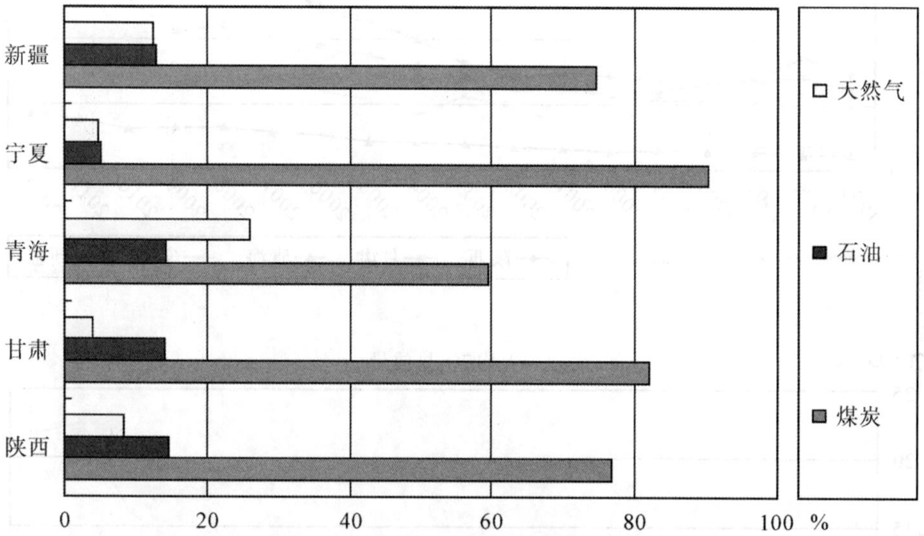

图 5-63　西部北方型地域化石能源利用结构比较（2012 年）

资料来源：根据《中国能源统计年鉴》各年版计算。

（二）CO_2 排放特征比较

1.CO_2 排放总量和人均量的变化及其比较

如图 5-64 所示，先从 CO_2 排放总量来看，2012 年排放量较大的是新疆和陕西，总量分别达到 2.6 亿 t-CO_2 和 2.4 亿 t-CO_2，其年均增长速度也比较快，分别为 9.0%和 7.3%；排放量较小的是青海，在 0.5 亿 t-CO_2 以下；而居中的甘肃和宁夏则在 1.5 亿 t-CO_2 上下。

人均 CO_2 排放量以宁夏为最高，2012 年达到 20 t-CO_2/人以上；其次是新疆，在 10 t-CO_2/人以上；其他三省在 6～7.5 t-CO_2/人之间。

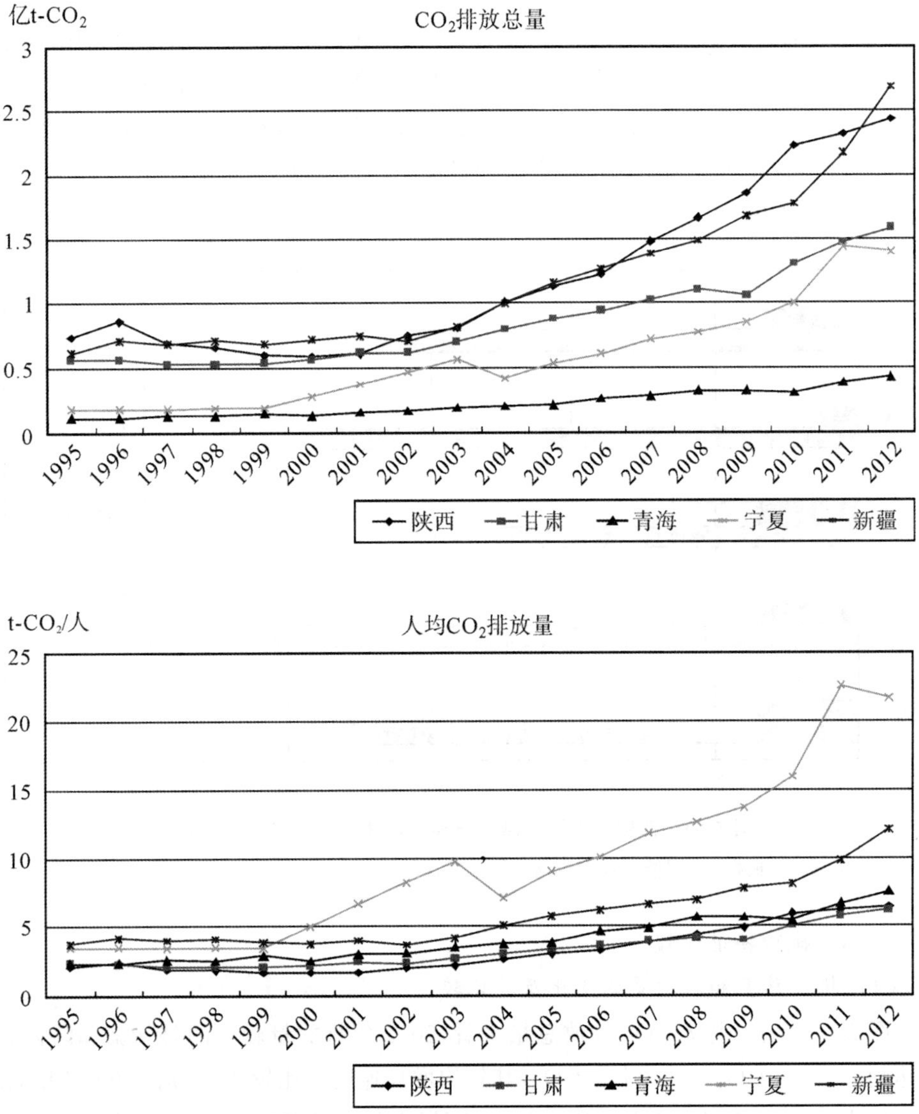

图 5-64　西部北方型地域 CO_2 排放量的变化及其比较

资料来源：根据《中国能源统计年鉴》各年版数据由笔者推算、作成。

2.单位 GDP 的 CO_2 排放量及变化特征

如图 5-65 所示，单位 GDP 的 CO_2 排放量只有宁夏比较特殊，不仅没有下降，而且有较大幅度上升，2102 年比 1995 年上升了 23.3%；其他省区都有不同程度的下降，陕西和甘肃下降 50%左右，新疆也下降了 12%。从绝对数值来看，宁夏的排放效率最差，2012 年仍在10 t-CO_2/万元以上；其他各省区差别较小，新疆为 5 t-CO_2/万元，甘肃为 3.8 t-CO_2/万元，青海 3.4 t-CO_2/万元，陕西 2.4 t-CO_2/万元。

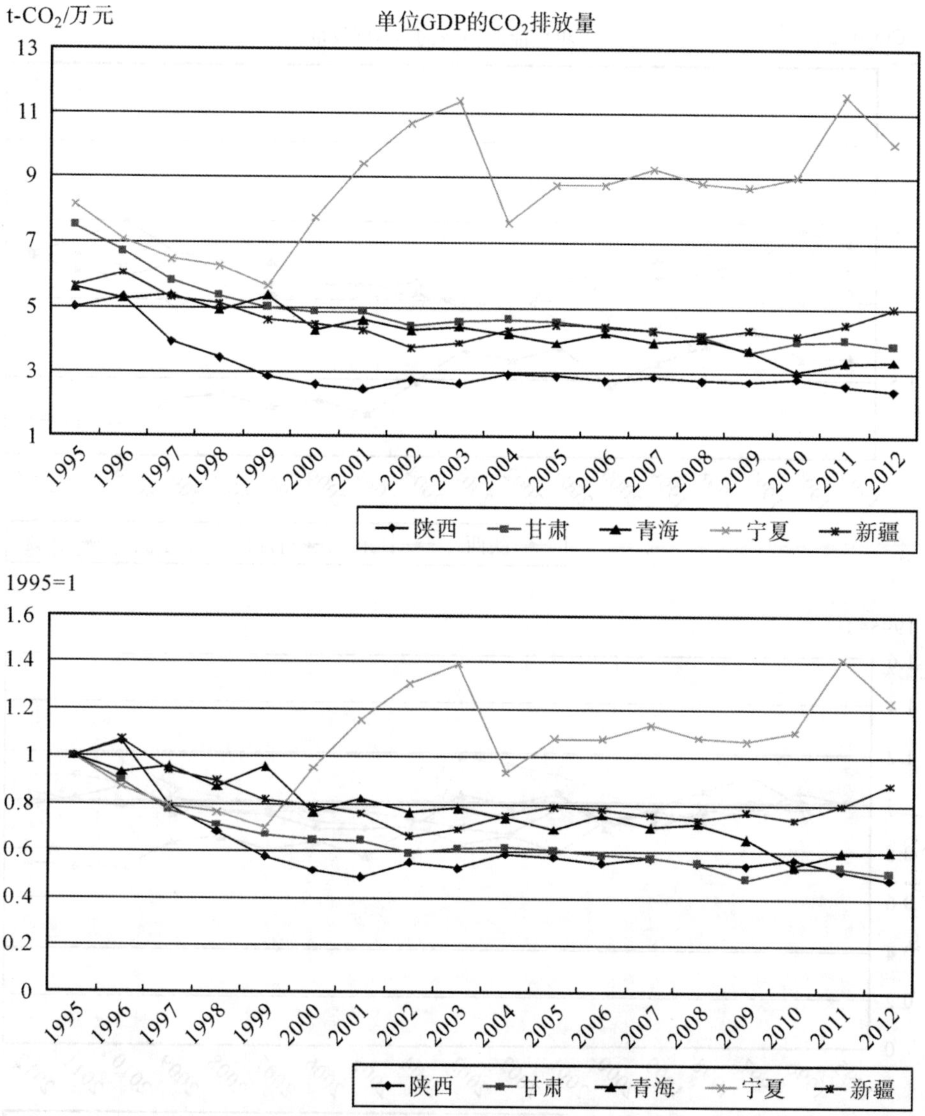

图 5-65 西部北方型地域 CO_2 排放效率的变化及其比较

资料来源：根据《中国统计年鉴》各年版、《中国能源统计年鉴》各年版资料作成，GDP 统一换算为 2005 年价格。

3.单位能源消费的 CO_2 排放量及变化特征

如图 5-66 所示，各省区单位能源消费的 CO_2 排放量的变化起伏也比较大，但多数省份总体上并没有下降。与 1995 年相比，宁夏上升了 29%，甘肃上升了 10%，新疆和陕西略有升降，只有青海的下降幅度较大，下降了 25%。

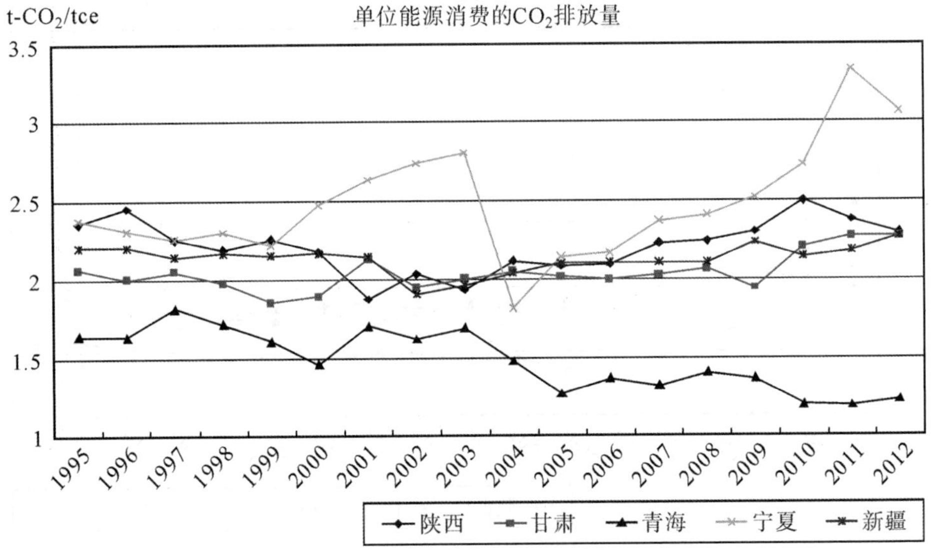

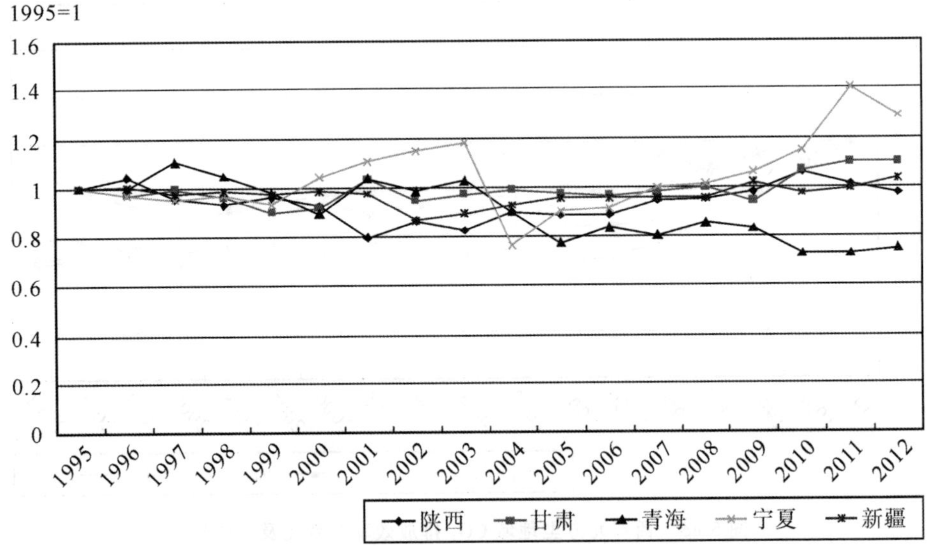

图 5-66　西部北方型地域单位能源消费的 CO_2 排放变化及其比较

资料来源：根据《中国统计年鉴》各年版，《中国能源统计年鉴》各年版资料作成，GDP 统一换算为 2005 年价格。

4.CO_2 排放部门结构及变化特征

如图 5-67 所示，从 CO_2 排放部门结构来看，多数省区能源转换部门的排放量最多，其中比重最大的宁夏占 72.2%，下面依次是甘肃 48.4%、新疆 46.9%和陕西 43.5%，只有青海的比重较低，占 30.7%，是唯一一个低于第二产业排放比重的省份，第二产业比重达到 48.3%；除了青海之外，第二产业超过 40%的只有新疆，其他三个省区都在 40%以下，其中宁夏最低，只有 22.6%；各省区的第三产业排放比重都不高，超过 10%的只有陕西和青海，其他省区都在7%以下；生活部门的CO_2排放比重最高的青海只有7.7%，其他省区不超过7%；第一产业比重就更低了，各省区都在2%以下。

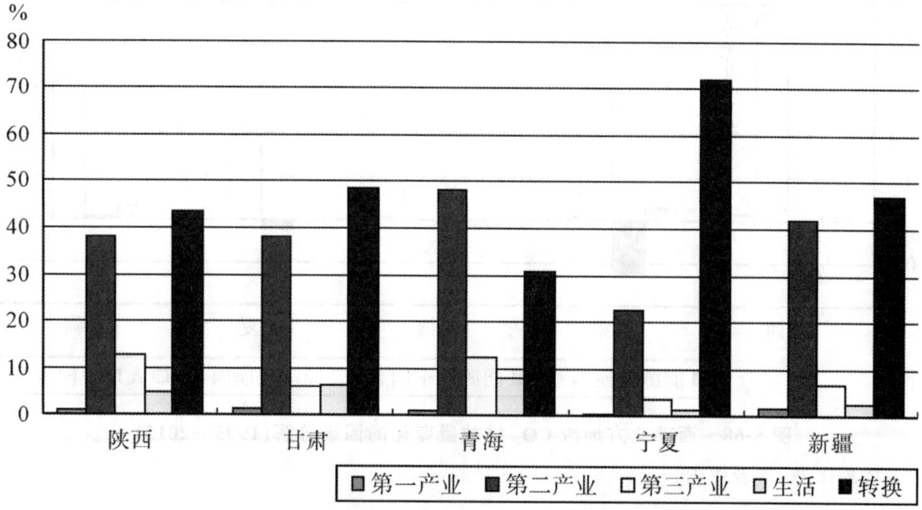

图 5-67　西部北方型地域 CO_2 排放的部门结构比较(2012 年)

资料来源：根据《中国能源统计年鉴》各年版数据由笔者推算、作成。

二、西部北方型地域低碳经济发展影响因素的比较分析

(一)CO_2 排放总量变化的影响因素

1.从整个期间来看的分析结果

如图5-68所示，首先我们可以看到，各省区经济规模因素的作用十分突出，很显然这是CO_2排放总量增加的主导因素，其他因素相对驱动力都比较小，难以与之抗衡。

其次，驱动力稍大一点的是陕西和甘肃的能源效率因素，这两个省份能源效率改善对CO_2的减排作用起到了一定的效果，陕西减排0.78亿t-CO_2，甘肃减排0.61亿t-CO_2，宁夏和青海的能源效率减排驱动力较小，新疆则有轻微的增排驱动。

再次，各省人口规模因素虽然都是增排驱动，但除了驱动力最大的新疆为0.31亿t-CO_2以外，其他省区都在0.02亿～0.12亿t-CO_2之间。

最后，能源转换因素的驱动力最小，且以增排驱动的省区为多，除了甘肃和青海各有0.14亿t-CO_2的增排驱动外，其余各省区的驱动力都很小。

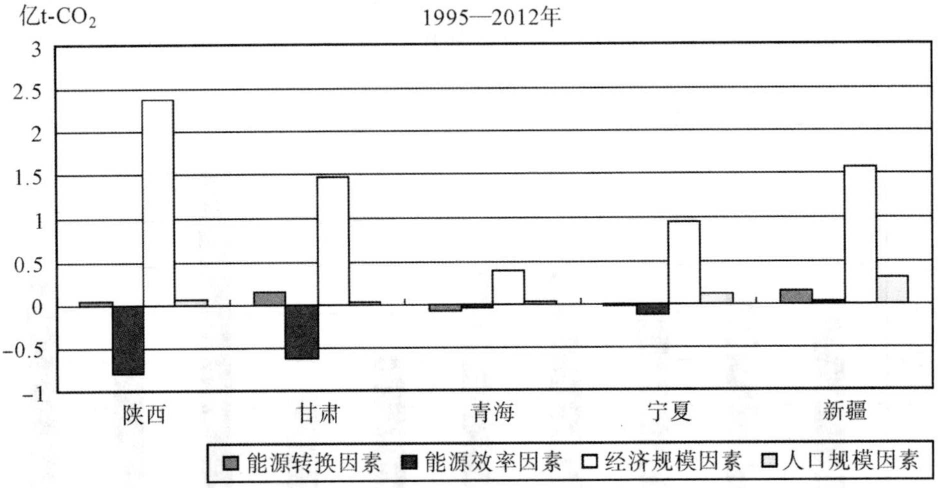

图 5-68　西部北方地域 CO_2 排放量变化的因素分解(1995—2012)

资料来源:笔者作成。

2.分阶段来看的分析结果

如图 5-69 所示,将研究期间分为两个阶段来看,令人印象深刻的区别在于,除了青海之外的其他省区在后期(2005—2012 年)能源转换因素的驱动方向都由负变正,说明后期能源转换的效果不及前期,需要引起我们的注意。

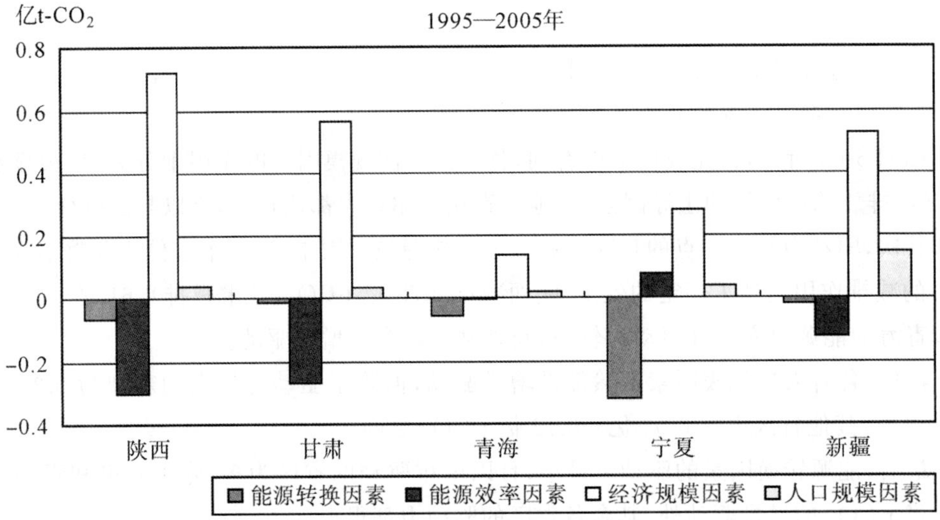

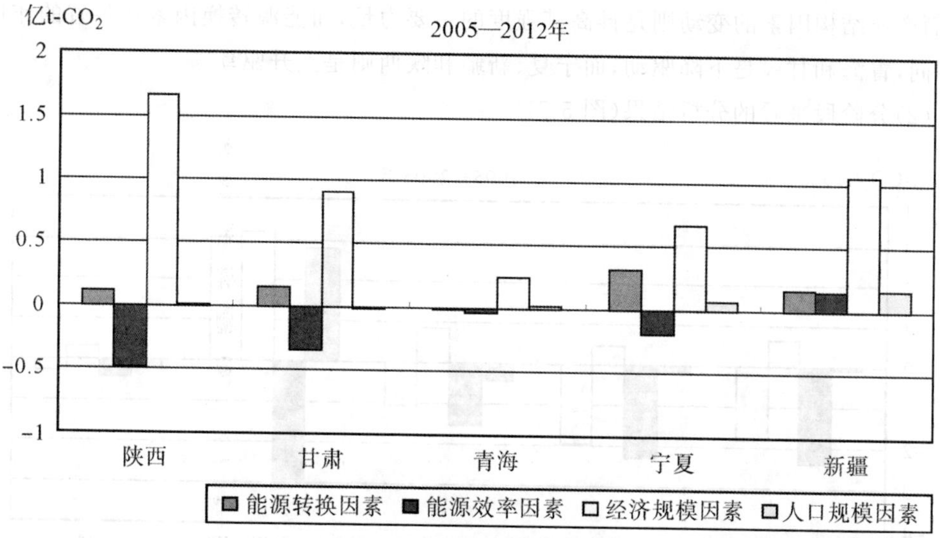

图 5-69　西部北方地域 CO_2 排放量变化的因素分解(分阶段)

资料来源：笔者作成。

(二)CO_2 排放强度的因素分解

1.全产业的分析结果

(1)整个期间来看的分析结果(图 5-70)

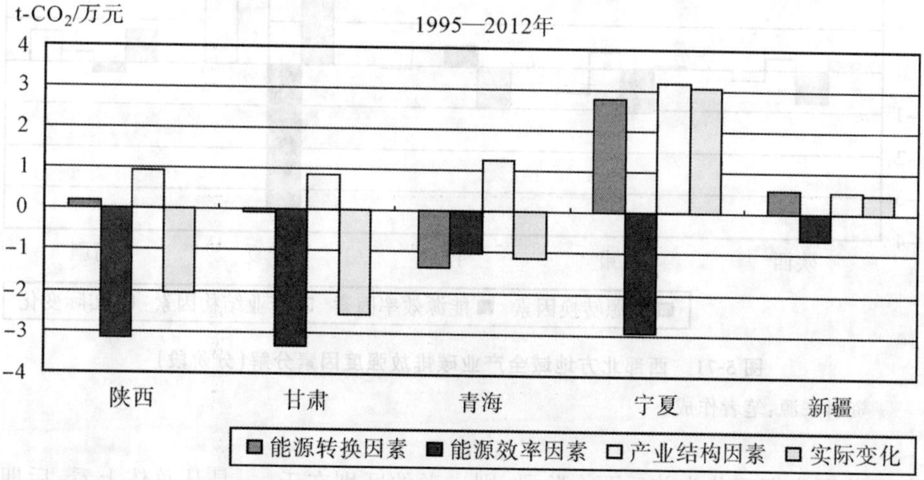

图 5-70　1995—2012 年全产业碳排放强度因素分解

资料来源：笔者作成。

从单位 GDP 的 CO_2 排放变化实际来看，宁夏和新疆是全国为数不多的不降反升的省份，特别是宁夏，上升幅度高达 3.05 t-CO_2/万元，这其中不排除统计数据上的偏差，但也说明宁夏的 CO_2 排放效率是较差的。

从影响单位 GDP 的 CO_2 排放变化的诸因素来看，能源效率因素是其下降的主要因素，而产业结构因素的变动则是推高其强度的主要力量，而能源转换因素在各省的作用有所不同，青海和甘肃是下降驱动，而宁夏、新疆和陕西则是上升驱动。

（2）分阶段来看的分析结果（图 5-71）

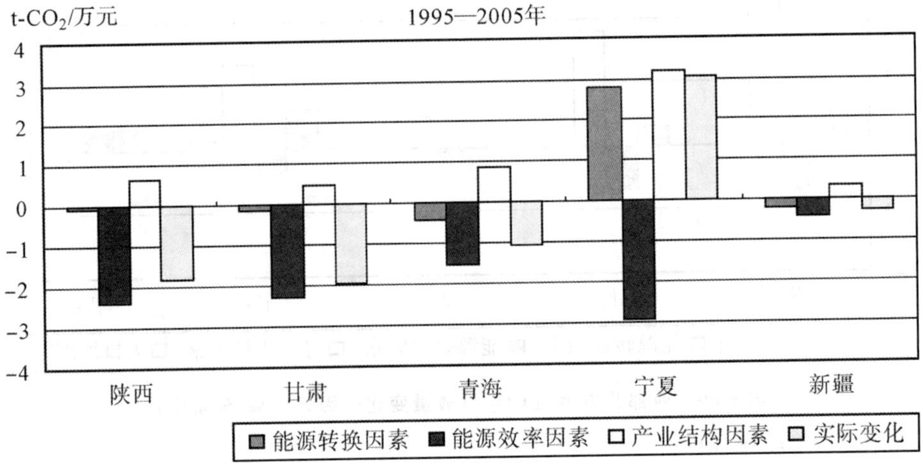

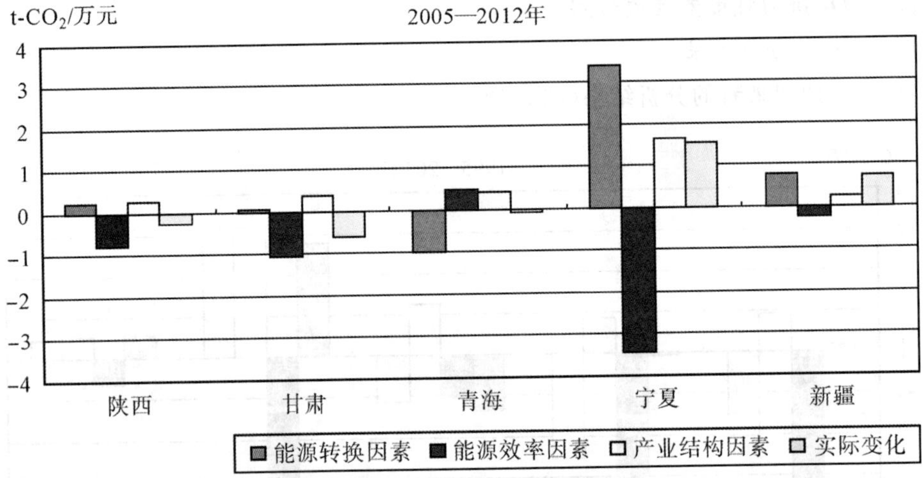

图 5-71　西部北方地域全产业碳排放强度因素分解(分阶段)

资料来源：笔者作成。

如果将研究期间分为前后两个阶段，则二者的区别在于：一是从总体上看，后期的驱动力除了宁夏以外，各省都比较小，都在−1～1 t-CO_2/万元之间；二是各省区能源转换因素在前期都是下降驱动，而后期则出现了青海的上升驱动；三是能源转换因素在前期只有宁夏是上升驱动，而后期则出现除青海之外的四个省区的上升驱动；四是新疆的变化实际中的排放强度上升主要出现在后期，而前期还是下降的。总而言之，说明各省区后期的状况总体上比前期还要糟。

2.各产业的分解结果

第一产业变化实际是各省单位 GDP 的 CO_2 排放量都有所下降,其影响因素中产业结构的变动是其实际下降的主要而且稳定的力量,能源效率因素(除了甘肃)和能源转换因素(除了青海)基本上也是两个排放强度下降的因素。从各省的情况来看,新疆、宁夏和陕西都是三个因素均为下降驱动;甘肃和青海则分别有两个因素为下降驱动,一个因素为上升驱动。

第二产业的变动幅度毫无疑问是其他两个产业不可比拟的,驱动力是第一、第三产业的数十倍甚至数百倍。能源效率因素是各省碳排放强度下降的主要驱动力,产业结构因素则是其上升的主要驱动力,只有能源转换因素在驱动方向上表现出一点省际差异,即只有青海是下降驱动,而其他各省均为上升驱动。

第三产业的状况稍显复杂,各个因素没有统一的驱动方向。产业结构因素中甘肃和新疆是上升驱动,其他省区为下降驱动;能源效率因素中甘肃和新疆是下降驱动,其他省区为上升驱动,似乎这两个因素是互为反向,互相抵消的。只有能源转换因素比较接近,除了陕西有些许(0.007 t-CO_2/万元)上升驱动外,其余省区均为下降驱动。

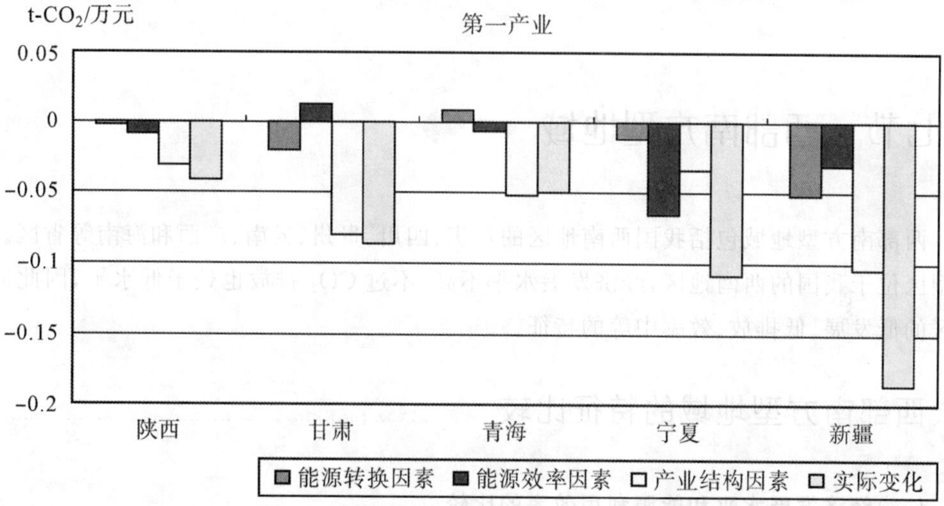

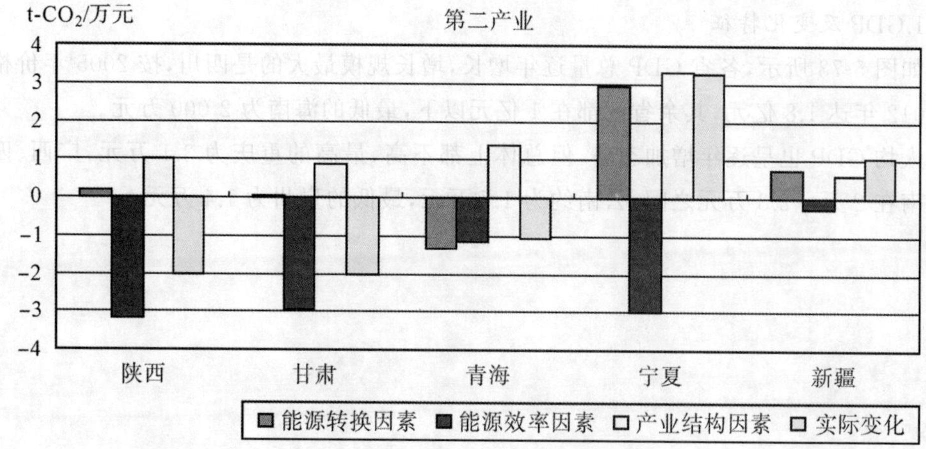

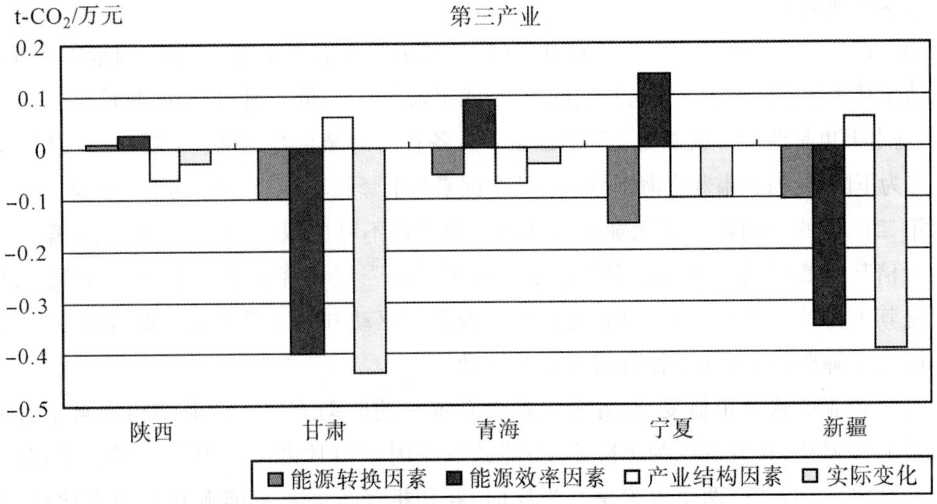

图 5-72　1995—2012 年各产业碳排放强度因素分解

资料来源:笔者作成。

第七节　西部南方型地域

西部南方型地域包括我国西南地区的重庆、四川、贵州、云南、广西和海南等省区。本类型区位于我国的西南地区,经济发展水平不高,不过 CO_2 排放也处于低水平,因此造成本区的低发展、低排放、效率中等的特征。

一、西部南方型地域的特征比较

(一)经济发展水平和能源利用效率的比较

1.GDP 及变化特征

如图 5-73 所示,各省 GDP 总量逐年增长,增长规模最大的是四川,按 2005 年价格计算,2012 年达 1.8 亿元,其余省区都在 1 亿元以下,最低的海南为 2 000 万元。

人均 GDP 也呈逐年增加态势,但总体上都不高,最高的重庆为 3.1 万元,广西、四川和海南在 2 万～2.3 万元之间,云南约为 1.7 万元,最低的贵州为 1.4 万元。

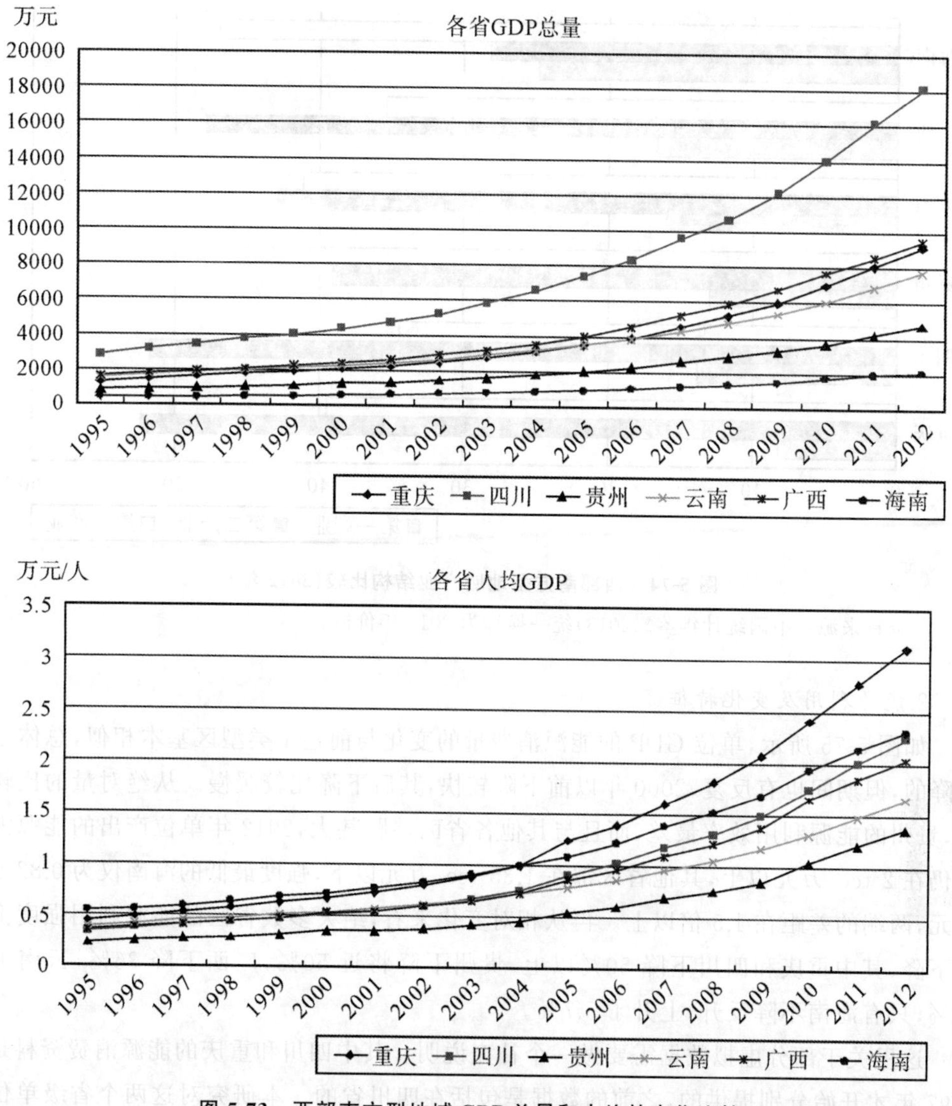

图 5-73　西部南方型地域 GDP 总量和人均的变化比较

资料来源：根据《中国统计年鉴》各年版资料作成，统一换算为 2005 年价格。

本类型区产业结构的特点（图 5-74）是第二产业比重不算十分突出，只有重庆和四川超过 50％，广西和云南在 40％～50％之间，贵州不及 40％，海南更是不足 30％；相反，第三产业比较突出，在海南和贵州不仅成为第一大产业，而且比重大大超出第二产业，接近 50％，云南也在 40％以上，比重最低的四川也占到 34.5％；农业在本区的比重也相对较高，最高的海南达 25％，其余省区除了重庆为 8.2％以外，都在 10％～20％之间。

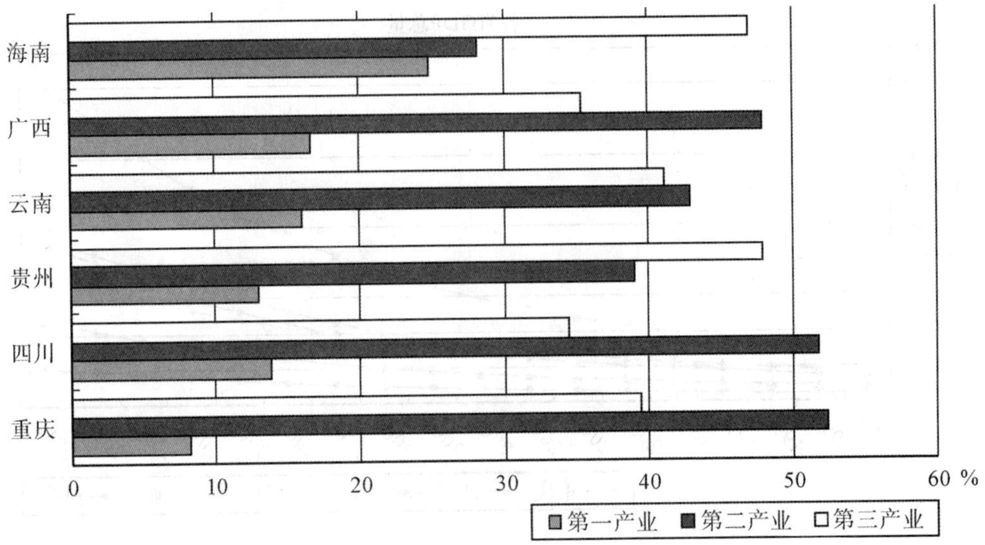

图 5-74 西部南方型地域产业结构比较(2012 年)

资料来源:《中国统计年鉴》(2013)统一换算为 2012 年价格。

2.能源利用及变化特征

如图 5-75 所示,单位 GDP 的能源消费量的变化与前述个类型区基本相似,总体上是下降的,但期间也有反复,2000 年以前下降较快,其后下降比较缓慢。从绝对量的比较来看,贵州的能源利用效率最差,而且与其他各省区差距甚大,2012 年单位产出的能源消费量仍在 2 tce/万元以上,其他省区都在 1.35 tce/万元以下,强度最低的海南仅为 0.82 tce/万元,两端的差距在 1.5 倍以上。再从相对变化来看,绝大多数省区的能源利用强度都有所下降,其中重庆和四川下降 50%以上,贵州下降将近 50%,广西下降 36%,云南下降 22%,只有海南不降反升,上升了 5.7%。

这里关于部分虚拟数据需要做一个补充说明。其中四川和重庆的能源消费资料是从 1997 年才开始分别提供的,之前的数据是包括在四川省的。本研究对这两个省级单位数据的处理方法是将 1995 年和 1996 年的能源数据按照 1997 年的比例进行了分配;此外,《中国能源统计年鉴》中缺失了 2001 年海南的数据,遂根据中点法对缺失数据进行了补充。

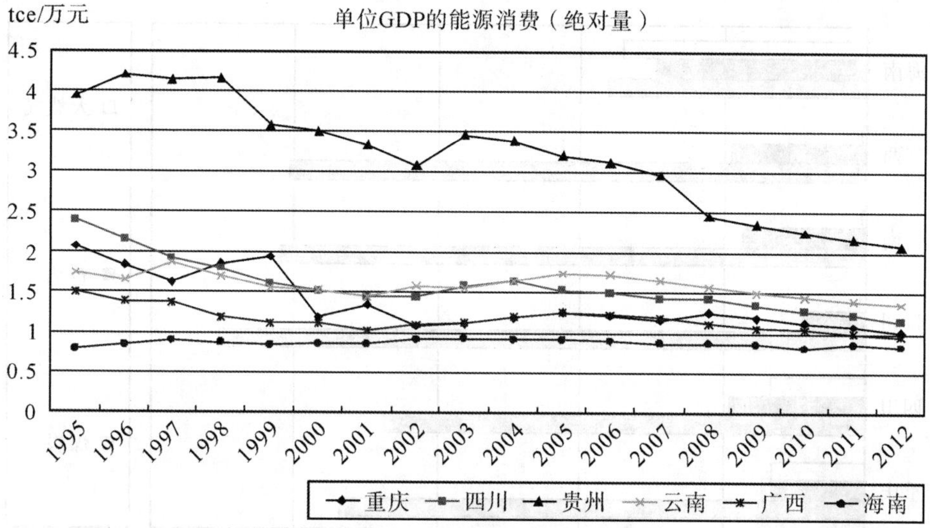

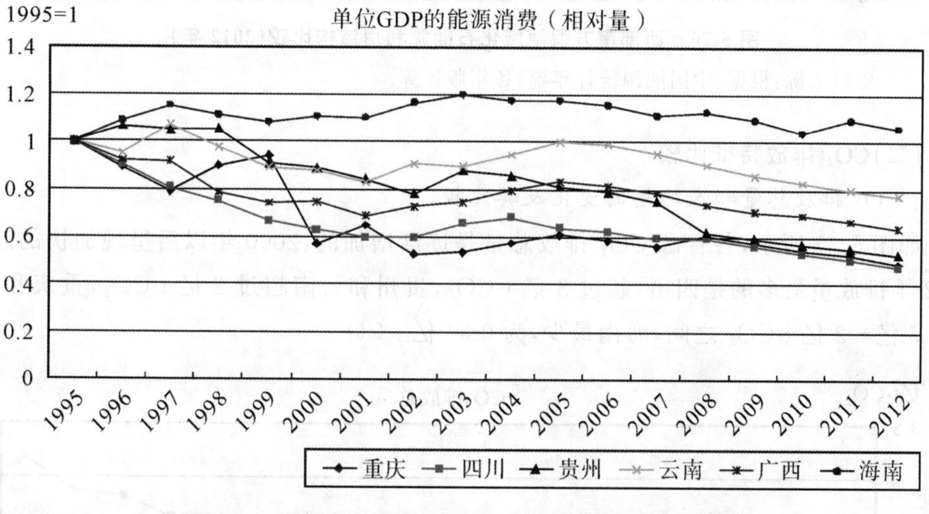

图 5-75　西部南方型地域能源利用效率及其变化的比较

资料来源：根据《中国统计年鉴》各年版、《中国能源统计年鉴》各年版资料作成，GDP 统一换算为 2005 年价格。

从 2012 年化石能源利用的结构（图 5-76）来看，除了海南比较特殊外，各省区与前述各省一样，以煤炭利用比重最大，而且也比较突出。煤炭利用比重最高的贵州超过 90%，云南和广西也在 80%以上，重庆和四川稍低，在 67%～73%之间，只有海南仅36.1%；石油比重以海南为最高，达 30%，其他省区除了贵州低于 10%之外，都在 13%～19%之间；天然气利用比重以海南最为突出，高达 34.3%，其次是重庆和四川，各占 13%，其他各省区都极低，在 1%以下。

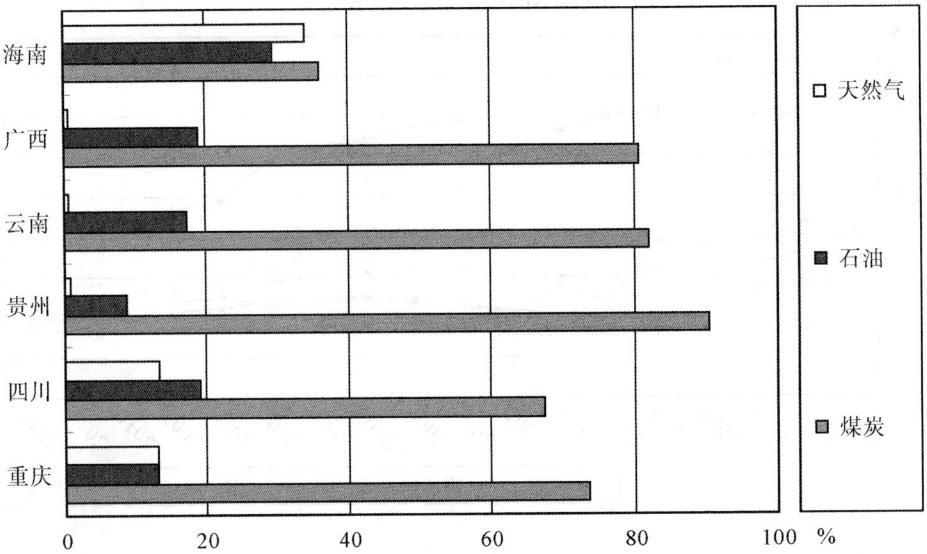

图 5-76　西部南方型地域化石能源利用结构比较(2012 年)

资料来源:根据《中国能源统计年鉴》各年版计算。

(二)CO_2 排放特征比较

1.CO_2 排放总量和人均量的变化及其比较

如图 5-77 所示,各省区 CO_2 排放总量是逐渐增加的,2000 年以后呈现加快的趋势。2012 年排放量最多的是四川,超过 3 亿 t-CO_2,贵州和云南超过 2 亿 t-CO_2,重庆和广西在 1.5 亿～2 亿 t-CO_2 之间,海南最少,为 0.34 亿 t-CO_2。

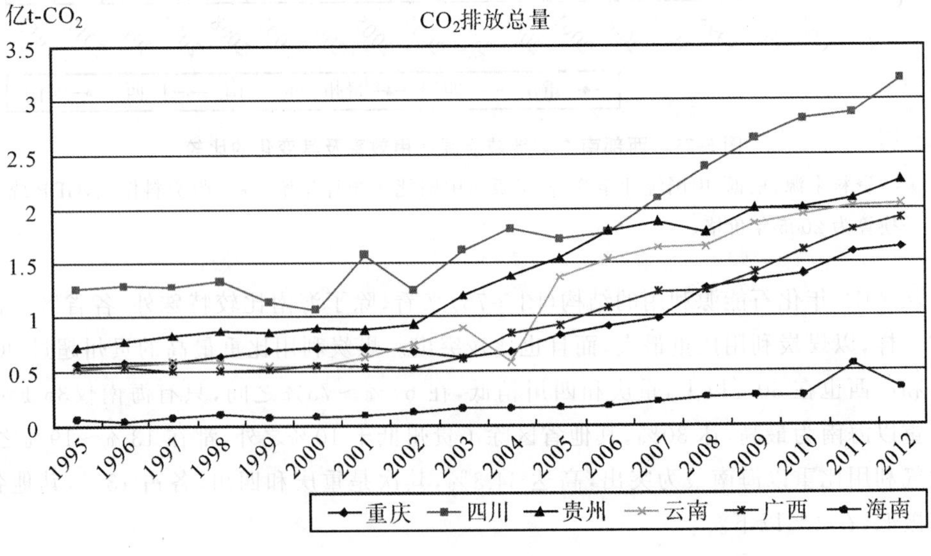

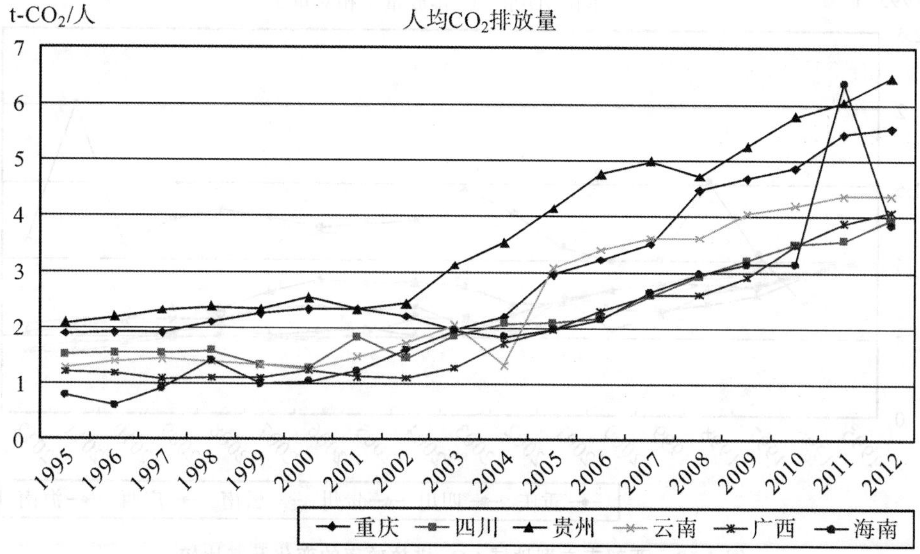

图 5-77　西部南方型地域 CO_2 排放量的变化及其比较

资料来源：根据《中国能源统计年鉴》各年版数据由笔者推算、作成。

从 2012 年的人均 CO_2 排放量来看，贵州最多，超过 6 t-CO_2/人；重庆次之，超过 5 t-CO_2/人；其余省区差别不大，在 4 t-CO_2/人上下。图中可以看到，海南在 2011 年出现不同寻常的起伏变化，其原因尚待查明。

2.单位 GDP 的 CO_2 排放量及变化特征

如图 5-78 所示，从单位 GDP 的 CO_2 排放量的绝对量来看，贵州最高，虽然 2012 年比 1995 年是下降的，但仍然达到 4.76 t-CO_2/万元；比位居其次的云南(2.63 t-CO_2/万元)高出 80%；其他省区差别不大，在 1.7～2.0 t-CO_2/万元之间。

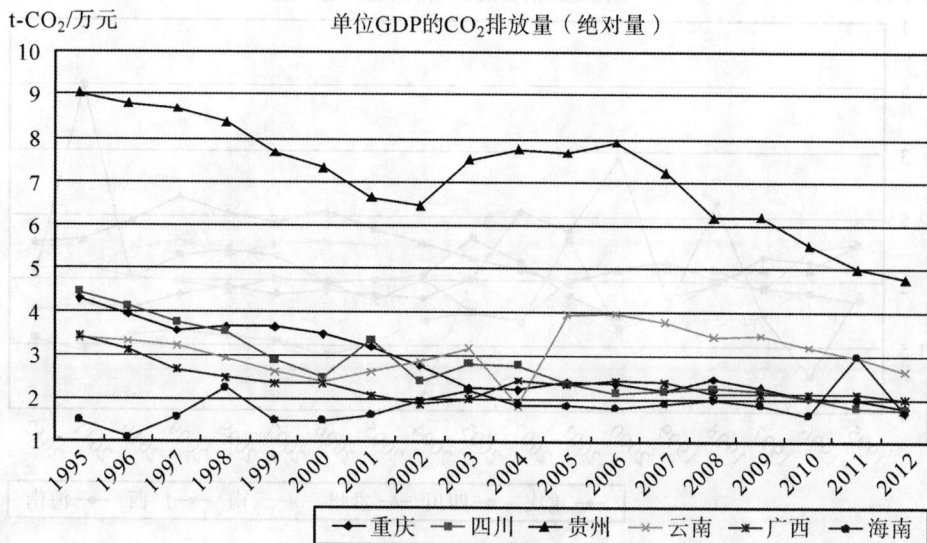

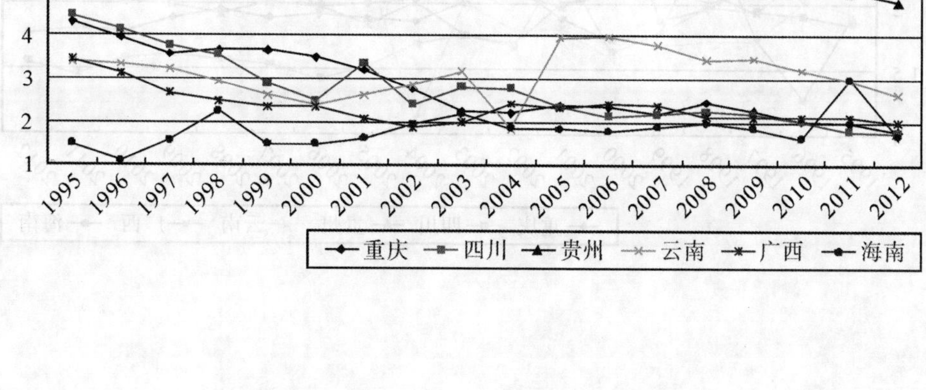

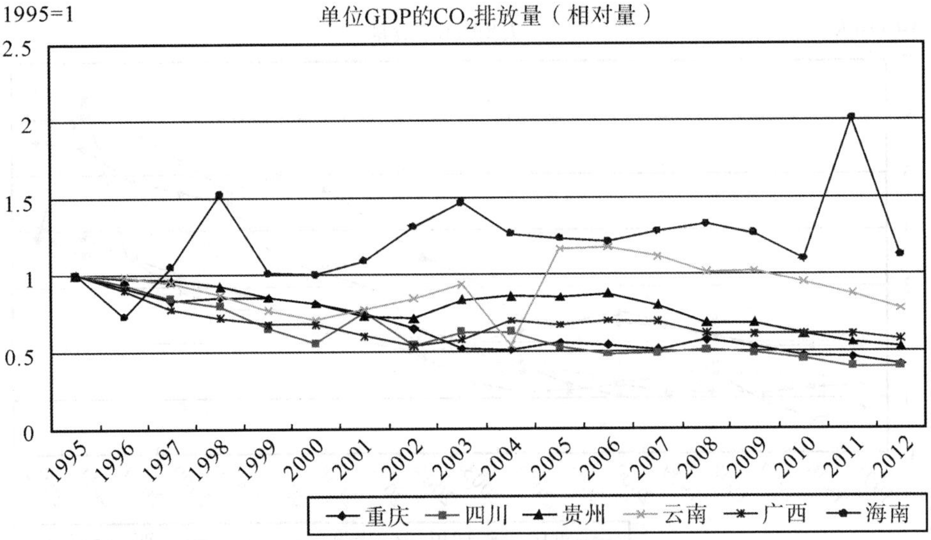

图 5-78　西部南方型地域 CO_2 排放效率的变化及其比较

资料来源：根据《中国统计年鉴》各年版、《中国能源统计年鉴》各年版资料作成，GDP 统一换算为 2005 年价格。

从变化的相对情况来看，除了海南之外，2012 年各省区的 CO_2 排放强度都比 1995 年有所下降。重庆和四川下降了 60%左右，贵州和广西下降了 45%左右，云南也下降了 22%，只有海南上升了 12.5%。

3.单位能源消费的 CO_2 排放量及变化特征

如图 5-79 所示，单位能源消费的 CO_2 排放量的各年起伏较频繁，按绝对量来看，2012 年最高的贵州为 2.3 t-CO_2/tce，最低的四川为 1.6 t-CO_2/tce，其他各省区在 1.8～

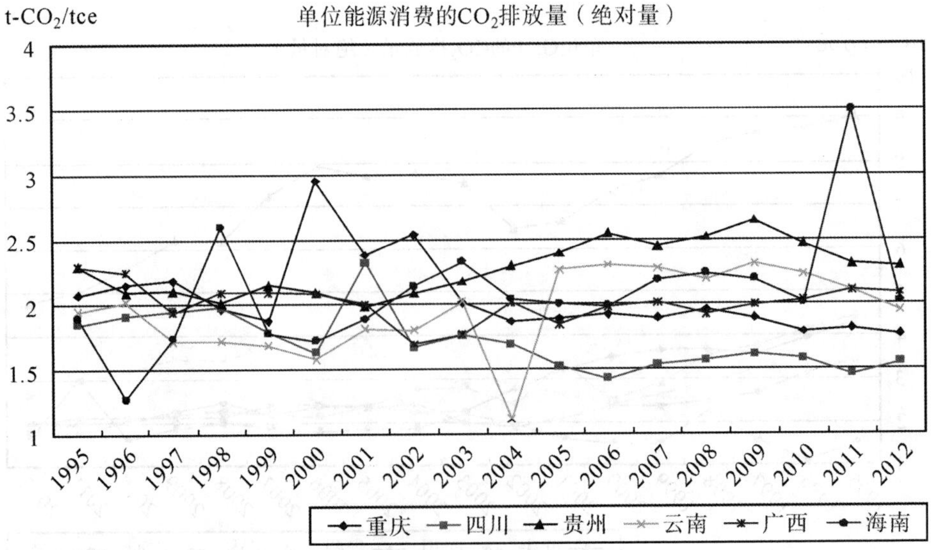

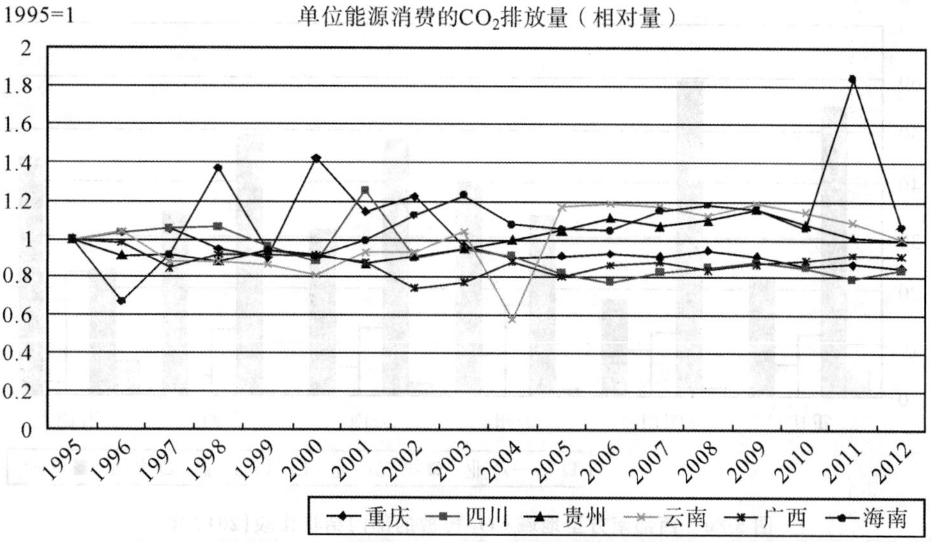

图 5-79　西部南方型地域单位能源消费的 CO_2 排放变化及其比较

资料来源:根据《中国统计年鉴》各年版、《中国能源统计年鉴》各年版资料作成,GDP 统一换算为 2005 年价格。

2.1 t-CO_2/tce 之间,总体上差别不是很大;从相对量来看,各省区变化幅度也不大,下降幅度最大的四川和重庆也仅有 15%上下,广西只有 10%,贵州和云南基本没有变化,海南反而上升了 6%。

4.CO_2 排放部门结构及变化特征

如图 5-80 所示,第二产业部门 CO_2 排放比重最高的是四川、重庆、云南和广西,其中四川和重庆在 55%～60%之间,云南和广西也接近 50%,而贵州在 35%以下,海南最低,仅为 23.6%。

转换部门排放比重最高的是海南和贵州,在 40%以上,云南和广西在 30%～35%,四川和重庆仅在 20%上下。

第三产业的 CO_2 排放比重超过 20%的只有海南,其余各省区在 12%～17%之间,差别较小。

各省生活部门的 CO_2 排放比重都在 10%以下,最高的四川为8.8%,最低的海南仅为2.3%。

各省第一产业部门的 CO_2 排放比重是最低的,最高的海南只有6.3%,其次是重庆的5%,其他省区仅有 1%～2%。

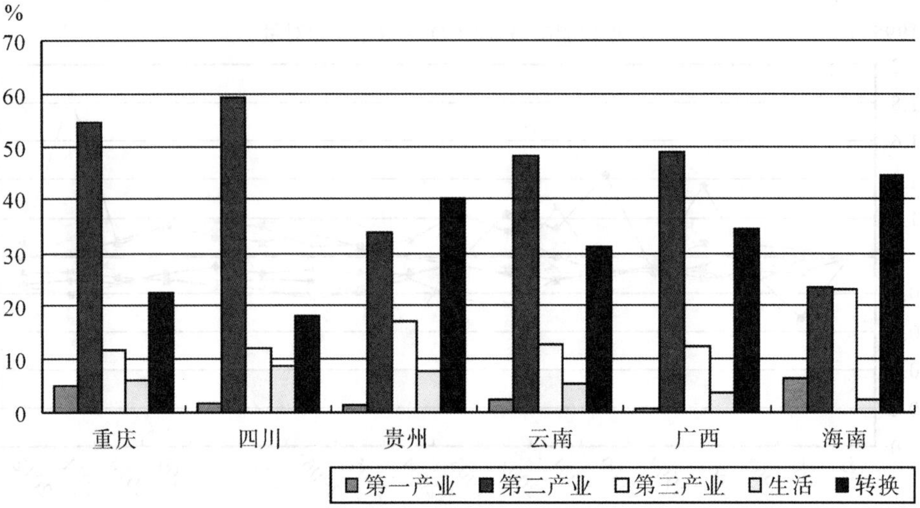

图 5-80　西部南方型地域 CO_2 排放的部门结构比较(2012 年)

资料来源:根据《中国能源统计年鉴》各年版数据由笔者推算、作成。

二、西部南方型地域低碳经济发展影响因素的比较分析

(一)CO_2 排放总量变化的影响因素

1.从整个期间来看的分析结果

如图 5-81 所示,所有省区的经济规模因素都是 CO_2 排放总量的增排因素,而所有省区的能源效率因素都是 CO_2 排放总量的减排因素,其中驱动力较大的是四川、贵州和重

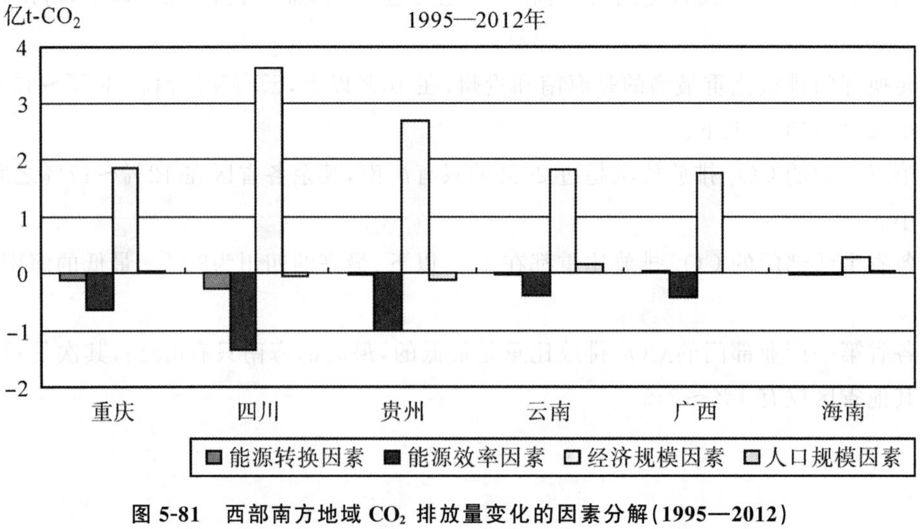

图 5-81　西部南方地域 CO_2 排放量变化的因素分解(1995—2012)

资料来源:笔者作成。

庆，驱动力较小的是海南；人口规模因素总体驱动力较小，其中重庆、云南和海南与国内大多数省份一样是增排驱动，四川、贵州和广西则呈现出的是减排驱动；能源转换因素虽然驱动力也不大，但除了广西是微弱的增排驱动外，其他省市均为减排驱动。

2.分阶段来看的分析结果

如图5-82所示，整体上后期各因素的驱动力较前期大，而且能源效率因素的减排作用也有所加强，因为前期还有两个省份的能源效率因素是增排驱动，而后期则全部转为减排驱动；能源转换因素的增排驱动也由前期的三个省份减少到两个省份；人口规模因素的增减排驱动省份虽然都各有三个，但同一省份在前后期发生逆转的有重庆的先减后增和贵州的先增后减。

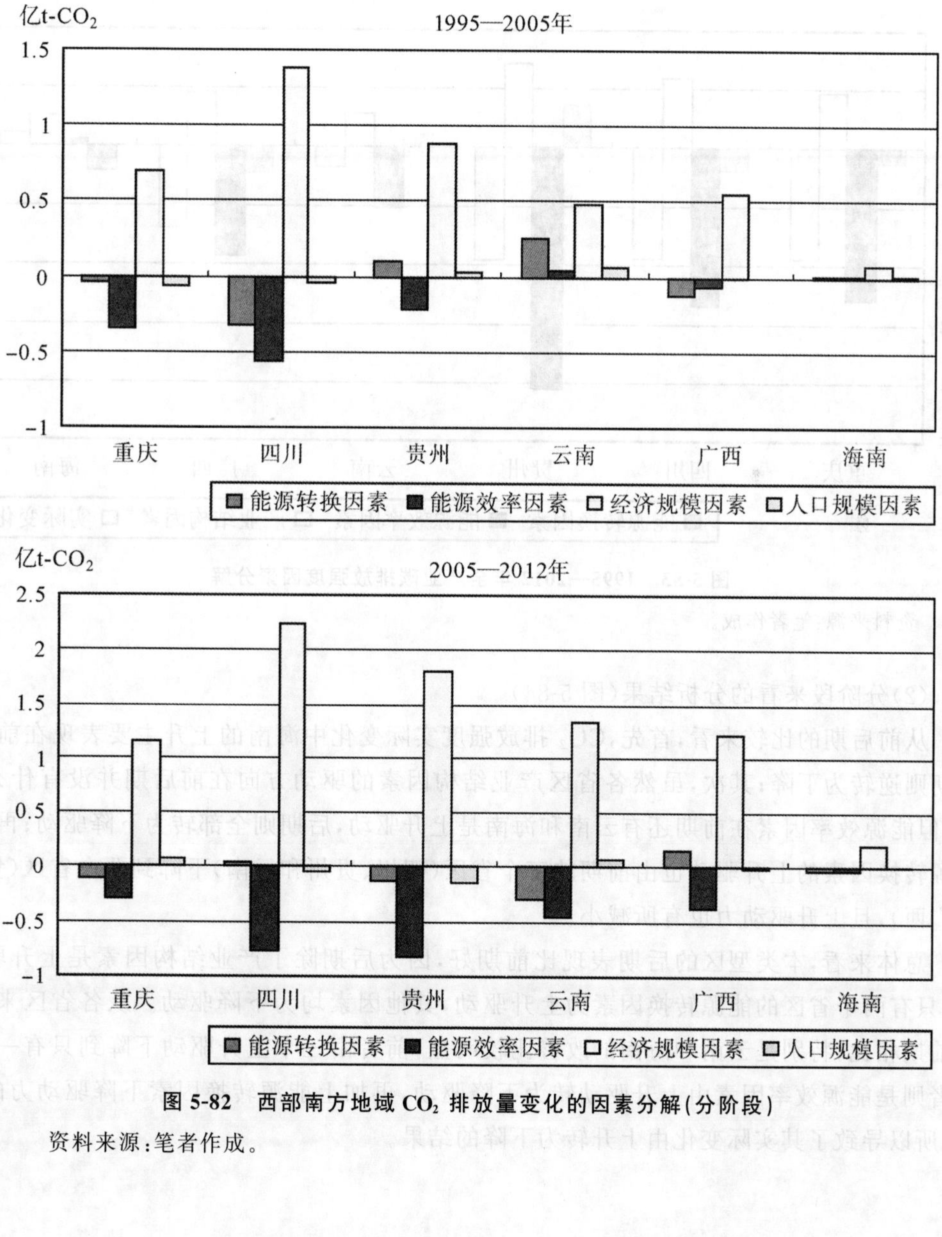

图5-82　西部南方地域CO_2排放量变化的因素分解(分阶段)

资料来源：笔者作成。

(二)CO_2 排放强度的因素分解

1.全产业的分析结果

(1)整个期间来看的分析结果(图 5-83)

首先,我们可以看到,从单位 GDP 的 CO_2 排放的实际变化来看,虽然多数省区都是下降的,但海南是上升的。

其次,在影响各省区 CO_2 排放强度的诸因素中,在各省区经济结构因素不可避免地都是上升驱动,多数省区的能源效率因素都是下降驱动(只有海南例外),这两个因素的驱动力相对较大;能源转换因素驱动力相对较小,且只有四个省区是下降驱动,在贵州和云南则是上升驱动。

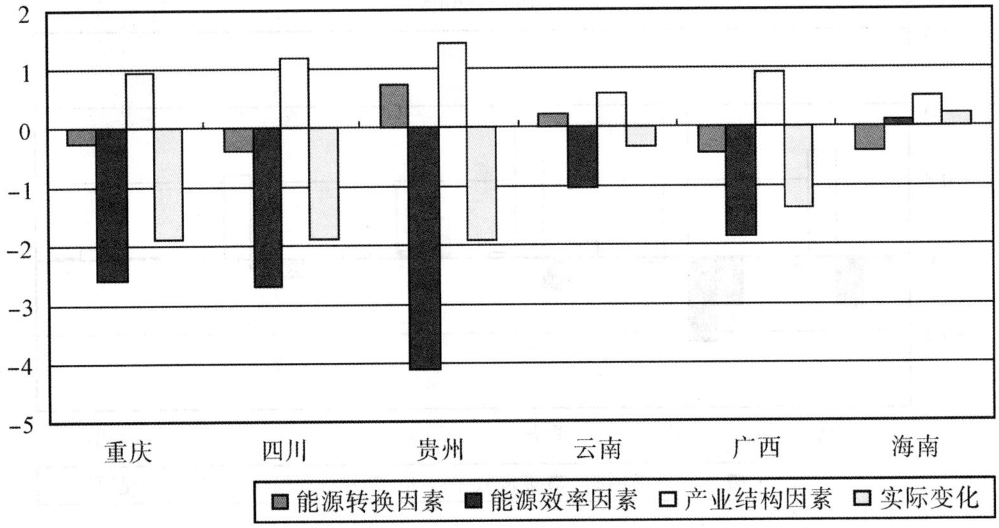

图 5-83　1995—2012 年全产业碳排放强度因素分解

资料来源:笔者作成。

(2)分阶段来看的分析结果(图 5-84)

从前后期的比较来看,首先,CO_2 排放强度实际变化中海南的上升主要表现在前期,后期则逆转为下降;其次,虽然各省区产业结构因素的驱动方向在前后期并没有什么变化,但能源效率因素在前期还有云南和海南是上升驱动,后期则全部转为下降驱动;再次,能源转换因素的上升驱动也由前期的三个省区(四川、贵州和云南)下降到两个省区(贵州和广西),且上升驱动力也有所减小。

总体来看,本类型区的后期表现比前期好,因为后期除了产业结构因素是上升驱动外,只有两个省区的能源转换因素为上升驱动,其他因素均为下降驱动。从各省区来看,与前期相比,特别是云南和海南的改善比较明显,前者由三个上升驱动下降到只有一个,后者则是能源效率因素由上升驱动转为下降驱动,再加上能源转换因素下降驱动力的增强,所以导致了其实际变化由上升转为下降的结果。

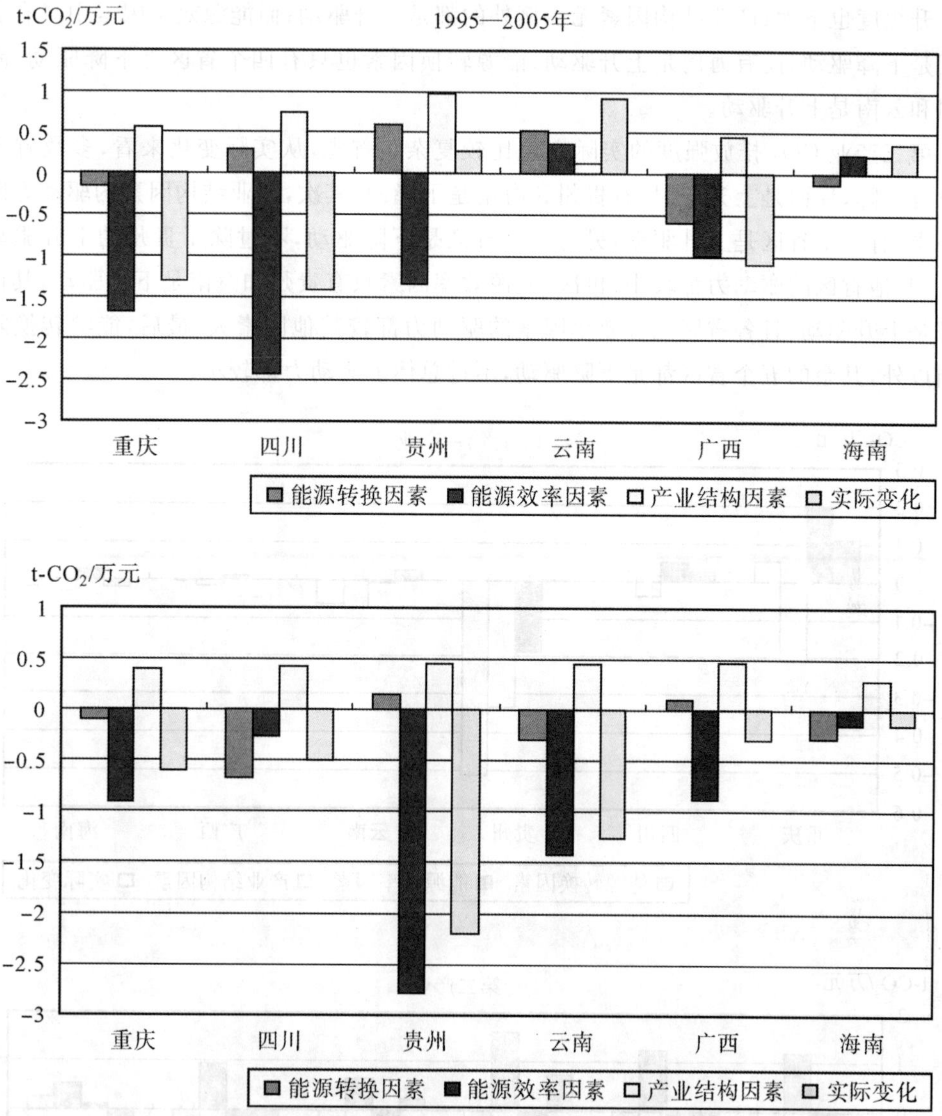

图 5-84　西部南方地域全产业碳排放强度因素分解(分阶段)

资料来源:笔者作成。

2.各产业的分解结果(图 5-79)

如图 5-85 所示,第一产业 CO_2 排放强度的实际变化中只有四个省区是下降的,而且只有贵州的下降幅度较大,其他三个省区仅有微弱的下降,而重庆和四川甚至是上升的;与前述各类型区相同,所有省区的产业结构因素都是下降驱动,但除了贵州和重庆以外,各省区的驱动力都很小;能源效率因素只有贵州和云南是下降驱动,其他省区都是上升驱动,同样是除了贵州和重庆以外驱动力都很小;能源转换因素只有海南是下降驱动,其余省区都是上升驱动,不过只有重庆的驱动力较大。

第二产业 CO_2 排放强度的实际变化中除了海南外,其余省区都是下降的,不过海南的上升幅度也不大；产业结构因素无一例外的都是上升驱动；而能源效率因素中只有五个省区是下降驱动，尚有海南是上升驱动；能源转换因素也只有四个省区是下降驱动，尚有贵州和云南是上升驱动。

第三产业 CO_2 排放强度的实际变化比较复杂。首先，从实际变化来看，多数省区不仅没有下降，反而是上升的，只有贵州和海南是下降的；其次，产业结构因素的驱动方向各占一半，有三个省区是上升驱动，另有三个省区是下降驱动，不过除了贵州的上升驱动较大外，其他省区的驱动力都较小；再次，能源效率因素只有贵州和海南是下降驱动，其他省区都是上升驱动，且各省区能源效率因素的驱动力都较其他因素大；最后，能源转换除了贵州以外，其余的五个省区都是下降驱动，不过总体上驱动力都较小。

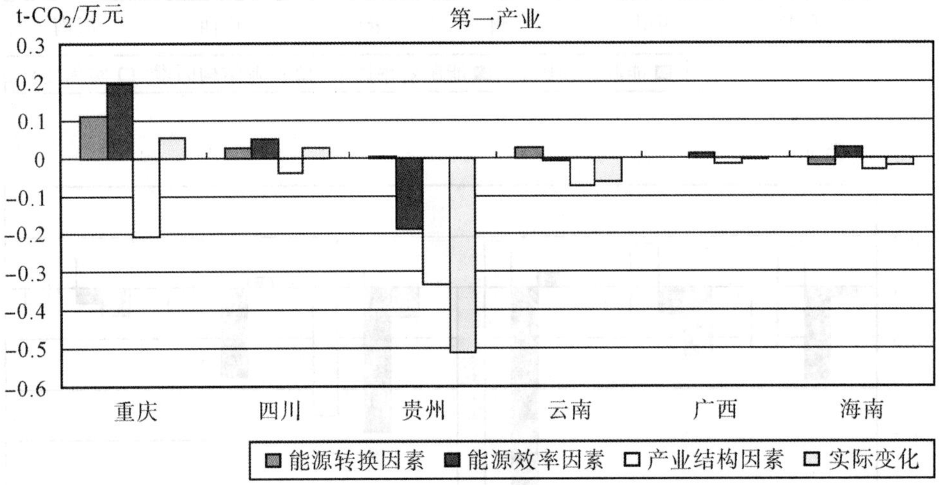

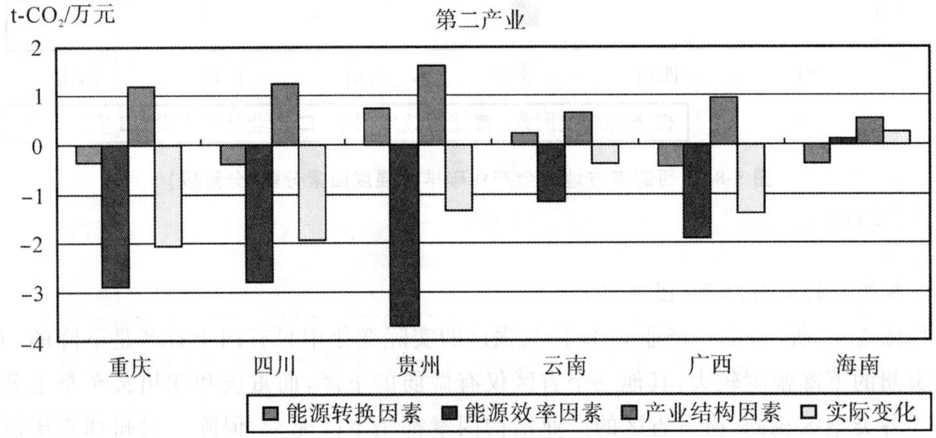

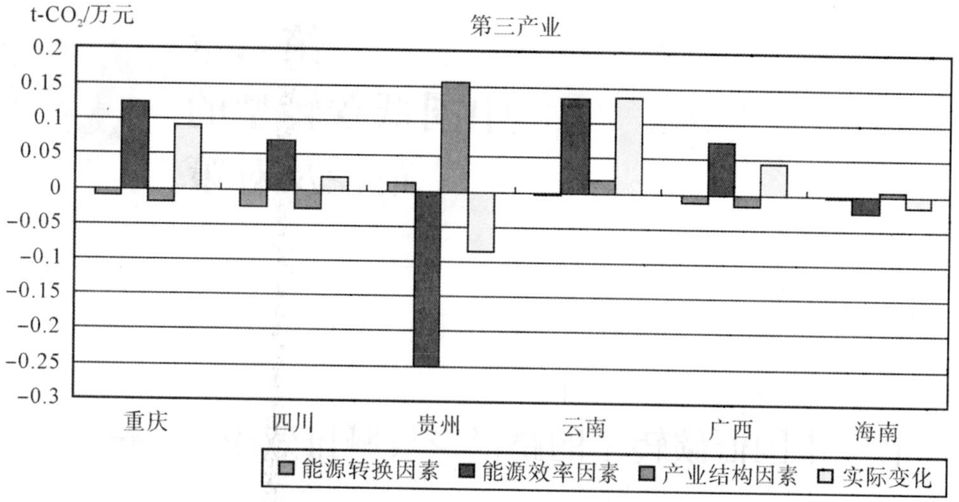

图 5-85　1995—2012 年各产业碳排放强度因素分解

资料来源：笔者作成。

主要参考文献

陈佳贵等：《中国工业化进展报告：1995—2005 年中国各省工业化水平的评价和研究》，社会科学文献出版社 2007 年版。

第六章 中国低碳转型的路径及对策

第一节 中国低碳转型的路径及其减排效应

前已述及，低碳转型是一件关系国计民生和人类前途的大事，是任何一个国家、任何一个人都不能游离之外的一项系统工程。因为低碳转型的最终目的是为了人类社会的可持续发展，如果不转型，人类可能遭受灭顶之灾。

但是，如何才能实现低碳转型呢？也就是说，低碳转型需要通过什么路径来实现呢？由于应对气候变化涉及气候变化的事实和归因、气候变化的影响与适应以及气候变化的减缓等，既有科学技术问题，也有政策行动问题，是一项多学科、综合性的系统工程。本书仅就循着笔者前面的思路，从环境经济学的角度来进行简要的分析。

一、低碳转型的基本路径

低碳是指较低(或更低)的 CO_2 排放。低碳转型的概念是在人类经历了迄今为止的全球变暖，使人们认识到 CO_2 的无节制排放会导致人类灭亡的大背景下提出的。由于事物的惯性及各国、各地区情况的不同，人类社会不可能在短期内完全摆脱对化石能源的依赖，低碳转型不可能一蹴而就，所以低碳转型实质上是一个“低碳化”的过程。

目前国际社会对“低碳”的认识主要有以下三种不同的解释：一是“脱碳”，或称“零碳”，即完全脱离 CO_2 的排放，做到“零排放”；二是“减碳”，即减少 CO_2 排放的绝对量；三是“降碳”，即减少 CO_2 排放的相对量，其中主要的措施就是降低 CO_2 的排放强度，即单位 GDP 或单位产品的 CO_2 排放量。因此，根据各国、各地区实际情况的不同，当前的低碳转型包括脱碳、减碳和降碳的三种形态。

所谓路径，是指道路，或是指到达目的地的路线。低碳转型的路径就是为了实现脱碳、减碳和降碳而遵循的基本路线和途径。仅仅根据前述的分析，我们就可以知道其路径至少可以通过改善能源结构、提高能源效率、优化经济规模和优化人口规模来实现低碳转型。此外，还有技术方面的路径，如增加森林碳汇，重视碳捕集与封存技术的研发等也是低碳转型的有效途径。由于我们这里的重点在于环境经济领域的分析，所以技术路径就不展开分析了。

鉴于此，我们可以将上述低碳转型的路径分别称之为能源转换路径、能源效率路径、经济优化路径、人口优化路径，以及技术提高路径等。要实现低碳转型，就要通过实施上述路径中的一项或几项的组合来达成目标。

（一）能源转换路径

能源转换主要是指通过利用低碳和无碳能源替代高碳能源，从而实现 CO_2 减排。众所周知，目前造成全球变暖的罪魁祸首就是以煤炭、石油和天然气等化石能源为首的高碳能源，要想实现低碳转型，首先应采取的手段就是优化能源结构，减少高碳能源的利用比重，逐步增加低碳或无碳能源的比重，最终过渡到低碳时代。能源转换路径主要包括脱化石能源对策、脱煤炭对策以及煤炭清洁利用对策等手段。

1.脱化石能源对策

所谓低碳能源是指单位热值的能源利用中 CO_2 排放较低的能源品种。水能、风能、太阳能等非化石能源属于无碳能源，生物质能具有碳中性特点，而且大多数非化石能源都属于可再生能源，所以在能源利用中提高非化石能源利用的比重是最直接、最有效的低碳转型对策。

脱化石能源对策就是指通过大力发展水能、风能、太阳能、核能、地热能和生物质能等在内的非化石能源来替代煤炭、石油、天然气等化石能源，以此来实现减少 CO_2 排放的目的。

发达国家在优化传统能源结构的同时，凭借经济技术优势，加大开发可再生能源力度。欧盟提出到 2020 年将可再生能源占终端能源消费的比重提高到 20%，汽车燃油的 10%必须采用生物燃料。欧盟鼓励可再生能源开发利用的具体措施已经取得显著成效。1997—2008 年，欧盟风电装机容量增长 13 倍，发电总装机容量中，风电比重从不足 1%增加到 8%。在 2008 年新增发电装机容量中，风电占 36%，太阳能占 18%，已经超过了当年新增天然气、石油、煤炭发电装机容量的总和。德国、西班牙、丹麦在风电领域处于领先地位。2008 年丹麦风电已占其发电总量的 20%。巴西凭借自然资源优势，大力推动生物质能开发利用，已在生物燃料利用方面确立了优势。目前用于生产乙醇的原材料甘蔗，其种植面积达到 800 万公顷，生物燃料和生物质发电在一次能源消费中的比重高达 16%。巴西政府计划到 2013 年将燃料乙醇年产量由目前的 170 亿升增加到 350 亿升，其中大约 100 亿升将用于出口。

2.脱煤炭对策

由于化石能源在人类发展的过程中曾经和正在起着非常重要的作用，人类对化石能源过度依赖，要想一下子过渡到非化石能源时代是不可能的，只能假以时日，逐步实现脱化石能源的目标。在此期间，首先应该做的是逐步减少煤炭利用的比重，增加其他化石能源，特别是天然气和石油的比重。因为各种化石能源单位标准煤热值当量所排放的 CO_2 是不同的，如煤炭约为 2.64 千克，石油约为 2.08 千克，天然气约为 1.63 千克。因此，与煤炭相比，石油和天然气可以被认为是低碳能源，核能则可以被认为是无碳能源。

国际能源机构的数据表明，1990—2010 年发达国家总体能源结构中，石油比重相对稳定，核能小幅上升，天然气在一次能源消费中的比重由20%上升到24.4%，而煤炭比重由24%下降到20%，单位一次能源供应的CO_2排放降低了6.6%。英国利用天然气替代煤炭，成效非常显著。天然气在一次能源中的比重由1990年的22%提高到2008年的40%，煤炭比重由31%下降到17%，仅此一项，英国2008年CO_2排放就比1990年减少7%。

上世纪70年代，为了应对石油危机，减少石油需求，保障能源安全，发达国家大力发展核电。经历了上世纪八九十年代的停顿之后，发展核电重新提上日程，成为减少温室气体排放的重要手段。据国际能源署分析，要实现全球减排的长期目标，核能装机容量需要由2007年的3.7亿千瓦增加到2020年的5亿千瓦和2030年的7亿千瓦。法国核电在一次能源消费中的比重从1990年的33%提高到2008年的39%。目前法国核电年发电超过4 000亿千瓦时，占总发电量80%左右，使法国人均碳排放在发达国家中处于较低水平。美国在过去30年没有新建核电站，但2002年能源部重新启动核电计划，延期退役现有核电站，同时简化新建核电站的审批程序，2005年通过的《能源政策法案》规定对核电实施税收优惠。美国核能管理委员会的统计数据表明，目前全美有21家公司申请核电站建设许可证，核电站总数达到34座。

3.煤炭清洁利用对策

在人类历史上，煤炭需求和经济活动、社会进步之间存在着密不可分的联系。煤炭利用是人类产业革命的起爆器，在工业革命中起到了至关重要的作用，只是由于后来石油利用的兴起，才使得煤炭利用比重有所下降，但直至目前，煤炭仍然是人类利用的主要能源，特别是在发电、供热等方面应用最广。煤炭在我国的地位更为重要，虽然在过去几十年中煤炭利用比重有所下降，但2012年仍高达66.6%，远远高于石油的18.8%、天然气的5.2%，以及水电、风电、核电等的9.4%。因此，对于我国来讲，脱煤炭化绝非易事，需要在煤炭清洁利用方面做文章。

在中国未来的能源图景中，以“实益电气化”(beneficial electrification)为导向的21世纪燃煤发电厂占据重要地位。以煤为原料的先进能源技术如能得到更广泛的应用，将为中国带来一场“绿色能源革命”。在美国，正是这样的绿色能源革命，让20世纪50年代那些臃肿拥堵的工业城市脱胎换骨，一跃成为风光无限的经济中心。同今日中国一样，美国也曾深受雾霾困扰，现在蓝天白云能够重现，秘诀之一就是洁净煤技术的普及。近几十年来，美国的GDP翻了一番，发电燃煤使用量也增长了173%，然而度电的主要污染物排放率却下降了89%。美国投入了1 000多亿美元研发现代洁净煤技术，大大减少了燃煤时二氧化硫、氮氧化物和汞等主要污染物的排放量，99.9%因燃煤产生的颗粒物(雾霾的头号元凶)也可以借助高科技完全移除。①

因此，利用先进的清洁发电技术并配合煤炭转化利用，来进一步推动煤炭的广泛应用，应是中国清洁能源战略的重要组成部分。位于天津市的“绿色煤电”发电厂和碳研究

① Gregory H. Boyce：《洁净煤：中国现代化原动力》，http://business.sohu.com/20140506/n399189311.shtml，2014年5月6日。

中心，是中国迈出的重要一步。这是中国第一座气化发电厂，华能集团将其称作“洁净煤发电技术在中国的巨大突破”。

（二）能源效率路径

CO_2 排放主要来源于化石能源的排放，假定人类不消费化石能源，就不会产生 CO_2 排放。但这是不可能的，因为人类对能源的需求源于自身生存和发展的需要，而当今社会可以满足人类需要的主要还是化石能源，所以对化石能源的消耗是在情理之中的。这就会产生一个矛盾：一方面化石能源消费会造成全球变暖；一方面，人类又不得不消费化石能源。在这种情况下，人类可以通过用尽量少的能源消耗来最大限度地满足自身的需要，这就是所谓的能源效率途径。

所谓能源效率途径就是指通过强化节能和提高能效，使单位产出的能源消耗量尽可能地减少，或者是单位能源消耗的产出尽可能增加的一种低碳转型手段。

发达国家在能效水平相对较高的基础上，进一步强化节能和提高能效的政策措施，抑制能源需求增长，降低二氧化碳。欧盟提出到 2020 年能效提高 20%，发布《能源政策绿皮书》和《提高能源效率行动计划》，明确了涵盖建筑、交通、制造业等十大重点领域提高能效的 75 项具体措施。通过上述节能措施，欧盟可减少能源消费 4 亿吨标油，减少 CO_2 排放约 8 亿吨。在发达国家能源消费中，工业能耗大多不足 30%，而建筑和交通能耗比重各占 30%～40%，所以建筑和交通成为节能和提高能效的重点领域，而且效果显著。根据国际能源机构统计，1990—2006 年，发达国家人均建筑采暖能耗下降 19%，单台冰箱、洗衣机等大型家用电器能耗下降 24%，新车每百千米油耗平均下降 15%。2009 年，欧盟各成员国全面实施新的建筑能耗标准，大力推广无主动供暖的超低能耗新型建筑，预计可使欧盟终端能源消费总量减少 11%。日本自本世纪初实施“领跑者计划”，鼓励电器和汽车等用能设备节能和提高能效。2005 年，日本照明能效水平比 1997 年提高 36%，乘用车燃油经济性提高 23%。2009 年，美国制定新的汽车燃油经济性标准，要求 2011 年所有在美国制造和销售的轿车和轻型卡车每百千米油耗比当前水平下降 8%。

（三）经济优化路径

我们知道，能源需求和 CO_2 排放的大部分来自经济和产业领域。一般而言，在其他条件不变的情况下，经济增长都伴随着能源消费和 CO_2 排放的增加，对我们人类而言这是一个棘手的问题。从这个意义上讲，经济发展带来 CO_2 排放增加的问题是不可避免的，关键在于经济增长率和 CO_2 排放增加率的关系上。

我们面临的选择就是放弃或者放缓经济增长来实现 CO_2 排放的削减，还是持续保持经济高速增长而继续维持 CO_2 排放增加的一个两难的问题。我们是可以通过缩小经济规模的手段来实现 CO_2 的减排，因为在其他条件相同的前提下，经济规模越小，CO_2 排放量就越少。

在一般情况下，人们都不大愿意采用人为地缩小经济规模这种手段，大部分人可能对牺牲经济增长来实现 CO_2 排放削减的目标有一定的抵触感，特别是经济发展水平较低的发展中国家更是如此，原因在于经济规模的缩小意味着要减少自己的财富，降低自己的生活水平(同样假设其他条件不变),而发展中国家面临的首先是经济发展问题,因此大多会选择经济优先的做法。然而,在经济发展到一定水平以后,或者说当全球变暖的威胁变得越来越明显的时候,这种想法可能会有所转变。我们所能做的是在维持一定经济增长和人类生活水平的前提下,尽量找到一条二者兼顾的道路。例如,我们可以通过提高经济效率降低单位产出的 CO_2 排放强度,其结果是经济的增长和 CO_2 排放的增加就不会是同步的。如果单位 GDP 的 CO_2 排放能够大幅度降低的话,即使经济规模增大,也可以实现 CO_2 排放在经济增长率以下的、缓慢的增加甚至实现 CO_2 排放的减少。

所谓经济优化路径,就是指通过降低单位产出的 CO_2 排放量来实现低碳转型的一种对策手段。具体的做法一是通过技术研发提高经济的产出效率,二是优化和调整产业结构。前者的效果是不言而喻的,后者的效果主要体现在各种产业的能源密集度上。一般而言,重型产业或高耗能产业的单位产出需要消耗的能源多,从而在其他条件不变的情况下,自然就会排放出更多的 CO_2。可以推测,随着一个国家或地区产业结构的变化,比方说随着工业化过程的实现,第三产业比重的增加,单位产出的 CO_2 排放就会随之降低,从而实现由高碳向低碳的转型。

当然,这种产业结构的变化还有着一定的客观规律,不是我们完全可以人为地左右的。例如中国现阶段正处于工业化阶段,"发展是第一要务",由于基础设施建设的需要,原材料等重工业的规模扩大不可避免。从前面的分析也印证了我国工业部门 CO_2 排放的增加主要是由于规模扩大所引起的,这就使得我国面临着工业化和低碳化的两难选择,给我国的 CO_2 减排带来了极大的困难。

就一般的发展规律来看,发达国家的 CO_2 减排首先是从产业部门,特别是工业部门开始的,而第三产业和国民生活消费所产生的 CO_2 排放量的减少是在其之后。现阶段发达国家已进入后工业化时期,生产的目的主要是满足人们的生活需求。以日本为例,2007年日本产业部门的 CO_2 排放量占总排放量的比重为36.1%,从 1990 年以来日本的 CO_2 排放量虽然是增加的,但增加的主要是运输、商业、家庭等部门,实体产业部门的排放量却是下降的(如 2007 年比 1990 年下降了 6.0%①)。由此可见,中国工业部门的 CO_2 排放减排任务是十分艰巨的。

但这并不意味着在规模减排方面我们就束手无策。要想在实现工业化的过程中尽快实现 CO_2 总量减排,可以采取推动工业增长方式的转变、调整工业行业结构、降低高耗能行业比重、促进传统产业的低碳化升级改造等政策手段。

发达国家通过加速产业结构升级,带动经济向低碳转型,单位国内生产总值 CO_2 排放也呈现下降趋势,高能耗的原材料产业和制造业在国民经济中的比重明显下降,低排放的金融、服务、信息等产业迅速发展。同时,第二产业内部结构也发生明显变化,通过提高环保标准等措施,低端制造业和冶金、化工等高耗能产业发展停滞甚至萎缩,部分转移到

---

① 5分で分かる地球温暖化問題,http://www.jiji.com/news/handmade/file/s/vcm600－04_01.gif

发展中国家。例如：1990—2007年，英国第二产业占国内生产总值的比重从35%下降到23%，第三产业的比重从63%上升到76%。工业制造业中，粗钢的产量锐减2/3。产业结构的变化是发达国家能够实现温室气体减排的一个重要方面，1990—2010年，发达国家单位国内生产总值 CO_2 排放也下降了26.7%。处在城市化和工业化过程中的发展中国家，尽管国民经济中高耗能制造业比重上升的阶段性特征一时难以改变，但仍把调整产业结构作为控制温室气体排放的重要途径。

低碳产业是以低能耗、低排放为基础的产业。在传统社会主义经济学理论中，产业主要指经济社会的物质生产部门，产业是具有某种同类属性的企业经济活动的集合。一般而言，每个部门都专门生产和制造某种独立的产品，在某种意义上，每个部门也就成为一个相对独立的产业部门，如农业、工业、服务业等。相对于工业而言，农业和服务业的单位增加值 CO_2 排放相对较低，是低碳产业；相对于钢铁、建材、化工等而言，高新技术产业、战略性新兴产业的单位增加值 CO_2 排放相对较低，是低碳行业。

低碳建筑是指在建筑物设计、建筑材料与设备制造、施工建造和建筑物使用的主要环节，通过利用外墙、门窗、屋顶等节能技术，以及太阳能热水器、光电屋面板、光电外墙板、光电遮阳板、光电窗间墙、光电天窗以及光电玻璃幕墙等新能源的开发利用，最大限度地减少建筑物建造以及在采暖、制冷和照明等过程的化石能源的使用，降低 CO_2 排放量。目前低碳建筑已逐渐成为国际建筑界的主流趋势，也是当前绿色建筑理念的前沿体现。

低碳交通是一种以低能耗、低排放为根本特征的交通运输发展模式，其核心在于提高交通运输的用能效率、改善交通运输的用能结构、减缓交通运输的碳排放，目的在于使交通运输系统逐渐摆脱对化石能源的过度依赖，实现低碳转型发展，支撑低碳经济的成长。低碳交通运输是既能满足经济社会发展的正常需要，又能降低单位运输量碳强度的新型产业形态。

低碳城市是以城市空间为载体推进低碳发展，实施绿色交通和建筑，转变居民消费观念，创新低碳技术，从而达到最大限度地减少温室气体的排放的目的。还有学者认为，低碳城市是以低碳经济为发展模式及方向，市民以低碳生活为理念和行为特征，政府以低碳社会为建设标本和蓝图的城市。低碳城市发展旨在通过经济发展模式、消费理念和生活方式的转变，在保证生活质量不断提高的前提下，实现有助于减少碳排放的城市建设模式和社会发展方式。也有机构将低碳城市定义为在经济高速发展的前提下，保持能源消耗和 CO_2 排放处于较低的水平。

低碳产业园区是由政府集中统一规划，统筹兼顾碳排放与可持续发展，合理规划、设计和管理区域内的景观和生态系统，积极采用清洁生产技术，大力提高原材料和能源消耗使用效率，以形成低碳产业集群为最终发展目标。低碳产业园一般应具备以下几个方面特点：在产业发展方面，应促进不同产业之间物质和能源的低碳循环；在产业园区内部生产环节中注重清洁生产，构建低碳能源供应体系；低碳产业园区规划建设中，土地得到集约利用，产业功能结构合理，生态环境良好，建立产业园区内的园林绿化固碳体系；健全工业园区低碳运行政策、低碳规划建设和管理体系。

(四)人口优化路径

人是一切活动的主体，同样也是能源消费、CO_2 排放的主体，人类除了通过产业和经济活动排放 CO_2 外，也通过自身的其他社会、文化、生活等方面的活动排放 CO_2。一方面，一般而言，随着人口的增加，CO_2 排放也呈现出增加的态势。我国成为世界 CO_2 排放大国，显然与我国的人口规模不无关系。另一方面，不仅是人口的数量，人口的质量也对 CO_2 排放产生较大影响。如果人口的环境意识较强，能够自觉地践行低碳实践，有意识地减少 CO_2 排放，那么即使人口增加，也不会相应地增加 CO_2 排放。

所谓人口优化路径，就是指通过提高人们对 CO_2 减排的自觉性来实现低碳转型的一种手段。我们可以采取的做法很多，例如践行低碳生活，建设低碳城市、低碳社区等。

低碳社区是指在社区内将所有人为活动所排放的二氧化碳降到最低，一般应具备以下两个方面基本特点：社区规划、设计、建设以绿色低碳为理念，社区内部建筑和交通以低碳为特征。社区居民的生产方式、生活方式和价值观念发生较大变化，具有较强的减少 CO_2 排放的社会责任，并以低碳行动来改变自身的行为模式，且社区居民的人均 CO_2 排放水平较低。

(五)技术提高路径

技术提高路径主要是指通过科学技术的创新来达到低碳转型目的的一种对策手段，如保持和增加森林碳汇、开展碳捕集与封存技术的研发等。

通过植树造林和加强森林管理，保持和增加碳汇，吸收 CO_2，是减少 CO_2 的重要手段。例如，美国虽然是林产品大国，但十分重视森林的社会效益和生态效益。联邦政府采用“费用分担补助计划”，鼓励各州和私人营造非用材林。《美国清洁能源与安全法案》允许使用 10 亿吨国内碳排放抵消额度，主要来源就是通过国内森林管理增加碳汇。日本拥有非常完备的林业法律法规体系，森林覆盖率高达 67%。印度鼓励植树造林，森林覆盖率从 1990 年的 19.5%提高到 2006 年的 23%，计划通过农用林和天然林保护，逐步将森林覆盖率增加到 30%。

重视碳捕集与封存技术的研发。尽管该技术目前仍处于研发阶段，如果取得技术突破，使成本和能源消耗大幅降低，未来大规模商业化应用的减排潜力就会非常巨大。根据国际能源署分析，要实现全球减排的长期目标，2030 年需减排量的 10%将依靠碳捕集和封存技术来实现。为了争夺未来关键低碳技术的主导权，欧美等发达国家积极开展碳捕集和封存技术研发，特别是燃煤发电比重较高的美国，在该技术的机理、潜力、经济性评估等方面开展了大量研究。而且美国还尝试通过立法，规定 2020 年之后新建燃煤发电站必须应用碳捕集和封存技术。此外，挪威、加拿大等一些国家积极尝试碳捕集、利用、封存的新途径，增强该技术应用的经济性。

二、我国低碳转型路径的减排效应

(一)能源转换路径的减排效应

从前面 CO_2 排放变化的因素分解结果可以看出，能源转换因素对我国 CO_2 减排的效果并不十分明显。图 6-1 表示的是分别以 1990 年和 2005 年为基准的能源转换路径的减排效应。基本思路是假设研究期内单位能源消费的 CO_2 排放量都按照基准年的水平来计算的话，其他年份将会排放出多少 CO_2（这是一个虚拟量），然后与实际的排放量进行比较，得出的差额就是各年的减排效应。之所以选取 1990 年与 2005 年这两个时间节点，是因为 1990 年是《京都议定书》中温室气体减排的基准年，2005 年是中国向世界承诺 CO_2 排放强度减排目标的基准年，虽然《京都议定书》并未对我国分配减排任务，中国的自主承诺也只是碳强度（单位 GDP 的 CO_2 排放量）目标，并不是能源强度的目标，但为了瞻前顾后、横向纵向地了解我国低碳转型的全貌，故作了如此选择。

从图 6-1 我们可以看出，我国历年能源低碳的减排效应波动频繁。以 1990 年的基准的情景来看，2009 年达到了 3.8 亿 t-CO_2 的最大减排量，但近三年减排量大减，到 2012 年下降到只有 0.14 亿 t-CO_2，几乎没有起到什么作用；如果以 2005 年为基准来看的话，状况更不乐观，2012 年的能源低碳效应不仅没有减排，反而增排了 2.3 亿 t-CO_2。

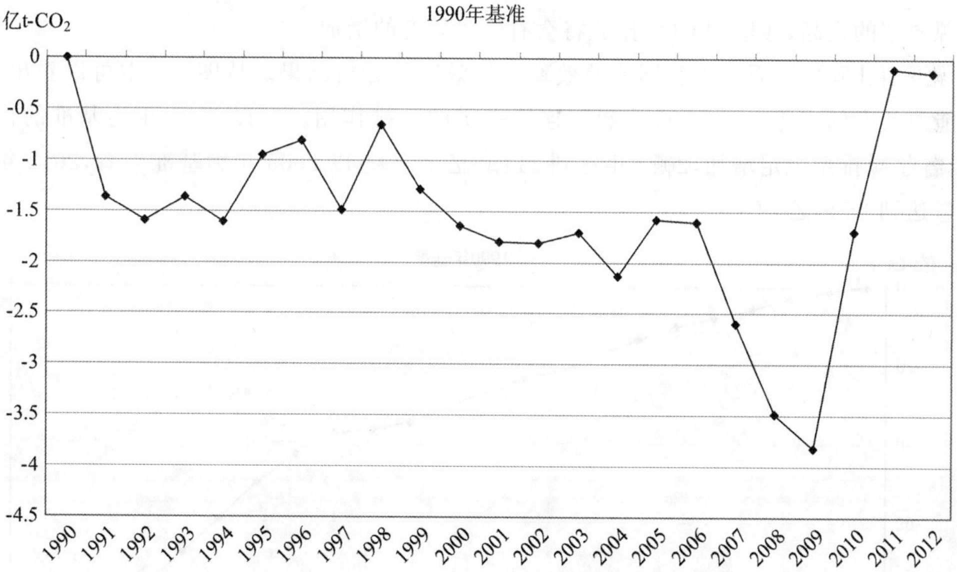

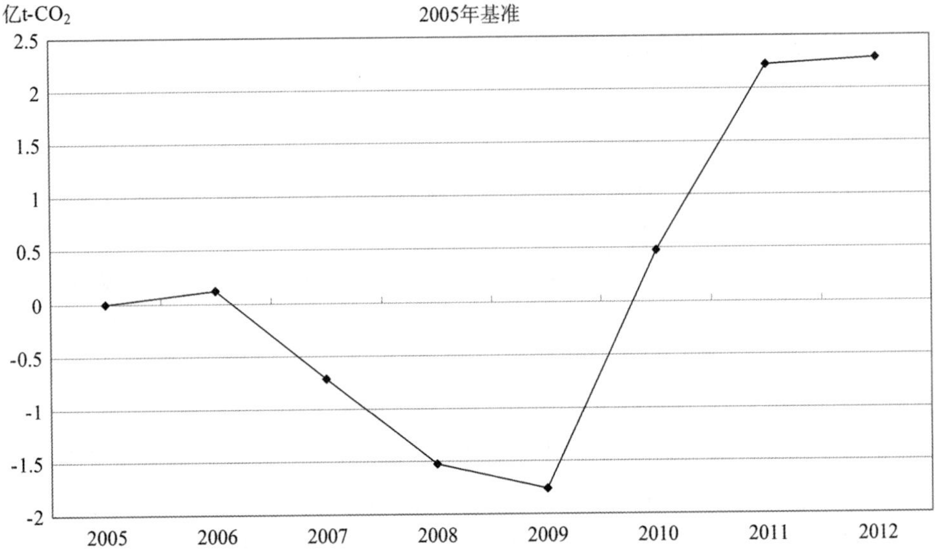

图 6-1　中国能源转换路径的减排效应

资料来源:笔者作成。

(二)能源效率路径的减排效应

前述分析已经表明,能源效率提高是迄今为止我国 CO_2 减排的主要原因,如果没有能源效率的提高,我国的 CO_2 排放将会有巨大幅度的增加。

下面让我们来看一下我国能源效率减排效应的分析结果。从图 6-2 中可以看出,我国能源效率的变化对 CO_2 排放起着连续一贯的减排作用。在以 1990 年为基准的情景中,各年减排量稳定增加,2012 年达到 114.0 亿 t-CO_2;以 2005 年为基准来看,2012 年减排量达到 25.9 亿 t-CO_2。

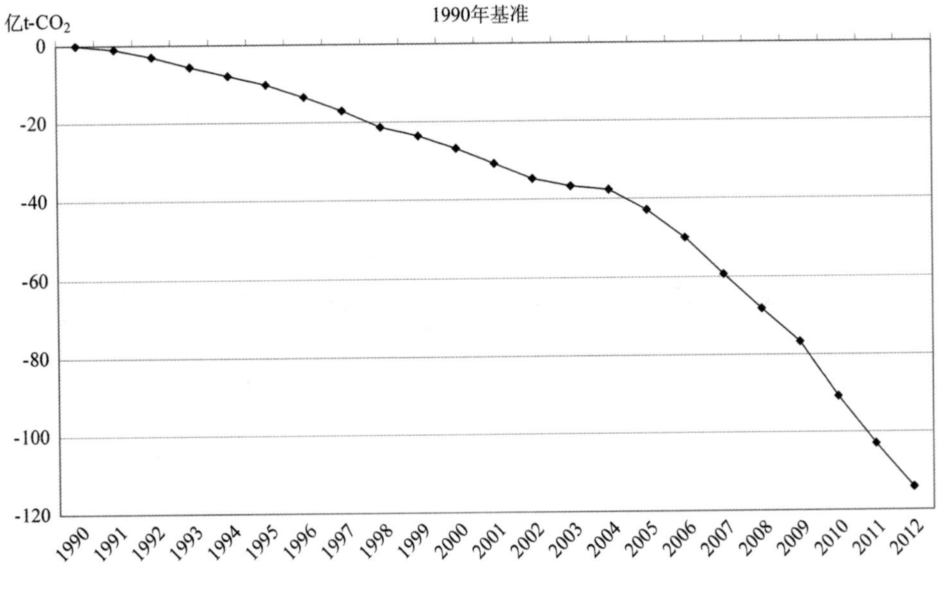

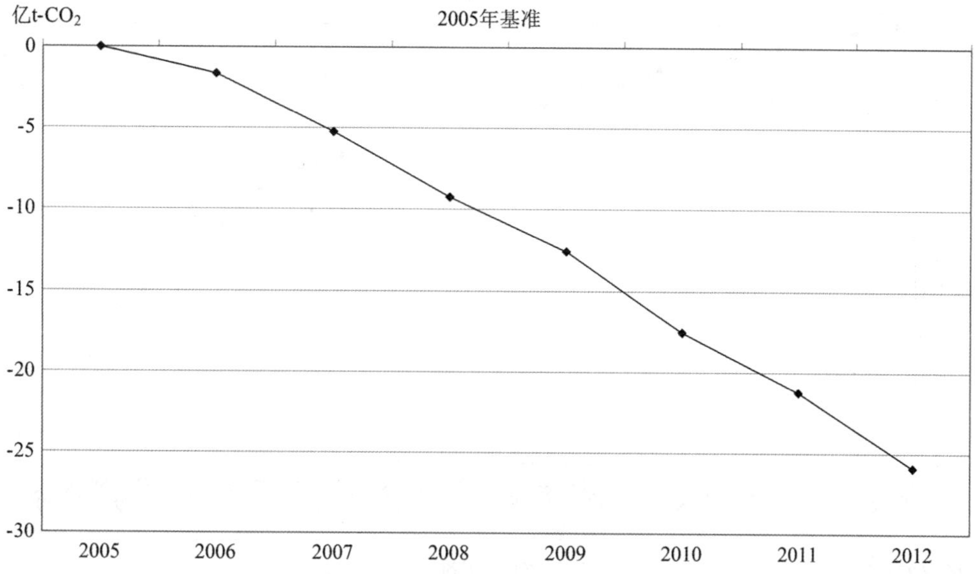

图 6-2 中国能源效率路径的减排效应

资料来源：笔者作成。

（三）经济优化路径的减排效应

如前所述，经济发展是造成我国 CO_2 排放增加的最大原因。但我们也应该看到，在经济发展的同时，如果我们能够提高经济效率，同样会起到 CO_2 减排的效果。以单位产出的 CO_2 排放量（CO_2 排放强度）为例，如果我们能够降低 CO_2 排放强度，那么就相当于以同样的产出降低了 CO_2 排放，或者说以同样的 CO_2 排放量实现了更大的产出，既不增加 CO_2 排放也实现了经济的发展。虽然人为地限制经济的发展，使之零增长或负增长，在其他条件相同的情况下也可以实现 CO_2 减排，但这种做法一般是不会被接受的。因此，经济优化路径的减排核心就是降低 CO_2 排放强度，从而实现在经济发展的同时减少 CO_2 排放。

图 6-3 是因我国 CO_2 排放强度变化而实现的减排效应。从图中可以看出，我国由于 CO_2 排放强度的变化实现了持续的减排，减排量逐年增大。以 1990 年为基准来看，到 2012 年的 23 年间累计减排达 114.3 亿 t-CO_2，这意味着如果没有 CO_2 排放强度的降低，2012 年将会在现有基础上多排放出如此数量的 CO_2；再以 2005 年为基准来看，到 2012 年累计减排为 22.9 亿 t-CO_2。

另外，根据《中国应对气候变化的政策与行动 2014 年度报告》的数据[①]，2013 年我国单位 GDP 的 CO_2 排放比 2012 年下降4.3%，比 2005 年累计下降 28.56%，相当于减排

① 国家发展和改革委员会：《中国应对气候变化的政策与行动 2014 年度报告》，2014 年 11 月，http://qhs.ndrc.gov.cn/gzdt/201411/W0201411263 67753366809.pdf。

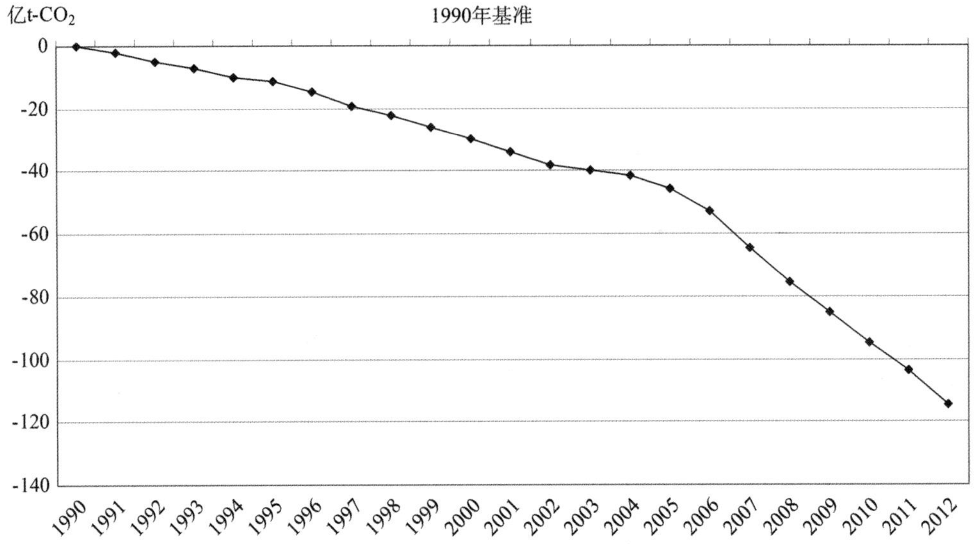

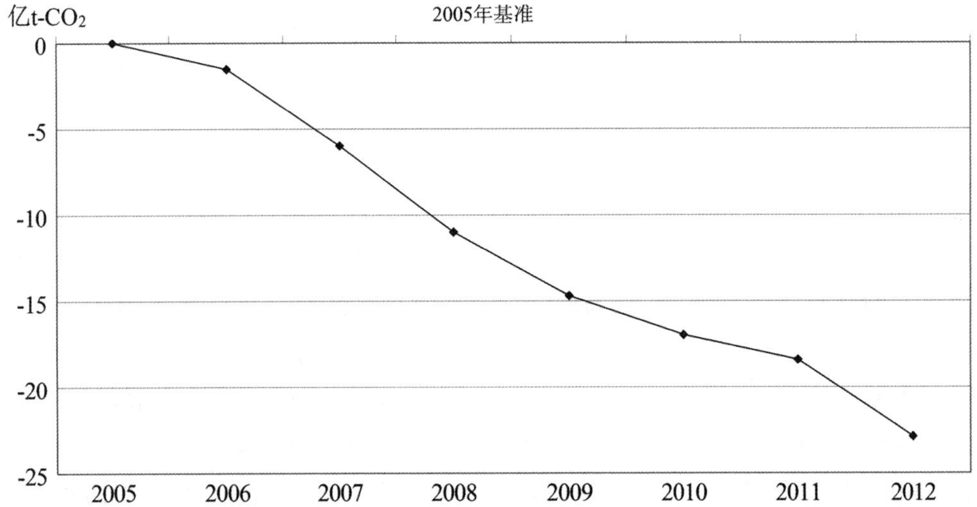

图 6-3　中国经济优化路径的减排效应

资料来源:笔者作成。

CO_2 达 25 亿 t-CO_2。这从一个侧面证明了本研究的结果有较强的可信性。

(四)人口优化路径的减排效应

人口是影响 CO_2 排放的终极因素。归根到底化石能源的利用是为了满足人类进一步扩张的需求才产生的。如果没有人类的需求,当然也就谈不上能源利用,从而低碳转型也就无从谈起了。在现阶段,人类通过利用化石能源而带来的 CO_2 的排放是出于自身发展的需要,有其客观的必要性。但这种需要也和食物等其他物品一样,可以分为基本需要和奢侈需要。基本需要是指满足人类自身生存所必须满足的需要,奢侈需要则是指满足人类更高欲望,如享乐方面的需要。这里也存在一个类似于库兹涅茨曲线的现象,即在满足人类基本需求的初期,人均 CO_2 排放量会有一个必然的增加;随着基本需求的进一步满足,有可能由快速增加转变为缓慢增加,进而达到一个峰值,之后会出现人均 CO_2 排放的下降。

所谓低碳转型的人口优化路径,就是指人类在满足基本需要的前提下,通过约束自己的高碳行为,践行节能低碳的一种途径。从我国 1990 年以来人均 CO_2 排放的实际来看,我国人均 CO_2 排放一直呈现增加态势,除了个别年份外,并没有出现连续而明显的减排现象。以 1990 年为基准来看,我国的人均 CO_2 排放呈逐年增加的趋势,2012 年比 1990 年增排 4.3 t-CO_2/人;以 2005 年为基准来看,2012 年比 2005 年增排 2.1 t-CO_2/人(图 6-4)。

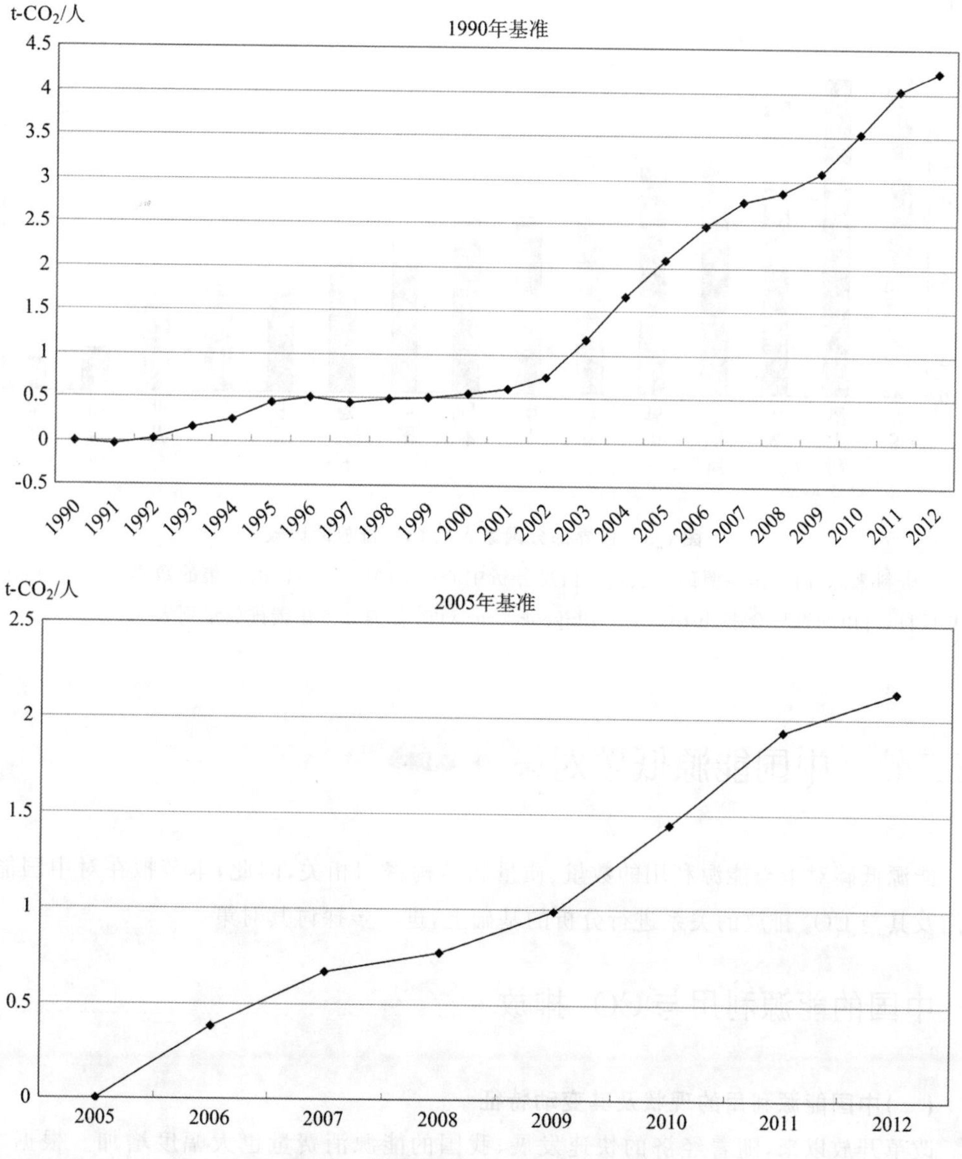

图 6-4　中国人口优化路径的减排效应

资料来源:笔者作成。

之所以会出现上述情况，与我国人均 CO_2 排放尚未达到上述峰值有关。图 6-5 表示了 2010 年世界部分国家人均 CO_2 排放量的比较情况。从中可以看出，中国的人均 CO_2 排放量为 6.2 t-CO_2/人，低于许多西方发达国家，但已高于世界平均水平的 4.9 t-CO_2/人，也高于巴西、印度等发展中国家，似乎预示着我国的人均 t-CO_2 排放已经快要达到峰值，可能在不久的将来会开始下降。当然，所谓的基本需求也不可能是一个固定的数值，会因为各种国情而千差万别，大致的参照是欧洲各国和日本基本上都在 10 t-CO_2/人以下。

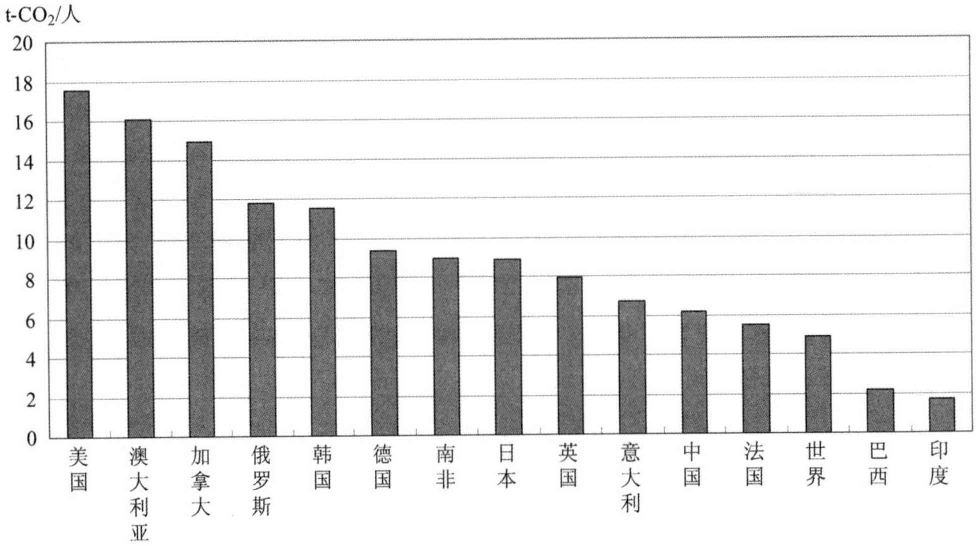

图 6-5　世界部分国家人均 CO_2 排放的比较

资料来源：由美国能源部二氧化碳信息分析中心(CDIAC)为联合国收集的数据。转引自：维基百科，自由的百科全书，http://zh.wikipedia.org/wiki/各国二氧化碳排放量列表。

第二节　中国能源低碳对策

能源低碳对策与能源利用的数量、质量和结构密切相关，因此，本节拟在对中国能源利用及其与 CO_2 排放的关系进行分析的基础上，进一步探讨其对策。

一、中国的能源利用与 CO_2 排放

(一)中国能源利用的现状及其变动特征

改革开放以来，随着经济的快速发展，我国的能源消费量也大幅度增加。根据“BP Statistical Review of World Energy 2013”的数据，2012 年我国的一次能源消费量达 27.35 亿吨油当量，占世界消费总量的 21.9%，早已超过美国成为世界第一大能源消费国。

图 6-6 表示了中国 1990 年以来能源消费总量的推移情况。从中可以看出，我国的能源消费在 2002 年以前的增长相对缓慢，中间经过一段快速增长期之后又趋于相对缓慢。具体以五年间隔的年均增长率来看，1990—1995 年相对适中，为 5.9%；1995—2000 年增长最慢，下降为 2.1%；2000—2005 年陡然增加，高达10.2%；2005—2010 年增速回落，降到 6.6%；2010 年以后的两年继续回落，进一步降到 5.5%。

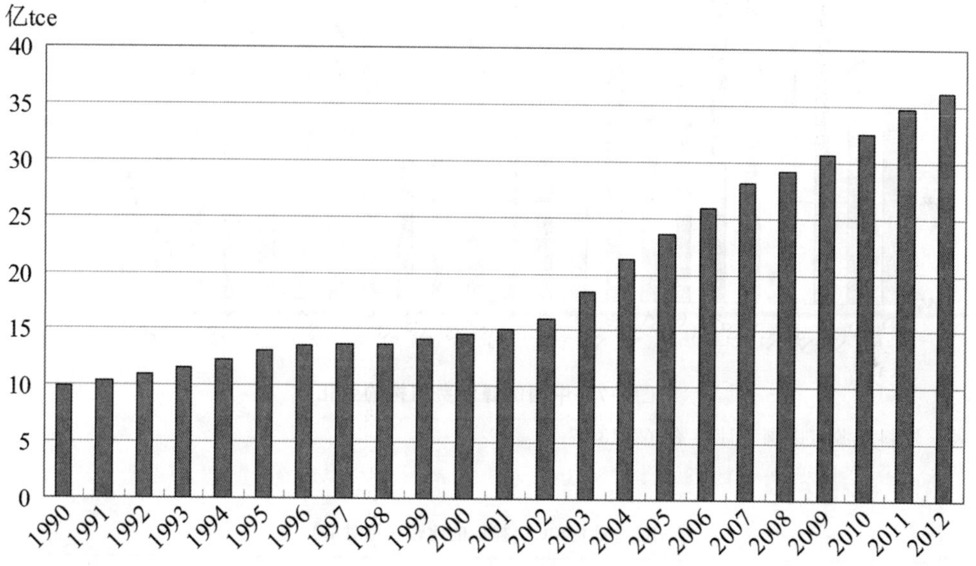

图 6-6　中国能源消费总量的推移

资料来源：《中国统计年鉴》(2013)。

图 6-7 是中国能源消费结构的变化情况。从中可以看出，在我国，传统的化石能源(煤炭、石油和天然气)消费一直占绝对优势，至今仍在 90%以上；图中的“其他”代表的水电、核电和风电等新能源虽然呈增加态势，从 1990 年的 5%左右艰难攀升，到 2012 年也只占 9.4%；而在化石能源中，首屈一指的就是煤炭，从 1990 年的 76.2%缓慢下降到 2012 年的 66.6%，其间石油和天然气的比重略有上升，分别从 16.6%和 2.1%上升到 18.8%和 5.2%，上升了 2%～3%。

(二)中国能源利用与 CO_2 排放

CO_2 排放量与能源利用的数量和结构有着十分密切的关系。从图 6-8 可以看出，1990 年以来，中国能源消费和 CO_2 排放都呈递增态势，特别是进入本世纪的最初几年，曾出现了新一轮的快速增长，而且两者的增长趋势基本一致，这一点从相对变化的推移来看更为明显，两者的变化曲线几乎重合。再从图 6-9 的相关关系也可以看出，中国能源消费与 CO_2 排放的正相关度是很高的。

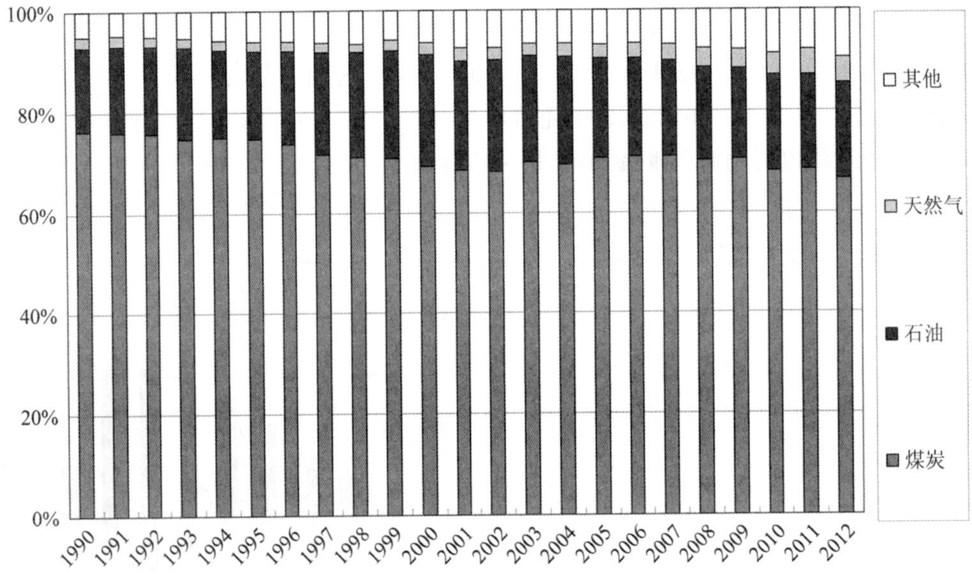

图 6-7　中国能源消费结构的变化

资料来源:《中国统计年鉴》(2013)。

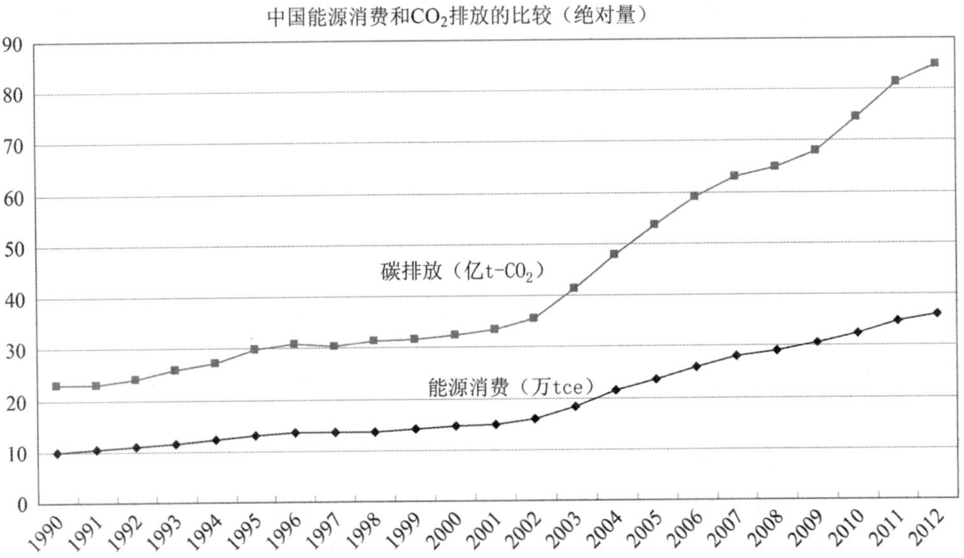

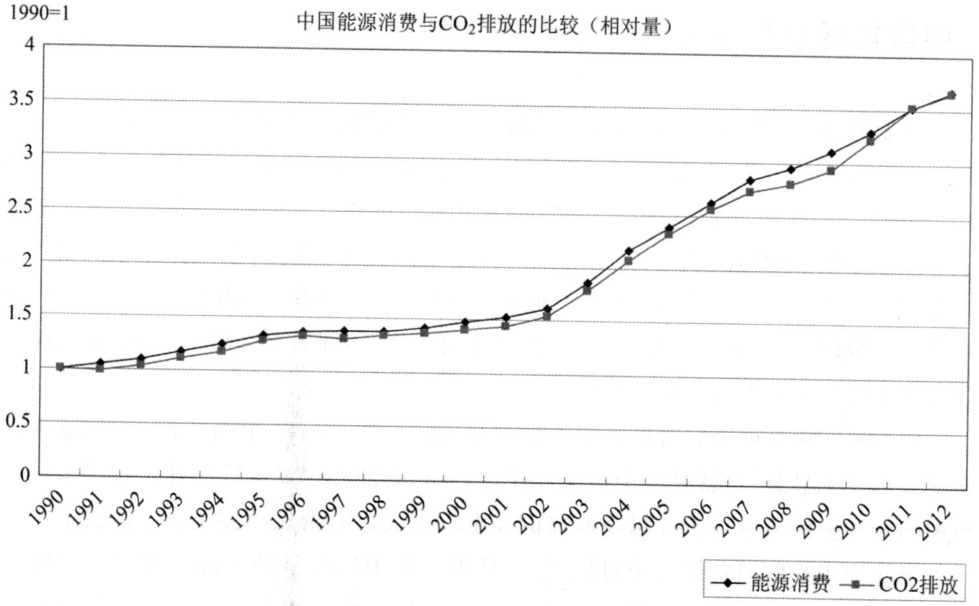

图 6-8　中国能源消费与 CO_2 排放的比较

资料来源：能源数据来自《中国统计年鉴》(2013)，CO_2 排放数据系作者推算而得。

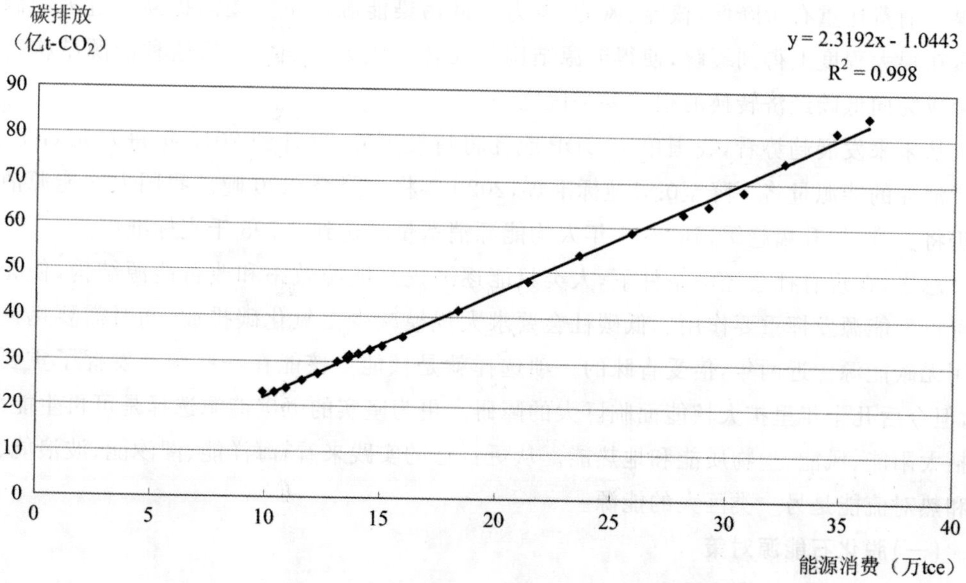

图 6-9　中国能源消费与 CO_2 排放的相关

资料来源：能源数据来自《中国统计年鉴》(2013)，CO_2 排放数据系作者推算而得。

二、中国能源低碳对策

优化能源消费结构、改善生态环境是低碳发展的基础。能源低碳对策是指通过转换能源结构来实现 CO_2 减排的一种政策手段。如通过将 CO_2 等温室气体排放较多的煤炭向 CO_2 等排放较少的石油、天然气的转换，或者通过将煤炭、石油、天然气等化石能源向几乎不排放 CO_2 的水力、风力、太阳能等可再生能源的转换(在中国也包括原子能)来达到 CO_2 等减排的目的。一般而言，能源低碳对策包括：脱化石能源化(从化石能源转向非化石能源)、脱煤炭化(从煤炭转向石油、天然气)以及化石能源利用的高度化(化石能源清洁利用技术的开发和促进)等三种方法。

正如本研究进行的因素分解所表明的那样，过去几十年间，中国各部门、各地域的能源转换成果很不显著，也就是说中国脱煤炭化、脱化石能源化没有取得什么进展。这种状况与中国能源资源的赋存状况以及所处的经济发展关系有密切的关系。中国长期以来无法从以煤炭为中心的消费结构中自拔，主要是因为在中国的各种能源资源中煤炭的数量最多、开发条件(包括开发成本等)也比其他能源容易得多。过去曾经因为经济发展水平、技术水平以及资金等方面的制约，既无法大量进口 CO_2 排放比煤炭少的石油和天然气，也无力投入大量的资金用于新能源开发。然而，现在的状况有了很大的改变。近年来我国煤炭消费比重有所降低，核能、风能、电力等低污染能源比重正逐渐提高。过去的制约因素在很大程度上得到缓解，使得能源结构的大转换成为可能。今后这种能源结构转换将会成为向低碳经济转换的很重要手段之一。

从未来发展趋势看，我国单位 GDP 能耗将持续下降，预计到 2015 年每万元 GDP 产出所消耗的能源量将下降至0.87吨标准煤，2020 年将下降至 0.80 吨。我国人均能源消费量仍将上升，但升幅趋缓，到 2015 年人均能源消费量将达到 2 795 千克标准煤。

总之，在现有社会经济条件下，人类只能逐渐提高能源效率和改善能源结构，使无碳及可再生能源发挥重要作用。低碳社会要求大规模减少二氧化碳排放，同时需要迅速地使用无碳能源。近两年，倍受青睐的一项选择就是核能。核能在一些国家发挥了重要作用，但今后几十年里扩大核能面临巨大的障碍。更为坚实的无碳能源选择是可再生能源，包括太阳能、风能、生物质能和地热能。从更长远的实践来看，海洋能、潮汐能、波浪能、洋流和热对流能是另一类巨大的能源。

(一)脱化石能源对策

1.脱化石能源对策的现状

脱化石能源就是大力发展非化石能源。利用低碳燃料对化石能源进行替代，发展多样化能源，对 CO_2 减排效果十分明显。为了优化能源结构，保障能源安全，保护环境和可持续发展，能源多样化已经成为中国能源战略的核心目标之一。

中国大力发展新能源和可再生能源，积极调整能源结构，通过制定《可再生能源法》，发布《可再生能源中长期发展规划》和《可再生能源发展“十一五”规划》、《可再生能源发展

"十二五"规划》等，对可再生能源的发展进行科学规划，并推出一系列旨在促进可再生能源发展的财税政策。在规划中提出，到 2020 年非化石能源利用要达到全国一次能源利用比重的 15%，而在"十二五"时期这一比例要达到 11.4%。

为达此目标，一是积极发展水电；二是加强并网配套工程建设，有效发展风电；三是积极发展太阳能、生物质能、地热能、海洋能等其他新能源；四是在确保安全的基础上高效发展核电；五是大力发展新能源产业，重点发展新一代核能、太阳能热利用和光伏光热发电、风电技术装备、智能电网、生物质能以及插电式混合动力汽车、纯电动汽车和燃料电池汽车。

表 6-1　中国脱化石能源对策

年份	名　称	类　别
2005	可再生能源法 可再生能源中长期发展规划 可再生能源发展"十一五"规划 可再生能源发展"十二五"规划	可再生能源
2010	可再生能源建筑应用城市示范实施方案 加快农村地区可再生能源建筑应用的实施方案 可再生能源法修改	可再生能源
2012	可再生能源电价附加补助资金管理暂行办法	可再生能源
2007	水电专题规划	水能
2007	国家核能发电发展规划(2005—2020 年) 核电中长期发展规划	核能
2008	风力发电设备产业化专项资金管理暂行办法 风电专题规划	风能
2009	关于完善风力发电上网电价政策的通知	风能
2009	太阳能光电建筑应用财政补助资金管理暂行办法 金太阳示范工程财政补助资金管理暂行办法 太阳能专题规划 关于加快推进太阳能光电建筑应用的实施意见	太阳能
2010	太阳能光电建筑应用财政补助资金暂行管理办法	太阳能
2012	太阳能发电发展"十二五"规划	太阳能
2013	国务院关于促进光伏产业健康发展的若干意见 光伏电站项目管理暂行办法 分布式光伏发电项目管理暂行办法	太阳能
2014	关于下达 2014 年度报告 2014 年光伏发电年度新增建设规模的通知 关于开展分布式光伏发电应用示范区建设的通知 关于支持分布式光伏发电金融服务的意见 关于进一步落实分布式光伏发电有关政策的通知	太阳能
2008	秸秆能源化利用补助资金管理暂行办法 生物质能专题规划	生物质能
2010	关于完善农林生物质发电价格政策的通知	生物质能
2012	生物质能发展"十二五"规划	生物质能
2014	关于开展生物质成型燃料锅炉供热示范项目建设的通知	生物质能
2012	关于促进地热能开发利用的指导意见	地热能

资料来源：根据历年《中国应对气候变化的政策与行动》等相关资料整理作成。

我国在2005年就颁布了《可再生能源法》，制定可再生能源优先上电网、全额收购、价格优惠及社会分摊的政策，建立可再生能源发展专项资金，支持资源评价与调查、技术研发、试点示范工程建设和农村可再生能源开发利用。根据国家《可再生能源中长期发展规划》，中国积极推进水电流域梯级综合开发，在做好环境保护和移民安置工作的前提下，加快大型水电建设，因地制宜开发中小型水电；加快风电发展速度，以规模化带动产业化，提高风电设备研发和制造能力，努力建设若干百万千瓦级的风电场和千万千瓦级的风电基地；以生物质发电、沼气、生物质固体成型燃料和液体燃料为重点，大力推进生物质能源的开发和利用；积极发展太阳能发电和太阳能热利用，加强新能源和替代能源的研发与应用；不断加强对煤层气和矿井瓦斯的利用，发展以煤层气为燃料的小型分散电源。

根据《核电中长期发展规划》，中国积极发展核电，推进核电体制改革和机制创新，努力建立以市场为导向的核电发展机制；加强核电设备研发和制造能力，提高引进消化吸收及再创新能力；加强核电运行与技术服务体系建设，加快人才培训；实施促进核电发展的税收优惠和投资优惠政策；完善核电安全保障体系，加快法律法规建设。

2008年以来，中国政府推出了一系列推动可再生能源发展的财税政策，其中包括：

《风力发电设备产业化专项资金管理暂行办法》(2008年)中规定，对满足支持条件企业的首50台风电机组，按600元/千瓦的标准予以补助。

《秸秆能源化利用补助资金管理暂行办法》(2008年)中规定，对符合支持条件的企业，根据企业每年实际销售秸秆能源产品的种类、数量折算消耗的秸秆种类和数量，中央财政按一定标准给予综合性补助。

《太阳能光电建筑应用财政补助资金管理暂行办法》(2009年)中提出，2009年的补助标准原则上定为20元/峰瓦，以后年度补助标准将根据产业发展状况予以适当调整。

《金太阳示范工程财政补助资金管理暂行办法》(2009年)中表明，对规定范围内的并网光伏发电项目原则上按光伏发电系统及其配套输配电工程总投资的50%给予补助，偏远无电地区的独立光伏发电系统按总投资的70%给予补助。

《关于完善风力发电上网电价政策的通知》(2009年)中制定了四类资源区风电标杆电价水平分别为每千瓦时0.51元、0.54元、0.58元和0.61元，进一步规范了风电价格管理，促进风力发电产业健康持续发展。

另外，还公布了《可再生能源建筑应用城市示范实施方案》、《加快推进农村地区可再生能源建筑应用的实施方案》等财税激励政策，大大推动了我国可再生能源的迅速发展。

2010年4月，修改后的《可再生能源法》正式实施，设立了可再生能源发展基金，完善了风电、太阳能等可再生能源全额收购制度和优先调度办法，为可再生能源的发展提供了有力的法律支持。进一步完善支持可再生能源发展的经济政策，对风力发电、垃圾发电、部分水力发电(包括小水电)、燃料乙醇实行增值税、消费税优惠政策。对于2008年1月1日以后经批准的、符合《公共基础设施项目企业所得税优惠目录》条件的水力发电、核电、风力发电、海洋能发电、太阳能发电、地热发电等新建项目，自项目取得第一笔生产经营收入所属纳税年度起，给予“三免三减半”(第一年至第三年免缴企业所得税，第四年至第六年减半征收)的企业所得税优惠政策。

有关部门于 2010 年 7 月发布了《关于完善农林生物质发电价格政策的通知》,要求对农林生物质发电项目实行标杆上网电价政策。对于未采用招标确定投资人的新建农林生物质发电项目,统一执行标杆上网电价每千瓦时 0.75 元。通过招标确定投资人的,上网电价按中标确定的价格执行,但不得高于全国农林生物质发电标杆上网电价。已核准的农林生物质发电项目(招标项目除外),上网电价低于上述标准的,上调至每千瓦时 0.75 元;高于上述标准的国家核准的生物质发电项目,仍执行原电价标准。

2011 年,国家能源局组织制定了《可再生能源发展"十二五"规划》和水电、风电、太阳能、生物质能四个专题规划,提出了到 2015 年中国可再生能源发展的总体目标和主要措施等;组织实施了 108 个绿色能源示范县、35 个可再生能源建筑规模化应用示范城市及 97 个示范县建设试点,组织开展风电、太阳能、生物质能、页岩气等专项规划和上海等五个城市电动汽车充电设施发展规划等专项规划的制定;2011 年发布 372 项能源行业标准,下达 633 项制(修)订计划,涵盖了包括核电、新能源和可再生能源在内的主要能源领域;筹建生物燃料行业标准化管理体系,加快生物燃料产能建设。

能源局先后印发了《太阳能发电发展"十二五"规划》、《生物质能发展"十二五"规划》、《关于促进地热能开发利用的指导意见》,明确了"十二五"时期中国太阳能、生物质能、地热能发展的指导思想、基本原则、发展目标、规划布局和建设重点,提出了保障措施和实施机制。继续加大对可再生能源的投资,2012 年完成水电投资1 277亿元,核电投资 778 亿元,风电投资 615 亿元。为进一步激励对可再生能源发电并网收购,2012 年 3 月,财政部、国家发展改革委、能源局联合印发了《可再生能源电价附加补助资金管理暂行办法》,对可再生能源电价进行全面的资金补助。2013 年 8 月,国家发展改革委印发《分布式发电管理暂行办法》,提出对风能、太阳能、生物质能、海洋能、地热能等新能源分布式发电的扶持政策。2013 年 9 月,国务院下发《大气污染防治行动计划》,进一步强化控制煤炭消费总量、加快清洁能源替代利用的目标和要求,大幅提升控制化石燃料消耗、发展清洁能源的工作力度。

光伏发电方面,2013 年以来国家制定了一系列政策来促进其健康发展。2013 年 7 月,国务院印发了《国务院关于促进光伏产业健康发展的若干意见》,明确了开拓光伏应用市场、加快产业结构调整和技术进步、规范产业发展秩序、完善并网管理和服务等政策措施。国家能源局相继出台《光伏电站项目管理暂行办法》《关于促进光伏产业健康发展的若干意见》《分布式光伏发电项目管理暂行办法》《关于下达 2014 年度报告 2014 年光伏发电年度新增建设规模的通知》《关于开展分布式光伏发电应用示范区建设的通知》《关于支持分布式光伏发电金融服务的意见》《关于进一步落实分布式光伏发电有关政策的通知》等文件,推动光伏产业发展。

2014 年 6 月国家能源局和环境保护部联合发布《关于开展生物质成型燃料锅炉供热示范项目建设的通知》,拟在全国范围内建设 120 个生物质成型燃料锅炉供热示范项目。

2.脱化石能源对策的效果

(1)非化石能源

经过我国政府和国民的努力，在上述对策的作用下，我国非化石能源的利用有了较快发展。图 6-10 表明，包括水电、风电和核电在内的所谓其他能源的比重由 1990 年的 5.1%提高到 2007 年的 6.8%，18 年仅仅提高了 1.7%（严格来讲，核能不能算是可再生能源，但在通常情况下，我国将核能也归入这一类，本书也做如此处理，不再将核电单独列出）；2007 年以后，非化石能源发展步伐有所加快，2012 年的比重占到 9.4%，2013 年达到 9.8%，6 年间上升了 3%。

从可再生能源（包括大水电）的总利用量来看，2007 年约为2.2亿 tce（吨标准煤），2008 年约为 2.5 亿吨，2011 年又上升到 2.83 亿吨。

从非化石能源占全部发电装机容量的比重来看，2011 年达到 27.7%，2012 年达 28.5%，2013 年又上升到 30.9%。

到 2013 年，中国水电装机容量、风电装机容量、核电在建规模、太阳能热水器集热面积、农村沼气用户量均居世界第一位[①]；可再生能源装机容量已占全球的 24%，新增可再生能源装机容量占全球的 37%。[②] 可见，中国非化石能源发展取得了明显进步，对全球应对气候变化做出了重要贡献。

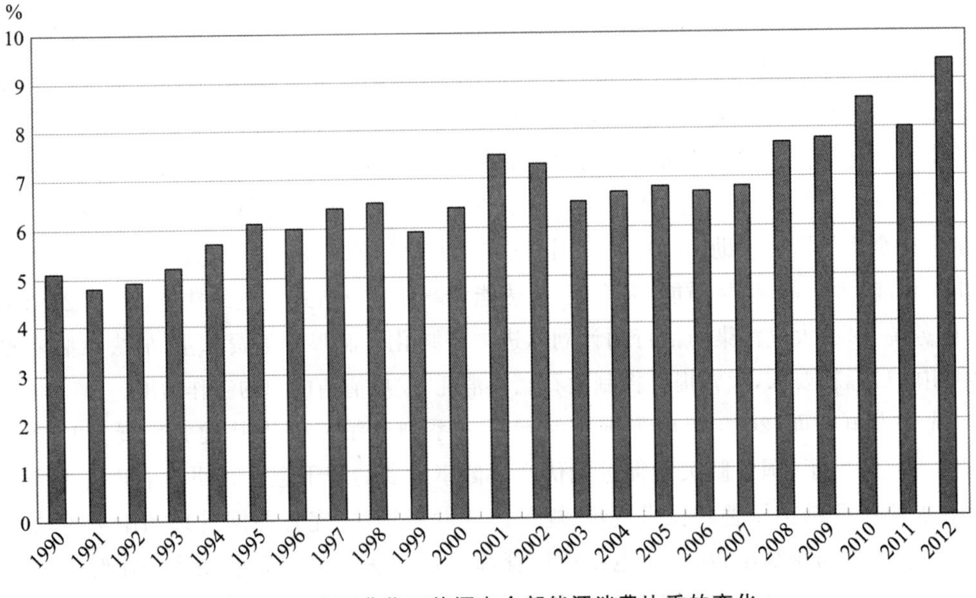

图 6-10　中国非化石能源占全部能源消费比重的变化

资料来源：《中国统计年鉴》（2013）。

① 国家发展改革委：《国家应对气候变化规划（2014—2020 年）》2014 年 9 月 19 日，http://qhs.ndrc.gov.cn/gzdt/201411/W020141105366311348507.doc。

② 国家发展和改革委员会：《中国应对气候变化的政策与行动 2014 年度报告》，2014 年 11 月，http://qhs.ndrc.gov.cn/gzdt/201411/W020141126367753366809.pdf。

(2)水能

水能是重要的清洁能源,又是可再生能源。中国水能资源蕴藏丰富,理论蕴藏量达6.94亿千瓦,技术可开发量5.42亿千瓦,均居世界第一位。

一直以来,中国都将水电发展放在重要位置。中国政府提出到2020年可再生能源达到15%,其中水力的贡献率要达到9%。为此,到2020年水力发电的装机容量需要达到350GW,每年新增装机容量要达到10GW以上。

从我国水电装机容量的变化情况来看(图6-11),2007年达到1.45亿千瓦,2008年达到1.72亿千瓦,2009年达到1.97亿千瓦,占全国电力总装机规模的22.5%,2010年水电总装机突破2亿千瓦,达到2.13亿千瓦,比2005年翻了一番;2011年水电装机累计达到2.3亿千瓦;2012年水电装机2.49亿千瓦,2013年水电装机2.6亿千瓦,多年居世界第一位。

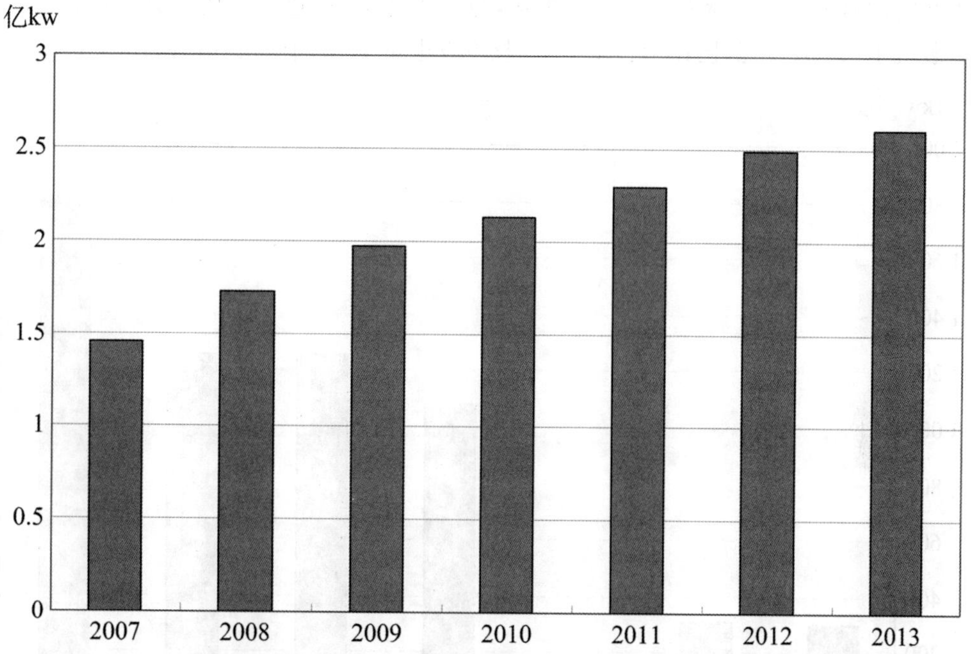

图6-11　中国水电装机容量变化情况

资料来源:根据历年《中国应对气候变化的政策与行动》整理做成。

从发电量来看,2007年达4 829亿千瓦时;2008年达5 633亿千瓦时,占到发电总量的16.3%;2009年水电发电量为5 747亿千瓦时,相当于替代1.8亿吨标准煤燃烧,减少CO_2排放4.7亿吨;2011年发电量达到6 626亿千瓦时,2013年水力发电量9 116亿千瓦时,同比增长5.6%。

目前,中国已建成大中小型水电站4.5万余座,不仅是世界水电装机第一大国,也是世界上在建规模最大、发展速度最快的国家,水电装机和发电量多年居世界第一位,并逐步成为水电开发创新的中心。中国未来的水电发展要统筹生态环境和移民安置,促进水电开发与经济社会和生态环境协调发展。2014 年上半年溪洛渡、向家坝等一批标志性大型水电项目顺利投产，提前一年完成“十二五”规划目标。

(3)核能

核电以其清洁、经济、安全的综合特性，成为未来能源发展的重要力量。中国将核能发展作为替代火力发电、减少温室气体排放的重要手段，积极发展核电。

我国 2007 年核电装机 906 万千瓦(图 6-12)，比 2006 年增长 30.5%；根据国家发改委公布的《中国应对气候变化的政策和行动——2009 年度报告》，2008 年中国新建 100 万千瓦级的核能发电站 14 座，加上在建的 24 座，总装机达到 540 万千瓦，将成为世界最大规模的核能发电规模。截至 2009 年，已建成核电站 6 座。2010 年新开工建设 3 台机组，在建规模达到 24 台机组，装机2 665万千瓦，在建规模达到世界第一；2010 年核电装机容量1 082万千瓦，在建规模达到 3 097 万千瓦；2011 年，核电装机新增 173 万千瓦，发电量 869 亿千瓦时；2012 年，核电装机 1 257 万千瓦，与上年持平，在建规模居世界首位；2013 年，核电装机 1 794 万千瓦，同比增长 17.7%，核电发电量 1 106 亿千瓦时，同比增长 13.6%。

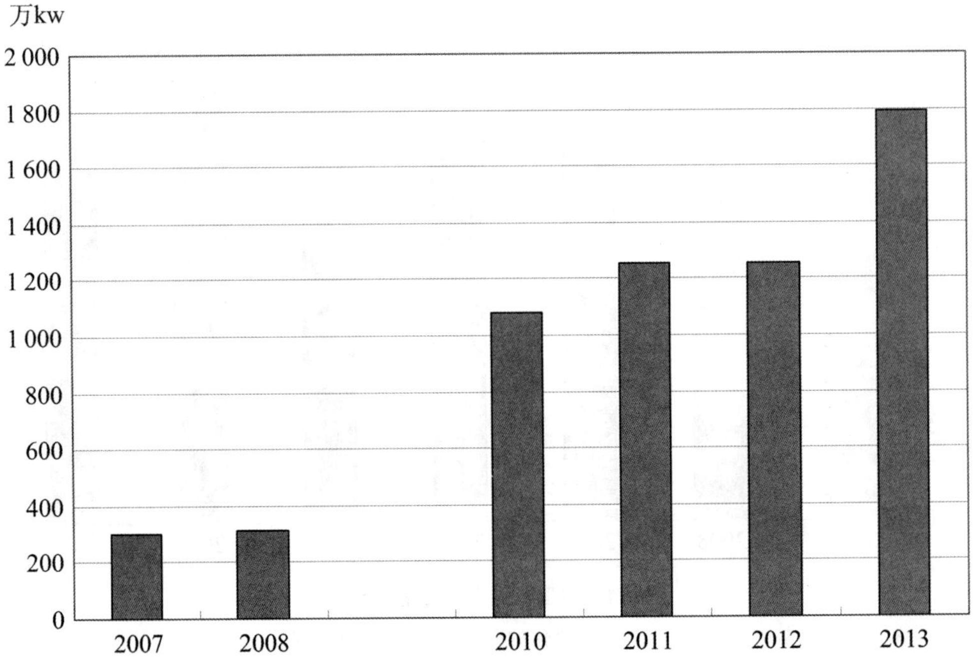

图 6-12 中国核电装机容量变化情况

资料来源：根据历年《中国应对气候变化的政策与行动》整理作成，2009 年数字缺失。

(4)风能

在各项优惠政策的支持下，中国风电发展迅速(图 6-13)。中国的风力发电从 2004 年开始得到迅速发展，2005 年风电装机容量为 126 万千瓦；2007 年风电规模成倍增长，装机容量超过 600 万千瓦，居世界第五位，其中 2006 年、2007 年新增装机 305 万千瓦，年均增长 148%；2008 年又新增装机容量 614 万千瓦，位列全球第二；截至 2008 年年底，风电装机总量达到 1 217 万千瓦，连续三年实现成倍增长，跃居世界第四位；2009 年末风电装机容量达到 2 580 万千瓦，规模仅次于美国的 3 506 万千瓦；2009 年的生产量占到世界的 1/3，国产设备占市场的 85%以上，并开始向国外出口。

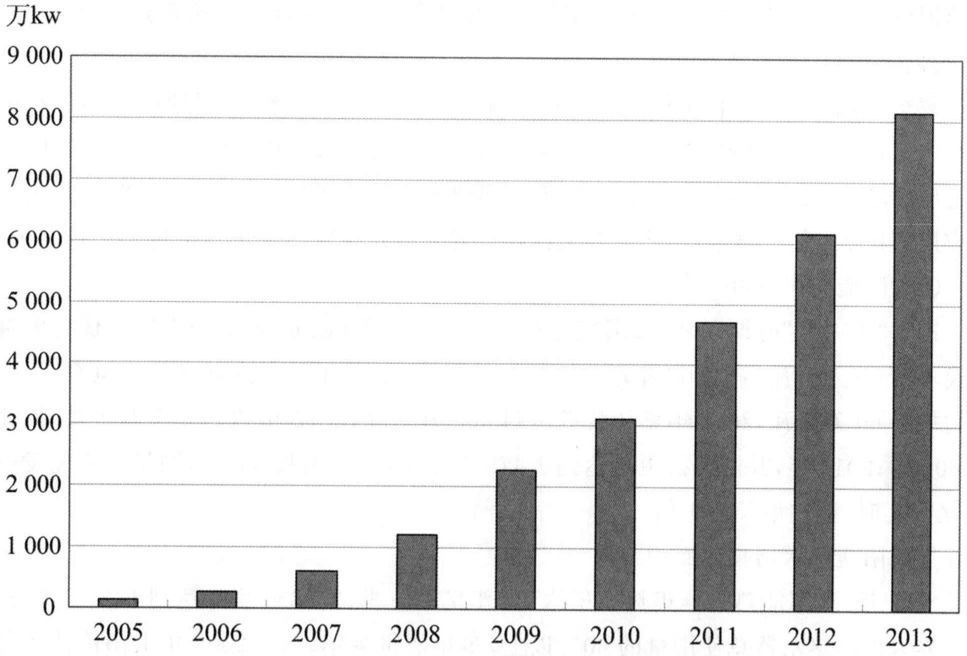

图 6-13　中国风电装机容量变化情况

资料来源：根据历年《中国应对气候变化的政策与行动》整理作成。

2005—2009 年，风电装机容量连续五年实现 100%以上增长。根据 2010 年 10 月公布的《中国风力发电发展报告 2010》，2009 年中国新增风力发电设备容量达 1 380 万千瓦，成为世界之最。

2010 年，风电装机容量增长到 3 107 万千瓦，提前 10 年完成此前规划的 2020 年风电发展目标，使得全球每三台新装风电机组就有一台在中国。2011 年，风电并网容量新增 1 600万千瓦，居全球第一，并网风电发电量 800 亿千瓦时；2012 年，并网风电容量6 142万千瓦，同比增长 32.9%，居世界第一；2013 年，并网风电容量达到 8 123 万千瓦，同比增长 32.2%，风力发电量 1 311 亿千瓦时，同比增长 35.6%。

(5)太阳能

中国的太阳能资源非常丰富，理论资源量为 17 000 亿吨标准煤。近几年来，中国的太阳能产业已经发展成为世界最大的市场。2007 年太阳热能利用按标准煤换算已经达到 2 亿吨[①]。根据联合国环境署(UNEP)发表的报告书，2008 年中国太阳能产业的规模

① 太陽熱エネルギー利用が世界最大、CO_2 排出消減にも貢献—中国、http://headlines.yahoo.co.jp/hl? a=20070911—00000015—rcdc—cn、2007-9-11

已居世界第1位[1]，2009年太阳能电池的生产量占世界的40%。

根据汉能控股集团和全联新能源商会的研究小组发表的《世界新能源发展报告2014》，2013年中国的太阳能电池新增发电容量38.7GW，总容量达到140.6GW，已经超过德国成为世界最大的太阳能电池市场；中国太阳能电池关联的融资额达到235.6亿美元，占世界总额的21.1%，居世界第一位。[2]

截至2009年底，全国太阳能光热应用面积11.79亿平方米，浅层地能应用面积1.39亿平方米，比2008年分别增长14.2%和35.4%。光电建筑应用装机容量420兆瓦，实现了突破性增长。2011年全国城镇太阳能光热建筑应用面积达21.5亿平方米，浅层地能建筑应用面积2.4亿平方米，已建成及正在建设的光电建筑应用装机容量达127万千瓦。

①太阳能光伏发电

进入"十一五"时期以来，太阳能光伏产业快速发展(图6-14)，2005年光伏发电装机规模不到10万千瓦，到2008年增加到15万千瓦，其中55%为独立光伏发电系统；2010年增加到60万千瓦，2011年累计装机达到300万千瓦；2012年达到341万千瓦，同比增长60.6%；2013年，并网装机更是达到1 479万千瓦，同比增长334%，同年太阳能发电量70亿千瓦时，同比增长约1倍。

②太阳能热水器集热面积

2007年，太阳能热水器集热面积达到1.1亿平方米；2008年累计达到1.25亿平方米，占世界太阳能热水器总使用量的60%以上，多年居世界第一位；2009年太阳能热水器集热面积达1.45亿立方米，约替代标准煤2 900万吨；2010年太阳能热水器安装使用总量达到1.68亿平方米。

(6)生物质能

2007年，生物质发电装机容量约为300万千瓦，生物燃料乙醇年生产能力超过120万吨；2008年，生物质能开发有了较大的进展，全国沼气用户达到3 050多万户，沼气年利用量达到120亿立方米，建成大型畜禽养殖场沼气工程和工业有机废水沼气工程2 500处，年产沼气约20亿立方米；全国生物质发电装机容量约为315万千瓦，生物燃料乙醇年生产能力超过160万吨；2010年，生物质发电装机约500万千瓦，沼气年利用量约140亿立方米，全国户用沼气达到4 000万户左右，生物燃料乙醇利用量180万吨，各类生物质能源总贡献量合计约1 500万吨标准煤；2011年各类生物质发电装机600万千瓦，发电量300亿千瓦时。

(7)地热和海洋能

地热能发电装机2.42万千瓦，海洋能发电装机0.6万千瓦，地热、海洋能发电量1.46

---

① 太陽エネルギー産業の規模が世界第1位、http://headlines.yahoo.co.jp/hl? a=20090507-00000109-scn-cn、2009-5-7

② 中国がドイツを抜き世界最大の太陽電池市場に，http://headlines.yahoo.co.jp/hl? a=20140618-00000014-xinhua-cn，2014-06-18

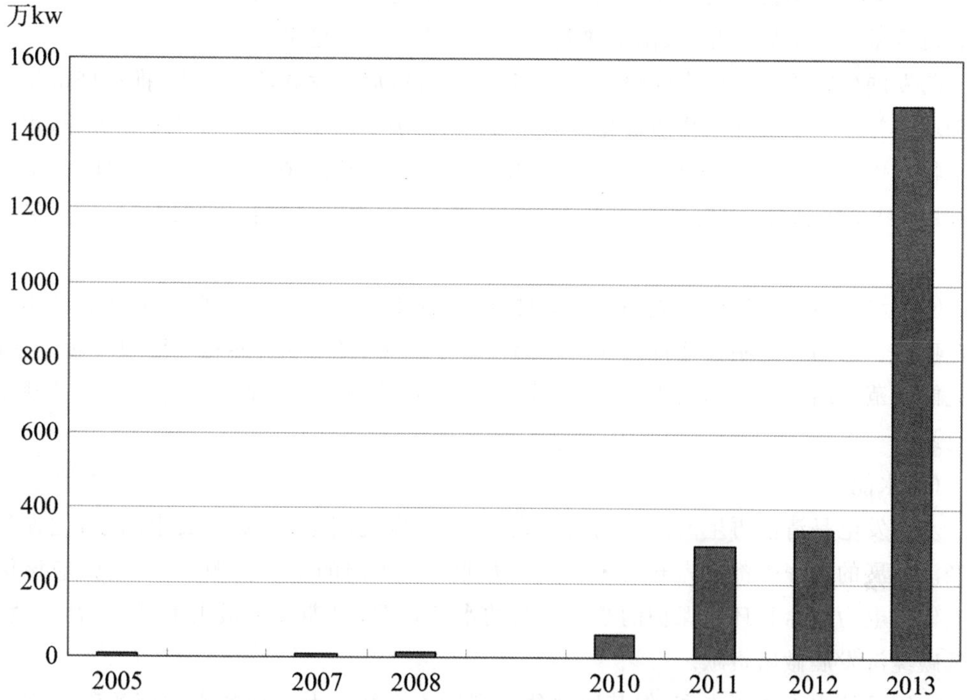

图 6-14　中国太阳能光伏发电装机容量变化情况

资料来源：根据历年《中国应对气候变化的政策与行动》整理作成，2006 和 2009 年数字缺失。

亿千瓦时。

3.脱化石能源发展及其对策展望

(1)可再生能源

大力发展可再生能源是我国低碳转型的关键所在。根据我国政府制定的《国家应对气候变化规划(2014—2020 年)》[①]，我国发展可再生能源的基本规划是：

①有序发展水电。科学规划建设抽水蓄能电站。2020 年常规水电装机容量力争达到 3.5 亿千瓦，年发电量 1.2 万亿千瓦时。

②安全高效发展核电。在确保安全的基础上高效发展核电，提升核电厂安全水平，稳步有序推进核电建设。2020 年总装机容量达到 5 800 万千瓦。

③大力开发风电。加快建设“三北地区”和沿海地区的八大千万千瓦级风电基地，因地制宜建设内陆中小型风电和海上风电项目，加强各类并网配套工程建设。2020 年并网风电装机容量达到 2 亿千瓦。

④推进太阳能多元化利用。建设一批“万千瓦级”大型光伏电站。开展以分布式太阳能光伏为主的新能源城市和微网系统示范建设，加快实施光伏发电建筑一体化应用项目。

① 国家发展改革委：《国家应对气候变化规划(2014—2020 年)》，2014 年 9 月 19 日，http://qhs.ndrc.gov.cn/gzdt/201411/W020141105366311348507.doc。

扩大太阳能热利用技术的应用领域，支持开展太阳能热发电项目示范。2020 年太阳能发电装机容量达到 1 亿千瓦，太阳能热利用安装面积达到 8 亿平方米。

⑤发展生物质能。优先建设生物质多联产项目，加快发展沼气发电，推动城市垃圾焚烧和填埋气发电。实现生物质成型燃料产业化，加快生物质液体燃料产业化进程，积极发展生物质供气。2020 年全国生物质能发电装机容量达到 3 000 万千瓦，生物质成型燃料年利用量 5 000 万吨，沼气年利用量 440 亿立方米，生物液体燃料年利用量 1 300 亿立方米。

⑥推动其他可再生能源利用。提高地热、海洋能等开发利用水平。建设地热能发电示范项目。鼓励因地制宜地推进浅层地温能冬季供暖、夏季制冷示范。建设一批潮汐能、潮流能示范电站。结合海岛用能需求，建设海洋能与风能、太阳能发电等多能互补独立示范电站。

(2)水能

水力发电是清洁再生的能源利用方式，不管是发达国家，还是发展中国家，世界各国在经济发展的过程中都优先开发廉价的水力能源。中国的水力资源十分丰富，应该优先开发作为电力供给和环境保护的基本战略的水力资源，以期发挥最大的经济、社会效益，为低碳经济发展做出贡献。

中国虽然水力资源丰富，但其地理分布则极不平衡。大部分的水力资源都集中在西部地区，特别在本研究所称的西部南方型地域的我国西南地区。这一地区的煤炭资源也相对丰富，但所产煤炭的硫黄分、灰分的含量较多，热量也较低，因此在生产、使用过程中产生的污染也相当严重，成为当地或周围地区酸雨等大气污染的主要原因。如果在西南地区大力开发水力资源，可以减少煤炭的需要量和使用量，进而减少 CO_2 的排放。

(3)核能

中国已经具备核能发电的技术和其他一些必要的基础，但中国核能发电的比重在 2009 年仅为 1.06%，离世界平均水平的 16%相距甚远。2007 年 11 月，国家发展与改革委员会制定了《国家核能发电发展规划》(2005—2020 年)并得到国务院的承认，提出到 2020 年核能发电站的总装机容量要达到 4 000 万 kW 以上，年间的总发电量要达到约 2 800亿千瓦，在总发电量中核能发电的比重要达到 4%左右。

中国大力推广第三代核电技术，并使其成为短期内的主流技术路线。此外，目前还在开展以快堆、超高温气冷堆、超临界水堆技术为代表的第四代核电技术的研发工作，为核电的进一步发展奠定基础。

我国核能发电站的分布多位于东部沿海型地域，这一地区本来能源资源就不足，再加上经济比较发达，能源消费量大，原先只能依靠“北煤南运”、“西煤东运”来解决能源不足的问题，给运输和环境造成了很大的压力。今后通过大力发展核电来解决能源供应问题是一个出路。不过，本地区是人口密集区，在安全方面应该十分注意。特别是在日本福岛出现核泄漏事故后，更增加了人们对这方面的担心。目前正在研究调整核电中长期发展规划，加快沿海核电发展，并积极推进内陆核电项目。

(4)风能

中国大力支持发展风力发电。目前已初步建立起覆盖风资源评测、风电设备产业化、上网电价、税收优惠等政策体系。中国政府实施了风电项目特许权招标,公布了风电标杆上网电价,为稳定风电市场发挥了积极的作用;同时,对风电发展给予进出口关税、增值税等税收优惠和财政补贴支持。

近年来,特别是《可再生能源法》实施以来,中国的风电产业和风电市场得到迅猛发展。

在市场规模方面:中国风力发电迅速增加,目前正在建设甘肃酒泉、蒙东、蒙西、河北、吉林、新疆哈密6个陆上千万千瓦级风电基地和江苏沿海千万千瓦级海上风电基地。

在风电制造业方面:近年来除金风科技、浙江运达外,上海电气、东方汽轮机、华锐科技等国内大型制造业和投资商纷纷进入此行业,2008年风电设备制造商从2004年的6家发展到目前的约70家,已能自主设计和制造世界领先水平的3 000千瓦风电机组,正在研发5 000千瓦风电机组,风电技术与国外的差距不断缩小。

2009年7月,国家发展改革委出台了《关于完善风力发电上网电价政策的通知》,按照风能资源状况和工程建设条件,将全国划分为四类风资源区,建立风电区域标杆电价制度。这一政策结束了风电定价机制不明确、多种电价并存的局面,有利于风电投资者获得合理回报和风电资源的有序开发,促进风电行业快速发展。从2010年起,取消了风电设备国产化要超过70%的要求,鼓励包括外资在内的各种资金投资风电建设。2011年中国的风力发电设备能力超过美国,成为世界最大的风力发电国家。另外,在风力发电系统的制造领域,中国也成为世界最大的国家。

目前,中国正在建设7个“千万千瓦级”风电基地,并开展了沿海首批海上风场特许权招标。2010年上海东海大桥10万千瓦海上风电项目并网发电,总装机容量102兆瓦,预计未来年发电量可达2.6亿千瓦时,相当于每年替代约8.3万吨标准煤燃烧,减少CO_2排放约21万吨,成为欧洲之外的第一个海上风电场。

2013年以来,国家能源局分别下发“十二五”规划第三批、第四批风电项目核准计划,分别安排建设规模2 797万千瓦、2 760万千瓦,进一步优化风电项目布局。2014年6月国家发展改革委出台了海上风电上网价格政策,推动开发一批建设条件较好的海上风电项目。

中国风能发电现状和未来前景的评估报告预测,到2020年,中国有能力实现4万兆瓦的装机容量,风力发电将达到每年800亿千瓦时,可以满足8 000万居民的能源需求,减少CO_2排放4 800万吨。中国政府计划到2020年风力发电的规模达到1.5亿千瓦,使之成为仅次于火力、水力之后的居第三位大规模的能源。

中国的风能资源主要集中在北方地区和东部沿海地区,特别是内蒙古的可开发资源达1.5亿千瓦,占全国陆地风力资源的50%(中国可再生能源学会风能专业委员会)。中国政府计划在内蒙古、新疆、甘肃、河北、吉林、江苏等风力资源丰富的地区建设设备容量超过1 000万千瓦的7个大型风力发电站,其中在甘肃酒泉建设的发电站基础工程已经着手完毕，设备容量超过 1 200 万千瓦。其他如山东、上海、浙江、福建、广东、广西、海南等东南沿海地区海上风力的开发计划也正在进行。上海的海上发电站已经建成并开始运营。

为了推动中国的风力发电产业顺利发展，首先需要对风力资源进行调查，然而现在对风力资源的数据还没有很清楚地把握。如果不能掌握准确的风能资源的数量和分布等基础数据，就不可能制定出合理、科学的产业发展规划。中国政府已经在风力资源丰富的西北、北部、东北、东部沿海各地建设了 400 多座高 70～100 米的测风塔，计划经过 2 年的观测，收集资料数据，掌握国内风力资源的状况，从而建设高效率的风力发电站。

其次，有必要采取加强风能的计划和管理、开发与电网的协调以及财政、税收、价格政策支援等措施。随着风力发电的快速增长，也显露出一定的盲目开发的倾向。据调查，由于无计划、无秩序的发电设备的建设，东北地区有半数的设备都被闲置；由于发电设备和送电设备的建设不配套，全国有 1/3 的风力发电设备在空转。

这里所谓的风力供给能力过剩的问题是一种结构性的过剩，实质上是自主核心技术不足引起的问题。从欧美引进的设备与国内实际情况不符，特别是风力资源组丰富的内陆西北地区，一刮风就会吹起黄沙，即使安装了设备也不能正常运转，或者使设备的寿命大幅缩短。今后需要着重解决的是技术开发以及发电送电之间的衔接问题。

此外，人才的培养和确保也是必须解决的课题。风力发电急速发展，在与风力发电相关企业工作的工程师数量严重不足的问题比较突出。考虑到目前设置的有关风力发电的专门学科数量很少的状况，有必要在大学增加设置这样的学科。事实上，在中国已经出现了这样的动向。

(5)太阳能

中国的太阳能分布主要集中在西部地区，特别是西藏高原、甘肃中北部、宁夏、新疆南部、青海东部、内蒙古南部以及山西北部、河北西北部等区域。2008 年以前，中国的太阳能产业主要集聚在东部地区，之后逐渐向西部地区扩大。

2010 年 12 月，中国政府指定了 13 个作为太阳能发电应用的试点地区，这 13 个地区位于北京、上海、天津、深圳、河南郑州、安徽合肥、山东德州、江西新余、湖北黄石、湖南湘潭、河北保定、辽宁鞍山、浙江等地的开发区。[①]

光伏发电方面，2013 年以来国家能源局相继出台《光伏电站项目管理暂行办法》《关于促进光伏产业健康发展的若干意见》《分布式光伏发电项目管理暂行办法》《关于下达 2014 年光伏发电年度新增建设规模的通知》《关于开展分布式光伏发电应用示范区建设的通知》《关于支持分布式光伏发电金融服务的意见》《关于进一步落实分布式光伏发电有关政策的通知》等文件，推动光伏产业发展。

中国国家能源局确定的目标是到 2015 年太阳能发电总能力达到 500 万千瓦，2020

---

① 石岩：《中国力争两年后光伏发电应用规模不低于 1 000 兆瓦》，载中国新闻网，2010 年 12 月 6 号 http://www.cinic.org.cn/site951/nypd/2010－12－06/441519.shtml。

年达到2 000万千瓦。[①] 电力价格到2015年控制在1元/千瓦时以内，到2020年达到与火力发电同等水平的0.6～0.8元/千瓦时。

(6)生物质能

大力发展生物质能也是低碳转型的重要方面。发展对策主要包括[②]：

①规范生物质发电价格政策。有关部门于2010年7月发布了《关于完善农林生物质发电价格政策的通知》，要求对农林生物质发电项目实行标杆上网电价政策。对于未采用招标确定投资人的新建农林生物质发电项目，统一执行标杆上网电价每千瓦时0.75元。通过招标确定投资人的，上网电价按中标确定的价格执行，但不得高于全国农林生物质发电标杆上网电价。已核准的农林生物质发电项目(招标项目除外)，上网电价低于上述标准的，上调至每千瓦时0.75元，高于上述标准的国家核准的生物质发电项目仍执行原电价标准。

②加大对生物质能开发的财政支持力度。一是支持生物燃料乙醇的开发。近年共支持830多万吨燃料乙醇生产，目前乙醇汽油消费量占到全国汽油消费量的20%左右。二是支持秸秆能源化利用。已推广秸秆气化集中供气856处，秸秆固化成型102处，秸秆沼气集中供气150处，建成投产生物质发电项目总装机容量613兆瓦。三是支持生物能源和生物化工发展，并对其原料基地建设给予补助。

③继续加强农村沼气建设。2009年中央政府投资50亿元，用于支持建设户用沼气166万户，乡村服务网点17 739个，养殖小区和联户沼气2 885处、大中型沼气工程1 579处。2010年安排中央投资52亿元，用于支持建设户用沼气183万户，乡村服务网点14 052个，养殖小区和联户沼气6 844处，大中型沼气工程690处。到2010年底，全国户用沼气将达到4 000万户，小型沼气6.5万处，大中型沼气4 700处。据测算，4 000万户户用沼气年均可替代薪柴和秸秆4 800万吨，相当于1.32亿亩林地；年产沼气154亿立方米，可替代1 100万吨标准煤，减少CO_2排放2 800多万吨。

(二)脱煤炭对策

1.脱煤炭及其对策的现状

煤炭是在化石能源中单位发热量的CO_2排放量最多的一种能源。大体上，如果以煤炭的CO_2排放量为1的话，石油为0.8，天然气为0.6。从CO_2减排的目标出发，如果仅从化石能源的角度来看，天然气是最清洁、利用效率高又便利的化石能源，是应该在中国发挥大作用的能源资源。在化石能源中，应尽量减少煤炭的使用量，即脱煤炭化。中国由于自然资源条件的制约，能源消费结构从以煤炭为中心向以石油为中心转变的难度较大，但天然气将来发挥作用的潜力较大。目前天然气在中国一次能源消费中所占的比重不过

---

① 太陽光発電の国内投資加速、5年後には発電能力10倍へ—中国、http://headlines.yahoo.co.jp/hl? a=20100809—00000001—rcdc—cn、2010-08-09

② 国家发展和改革委员会：《中国应对气候变化的政策与行动——2010年度报告》，2010年11月，http://qhs.ndrc.gov.cn/gzdt/t20101126_382695.htm。

2%,比世界发达国家以及世界平均水平都低了很多。但中国的天然气资源开发的潜力还是非常大的,而且从周边天然气资源丰富的国家进口也是可能的。目前,中国在非常积极地开发和筹措石油和天然气资源,石油的对外依存度已经超过60%;在天然气方面,除了从西部内陆地区向东部长江、珠江三角洲地区输送工程以外,也从邻国输入。

图6-15是我国化石能源脱煤炭化的情况。从中可以知道,煤炭在我国化石能源的消费比重从1990年的80.3%下降到2012年的73.5%,仅下降了将近7%,因此很难说中国的脱煤炭化取得了很大进展。期间石油和天然气的比重都有所上升,前者从17.5%上升到20.8%,后者从2.2%上升到5.7%,分别各上升了3.3%和3.5%。

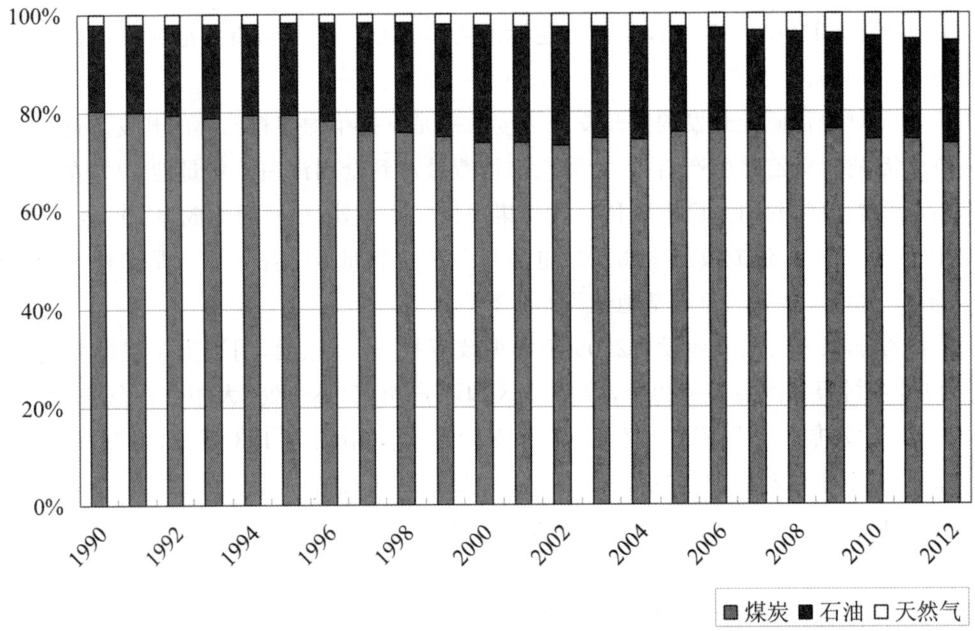

图6-15 中国各类化石能源消费量比重的变化

资料来源:根据《中国统计年鉴》数据计算而得。

从一次能源消费的情况来看,在2012年消费总量的36.2亿吨中,煤炭占比67.1%,比1990年下降了7.1%;石油和天然气占比分别为18.9%和5.5%,比1990年分别提高2.3%和3.4%;2013年中国一次能源消费总量为37.5亿吨标准煤,其中煤炭消费比重为66%,较上年降低0.6%;石油消费比重为18.4%,较上年降低0.4%;天然气消费比重为5.6%,较上年提高0.6%。

2010年《能源法》立法加快,《石油天然气管道保护法》已经在全国人大审议通过,并于2010年10月施行。大力开发天然气,推进煤层气、页岩气等非常规油气资源的开发利用,出台财政补贴、税收优惠、发电上网、电价补贴等政策,制定实施煤矿瓦斯治理和利用总体方案,大力推进煤炭清洁化利用,引导和鼓励煤矿瓦斯利用和地面煤层气开发。

2012年10月,国家发展改革委印发《天然气发展"十二五"规划》,提出到2015年中国天然气供应能力达到 1 760 亿立方米左右，其中常规天然气约 1 385 亿立方米，煤制天然气约 150 亿～180 亿立方米，煤层气地面开发生产约 160 亿立方米，城市和县城天然气用气人口数量约占总人口的 18%。2012 年，国家发展改革委、能源局等部门联合发布《页岩气发展规划(2011—2015 年)》，财政部、能源局联合发布《关于出台页岩气开发利用补贴政策的通知》，安排专项财政资金支持页岩气开发。2013 年 9 月，国务院下发《大气污染防治行动计划》，进一步强化控制煤炭消费总量、加快清洁能源替代利用的目标和要求，大幅提升控制化石燃料消耗、发展清洁能源的工作力度。

如前所述，本研究得出的能源转换因素没有取得多大进展的结论，如果说其中有一点进展的话，那在很大程度上是由于化石能源中脱煤炭化的结果，特别是由生活部门的煤气化带来的。从各省煤炭消费占能源消费总量的比重来看，如果以 1995 年煤炭消费为 1，那么 2007 年只有北京和上海大幅度地下降(0.6 以下)，其他的 28 个省份中，在 0.9 以上的省份达到 20 个，其值在 1 以上的省份尚有 9 个(其中山西省最高达到 1.12)。这些省份的脱煤炭化全然没有取得进展。

今后的脱煤炭化对策应该是在逐渐减少煤炭消费比重的基础上，将以前投向煤炭开发和利用的人才、技术、资金等逐渐转移到石油、天然气等能源的开发和利用上。

2.脱煤炭对策的建议

脱煤炭对策的核心是调整化石能源结构。

(1)合理控制煤炭消费总量，制定煤炭消费区域差别化政策，大气污染防治重点地区实现煤炭消费负增长。

严格控制煤炭消费总量。为落实《大气污染防治行动计划》，控制煤炭消费总量，各有关部委及地方政府相继制订有关工作方案及计划。环境保护部、国家发展改革委等有关部门联合印发《京津冀及周边地区落实大气污染防治行动计划实施细则》，明确提出到 2017 年底，北京市、天津市、河北省和山东省压减煤炭消费总量 8 300 万吨，其中，北京市净削减原煤 1 300 万吨，天津市净削减1 000万吨，河北省净削减 4 000 万吨，山东省净削减 2 000 万吨。2014 年 7 月，国家发展改革委、国家能源局印发《京津冀地区散煤清洁化治理工作方案》，通过散煤减量替代与清洁化替代并举等措施，力争到 2017 年底解决京津冀地区民用散煤清洁化利用问题。

广东、江西、重庆提出到 2017 年煤炭比重分别下降到 36%、65%及 60%以下。2014 年 3 月，环境保护部发布《关于落实大气污染防治行动计划严格环境影响评价准入的通知》，从环评受理和审批的角度，提出实行煤炭总量控制地区的燃煤项目必须有明确的煤炭减量替代方案。2014 年 3 月，国家发展改革委、能源局及环境保护部联合印发《能源行业加强大气污染防治工作方案》，从能源行业 2014 年度报告发展角度提出要加强能源消费总量控制，逐步降低煤炭消费比重，制定国家煤炭消费总量中长期控制目标。

(2)加快石油、天然气资源勘探开发力度，推进页岩气等非常规油气资源调查评价与勘探开发利用。

2013 年我国石油天然气探明储量仍保持高位增长。其中，石油勘查新增探明地质储量10.84亿吨，是新中国成立以来第11次也是连续第7次超过10亿吨的年份，仍保持高位增长。新增探明地质储量超过亿吨级的大油田有1个，为中石油长庆姬塬油田；天然气新增探明地质储量6 164.33亿立方米，大幅增长；2013年全国煤层气勘查新增探明地质储量235.77亿立方米。石油产量稳中有增，天然气产量快速攀升。2013年全国石油产量2.1亿吨，同比增长1.4%；2013年全国天然气产量1 175.73亿立方米，同比增长9.1%；2013年全国煤层气产量29.26亿立方米，同比增长13.7%。[①]

中国天然气消费增长很快。2007年，中国成为天然气净进口国，目前已经成为位居美国和俄罗斯之后的第三大天然气消费国。2013年，中国天然气产量约1 171亿立方米，比上一年增长9.5%；消费量1 675亿立方米，增长10%，占一次能源消费比例为5.9%，进口依存度首次突破30%。[②] 据中国政府网消息，中国将建立保障天然气稳定供应长效机制，到2020年天然气供应能力达到4 000亿立方米，力争达到4 200亿立方米。[③]

我国页岩气资源非常丰富，世界能源研究所（WRI）[④]的一项研究表明，中国页岩气储量高达30万亿立方米以上，居世界第一，几乎是美国的两倍。[⑤] 我国于2009年启动页岩气资源勘查开发以来，发展十分迅速，2013年中国页岩气产量仅为1.93亿立方米，2015年有望实现65亿立方米[⑥]，预计将在2017年建成中国首个百亿方页岩气田——涪陵页岩气田。这表明中国页岩气开发提前进入了规模化商业化发展阶段，而且随着技术装备实现国产化，勘探开发成本正逐渐降低。如果能够破除体制机制等各方面的障碍和壁垒，页岩气产量有望取得大幅提升。

（3）积极开发利用海外油气资源。

2014年下半年以来持续的国际油价下跌，给中国能源领域带来多重机遇，它不仅有助于我国企业节约工业成本，提升产品竞争力，而且也给国际能源合作带来新的机遇，创造了“走出去”的最佳时机。有报告称[⑦]，近年来中国能源进口需求逐渐增长，其中石油对外依存度超过60%。据国际能源机构预测，2015年中国石油消费量的65%将依赖进口。

---

① 《2013年我国新增1个储量超过亿吨级的油田》，载新华网，2014年2月27日，http://business.sohu.com/20140227/n395747402.shtml。

② 《报告称中国天然气对外依存度首次突破30%》，载中国政府网网，2014年2月28日，http://business.sohu.com/20140208/n394626124.shtml。

③ 《2020年中国天然气供应能力将达四千亿立方米》，载新华网，2014年4月23日，http://business.sohu.com/20140423/n398700891.shtml。

④ 《中国将于2017年建成首个百亿方页岩气田》，载新华网，2014年3月24日，http://business.sohu.com/20140324/n397124631.shtml。

⑤ 《中国页岩气储量全球第一 但全部开采将是一场灾难》，载中金在线网，2014年9月4日，http://business.sohu.com/20140904/n404051938.shtml。

⑥ 赵超：《中国页岩气产量将实现快速增长》，载新华网，2014年10月18日，http://business.sohu.com/20141018/n405237340.shtml。

⑦ 杨倩、李春平、曹敏慧：《中国石油战略应以中东为重点，开展全球合作》，载大智慧阿思达克通讯社，2014年6月25日，http://business.sohu.com/20140625/n401371047.shtml。

国际合作是中国能源未来发展的大趋势,建议中国未来的石油战略以中东为重点,同时与非洲、俄罗斯、拉美国家、北美开展合作,因为中东地区是全球最大的能源供应中心。无论国际能源格局如何变化,中东仍然是我国石油进口首选之地,应建立以两伊(伊拉克和伊朗)为重点的中东战略。考虑中东局势不稳定,且进口中东石油必经马六甲海峡,为了以防意外,应对石油进口采取分散方式,多渠道寻找石油供应。为此,应加强与非洲、俄罗斯、拉美国家、北美的合作,如积极参与非洲能源勘探开发,择机在当地投资建设炼油厂和石化装置,实现海外石油基地上下游一体化。

(4)继续推进煤层气(煤矿瓦斯)开发利用。

以前由于煤炭需求增长、煤炭价格上涨,更多的投资选择煤矿,煤层气的开发受到一定影响。2013 年 9 月 22 日国务院办公厅发布《关于进一步加快煤层气(煤矿瓦斯)抽采利用的意见》,提出在六方面加大力度扶持煤层气行业发展,即:将加大财政资金支持力度,强化税费政策扶持,完善煤层气价格,发电上网政策,加强煤层气开发利用管理,推进科技创新和加强组织领导。2014 年 2 月 12 日,国务院总理李克强主持召开国务院常务会议,研究部署进一步加强雾霾等大气污染治理,会议同时提到将对煤层气发电等给予税收政策支持。分析认为,政策支持下煤层气有望进入快速发展周期。随着国家以及地方政府不断出台文件加大对煤层气开发、利用的政策支持,煤层气行业进入快速发展周期已经到来。①

全国煤层气资源最富集、开发潜力最大的省份是作为国家重要的煤炭生产基地的山西省。勘探数据显示,山西全省煤层气资源总量约 10 万亿立方米,约占全国的 1/3。2013 年 8 月 6 日举行的山西省政府第 23 次常务会议,原则通过了《关于加快推进煤层气产业发展的若干意见》,进一步明确了山西省加快推进煤层气产业发展的总体目标和目标任务,对煤层气上、中、下游产业发展提出了具体政策措施。2014 年初山西省出台 1 号文件,亦提到推进煤层气产业发展。《山西省国家资源型经济转型综合配套改革试验 2014 年行动计划》提出的 30 项重大改革,第二项为深化煤炭、煤层气管理体制改革。争取国家尽快批复的《山西省煤层气和煤炭矿业权审批制度改革试点工作方案》,提出建立"部控省批"的煤炭和煤层气矿业权审批制度,同时争取将煤层气勘探、开发项目审批权同步下放到山西省。

(三)化石能源利用的清洁化对策

1.加强煤炭清洁利用,优化煤炭利用方式

煤炭利用的清洁化是指在对选煤、洗煤加工、型煤加工等成熟技术进行普及的基础上,构建以先进的清洁技术的开发、煤炭气化等为中心的煤炭精加工体系。

由于中国煤炭消费的比重非常大,所以要想在短期内大幅降低煤炭消费比重比较困难,因此如何在煤炭利用的过程中减少 CO_2 的排放量就成为值得重视的一个课题。在煤

---

① 安志远、孟祥文、曹敏慧:《国务院扶持煤层气治霾快速发展期来临》,载大智慧阿思达克通讯社,2014 年 2 月 13 日,http://business.sohu.com/20140213/n394924342.shtml。

炭利用中削减 CO_2 排放量的方法有两个，一是在 CO_2 向空中排放前对其进行捕获，二是在燃烧的过程中降低 CO_2 的排放量。前者成本非常高，既要对现有的燃烧设备进行改造，同样的发电量要多余消耗 30%以上的煤炭。迄今为止只有美国有两座小型发电站在运营；而后者则是在煤炭燃烧之前，对其采取化学处理，使向空中排放的 CO_2 的数量得以减少。[①] 今后应进一步推进煤炭清洁利用，发展大型联合循环机组和多联产等高效、洁净发电技术，研究 CO_2 捕获与封存技术。

积极推进清洁煤炭利用，将其作为重要的清洁能源技术，加大扶持力度，鼓励煤层气的开发利用，建立煤层气产业技术创新战略联盟，出台了打破专营权、税收优惠、财政补贴等多项扶持政策，2009 年国内 19 个产煤省市累计抽采利用煤矿瓦斯 19.3 亿立方米，超额完成了全年煤矿瓦斯抽采利用目标。

煤炭气化技术的发展，由于受到成本等方面的制约，很久没有得到太大的进展，但最近随着天然气价格的上升，迎来了发展的机遇。今后有必要在位于北方的中部北方型和西部北方型等煤炭产地推进煤炭清洁利用技术的开发。

2014 年 7 月，国家应对气候变化的政策与行动能源局发布《关于规范煤制油、煤制天然气产业科学有序发展的通知》，规范煤制油煤制气项目，提出“坚持量水而行，坚持清洁高效转化，坚持示范先行，坚持科学合理布局，坚持自主创新”的原则，并提出了能源转化效率、能耗、水耗、CO_2 排放和污染物排放等准入值。

2014 年 9 月，国家发展改革委、环境保护部、商务部、海关总署、工商总局、质检总局联合发布《商品煤质量管理暂行办法》，明确了商品煤质量标准；国家发展改革委、环境保护部、国家能源局印发《煤电节能减排升级与改造行动计划(2014—2020 年)》，提出要推行更严格的能效环保标准，加快燃煤发电升级与改造，努力实现供电煤耗、污染排放、煤炭占能源消费比重“三降低”和安全运行质量、技术装备水平、电煤占煤炭消费比重“三提高”，以进一步提升煤电高效清洁发展水平；实施一批煤电环保改造示范项目和节能升级改造示范项目，确定 4 个燃煤电厂作为国家煤电节能减排示范基地和示范电站，分解落实行动计划目标任务，积极推进煤炭高效清洁利用。

截止到 2012 年底，全国 30 万千瓦及以上火电机组比例达到75.6%，比 2011 年增加近 1.2%；在运百万千瓦超超临界燃煤机组达到 54 台，数量居世界第一；中国自主研发、自主设计、自主制造、自主建设、自主运营的华能天津 IGCC 电站示范工程于 2012 年 12 月投产，标志着中国洁净煤发电技术取得了重大突破。

在发布实施的《煤炭工业发展“十二五”规划》中将大力发展洁净煤技术，促进煤炭高效清洁利用作为“十二五”煤炭工业发展的重点任务之一，加快高参数、大容量清洁燃煤机组、燃气电站建设，全国在运百万千瓦超超临界燃煤机组达到 40 台，数量居世界第一，30 万千瓦及以上火电机组占全部火电机组容量的 74.4%。

---

① 《从黑煤炭中挖出清洁能源》，2010 年 11 月 15 日，http://biz.cn.yahoo.com/ypen/20101115/85961.html。

2.天然气及石油的清洁化利用

大力推进煤层气、页岩气等非常规油气资源的开发利用，出台财政补贴、税收优惠、发电上网、电价补贴等政策，制定实施煤矿瓦斯治理和利用总体方案，大力推进煤炭清洁化利用，引导和鼓励煤矿瓦斯利用和地面煤层气开发。煤层气累计抽采量305.5亿立方米，利用量114.5亿立方米，相当于减排$CO_2$1.7亿吨。

2008年，中国实施煤矿瓦斯排放标准，要求加强对煤矿瓦斯的利用，发展以煤矿瓦斯为燃料的小型分散电源。2008年，中国井下抽采瓦斯气53亿立方米，比2005年增长130%，回收利用16亿立方米；已建成地面煤层气产能20亿立方米，产量5亿立方米，民用煤矿瓦斯和煤层气用户超过90万户，煤层气发电装机容量达到92万千瓦。2008年中国天然气（包括煤矿瓦斯和煤层气）消费量比2007年增长10.1%。

2013年2月，为科学高效开发利用煤层气资源，国家能源局制定了《煤层气产业政策》；10月，为落实《页岩气发展规划（2011—2015）》，推进页岩气产业健康发展，提高天然气供应能力，国家能源局制定了《页岩气产业政策》。

3.继续推动常规化石能源生产和利用方式变革以及清洁高效发展

国家已经发布了《天然气发展“十二五”规划》和《关于发展天然气分布式能源的指导意见》，提出了“十二五”期间的发展目标和重点任务。进一步加大非常规能源的开发力度，组织制定了《页岩气发展规划（2011—2015年）》，提出到2015年基本完成全国页岩气资源潜力调查与评价，初步掌握页岩气资源潜力与分布，到2015年页岩气产量达65亿立方米的发展目标。组织制定了《煤层气（煤矿瓦斯）开发利用“十二五”规划》，提出2015年煤层气（煤矿瓦斯）产量达到300亿立方米，瓦斯发电装机容量超过285万千瓦，民用超过320万户，新增煤层气探明地质储量1万亿立方米的发展目标。

（四）中国区域能源低碳重点

上述各种能源结构转换的手段不可能在所有地域都同样采用，应该根据各地域的资源状况、经济发展水平等实际情况有所侧重。

东部都市型地域消费的电力等能源较多来自外部供给，因此，应尽量向清洁能源的方向发展。例如，北京、天津的城市居民冬天的锅炉式供暖所用的燃料从原先的煤炭向石油或天然气的转换，城市居民的厨房所用能源向城市煤气转换等。

东部沿海型地域位于经济较发达的沿海地区，能源消费量较多，大量依赖于来自内陆的能源供应，考虑到运输能力和成本，能源供给受到一定的制约。这一地域可以较多利用运输数量较少的核能，但由于本区人口密度较大，要千方百计确保安全。另外，海上的风力资源也较丰富，应该将风能的利用作为重点加以发展。

中部北方型地域是煤炭产量较多的区域，应加强煤炭的深度利用。同处在北方地区的西部北方型地域除了煤炭的深度利用外，风力资源也非常丰富，风力的利用有着很大的前景。

另外，西部南方型地域以水力和天然气资源丰富为其特征，能源利用的重点应该向这两种能源倾斜。中部南方型地域位于中国的中央位置，交通便利，可以做到各种能源的综合利用。

第三节　中国节能低碳对策

一、中国的节能与 CO_2 排放

(一)中国节能的现状及动态特征

如前所述，中国的能源消费数量巨大，且增速较快。尽管如此，如果按照人均能源消费量来看，我国还不及美国的 1/3；从经济规模来看，2012 年我国的国内生产总值(GDP) 82 270亿美元，只相当于美国的 52.5%，占世界总量的 11.4%；人均 GDP 为 6 076 美元，离发达国家的数万美元还有相当大的差距。[①] 如果考虑到拥有大量人口的中国仍处于发展阶段的这一现实，今后经济规模扩大的可能性还是很大的，随之而来的是能源需求的巨大增加。曾有学者估计，按照当前的消费能力，如果中国经济总量达到美国的水平，意味着中国将消耗全球 124%的原煤、120%的铁矿石、108%的钢材、160%的水泥、108%的钢材和 100%的氧化铝。也许这样的类比不是很恰当，但如果不改变这种经济增长模式，中国将成为世界资源、能源的“黑洞”，会严重影响到中国以至世界的发展。[②] 我国已经确定在本世纪头 20 年 GDP 要翻两番的目标，但从能源的实际供给能力来看，能源消费只能翻一番。[③] 如果我们不采取一些有效措施，按照现在的情况发展下去，我国的能源供需问题将成为世界性的大问题。再加上能源利用是全球变暖的重要原因，这样就使得能源问题更加复杂。

解决我国能源问题的途径大致有两个方面：一是开源，包括加大对现有能源资源的开发强度、进口能源和开发新能源等；二是节流，包括节约使用能源、提高能源利用效率等。其中第二方面的途径有着十分巨大的意义。因为第一种途径仍然是以大量消耗能源资源为前提的，而只有第二种途径才有可能真正实现节约型社会的目标，才有可能实现真正的可持续发展。

为了把握能源消费与 CO_2 排放的关系，首先，必须对现阶段中国能源的效率水平有准确的了解。其次，要对改善中国能源效率的必要性、可能性及其实施对策进行深入的探讨。因此，本节以探讨中国能源利用效率与 CO_2 排放的关系为主线，试图阐明以能源效

---

① 《根据中国统计年鉴》(2013)计算，国外数据转引自国际货币基金组织 WEO 数据库。

② 《中国为什么要推行节约型社会》，载瞭望东方，2005 年 8 月 30 日，http://cn.news.yahoo.com/050830/1005/2eonq.html。

③ 刘育英、于晶波:《中国本世纪前 20 年:GDP 翻两番能源消费只翻一番》，载中国新闻社，2005 年 6 月 26 日，http://cn.news.yahoo.com/050626/72/2d3tl.html。

率为中心的能源消费与 CO_2 排放关系的现状及成因，进而探讨进一步提高我国能源利用效率以及减少 CO_2 排放的途径。

1.中国能源利用效率及其变化

能源利用效率可以用能源消费强度这一指标来衡量。能源消费强度就是指单位 GDP 的能源消费量，也就是指要得到 1 单位的 GDP 产出平均的能源消费量是多少。这个数值越低，说明能源效率越高。降低单位 GDP 产出的能源消费量就是节约能源，因此这个指标往往被作为宏观的节能目标。

改革开放以来，提高能源效率是中国政府能源政策中的重要组成部分。在过去能源供给不足的时候，政府通过积极的行政政策促进能源效率的提高，从而缓和了能源供应的紧张状况。特别是进入 20 世纪 80 年代以来，中国开始推进系统的节能措施。从整个 80 年代到 90 年代中国的节能主要目标是弥补能源供给和需要之间的差额。随着经济的高速增长，能源消费大增，由于开发和输送方面的问题，造成能源供给不足，作为需要方的对应策略，非常积极地推进了节能措施。20 世纪 90 年代中期以后，由于能源供应紧张的局面有所缓和，节能的目的就转为强调降低成本、提高竞争力、减少环境污染、有效利用资源的方面，即演变成为实现可持续发展而努力。

图 6-16 表示了 1990 年以来我国单位 GDP 的能源消费量的变化情况。从其发展过程可以看出，中国的节能取得了很大的成果。1990—2012 年，中国的 GDP 年增长率为 10.3%，而同期年均能源消费的增长率仅为 6.2%，平均的能源消费弹性值为 0.59。这个时期单位 GDP 的能源消费量从 2.29 tce/万元下降为 0.98 tce/万元，下降了 58.4%。也就

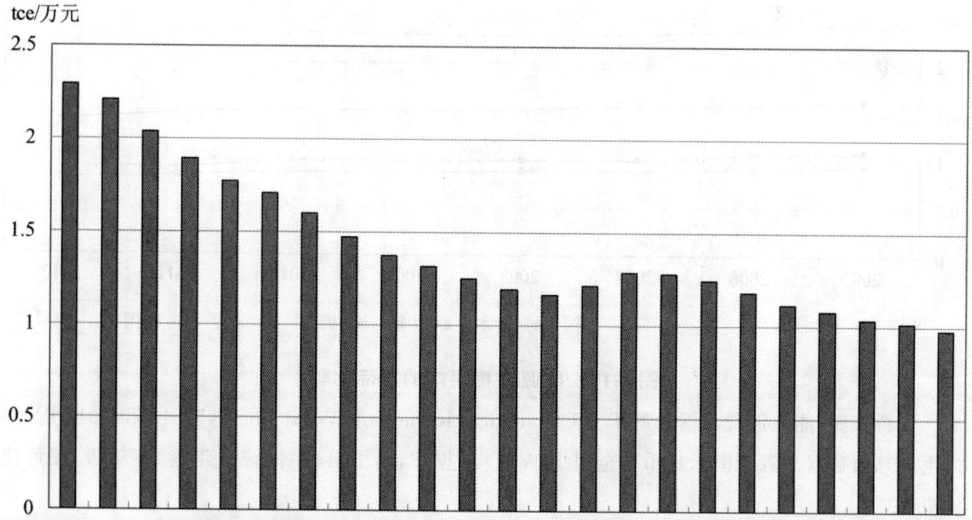

图 6-16　我国单位 GDP 的能源消费量强度的变化

资料来源：《中国统计年鉴》(2013)，GDP 数据换算为 2005 年价格。

是说，由于能源效率的提高，用比较少的能源消费支持了经济的持续、高速的增长。

2.中国能源利用效率在世界的地位

虽然说中国的节能卓有成效，但包括能源经济效率、能源系统效率在内的中国的能源效率依然有很大的提高空间。

我国的能源利用效率在世界范围内究竟居于什么位置呢？图 6-17 表示了我国和世界部分国家单位 GDP 的一次能源消费量的比较情况。从图中可以明确看出，中国的能源消费强度明显地高于日本、德国、美国、韩国等发达国家和中等发达国家(2012 年相当于日本的 4.1 倍，德国的 3.6 倍，美国的 2.4 倍，韩国的 1.4 倍)，与印度、俄罗斯等国不相上下。因此我们不得不说中国的能源利用效率是比较低的，中国经济是能源浪费型的经济。从另外一个角度来说，中国能源利用效率与发达国家的差距正好说明中国有很大的改善空间。图中的数据虽然与外汇牌价、能源结构、气候条件等难以比较的因素有关，但能源效率提高和能源强度下降的潜力还是很大的。另外，考虑到中国国内能源消费强度的地区差别非常大，通过提高能源效率来发展经济，并减轻大气污染的空间是很大的。今后通过技术开发、经济结构的调整等措施，能源消费强度的继续下降是有可能的。

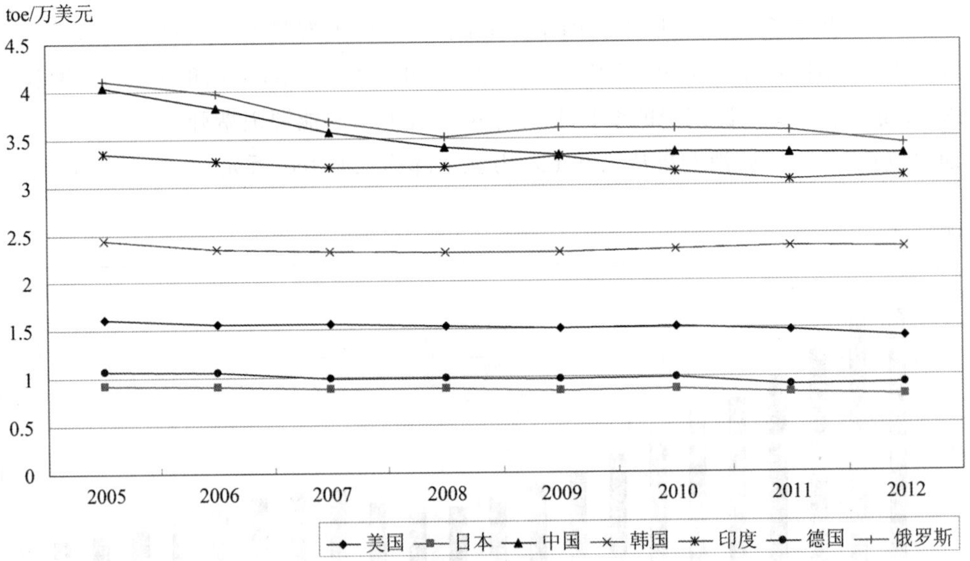

图 6-17 能源消费强度的国际比较

资料来源：能源消费数据来源于 BP"Statistical Review of World Energy"2013 和 2012 版，国内生产总值数据来源于国际货币基金组织 WEO 数据库，转引自《中国统计年鉴》各年版，按可比价格计算。

今天的中国正处在由发展中国家向中等发达国家迈进的关键时期，正在从工业化的初期向工业化转换，进一步实现后工业化。在这个过程中，由于工业将从规模扩张型向重视经济效率转化，工业部门的能源消费强度将会大幅度地下降。

中国能源利用效率落后的原因到底是什么呢？中国的能源消费强度是否可以得到改

善呢？如果答案是肯定的话，又有多大的改善空间呢？若能清楚回答这些问题，将有着非常重要的意义。因为如果能源效率的改善是可能的话，即使经济不断增长，能源消费也有可能不再增加甚至是减少，与能源消费密切相关的 CO_2 及环境污染物的排放也有可能减轻。由于大气污染物质的排出量依赖于能源的消费量，所以要抑制污染物的排出，首先应该实现能源利用的高效率，即有必要推进节能措施。

(二)中国能源利用效率与 CO_2 排放

作为世界能源消费大国和 CO_2 排放大国，我国正面临着能源供给和 CO_2 减排的双重压力。从全球来看，发达国家已经进入能源消费微量增长阶段，但中国的能源消费还在以每年 5%～6%的速度增长，而且其增长势头还难以遏制。虽然“十二五”期间的能源消费总量已经明确，但实际消费量仍有可能超过预期。有数据表明，“十一五”期间，我国能源消费总量预期是 30 亿吨(标准煤，下同)，但最终的消费量达 32.5 亿吨，超过预期 8.3%。实际上，各省上报的 2015 年能源消费预期总量已超过 50 亿吨标煤，远大于国家能源局期望的 41 亿吨目标。[①] 而即使我国能源消费总量可以控制在 41 亿吨标煤以内，碳排放将达到 84.6 亿吨[②]，也会超出《“十二五”规划纲要》中规定的 78.9 亿吨；但如果能源消费总量突破 41 亿吨，减排压力势必更大。

为此，中国政府在“十一五”期间全国单位国内生产总值能耗基本达成目标的前提下，又提出了“十二五”期间单位国内生产总值能耗比 2010 年下降 16%的节能目标[③]；与此同时，国务院还制定了“十二五”控制温室气体排放工作方案，提出全国单位国内生产总值二氧化碳排放比 2010 年下降 17%的目标。[④] 政府还将节能与碳减排指标逐一分解，将其纳入省级人民政府节能减排目标责任评价考核，纳入政府绩效管理，实行问责制。可见中央政府对节能与 CO_2 减排工作的高度重视。

笔者认为，节能与 CO_2 减排之间有着十分密切的关系，二者相辅相成，其中节能是关键，只要抓住了节能这个重要抓手，就有可能在经济增长的同时，做到缓解能源消费和 CO_2 排放的双重压力。另外，由于我国各省区经济、技术水平的差异，节能与碳排放的效率也不尽相同，如果要在全国一盘棋的框架下，以最小的投入取得最大的效益，就需要明确各省区的省情，根据具体情况，因地制宜地制定节能和 CO_2 减排的对策。

基于以上考虑，本节拟首先对中国节能与 CO_2 排放的关系进行分析，其次对中国节能与 CO_2 排放效率的省际差异进行探讨，最后对影响 CO_2 排放效率的因素进行分析，并

① 《十二五能源消费总量初定将建倒逼机制》，载每日经济新闻，2012 年 1 月 11 日，http://biz.cn.yahoo.com/ypen/20120111/808505.html。

② 《中国已成为世界最大能源消费国》，载 21 世纪经济报道，2012 年 5 月 29 日，http://biz.cn.yahoo.com/ypen/20120529/1075073.html。

③ 《国务院关于印发节能减排“十二五”规划的通知》，载 2012 年 8 月 22 日，http://zfs.mep.gov.cn/fg/gwyw/201208/t20120822_235068.htm。

④ 《国务院关于印发“十二五”控制温室气体排放工作方案的通知》，2012 年 2 月 28 日，http://qhs.ndrc.gov.cn/dtjj/t20120228_464116.htm。

在此基础上得出结论和相应的启示。

1.中国节能与 CO_2 排放的关系

图 6-18 表示的是 1990—2012 年中国能源消费强度和 CO_2 排放的相对变化情况。从中可以看出，我国能源强度与 CO_2 排放呈现反向的相关关系，即 CO_2 排放是增加的，而能源强度是下降的。以 1990 年为基准，我国的能源强度下降了 57.4%，而 CO_2 排放量则增加了 2.66 倍。这说明能源强度的下降，或者说能源效率的提高对 CO_2 排放起到了一定的抑制作用。

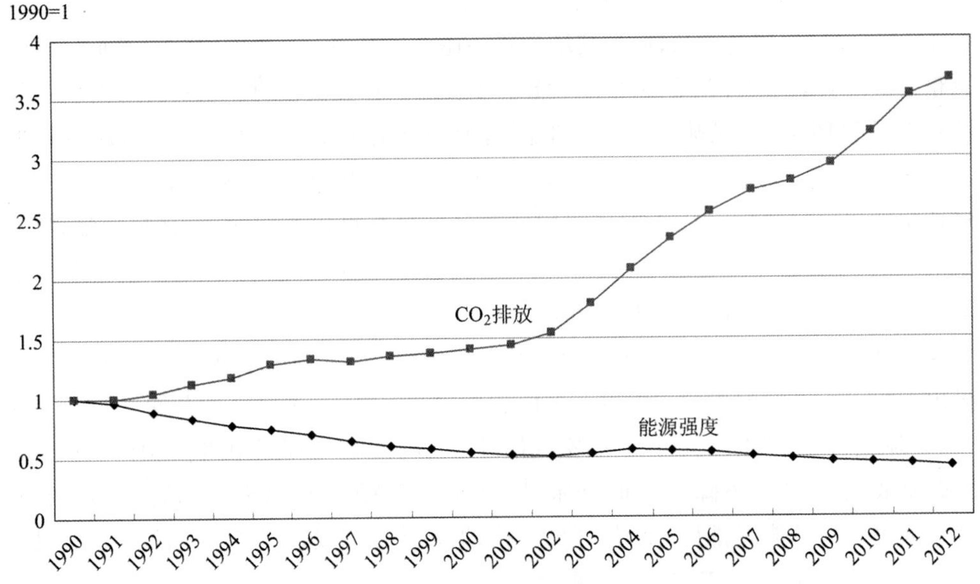

图 6-18 中国能源强度与 CO_2 排放的比较

资料来源：能源数据来自《中国统计年鉴》(2013)，CO_2 排放数据系作者推算而得。

2.中国节能与 CO_2 排放效率的省际差异

(1)中国能源效率的省际比较

由于中国各省的情况千差万别，下面对中国能源效率的省际差异进行比较。这里主要以其中的 2005—2010 年的情况为例来加以说明。文中所涉及的资料数据主要包括：经济数据(各省区的国内生产总值及其各产业部门的国内生产总值的绝对数和可比指数等)、能源消费量(各省区的能源消费总量及其各部门的能源消费量等)以及 CO_2 排放量(各省区及其各部门的最终排放量以及转换部门的排放量、各类能源起源的排放量等)。其中经济数据可以通过历年的《中国统计年鉴》得到，能源消费数据可以通过历年的《中国能源统计年鉴》得到，但 CO_2 排放量没有现成的统计数据可用。因此，这里采用的方法是利用历年《中国能源统计年鉴》所载各省的能源平衡表中的各类能源消费数据和日本科学技术厅科学技术政策研究所(1992)提出的 CO_2 排放系数[1]进行推算[具体方法参照张宏武、时临云(2010)[2]]。

图 6-19 表示的是 2005 年和 2010 年各省区能源效率的状况。从图中可以看出，我国各省区的单位 GDP 能耗都是下降的，但各省下降的幅度有所不同。从 2010 年的现状来看，各省区平均的 GDP 能耗为 1.06 吨/万元（标准煤换算，下同），能耗在 1 吨以下的省区有 10 个，按照效率高低依次为北京、广东、上海、浙江、江苏、福建、海南、天津、江西和安徽等，属于能源效率较高的省区，这些省区多位于东部沿海地区或南方地区；而能耗在 1.3 吨以上的 10 个省区分别是宁夏、青海、山西、贵州、新疆、内蒙古、甘肃、河北、云南和辽宁，属于能源效率较低的省区，这些省区多位于中西部内陆地区或北方地区；其他省区的能源效率介于上述二者之间，属于效率中等省区。

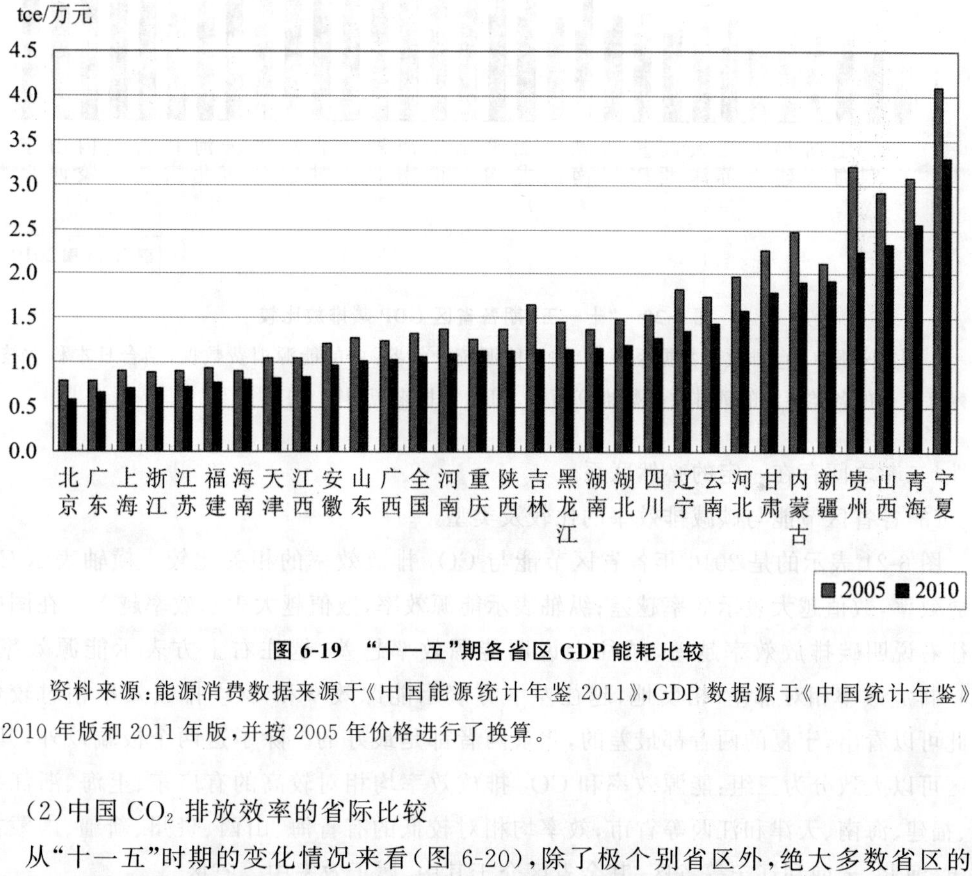

图 6-19 "十一五"期各省区 GDP 能耗比较

资料来源：能源消费数据来源于《中国能源统计年鉴 2011》，GDP 数据源于《中国统计年鉴》2010 年版和 2011 年版，并按 2005 年价格进行了换算。

(2)中国 CO_2 排放效率的省际比较

从"十一五"时期的变化情况来看（图 6-20），除了极个别省区外，绝大多数省区的单位 GDP 的 CO_2 排放也都是下降的，只是下降幅度各不相同。从 2010 年的现状来看，各省区平均的 GDP 碳排放为 2.36 吨/万元（CO_2 换算，下同），碳排放在 2 吨/万元以下的依次为北京、广东、上海、浙江、福建、海南、江苏、天津、江西和重庆，属于排放效率较高的省区；碳排放在 3 吨/万元以上的分别是宁夏、山西、内蒙古、贵州、新疆、甘肃、河北、云南、青海和辽宁，属于排放效率较低的省区；其他省区介于二者之间，属于排放效率中等省区。

由上述可以看出，中国能源效率的省区分布与 CO_2 排放效率的省区分布有高度的相

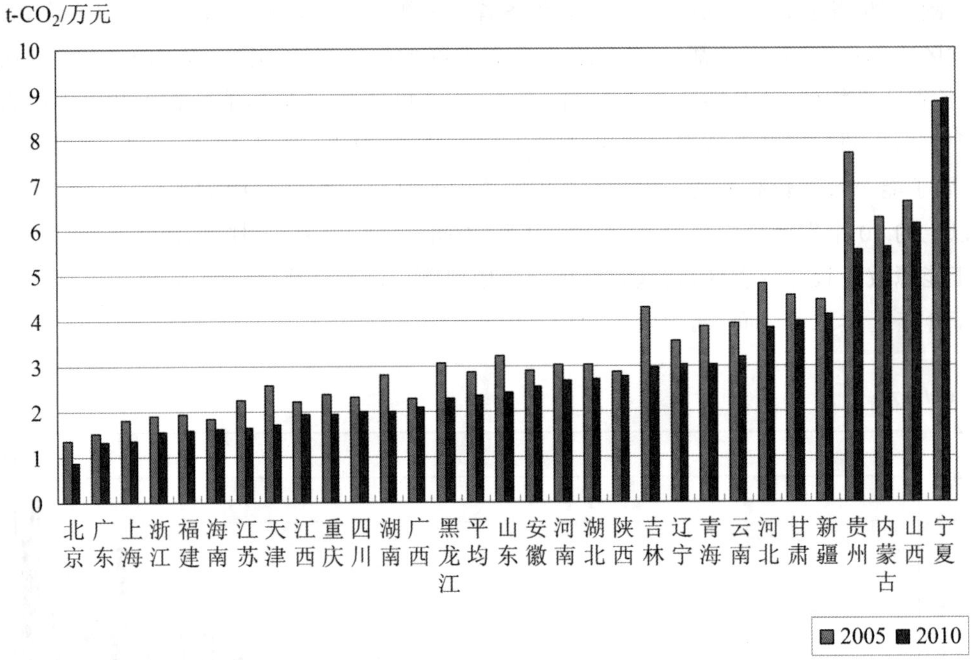

图 6-20 "十一五"期各省区 GDP 碳排放比较

资料来源：CO_2 排放量数据系根据《中国能源统计年鉴》中的能源消费数据，结合日本科学技术厅所列的各类能源的碳排放系数推算而得，GDP 数据来源同图 6-19。

关性，二者之间存在一定的必然联系。

(3)各省区节能与碳减排效率的比较及类型

图 6-21 表示的是 2010 年各省区节能与 CO_2 排放效率的相关比较。横轴表示 CO_2 排放效率，数值越大表示效率越差；纵轴表示能源效率，数值越大表示效率越差。在图中，越往右说明碳排放效率越差，越往上说明能源效率越差，越往右上方表示能源效率和 CO_2 排放效率相对都差；相反地，越往左下方表示能源效率和 CO_2 排放效率相对较佳。由此可以看出，宁夏的两者都最差的，北京两者都是最好的。除了这两个极端以外，其余省区可以大致分为三组：能源效率和 CO_2 排放效率均相对较高的有广东、上海、浙江、江苏、福建、海南、天津和江西等省市，效率均相对较低的有青海、山西、贵州、新疆、内蒙古、甘肃、河北、云南和辽宁等省区，其余省区介于其中，属于效率中等省区。

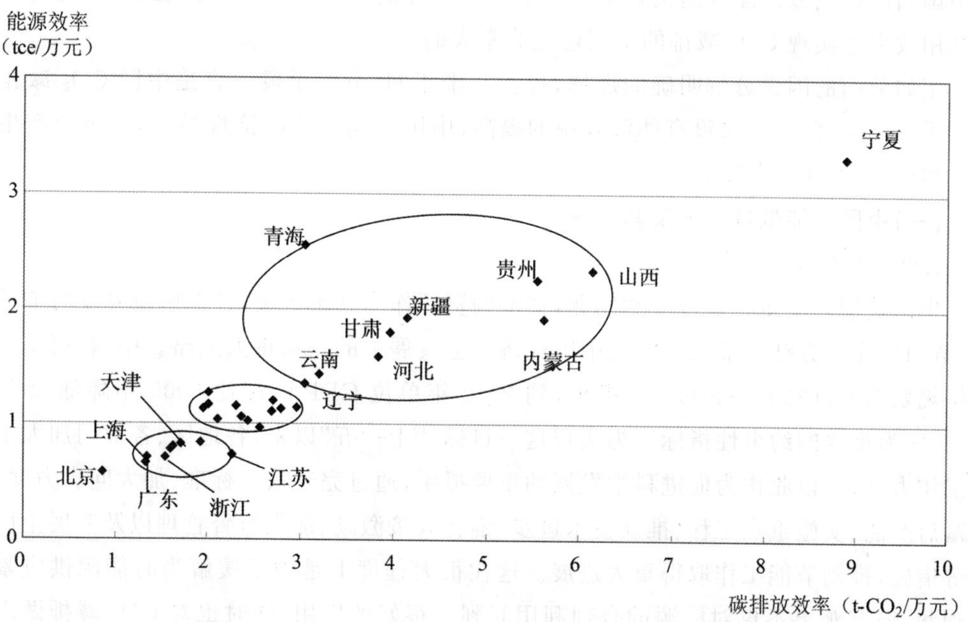

图 6-21 各省区节能与 CO_2 排放效率的相关比较及类型

资料来源：能源消费、CO_2 排放数据和 GDP 数据来源均同图 6-19。

二、中国节能低碳对策

所谓节能低碳对策，就是通过提高能源利用效率，降低单位 GDP 产出的能源消费，相当于以同样的产出量实现 CO_2 减排的一种手段。

由于 CO_2 排放量依赖于能源消费量，所以要想削减 CO_2 排放量，首先就要提高能源利用的效率，即节约能源。一般情况下，能源利用效率可以用单位能源消费的产出量，即能源消费强度来表示。提高能源利用效率，不仅能够在相同产出的情况下减少能源的消费量，而且可以实现污染物排出的减少。也可以说，能源效率的提高，不仅在我国的能源发展战略方面，而且在环境保护战略方面均有着重要的作用。例如，如果从发电专用方式(热效率约 40%)向热并给方式转换(热效率约 75%)，就可以大幅度地减少一次能源的消费量，从而间接地减少 CO_2 排放量。

当前中国的能源效率与发达国家相比还有很大差距，节能的提升空间还很大。根据国家发展和改革委的消息[①]，中国的 GDP 占世界总计的比重为 8%，但能源消费量占了 18%。可见，中国在能源效率提高、能源消费强度下降方面的潜力还很大。同时，如果考

① 中国 GDPが世界に占める割合は8%、エネルギー消費量は18%—中国国家発改委、http://headlines.yahoo.co.jp/hl? a=20100824—00000006—rcdc—cn、2010-08-24

虑中国国内各地域的能源消费效率存在很大差异性这一因素的话，可以断定通过提高能源利用效率来实现CO_2减排的空间还是非常大的。

正如前面的因素分解明确的那样，过去几十年间，节能手段一直是中国CO_2减排的主要手段。换言之，如果没有能源效率的提高，中国在同样的经济规模下，一定会产生比现在多得多的CO_2排放量。

(一)中国节能低碳对策及其效果

1.中国节能低碳对策

中国政府高度重视能源节约问题，把节约资源作为基本国策，长期坚持开发与节约并举、节约优先的方针。节约能源是中国经济社会发展中的一项重大战略。中国《第十一个五年规划纲要》(2006—2010年)提出，到2010年单位GDP能耗比2005年降低20%左右，并作为重要的约束性指标。为实现这一目标，“十一五”以来，各地区、各部门加大了节能工作力度，并以此作为促进科学发展的重要抓手，通过完善法规标准、加大问责力度、淘汰落后产能、实施重点工程、推动技术进步、强化政策激励、加强监督管理以及开展全民行动等措施，推动节能工作取得重大进展。这在很大程度上是为了缓解当时能源供应紧张的现状，但客观上不仅对能源的合理利用起到了很好的作用，同时也对CO_2减排做出了巨大贡献，应该说，对节能低碳的认识和自觉性是随着时间的推移逐步深化的。

“十一五”以来，国家一直把节能减排放在更加突出的位置。国务院成立了节能减排工作领导小组，全面部署节能减排工作。

(1)加强法制建设，强化节能目标责任考核

法律是事物规范发展的根本，是行动的最高准则，我国早在1997年就制定了《中华人民共和国节约能源法》(1998年1月1日施行)，就节能管理、合理使用能源、节能技术进步、法律责任等进行了规定，正式将节能纳入到法律的层面。2008年修订后的《节约能源法》扩大了法律调整的范围，健全了节能管理制度和标准体系，完善了促进节能的经济政策，明确了节能管理和监督主体，强化了法律责任。

《中华人民共和国节约能源法》确定了固定资产投资项目节能评估和审查制度，节能主管部门根据有关规定牵头制定能评规章、制度、规范和程序，并统一出具能评审查意见。进一步优化了能评工作程序，明确了规范审批、突出重点、抓大放小、严格监管的能评工作思路，对六大高耗能行业、建筑和产能过剩行业新上项目严格审查，对能耗量低的项目适当加快审批进程。完善了节能评估制度，制定了各地区“十二五”新上项目国家节能评估控制方案，初步建立了能评“双控”制度。

在法律的规范下，我国逐步建立和完善了节能减排目标责任评价考核制度。国务院成立了节能减排工作领导小组，印发了《节能减排综合性工作方案》，全面部署节能减排工作。国务院印发了《节能减排统计监测及考核实施方案和办法》，明确对各省(自治区、直辖市)和重点企业能耗及主要污染物减排目标完成情况进行考核，实行严格的问责制。各地节能主管部门和节能监察机构依法开展节能行政执法。国务院办公厅下发《关于严格执行公共建筑空调温度控制标准的通知》，安排电动机、节能灯等16类终端用能产品的监

督抽查。

2008年,根据国务院办公厅《关于印发2008年节能减排工作安排的通知》,各部门、各地区强化了节能降耗问责制,加强了节能统计体系、监测体系、考核体系的建设,在重点行业和重点领域淘汰了一批落后生产能力,有效推进了节能减排工作。

发展改革委会同国务院有关部门对全国31个省(自治区、直辖市)2008年节能目标完成情况和节能措施落实情况进行了评价考核,向社会公告考核结果,进一步强化政府的主导责任。国家统计局、发展改革委和国家能源局联合发布了2007年、2008年各省(自治区、直辖市)单位GDP能耗等指标公报。发展改革委还组织开展了千家企业2007年度、2008年度节能目标责任评价考核,并公告考核结果,接受社会监督。发展改革委还会同有关部门组织开展了节能减排专项督察行动,对未完成年度目标的地区进行督察。

中国将"十一五"节能目标分解落实到了各省、自治区、直辖市,并且建立了目标责任制,对未能完成目标任务的地方政府官员进行问责。

2009年和2010年,中国政府继续对全国31个省级政府和千家重点企业节能目标完成情况和节能措施落实情况进行了评价考核,并向社会公告考核结果。

2010年国务院先后印发了《关于进一步加大工作力度确保实现"十一五"节能减排目标的通知》和主要任务的分工方案,明确了103项节能减排任务的承担部门。国务院总理温家宝还主持召开国务院节能减排工作电视电话会议,要求各地区、各部门下更大的决心、花更大的力气、做更大的努力,确保实现"十一五"节能减排目标。

2010年8月,国务院组织13个部门,组成6个督察组,对全国18个重点地区进行节能减排专项督查,促进各地加大工作力度,努力完成"十一五"节能目标。国务院国有资产监督管理委员会制定了《中央企业节能减排监督管理暂行办法》,进一步加强了对重点企业的能效管理。

2011年,国务院印发了《"十二五"节能减排综合性工作方案》,分解下达"十二五"节能目标,实施地区目标考核与行业目标评价相结合、落实五年目标与完成年度目标相结合、年度目标考核与进度跟踪相结合,并按季度发布各地区节能目标完成情况晴雨表。工业和信息化部发布了《工业节能"十二五"规划》;住房城乡建设部发布了《关于落实〈国务院关于印发"十二五"节能减排综合性工作方案的通知〉的实施方案》、《"十二五"建筑节能专项规划》和《关于加快推动我国绿色建筑发展的实施意见》;交通运输部发布了《关于公路水路交通运输行业落实国务院"十二五"节能减排综合性工作方案的实施意见》及部门分工方案,印发了《交通运输行业"十二五"控制温室气体排放工作方案》;国务院机关事务管理局发布了《公共机构节能"十二五"规划》。

2012年以来,国务院印发了《节能减排"十二五"规划》、《节能环保产业发展规划》等,进一步明确了各地区、各领域节能目标任务,细化了政策措施,并定期发布各地区节能目标完成情况晴雨表;完善节能考核制度,调整考核内容,健全考核程序。

2013年,国家发展改革委会同有关部门,组织对省级人民政府进行节能目标责任评价考核,将考核结果作为对地方领导班子和领导干部综合考核评价的参考内容,纳入政府绩效管理；开展了“十一五”时期全国节能减排先进典型表彰活动，对530个节能减排先进集体、467个节能减排先进个人进行了表彰。国家发展改革委会同8个部门组织开展了省级人民政府2012年节能目标责任评价考核。2013年共受理节能评估项目554个，审查项目合计年综合能耗量约1.02亿tce，从源头核减不合理能源消费量约361万tce。

2014年，国务院印发了《2014—2015年节能减排低碳发展行动方案》，对“十二五”后两年节能减排降碳工作进行了全面安排和部署。为加强重点企业节能管理，工业和信息化部组织制定并发布《有色金属、石化和化工等行业节能减排指导意见》，推进高耗能行业工业企业能源管理中心建设，继续强化节能目标责任考核。

（2）进一步完善节能标准标识

2007年以来，发布火电、烧碱等22项高耗能产品能耗限额强制性国家标准。2008年，国务院公布了《民用建筑节能条例》、《公共机构节能条例》，国家标准化管理委员会批准了22项高耗能产品能耗限额强制性国家标准和11种终端用能产品强制性能效标准，发布了能效标识第三批、第四批产品目录及实施规则，实施能效标识的产品增加到15种。

2009年以来，制定发布了计算机、电风扇、打印机、双端直管荧光灯等9种产品能效标识实施规则，以及进一步加强建筑门窗节能性能标识工作的规则等；制定了氧化铝、再生铅能耗限额标准，编制了钢铁、水泥、烧碱等重点耗能行业能效水平对标指南；实施道路运输车辆燃料消耗量限值标准和准入制度；制定了能源管理体系、企业节能量计算方法等基础标准33项；发布了节能发电调度经济补偿办法，完善推广节能发电调度政策。为了保证有关政策和标准的贯彻实施，组织各地节能监察机构对重点用能单位的产品能耗限额标准、淘汰落后产能、能源计量器具配备情况进行了执法监察，对关停机组违规并网发电等问题进行了查处。

2010年，完善了严寒和寒冷、夏热冬冷和夏热冬暖三个不同气候区居住建筑节能工程设计标准、公共建筑节能设计标准和建筑节能工程施工质量验收规范，发布27项高耗能产品能耗限额强制性国家标准、19项主要终端用能产品强制性国家能效标准，制定15项主要污染物排放国家标准，颁布71项环境标志标准，出台实行能源效率标识的产品目录。

截至2011年底，国家质检总局、国家发展改革委累计出台的高耗能产品能耗限额强制性国家标准28项。工业和信息化部、交通运输部等有关部门组织开展若干重点行业、重点产品强制性能耗限额标准以及内燃机等工业通用设备能效标准制定和修订工作；组织22项行业标准立项，复审209项节能标准；抽查重点用能行业单位产品能耗限额标准执行情况和高耗能落后机电设备（产品）淘汰情况；废止道路运输车辆燃料消耗量过渡期车型表，截至2012年6月底，累计发布19批达标车型表，发布达标车型近2万多个，新购营运车辆开始全面执行燃料消耗量限值标准，批准发布《汽车驾驶节能操作规范》等5项行业标准。

2012年以来，国家发展改革委、国家标准化管理委员会联合实施了“百项能效标准推进工程”，发布了包括高耗能行业单位产品能耗限额、终端用能产品能效、节能基础类标准在内的60多项节能标准。住房城乡建设部批准发布了《建筑能效标识技术标准》、《城镇供热系统节能技术规范》等10个行业标准。截至2012年底，工业和信息化部等部门累计发布60多项新能源汽车相关标准，交通运输部累计发布21批营运车辆燃料消耗量限值标准达标车型。实施了能效标识、节能产品认证，截至2013年5月底，能效标识已覆盖28种终端用能产品。

2013年发布了48项国家节能标准，截至2013年底，共发布105项标准。工业和信息化部组织发布钢铁、有色金属、轻工等行业重点用能产品(工序)能效标杆指标及企业，编制了钢铁、化工等行业能源审计指南。住房城乡建设部、工业和信息化部积极推广应用绿色建材，联合印发了《绿色建材评价标识管理办法》。

(3)推广节能技术与产品

2008年，中国利用财政补贴资金推广节能灯6 200万只，预计每年可节电32亿千瓦时，减排CO_2 320万吨；2009年计划推广1.2亿只。2009年，财政部与国家发展改革委组织实施了“节能产品惠民工程”，通过财政补贴方式对能效等级在1级或2级以上的空调、冰箱、洗衣机、平板电视、微波炉、电饭煲、电磁灶、热水器、电脑显示器、电机等10类产品进行推广。有关部门还加强了节能激励机制建设，完善了财政专项资金“以奖代补”新机制和资源综合利用税收优惠政策等。下调了小排量乘用车消费税税率，鼓励购买低能耗汽车；出台了《节能与新能源汽车示范推广财政补助资金管理暂行办法》，支持北京等13个城市在公交、出租、公务、环卫和邮政等公共服务领域率先推广使用节能与新能源汽车，对购买节能与新能源汽车及建设相关配套设施给予补助。

2010年发布三批共115项国家重点节能技术推广目录，在钢铁、建材、化工等行业重点推广7项节能技术。实施节能产品惠民工程，通过财政补贴推广高效照明产品、高效空调、节能电机等节能产品，推广了3.6亿只高效照明产品、3 000万台高效节能空调、100万辆节能汽车，实现年节能能力200亿千瓦时。开展节能与新能源汽车示范推广工作，率先在公共服务领域推广使用混合动力、纯电动和燃料电池汽车。

2010年制定了节能产品政府采购清单，对空调、计算机、照明等9类节能产品实行强制采购。“十一五”期间，纯低温余热发电、新型阴极铝电解槽、高压变频、稀土永磁电机、等离子无油点火等一大批高效节能技术得到普遍应用，高效照明产品市场占有率达67%，高效节能空调市场占有率达70%。

2011年国家发展改革委牵头发布了第四批《国家重点节能技术推广目录》，公布了煤炭、电力、钢铁等13个行业的22项节能技术。工业和信息化部下发了《关于开展重点用能行业能效水平对标达标活动的通知》，指导各地深入开展能效水平对标达标，实施重点企业节能技术改造，积极推广先进节能生产工艺；编制完成钢铁、石化、有色、建材等11个重点行业节能减排先进适用技术目录、应用案例和技术指南，涉及600多项节能技术；继续推进工业企业能源管理中心建设，开展工业能耗在线监测试点，组织制订工业能效提升计划和电机能效提升计划，提出工业能效提升路线图和低能效电机淘汰路线图，2011年全年共推广节能电机200多万千瓦。继续实施节能产品惠民工程，推广使用节能产品，

2011 年全国共推广高效节能空调 1 826 多万台、节能灯 1.5 亿只、节能汽车 400 多万辆。

2012 年国家发展改革委发布了第五批《国家重点节能技术推广目录》，公布了 12 个行业的 49 项重点节能技术，五批目录累计向社会推荐了 186 项重点节能低碳技术。工业和信息化部、科技部、财政部联合发布了《关于加强工业节能减排先进适用技术遴选评估与推广工作的通知》，筛选出钢铁、化工、建材等 11 个重点行业首批 600 余项节能减排先进适用技术，发布《节能机电设备（产品）推荐目录（第三批）》《高耗能落后机电设备（产品）淘汰目录（第二批）》，完成了工业节能减排技术信息平台建设；印发《2013 年工业节能与绿色发展专项行动实施方案》《关于组织实施电机能效提升计划（2013—2015 年）的通知》《关于加强内燃机工业节能减排的意见》，大力推进重点行业电机系统节能改造及内燃机节能减排技术、新产品推广应用。财政部、国家发展改革委推进节能产品政府采购，更新发布了两批节能产品政府采购清单。继续实施节能产品惠民工程，安排中央财政资金 300 多亿元，推广节能家电近 9 000 多万台（套）、节能汽车 350 余万辆、高效电机 1 400 多万千瓦，绿色照明产品 1.6 亿只，累计形成年节能能力 1 200 多万吨标准煤。

2014 年 1 月，国家发展改革委印发《节能低碳技术推广管理暂行办法》，加快节能低碳技术进步和推广普及，引导用能单位采用先进适用的节能新技术、新装备、新工艺，发布了第六批《国家重点节能技术推广目录》，公布了煤炭、电力、钢铁、有色等 13 个行业的 29 项重点节能技术，六批目录累计向社会推荐了 215 项重点节能低碳技术。国家发展改革委、财政部等部门组织实施节能产品惠民工程，推广高效节能家电 1.3 亿台、节能汽车 265 万辆、高效电机 2 500 万千瓦，拉动绿色消费 1.4 万亿元，实现节能能力 2 000 万 tce。国家认监委会同国家发展改革委联合印发《低碳产品认证管理暂行办法》，建立了中国的低碳产品认证制度，公布了包括通用硅酸盐水泥等 4 种产品在内的《低碳产品认证目录（第一批）》，27 家企业获得低碳产品认证证书。科技部组织编制并发布了《节能减排与低碳技术成果转化推广清单（第一批）》。工业和信息化部发布了《“能效之星”产品目录（2013）》以及两批工业领域节能减排电子信息应用技术目录、四批节能机电设备（产品）推广目录。

（4）加大重点工程实施力度，推动重点领域节能减排

①加大重点工程实施力度。发展改革委等部门于 2006 年 7 月制定并下发了《“十一五”十大重点节能工程实施意见》，预计“十一五”期间节能 2.4 亿 tce，相当于减排 CO_2 约 5.5 亿吨。这十大重点节能工程包括燃煤工业锅炉（窑炉）改造工程、区域热电联产工程、余热余压利用工程、节约和替代石油工程、电机系统节能工程、能量系统优化（系统节能）工程、建筑节能工程、绿色照明工程、政府机构节能工程和节能监测和技术服务体系建设工程。

2006 年，国家利用国债和中央预算内投资支持节能重点项目 111 个，形成 1 010 万 tce 的节能能力。2007 年国家利用国债和中央预算内投资以及中央财政资金，支持重点节能工程项目 681 个，形成 2 550 万 tce 的节能能力；各级地方政府引导的企业节能技术改造形成 6 000 多万 tce 的节能能力。2006—2010 年，通过实施十大重点节能工程，可形

成约 2.4 亿 tce 的节能能力。采用财政补贴推广使用节能灯 5 000 万只的任务已在各地组织实施，近三年将推广使用节能灯 1.5 亿只以上。

2007 年，通过开展千家企业节能行动，推动企业开展能源审计、编制节能规划，公告企业能源利用状况，启动重点耗能企业能效水平对标活动。积极推广节能省地环保型建筑和绿色建筑，新建建筑严格执行强制性节能标准，加快既有建筑节能改造，1.5 亿平方米供热计量和节能改造任务分解到了各地区，在 24 个省市启动国家机关办公建筑和大型公共建筑节能监管体系试点工作。继续完善和严格执行机动车燃料消耗量限值标准。中央国家机关开展了空调、照明、锅炉系统节能诊断和改造，完成了办公区所有非节能灯具的改造。

2008 年，中央财政安排节能减排专项资金 270 亿元，重点支持节能技术改造、淘汰落后产能、建筑节能、节能产品推广及节能能力建设等，其中安排节能技术改造项目 1 200 多个，项目建设后预计能形成 2 500 万 tce 的节能能力。在 2008 年第四季度以来安排的三批中央新增投资中，节能减排和生态环境建设方面资金达到 224 亿元。

2008 年，中国进一步明确对民用建筑节能的经济激励政策，明确要求中央有关部门和地方政府安排民用建筑节能资金，用于既有建筑节能改造、可再生能源建筑规模化应用、国家机关办公建筑和大型公共建筑节能监管等项目，并引导金融机构对其提供支持。

2009 年，财政又加大了对工业企业能源管理中心示范项目的支持力度，引导工业企业利用信息化技术改造和提升传统的能源管理模式。有关部门继续开展节能发电调度试点，推进建筑、交通领域和公共机构节能。

实施工业锅炉(窑炉)改造、热电联产、电机系统节能、余热余压利用等十大重点节能工程，开展千家企业节能行动，加强重点耗能企业节能管理，推动能源审计和能效对标活动。开展“车、船、路、港”千家企业低碳交通运输专项行动，大力发展城市公共交通。提高新建建筑强制性节能标准执行率，加快既有建筑节能改造，推动可再生能源在建筑中的应用，对政府机构办公用房进行节能改造。截至 2010 年底，全国城镇新建建筑设计阶段执行节能强制性标准的比例为 99.5%，施工阶段执行节能强制性标准的比例为95.4%。“十一五”期间，累计建成节能建筑面积 48.57 亿平方米，共形成 4 600 万 tce 的节能能力。开展零售业节能行动，限制生产、销售、使用塑料购物袋，抑制商品过度包装。

2011 年国家发展改革委继续组织实施锅炉(窑炉)改造、电机系统节能、节约和替代石油、能量系统优化、余热余压利用、建筑节能、绿色照明等重点节能改造工程，发布了《中国逐步淘汰白炽灯路线图》，决定从 2012 年 10 月 1 日起逐步禁止进口和销售普通照明白炽灯。2011 年新增节能建筑面积 13.9 亿平方米，完成北方 15 个省(区、市)既有居住建筑供热计量及建筑节能改造面积 1.4 亿平方米；天津等 10 个低碳交通运输体系建设第一批城市试点继续推进，启动了北京等 16 个低碳交通运输体系建设第二批城市试点。2011 年，通过重点节能改造工程建设，形成 1 700 多万 tce 的节能能力。

2012 年以来，安排中央预算内投资 48.96 亿元和中央财政奖励资金 26.1 亿元支持重点节能改造、高效节能技术和产品产业化示范、重大合同能源管理、节能监察机构能力建设、建筑节能、绿色照明等重点工程项目 2 411 个，其中，安排中央预算内投资 10.66 亿元支持节能监察机构能力建设项目 1 215 个，安排中央财政资金 1.3 亿支持 17 个甩挂运输改造项目；加大对合同能源管理的支持力度，安排财政奖励资金 3.02 亿元，支持合同能源管理项目 495 个。通过实施节能项目，累计形成 1 979 万 tce 的节能能力。

2013 年继续安排中央预算资金支持节能项目，并优化了相关管理办法。2013 年，安排中央预算内资金 25.6 亿元，支持了 438 个节能技术改造及产业化项目，年可实现节能能力 560 万 tce；安排中央预算内资金 3.72 亿元，支持 445 个节能监察机构能力建设项目；安排中央财政节能奖励资金 18.44 亿元，支持节能技术改造财政奖励项目 272 个，年可实现节能能力 642 万 tce；安排中央财政奖励资金约 2.8 亿元，支持 443 个合同能源管理项目，实现节能量约 116 万 tce。

②推动重点领域节能减排。主要是推进建筑和交通领域的节能减排。

在建筑节能方面，国务院办公厅转发了国家发展改革委、住房城乡建设部联合编制的绿色建筑行动方案，住房城乡建设部发布了《“十二五”建筑节能专项规划》。截至 2012 年底，北方地区既有居住建筑供热计量及节能改造 5.9 亿平方米，形成年节能能力约 400 万 tce，相当于少排放 CO_2 约 1 000 万吨。全国城镇新建建筑执行节能强制性标准基本达到 100%，累计建成节能建筑面积 69 亿平方米，形成年节能能力约 6 500 万吨 tce，相当于少排放 CO_2 约 1.5 亿吨。

按照 2013 年 1 月发布的《绿色建筑行动方案》要求，国家发展改革委、住房城乡建设部推进绿色建筑行动，同时继续开展既有建筑改造。截至 2013 年底，全国城镇新建建筑全面执行节能强制性标准。北方采暖地区、夏热冬冷及夏热冬暖地区全面执行更高水平节能设计标准，积极开展被动式超低能耗绿色建筑示范，2013 年全年获得绿色建筑评价标识的建筑面积达 4 800 万平方米，比 2012 年增加了一倍。截至 2013 年底，全国共有 1 446个项目获得绿色建筑评价标识，建筑面积超过 1.6 亿平方米。全国城镇累计建成节能建筑面积 88 亿平方米，年形成约 8 000 万 tce 节能量和 2.1 亿吨 CO_2 减排量。

“十二五”前三年，北方采暖地区累计完成既有居住建筑供热计量及节能改造面积 6.2 亿平方米，提前超额完成了国务院确定的 4 亿平方米的改造任务。2013 年，夏热冬冷地区完成既有居住建筑节能改造 1 175 万平方米。

可再生能源建筑应用规模不断扩大，截至 2013 年底，全国城镇太阳能光热应用面积 27 亿平方米，浅层地能应用面积 4 亿平方米。

在交通节能方面，交通运输部进一步调整优化交通运输节能减排与应对气候变化重点支持领域，不断加大政策支持力度，继续组织开展“车、船、路、港”千家企业低碳交通运输专项行动；出台了《关于加强城市步行和自行车交通系统建设的指导意见》，通过城市步行和自行车交通系统示范项目，引导各地加强城市步行和自行车交通建设。科技部在全国 25 个试点城市组织开展“十城千辆”节能新能源汽车示范推广应用工程。据测算，2012 年交通运输行业共实现节能量 420 万 tce，相当于少排放 CO_2 917 万吨。

2013 年 8 月，交通运输部印发《关于深入推进“车、船、路、港”千家企业低碳交通运输专项行动的通知》，确定了 981 家参与企业名单，健全了能耗和碳排放报告制度，提出了参与企业考核指标体系，初步构建了千企行动长效机制。2013 年度财政部、交通运输部共同安排交通运输节能减排专项资金共 7.49 亿元，对 367 个项目“以奖代补”。2013 年交通运输行业节能 613 万 tce，相当于少排放 CO_2 1 337 万吨。

(5)加快淘汰落后产能

中国把淘汰落后产能作为节能减排的重要手段，不断加大工作力度。2007 年发布 13 个行业“十一五”淘汰落后产能分地区、分年度计划。2007 年关停小火电机组 1 438 万千瓦，淘汰落后炼铁产能 4 659 万吨、落后炼钢产能 3 747 万吨、落后水泥 5 200 万吨，关闭了 2 000 多家不符合产业政策、污染严重的造纸企业和一批污染严重的化工、印染企业，累计关闭各类小煤矿 1.12 万处。电力、煤炭领域推广使用高效节能设备，加快淘汰小火电、小煤矿。2007 年，6 000 千瓦及以上火电机组供电煤耗由 1980 年的每千瓦时 448 克标准煤下降到 370 克标准煤；单位原煤产量能耗比上年下降 5.9%，电耗下降了 5.1%。出台新开工项目管理的相关政策规定，相继制定发布了高耗能行业市场准入标准，提高节能环保准入门槛，采取调整出口退税、关税等措施，抑制“两高一资”(高耗能、高排放、资源型)产品出口。

2008 年，继续加大淘汰落后产能力度，对经济欠发达地区淘汰落后产能，中央财政共安排 62 亿元资金用于支持企业职工安置、转产等。全年关停 325 家电厂的小火电机组 1 669万千瓦，淘汰落后水泥产能 5 300 万吨，炼钢产能 600 万吨、炼铁产能 1 400 万吨，电石产能 104 万吨，铁合金产能 117 万吨，焦化产能 3 054 万吨。

2009 年上半年“上大压小”、关停小火电机组 1 989 万千瓦，累计已淘汰小火电 5 407 万千瓦，提前一年半完成“十一五”规划关停 5 000 万千瓦的目标。2008 年以来，仅火电“上大压小”就相当于减少 CO_2 排放 0.5 亿吨。

2009 年，关停煤耗高、污染重的小火电机组 2 617 万千瓦，淘汰落后炼钢产能 1 691 万吨、炼铁产能 2113 万吨、水泥产能 7 416 万吨、玻璃产能 600 万重量箱、焦炭产能 1 809 万吨、电石产能 46 万吨、电解铝产能 30 万吨。2006 到 2009 年，关停小火电机组达到 6 006万千瓦，淘汰落后炼钢产能 6 083 万吨、炼铁产能 8 172 万吨、水泥产能 2.14 亿吨，形成节能能力约 1.1 亿 tce。

2010 年 2 月，国务院印发了《关于进一步加强淘汰落后产能工作的通知》，以钢铁、水泥、平板玻璃、有色金属、焦炭、造纸、制革、印染等行业为重点，进一步加快淘汰落后产能，并采取了分解落实目标责任、完善政策约束、建立激励和监督检查机制等一系列综合措施，确保任务按期完成。

2011 年继续贯彻落实《关于抑制部分行业产能过剩和重复建设引导产业健康发展的若干意见》和《关于进一步加强淘汰落后产能工作的通知》，完善落后产能退出机制。工业和信息化部、国家发展改革委等有关部门联合印发了《关于印发淘汰落后产能工作考核实施方案的通知》《关于做好淘汰落后产能和兼并重组企业职工安置工作的意见》《高耗能落后机电设备(产品)淘汰目录(第二批)》等，加强对淘汰落后产能工作的检查考核，督促指导各地切实做好企业职工安置工作。

2011 年，全国共关停小火电机组 800 万千瓦左右，淘汰落后炼铁产能3 192万吨、炼钢产能2 846万吨、水泥(熟料及磨机)产能1.55亿吨、焦炭产能2 006万吨、平板玻璃3 041万重量箱、造纸产能 830 万吨、电解铝产能63.9万吨、铜冶炼产能42.5万吨、铅冶炼产能66.1万吨、煤产能4 870万吨。

2013 年 10 月，国务院印发《关于化解产能严重过剩矛盾的指导意见》，提出了"尊重规律，分业施策，多管齐下，标本兼治"的总原则，并根据行业特点，分别提出了钢铁、水泥、电解铝、平板玻璃、船舶等行业分业施策意见，确定了当前化解产能过剩矛盾的 8 项主要任务。与此同时，进一步落实《关于印发淘汰落后产能工作考核实施方案的通知》，完善落后产能退出机制，鼓励各地区制定更严格的能耗和排放标准，加大淘汰落后产能力度。2012 年 6 月，工业和信息化部下达了关于 19 个工业行业淘汰落后产能目标任务，并公布了第一批淘汰落后产能的企业名单，要求各地及时将目标任务分解到市、县，落实到企业。经考核，2012 年共淘汰炼铁落后产能 1 078 万吨、炼钢 937 万吨、焦炭 2 493 万吨、水泥(熟料及磨机)25 829 万吨、平板玻璃 5 856 万重量箱、造纸 1 057 万吨、印染 32.6 亿米、铅蓄电池 2 971 万千伏安时。

按照《国务院关于化解产能严重过剩矛盾的指导意见》工作要求，围绕控增淘劣、提质增效、转型升级、低碳发展，继续积极推进化解产能过剩矛盾各项工作，2013 年 10 月，国务院办公厅印发《关于进一步加强煤矿安全生产工作的意见》，提出到 2015 年底在全国范围内关闭 2 000 处以上小煤矿。工业和信息化部为落实《关于下达 2013 年 19 个工业行业淘汰落后产能目标任务的通知》，2013 年 7 月及 2014 年 8 月，分别公布了第一批及第二批炼铁、炼钢、焦炭等 19 个工业行业淘汰落后产能企业名单。

2014 年 3 月，国家能源局、国家煤矿安全监察局联合印发了《关于做好 2014 年煤炭行业淘汰落后产能工作的通知》；6 月，国家安全监管总局、国家煤矿安监局、国家发展改革委等 12 部门联合发布《关于加快落后小煤矿关闭退出工作的通知》。国家质检总局会同国家发展改革委等 9 部门联合部署建材专项整治工作，对照钢材、玻璃、水泥、陶瓷等产品的国家标准要求，加强执法检查，将生产、流通、使用三个环节紧密结合起来，严惩生产、销售不符合标准产品的违法行为。2013 年，共关停小火电机组 447 万千瓦，淘汰炼铁 618 万吨、炼钢 884 万吨、电解铝 27 万吨、水泥(熟料及磨机)10 578 万吨、平板玻璃 2 800 万重量箱，涉及企业 1 500 多家。

(6)推行节能市场机制，实行激励政策

①推行节能市场机制。积极利用合同能源管理、电力需求侧管理、节能自愿协议等市场机制推动节能。2010 年颁布了《关于加快推行合同能源管理促进节能服务产业发展的意见》，加大资金支持力度，实行税收扶持政策，完善相关会计制度，改善金融服务，加强对节能服务产业的支持。

2005—2010 年，节能服务公司数量由 80 多家增加到 800 多家，从业人员由 1.6 万人增加到 18 万人，节能服务产业规模由 47 亿元人民币增加到 840 亿元人民币，形成的年节能能力由 60 多万 tce 增加到 1 300 多万 tce。

2011 年，国家发展改革委公布了第二、第三批共 1 273 家通过备案的节能服务公司名单。全国多个地方省、市、自治区相继出台合同能源管理项目专项扶持政策。合同能源管理涉及领域从以工业为主，发展到覆盖工业、建筑、交通和公共机构等多个领域。2011 年，全国节能服务产业产值达到 1 250 亿元，同比增长 49.5%，节能服务公司共实施合同能源管理项目 4 000 多个，投资额 412 亿元，同比增长 43.5%，实现节能量 1 600 多万 tce。

实施有利于节能的经济政策。调整部分矿产品资源税，适时调整成品油、天然气价格，实行节能发电调度的政策，下调小火电上网电价，加大差别电价实施的力度，出台支持企业节能技术改造、高效照明产品推广、建筑供热计量及节能改造等资金管理办法。出台鼓励节能环保小排量汽车、限制塑料购物袋等政策。建立政府强制采购节能产品制度。

②实行激励政策。加快推进能源价格形成机制改革，实施成品油税费改革，对高耗能行业实施差别电价，对超能耗产品实行惩罚性电价，推动供热计量收费。

设立节能减排专项资金，"十一五"期间中央财政累计投入2 250亿元人民币，重点支持节能技术改造和节能产品推广，形成节能能力 3.4 亿 tce。稳妥推进资源税制改革，不断完善出口退税制度，调整车辆购置税政策，改革车船税，出台了节能节水、资源综合利用等方面的税收优惠政策。对高效、节能、低碳产品实施进口税收优惠政策。

工业和信息化部联合有关部门发布了两批《关于节约能源使用新能源车辆减免车船税的车型目录》，对节能车船和新能源车船实行车船税减免。财政部、交通运输部设立了交通运输节能减排专项资金，2011 年和 2012 年对 402 个申报项目给予了补助，形成 CO_2 减排量 183.7 万吨。海洋局设立海岛保护专项资金，共支持地方开展海岛保护项目 15 个，经费约 2 亿元。农业部投入 43 亿元引导地方政府加大对沼气利用的补助力度，2011 年沼气用户达 4 100 万户，形成 CO_2 减排量 6 000 万吨；在内蒙古、西藏、新疆、甘肃等 9 个省和自治区实施草原生态保护补助奖励机制政策，安排财政资金共 136 亿元。林业局扩大造林补贴和森林抚育补贴规模，其中森林抚育补贴财政试点资金超过 50 亿元。

(7)加快发展循环经济

发展循环经济主要是为了节约包括能源在内的各种资源，因为资源的循环利用会减轻资源耗竭的压力，同时在一定程度上间接地减少能源的消耗量，从而减少 CO_2 排放。中国政府高度重视发展循环经济，积极推进资源利用减量化、再利用、资源化，从源头和生产过程减少温室气体排放。近年来，循环经济从理念变为行动，在全国范围内得到迅速发展。国家制定《清洁生产促进法》《固体废物污染环境防治法》《循环经济促进法》《城市生活垃圾管理办法》《废弃电子电器回收处理管理条例》等法律法规，发布《关于加快发展循环经济的若干意见》，提出发展循环经济的总体思路、近期目标、基本途径和政策措施，并发布循环经济评价指标体系。

组织开展了循环经济试点。2005 年以来，启动实施两批共 178 家循环经济示范试点，在重点行业、重点领域、产业园区、省市探索建立循环经济发展的有效模式。初步探索形成企业、企业间或园区、社会三个层面的循环经济发展模式，废旧家电回收处理和汽车零部件再制造试点取得积极进展。完善废弃物综合利用和再生资源回收利用的税收优惠政策，加大国债和中央预算内投资对发展循环经济重点项目的支持力度。通过引进、消化、吸收和自主创新，形成了一批具有自主知识产权的先进技术，特别是开发、示范和推广了一批对行业有重大带动作用的共性和关键技术。纯低温余热发电、干法熄焦、高炉炉顶压差发电、电石渣干法制水泥、高炉和回转窑消纳社会废物等一批适用技术得到广泛应用。

2005 年，中国的钢铁、有色金属、纸浆等产品近三分之一的原料来自再生资源，水泥原料的 20%、墙体材料的 40%来自工业固体废物。半导体制造、封装过程降低温室气体排放也取得明显成效，电子信息产品制造过程中温室气体的排放处于较低水平。

自 2008 年 8 月《循环经济促进法》实施以来，中国已有 26 个省市开展了循环经济试点工作。钢铁、有色金属、电力等行业，以及废弃物回收、再生资源加工利用等重点领域也开展了循环经济的试点工作。有关政府部门总结循环经济试点经验，加强对试点工作指导，编制发布了重点行业循环经济支撑技术。从企业内部，企业间、产业间或工业园区以及社会层面看，循环经济模式初步形成。

2008 年，发展改革委印发《关于开展汽车零部件再制造试点工作的通知》，启动了汽车零部件再制造试点工作。选择整车生产企业和零部件再制造企业 14 家，安排中央预算内投资 5 710 万元，支持汽车发动机、变速箱再制造试点项目。研究提出了三类 11 项汽车零部件再制造技术标准，列入“十一五”标准规划。

2008 年，国务院公布实施《废弃电器电子产品回收处理管理条例》，发展改革委确定青岛市和浙江省为国家电子废弃物回收处理试点省市，支持青岛、北京、天津和杭州建设电子废弃物回收处理示范试点项目。为推动秸秆综合利用，国务院办公厅印发了《关于加快推进农作物秸秆综合利用的意见》。支持一批综合利用重点项目，“十一五”前三年，共安排中央预算内投资 13.1 亿元，支持了 179 个资源综合利用重点项目，利用工业废渣 3 546万吨，回收利用废旧金属等再生资源 172 万吨，利用林木“三剩物”233 万吨，节约木材资源 373 万立方米。

2008 年，中国回收利用废钢 7 200 万吨；再生有色金属产量 520 万吨；回收塑料1 600万多吨，居世界第一位。

2010 年，开展国家“城市矿产”示范基地建设，推进重点城市报废机电设备、废旧家电、废塑料、废橡胶等废弃资源的规模利用、循环利用和高值利用。积极推进大宗工业固体废弃物综合利用，“十一五”期间，综合利用粉煤灰约 10 亿吨、煤矸石约 11 亿吨、冶炼渣约 5 亿吨。安排中央投资支持再制造产业化项目建设，截至 2010 年底，中国已形成汽车发动机、变速箱、转向机、发电机共 25 万台(套)的再制造能力。

2011 年，国家发展改革委编制了《循环经济发展“十二五”规划》，颁布实施了《废弃电气电子产品回收利用管理办法》；总结凝练了 60 个国家循环经济发展典型模式案例；选择了 22 个园区继续实施园区循环化改造示范试点工程，选择 7 个园区开展第三批国家“城市矿产”示范基地建设，选择 16 个城市继续开展第二批餐厨废弃物资源化利用和无害化处理试点，在 12 个地区开展了工业固体废物综合利用基地建设；加大循环经济关键共性技术推广力度；确定了两批 18 个国家循环经济教育示范基地。

2013 年，安排中央财政清洁生产专项资金 5.8 亿元，支持 95 个清洁生产技术示范项目，在聚氯乙烯等 28 个重点行业中遴选公布了 43 家清洁生产示范企业。工业和信息化部研究制定工业领域落实《大气污染防治行动计划》工作方案，组织编制发布京津冀及周边地区、丹江口水库及上游等重点区域（流域）企业清洁生产水平提升计划，继续推进工业固体废物综合利用基地建设，联合国家安全监管总局开展尾矿综合利用示范工程建设，组织实施废钢铁加工、轮胎翻新、废轮胎综合利用行业准入制度，发布第三批《再制造产品目录》。

2014 年，国家发展改革委印发了《关于组织开展循环经济示范城市（县）创建工作的通知》，提出到 2015 年选择 100 个左右城市（区、县）开展国家循环经济示范城市（县）创建工作。

（8）推进全民节能行动

2008 年 8 月，国务院办公厅印发了《关于深入开展全民节能行动的通知》，要求广泛动员全民节能，把节能变成全体公民的自觉行动。全民节能行动主要包括：每周少开一天车，提倡环保节能驾驶；公共建筑夏季室内空调温度设置不得低于 26 ℃，冬季室内空调温度设置不得高于 20 ℃；各级行政机关办公场所三层楼以下原则上停开电梯；鼓励和引导消费者购买使用能效标识 2 级以上或有节能产品认证标志的空调、冰箱等家用电器，鼓励购买节能灯、节能环保型小排量汽车；使用节能环保购物袋；减少使用一次性用品；夏季公务活动着便装等。

表 6-2　中国节能低碳的主要对策措施一览（部分）

年份	名　　称	类　别
1997	中华人民共和国节约能源法	加强法制建设，强化节能目标责任考核
2008	节约能源法（修订） 节能减排综合性工作方案 节能减排统计监测及考核实施方案和办法 关于严格执行公共建筑空调温度控制标准的通知 关于印发 2008 年节能减排工作安排的通知	
2010	关于进一步加大工作力度确保实现“十一五”节能减排目标的通知 中央企业节能减排监督管理暂行办法	
2011	“十二五”节能减排综合性工作方案 工业节能“十二五”规划 “十二五”建筑节能专项规划 关于加快推动我国绿色建筑发展的实施意见 关于公路水路交通运输行业落实国务院“十二五”节能减排综合性工作方案的实施意见 交通运输行业“十二五”控制温室气体排放工作方案 公共机构节能“十二五”规划	
2012	节能减排“十二五”规划 节能环保产业发展规划	
2014	2014—2015 年节能减排低碳发展行动方案 有色金属、石化和化工等行业节能减排指导意见 节能中长期专项规划	

续表

年份	名　　称	类　别
2008	民用建筑节能条例 公共机构节能条例	进一步完善节能标准标识
2011	汽车驾驶节能操作规范	
2012	建筑能效标识技术标准 城镇供热系统节能技术规范	
2013	绿色建材评价标识管理办法	
2009	节能与新能源汽车示范推广财政补助资金管理暂行办法	推广节能技术与产品
2010	国家重点节能技术推广目录(第一至第三批)	
2011	国家重点节能技术推广目录(第四批) 关于开展重点用能行业能效水平对标达标活动的通知	
2012	国家重点节能技术推广目录(第五批) 关于加强工业节能减排先进适用技术遴选评估与推广工作的通知 节能机电设备(产品)推荐目录(第三批) 高耗能落后机电设备(产品)淘汰目录(第二批) 2013 年工业节能与绿色发展专项行动实施方案 关于组织实施电机能效提升计划(2013—2015 年)的通知 关于加强内燃机工业节能减排的意见	
2014	节能低碳技术推广管理暂行办法 国家重点节能技术推广目录(第六批) 低碳产品认证管理暂行办法 低碳产品认证目录(第一批) 节能减排与低碳技术成果转化推广清单(第一批) “能效之星”产品目录(2013)	
2006	“十一五”十大重点节能工程实施意见	加大重点工程实施力度，推动重点领域节能减排
2011	中国逐步淘汰白炽灯路线图 “十二五”建筑节能专项规划	
2013	绿色建筑行动方案 关于加强城市步行和自行车交通系统建设的指导意见 关于深入推进“车、船、路、港”千家企业低碳交通运输专项行动的通知	
2010	关于进一步加强淘汰落后产能工作的通知	加快淘汰落后产能
2011	关于抑制部分行业产能过剩和重复建设引导产业健康发展的若干意见 关于印发淘汰落后产能工作考核实施方案的通知 关于做好淘汰落后产能和兼并重组企业职工安置工作的意见 高耗能落后机电设备(产品)淘汰目录(第二批) 关于化解产能严重过剩矛盾的指导意见	
2013	国务院关于化解产能严重过剩矛盾的指导意见 关于进一步加强煤矿安全生产工作的意见 关于下达 2013 年 19 个工业行业淘汰落后产能目标任务的通知 关于做好 2014 年煤炭行业淘汰落后产能工作的通知	
2014	关于加快落后小煤矿关闭退出工作的通知	
2010	关于加快推行合同能源管理促进节能服务产业发展的意见 两批《关于节约能源使用新能源车辆减免车船税的车型目录》	推行节能市场机制，实行激励政策

表 6-3　中国工业行业能源效率变化(1991—2010)

	单位工业增加值的能源消费(tce/万元)		2010 年比 1991 年下降率(%)	
	1991 年	2010 年	总下降率	年均下降率
矿业	4.5	1.0	−77.8	−7.6
食品	2.9	0.4	−85.8	−9.8
纺织	3.7	0.7	−80.9	−8.4
造纸	9.2	1.9	−79.8	−8.1
能源加工	6.3	4.0	−35.9	−2.3
化学	10.7	2.2	−79.4	−8.0
建材	24.0	4.8	−80.2	−8.2
钢铁	12.5	4.8	−61.4	−4.9
有色金属	7.0	3.2	−54.2	−4.0
机械	1.7	0.4	−75.1	−7.1
其他制造业	5.4	0.8	−85.5	−9.7
电力煤气	2.9	1.9	−35.0	−2.2
平均	5.7	1.6	−71.7	−6.4

资料来源:分行业能源消费总量数据源于《中国能源统计年鉴》各年版,各行业工业增加值系根据《中国统计年鉴》各年版及《中国经济社会统计公报》整理,并以不变价格换算成 2005 年价。

虽然我国工业行业的能源效率有了很大的提高,但仍有较大的提升空间。迄今为止,主要部门的对策内容是:①不改变设备和工艺流程,能源管理的改善、强化(软件的改善);②通过小规模投资附设热量回收和利用设备以及设备的改善;③对既有的设备和工艺流程进行大规模的改造,增设高效率的设备。

今后需要更进一步地提高能源利用效率的研发,特别应该对能源多消费产业给予更多地关注。例如对钢铁工业,可以列举的有高效率设备(干式 TRT、燃气涡轮复合发电、直流式电气炉)、废热回收(其他产业、其他地区的热供给)、新一代技术(熔融还原炼铁法、半凝固流程等)、高效率设备(多段粉碎、竖形滚磨机)等。又如对水泥制造而言,下一代技术(流动床水泥烧成系统)的开发是必要的。还有对煤炭、石油化学工业而言,有工艺流程的高度化、低温、低压生产流程的开发以及化学热泵、少产生废弃物的生产流程等。而在造纸和纸浆工业中,有高效率设备(蒸解、纸浆洗净、漂白、脱木质素工程),废止利用的扩大,残材、低质材的充分利用等。

2.转换部门的效率提高

中国化石燃料约 1/3 是用来发电的,所以发电效率的提高直接关系到 CO_2 排放量的削减。现在,用天然气、轻油作燃料的体系已经达到实用化的阶段,以煤炭为主要燃料的煤炭气化复合发电系统也正在开发之中。复合发电是高温燃气涡轮和蒸汽涡轮的并用方式,可以突破以往蒸汽涡轮发电效率的上限(40%以下)。作为更高效率的发电系统,对燃料电池发电、热电联供系统等的开发也应该下大功夫。

另外，通过对发电余热的有效利用，综合热效率可达75%～80%。实际上，热能的远距离输送比电力更加困难，有必要考虑电力和热能两方平衡的利用系统。

3.循环社会构建

在铁、铝、纸、塑料等的制造过程中需要消耗较多的能源，用这些物质做成的产品的废弃等于是扔掉了能源和资源，增加了垃圾的数量。而铝的再生利用所需的能源仅仅是从铝土矿来生产的10%～20%。利用废钢铁制造新的钢铁可以节约2/3的能源。如果用旧纸、再生纸来做报纸原料的话，比用纸浆造纸可以节约25%～60%的能源。另外，将装牛奶、饮用水的容器从纸或塑料改为玻璃，并且回收利用的话，也可以节约能源资源。发达国家已经着手在消费者层面上将垃圾分类、回收，并已开始对包括金属、纸、塑料等在内的物质进行系统的循环利用，而中国尚未做到这一点。

4.中国区域节能低碳对策

从地域的观点来看，各地域节能手段的重点应该有所不同。

首先，前述位于中国北部内陆地区的西部北方型和中部北方型地区应该作为实施节能手段的重点。这类地域作为煤炭产地被人们熟知，源源不断地将煤炭运往全国各地。本来作为地产地销的煤炭基本上没有什么运输成本，具有能源利用成本很低的优势，但为什么实际上这类地域的能源利用效率会如此低下呢？能够想到的原因当然是节能技术比东部地区低，但除此之外，还应该有其他原因。例如，正因为有很多的资源，可能反而使得节约意识淡薄；又如这类地域大都是以资源、原材料产业等所谓的重工业为中心的产业结构，单位产出的能源消费较多；再加上又有许多陈旧的、能源效率较低的设备在运营，这就需要这类地域今后在继续提高节能技术的同时，必须提高节约能源的意识，与此同时，还需要加强产业结构高级化，尽快更新设备。

东部地域的经济发展水平较高，技术也比较先进，如果能通过新的节能技术的开发、引进先进的设备等方法达到日本等发达国家的节能水平，能源效率将会得到进一步的提升。从"十一五"规定的各省2010年底的节能目标来看，北京和天津早在2009年就已实现，其他东部地域也在2009年底完成了所定目标的80%以上，这类地域还有进一步的节能潜力。"十二五规划"将全国的节能目标定为18%，东部地域将会起重要的作用。

第四节　中国经济低碳对策

一、中国的经济发展与CO_2排放

（一）中国经济发展的现状及变化

中国经济在对外开放、对内改革的推动下，保持了数十年连续的高速增长（图6-22上

段）。仅从1990—2012年的20多年来看，我国的GDP就从4.3万亿元增加到37.0万亿元，增加了7.6倍，年均增长10.3%。

从产业结构的变动情况来看（图6-22下段），1990—2012年，我国第一产业呈下降态势，由27.1%下降到10.1%，下降了17个百分点。第二产业和第三产业呈上升趋势，但第三产业的上升速度更快，前者由41.3%上升到45.3%，只上升了4个百分点；而后者则从31.5%上升到44.6%，上升了13个百分点，其比重已与第二产业相差无几。值得注意的是，第二产业经过一段时间的上升后，已经开始出现下降苗头，2006年曾达到这一期间的最高值47.9%，之后连续数年逐渐回落。

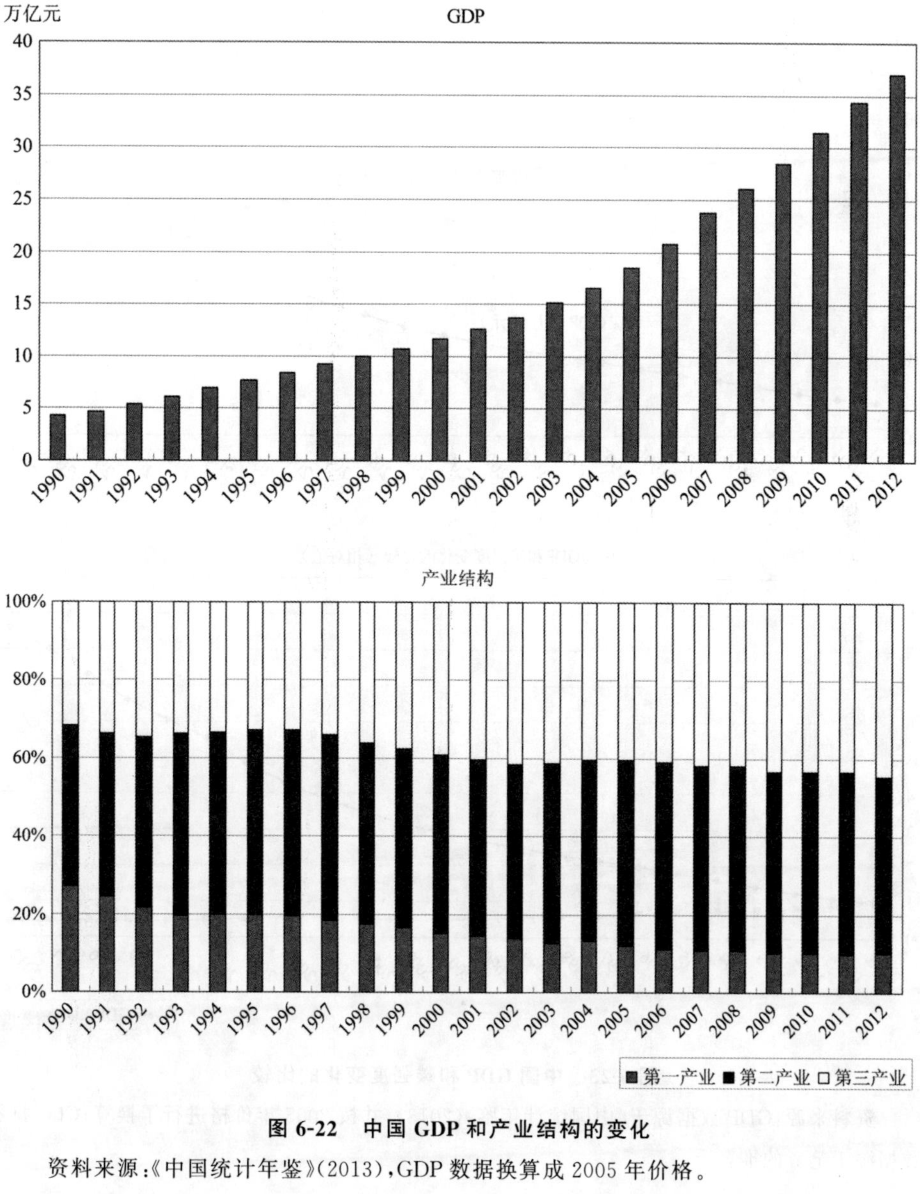

图6-22　中国GDP和产业结构的变化

资料来源：《中国统计年鉴》(2013)，GDP数据换算成2005年价格。

(二)中国的经济发展与 CO_2 排放

中国的经济发展与碳强度(单位 GDP 的 CO_2 排放)呈现相反方向的发展趋势,即随着经济的发展,中国的碳强度是下降的。1990—2012 年,中国的碳排放强度由 5.38 t-CO_2/万元下降到2.29 t-CO_2/万元,下降了 57.5%,相当于减排 $CO_2$114.3 亿吨。也就是说,如果没有碳排放强度下降的话,按照 1990 年的单位 GDP 的 CO_2 排放量计算,2012 年就要多产生 114.3 亿吨的 CO_2 排放。

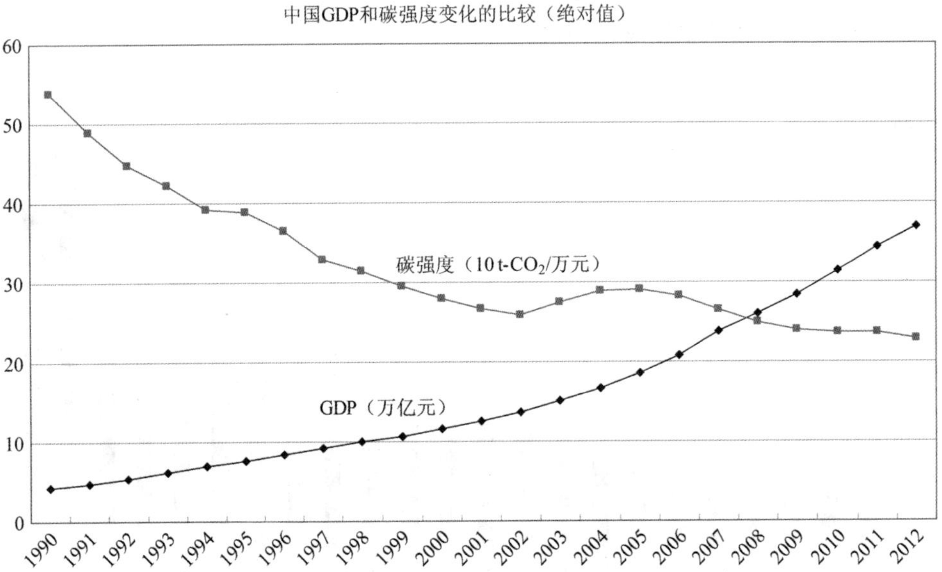

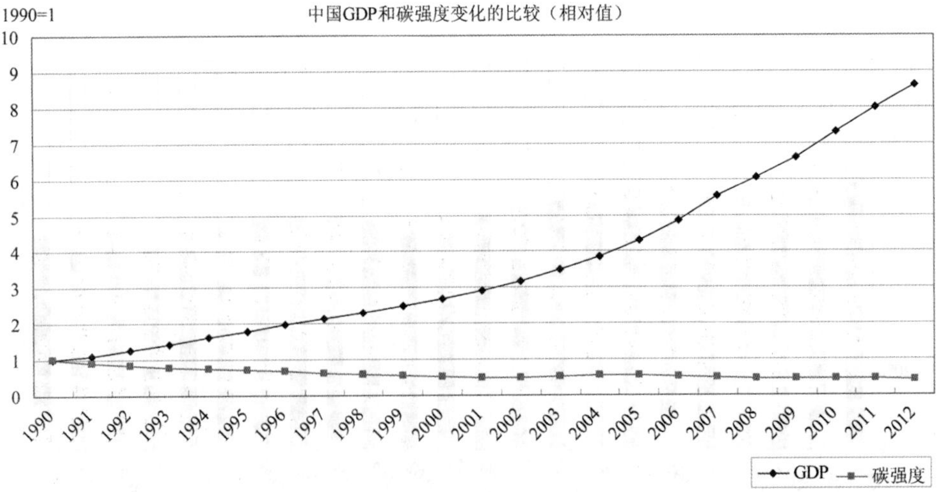

图 6-23 中国 GDP 和碳强度变化的比较

资料来源:GDP 数据源于《中国统计年鉴》(2013),并按 2005 年价格进行了换算;CO_2 排放数据源于笔者的推算。

二、中国经济低碳对策

(一)中国经济低碳对策的途径

经济低碳对策包括经济效率的改善和产业结构的优化两种途径。两者有着紧密而复杂的关系,本质上都是降低单位产出的 CO_2 排放强度。产业结构的优化效果也会体现在经济效率上。

1.提高经济效率对策

如前所述,截至目前,中国经济增长因素不管在任何地区、任何部门都是 CO_2 排放增加的因素,中国 CO_2 排放的增加基本上是由于经济增长造成的。但是,中国的经济发展水平还不高,今后规模进一步扩大的可能性还很大,从这个意义上讲,中国经济发展带来 CO_2 排放的增加是不可避免的,问题在于经济增长率和 CO_2 排放增加率的关系上。也就是说,通过提高经济效率可以降低单位产出的 CO_2 排放强度,经济的增长和 CO_2 排放的增加就不会是同步的。如果单位 GDP 的 CO_2 排放能够大幅度降低的话,即使经济规模增大,也可以实现 CO_2 排放经济增长率以下的、缓慢的增加,甚至实现 CO_2 排放的减少。

通过前面的分区域研究,我们已经知道经济水平较高的东部都市型地域的单位 GDP 产出的 CO_2 排放是最低的,也就是说其 CO_2 排放效率是最高的。为此,我们假设中国各个地域都能达到东部都市型地域的 CO_2 排放效率,在全国范围内就会产生非常大的削减效果,特别是用表示经济效率的单位 GDP 的 CO_2 排放量来看,其削减率可达到 38.8%。当然这只是一种假设,各地的情况不同,不可能都达到东部都市型地域同样的水平。不过这可以从侧面说明我国 CO_2 排放量削减的巨大潜力。

国内尚且有如此巨大的差异,要是和发达国家相比,差距就更大了。我们还可以看到,近年在东部沿海型地域的单位 GDP 的 CO_2 排放量仍呈不断下降的趋势,说明在经济效率的改善方面,各地域都存在着巨大的潜力,还有进一步改善排出强度的可能性以及经济效率提升的空间。

2.产业结构优化对策

经济低碳转型的另一个手段就是产业结构的优化。这种手段的具体含义是通过将单位 GDP 的 CO_2 排放量较多的产业向排放较低的产业的转换,可以在同样的 GDP 规模下实现 CO_2 排放量减少,或者在同样的 CO_2 排放规模下实现 GDP 规模的增大。

众所周知,单位 GDP 产出的能源消费较多的产业(即所谓的高耗能产业)是钢铁、一次金属、水泥、化学等重工业,而轻工业和第三产业等的单位 GDP 产出的能源消费量较少,因此,通过将产业结构向轻工业和第三产业的转换可以实现 CO_2 排放量的削减。不过,这并不是一件容易的事,因为产业结构转换有着其内在规律,在经济发展的初期阶段(即所谓的工业化阶段)需要大规模的基础设施建设,对上述的高耗能产业产品的需求会比较高,能源需求也很难降下来。

虽然中国整体目前正处于工业化的中期,但也有一些省份进入了工业化后期或后工业化时期(参见表5-1),这些省份位于东部沿海地区,有必要大力发展服务业,尤其是现代服务业。

本研究已经表明,东部都市型的北京、上海、天津已经出现工业化收束的倾向。另外,东部沿海型各省也已进入工业化的后期阶段,有必要有意识地大力发展服务业;而其他处于工业化阶段的各省,则应该采取工业内部结构转换或机器设备的更新来提高产业结构的层次。

(二)中国经济低碳对策及其效果

1.中国经济低碳对策的现状

中国正处于工业化、城镇化快速发展阶段,产业结构呈现第二产业比重较高、第三产业发展相对滞后的特点,调整经济结构与产业结构是中国经济低碳发展的重要手段。一方面应大力推进第三产业发展,鼓励新兴产业发展;另一方面应注重第二产业内部的调整,推动产业优化。中国政府注重经济结构的调整和经济发展方式的转变,制定和实施了一系列产业政策和专项规划,将降低资源和能源消耗作为产业政策的重要组成部分,推动产业结构的优化升级,努力形成"低投入、低消耗、低排放、高效率"的经济发展方式。《"十二五"控制温室气体排放工作方案》要求服务业增加值和战略性新兴产业增加值占GDP的比例提高到47%和8%左右。

(1)改造提升传统产业

中国政府相继制定发布了高耗能行业市场准入标准,提高高耗能行业的节能环保准入门槛,并采取调整出口退税、关税等措施,抑制"两高一资"(高耗能、高排放、资源型)产品出口,用以遏制高耗能、高排放行业的过快增长。出台新开工项目管理的相关政策规定,相继制定发布了高耗能行业市场准入标准,提高节能环保准入门槛,采取调整出口退税、关税等措施,抑制"两高一资"产品出口,使得高耗能行业增速呈逐步回落的趋势。

2008年,中国政府出台十大产业调整和振兴规划,各规划都把淘汰落后产能、提高技术水平、节能减排作为重点。汽车产业调整和振兴规划强调把新能源汽车作为突破口,并注重改造、提高传统产品节能、环保和安全水平;钢铁、石化产业调整和振兴规划强调提高淘汰落后产能的标准,建设完善的落后产能退出机制,并为单位产品能耗、资源的回收率等制定了详细的标准;船舶工业调整和振兴规划把降低单位工业增加值能耗、显著提高钢材利用率、加快报废更新老旧船舶作为重点。

2009年2月开始陆续发布实施十大重点产业调整和振兴规划,支持在钢铁、有色、石化、电力等行业加快技术改造,降低能耗并提高资源综合利用水平。严格执行国家产业政策和项目管理规定,强化用地审查、节能评估审查、环境影响评价,严格控制高耗能、高排放行业和产能过剩行业新上项目。2009年7月,国务院转发了有关部门《关于抑制部分行业产能过剩和重复建设引导产业健康发展若干意见》,对抑制产能过剩工作提出了相关政策要求,提高高耗能行业准入门槛,对固定资产投资项目进行节能评估和审查,加强传统产业的技术改造和升级,促进企业兼并重组,调整出口退税政策,对煤炭、部分有色金属、钢坯和化肥等产品征收出口关税,抑制高耗能、高排放和资源性产品出口。

2010年，制定和发布汽车、钢铁等十大重点产业调整和振兴规划，修订《产业结构调整指导目录》。2011年，国家发展改革委修订并发布《产业结构调整指导目录(2011年本)》，强化通过结构优化升级实现节能减排的战略导向。加强节能评估审查、环境影响评价和建设用地预审，进一步提高行业准入门槛，严格控制高耗能、高排放和产能过剩行业新上项目。严格控制高耗能、高排放产品出口。国务院印发了工业和信息化部牵头编制的《工业转型升级规划(2011—2015年)》，着力推动工业绿色低碳发展。工业和信息化部发布了钢铁、有色、建材、石化和化工、节能与新能源汽车、工业节能、大宗固废、清洁生产等"十二五"规划，推动工业转型升级。同时狠抓技术改造，完善管理办法，加大支持力度，突出支持重点，2011年共安排工业专项技改资金135亿元，带动投资2 791亿元，使技改工作的针对性、有效性和影响力得到明显提升。

2012年，国家发展改革委、环境保护部、国土资源部等部门通过加强节能评估审查、环境影响评价和建设用地预审，进一步提高行业准入门槛，严控高耗能、高排放和产能过剩行业新上项目，严控高耗能、高排放产品出口。2013年2月，国家发展改革委会同有关部门对《产业结构调整指导目录(2011年本)》有关条目进行了调整，强化通过结构优化升级实现节能减排的战略导向。2013年3月，国家发展改革委印发了《全国老工业基地调整改造规划(2013—2022年)》，提出改造提升传统优势产业，加大调整力度，增强传统优势产业的市场竞争力，充分利用新技术，优化产业结构。在"十二五"期间，国家发展改革委启动了"国家低碳技术创新及产业化示范工程"，其中，2012年在煤炭、电力、建筑、建材等4个行业实施了34个示范工程。

2013年，国家发展改革委会同工业和信息化部印发《关于重点产业布局调整和产业转移的指导意见》，提出了推动重点产业布局调整和产业转移的指导思想、基本原则、主要任务和政策措施。对于具体行业，国务院印发了《船舶工业加快结构调整促进转型升级实施方案(2013—2015年)》，国家发展改革委会同工业和信息化部编制了《石化产业规划布局方案》，开展了《造纸工业"十二五"规划》和《食品工业"十二五"规划》的中期评估工作。

在改造提升传统产业方面，"十一五"期间通过"上大压小"，累计关停小火电机组7 862万千瓦，淘汰落后炼钢产能7 200万吨、炼铁产能1.2亿吨、水泥产能3.7亿吨、焦炭产能1.07亿吨、造纸产能1 130万吨、玻璃产能4 500万重量箱。电力行业30万千瓦以上火电机组占火电装机容量比重由2005年的47%上升到2010年的71%，钢铁行业1 000立方米以上大型高炉炼铁产能比重由48%上升到61%，电解铝行业大型预焙槽产量比重由80%提升到90%以上。钢铁、水泥、有色、机械、汽车等重点行业的集中度明显提高，重点行业能耗水平显著降低。

2005—2010年，火电供电煤耗由370克/千瓦时降到333克/千瓦时，下降10%；吨钢综合能耗由0.694 tce降到0.605 tce，下降12.8%；水泥综合能耗下降24.6%；乙烯综合能耗下降11.6%；合成氨综合能耗下降14.3%。

(2)扶持战略性新兴产业发展

中国政府把大力培育和发展战略性新兴产业作为优化产业结构的突破口，不断加大对战略性新兴产业技术研发和产业化的支持力度。

2007 年发布高技术产业、电子商务和信息产业等领域的“十一五”(2006—2010 年)规划,提出到 2010 年高技术产业增加值占工业增加值的比重比 2005 年提高 5%。完善促进数字电视、软件和集成电路、生物产业等高技术产业发展的政策措施,加快培育符合节能减排要求的新兴产业。信息、生物、航空航天、新能源、新材料、海洋等高新技术产业加快发展,振兴装备制造业成效显著,基础设施基础产业建设取得长足进展。

2009 年以来,中国启动了新兴产业创业投资计划,发起设立了 18 只创业投资基金,支持节能环保、新能源领域的创新型企业成长。选择部分城市建立低碳新能源产业园区,推广使用节能和新能源产品。“十一五”以来,中国高技术产业得到快速发展,高技术产业增加值由 2005 年的 7 839 亿元(2005 年价格,下同)增加到 2009 年的 13 458 亿元。

2010 年,国务院制定并发布了《关于加快培育和发展战略性新兴产业的决定》,明确了培育发展战略性新兴产业的总体思路、重点任务和政策措施。提出根据战略性新兴产业的特征,立足国情和科技、产业基础,现阶段重点培育和发展节能环保、新一代信息技术、生物、高端装备制造、新能源、新材料、新能源汽车等新兴产业,并明确了今后一个时期的发展目标和政策导向。选择战略性新兴产业重点领域,实施了若干重大工程,建设了一批重大项目。加快建设国家创新体系,实施知识创新工程和技术创新工程,加强重大技术攻关。启动新兴产业创投计划,发起设立了 20 只创业投资基金,支持节能环保、新能源等战略性新兴产业领域创新企业的成长。2010 年中国高技术制造业的产值达到 7.6 万亿元人民币,位居世界第二,比 2005 年增长了一倍多。

2011 年,国家发展改革委牵头制定了重点工作分工方案,细化明确国务院各部门的具体任务;加快建立战略性新兴产业统计体系,组织战略性新兴产业试测算工作,研究起草《战略性新兴产业重点产品和服务分类目录》;进一步加大对重大项目建设的支持力度,组织实施了一批重大产业工程和重点专项,设立了战略性新兴产业发展专项资金;积极推动新兴产业创投计划,新兴产业创投计划支持创投基金已达 102 只,总规模近 290 亿元,其中主要投资于节能环保和新能源领域的基金有 24 只,规模超过 70 亿元。

2012 年 7 月,国务院印发了《“十二五”国家战略性新兴产业发展规划》,明确中国节能环保、新一代信息技术、生物、高端装备制造、新能源、新材料、新能源汽车等 7 个战略性新兴产业重点领域。国务院有关部门陆续制定并发布了 7 个重点产业专项规划以及现代生物制造等 20 多个专项科技发展规划,制定并发布了《战略性新兴产业重点产品和服务指导目录》《战略性新兴产业分类(2012)》《关于加强战略性新兴产业知识产权工作的若干意见》等相关政策措施。北京、上海等 26 个省市相继发布战略性新兴产业发展的规划或指导意见。新兴产业创投计划支持设立创业投资基金已达 138 只,资金规模达 380 亿元,其中主要投资于节能环保和新能源领域的基金有 38 只,规模近 110 亿元。

2013 年,国家发展改革委会同有关单位对《“十二五”国家战略性新兴产业发展规划》提出的 20 个重大工程编制了实施方案,启动实施了智能制造、生物育种、北斗卫星导航发展应用等重大工程;继续实施“国家低碳技术创新及产业化示范工程”,已累计安排中央产业技术研发资金10.6亿元，支持了54个示范工程建设。

2013年8月，国务院发布《关于加快发展节能环保产业的意见》，提出要促进节能环保产业技术水平显著提升。工业和信息化部会同有关部门出台了《关于继续开展新能源汽车推广应用工作的通知》等一系列文件，扶持节能与新能源汽车产业发展。新能源产业发展企稳回升，光伏设备及元器件制造、风能原动设备制造的主营业务收入增速从2012年的负增长上升到2013年的13%和21.5%。2013年以来，新兴产业创投计划支持设立创业投资基金已达190只，基金规模达516亿元，已经投资超过500家创新型中小企业，其中投资于节能环保和新能源领域的基金有44只，规模约126亿元。

(3)促进服务业加快发展

中国的服务业发展相对落后，不仅低于发达国家，与相同发展水平国家相比，中国服务业占GDP比重也偏低。因此，有必要加快服务业的发展。

2007年，我国政府发布《关于加快发展服务业的若干意见》，提出到2010年服务业增加值占GDP的比重比2005年提高3%，明确了支持服务业关键领域、薄弱环节和新兴行业发展的政策。旅游、金融、物流等现代服务业蓬勃发展。

2008年，国务院办公厅印发《关于加快发展服务业若干政策措施的实施意见》，支持服务业加快发展的政策体系不断完善，全年第三产业增加值比上年增长9.5%，2003年以来增幅首次超过第二产业。

2009年以来，中国大力推动生产性服务业和生活性服务业发展，有关部门先后制定了《关于加快发展养老服务业的意见》和《关于加快家政服务业发展的意见》等政策性文件。

2010年8月，国务院召开了服务业发展改革工作座谈会，提出将发展服务业作为加快转变经济发展方式、调整经济结构的战略性举措，国务院办公厅发布了《关于发展家庭服务业的指导意见》，制定了加快家庭服务业发展的重点支持政策。2010年出台《加快发展高技术服务业的指导意见》。2005—2010年，中国服务业增加值年均增长11.9%，比年均增速高0.7%，服务业增加值占GDP比重由40.3%提高到43%。

2011年又印发了《国务院办公厅关于加快发展高技术服务业的指导意见》，进一步改善服务业环境、提高服务业发展水平。在《产业结构调整指导目录(2011年本)》中重新划分了服务业类别，大幅增加鼓励类服务业条目，初步形成了鼓励发展服务业的门类体系。加强和改进市场准入、人才服务、品牌培育、服务业标准、服务认证示范和服务业统计等方面工作。在全国范围积极开展服务业综合改革试点，并在一些领域建立了跨部门的工作协调机制。全国多数省市制定印发了加快发展服务业的政策文件，积极推进生产性服务业集聚区建设，加快促进重大服务业项目建设。

2012年12月，国务院印发了《服务业发展“十二五”规划》，明确“十二五”时期是推动服务业大发展的重要时期，努力实现提高服务业比重、提升服务业水平、推进服务业改革开放、提高服务业吸纳就业能力等发展目标，构建结构优化、水平先进、开放共赢、优势互补的服务业发展格局。2012年5月，国家发展改革委会同有关部门制定了《关于加快培育国际合作和竞争新优势的指导意见》，提出大力发展服务贸易的目标任务，建立健全服务贸易体系,提高服务业国际化发展水平。2012 年,全国服务业比重较 2010 年提升了1.5%。

2014 年 8 月,国务院印发《关于加快发展生产性服务业促进产业结构调整升级的指导意见》,首次对生产性服务业发展做出全面部署,指出要以推动生产性服务业加快发展作为国家产业结构调整的重要任务,明确了鼓励企业向价值链高端发展、推进农业生产和工业制造现代化、加快生产制造与信息技术服务融合的生产性服务业三大发展导向,提出了研发设计、第三方物流、融资租赁、信息技术服务、节能环保服务、检验检测认证、电子商务等 11 个重点领域的主要任务。

经过各方努力,中国产业结构不断优化,截至 2014 年 6 月底,三次产业结构优化为 7.4%∶46.0%∶46.6%,服务业增加值比重比上年同期提高 1.3%,已连续 6 个季度超过第二产业,对经济增长的支撑作用日益增强。

(4)控制其他领域排放

①控制农业温室气体排放

2012 年,中央财政安排补贴资金 7 亿元,支持 2 463 个项目开展测土配方施肥。农业部启动实施“百县千乡万村”测土配方施肥整建制推进行动,开展农企合作推广配方肥试点。中央财政安排专项资金 0.3 亿元及保护性耕作工程投资 3 亿元,在 204 个县(市)推广保护性耕作技术,全国新增保护性耕作面积 164 万公顷。中央投入 30 亿元资金继续实施生猪、奶牛标准化规模养殖场(小区)建设项目,重点支持规模养殖场对畜禽圈舍进行标准化改造,建设贮粪池、排粪污管网等粪污处理配套设施。在农垦区域因地制宜积极推进生物质能源综合利用、畜禽粪便综合利用以及太阳能、风能综合利用等新技术,实施了生物质发电、生物质气化、沼气工程、固体成型燃料及生物质能源替代化石能源区域供热等示范项目。

②工业生产低碳化发展趋势

生产领域是我国能源消耗和碳排放的主要领域,也是最有空间和潜力进行节能减排的领域。改革开放以来,我国单位 GDP 能耗和碳排放都出现了明显下降,单位 GDP 能耗和碳排放分别从 1980 年的 13.26 tce/万元、33.15 吨/万元下降到 2010 年的 0.82 tce/万元、2.04 吨/万元,30 年来下降了 94%,但单位 GDP 能耗和碳排放下降均呈减缓趋势。分行业来看,2001 年至 2010 年我国工业平均单位产值碳排放下降 12.3%,高耗能行业降幅最大,但碳排放下降幅度也趋于减缓。

根据各行业单位产值碳排放指标的动态发展趋势,我们预测得到 2012—2022 年各行业碳排放预测值,未来 10 年,工业行业单位增加值碳排放仍将不断下降,但下降幅度趋于减缓,到 2015 年将下降到 3.61 吨/万元,比 2010 年的 4.3 吨/万元下降 16%,基本上可以完成“十二五”节能减排规划关于单位增加值 CO_2 排放下降 17%的目标。2020 年工业单位增加值碳排放将达到 3.19 吨/万元,比 2010 年的 4.3 吨/万元下降 25.7%。碳排放下降速度在“十三五”期间比“十二五”期间有所放缓。

③商业办公区低碳化发展趋势

近年来我国第三产业快速发展,能源消耗大幅上升,商业低碳化发展和建筑节能是未来节能减排的重点领域。从发展动态看,2001—2010 年低碳商业主要评价指标呈逐年提高的趋势，商业活动人均能源消耗与 CO_2 排放量呈冲高回落的态势。根据低碳商务办公碳排放的内在发展趋势，2020 年商业区单位增加值碳排放、商业区人均 CO_2 排放量和单位面积 CO_2 排放量将分别比 2005 年下降 57.7%、45.6%和 59.2%。目前现有绿色建筑标准规定，500 米的距离为舒适的步行距离，在此范围内，以每小时 4.5 千米的速度，8 分钟之内便能从公交站到达目标商业办公区。根据预测的结果，商业建筑与公交站点步行距离将在 2015 年缩短到 343 米，2020 年将缩短至 285 米。而上下班通勤时间 2015 年能够降为 24.3 分钟，2020 年将降低至 19.3 分钟，从而大大减少因交通耗能产生的碳排放，实现商业低碳化目标。

表 6-4　中国经济低碳的主要对策措施一览

年份	名　称	类　别
2008	十大产业调整和振兴规划 产业结构调整目录 关于抑制部分行业产能过剩和重复建设引导产业健康发展若干意见 产业结构调整指导目录 工业转型升级规划(2011—2015 年)	改造提升传统产业
2011	全国老工业基地调整改造规划(2013—2022 年)	
2013	关于重点产业布局调整和产业转移的指导意见 船舶工业加快结构调整促进转型升级实施方案(2013—2015 年) 石化产业规划布局方案 造纸工业"十二五"规划 食品工业"十二五"规划	
2010	关于加快培育和发展战略性新兴产业的决定	扶持战略性新兴产业发展
2012	"十二五"国家战略性新兴产业发展规划 战略性新兴产业重点产品和服务分类目录 战略性新兴产业重点产品和服务指导目录 战略性新兴产业分类(2012) 关于加强战略性新兴产业知识产权工作的若干意见	
2013	关于加快发展节能环保产业的意见 关于继续开展新能源汽车推广应用工作的通知	
2007	关于加快发展服务业的若干意见	促进服务业加快发展
2008	关于加快发展服务业若干政策措施的实施意见	
2009	关于加快发展养老服务业的意见 关于加快家政服务业发展的意见	
2010	关于发展家庭服务业的指导意见 加快发展高技术服务业的指导意见	
2011	国务院办公厅关于加快发展高技术服务业的指导意见 产业结构调整指导目录(2011 年本)	
2012	服务业发展"十二五"规划 关于加快培育国际合作和竞争新优势的指导意见	
2014	关于加快发展生产性服务业促进产业结构调整升级的指导意见	

资料来源：根据历年《中国应对气候变化的政策与行动》整理作成。

(三)中国区域经济低碳对策

数据显示①,2013 年,我国单位 GDP 的 CO_2 排放比 2005 年下降 28.5%(国家应对气候变化规划),相当于减少了 25 亿吨 CO_2 排放。

就产业结构因素对 CO_2 排放效率提高的作用趋势来看,今后短期内的减排作用仍将十分有限,特别是位于工业化盛期的我国中西部地区,今后工业化仍将是主旋律,很难在短期内通过产业结构的升级来实现大规模的 CO_2 排放效率的提高,因此特别要注重推动处于工业化后期的东部沿海省份的产业转型,以此来扩大产业结构因素的作用。

第五节　中国人口低碳对策:数量与意识

在其他条件一定的前提下,人口越多,CO_2 排放量也越多。人类作为自然界的成员,要消费产品,要消费能源,会排放污染。中国 CO_2 排放量达到世界第一位,与庞大的人口数量有着密切的关系。从前述因素分解我们看到,中国的人口因素是 CO_2 排放量增加的一个因素,不过与经济因素相比不算太大。这一期间,由于中国实行了计划生育政策,使得人口的增加速度变得缓慢,因此,相应地,CO_2 排放量的增加也得到一定程度的缓和。换句话说,如果没有中国的计划生育政策,中国的 CO_2 排放量还会有更大的增加。从这个角度来看,中国的这一人口政策对 CO_2 减排做出了很大的贡献。但现在中国人口数已经达到 13 亿以上,即使继续实行现在的政策,在达到峰值之前人口的增加还是不可避免的。况且中国的计划生育政策已经实施了 30 多年,对中国社会产生了非常深刻的影响,也开始显露出一些问题,如人口老龄化、性别比平衡等,中国政府今后有可能在一定程度上放缓对人口的控制,预计中国人口的增加趋势还会继续下去,因此,人口因素对 CO_2 排放量的增加作用仍然会继续下去,不过不会成为太大的增加因素。

从中国各地的人口出生率和区域人口移动的情况来看,今后东部沿海地区和内陆地区人口增加的差别不会很大,因此人口因素对 CO_2 排放的地域差别的影响也不会太大。

一、中国的人口发展与 CO_2 排放

(一)中国人口发展的现状及变化动态

众所周知,中国是世界上人口最多的国家,而且在上世纪 70 年代以前呈大幅度上升的趋势(图 6-24)。尽管从那时以后采取了计划生育政策,但中国人口仍然一直呈增加的态势,总人口从 1970 年的 8.3 亿人缓慢增加到 2012 年的 13.5 亿人。

从城乡人口的变化来看,城镇人口一路增加,而乡村人口则变动较大。我国的城镇人

① 《新闻背景:我国应对气候变化工作取得积极进展》,载新华网,2014 年 9 月 19 号,http://business.sohu.com/20140919/n404469183.shtml,新华网,2014-09-19

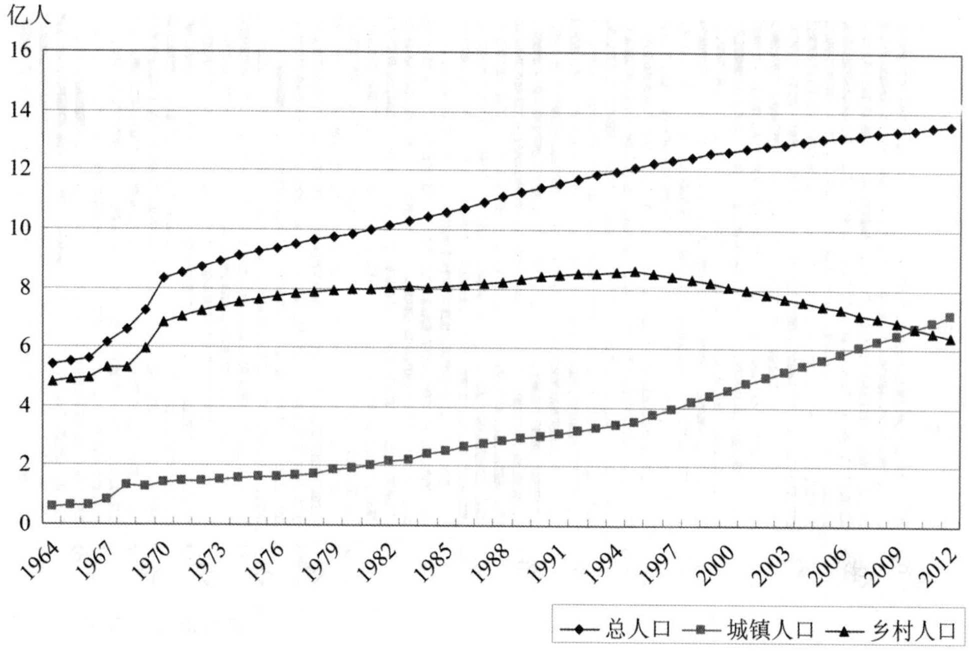

图 6-24　中国总人口、城镇人口及乡村人口的变化

资料来源:《中国统计年鉴》(2013)。

口由 1964 年的 0.58 亿人增加到 2012 年的 7.12 亿人。农业人口在 1970 年以前与总人口相对应,增速较快,如 1968—1969 年由 5.31 亿人增加到 5.95 亿人,净增6 000多万人,1970 年更增加到 6.86 人,年净增 9 000 多万人;此后进入缓慢增长期,到 1995 年达到峰值的 8.59亿人以后,我国的乡村人口开始逐年减少,到 2012 年减少到 6.42 亿人,已经由高于城镇人口逆转为低于城镇人口。从城乡人口所占比重的推移情况来看(图 6-25),已经发生了很大的变化,由 1964 年乡村人口占绝对优势的 10.6∶89.4 演变为 2012 年的 52.6∶47.4,双方各占一半,城市人口略占优势。

(二)中国的人口发展与 CO_2 排放

人口的总数和人口的城乡结构都会对 CO_2 排放产生影响。作为一个自然人,每天都要消耗一定量的能源,从而排放出一定量的 CO_2;而作为一个城市人,与乡村人相比,由于生活方式的不同,会排放出更多的 CO_2。由此可以推断,近几十年来,由于中国人口的增加,再加上人口由乡村人口向城镇人口的转变,两种影响的叠加就造成了我国人均 CO_2 排放量的大幅增加。

从图 6-26 可以看出,中国人均 CO_2 排放量基本呈增加的态势,上世纪 90 年代至本世纪初的 2002 年左右增加速度平缓,2003 年以后开始增速加快,经过了 10 年的快速增加后,2012 年似有所放缓,以后的情况尚有待观察。根据前述人口发展条件的叙述,可以推测的是,我国的人均 CO_2 排放在近期还会延续增加的势头,在达到发达国家水平的人均 10 t-CO_2 左右之前,很难出现下降苗头。

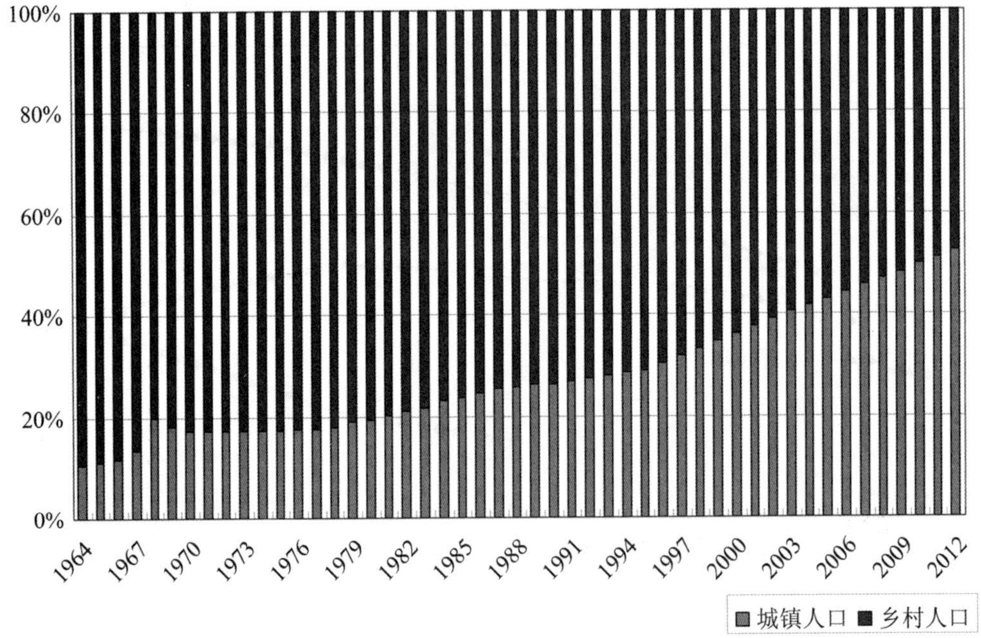

图 6-25 中国城镇人口和乡村人口比重的变化

资料来源:《中国统计年鉴》(2013)。

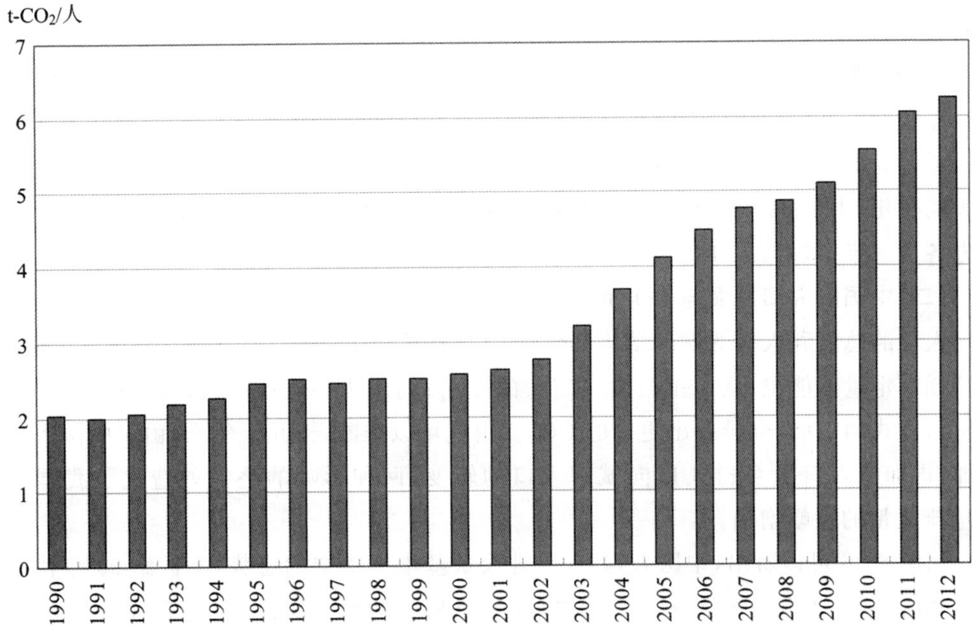

图 6-26 中国人均 CO_2 排放量的变化

资料来源:人口数据来自《中国统计年鉴》(2013),CO_2 排放数据根据笔者推算。

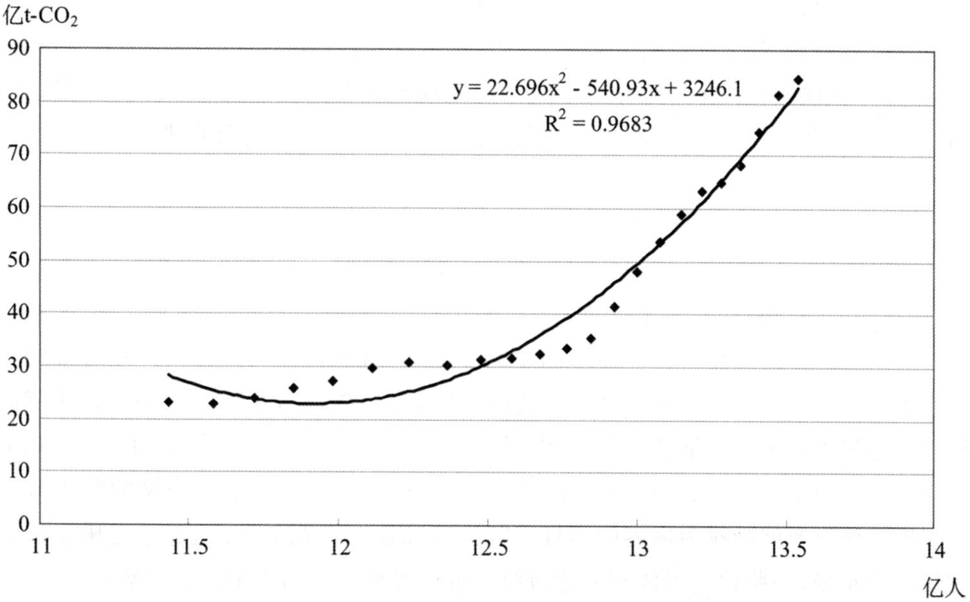

图 6-27　中国人口与 CO_2 排放量变化的相关

资料来源：人口数据来自《中国统计年鉴》(2013)，CO_2 排放数据根据笔者推算。

二、中国人口低碳对策现状及其效果

中国积极宣传应对气候变化科学知识，提高公众的低碳发展意识，注重发挥民间组织、媒体等各方面的积极性，采取多种渠道和手段引导全民积极参与应对气候变化行动。

（一）政府加强引导

中国政府注重提升公众的低碳意识，普及和传播气候变化的科学知识，培养公众减缓和适应气候变化的能力，一直重视低碳领域对公众的教育、宣传，积极提倡公众参与。近年来，国家通过提出贯彻落实科学发展观、建设和谐社会和坚持走可持续发展道路等先进理念，不断引导全社会提高低碳意识，树立人与自然和谐发展思想。中共中央政治局专门就全球气候变化和加强应对气候变化能力建设组织集体学习，强调大力提高全社会参与应对气候变化的意识和能力，营造全民应对气候变化的良好环境。国家把建设资源节约型和环境友好型社会作为学校教育和新闻宣传的重要内容，利用各种手段普及气候变化方面的相关知识，提高全社会的环境意识。通过宣传材料、论坛会议、培训交流等多种途径及媒介，加强对低碳发展的引导，强化对低碳理念的宣传，逐步形成了全社会广泛参与的低碳发展格局。

中国政府加强了气候变化问题的宣传教育，已出版大量与气候变化相关的出版物、影视和音像作品，组织编写并出版了一系列气候变化及气象灾害防御的科普宣传画册和宣传短片，利用平面、网络和影视媒体进行气候变化科普宣传；创办中国气象电视频道，建立了资料信息库，利用大众传媒进行气候变化方面的知识普及，举办“气候变化与科技创新国际论坛”，召开“气候变化与生态环境”、“生物多样性与气候变化”等大型国际研讨会；进行了第二次《气候变化国家评估报告》和《中国气候变化与环境演变：2012》等国家评估报告的编写工作；开通了“水利应对气候变化”等一系列宣传网站，对公众进行应对气候变化知识的宣传和教育。

2007 年，国家发布了《节能减排全民行动实施方案》，在全国范围内组织开展“节能减排全民行动”，包括家庭社区行动、青少年行动、企业行动、学校行动、军营行动、政府机构行动、科技行动、科普行动、媒体行动等 9 个专项行动，形成政府推动、企业实施、全社会共同参与的节能减排的工作机制。通过创建“节约型政府机构”等行动，发挥政府机构和政府工作人员节能导向作用。实施企业节能减排宣传教育活动，发动职工参与企业节能减排管理。通过重塑家庭生活消费新模式，搭建节能减排社区平台，积极鼓励公民及社会团体自愿参与植树造林，采取全民限制和有偿使用塑料袋等活动，增强公民的节能减排意识。积极开展以节能减排为内容的学校主题教育和社会实践活动，培养学生树立节能环保意识。近年来，一些社会团体和非政府组织也以多种形式加入全民节能减排行动，发挥了积极作用。

中国政府通过多种途径提高公众的环境意识。组织了气候变化进社区、进公交、进学校、进农村等宣传活动，开展了“社区千家家庭碳排放调查及公众教育项目”、“植树造林，参与碳补偿，消除碳足迹”、“气候变化与健康”专项宣传、“气候变化与人类健康科普展览”等一系列大型宣传活动，引导居民应对气候变化，实践低碳生活。此外还进行了公众气候变化意识调查。2008 年 5 月启动的“适应气候变化农业综合开发项目”，支持 6 个省（自治区）农业部门适应气候变化能力的建设，并提高了地方政府和公众对气候变化的认识。2009 年 6 月，在全国范围内举办的“节能宣传周”活动，通过各种形式的节能宣传活动，传播节能理念，普及节能知识。还通过举办“技术开发与转让高级别会议”、“2009 中国国际节能减排和新能源科技博览会”、“关注气候变化：挑战、机遇与行动”论坛等一系列活动，促进了中国与国际社会在相关领域的合作，增强了公众应对气候变化和节能的意识。

中国在基础教育、高等教育、成人教育中纳入气候变化的内容，进一步加强应对气候变化相关的教育和培训重点，引导青少年树立应对气候变化意识，积极参与气候变化的相关活动。举办针对政府部门、企业界、咨询机构、科研人员以及社区的气候变化培训和研讨班等，提高其对应对气候变化重要性和紧迫性的认识，促使其积极承担社会责任。

2008 年 6 月，中共中央政治局就全球气候变化和加强应对气候变化能力建设进行了集体学习，胡锦涛总书记强调各级党委和政府要高度重视，加强领导，完善规划，搞好协调，落实措施。2009 年 8 月，国务院总理温家宝主持召开了国务院常务会议，听取并审议了发展改革委关于应对气候变化工作情况的报告，并研究部署应对气候变化有关工作。同月，全国人民代表大会常务委员会专门听取和审议了国务院关于应对气候变化工作情况的报告，并通过了《全国人民代表大会常务委员会关于积极应对气候变化的决议》。《决议》提出要努力提高全社会应对气候变化的参与意识和能力，加强全社会尤其是青少年应对气候变化的教育，提高全民对气候变化问题的科学认识，增强企业、公众节约利用资源的自觉意识，倡导绿色低碳、健康文明的生活方式和消费方式。

2009年以来，中国各级政府通过举办各种与应对气候变化有关的论坛、展览、节能宣传周、环境主题日科普活动等内容丰富、形式多样的活动，普及和传播气候变化的科学知识，不断提高公众的气候变化意识，并取得明显效果。

从1992年开始，每年连续举办全国节能宣传周活动。如2009年活动以“推广使用节能产品，促进扩大消费需求”为主题，2010年活动以“节能攻坚，全民行动”为主题。宣传周期间，有关部门开展了赠送节能丛书、合同能源管理节能公益讲座、“校园低碳行动”、“我为节能减排献一策”活动等，调动公众参与节能减排的积极性，组织了全国节能减排(建设节约型社会)主题招贴设计大赛、建设节约型社会文艺作品征集、向贫困地区捐助节能灯等活动，举办循环经济促进法电视大赛。通过加强节能减排宣传教育，普及了气候变化知识，推动形成节约能源的消费模式和生活习惯。节能宣传周期间，企业、机关、学校、社区、军营充分运用广播、电视、报纸等媒体及网络、手机等信息平台，广泛宣传节约能源、提高能效的重要性，形成更加浓厚的节能减排社会氛围。国家节能中心、各级节能监察机构、节能技术服务中心积极配合开展宣传活动，组织节能减排网络行动，发送节能减排公益短信，推行节能环保驾驶，开展能源紧缺体验活动，倡导公众绿色出行。宣传周期间各地积极推行绿色消费，贯彻执行“限塑令”，抵制商品过度包装，利用宣传周大力推广高效照明产品、节能空调、节能汽车、高效节能电机等。同时，各部门围绕“节能攻坚、全民行动”主题，举办政府行动、企业行动、社区行动等针对不同群体的宣传活动。

利用世界环境日、世界气象日、地球日、防灾减灾日、科普日等主题日，积极开展气候变化科普宣传。通过社区家庭排放调查、发放气候变化宣传教材，举办“参与碳补偿，消除碳足迹”等活动，宣传普及低碳知识，提高人们的减排意识，引导居民实践低碳生活。2010年环境日的主题确定为“低碳减排·绿色生活”，并开展青年环境友好使者推动全民低碳减排行动，在社会上引起了广泛反响。第20届全国图书交易博览会成都展会举办了“地球，我们的家园”气候变化主题科普宣传活动，通过演出原创舞台剧，以新颖独特、轻松幽默的方式向公众宣传了气候变化科普知识，激发人们对气候变化的关注和危机意识。

2010年6月，北京市人民政府主办了以“低碳技术，绿色经济”为主题的2010中国北京国际节能环保展览会。2010年11月，商务部等12个部委举办2010年中国绿色产业和绿色经济高科技国际博览会，向公众大力普及绿色理念和绿色知识，倡导绿色消费，积极塑造绿色生活方式。

从2008年开始，每年编写出版《中国应对气候变化的政策与行动》年度报告，全面介绍中国在应对气候变化领域的政策与进展。组织开展“节能宣传周”系列活动，普及节能减排与气候变化知识。利用世界环境日、世界气象日、世界地球日、世界海洋日、世界无车日、全国防灾减灾日、全国科普日等主题日，积极开展气候变化科普宣传。北京、天津、贵阳等一些地方政府通过举办气候变化、节能环保等领域的大型国际研讨会、论坛和展览等活动，加强与世界各国在低碳发展方面的经验交流，增强公众应对气候变化和节能低碳的意识。充分发挥报纸、广播、电视、杂志等传统媒体和互联网、手机等新媒体的作用，加强应对气候变化和节能低碳的宣传教育。

2012 年 9 月，国务院批复同意自 2013 年起，将每年“全国节能宣传周”的第三天设立为“全国低碳日”，加强对应对气候变化和低碳发展的宣传引导。有关部门和地方各级政府通过制作宣传材料、举办论坛、组织活动等多种途径，倡导低碳发展理念。国家发展改革委组织编写了《中国应对气候变化的政策与行动(2011)》白皮书，系统地介绍了“十一五”以来我国应对气候变化工作和落实国家方案所取得的成就，得到了广泛肯定和好评。科技部组织编制“十一五”应对气候变化科技宣传手册。环境保护部制作了《应对气候变化，就在开关之间》、《应对气候变化，始于足下》等 4 部环保公益广告片；设计制作了 2 万余套公众应对气候变化宣传挂图；举办了 8 期“千名青年环境友好使者行动”培训活动。在 2012 年防灾减灾宣传周期间，各地共发放各类科普书籍和宣传手册 2 000 余万册，举办各类防灾减灾讲座 3 000 余场。国家发展改革委会同有关部门组织开展以“节能低碳，绿色发展”为主题的节能宣传周活动，举办了 2012 年中国北京国际节能环保展览，并通过发送节能公益短信、举办绿色驾驶知识讲座等形式，积极开展节能宣传。住房城乡建设部组织开展了以“绿色交通·城市未来”为主题的 2011 年中国城市无车日活动。交通运输部组织了公共自行车启动仪式、参观节能环保展、低碳体验日、公益讲座、第五批节能减排示范项目授牌仪式等宣传活动，推广交通运输节能低碳发展理念。国家林业局开展了林业应对气候变化媒体培训班、零碳音乐会、林业碳汇公益广告进公园等宣传活动。气象局制作完成了《气候变化——中国在行动》(2011)多语种电视外宣片及画册；出版《气候变化的故事》、《寻找绿色低碳建筑》两本科普读物；利用“3·23”世界气象日、“5·12”防灾减灾日等活动积极开展气候变化科普宣传。国管局组织开展了以“节能低碳新生活，公共机构做表率”为主题的全国公共机构节能宣传周活动，组织各级公共机构开展了停开电梯、空调，步行或骑车上下班等能源紧缺体验活动。

政府机构率先示范，践行低碳生活理念。2012 年 12 月，习近平总书记主持召开中共中央政治局会议，审议通过了中央政治局关于改进工作作风、密切联系群众的八项规定，厉行勤俭节约，在全社会产生了广泛影响。2012 年 9 月，国务院决定自 2013 年起设立“全国低碳日”。2013 年 6 月 17 日，国家发展改革委和有关部门围绕首个“全国低碳日”联合举办了一系列活动，包括“美丽中国梦低碳中国行”应对气候变化主题展览、制作并播放低碳公益短片、启动“低碳中国行”等活动，联合国秘书长潘基文参观气候变化主题展览并给予高度评价。住房城乡建设部组织开展“中国城市无车日活动”，截至 2012 年承诺的城市已达 152 个。气象局组织完成多语种《应对气候变化——中国在行动》2012 电视宣传片及画册。在“全国低碳日”期间，北京、上海、重庆、广州、杭州等地举办多种形式的主题宣传活动，提高公众低碳意识。

2013 年 7 月，生态文明贵阳国际论坛围绕“建设生态文明：绿色变革与转型——绿色产业、绿色城镇、绿色消费引领可持续发展”开展研讨，形成了广泛共识。

2014 年 9 月，作为中国国家主席习近平特使，国务院副总理张高丽同志出席了联合国气候峰会并发表讲话，强调中国高度重视应对气候变化，愿与国际社会一道，积极应对气候变化的严峻挑战，在国际社会产生了广泛影响。2014 年，国家发展改革委会同有关部门继续组织开展了 2014 年“全国低碳日”活动、天津夏季达沃斯论坛“气候变化：气候政策的新环境”分会、生态文明贵阳国际论坛“气候变化与未来地球”分论坛等，取得了良好的宣传效果。国管局会同国家发展改革委、财政部开展第一批节约型公共机构示范单位创建工作，共有 879 家公共机构成为示范单位。各地方政府举办了低碳知识科普大赛、主题展览、低碳案例征集、宣传低碳典型等活动，向全社会倡导低碳消费模式和生产方式，宣传地方低碳政策与行动。国家发展改革委会同有关部门组织联合国华沙气候变化大会“中国角”系列宣传活动，向国际社会展示中国应对气候变化的积极行动。卫生计生委等部门组织开展“环境与健康宣传周”等活动，提高公众环境与健康意识，增强公众应对极端天气的防护能力。林业局组织开发了两门林业应对气候变化远程培训课件。气象局组织了政府间气候变化专门委员会(IPCC)第五次评估报告宣讲会，并举办了第十届气候系统与气候变化国际讲习班及多期气候预测培训班，拍摄了纪录片《气候变化与粮食安全》。海洋局建立了“中国海洋与气候变化信息网”，广泛宣传海洋领域应对气候变化工作。国家认监委组织制作了公益广告和海报，推广低碳产品认证制度。

(二)社会组织积极推动

近年来，中国环境保护领域的非政府组织不断发展壮大，他们活跃在应对气候变化等各个方面，为宣传普及相关知识、提高公众参与意识，起到了重要的推动作用。

由自然之友、北京地球村、绿家园志愿者、公众环境研究中心、行动援助等民间组织牵头组成的“中国公民社会应对气候变化小组”，通过网络、报纸等媒体面向公众、民间组织公开征集中国公民社会应对气候变化问题的立场，并组织开展了一系列讨论，于 2009 年 11 月发布了《2009 中国公民社会应对气候变化立场》，反映了中国民间机构对气候变化问题的态度和立场。主要内容包括：

1.在国际谈判层面

①为了避免最严重的气候变化灾难，各国政府应该在《联合国气候变化框架公约》下制定共同应对气候变化的目标。发达国家必须主动承担减少温室气体排放的责任，率先减排。

②发达国家必须承诺在 2020 年将温室气体排放量在 1990 年的水平上减少 40%，其中绝大多数应当在其本土执行，并制定出本土减排和通过市场机制海外减排的明确比例。

③在坚持“共同但有区别的责任”的前提下，发达国家必须积极地采取资金支持、技术转让和能力建设支持等措施，帮助发展中国家更好地减缓和适应全球气候变化。而发展中国家应当积极主动地在本国内实施减缓、适应气候变化的措施，自主制定本国的排放控制指标。

④发达国家和发展中国家共同探索全球的低碳型可持续发展，调整能源结构，提高能效，在世界范围内尤其是人均能耗和碳排放高于世界平均水平的国家中，通过宣传倡导、市场补贴、政策立法等方式，推广可持续的生活方式，减少人均能耗。

⑤各个国家应一起努力，争取在哥本哈根会议期间达成一个真正公平、公正、惠及贫困国家和弱势人群的协议。

⑥在全球金融危机背景下，不能放松应对气候变化的力度，各国应当发展低碳经济，创造绿色就业机会。

2.在国内政策建议方面

①中国作为受气候变化影响严重的发展中大国之一，应该在应对气候变化方面为发展中国家树立榜样。

②中国政府在制定、实施适应和减缓气候变化的政策时应充分考虑社会公平的原则。

③积极采取节能减排措施，在正确评价对环境以及社会所造成影响的前提下，大力发展可再生能源，发展低碳经济，走可持续发展之路。在采用应对政策、市场机制和技术手段时，预防和缓解对社会、环境造成的不良影响。建立相应的制度机制，将减缓气候变化及节能减排的目标和应对其他环境问题相结合，提高环保工作的整体效率，避免气候变化的减缓措施和其他环境目标相冲突。

④中国政府必须积极采取适应措施，减轻气候变化对生态脆弱地区以及贫困人口的影响；提升贫困人口、弱势群体和脆弱地区适应气候变化的能力和条件。

⑤政府应鼓励并保障公众和民间团体参与应对政策的制定以及实施过程的监督。

中国大学生环境组织合作论坛、北京大学清洁发展机制研究会等 7 个成员单位发起组成了中国青年应对气候变化行动网络（CYCAN），致力组织中国青年开展有关全球变暖、能源问题的项目，推动资源节约型校园建设。该组织向全国高校环保论坛发出1 000余份参与 CYCAN 试点项目的邀请，选拔了 21 个省（区、市）的 23 所高校代表赴京参加节能减排相关培训，并在各高校开展具体的应对气候变化行动。全国 300 余所高校的青年团体及 100 多家企业响应其倡议，开展了一系列应对气候变化的活动。

中华环境保护基金会主办了第四批大学生环保公益活动资助项目，来自全国各地 72 所高校学生社团的 75 个公益项目得到资助。项目的主题是“积极行动，应对气候变化”，带动了更多的高校学生社团参与到应对气候变化事业中来。

山水自然保护中心举办了“中国商界气候变化国际论坛”，阿拉善 SEE 生态协会组织 200 余名中国企业家发布了《中国企业界哥本哈根宣言》。

中国国土经济学会开展低碳国土实验区创建活动。中华环保联合会和中国旅游协会在 48 家旅游景区开展首批全国低碳旅游试验区试点。中国钢铁工业协会与全国总工会组织开展全国重点大型耗能钢铁生产设备节能降耗对标竞赛活动。中国节能协会等举办气候变化与低碳经济发展媒体高层论坛。中国煤炭协会、中国有色金属工业协会、中国石油和化学工业协会、中国建筑材料联合会、中国电力企业联合会等在行业节能规划、节能标准的制定和实施、节能技术推广、能源消费统计、节能宣传培训和信息咨询等方面发挥了重要作用。一些民间公益组织也积极开展宣传教育活动，提高了公众应对气候变化意识。

中国气候传播项目中心组织问卷调查，统计分析中国公众对气候变化问题的认知度、对气候变化影响的认知度、对气候变化应对的认知度、对应对气候变化政策的支持度、对应对气候变化行动的执行度以及对气候变化传播效果的评价等6个方面的信息,供中国政府政策制定者参考。中国可再生能源行业协会等通过联合举办我国低碳照明、低碳建筑、节能环保建材、低碳交通及新能源汽车等领域的论坛、博览会,促进企业交流合作,推动产业快速发展。中华环境保护基金会主办以“积极行动,应对气候变化”为主题的第四批大学生环保公益活动,引导大学生开展应对气候变化公益活动实践,推动节能减排全民行动。中国绿色碳汇基金会发起了“绿化祖国,低碳行动”植树节活动。近40家中外民间组织共同发起了气候公民超越行动(C+)计划,倡导企业、学校、社区和个人积极参与应对气候变化的活动。世界自然基金会继续组织“地球一小时”公益活动。中国国际民间组织合作促进会、绿色出行基金等在辽宁、北京、天津、杭州等15个省、市组织“酷中国——全民低碳行动计划”项目及低碳公众宣传教育巡展活动。

环境保护部宣传教育中心、国家应对气候变化战略研究和国际合作中心、中国国际民间组织合作促进会绿色出行基金等机构在全国11个城市开展了“酷中国——全民低碳行动计划”。在全国低碳日期间,中石油、万科、绿色出行基金等众多企业、民间组织成立了“中国低碳联盟”,共同发表《中国低碳联盟宣言》。中国绿色碳汇基金会在全国数十个城市和国家部委开展了“足不出户、购买碳汇,低碳造林、履行义务植树”活动。中国低碳产业协会和联合国工业发展组织共同主办了2013中国国际低碳产业博览会,中国轻工业联合会等机构共同组织了“低碳行动,骑行中国”2013美丽西部自行车幸福行活动。中国国土经济学会在中国科学技术协会的支持下,开展了“全国绿色国土行”公益活动。中国关心下一代工作委员会等部门在北京、天津、石家庄等10个城市开展“中华家庭低碳环保行”公益活动。北京、上海、大连、香港、澳门等80多个城市的社区、企业、学校参与了世界自然基金会倡导的“地球一小时”公益活动。

在国家发展改革委气候司的指导下,国家信息中心与中国民促会绿色出行基金在杭州、宁波、镇江、保定等地联合主办了“低碳中国·院士专家行”活动,开展了“2014年低碳中国行优秀低碳案例”评选活动,20家优秀园区、社区、企业入选。国家应对气候变化战略研究和国际合作中心联合中国人民大学新闻与社会发展研究中心、气象局公共气象服务中心、中国绿色碳汇基金会联合举办了四期“应对气候变化媒体课堂”活动。中国科学技术协会指导、中国国土经济学会组织发起了“全国低碳国土实验区”活动。中国绿色碳汇基金会举办了第四届“绿化祖国·低碳行动”植树节,并组织了首届“中国绿色碳汇节·绿韵——竹乐器暨竹文化艺术展”活动,实施了第六届中国国际生态竞争力等重要会议的碳中和项目。中国民促会编制出版了《低碳生活案例手册》,收录了城市和农村衣、食、住、行、工作等领域的低碳生活案例。世界自然基金会以“蓝天自造”为主题,举办了“地球一小时”活动。

(三)新闻媒体大力宣传

2009年以来,中国媒体对气候变化问题的关注明显升温,进行了大量的报道和宣传活动,为提升公众的参与意识发挥了重要作用。

主要新闻媒体加大节能和应对气候变化宣传报道力度。中国中央电视台、新华社等先后制作了《面对气候变化》、《应对全球变暖——中国在行动》等一系列专题报道节目，拍摄了《关注气候变化》系列宣传片。2009 年哥本哈根气候变化大会和 2010 年联合国气候变化国际谈判天津会议期间，中国各大媒体都进行了大量报道，向公众和国际社会展示中国在应对气候变化方面付出的努力和取得的成就。2009 年 7 月，在北京举办了“气候变化与低碳经济发展媒体高层论坛——2009 气候变化中国声音”，为中国媒体搭建了一个交流平台，促进了其与国内气候变化领域的决策者和研究者之间的对话，加强了与国际媒体的交流，增进了国内外对中国能源与气候变化政策和行动的了解。

中国媒体还通过不同的方式来倡导绿色环保、低碳消费的理念。2010 年 3 月，北京日报等单位主办了“绿色北京·低碳出行”大型环保倡议活动，推出了低碳出行专刊，宣传“环保节能、低碳生活，从你我做起”的理念，倡导广大市民朋友少开车、多乘用公共交通工具，并发放《“绿色北京·低碳出行”市民互动问卷》60 万份，收集广大市民建设绿色北京的意见建议。2010 年 8 月，中国新闻社在北京王府井步行街举办了“低碳发展，低碳生活”公益影像展，通过 180 余幅精彩照片，展现了中国低碳发展的绿色画卷，让公众更加深入地了解中国为应对气候变化所做的不懈努力，也向国际社会和社会公众展示了中国低碳发展所取得的成果。

中国的互联网媒体也积极关注应对气候变化。新华网、人民网、搜狐、新浪等媒体都设立了应对气候变化专题网页，及时追踪报道全球应对气候变化的热点新闻，宣传低碳生活理念。中国能源网还每月发布一期“气候对话”视频节目，邀请政府官员、专家、企业家、公众人物到节目中对话讨论，呼吁全球各界人士共同关注气候变化，参与到保护地球气候的行动中来。

中国媒体不断加大应对气候变化与节能低碳宣传报道力度。编写并出版了一系列气候变化与气象灾害防御的科普宣传画册，制作了《面对气候变化》、《变暖的地球》、《关注气候变化》、《环球同此凉热》等影视片，及时跟踪报道全球应对气候变化的热点新闻，积极介绍中国应对气候变化的政策、行动和进展，倡导低碳生活理念，增进社会各界对气候变化的了解和认识，展示中国在应对气候变化方面付出的努力和取得的成就。

中国主要新闻媒体围绕应对气候变化、绿色低碳发展的主题开展内容丰富、形式多样的宣传报道活动。新华社、人民日报、中央电视台等主流媒体及环境气候领域的专业媒体围绕气候变化国际谈判德班会议及有关重大文件发布开展了一系列专题报道和深度报道。相关媒体通过组织开展丰富的活动和制作喜闻乐见的宣传材料，提高了应对气候变化的宣传质量和效果。中国新闻社举行“低碳发展·绿色生活”公益影像展，中国经济导报社等媒体举办了“2011 中国应对气候变化和低碳发展十大新闻”评选活动。

（四）公众广泛参与

中国公众也以实际行动积极应对气候变化，实践绿色出行、低碳办公，开展了丰富多彩的活动，能源节约、环境保护意识明显提升，逐步形成“保护自然生态环境，人人有责”的社会氛围。2009 年 4 月 22 日，“酷中国 COOL CHINA——全民低碳行动试点项目”在北京启动，主题为“全民齐行动，减缓碳排放”，通过开展讲座、社区低碳生活方式宣传展览，组织社区闲置物品交换或捐赠活动，在大学生志愿者、社区居民中评选低碳之星，提高全民节能减碳意识。2009 年 5 月，“千名青年环境友好使者行动”正式启动，在机关、学校、社区、军营、企业、公园和广场等开展环保宣讲活动，倡导低碳生活，践行绿色消费。各界响应世界自然基金会发起的“地球一小时”倡议，在每年三月最后一个星期六晚熄灯一小时，共同表达了保护全球气候的意愿。

2010 年，在中国上海举办的世界博览会提出了“低碳世博”理念，确定以“低碳、和谐、可持续发展的城市”为主题，将大量新能源、节能环保科技成果转化应用于世博会，使世博会成为广泛宣传低碳、环保生活理念的重要活动场所。世博园区内的各种建筑都按照节能、生态建筑的要求进行设计与建设，充分利用自然风场、自然透光、屋顶与墙面绿化等，减少建筑能源消耗。世博园内运行着太阳能设施、新能源汽车、智能电网、LED 照明工程等一系列示范应用项目，在节能减排方面创下多项世博历史纪录和国内纪录。世博自愿减排活动得到了社会各界的广泛关注和积极参与，首批两万张“世博绿色出行低碳交通卡”一个月内全部认购完毕。世博会期间，来自香港、北京、杭州、重庆、宁波等 8 个地区的 150 位青少年气候大使在世博园中与公众互动，宣传“气候变化，我们共同应对”，呼吁全社会共同参与。此外，世博绿色出行活动从 2009 年 5 月启动以来，穿越了“长三角”6 个城市，78 家行业协会和企业承诺员工绿色出行上下班，172 所学校的近两万名学生和家长填写了“绿色出行承诺书”，124 个社区开展了各具特色的绿色出行倡导活动，已认建“世博绿色出行林”5 000 平方米。2010 年 7 月，上海世博会展馆内召开了“国际青年能源与气候变化峰会”，以“低碳理想 · 青年起航”为主题，为来自中国及世界各地的青年们提供了一个了解清洁能源的发展、探讨国际气候新制度的平台，通过开展青年与政府、企业、非政府组织、媒体之间的对话，传递了青年人共同建设低碳未来的理念和梦想，鼓励青年人展示自己及其组织在能源与气候变化领域所取得的成果，培养未来应对能源及气候变化领域的青年领袖。

中国公众以实际行动积极应对气候变化，广泛参与自备购物袋、双面使用纸张、控制空调温度、不使用一次性筷子、购买节能产品、低碳出行、低碳饮食、低碳居住等节能低碳活动，从日常生活的衣、食、住、行、用等细微之处，实践低碳生活消费方式。各地公众积极参与“地球一小时”倡议，在每年 3 月最后一个星期六晚熄灯一小时，共同表达保护全球气候的意愿。开展千名青年环境友好使者行动等活动，在机关、学校、社区、军营、企业、公园和广场等宣讲环保理念，倡导低碳生活，践行绿色消费。在全国一些大中城市，低碳生活成为时尚，人们开始追求简约、低碳的生活方式。上海、重庆、天津等城市开展“酷中国——全民低碳行动”，进行家庭碳排放调查和分析。哈尔滨等城市开展了节能减排社区行动，动员社区内的家庭、学校、商服、机关参与节能减排。中国各地的大、中、小学积极宣传低碳生活、保护环境，一些高校提出建设“绿色大学”等目标，并得到广泛响应。

中国公众采取积极行动应对气候变化，践行低碳饮食、低碳居住、低碳出行、低碳旅游等低排放的生活方式和适度消费、杜绝浪费等消费模式。广大市民选择公共交通等绿色低碳出行方式，截止到2011年，全国已有143个城市承诺开展无车日活动。中国各地开展以学校、机关、商场、军营、企业、社区为单位的节能减碳活动，号召人们树立“节能、节俭、节约”的工作、生活和消费理念，自觉抵制铺张浪费行为，崇尚简约的生活方式。各地大、中、小学开展形式多样的活动积极宣传低碳生活、保护环境，在加强青少年节能、低碳宣传教育方面产生了广泛的社会影响。

通过气候变化教育培训应对气候变化、节能减排、低碳生活等丰富活动，公众对气候变化的认知更深入，行动更自觉，参与领域更广泛。更多公众开始选择低碳出行、低碳饮食、低碳居住、厉行节约的低碳生活及消费模式，积极应对气候变化正成为社会公众的自觉行动。2013年1月，在网络微博发起的“光盘行动”得到社会公众的广泛关注。“千名青年环境友好使者应对气候变化创新行动”在2013年积极开展行动，提升青年使者的环境领导力。全国各城市普遍开展了节能减排进家庭、进社区、进企业、进机关、进学校等专项活动，南京、深圳、济南等15个城市举办了“低碳·健康家生活”宣教活动，通过免费发放30万宣教手册等形式，在普通家庭中倡导节能减排的科学观念，提倡绿色低碳的行为方式。

随着应对气候变化教育、培训及宣传工作的持续开展，公众更积极地参与低碳出行、低碳饮食、低碳居住、购买节能低碳产品等活动。各地广泛开展了以学校、机关、商场、军营、企业、社区为单位的节能减碳活动，号召人们树立“节能、节俭、节约”的工作、生活和消费理念。民政部举办了2014年国家综合防灾减灾与可持续发展论坛，各地采取发放各类宣传材料、举办培训及讲座、举行不同规模的演练、发送公益短信等形式，组织公众广泛参与。

三、人口低碳对策的思考

要想推动低碳经济的发展，不仅仅需要物质方面的基础，还要改变人们的传统思维，使“低碳消费”变为每个人的共同职责。在某种意义上来讲，这种人类的思维认识更重要。因为低碳转型最终是要由人类自身来实现的，人的行为是由人的意识决定的，因此，提高人的低碳环境意识尤为重要，而人口低碳对策的关键就是要提高人的低碳环境意识。只有这样，才有利于实现国家利益、企业利益和公民利益的最大化。

中国的低碳经济之路，已经走过了政策宣誓、市场炒概念的阶段，政府开始在实践中谋篇布局，企业也开始务实亲为，挖掘低碳发展背后的经济收益。依靠低碳式发展实现经济增长方式转变的思路已经日渐清晰。但不可否认的是，作为社会大众的人口，却不是那么轻而易举地就会做到身体力行，自觉践行的。虽然政府大力引导、花大力气推进的“限塑令”在实际推行过程中障碍重重、大打折扣，不得不让我们清醒，这种低碳理念并未真正深入人心。[①]

---

① 郭力方：《低碳消费，低碳经济的根基》，载《中国能源报》2009年9月14日，第8版，http://paper.people.com.cn/zgnyb/html/2009－09/14/content_341784.htm。

(一)低碳环境意识的重要性和可行性

1.低碳环境意识的重要性

人的行动是由人的意识决定的。环境问题和环境保护与社会中的个人行为息息相关。许多环境问题归根结底都是个人行为导致的结果。所以,能否合理地引导、影响和改变个人的行为,使之符合低碳生活的要求,是环境能否适合人类生存的关键因素。

人类的发展是伴随着适应环境、改造环境而发展起来的。随着世界各国对环境状况的不断重视,环境问题已日益受到重视。人类社会发展到今天,改造自然的能力增强了,环境面貌的改变也随之日益加快了,但是由于违背客观规律地利用环境,人类也受到了大自然无情的报复。当前,人类对环境的影响已经达到空前的规模,环境承载力已经接近极限边缘,如果不注意保护环境,不仅会使得经济发展不可持续,也会毁掉人类发展的根基。因此,全社会和全人类都必须充分认识低碳转型的紧迫性,牢固树立低碳意识。

2.提高全民低碳意识的有利条件

经济发展到今天,我国居民的生活水平已经达到一定高度,与经济发展的初期水平相比,我们有了相当的经济余力,可以利用人类掌握的先进科学技术,致力低碳发展和环境的保护。

尽管我国政府不断加强低碳转型的力度,但是由于多种原因,碳减排问题仍不容乐观。近来我国频频出现的各种极端天气,使得"全球变暖"、"低碳生活"等词汇成为热议话题,也使得人们认识到了地球环境问题的严重性,从而唤醒了人们的地球环境意识,从反面成为一个提高全民环境意识的催化剂,这也为提高全民地球环境意识提供了一个有利的契机。

3.提高全民低碳意识的目标和意义

提高全民的低碳意识,就是要在全社会形成一种"污染地球环境可耻,保护地球环境光荣"的共识,让那些污染环境的人成为人人喊打的"过街老鼠",人人都对其深恶痛绝,做到零容忍。特别是政府官员更应该认识到这一点、做到这一点,从而积极采取各种有效措施来保护地球环境,而不是为了自己的所谓"政绩"而纵容甚至包庇污染环境的人。只有当环境与经济发展产生矛盾时,营造起环境保护优先的社会氛围,才能实现真正的发展,才能实现"美丽中国"。

(二)提高全民低碳意识的对策建议

提高全民低碳意识是一个庞大的系统工程,不是轻而易举、一朝一夕就能实现的,但也并不意味着我们就不能有作为,只要全社会共同参与,开展持之以恒的努力,就会取得较好效果。

提高全民低碳意识,需要从多方面下手,需要运用行政、经济、文化等多种手段,需要政府、组织、个人协同配合,才能事半功倍,取得较好效果。

1.加强低碳生活的舆论宣传,建立多层次、全方位、立体化的全民环境宣传教育体系

环境保护靠宣传教育起家,环境保护靠宣传教育推动,这已成为人们的共识。公众对低碳问题的关注度在很大程度上取决于宣传教育的深度和广度。有效的低碳宣传教育是

政策顺利实施和低碳转型工作广泛开展的前提。必须通过广泛深入扎实的低碳宣传教育工作，进一步统一全社会对低碳转型的重要性、紧迫性的认识，增强全民的低碳意识，呼唤人与自然和谐相处的理性回归，使低碳对策深入人心，使低碳生活成为人们的自觉行动。

2.积极推动全民参与低碳的行动，加大对提高公众低碳意识的支持力度

公众参与是低碳宣传的重要依据。公众的参与和压力对政府制定低碳政策和法规具有非常重要的作用，往往是企业环境违法行为曝光和叫停的催化剂，也是启动官民协商对话的助推器。应积极构建公众参与机制，建立政府、企业、公众协商解决低碳环境问题的平台，促进公众参与的法制化、制度化和规范化。

国家应加大经费支持力度，并积极寻求企业、社会的支持，保证有足够的经费投入；同时应加强宣教队伍建设，定期开展交流培训，提高宣教队伍的业务素质和业务能力。

3.建立与提高低碳意识相适应的社会配套服务体系

宣传教育在提高低碳意识方面作用巨大，这一点毋庸置疑。但光靠宣传教育而没有与之相适应的社会配套措施，低碳意识很难在公众心中持久扎根。要想使全民的低碳意识长久保持下去，需要有全社会的良好氛围。政府部门应认真研究公众的切实需要，结合社会现实，有策略地普及低碳意识。在生活中处处求低碳，显然有些不方便，如果社会能够尽量提供让人方便的低碳环境，就会促使人们将良好的低碳习惯保持下去。试想在一个干净整洁的环境中，有谁会好意思、有勇气乱丢垃圾、乱吐痰呢？如果在草坪中有方便的路径可走，谁还好意思去践踏草坪呢？这“方便”的低碳环保背后是社会配套体系的建立。如果社会环境不能为低碳环保提供“方便”，忽视社会配套服务体系的建设，无论多先进的低碳环境意识都会失效，关于低碳环境意识的宣传作用也会大打折扣。

4.采用奖惩相结合的经济手段，使低碳环保意识成为人们的习惯

从某种意义上来说，低碳环保意识是一个习惯问题。我们的目标应是全民养成自然而然地保护环境的习惯。低碳环保意识的形成，也就是保护低碳环境习惯的形成。这种习惯的形成，在现阶段需要采用一些经济手段，也就是要采取“胡萝卜”加“大棒”的两面手段：对低碳环保的人给予大力的奖励，大力弘扬低碳环保的好人好事；而对损坏低碳环保的人给予严厉的惩罚，强制性地约束人们的行为，让其不敢再重复以前的行为。久而久之，这种约束变成了一种习惯，深入到了骨子里，就形成了潜意识；再加上方便配套的环保服务体系，人们就会自觉地去践行低碳生活，保护环境。

5.加强低碳环保意识的研究，为提高全民低碳环保意识宣教工作提供实践指导

从生态文明建设战略高度出发，系统研究低碳环保意识问题，建立专业的调查机构、研究机构，长期跟踪公众低碳环保意识的动态变化，及时掌握公众低碳环保的状况，及时发布调查成果，并根据实况及时地调整低碳环保意识教育的重点、思路、方式方法等。

第六节　中国人口低碳对策：生活和消费

一、中国生活低碳转型

(一)低碳生活

低碳转型是一场涉及生产模式、生活方式、观念和国家权益的全球性革命。在此背景下，“低碳经济”、“低碳生活”等概念应运而生。通过低碳经济模式与低碳生活方式，实现社会的可持续发展。进入低碳生活时代代表了人类的生存需求，反映了时代发展的愿望。

低碳是提倡借助低能量、低消耗、低开支的生活方式，把消耗的能量降到最低，从而减少 CO_2 的排放，保护地球环境，保证人类在地球上长期舒适安逸地生活和发展。低碳对于普通人来说是一种生活态度，同时也成为人们推进潮流的新方式。如今，这股风潮逐渐在潜移默化地改变着人们的生活。

顾名思义，低碳生活就是在生活中尽量采用低能耗、低开支、低碳排放的生活方式。低碳生活代表着更健康、更自然、更安全，返璞归真地去进行人与自然的活动。低碳生活既是一种生活方式，同时也是一种生活理念，更是一种可持续发展的环保责任。低碳生活是健康绿色的生活习惯，是更加时尚的消费观，是全新的生活质量观。低碳生活要求人们树立全新的生活观和消费观，减少碳排放，促进人与自然和谐发展。低碳生活将是协调经济社会发展和保护环境的重要途径。在低碳经济模式下，人们的生活可以逐渐远离因能源的不合理利用而带来的负面效应，享受以经济能源和绿色能源为主题的新生活。选择“低碳生活”，减少 CO_2 排放，是每位公民应尽的责任，也是每位公民应尽的义务。

低碳生活虽然主要集中于生活领域，主要靠人们自觉转变观念加以践行，但也需要政府营造一个助推的制度环境，包括制定长远战略、出台鼓励科技创新等政策，实施财政补贴、绿色信贷等措施，也需要企业积极跟进，加入发展低碳经济的“集体行动”。实现低碳生活是一项系统工程，需要政府、企事业单位、社区、学校、家庭和个人的共同努力。

如前所述，人口低碳转型，主要就是要通过改变人的行为，倡导低碳生活和低碳消费模式，提高公众的低碳意识来达到低碳转型的目的。可见，在提高人的低碳意识的前提下，低碳生活和低碳消费是人口低碳转型的关键。下面就这两方面的情况展开探讨。

(二)生活部门 CO_2 排放的动态及特征

生活部门的 CO_2 排放虽然不及产业部门，但也占 CO_2 排放总量的很大比重。图 6-28 是笔者根据前述方法推算的从 1980—2012 年生活部门 CO_2 排放量的变化情况。图中所谓的直接排放是指生活部门消耗化石能源的直接排放量，而总排放是指不仅包括直接排放，还包括生活部门消耗的热力、电力等能源转换部门消耗化石能源而产生的间接的 CO_2 排放量。从图中可以看出，与 1980 年比较，2012 年我国家庭生活部门的 CO_2 排放量是增加的，直接排放量从 2.3 亿 t-CO_2 增加到 3.6 亿 t-CO_2，净增 1.3t-CO_2，年均增加率为 1.4%，远低于全国 CO_2 排放总量年平均增长的 518%；但从生活部门的总排放量来看，则从2.4亿 t-CO_2 增加到 9.4 亿 t-CO_2，净增 7 亿 t-CO_2，年均增加率为 4.3%，略低于全国排放总量的年均增长率，这说明尽管生活部门的 CO_2 排放量在增长，但仍低于产业部门的增长速度。

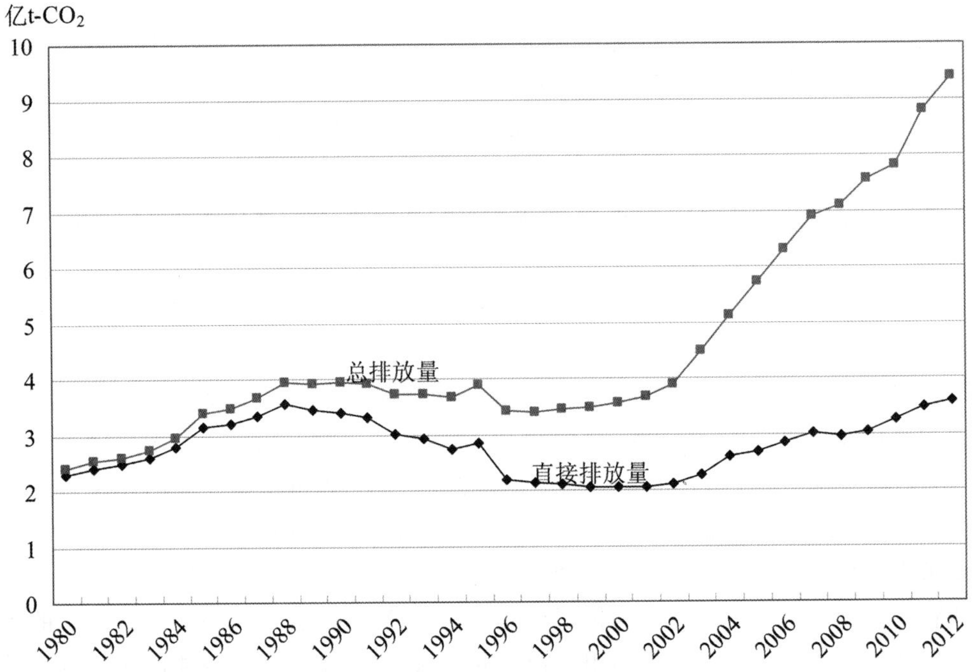

图 6-28 中国生活部门 CO_2 排放量的变化

资料来源：根据历年《中国能源统计年鉴》数据由笔者推算作成。

从变化过程来看，家庭生活部门 CO_2 排放量的增长速度有着较大的差别，如果将整个研究期间划分为三个阶段来看的话，1980—1990 年期间的年平均直接排放量增长 3.9%，总排放量增长 5.0%；1990—2000 年则分别增长 −5.0% 和 −1.0%，即不仅没有增长，反而是下降的；在进入本世纪以来，增长速度明显加快，2000—2012 年的年均排放增长分别达到 4.8% 和 8.4%，特别是包括直接和间接排放在内的总排放量，其增加更为明显。

从生活部门的直接排放和间接排放的比较来看，我们可以发现，生活部门的间接排放量增加更快，比重在逐渐加大。1980 年生活部门的间接排放量仅占其总排放量的 4.5%，而到了 2012 年这一比例上升到了 61.7%，说明家庭生活部门的电化率得到了很大的提高(图 6-29)。而电化率的提高正好反映了我国居民家庭生活条件的改善，更多地使用上了更加清洁、方便的电力，再加上家用电器的普及，也正好反映了中国正处于城镇化的旺盛发展阶段。

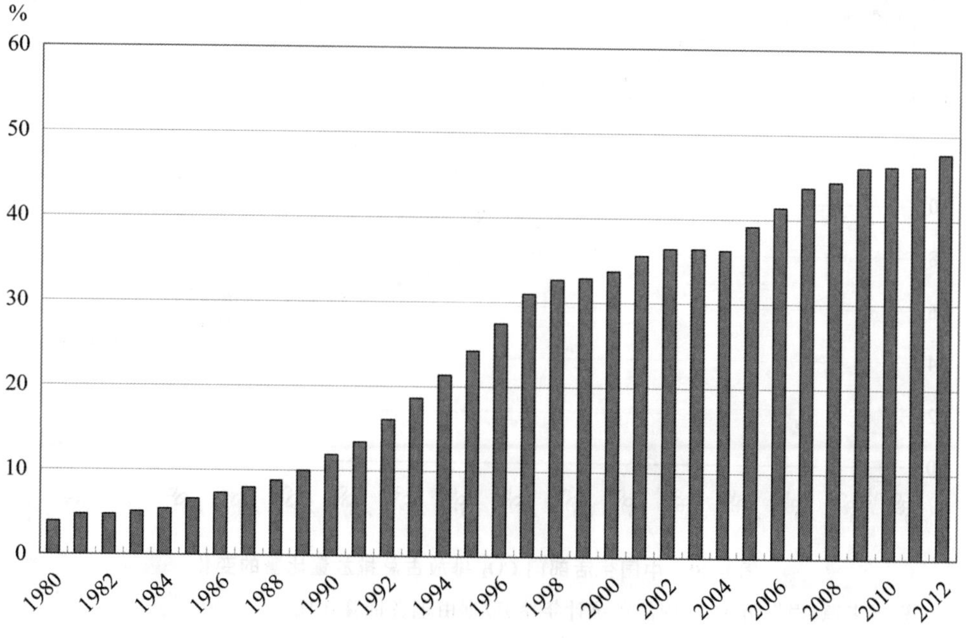

图 6-29 中国生活部门电化率的变化

资料来源：根据历年《中国能源统计年鉴》数据整理作成。

从中国生活部门 CO_2 排放占全国总排放量比重的变化（图 6-30）来看，从 1980—2012 年总的趋势是下降的，直接排放的比重由 16.4％下降到 4.2％，包括间接排放在内则由17.2％下降到 11.1％，不过下降速度不一，前期（1980—1996 年）下降幅度较大，从 1996 年以后其下降幅度变缓（直接排放由 7.1％下降到 4.2％）或平移（生活部门总排放保持在 11.1％）。

（三）生活部门 CO_2 排放的影响因素

家庭生活部门 CO_2 排放的影响因素很多，首先是家庭户数的变化，反映的是家庭部门活动量的增减，在其他条件不变的情况下，居民户越多，CO_2 排放量也就越多；其次是每户居民的能源消费量，它反映的是居民节能活动以及能源消费效率改善的情况，居民能源消费量越多，CO_2 排放量也就越多；再次是 CO_2 排放的能源强度，即家庭部门单位能源消费的 CO_2 排放量，它反映了发电等能源转换部门的节能对策，能源强度越高，说明消费每一单位能源的 CO_2 排放量也就越多，反之则越少；最后就是家庭生活的便捷，家用电器的普及也通过能源消费的增加对家庭生活部门的 CO_2 排放起到了推波助澜的作用。另外，气候的季节变化强度也是影响家庭部门 CO_2 排放的因素之一。因为如果冬季越冷、夏季越热，居民取暖和降温所消费的能源就越多，从而会增加 CO_2 排放。

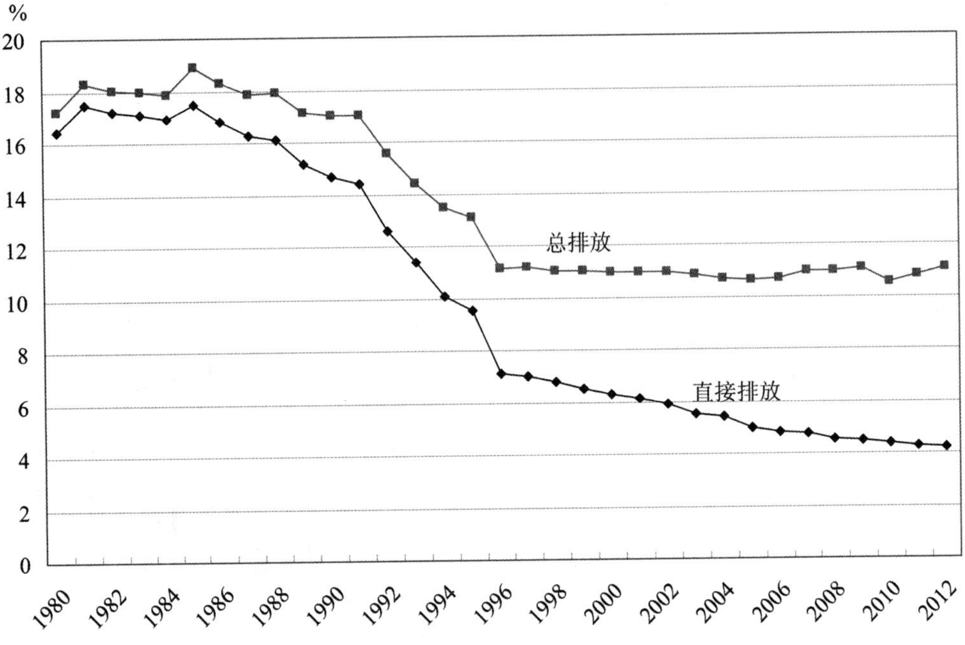

图 6-30 中国生活部门 CO_2 排放占总排放量比重的变化

资料来源：根据历年《中国能源统计年鉴》数据由笔者推算作成。

1.家庭户数变化的影响

首先来看中国家庭户数变化与家庭生活部门 CO_2 排放量的变化(图 6-31)。中国家庭户数是随着时间的推移而增加的,但其增加幅度远远小于 CO_2 排放量,可见,家庭户数只是影响 CO_2 排放量变化的其中一个较小的因素。

2.生活部门能源消费量变化的影响

能源消费量直接关系到 CO_2 排放量,二者的关系十分密切(图 6-32)。从图 6-33 可以看出,中国生活部门的能源消费量与其 CO_2 排放量的走势基本上是一致的,即 CO_2 排放量是随着能源消费的变化而变化的。1990 年中国生活部门的能源消费量为 1.58 亿 tce,一直到 2000 年,期间的年能源消费量基本上没有什么变化,但此后进入一个快速增长期,从 2000 年的 1.56 亿 tce 猛增到 2012 年的 3.97 亿 tce,增加了 1.5 倍。与此同时,CO_2 排放量也由 3.55 亿 t-CO_2 猛增到 9.39 亿 t-CO_2,净增 5.84 亿 t-CO_2,增加了大约 1.6 倍。可见,节约使用能源对 CO_2 减排有着重要的作用。

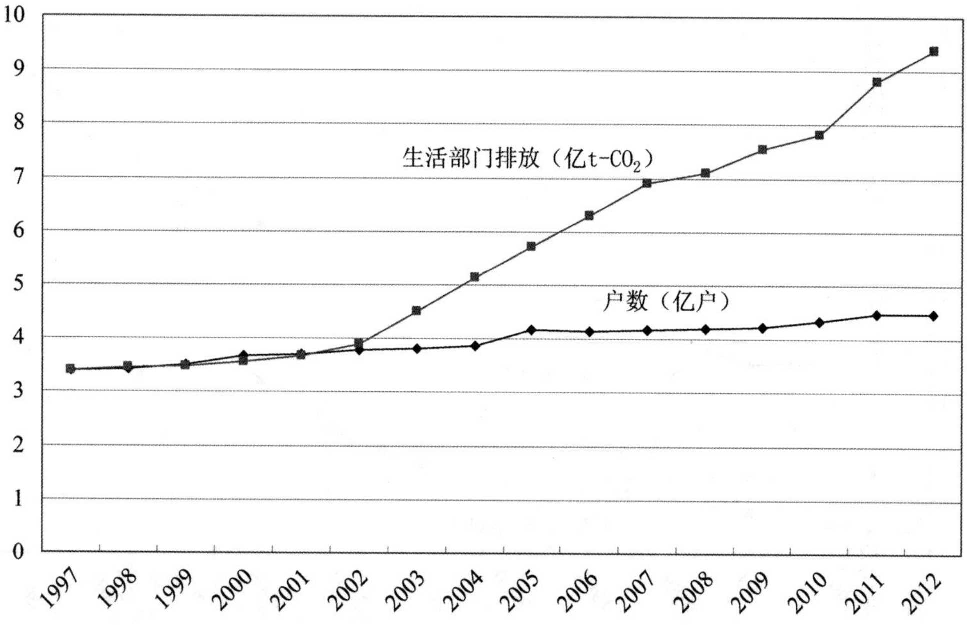

图 6-31　中国居民户数与生活部门 CO_2 排放的变化

资料来源：居民户数根据历年《中国统计年鉴》中平均家庭户规模推算所得，CO_2 排放数据根据《历年中国能源统计年鉴》数据由笔者推算所得（包括直接和间接排放）。

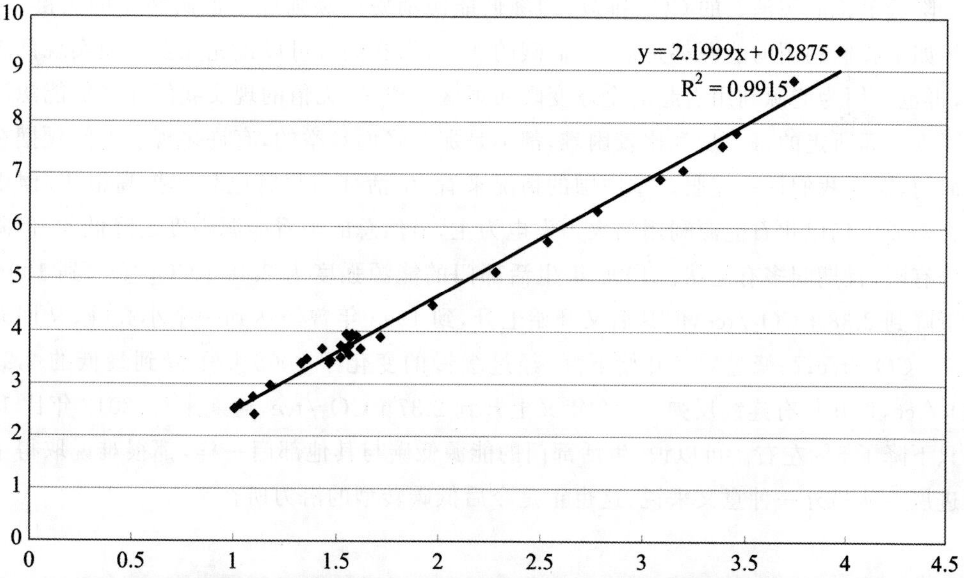

图 6-32　中国生活部门 CO_2 排放与能源消费量的相关

资料来源：根据历年《中国能源统计年鉴》数据由笔者推算作成。

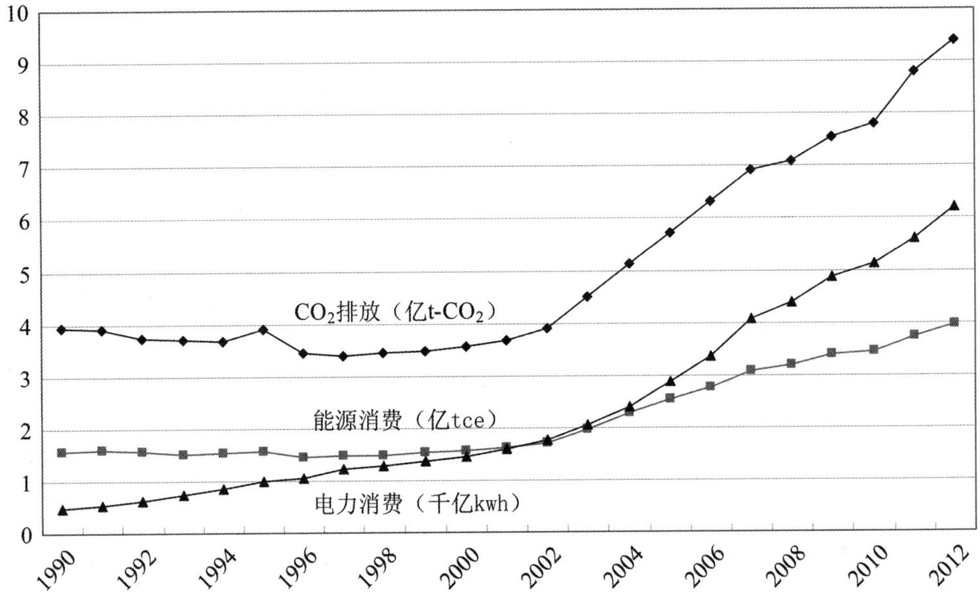

图 6-33　中国生活部门 CO_2 排放与能源消费量的变化

资料来源：根据历年《中国能源统计年鉴》数据由笔者推算作成。

3.CO_2 排放的能源强度变化的影响

降低单位能源消费的 CO_2 排放，即降低能源消费的碳强度是低碳转型的关键所在。试想如果我们利用的能源都是清洁、低碳的能源，那我们就可以说完完全全地实现低碳转型，再也不用为能源利用引起的全球变暖而烦恼。但是，无情的现实我们在降低能源消费碳强度方面所走的每一步都比较困难，都不是那么轻而易举的，有许多现实的问题摆在我们面前，需要我们逐一克服。拿中国的情况来看，生活部门尽管电化率提高很快，但由于电力构成中仍以化石能源利用的火力发电为主，虽然总的来看能源强度是降低的，但降幅十分有限，且期间多有起伏。1990 年生活部门的能源强度为 2.49 t-CO_2/tce，到 1994 年曾下降到 2.38 t-CO_2/tce，但其后又开始上升，到 1995 年曾经达到一个小高峰，又回升到 2.47 t-CO_2/tce；高峰过后又开始下降，经过缓慢的变化于 2008 年下降到最低的 2.22 t-CO_2/tce，近几年有连续反弹，2012 年又上升到 2.37 t-CO_2/tce，通期来看，2012 年比 1990 年只下降了 5%左右。可以说，生活部门的能源低碳与其他部门一样，都很难说取得了大的进展。从另外一种意义来说，这也正是今后低碳转型的潜力所在。

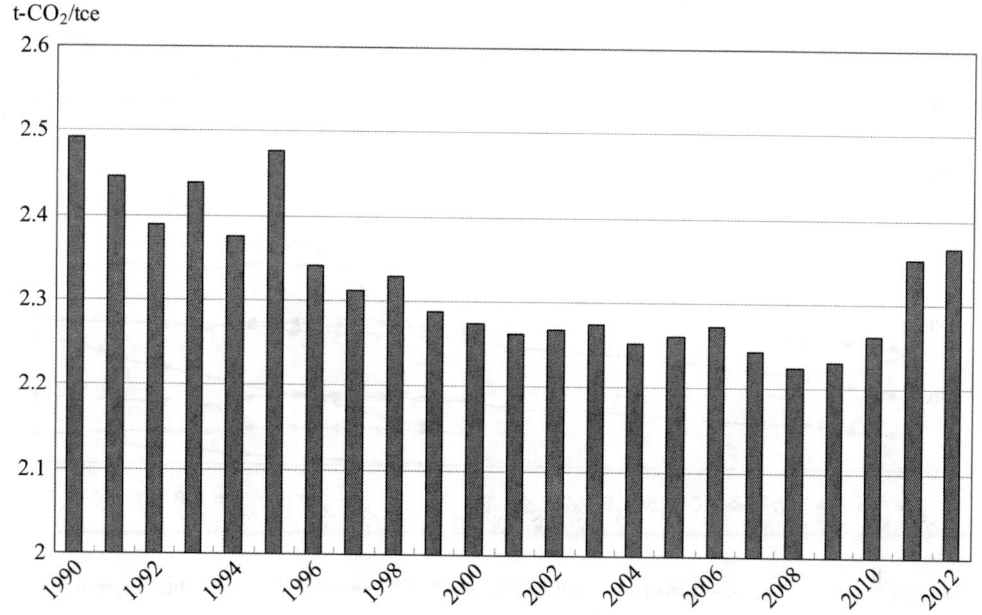

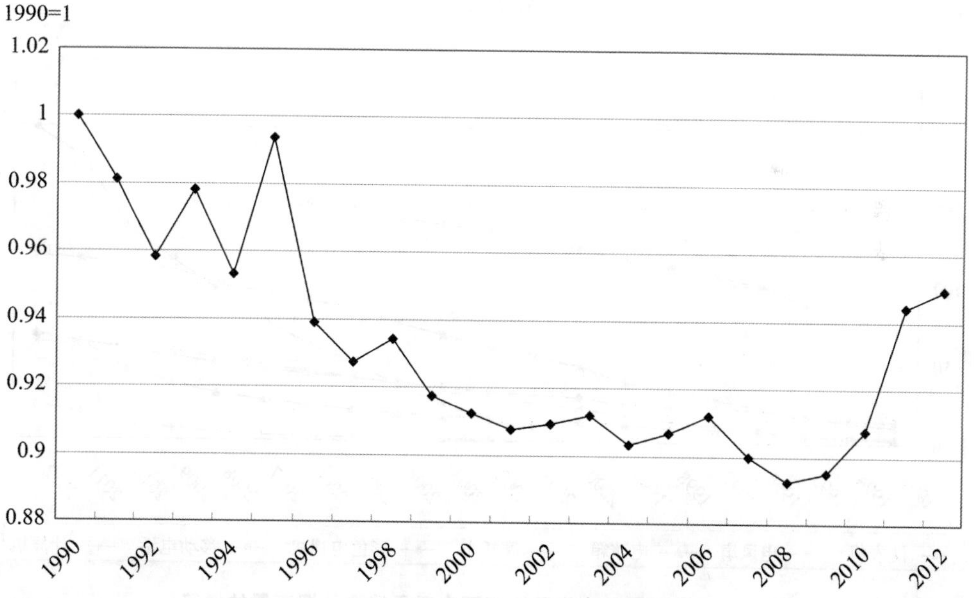

图 6-34　中国生活部门 CO_2 排放能源强度的变化

资料来源：根据历年《中国能源统计年鉴》数据由笔者推算作成。

4.家用耐久消费电器的影响

近 20 多年来，我国家庭电器的普及率逐年提高，对提高人民的生活水平起到了极其重要的作用，与此同时带来的却是 CO_2 排放量的攀升。图 6-35 表明我国城镇和农村居民虽然家用耐久消费电器的品种和普及率有所差异，但增加趋势是一致的，由此造成了家

庭部门 CO_2 排放量的大幅增加。

城镇居民

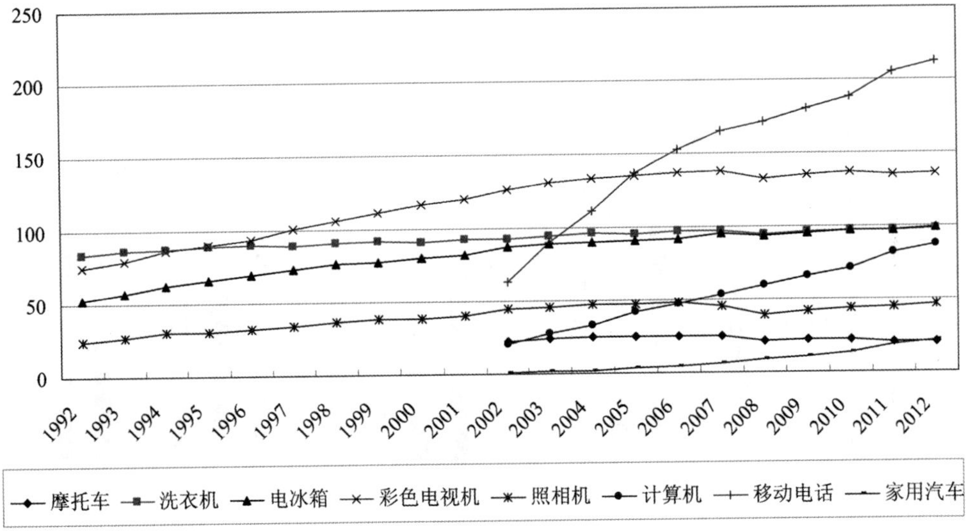

农村居民

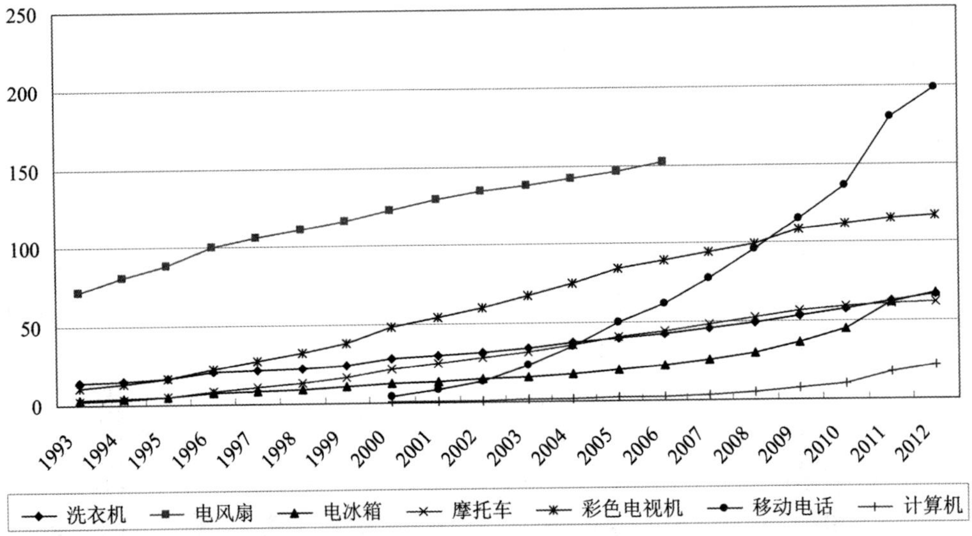

图 6-35　中国居民家庭平均每百户耐用消费品拥有量的推移

资料来源：根据历年《中国统计年鉴》整理而得。

(四)居民生活低碳化发展趋势

前已述及，城镇居民比农村居民会消耗更多的能源，从而排放的 CO_2 就会更多，这是一条一般的规律。当前我国城镇化的水平刚刚达到 50%多，预计今后还将进一步提高，随着我国城镇化水平的不断提高，CO_2 排放量也会持续增加。今后随着新技术开发、新能源使用以及我国居民低碳意识的提高，低碳建筑、低碳交通和低碳社会成为社会的主流认识，成为居民行动的出发点和准则，居民生活将会朝着低碳方向发展。但总体上看，随着城市化水平的持续提高，由于居民自觉节能减碳带来的 CO_2 减排量还难以抵消居民对交通工具、住房和能源消耗等刚性需求增长带来的 CO_2 排放量的增加。因此，预计未来相当长一段时期内，我国居民生活领域的 CO_2 排放量还会不断增加。

二、中国消费低碳转型

按照经济学的理论，消费是牵引经济发展的三驾马车之一。如何才能使出口、投资和消费这“三驾马车”各得其所地发挥作用，一直是各国政府、企业界、学者们思索的问题。一般认为，这三驾马车各有千秋，要因时、因事、因地进行具体分析，不能一概而论。就当前中国的情形来讲，挖掘消费潜力是非常重要的。因为中国对外贸易和投资扩大的压力很大，对外贸易依存度较高，在目前的情况下，不能乐观地指望中国出口奏效，而中国的投资占 GDP 比重已经很高，继续扩大投资比重对经济的刺激作用也有限。因此，实现中国经济增长的主要动力还要靠国内消费。

在经济复苏的众多因素中，中国超过 13 亿人口的巨大、稳定而又持久的消费市场成为无可比拟的经济动力。从全局来看，消费已经成为中国中长期转型和发展的重要抓手。受全球经济疲软影响，中国出口数据持续不振；基建的逐步完善和房地产市场进入调整期，令投资驱动的潜力也在下降。在传统的“三驾马车”中，消费正显现出勃勃生机。根据商务部公布的数据，2014 年，全国社会消费品零售总额 26.2 万亿元，同比增长 12%。全年最终消费对 GDP 增长的贡献率达到 51.2%，比上年提高 3%，消费已成为拉动经济增长的主引擎①。

这里需要明确的问题是，我们需要的“消费”是什么样的消费？就消费而言，有两方面的含义需要我们去理解：一方面，由于消费是拉动经济增长的重要因素，因此促进消费的增长是十分重要的；而另一方面，消费的增长模式必须是“节约能源资源和保护生态环境”的，是与“低碳”、“循环经济”、“生态文明”等词语密切相关的。

当前，我国正处于工业化中期，居民的消费是基于工业化的成果，即产品的生产主要建立在高碳能源消耗的基础上，产品的消费又带来 CO_2 的大量排放，以消耗大量能源、排放大量温室气体为代价的“面子消费”、“奢侈消费”在国内不断升级。目前国内大众的消费观念还处在消费越多、越贵越光荣的阶段。根据财富品质研究院发表的《中国奢侈品报告》称②，2014 年中国人的奢侈品消费额达 1060 亿美元，占世界的 46%，毫无悬念地成为

---

① 《消费正成为经济增长主引擎作用尚不稳定》，载《第一财经日报》，2015 年 2 月 3 日，http://business.sohu.com/20150203/n408394456.shtml。

② 中国人は世界のぜいたく品の约半分を購入、76%は海外で—中国紙，http://headlines.yahoo.co.jp/hl? a=20150204−00000020−rcdc−cn，2015-02-04

世界第一奢侈品消费国。实际上，消费越多伴随的是资源的浪费，一定程度上 CO_2 排放量就越多。对于这一部分“先富起来的人”以单纯追求物质来提升生活质量的错误消费方式，亟待以“低碳”理念来矫正，使其回归到理性、适度、节俭和清洁的轨道上来。这也应成为当前普及低碳消费理念的首要任务。

因此，要实现低碳转型，实现高碳消费方式向低碳消费方式的转变，就需要引导大众的消费观念往低碳消费上转移，就需要构建一种新的低碳消费模式，需要政府、市场、行业协会、企业、居民共同努力，发挥宏观调控机制、自发调节机制、协会自律机制、低碳消费品生产机制和低碳消费文化引导机制的积极作用。这是一个巨大的复杂工程，也是一项长期、艰巨而非常紧迫的重大任务。

(一)低碳消费的概念和内容

1.低碳消费的概念

低碳消费作为低碳经济的重要组成部分和实现低碳经济的重要环节，是指以消费低能耗产品(劳务)和低排放(主要是 CO_2)、低污染为特征的消费行为。它是继绿色消费、生态消费、可持续消费之后提出的新的消费理念和消费方式，是人类消费方式的高级形态，是人类社会与自然生态环境和谐共生、协调发展的最佳形式，也是应付全球气候变暖的迫切要求。

关于低碳消费的概念，目前学术界尚存在不同的理解，有的理解与绿色消费、可持续消费等概念等同，有的认为低碳消费的内涵与外延比“绿色消费”、“可持续消费”要大(张浩、王永贵，2010[3])，有的认为低碳消费的内涵与外延在三者中最小(孟艾红、李娜，2012[4])。陈晓春(2009)等提出低碳消费方式包括五个层次：一是“恒温消费”，即消费过程中温室气体排放量最低；二是“经济消费”，即对资源和能源的消耗量最小、最经济；三是“安全消费”，即消费结果对消费主体和人类生存环境的健康危害最小；四是“可持续消费”，即对人类的可持续发展危害最小；五是“新领域消费”，即转向消费新能源，鼓励开发低碳技术、研发低碳产品，拓展新的消费领域[5]。吴文盛、吕建珍(2011)认为，狭义的低碳消费是指低碳生活消费，广义的低碳消费包括低碳生产性消费和低碳生活消费[6]。刘敏、刘焕新(2010)认为，低碳消费是以低能耗、低污染、低浪费、低排放为特征，以降低碳排放、推行绿色消费为手段，以满足消费的经济需求、社会需求、生态需求与文化需求为目的的一种经济活动[7]。

“低碳消费”的概念有三层含义：一是倡导消费者在消费时选择未被污染或有助于公众健康的绿色产品；二是在消费过程中注重对垃圾的处置，不造成环境污染；三是引导消费者转变消费观念，崇尚自然、追求健康，在追求生活舒适的同时，注重环保，节约资源和能源，实现可持续消费。低碳消费方式回答了消费者怎样拥有和拥有怎样的消费手段与对象，以及怎样利用它们来满足自身生存、发展和享受需要的问题。

2.低碳消费的内容

从社会再生产的过程来看，消费是社会再生产的终点，也是社会再生产的起点，人的消费行为和生活方式对能源消耗和 CO_2 排放具有决定性的作用，因此，大力推动低碳消费，对实现低碳经济具有重要的推动作用。最终消费包括居民的个人消费和社会性消费，而居民的消费包括衣、食、住、行、用、娱乐等基本形式，因此，低碳消费包括居民的衣、食、住、行以及家用、娱乐休闲和办公低碳化等多方面的内容[6]。

(1)穿衣低碳化

随着居民收入水平的提高，人们不仅购买服装的数量增加，而且服装制作加工的工序也在增加，从而使生产服装伴随的 CO_2 排放也随之增加。首先，从服装的面料来看，棉、麻等天然织物消耗的能源和产生的污染物相对较少，而化纤面料的服装因需从原油中裂解、提炼、加工而成，耗能较多；其次，从生产过程到使用过程来看，一件衣服从原材料的生产到制作、运输、使用再到废弃后的处理，都在排放 CO_2。因此，实现穿衣低碳化，可以多穿天然面料少穿化纤面料的服装或者多穿可循环利用的服装。

(2)饮食低碳化

中华传统饮食文化鼓励吃五谷杂粮，多吃果蔬、豆腐，辅之肉蛋的饮食结构，不仅有利于身体健康，而且有利于饮食的低碳化。但是随着农业结构的调整，中国人的饮食结构出现了粗粮越吃越少，动物性蛋白和油的摄入量越来越多的趋势。这种饮食结构的变化，蕴含着饮食的高碳化发展趋势。因此，在饮食结构上，应提倡多吃素食少吃荤食。另外，应提倡吃粗加工或不加工的食品，如多吃新鲜水果，少吃果汁和碳酸饮料。

(3)居住低碳化

从茅草屋到土坯房再到现代大都市高楼大厦的变迁，折射出人类文明的巨大进步和居住条件的极大改善，但同时也伴随着 CO_2 排放量的增加。与国外建筑相比，我国建筑的保温能力较差，造成大量能量损失。实现居住低碳化，应从住房的设计开始，按生态住宅标准进行设计、建造和管理。

(4)出行低碳化

工业化、城市化的发展，带来了交通的大发展和人们出行的极大方便，但是，交通工具尤其是汽车消耗大量液体燃料，不仅加剧了宝贵石油资源的快速消耗，而且带来了 CO_2 的大量排放。因此，出行低碳化的方向是大力发展铁路和水路交通，城市要大力发展公交和轻轨，严格限制燃油小汽车的发展规模。

(5)家用低碳化

改革开放以来，随着居民收入水平的提高，从电视机、电冰箱、洗衣机、空调的普及到升级换代到个人电脑、手机的普及，家用电器消费出现了电器化、智能化、网络化的趋势，但这一趋势的背后伴随着用电量和能源消耗、CO_2 排放的大幅增加。据统计，家庭中75%的用电都耗在电视、电脑和音响等保持待机状态上。如果一台电脑每天使用 4 小时，其他时间关闭，那么每年能节省约 500 元人民币，且能减少 83% 的 CO_2 排放量；因为电器关机不拔插头而导致全国每年待机电量浪费高达 180 亿千瓦时，相当于 3 个大亚湾核电站的年发电量；在同等条件下，节能灯的发光效率大约是普通白炽灯的 3.5～4 倍，假如全国都不使用白炽灯，改为使用高效照明产品，一年可节电 600 多亿千瓦时，接近三峡电站现在一年的发电量。由此可见，家庭节能有很大的潜能，家庭消费品低碳化势在必行。

(6)娱乐低碳化

居民生活水平的提高,对娱乐休闲的需求也不断地增加。但许多娱乐休闲项目都是高耗能的,如网吧、KTV、酒吧、迪吧等都是高耗能的场所,洗浴、足疗等则是高耗水的场所,因此,开发低碳娱乐休闲项目,是娱乐低碳化的发展方向。

(7)办公低碳化

从普通的办公到办公自动化,从油印、铅印公文到针式打印机再到个人电脑、激光打印机的普及,从办公用纸少量消耗到大量消耗,从全国各地进京开会到电视电话会议再到互联网办公,应该说,随着科技的进步,办公条件不断改善,办公效率不断提高,但同时办公用纸和用电也在不断攀升。因此,多用电子邮件、MSN 等即时通讯工具,少用打印机和传真机;在午餐休息时和下班后关闭电脑及显示器,可将这些电器的 CO_2 排放量减少 1/3。夏天空调设定温度为 26 ℃,可以节省不少电;用过的打印纸背面重复使用,可以减少树木和草的砍伐(割)量,进而可以吸收更多的 CO_2。办公低碳化要从点滴做起。

(二)低碳、可持续消费模式构建的重要性

1.低碳消费模式及其相关概念

消费是指利用社会产品来满足人们各种需要的过程,而消费模式是指在一定生产力发展水平和一定生产关系条件下,消费者与消费资料相结合以实现需要满足的方法和形式,是消费的自然形式与消费的社会形式的有机统一,是消费方式、消费水平和消费结构三者的有机结合,是指消费开支在主要商品及劳务类别间的分配,它表现为在一定消费理念指导下的消费方式的总体定位,反映了社会消费的整体特征。

从原始社会茹毛饮血的原始生态消费,到农业社会的传统消费,再到工业社会的高碳消费,人们的消费结构不断升级,消费水平不断提高,消费内容不断丰富,消费能力不断增强。但在工业社会,人们更注重物质形态的消费和消费的便捷性。这种消费方式,一方面造成了化石能源的加速消耗和 CO_2 的大量排放,导致全球气候变暖;另一方面,大量消费工业品造成环境污染与生态破坏,进而对人类自身造成伤害,使消费质量大打折扣。因此,可持续消费、绿色消费和低碳消费理念应运而生。

关于现代社会中人类消费模式的类别,大致可以分为传统消费模式与可持续消费模式。而低碳消费模式也可以被认为是一种可持续模式。因为低碳发展的理念与可持续发展是一脉相承的,与可持续消费模式是密不可分的,正是因为高碳发展是不可持续的,所以才要实行低碳转型。低碳消费与绿色消费、循环消费等,都与可持续消费有着密切的联系。

从本质上讲,可持续消费、绿色消费和低碳消费都是强调人类社会、经济与自然生态环境的和谐发展,都是以提高人类生活质量为目的,都是高级的消费形式。不过,低碳消费是随着人们认识水平的不断提高,在可持续消费、绿色消费理念基础上提出的新的消费理念。它不仅要求消费上实现代际之间和代内之间的公平,而且实现经济社会发展与自然生态环境的和谐,关键是提出了减少有限的化石能源消耗和 CO_2 的排放,具有更好的可操作性。

（1）传统消费模式

传统消费模式是线性消费模式，其特点是：经济系统致力把自然资源转化为产品，以满足人们生存、享受和发展的需求，用过的物品则被当作垃圾抛弃，形成了所谓"用过即扔"的模式。这种消费是资源耗竭型和环境污染型的消费，其结果是造成地球资源迅速耗竭、环境严重破坏。这种观点隐含了一个前提，即认为人类的资源没有受到自然的约束，自然资源取之不尽、用之不竭，并没有将消费模式与资源与环境联系起来。

（2）可持续消费模式

可持续消费模式，是指符合人的身心健康和全面发展要求、能够促进经济社会发展、实现人与自然和谐相处的消费观念、消费方式、消费结构和消费行为。① 联合国环境署在1994年于内罗毕发表的报告《可持续消费的政策因素》中，将可持续消费定义为"提高服务以及相关产品以满足人类的基本需求，提高生活质量，同时使自然资源和有毒材料使用量最少，使服务或产品的消费中所产生的废物和污染物最少，从而不危及后代的需求"。可持续消费模式要求家庭、企业和公共部门在购买产品和服务来满足基本需求的同时，要最大限度地降低其所消费的产品和服务的生命周期全过程的环境损害和资源消耗[5]。

由此可以看出，可持续消费模式是基于循环经济理念的消费模式，它是在人们对世界环境问题反省的基础上产生的，其特点是强调满足人类基本的消费需要，注重对人类消费产生的废弃物进行回收、再生和再利用，目的是减少对资源的使用和对环境的污染。它强调的是资源的可持续利用和对环境的保护，要求在不断提高生活质量的同时，消费行为应适应资源和环境的承载力，以便缓解稀缺性资源压力，促进环境质量的改善。

（3）低碳消费模式

2010年3月温家宝总理在政府工作报告中明确提出："要努力建设以低碳排放为特征的产业体系和消费模式。"即发展低碳经济要"两条腿"走路，低碳生产和低碳消费缺一不可。低碳产业有赖于低碳消费，而如何引导消费者树立低碳消费方式，成为当前消费领域的一个重要课题。

低碳消费模式是低碳经济的重要环节和必然选择，它回答了消费者怎样拥有和拥有怎样的消费手段与对象，以及怎样利用它们来满足自身生存、发展和享受需要的问题。它是后工业社会生产力发展水平和生产关系下消费者消费理念与消费资料供给、利用的结合方式，也是一种基于文明、科学、健康的生态化消费方式。低碳消费模式致力解决人类生存环境危机，其实质是以"低碳"为导向的一种共生型消费方式，它使人类社会这一系统工程的各单元能够和谐共生、共同发展，实现代际公平与代内公平，均衡物质消费、精神消费和生态消费；使人类的消费行为与消费结构更加科学化；使社会总产品生产过程中两大部类（生产资料和消费资料）的生产更加趋向于合理化。

---

① 曾一昕：《探索建立可持续消费模式的途径》，载人民日报网络版，2007年1月29日，http://www.southcn.com/nflr/llwz1/zjll2/200701290311.htm。

2.低碳消费模式构建刻不容缓

(1)传统消费模式存在明显弊端

传统消费模式是建立在能源和资源高消费基础之上的,需要以巨大的资源投入为保证。这种消费模式同可持续发展目标是相违背的。改革开放以来,我国的社会生产力获得了长足发展,人们的生活和消费水平也得到了空前的提高,越来越多的居民开始步入以享受为目的的闲暇消费时代,我国的消费模式在发生着前所未有的变化。但应该看到,我国目前的消费模式是在"以经济建设为中心"的基础之上的。它与最近流行的"科学发展观"、"和谐社会"、"资源节约型社会"、"环境友好型社会"等新名词之间一个很大的不同,就是后者不再将经济建设作为单一的"中心",它标志着中国即将步入多元中心、协调发展的时代。在此种情况下,我国传统的单一中心模式必然表现出许多与之不相适应的问题。就现状而言,我国的消费模式表现为线性消费和可持续消费并存,以线性消费为主。一方面,居民合理、有效的消费需求不足,政府不断制定积极的财政政策刺激消费、鼓励消费,以引导、拉动经济的发展;另一方面,过度消费情况严重,不利于社会经济的可持续发展,而且人们目前普遍对可持续消费还缺乏必要的认识。

传统消费模式的弊端主要表现在:以实物消费为主,把数量作为消费水平的标准,忽视消费质量;以能源和资源的大量消耗为支撑,消费的资源成本过高;追求近期目标和当代人消费的满足,忽视未来人的消费需要;消费过程中的污染严重,加剧环境与生态的不平衡;忽视消费的社会效益,愚昧消费、野蛮消费、非理性消费的普遍化,造成了社会关系的不协调,制约了社会正常发展[8]。从世界经济发展的历程来看,许多发展中国家在经济快速发展的同时,消费方式仍停留在过去的延长线上,没有及时地向可持续消费模式转变,结果引发了经济发展与资源之间的深刻矛盾,由此付出了巨大的资源和环境代价。

(2)低碳消费模式是人类文明进步的时代要求

①低碳消费是一种基于高级消费理念的消费方式。低碳消费模式特别关注如何在保证实现气候目标的同时,维护个人基本需要获得满足的基本权利。由于满足基本需要的人权特性和有限性,在面临资源与环境约束的情况下,应该把有限的资源用于满足人们的基本需要,限制奢侈浪费。人们应该认识到:生活质量还包括环境的质量,若环境恶化,人们的生活质量也最终会下降。在环境资源日益稀缺的今天,低碳消费方式是一种更好地提高生活质量的消费方式。

低碳消费方式体现了人们的一种心境、一种价值和一种行为,其实质是消费者对消费对象的选择、决策和实际购买与消费的活动。消费者在消费品的选择过程中按照自己的心态,根据一定时期、一定地区低碳消费的价值观,在决策过程中把低碳消费的指标作为重要的考量依据和影响因子,在实际购买活动中青睐低碳产品。低碳消费方式代表着人与自然、社会经济与生态环境的和谐共生式发展,有利于资源的合理配置,有利于形成新的经济增长点,有利于形成新的产业及推进产业结构的改变,有利于改善就业结构、扩大就业,有利于建设资源节约、环境友好型社会。

②低碳消费是一种基于美德消费理念的消费方式。厉行节约,反对铺张浪费,历来是

中华民族的高尚美德。从某种意义上说，低碳消费是一种节约型消费，是一种美德。当然，低碳消费提倡适度、节俭和清洁的消费，反对“面子消费”、“奢侈消费”，并不是说要降低生活质量和水平，而是要通过改变消费结构来提高生活质量。

③低碳消费是一种更好地提高生活质量的消费方式。有一种观点认为，低碳消费会降低人们的生活质量。其实这种看法存在误解。全面实现低碳生活与保持或提高市民生活水平之间并不冲突，它们的共同目的都是为了更好地改善人们的生存环境和条件，其中的关键是要找到一个结合点，探索一种低碳的、可持续的消费模式，在维持高标准生活的同时尽量减少使用消费能源多的产品、减少 CO_2 等温室气体的排放。在面临资源与环境约束的情况下，应该把有限的资源用于满足人们的基本需要，提高生活质量不单是物质上的满足，还应包括环境质量的改善。若环境恶化，人们的生活质量最终也会下降。在环境资源日益稀缺的今天，低碳消费方式才是提高生活质量的更优选择。

低碳生活不是一个落后的生活模式，搞低碳经济并不一定会降低我们的生活品质。在低碳经济状态下，交通便利、房屋舒适宽敞是可以得到保证的，可以采取低碳技术来解决这些问题。如城市中可以利用中水浇灌绿地，利用太阳能等可再生能源进行照明和日常使用，利用煤层气等清洁能源作为汽车的燃料，利用污水源、浅层水源、深层高温地下水源、土壤源等可再生能源热泵技术解决建筑的供热等。

低碳消费方式的实现程度与社会经济发展阶段、社会消费文化和习惯等诸多因素有关。因此，推行低碳消费方式是一个不断深化的过程。

由于低碳程度不同，涉及的具体内容也各异。在目前我国社会条件下，广义的低碳消费方式含义包括五个层次：一是“恒温消费”，消费过程中温室气体排放量最低；二是“经济消费”，即对资源和能源的消耗量最小、最经济；三是“安全消费”，即消费结果对消费主体和人类生存环境的健康危害最小；四是“可持续消费”，对人类的可持续发展危害最小；五是“新领域消费”，转向消费新能源，鼓励开发新低碳技术、研发低碳产品，拓展新的消费领域，更重要的是推动经济转型，形成生产力发展新趋势，将扩大生产者的就业渠道、提高生产工具的能源效益、增加生产对象的新价值标准。

3.构建低碳、可持续消费模式刻不容缓

(1)构建低碳、可持续消费模式是我国经济社会发展的迫切需要

根据一般的国际经验，一个国家的人均收入超过 1 000 美元时，社会发展的深层次矛盾会变得更加尖锐，经济发展过程中的收入分配、资源约束、环境保护、生态平衡、社会稳定等问题会变得更加突出，经济与社会的发展趋势将面临两种可能：一种可能是抓住产业结构和消费结构升级的有利时机，正确处理好经济、社会与生态环境的协调，推动经济的进一步发展，加速现代化的进程；另一种可能则会影响经济的正常发展，甚至会引发社会性的矛盾和冲突，进而影响现代化的进程。因此，构建低碳、可持续消费模式是我国经济社会发展的迫切需要。

(2)构建低碳、可持续消费模式是消费结构升级的客观要求

当前，我国工业结构升级的趋势十分明显，而随着收入水平的提高，居民的消费也已

经开始从生存型消费向享受型消费和发展型消费的转变，人们的消费结构正在发生明显的变化，这预示着消费结构升级开始进入了转折点和加速期，消费对国民经济增长的作用将进一步增大。与此同时，我们也要看到，随着消费结构升级引起的物质消费和服务消费的扩大，对资源、环境和社会的压力也会增大，如果再继续维持旧的消费模式，必将引发新的矛盾甚至危机。

党的“十七大”报告指出，“经济增长的资源环境代价过大”是我国经济社会面临的特别突出的困难和问题，为此党中央提出要深入贯彻落实科学发展观，构建资源节约型、环境友好型社会，促进国民经济又好又快发展。目前国内学术界的主要关注点是如何实现生产方式的转型，走新型工业化道路等问题，而对生活资料消费方式的转型关注较少；在对消费问题的研究中，关注点又主要集中在单个社会成员实行节约消费上，而对国家层面的消费模式则很少涉及，因此构建低碳可持续消费模式就显得更加重要。

(3)当前的低碳转型是构建低碳、可持续消费模式的重要契机

前已述及，扩大消费是使中国经济走出金融危机阴影的重要一环，而这种消费必须是可持续的。我们应该把有限的经费投入到最需要的地方，“好钢用到刀刃上”，那种看起来暂时可以拉动消费需求但不符合可持续消费的投资应该坚决砍掉，不符合可持续消费的现有存量没有必要再继续保留。

(三)我国低碳消费的动态及现状

鉴于我国低碳消费的资料数据比较缺乏的现状，这里基于商业和消费的密切关系，拟从我国商业统计资料入手，分析一下我国商品消费部门 CO_2 排放的情况，从中察知我国消费领域的低碳转型的进展。

1.中国商品消费部门 CO_2 排放的动态及现状

(1)中国商品消费部门 CO_2 排放总量的动态及现状

图 6-36 表示的是将能源消费部门的排放量进行分配后的中国商品消费部门 CO_2 排放量的变化情况。从中可以看出，1990—2012 年我国商品消费部门的 CO_2 排放量从 0.31 亿 t-CO_2 增加到 2.08 亿 t-CO_2，且基本上是一直增加的，1990—2012 年的年平均增加率为 9.11%，比同期全国总体排放量年增加率的 6.07%高出近 3%。从分阶段的年增长率情况来看，前期的 1990—2000 年为 8.90%，后期的 2000—2012 年为 9.29%，两个时期均分别高于全国总排放量年增长率的 3.45%和 8.31%；且后期比前期有增长加快的趋势。如果以 1990 年为 1 来看，2012 年到商品消费部门的 CO_2 排放量增加了 5.8 倍，而同期全国的 CO_2 排放总量只增加了 2.7 倍。可见商品消费部门 CO_2 排放量的增加相对较快。

从商品消费部门 CO_2 排放量占全国整体的比重来看，虽然总体上所占比重不高，但一直是增加的，由 1990 年的 1.3%增加到 2012 年的 2.5%。期间有一定的起伏，1991—1993 年、1995—1996 年、2010—2012 年曾有大的增加，而 1996—2010 年的比重变化甚小。

(2)中国商品消费部门 CO_2 排放强度的动态及现状

以单位 GDP 的 CO_2 排放量为指标的 CO_2 排放强度的变化(图 6-38)总体上是下降的，但下降幅度不大，1990—2012 年仅从 0.63 t-CO_2/万元下降到 0.47 t-CO_2/万元，下降了

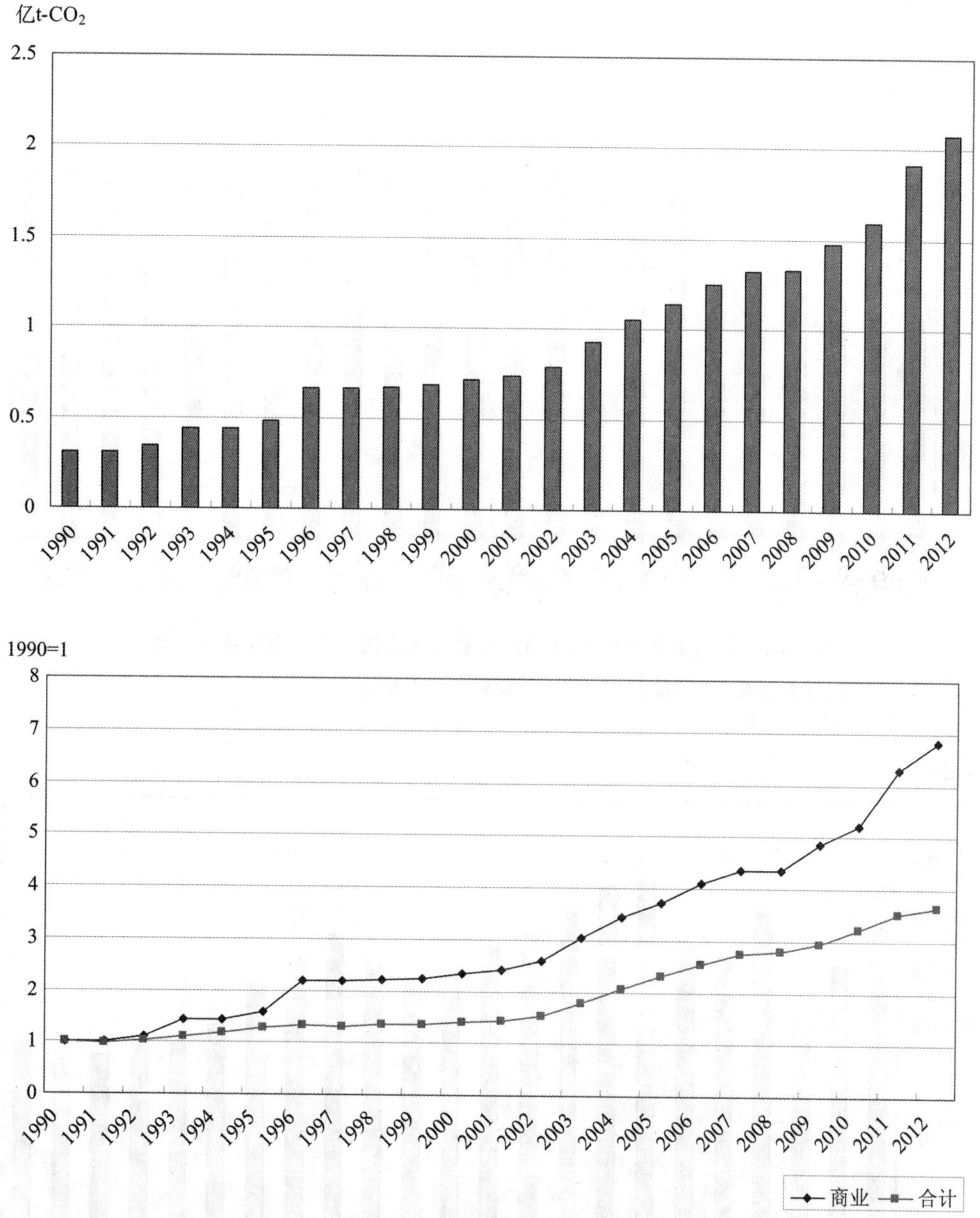

图 6-36 中国商品消费部门 CO_2 排放量的变化

资料来源：根据历年《中国能源统计年鉴》数据由笔者推算作成。

26.5%，而同期全国的 CO_2 排放强度下降了 56.4%。研究期内商品消费部门的 CO_2 排放强度起伏也较大，1993 年曾达到 0.71 t-CO_2/万元的一个小高峰，1996 年达到最高的0.82 t-CO_2/万元；之后连续下降到 2002 年的 0.59 t-CO_2/万元后，又开始微升到 2004 年的 0.65 t-CO_2/万元，比 1990 年稍高；之后又连续下降到 2010 年的 0.44 t-CO_2/万元，创历史新低；此后两年又有所上升。由此可见，我国商品消费部门的 CO_2 排放强度效果不佳，任重而道远。

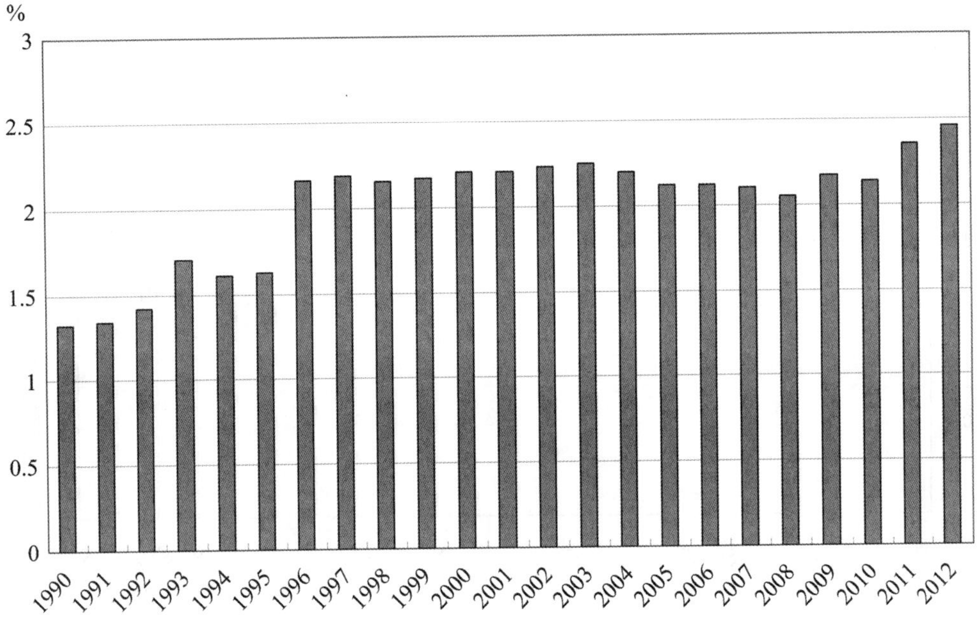

图 6-37　中国商品消费部门 CO_2 排放量占全国总排放量比重的变化

资料来源：根据历年《中国能源统计年鉴》数据由笔者推算作成。

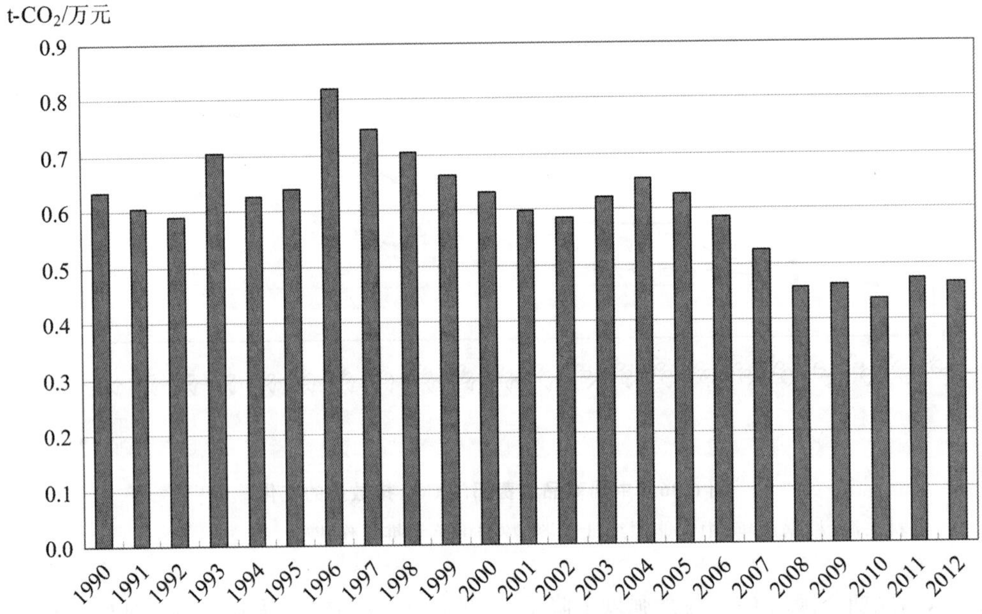

图 6-38　中国商品消费部门单位 GDP 的 CO_2 排放量的变化

资料来源：根据历年《中国能源统计年鉴》数据由笔者推算作成。

(3)中国商品消费部门人均 CO_2 排放量的动态及现状

按全国历年年末总人口计算的人均 CO_2 排放量变化(图 6-39)的情况来看,我国商品消费所导致的人均 CO_2 排放量呈递增的态势,从 1990 年的 26.7 kg/人增加到 2012 年的 153.4 kg/人,增加了 4.8 倍,年均增加 8.3%,但前期的 1990—2000 年年均增长7.8%,后期的 2000—2012 年则年均增长 8.7%,后期的增长快于前期,其增长势头尚未看到减缓的征兆。如果仅从 2010—2012 年高达 13.7%的年增长率来看,似乎近期增长势头更猛。

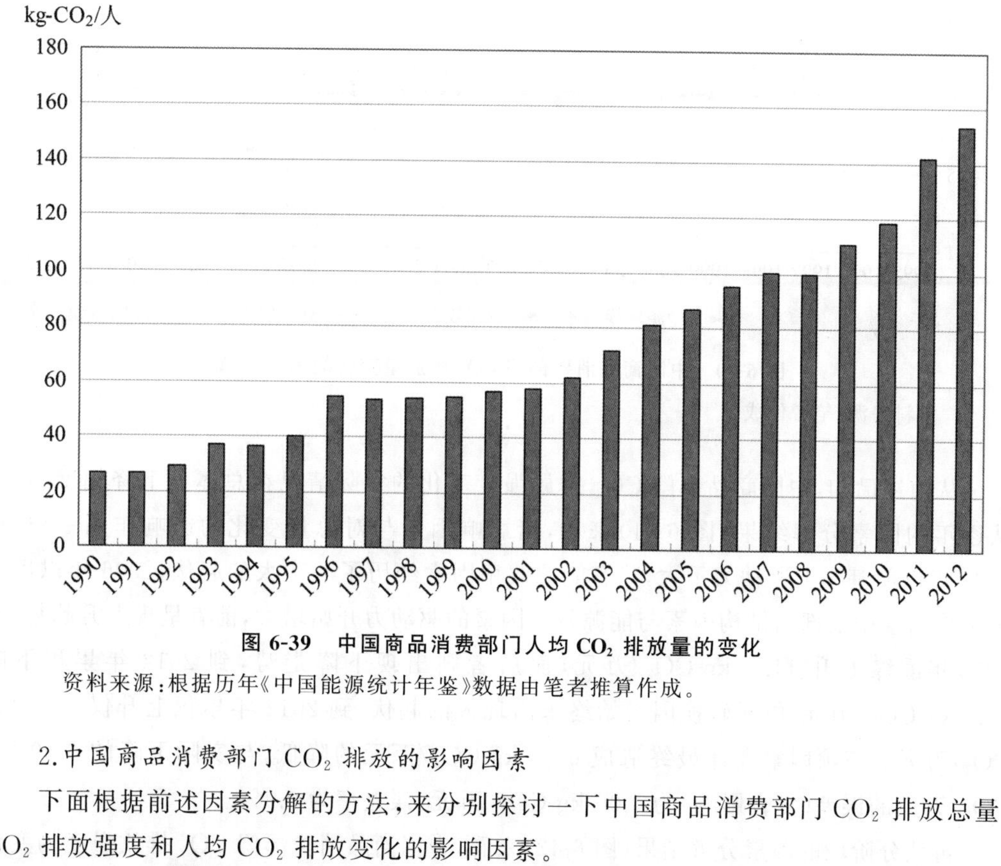

图 6-39　中国商品消费部门人均 CO_2 排放量的变化

资料来源:根据历年《中国能源统计年鉴》数据由笔者推算作成。

2.中国商品消费部门 CO_2 排放的影响因素

下面根据前述因素分解的方法,来分别探讨一下中国商品消费部门 CO_2 排放总量、CO_2 排放强度和人均 CO_2 排放变化的影响因素。

(1)中国商品消费部门 CO_2 排放总量变化的影响因素分析

从分析结果可知(图 6-40),部门规模因素一直是我国商品消费部门的 CO_2 增排因素,1995—2012 年累计增排量达 1.70 亿 t-CO_2(转换部门分配后,下同),是最大的增排因素,也是诸因素中最大的影响因素。其他三个因素在 2005 年以前驱动作用都不大,此后能源转换因素仍然没有大的作用,最终仅造成 0.05 亿 t-CO_2 的增排量;而其余两个因素则分道扬镳,部门结构因素的增排驱动开始增大,累计增排 0.30 亿 t-CO_2;能源效率因素则开始增大减排作用,成为诸因素中唯一一个减排驱动的因素,累积减排 0.45 亿 t-CO_2。上述诸因素复合作用的结果,造成我国商品消费部门的 CO_2 排放量从 0.48 亿 t-CO_2 增加到 2.08 亿 t-CO_2,净增加1.59亿 t-CO_2。

(2)中国商品消费部门 CO_2 排放强度变化的影响因素分析

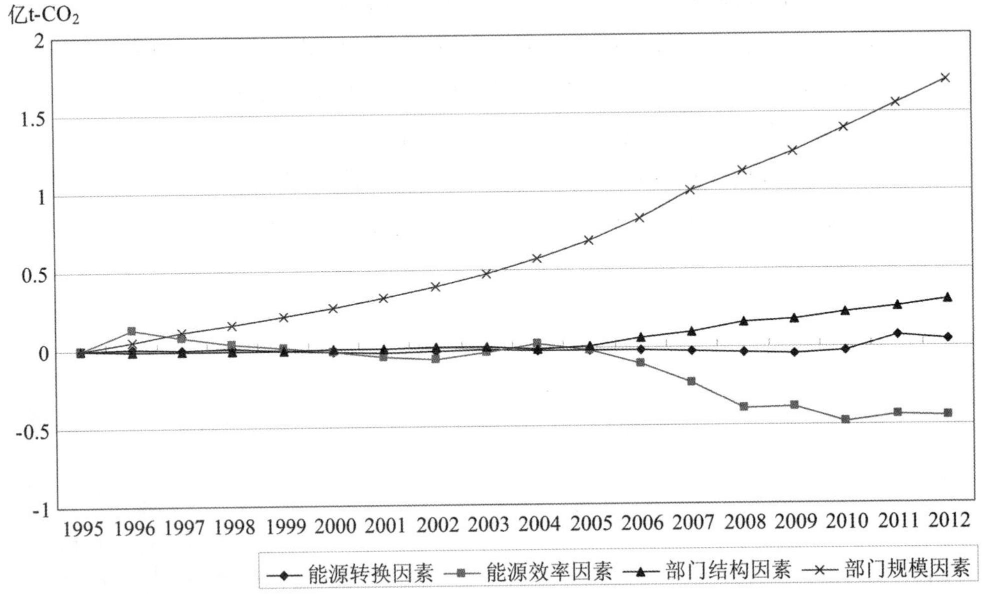

图 6-40 中国商品消费部门 CO_2 排放量变化的因素分解

资料来源：笔者作成。

从前述已知，中国商品部门 CO_2 排放强度变化的实际情况在总体上下降幅度不大。从逐年的因素分解结果（图 6-41）来看，诸影响因素与对总量变化的影响作用一样，在 2005 年以前基本上驱动力不大，只有能源效率因素经历了一次大的起伏；2006 年以后三个影响因素中的部门结构因素与能源效率因素的驱动力开始增大，前者呈现上升趋势，到 2012 年最终上升 11.2 kg-CO_2/万元，而后者则出现下降走势，到 2012 年累积下降 18.1 kg-CO_2/万元；能源转换因素始终未出现大的起伏，到 2012 年累积上升仅 0.38 kg-CO_2/万元。三项因素合计最终造成 6.53 kg-CO_2/万元的降低，与实际下降的 6.59 kg-CO_2/万元的误差（复合影响）为 0.06 kg-CO_2/万元，误差率为 0.9%。

再从分阶段的因素分解结果（图 6-42）来看，中国商品消费部门 CO_2 排放强度的变化主要发生在 2005—2010 年"十一五"期间，驱动力最大的能源效率因素实现强度下降 19.6 kg-CO_2/万元，而部门结构因素则将 CO_2 排放强度提升了 9.1 kg-CO_2/万元，再加上能源转换因素下降 0.39 kg-CO_2/万元的驱动，总体上这一期间实现了 10.9 kg-CO_2/万元的 CO_2 排放强度的下降；而其他时期各因素的驱动力都比较小，特别是 1995—2005 年期间，几乎小到可以忽略不计的程度；值得注意的是，近年来出现 CO_2 排放强度上升的反弹势头，2010—2012 年期间三个因素都成为强度上升的驱动，最终导致 5.4 kg-CO_2/万元的强度上升。可见，提升我国商品消费部门的 CO_2 排放效率任重道远。

（四）构建我国低碳消费模式的思考

社会大众的消费模式会引导市场的价值取向，最终会催生一种适应这种消费需求的经济现象。也即是说，一个社会要推动一项经济模式的发展，必须以大众的消费模式为根

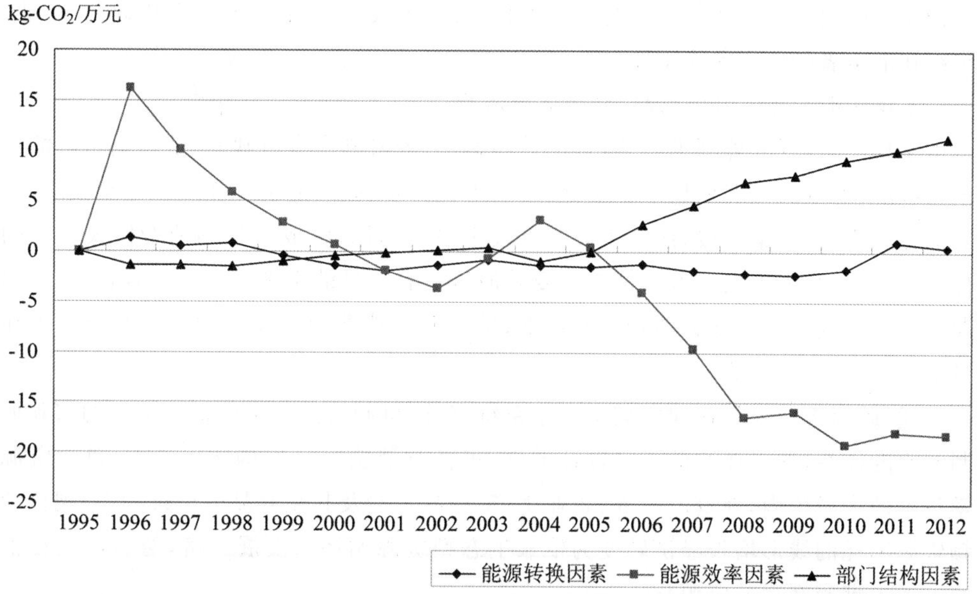

图 6-41　中国商品消费部门 CO_2 排放强度变化的因素分解(逐年累积)

资料来源:笔者作成。

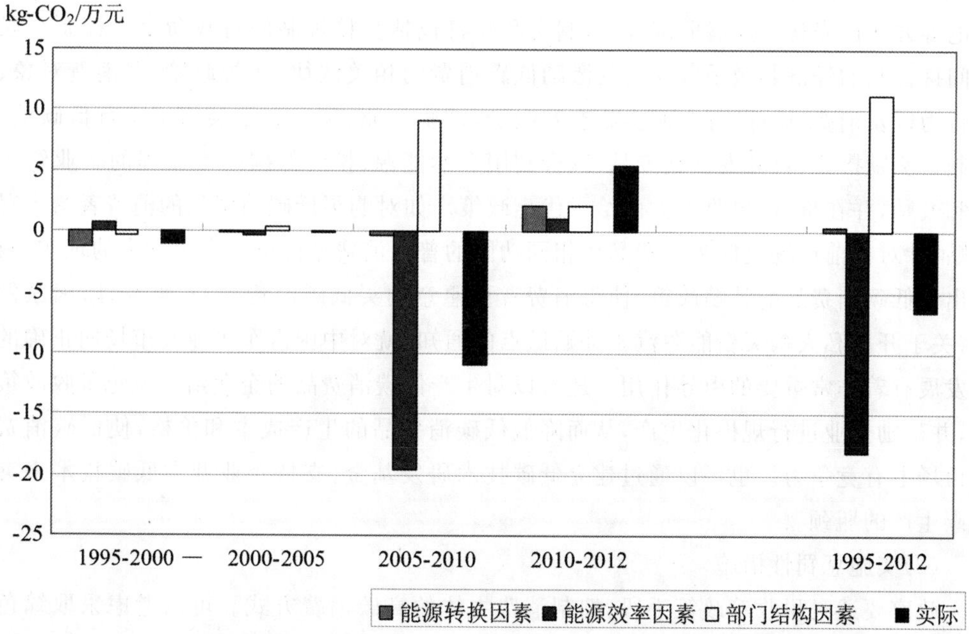

图 6-42　中国商品消费部门 CO_2 排放强度变化的因素分解(分阶段累积)

资料来源:笔者作成。

基。低碳经济的发展不仅需要宏伟的战略规划,更需要引导大众的消费理念向低碳消费转变,为低碳经济这颗小苗未来长成参天大树,培育好根基。

构建低碳消费模式需要社会每一个机构、每一个成员的共同努力，其中政府、企业、社会组织和消费者的作用尤为重要。

1.政府要建立宏观调控机制，引领低碳消费

由于环境资源的“外部不经济性”比较明显，市场机制本身有缺陷，低碳消费不能仅靠市场来解决；而低碳消费要想落到实处，政府责无旁贷，政府的引导作用也是至关重要的。政府的经济手段、政策手段、法律手段和行政手段的运用，将成为推动消费模式转变的关键性因素。因此，大力发展低碳消费需要政府这只看得见的手来推动，在当前人们习惯于工业化时期高碳生产与高碳消费的条件下，推动低碳消费的主要动力和主要责任落在政府身上。

因此，政府部门要尽快建立健全一个系统完善、机制功能健全的低碳消费的宏观调控机制和制度体系，通过体制的力量保证低碳、可持续消费模式的构建。在人、自然资源和科学技术的大系统内，在资源收入、企业生产、产品消费及其废弃品的全过程中，把传统的依赖资源消耗的线形增长经济转变为依靠生态型资源循环来发展经济，努力做到在消费的同时考虑到废弃物的资源化。

(1)制定低碳消费的扶持政策

政府要充分发挥政策扶持作用，从舆论导向、政策扶持、用土用电、税收减免、资金融通、招商引资等方面支持发展低碳经济，在市场准入、财政支持、税收优惠、技改立项、用地用电等方面优先扶持发展低碳经济，制定和完善包括直接规制的行政命令与控制手段以及间接控制的经济刺激手段在内的激励低碳消费的相关法律、法规政策，对消费对象、消费行为以及消费“尾部”等方面实施有效激励，鼓励企业、公民和社会组织实行低碳消费，如制定奖励措施，对开发低碳产品、综合利用自然能源、投资低碳生产流程的企业给予支持和鼓励，并在贷款、税收等方面给予优惠政策。如对购买低碳消费品的消费者给予财政补贴，针对目前市场上低碳消费品比相同功能的普通消费品价格要高出许多的现实，政府应出台低碳消费品的补贴政策，使得消费者更愿意购买低碳消费品，? 年 6 月，国家发布的《关于开展私人购买新能源汽车补贴试点的通知》就对中国汽车工业及市场向正确的方向发展有着非常重要的引导作用。还可以对生产低碳消费品的企业给予减免税收政策优惠，并鼓励企业进行规模化生产，从而降低低碳消费品的生产成本和价格，使低碳消费品在市场上有竞争力。也可以通过建立低碳技术研发基金，支持企业开发低碳技术来突破低碳生产的瓶颈。

(2)实施惩罚性措施

政府要通过税收等政策手段，抑制消费主体的高碳消费方式。可以考虑采取绿色税费的方式对高碳消费品和消费行为采取类似“烟税”这样的惩罚性税费，而对低碳消费采用低税费优惠措施来进行鼓励。应尽早制定碳排放的相关税收法规，从法律上明确“碳税”的地位，制定高碳与低碳技术和产品目录，以明确绿色税费的收费对象，划定低碳税费体制的实验区，摸索可操作性措施。可以对排放 CO_2 企业或个人征收碳排放税，碳排放税实行从量计征，多排放多交税；也可以实行差别化的能源税，对能耗大的企业征收较高

的能源税，以降低能耗；或者是实行阶梯电价制度，对不同用电量实行不同的价格，用电量越多，价格越高。

(3)建立有序的低碳消费市场规则

尽快建立可持续的低碳消费政策评估改进体系，建立包括低碳消费品的国家标准和认证制度、高碳消费品的退市制度等，严禁高碳产品进入市场，同时要加强市场监管。要在人均自然资源耗费量和环境可利用容量许可范围内，合理设计经济增长速度；采取适当的奖惩措施，对绿色企业的生产在政策、税收、市场准入等方面给以优惠，对不符合环境要求的产品和服务坚决予以取缔，引导企业提供有益于环境的产品，以减少消费对环境的侵害；要求消费品生产所需资源是可再生的，使用不可再生资源生产的消费品应能够循环利用。要通过绿色消费行动使消费者有意识地选择对环境有利的商品，在尊重和保护消费者个人主权的前提下，提倡和鼓励消费者多选择公共消费和集中消费方式。优先发展公共服务行业，对公共消费品尽可能地实行集中生产和供给，引导并督促公共服务行业不断提高服务质量，使全体社会成员能够方便地享受到便捷、高效、价廉的公共服务，并以价格和税收等经济手段，诱导公民多选择公共消费方式。

(4)构建良好的低碳消费环境

良好的消费环境有利于扩大低碳消费，为此，政府应着重抓好以下几件事：一是抓好生态环境治理，严控环境污染，大力发展生态产业；二是大力发展低碳物流，促进低碳消费；三是抓好低碳消费制度体系建设，保护消费者的合法权益，营造诚信的低碳消费氛围；四是抓好低碳基础设施建设[6]。

(5)加强宣传引导力度，大力培育全民的低碳消费意识

政府及有关部门要强化以“文明、科学、责任”为主的低碳新消费观的宣传教育，切实发挥国民消费教育中心的作用，各成员单位要依据职能优势，针对不同群体，开辟多种渠道，通过各种媒体，广泛宣传低碳消费的意义和方式，以“戒除传统陋习，力推低碳消费”为主要内容开展国民消费教育，大力培育民众的低碳消费意识；通过各种标识、徽章、口号来提醒民众的消费，营造低碳消费的良好文化氛围，并通过通俗易懂、丰富多彩的宣传活动，促使公众接受新技术，做生态文明的使者，做低碳消费的实践者，自觉养成低碳消费的行为习惯。生活中的小事看似不起眼，却在不经意间浪费大量的能源，并直接或间接地排放大量的 CO_2。因此，实现低碳消费，需自觉养成节约能源的良好习惯，从小事一点一滴做起。

(6)政府机构从自身做起，带头实行低碳消费

政府部门和单位通过早期采用、购买最新先进的技术与产品等措施，为其他部门树立榜样。如率先使用节能减排型设备和办公用品，尽可能将办公大楼建设或改造成节能型建筑，制定和实施政府机构能耗使用定额标准和用能支出标准，实施政府内部日常管理的节能细则，制定政府节能采购产品目录，推行政府节能采购。同时，政府机构对发展低碳经济审批项目要简化办事程序，提高办事效率，主动为低碳经济发展搞好服务。

2.企业致力发展环保绿色低碳消费产品，主导低碳消费

企业是低碳消费品的生产者和提供者，低碳消费能否真正实现，很大程度上取决于企

业能否生产并提供满足消费者需要的低碳产品。企业作为市场经济的主体，在发展低碳经济、倡导低碳消费中的作用十分重要。由于生产的目的是为了消费，生产是消费的基础，因此低碳消费必须建立在低碳生产的基础上。目前不可持续的高碳消费方式与不可持续的生产方式有直接关系，实现消费模式的转变，构建可持续的低碳消费模式，也必须以生产方式的转变为前提。

低碳生产的实质是贯彻节能减排和循环再利用原则，从生产设计、原材料选用、工艺技术与设备维护管理等社会生产和服务的各个环节实行全过程低碳化控制，从生产源头减少能源消费和 CO_2 排放，促进资源循环利用。企业生产者要把循环经济的理念引入生产过程，要从产品的设计、开发、生产、回收的全过程贯穿循环经济思想，注重生产过程的合理性和可持续性，必须在产品的设计、生产阶段就注意到资源的“减量化、再利用和再循环”(3R 原则)的循环经济思想，建立一个低耗、高效、少污染或无污染的生产体系，建立与低碳消费结构相适应的生产市场和产品结构。要从国情出发，合理确定产业结构和产品结构，尽可能减少生产中的实物消耗，特别是降低能源与资源的消耗，避免对环境造成污染和破坏。

企业低碳生产机制包括低碳设计、低碳工艺、低碳生产、低碳包装和资源回收利用五个方面。低碳产品设计是从产品生命周期的角度，从产品设计阶段就考虑产品生产时如何节约原料和能源，少用昂贵和稀缺的原料，在产品使用过程中和使用后如何做到节约能源和减少 CO_2 排放，以及如何有利于产品使用后的回收、重复使用和再生；低碳工艺是在产品生产前预先设计好节能的工艺流程与设备，选用新能源、可再生能源，选用节能原材料，以减少化石能源的使用和 CO_2 的排放；低碳生产是在生产过程中尽量减少各种危险性因素，如高温、高压、低温、低压、易燃、易爆、强噪声、强振动等；低碳包装是在保证商品安全和美观的条件下，尽量节省包装材料或者使用可回收利用的包装材料；资源回收利用是对生产过程中的废水、废渣、废气及余热的回收利用和利用回收材料作为原材料，以节约资源投入。因此，通过实施生产全过程的低碳化控制，从生产源头和生产各环节减少能源消耗和 CO_2 排放。

实现企业生产性消费的低碳化是一项长期、艰巨的任务，需要企业具有减排的社会责任意识并投入资金和人力资源，通过技术创新降低企业单位能源消费量的碳排放量，最终实现企业生产消费过程中能源结构趋向多元化和产业结构升级。企业要加强技术创新，改进生产方式，生产低能耗的产品，并争取不让价格成为低碳消费的“拦路虎”，争做低碳经济的引领者。

3.社会组织积极推进低碳消费

社会组织、行业协会属于中间组织，是除了政府、市场之外的第三方力量，是现代多元治理结构中的重要主体，它能够做政府不能做、做不好而企业又无能力做的事情，对弥补市场与政府双失灵起着非常重要的作用，对促进低碳消费方式的全民化具有不可替代的作用。其分布广且深入社会各阶层，以其自身的布局优势比政府能更广泛、深入地开展节能减排、低碳经济的宣传教育活动；同时，比如说环保组织本身就是一类很重要的社会组织，这说明社会组织会更易于接受低碳消费的理念，并且积极实践、热忱推广。

行业协会的自律作用表现在：一是制定行业规范。通过制定低碳行业公约、行业标准、行业规则或惯例等规范企业行为，实现低碳生产。二是进行行业监督。通过成立监督机构，及时进行行业性的检查、验收、认证、资质审查，定期和不定期地开展质量检查与抽查，督促企业节能减排，严厉打击高能耗、高排放、高污染行为，限制企业生产高能耗、高污染的产品。三是保护消费者利益。通过消费者协会来保护消费者低碳消费的合法权益。

4.公民消费者积极参与、自觉践行低碳消费

消费不仅是一种生活方式，还是一种生存方式和社会行为方式，也是一种文化方式。低碳消费文化是只看不见的手，它通过建立低碳消费的价值观体系、低碳消费的行为规则和低碳消费物质文化（文化标识、口号等）来引导人们实现低碳消费。

任何消费模式的确定都是社会系统综合选择的结果。长期以来，人们一直把消费看作是自己的事，采取什么样的消费方式完全凭个人的需要与爱好，很少从社会角度，特别是从生态环境造成的影响角度来考虑自己的消费行为。但事实上，个人消费不仅仅是一种个人行为，更是一种社会行为，因为个人消费会对社会资源的供应产生影响。改变旧的消费模式，建立可持续消费模式，同样也需要社会系统的整体配合，需要作为消费者的社会全体成员的配合。

当前，我国公民的资源、环境意识虽然日益高涨，不少消费者的消费意识已经开始转变，从节约水电、降低能耗、减少具有污染性材料的使用等日常小事入手，不断培养文明、有责任的低碳消费方式，但仍有不少人对低碳消费观念还比较模糊，长期以来形成的生活习惯和消费模式在短时期内还难以改变，离真正能够从自己日常消费行动中的小事做起还有很大的差距。为此，需要在日常的行动中逐渐培养起低碳、可持续消费的价值观。

低碳、可持续消费观作为一种全新的价值观，人们不可能在传统观念基础上自发产生，必须通过多种途径，其中比较重要的是靠教育。这不仅包括正规、系统的学校教育，还应该包括各种形式的社会教育，通过电视、电台、报刊等大众传媒广泛宣传和普及文明、健康、新型的低碳消费模式的知识。同时要通过开展各种各样的低碳消费活动，推进消费示范活动，努力改变落后的消费习俗和消费模式，引导人们建立低碳消费的思维方式，树立低碳消费的价值观，从而使得广大消费者能够践行低碳消费，利用手中的货币"选票"，选择未被污染或有助于公众健康的绿色产品，推进社会消费观念的转变。

主要参考文献

[1]科学技術庁科学技術政策研究所(編)，アジアのエネルギー利用と地球環境—エネルギー消費構造と地球汚染物質の放出の動態(M)，大蔵省印刷局、1992 年。

[2]张宏武、时临云：《中国各省区 CO_2 排放特征的比较分析》，载《中国环境科学学会学术年会论文集(2010)》(第三卷)，中国环境科学出版社 2010 年版，第 3283～3289 页。

[3]张浩、王永贵：《低碳消费偏好机理及其引导路径》，载《消费经济》2010 第 26 卷第 6 期，第 82 到 85 页。

[4]孟艾红、李娜:《低碳消费文献综述》,载《经营与管理》2012 年第 3 期,第 114～117 页。

[5]陈晓春:《论低碳消费方式》,载《光明日报》2009 年 4 月 21 日。

[6]吴文盛、吕建珍:《低碳消费的路径选择与实现机制》,载《当代经济管理》2011 年第 33 卷第 2 期,第 12～15 页。

[7]刘敏、刘焕新:《湖南发展低碳消费对策研究》,载《湖南社会科学》2010 年第 4 期,第 100～104 页。

[8]俞海山:《开放条件下的循环经济与可持续消费》,新华出版社 2006 年版。

后 记

本书作为教育部人文社会科学研究规划基金项目(11YJA790205)《中国 CO_2 排放、影响因素及低碳经济政策研究:多部门多地区的分析》的成果之一,从 2011 年 6 月立项至今历时三年有余,期间因 2012 年获批中国社科基金项目,需要分散一部分精力去开展研究,再加上日常教学工作繁忙,所以耗费了不少时日。在这里我首先要对厦门大学出版社的吴兴友编辑表示最深切的谢意和最真诚的歉意,正是因为他的支持和帮助、宽容和忍耐,才能够使得本书顺利问世。

本书是在参阅大量文献的基础上完成的,没有这些前人们的成果,很难会有这部著作的问世。虽然在书中都尽可能地将主要文献附于其后,但仍有可能挂一漏万,借此机会我要向所有被我参考和引用的作者们表示衷心的感谢!

在本书的写作过程中,从选题开始到资料的整理推算都尽了最大的努力,力图做到尽善尽美,但尽管如此,限于能力和其他客观因素,缺点和不足在所难免,热忱欢迎读者朋友提出宝贵意见。

在这里要特别感谢日本贸易振兴机构亚洲经济研究所(Japan External Trade Organization Institute of Developing Economies)、日本平和中岛财团和日本桃山学院大学给我提供资助和研究场所,使我能有一年半较集中的时间潜心研究该课题,形成本研究的骨架。

在本课题的研究过程中,得到了众多学者的指点和许多朋友的帮忙。日本桃山学院经济学部的竹岁一纪教授(现龙谷大学教授)、严善平教授(现同志社大学教授)、梅本哲世教授,日本京都大学植田和弘教授、森晶寿教授,广岛修道大学的时政勗教授、罗星仁教授等都对本研究提出了建设性的宝贵建议,特此致谢!

在本书的出版和完成过程中得到了天津商业大学的大力支持,提供了研究的条件,在此向曾给我无私帮助的我校各有关单位表示深深的谢意。

最后,我还要对在工作和生活上给予关照的妻子时临云说一声谢谢,如果没有家庭的支持,这本书是不可能问世的。

张宏武

2015 年 3 月

图书在版编目(CIP)数据

中国经济发展中的低碳转型研究/张宏武著.—厦门:厦门大学出版社,2015.11
(低碳经济研究文库)
ISBN 978-7-5615-5657-3

Ⅰ.①中… Ⅱ.①张… Ⅲ.①中国经济-经济发展-节能-研究 Ⅳ.①F124

中国版本图书馆 CIP 数据核字(2015)第 192964 号

厦门大学出版社出版发行
(地址:厦门市软件园二期望海路 39 号 邮编:361008)
总编办电话:0592-2182177 传真:0592-2181406
营销中心电话:0592-2184458 传真:0592-2181365
网址:http://www.xmupress.com
邮箱:xmup@xmupress.com
厦门金凯龙印刷有限公司印刷
2015 年 11 月第 1 版 2015 年 11 月第 1 次印刷
开本:787×1092 1/16 印张:29.25 插页:2
字数:650 千字
定价:88.00 元